NCS 국가직무능력표준
National Competency Standards
한국공인회계사회 지정

KB183709

I can!

더존 Smart A를 이용한

FAT
회계실무

2025

삼일피더블유씨솔루션 저

2급

SAMIL | 삼일회계법인
삼일인포마인

AT 비대면(온라인) 시험이 뭘까?

● **국가공인 민간자격 최초로 AT자격시험이 비대면 온라인시험 방식으로 시행됩니다.**

● **AT 비대면(온라인) 시험 진행절차**

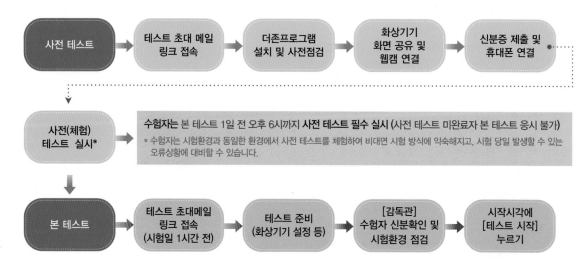

● **AT 비대면 시험 환경 수험자 권장사양**

▶ 시험장소

응시 가능	정숙이 유지되는 1인1실의 독립공간(자택, 개인사무실 또는 회의실 등)
응시 불가	2인 이상이 동시 이용하는 공간 불가(카페, PC방, 도서관, 학원, 학교 등) ※ 단, 학원·학교 교실에서 1인만 응시하는 경우 응시 가능

▶ PC(권장사양보다 낮아도 응시가 불가능한 것은 아니지만 응시가 원활하지 않을 수 있으며, 이 경우 발생하는 문제는 수험자의 귀책사유에 해당함)

운영체제	Window 10(64bit) [Mac PC & 태블릿 PC는 응시 불가]
CPU	Quad Core (4Core 이상) / [윈도우 작업관리자(Ctrl + Shift + Esc) – 성능에서 확인 가능]
RAM	8GB
브라우저	Chrome(최신버전 업데이트)
PC 기타장비	마이크 기능이 있는 웹캠, 모니터(15인치 이상 권장), 휴대폰 거치대

▶ Mobile(안드로이드폰, 아이폰 모두 가능)

운영체제	Android	iOS
브라우저	Chrome(최신버전 업데이트)	Safari

▶ Internet Network 속도

PC	UP & DOWN 50Mbps
Mobile	

– UP/DOWN의 속도 확인은 speedtest.net에서 확인 가능합니다.
– wifi를 이용하는 경우 wifi signal이 차있는 상태를 📶 확인합니다.

● AT 비대면시험 응시환경 준비

▶ 웹캠(카메라) 설정 방법

– 웹캠을 사용하는 시험의 경우 주위 밝기를 조절하여 응시자 얼굴의 인식이 가능하도록 조정합니다.
– 웹캠은 응시자의 얼굴 전체가 나와야 하며, 얼굴의 일부분이 가려지지 않도록 조정합니다.

▶ 스마트폰 예시 화면

– 스마트폰은 응시자 왼쪽 또는 오른쪽에 1m거리, 높이는 약 0.8m정도로 설치합니다. (아래 그림 참조)
– 스마트폰은 가로로 거치하며, 그림과 같이 응시자의 얼굴(측면)과 손, PC 화면, 책상 위가 모두 보여져야 합니다.

응시자는 화면 공유 시, 모니터 전체 화면을 공유해야 합니다. 스마트폰 카메라는 응시자의 왼쪽 또는 오른쪽에 거치하며 시험 환경이 보여져야 합니다.

시험 응시 환경 예시

감독관에게 보여지는 휴대폰 화면 예시

감독관에게 보여지는 웹캠 예시

● AT 비대면 시험 부정행위 기준

– 다음은 시험 기준 안내 사항으로 시험 전 반드시 숙지해야 합니다.
– 시험 종료 후 녹화 영상 판독 시에도 해당 사항이 발견될 경우 부정행위로 처리될 수 있습니다.

시험 응시 주변환경 (부정행위 간주 항목)	– 시험 응시 현장에 응시자 본인 외 금지(2인 이상 응시 금지 – 공공장소, 카페, PC방 등) – 모자 및 마스크 착용 금지 – 이어폰, 헤드셋, 스마트워치, 디지털카메라, 전자사전, 통신(블루투스) 기능 있는 전자기기 소지 및 착용 금지 – TV스크린, 듀얼모니터, 공학용 또는 윈도우 계산기, 태블릿PC 사용 금지 – 시험 감독관으로부터 확인받은 A4백지 1장, 필기구 1개, 사칙연산용 계산기만 허용 – 책상 위에 허용된 물품 외 다른 물품 비치 금지(테스트 접속 전 깨끗이 정리 필수) – 휴대폰 카메라는 수험자의 양손, 얼굴 측면, 책상 위, 모니터가 보이도록 각도 설정 필수
시험 중 부정행위	– 시험 중 자리 이탈 및 화장실 이용 불가 / 음료, 간식, 껌 등의 음식물 섭취 불가 – 타 사이트 접속 및 외부 프로그램 사용 금지(인터넷 검색, 엑셀, 카카오톡, 줌, 공학용 계산기 등) – 의심행동 금지(손을 화면 밖으로 이탈, 시선을 모니터와 필기종이 외에 다른 곳을 보는 움직임 등) – 휴대폰 통화, 타인과 대화 또는 주변 대화 소리가 들리는 경우 – 응시화면(모니터, 웹캠, 스마트폰)이 모두 끊길 경우 – 감독관의 메시지와 지시에 응하지 않을 경우 – 컨닝행위(손바닥 필기, 참고자료, 컨닝페이퍼, 듀얼모니터 사용 등 모든 부정한 행위) – 문제 및 답안지를 복사/캡처/녹화/촬영하여 문제 및 답안을 유출하는 행위

※ 부정행위자에 대하여는 당해 시험일 이후 2년간 AT 자격검정 응시자격을 정지합니다.

머리말

AT(Accounting Technician)는 우리나라 최고의 회계·세무 전문가 단체인 한국공인회계사회에서 주관하는 국가공인 '회계·세무 실무자격'으로 기업에서 사용하는 회계·세무 실무프로그램의 회계 및 세무 처리 능력을 인증하는 회계·세무 실무자격이다.

투명한 회계정보를 생성하기 위한 회계실무 능력과 그 회계실무를 바탕으로 한 세무실무 능력을 충분히 발휘할 수 있는 실무자를 양성하는 것을 목표로 하며 나아가 기업의 인재 제공에 도움을 줄 수 있도록 설계된 실무중심 자격증이다.

특히 2022년 8월부터는 AT자격시험이 전면 비대면 시험으로 전환됨에 따라 이러한 AT자격시험의 출제경향을 철저히 분석하고 한국공인회계사회의 의도를 충실히 반영하여 기업 실무에 적합한 회계·세무 실무 교재를 집필하였다.

본 교재의 특징은

첫째, AT 자격시험의 정신인 실무중심 수험서!
수험목적의 교재이기는 하지만 AT 자격시험의 정신인 실무중심의 회계교육에 걸맞게 실무적인 회계처리에 대해서도 설명하고 있다.

둘째, 전면 비대면 시험을 준비하는 수험생들의 빠른 합격을 위한 수험서!
중요한 내용에 대해서는 이해하기 쉽도록 보충설명을 하였으며, 비대면 시험의 완벽한 대비를 위해 한국공인회계사회의 출제방향에 최적화된 문제 및 풀이로 철저한 시험대비가 가능하다.
- 수년간의 기출문제를 분석한 유형별 연습문제 풀이로 빠른 합격
- 전면 비대면 시험 출제방향 완벽히 분석하여 완벽 대비 가능

셋째, 실제 시험과 기업 실무에 일치하는 컬러 증빙으로 제작!
각종 증빙 및 세무신고자료 등을 실제 시험문제와 기업 실무와 동일하게 모든 증빙을 컬러로 제작하여 효과적인 학습을 할 수 있도록 배려하였다.

넷째, 국가직무능력표준(NCS, National Competency Standards) 교재로 취업경쟁력 상승!
NCS를 정확히 반영한 목차와 본문 내용(필요지식, 수행과제, 수행결과, 수행Tip)으로 산업현장에서 필요한 직무능력을 갖추어 취업성공까지 이룰 수 있도록 하였다.

다섯째, 교재 장별 완성 백데이터를 순차적으로 제공하여 원하는 수행내용부터 실습가능!
수험생과 교수자의 편의를 위해 원하는 곳부터 실습이 가능하도록 자료를 제공하였다.

본 교재를 출간하게 해주신 삼일피더블유씨솔루션 이희태 대표이사님과 기타 관계자분들께 감사드리며, 아무쪼록 AT 자격시험을 준비하는 분들에게 일조를 하여 이론과 실무를 겸비한 회계실무전문가로 성장하는데 동행하는 친구가 될 수 있다면 그 이상 기쁨은 없을 것이다. 꾸준히 노력하여 보다 충실한 교재로 거듭날 것을 약속하며 독자들의 충고와 질책을 바라는 바이다.

시험일정 및 시험안내

AT비대면(온라인) 시험이 뭘까?

1. 시험일정

구분	제79회	제80회	제81회	제82회	제83회	제84회	제85회	제86회	제87회
원서접수	2.6~2.12	3.6~3.12	4.3~4.9	6.5~6.11	7.3~7.9	8.7~8.13	10.10~10.16	11.6~11.12	12.4~12.10
사전테스트	2.18~2.21	3.18~3.21	4.15~4.18	6.17~6.20	7.15~7.18	8.19~8.22	10.21~10.24	11.18~11.21	12.16~12.19
시험일자	2.22(토)	3.22(토)	4.19(토)	6.21(토)	7.19(토)	8.23(토)	10.25(토)	11.22(토)	12.20(토)
합격자발표	2.28(금)	3.28(금)	4.25(금)	6.27(금)	7.25(금)	8.29(금)	10.31(금)	11.28(금)	12.27(금)
시험등급	FAT 1,2급 TAT 1,2급	FAT 1,2급 TAT 1,2급	FAT 1,2급 TAT 1,2급	FAT 1,2급 TAT 1,2급	FAT 1,2급 TAT 1,2급	FAT 1,2급 TAT 1,2급	FAT 1,2급 TAT 1,2급	FAT 1,2급 TAT 1,2급	FAT 1,2급 TAT 1,2급

구분		신분확인 및 환경점검	시험시간
1교시	FAT 2급	09:00~10:00	10:00~11:00
	TAT 2급	09:00~10:00	10:00~11:30
2교시	FAT 1급	13:00~14:00	14:00~15:00
	TAT 1급	13:00~14:00	14:00~15:30

■ 비대면 시험 수험자 필수확인사항

① 시험전일(오후6시)까지 사전테스트 필수이수(미이수시 응시불가)

② 시험시간 20분전까지 온라인고사실 필수입실(미입실시 응시불가)

③ 시험전 더존교육프로그램(최신버전)과 등급별 수험데이터파일 필수 설치(미설치시 추가시간부여 불가)

④ 권장사양보다 낮은 PC로 응시 중 발생하는 문제는 수험자 귀책사유

※ 시험방식: 모든 회차 모두 비대면 시험

2. 시험안내

▷ 검정기준

회계기본 순환과정을 이해하고 증빙관리 및 상거래 활동에서 발생하는 회계정보의 활용능력을 평가

▷ 검정방법

- 실무이론시험과 실무수행시험 동시진행
- 실무수행프로그램(회계·세무 S/W프로그램) : 더존 SmartA(iPLUS) 실무교육프로그램

▷ 합격결정기준

- 이론시험 30점 + 실기시험 70점
- 100점 만점, 70점 이상 합격

☑ 응시자격

- 응시자격: 제한없음
- 응시료: 등급별 39,000원

☑ 자격의 형태

- 국가공인 자격
- **국가평생교육진흥원 학점은행제 자격학점 인정 자격**
  - **FAT 1급 4학점, TAT 2급 10학점, TAT 1급 16학점**
  - **표준교육과정 해당 전공: 전문학사 '경영', 학사 '경영학, 회계학, 세무학'**

☑ 출제범위 및 시험(소요)시간

등급	검정방법		시험과목	시험시간
FAT 2급	실무이론 (30%)	재무회계	회계의 순환, 계정별 회계처리, 상기업의 재무상태표, 손익계산서 작성, 결산	60분
	실무수행 (70%)	기초정보관리	시스템 회계기초정보등록, 전기이월정보 관리	
		회계정보관리	상기업의 회계정보(증빙포함)의 발생, 입력, 수정, 조회, 결산 및 재무제표 작성	
		회계정보분석	• 회계정보의 조회 및 분석 • 경리일보 및 어음정보 조회	

☑ 세부평가범위

구분	배점	과목	평가범위	세부 평가범위	
				주요항목	세부항목
실무이론	30점	재무회계	회계의 기초	회계의 기초	• 회계의 기본개념 및 내부통제 • 기업의 재무상태와 재무상태표 • 기업의 경영성과와 손익계산서 • 회계의 기록과 증빙관리 • 계정과목별 회계처리 • 결산
실무수행	70점	기초정보관리	기초정보관리의 이해	기초정보등록	• 사업자등록증에 의한 회사등록 수정 • 환경설정 수정 • 사업자등록증에 의한 거래처등록 • 계정과목추가 및 적요등록 수정
				전기분 재무제표	• 전기분재무제표(재무상태표, 손익계산서)의 입력수정 • 거래처별 초기이월(일반채권, 채무, 어음관리) 등록 및 수정

시험일정 및 시험안내

▶ 세부평가범위

구분	배점	과목	평가범위	세부 평가범위	
				주요항목	세부항목
실무 수행	70점	회계 정보 관리	거래자료입력	적격증빙의 이해	• 증빙에 의한 전표입력 → 간이영수증, 신용카드영수증, 현금영수증, 보험료 영수증, 자동차세영수증, 전기요금영수증 등
				어음관리	• 약속어음 수취거래 • 약속어음 발행거래
				통장거래 정리	• 통장사본에 의한 거래입력 • 통장잔액확인 등
				상품의 매입·매출	• 재고자산의 매입과 매출 거래입력
				유형자산 관련	• 유·무형자산의 구입 • 유·무형자산의 매각
				기타 일반거래	• 단기매매증권 구입 및 매각 • 대손의 발생과 설정 • 출장비 정산, 급여지급, 임차료지급, 운반비지급, 계약금지급, 계약금입금, 가지급금, 가수금, 예수금, 사회보험지급, 인출금 거래
			전표수정	입력자료 수정	• 거래처변경, 계정과목변경, 일자변경, 금액수정
			결산	수동결산	• 손익의 예상과 이연 • 기타 결산정리사항
				자동결산	• 결산자료입력에 의한 자동결산 → 상품매출원가, 감가상각비, 대손상각비 등
			제장부, 자금 정보 등 조회	제장부	• 일/월계표, 계정별원장, 거래처원장
				자금정보	• 경리일보, 일일자금명세, 받을어음 지급어음현황
		정보분석	회계정보분석	재무제표	• 재무상태표, 손익계산서, 합계잔액시산표 등

> 합격률

(단위: %)

시험년도	회차	FAT		TAT		합계
		2급	1급	2급	1급	
2024년	78회	62.01	70.15	51.01	22.22	58.73
	77회	-	49.55	42.86	-	46.60
	76회	70.99	70.18	45.14	26.14	57.88
	75회	65.76	58.02	46.04	34.27	52.85
	74회	-	60.37	42.42	-	53.79
	73회	63.51	68.92	44.47	20.24	56.35
	72회	-	56.57	34.59	-	47.40
	71회	78.05	77.18	63.72	30.86	69.32
	70회	-	70.08	46.32	-	60.95
	69회	61.20	61.00	50.33	30.45	54.94
2023년	68회	70.93	61.28	56.13	29.84	58.28
	67회	-	55.72	52.66	-	54.51
	66회	69.39	71.81	67.60	46.75	68.14
	65회	66.86	60.77	48.15	30.09	54.98
	64회	-	54.03	22.78	-	40.83
	63회	68.38	61.24	22.93	31.76	48.95
	62회	-	54.23	21.39	-	41.27
	61회	74.16	65.95	39.69	35.86	55.74
	60회	-	53.15	54.71	-	53.76
	59회	67.12	57.54	46.74	33.33	53.57
2022년	58회	46.72	60.03	40.85	30.86	49.84
	57회	49.18	60.40	31.67	34.87	48.28
	56회	55.48	49.97	44.58	16.19	46.45
	55회	51.07	44.81	45.23	37.82	45.26
	54회	39.52	45.79	49.22	49.00	46.51
	53회	62.88	67.33	43.95	32.39	57.01
	52회	66.48	50.75	41.76	26.45	47.36
	51회	63.57	66.11	26.81	29.42	49.72
2021년	50회	47.64	55.13	31.72	29.34	44.24
	49회	56.80	61.88	31.44	26.07	48.11
	48회	59.63	59.48	41.66	29.48	53.21
	47회	60.13	63.00	47.37	28.03	56.15
	46회	58.64	48.71	44.70	31.20	47.62
	45회	76.28	46.79	41.62	40.08	49.79
2020년	44회	55.97	68.67	20.89	14.13	47.74
	43회	54.71	65.70	39.79	31.05	53.62
	42회	60.49	62.97	42.48	27.78	54.00
	41회	75.61	58.60	44.07	19.84	54.09
	39회	51.81	64.92	31.83	20.54	50.77
	33회	58.78	70.15	22.31	28.51	52.86

차례

제3부 더존 SmartA(iPLUS) 내 것으로 만들기

제1장 기초정보관리의 회계정보시스템 운용 / 75

> **NCS** 능력단위(분류번호)
> 회계정보시스템 운용(0203020105_20v4)

제2장 전표관리 / 107

> **NCS** 능력단위(분류번호)
> 전표관리(0203020101_20v4)

차례

차례

제 **1** 부

알고가자!

알고가자 1. 더존 SmartA 프로그램 설치하기

01 프로그램 다운받기

1 한국공인회계사회 AT자격시험 홈페이지 'http://at.kicpa.or.kr'에 접속하여, 왼쪽 하단의 '교육용프로그램다운로드'를 클릭한다.

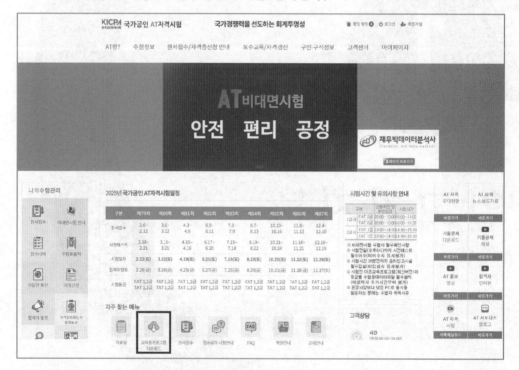

2 '교육용 프로그램을 다운로드'를 클릭하여 프로그램을 다운로드한다.

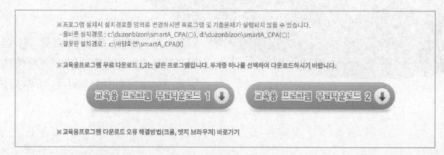

02 프로그램 설치하기

1 다운로드한 교육용 프로그램 압축 파일의 압축을 푼다.

2 교육용 프로그램 파일을 더블클릭하여 설치하고, 사용권 계약 등 내용에 동의를 선택한 후 [다음]을 클릭한다.

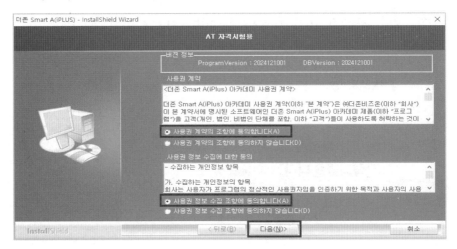

3 프로그램과 데이터 설치 경로를 확인하고 [다음]을 클릭하여 설치한다.

> **주의** 설치 경로를 변경하지 않아야 교재 백데이터를 설치할 수 있다.

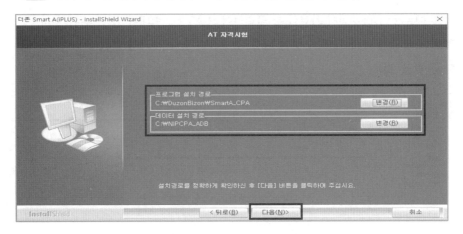

4 설치가 완료되면 바탕화면에 'AT자격시험 더존 SmartA(iPLUS)' 아이콘( )이 보이며 아이콘을 더블클릭하면 프로그램이 실행된다. [최신버전확인]을 클릭하여 업그레이드를 진행한다.

알고가자 2. 교재 백데이터 설치하기

01 백데이터 다운받기

1 삼일아이닷컴 홈페이지 'http://www.samili.com'에 접속하여, 상단부 [제품몰]을 클릭한다.

2 왼쪽 메뉴 중 [AT수험서 자료실]을 클릭하여 [FAT2급 백데이터]를 다운받는다.(백데이터 업로드 상황에 따라 화면 구성이 다를 수 있으며, 가장 최신에 업데이트된 백데이터를 다운 받을 것)

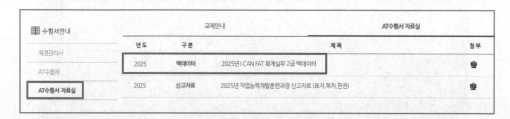

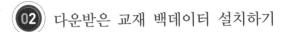 다운받은 교재 백데이터 설치하기

1 다운로드한 백데이터(실행파일)를 더블클릭하여 실행한다.

2 중복되는 파일은 '덮어쓰기'를 하여 설치한다.

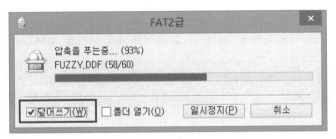

3 백데이터 설치가 완료되면 프로그램이 자동으로 실행된다.

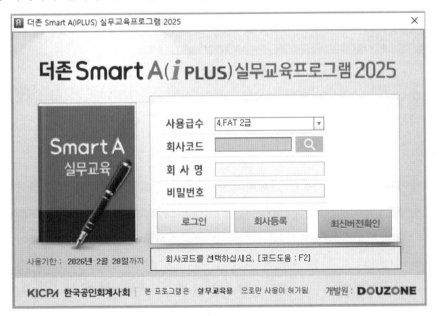

4 FAT 2급을 선택 후 문제를 풀고자 하는 회사를 선택하여 실행한다.

알고가자 3. 데이터 백업과 복구하기

01 데이터 백업하기

1 백업하고자 하는 회사의 '회계'를 선택하고 백업하기를 클릭한다.

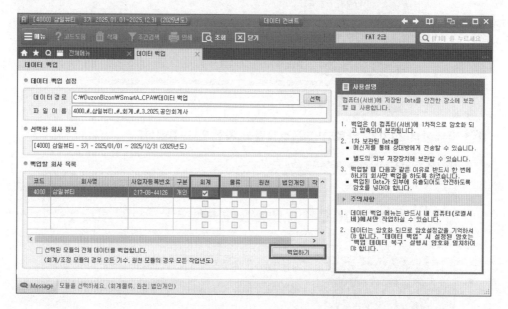

2 [데이터 백업]에서 '예'를 클릭하고 백업 위치를 설정한 후 '확인'을 클릭한다.

3 데이터 백업이 완료되면 작업결과에 '성공'으로 나타나며, 백업받은 위치에서 백업파
일을 확인할 수 있다.

02 백업데이터 복구하기

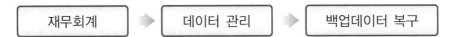

재무회계 ➡ 데이터 관리 ➡ 백업데이터 복구

1 백업받아 놓은 데이터 경로를 선택한 후 하단의 [복구하기]를 클릭한다.

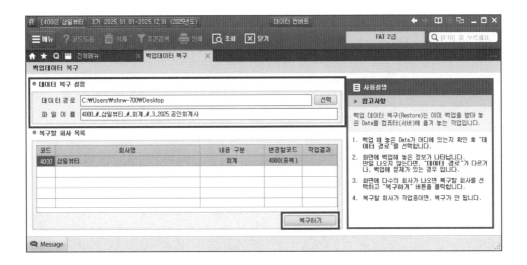

2 [데이터 복구]화면에서 복구방법 중 한 가지를 선택하고 [예]를 클릭한다. 백업데이터 복구가 완료되면 작업결과에 [성공]으로 나타난다.

3 [데이터 복구]가 성공적으로 이루어지면 복구한 회사로 로그인할 수 있다.

제2부

이론 내 것으로 만들기

제 **1** 장

회계기초 다지기

제1절 회계란 무엇인가?

01 회계의 정의

회계는 기업의 경영활동에 관련된 모든 계산을 말하며, 경제활동을 전반적으로 해석 · 설명하거나 의사 결정을 위한 여러 가지 정보를 제공하는 일도 포함되므로 회계를 기업에서 이루어지는 수많은 경영활동을 숫자로 표현하는 기업의 언어라고 한다.

오늘날의 회계는 "회계정보이용자가 합리적인 판단이나 의사결정을 할 수 있도록 기업실체에 관한 유용한 경제적 정보를 식별, 인식, 측정, 기록 및 전달하는 과정"이다.

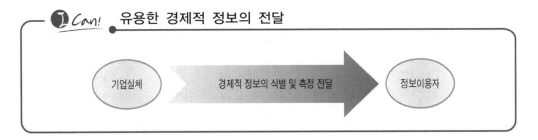

유용한 경제적 정보의 전달

기업실체 → 경제적 정보의 식별 및 측정 전달 → 정보이용자

02 회계의 목적

회계의 목적은 광범위한 정보이용자의 경제적 의사결정에 유용한 기업의 재무상태, 경영성과 및 재무상태 변동에 관한 정보를 제공하는 것이다. 또한 회계는 위탁받은 자원에 대한 경영진의 수탁책임이나 회계책임(경영진이 기업에 투자한 투자자나 채권자 등을 대신하여 기업을 경영하는 책임)의 결과를 보여준다.

03 회계정보 이용자와 정보수요

회계는 다양한 이해관계자들인 현재 및 잠재적 투자자, 채권자, 거래처, 정부와 유관기관, 일반대중, 경영자, 근로자 등의 정보수요에 유용한 정보 제공을 목적으로 한다.

	주주, 투자자	투자위험을 감수하는 자본제공자는 투자위험·수익에 대한 정보에 관심
외부정보 이 용 자	채권자	대여금과 대여금에 대한 이자가 지급기일에 적절히 지급되는지에 관심
	거래처	지급기일 내에 지급할 수 있는 능력이 있나 판단하기 위한 정보에 관심
	정부, 유관기관	기업 활동을 규제하고 조세정책을 결정하며, 국민 소득이나 이와 유사한 통계 자료의 근거로 사용하기 위한 정보에 관심
	일반대중	재무제표에서 기업의 성장과 활동범위의 추세와 현황에 대한 정보에 관심
내부정보 이 용 자	경영자	경영의사결정에 필요한 정보에 관심
	근로자	고용주인 기업의 안정성, 수익성, 연봉, 고용기회 등의 정보에 관심

 회계의 분류

회계정보이용자의 정보요구에 따른 회계의 분야를 크게 분류해보면 다음과 같다.

구 분	재무회계 Financial Accounting	원가(관리)회계 Cost(Management) Accounting	세무회계 Tax Accounting

목 적	• 일반목적 재무제표 작성	• 경영자가 경영활동에 필요한
		  재무정보 생성, 분석
			• 법인세, 소득세, 부가가치세
			  등의 세무보고서를 작성

정 보 이용자	• 외부정보이용자 • 주주, 투자자, 채권자 등	• 내부정보이용자 • 경영자, 근로자 등	• 과세관청 • 국세청 등

작 성
기 준
	• 일반적으로 인정된 회계
	  원칙에 따라 작성
		• 특별한 기준이나 일정한 원칙
		  없이 작성
			• 법인세법, 소득세법, 부가
			  가치세법 등에 따라 작성

주의 재무회계의 내용, 원가(관리)회계의 내용을 정확히 구분하자.

 회계의 기본가정(전제조건)

회계는 일정한 가정 하에 이루어지는데 이 기본가정(또는 전제) 중 가장 중요한 것은 다음과 같다.

기업실체의 가정	• 기업을 소유주와는 독립적으로 존재하는 회계단위로 간주 • 하나의 기업을 하나의 회계단위의 관점에서 재무정보를 측정, 보고 • 소유주와 별도의 회계단위로서 기업실체를 인정하는 것 주의 회계단위: 기업의 경영활동을 기록 계산하기 위한 장소적 범위(본점, 지점) 예 회계처리는 주주 등의 입장이 아닌 기업실체(예: 삼일뷰티) 입장에서 하자.

계속기업의 가정	• 일반적으로 기업이 예상 가능한 기간 동안 영업을 계속할 것이라는 가정 • 기업은 그 경영활동을 청산하거나 중요하게 축소할 의도나 필요성을 갖고 있지 않 다는 가정을 적용 주의 건물의 내용연수를 20년 등으로 하여 감가상각을 할 수 있는 것은 계속기업 의 가정 덕분이다.
기간별 보고의 가정	• 기업실체의 존속기간을 일정한 기간 단위로 분할하여 각 기간별로 재무제표를 작 성하는 것 • 기업의 경영활동은 영업이 시작되는 날부터 폐업하는 날까지 전체적으로 파악하기 는 어려우므로 인위적으로 6개월 또는 1년 등으로 구분하여 재무제표를 작성 주의 회계연도는 1년을 넘지 않는 범위 내에서 기업의 임의대로 설정할 수 있다.

┃ 회계연도가 1년이고 1월 1일이 기초인 경우

```
                  1/1기초                          12/31기말
      ···· 전기 ····|········· 당기 ·········|··· 차기 ····
                    |      회계연도(회계기간)     |
```

┃ 기본 용어

• 기　　초: 보고기간의 시작시점　　　• 기　　말: 보고기간의 끝시점
• 당　　기: 현재의 보고기간　　　　　• 전　　기: 이전의 보고기간
• 차　　기: 다음의 보고기간　　　　　• 이　　월: 다음 보고기간으로 넘기는 것
• 전기이월: 전기에서 당기로 이월된 것　• 차기이월: 당기에서 차기로 이월된 것

06 발생주의(발생기준)

　발생주의는 현금의 수수에 관계없이 거래가 발생된 시점에 인식하는 기준으로 현금거래 이외의 비현금거래에 대하여도 거래로 인식하여 회계처리하게 된다. 이에 따라 거래는 발생하였으나 현금의 유입과 유출이 이루어지기 전에 인식되는 매출채권, 매입채무 등의 발생주의 계정이 사용된다.

사 례	2025년 1월 1일 향후 2년간의 자동차보험료 200,000원을 일시에 현금 지급했을 경우, 2025년 자동차보험료로 기록해야 할 금액은 얼마일까?		
회계연도	2025년 보험료	2026년 보험료	판단내용
발생주의	100,000원	100,000원	2025년도의 보험혜택을 위하여 발생한 금액은 100,000원이고, 2026년도의 보험혜택을 위하여 발생한 금액은 100,000원이다.
현금주의	200,000원	–	2025년도에 현금 200,000원을 지급했으므로 2025년도 보험료는 200,000원이다.

제2절 회계의 순환과정

01 회계상 거래

거래란 일반적인 의미로는 '주고받음' 또는 '사고 팖'이란 뜻이다. 그런데 회계상 거래는 이와는 달리 사용된다. 회계상 거래는 기업의 경영활동에서 자산, 부채, 자본, 수익, 비용의 증가와 감소 등 변화를 가져오는 것을 말한다. 즉, 회계에서는 재무상태표와 손익계산서에 영향을 미치는 것만 거래라고 본다. 따라서 일상생활에서는 거래지만 회계상 거래가 아닌 경우도 있으며, 회계상 거래지만 일상생활에서는 거래가 아닌 경우도 있다.

회계상 거래와 회계기록과의 관계를 나타내면 다음과 같다.

경제적인 거래		
계약, 주문, 약속 등	상품 매출, 대여 등	도난, 파손, 화재 등
	회계상 거래	

경제적 사건	떡볶이 판매	손님 오기 전에 신문 보기
	↓	↓
판단기준	상기 경제적 사건이 자산, 부채, 자본, 수익, 비용의 증감을 일으키는가? 즉, 재무상태의 변동을 유발하여 재무제표에 표시될 수 있는가?	
	↓	↓
회계상 거래 여부 (회계기록 여부)	○	×

▌ **일상생활에서는 거래지만 회계상 거래가 아닌 경우**
　상품 매매 계약, 종업원 채용 계약, 건물의 임대차 계약, 부동산 담보 설정 등

▌ **회계상 거래지만 일상생활에서는 거래가 아닌 경우**
　상품 등의 도난·파손·화재, 상품의 가격 하락 등

02　분개(분개장)

(1) 거래의 8요소의 결합관계

　재무상태표와 손익계산서 요소에서 왼쪽에 위치하는 것은 자산과 비용이며 오른쪽에 위치하는 것은 부채, 자본 및 수익이다. 회계상 모든 거래는 왼쪽(차변)요소와 오른쪽(대변)요소가 결합하여 발생하는데 차변요소는 자산의 증가·부채의 감소·자본의 감소·비용의 발생이며, 대변요소는 자산의 감소·부채의 증가·자본의 증가·수익의 발생이다.

ⓘCan!　재무상태표와 손익계산서 요소의 결합관계!

자　산	부　채
	자　본
비　용	수　익

（왼쪽 : 차변요소）　　（오른쪽 : 대변요소）

자산의 증가 부채의 감소 자본의 감소 비용의 발생	자산의 감소 부채의 증가 자본의 증가 수익의 발생

※ 증가와 감소
　재무상태표 요소와 손익계산서 요소가 같은 방향에 기록되면 증가(+)로 표시되며, 반대 방향에 기록되면 감소(−)로 표시된다.

※ 거래의 이중성(복식부기의 원리)
　모든 거래를 원인과 결과의 인과관계를 파악하여 이중으로 기록하기 때문에 오류에 대한 자가검증 기능이 있다.

※ 대차평균의 원리
　거래의 이중성에 의해 기록하기 때문에 차변합계와 대변합계는 항상 일치한다.

(2) 계 정

기업의 경영활동에서 회계상 거래가 발생하면 자산의 증가와 감소, 부채의 증가와 감소, 자본의 증가와 감소, 수익과 비용이 발생하는데 이때 각 항목별로 설정된 기록 및 계산 단위를 계정(account: A/C)이라 한다. 또한 현금계정, 보통예금계정, 상품계정 등과 같이 계정에 붙이는 이름을 계정과목이라고 한다.

ⅠCan! 계정과목

　회계처리를 할 때, 각각의 내용을 모두 풀어서 쓰면 이를 나중에 의미 있는 정보로 집계하기 어려우므로 비슷한 형태의 거래들은 모아서 계정과목이라는 이름으로 나누어 정리한다. 예를 들어 택시비, 버스비 등은 동일하게 교통비라고 한다.

　이와 같이 하면 택시를 타든 버스를 타든 항공기를 타든 모두 교통비라는 계정과목으로 모여 나중에 교통비라는 계정을 보게 되면 일정기간 동안 교통비로 얼마를 사용하였는지를 알게 되는 장점이 있다.

---

(3) 분개(전표작성)와 분개장

기업의 경영활동에서 회계상 거래가 발생하면 차변계정과 대변계정에 어떤 계정과목으로 얼마의 금액을 기록할 것인지 결정하는 절차를 분개라고 하며, 분개를 기록한 장부를 분개장이라 한다.

ⅠCan! 분개절차

① 어떤 '계정과목'에 기입할 것인가?
② 그 계정의 '차변', '대변' 중 어느 쪽에 기입할 것인가?
③ '금액'은 얼마를 기입할 것인가?

　주의　예 **'상품 200,000원을 현금으로 구입하였다.'라는 거래의 분개**

　① 상품과 현금 계정과목을 찾아낼 수 있다.
　② 상품이라는 자산이 증가하였으며 자산의 증가는 차변에 기입한다.
　　 현금이라는 자산이 감소하였으며 자산의 감소는 대변에 기입한다.
　③ 상품의 금액은 200,000원이며 현금의 금액도 200,000원이다.
　　 따라서 분개는 '(차변) 상품 200,000 (대변) 현금 200,000'이다.

👤Can! 분개원리 및 계정잔액

- 재무상태표 계정
  자산계정은 차변에서 증가하고 대변으로 감소하며, 잔액은 차변에 남는다.
  부채계정은 대변에서 증가하고 차변으로 감소하며, 잔액은 대변에 남는다.
  자본계정은 대변에서 증가하고 차변으로 감소하며, 잔액은 대변에 남는다.
- 손익계산서 계정
  비용계정은 차변에서 발생하고 대변으로 소멸하며, 잔액은 차변에 남는다.
  수익계정은 대변에서 발생하고 차변으로 소멸하며, 잔액은 대변에 남는다.

(4) 거래의 종류

1) 교환거래

자산, 부채, 자본의 증가와 감소만 있고 수익과 비용의 발생은 없는 거래를 말한다.

예 '상품 200,000원을 현금으로 구입하다.'의 거래

➡ (차변) 상품　　　　　200,000　　　　(대변) 현금　　　　　　　200,000

2) 손익거래

거래 총액이 수익 또는 비용의 발생으로 이루어진 거래를 말한다.

예 '예금에 대한 이자 100,000원을 현금으로 받다.'의 거래

➡ (차변) 현금　　　　　100,000　　　　(대변) 이자수익　　　　　100,000

3) 혼합거래

자산, 부채, 자본의 증감과 수익과 비용의 발생이 혼합되어 이루어진 거래를 말한다.

예 '대여금 200,000원과 그에 대하여 이자 20,000원을 현금으로 받다'의 거래

➡ (차변) 현금　　　　　220,000　　　　(대변) 대여금　　　　　　200,000
　　　　　　　　　　　　　　　　　　　　　　　이자수익　　　　　　 20,000

03 전기(총계정원장)

기업의 경영활동에서 회계상 거래가 발생하여 분개한 내용을 해당 계정에 옮겨 적는 것을 전기라고 하며, 해당 계정이 설정되어 있는 장부를 총계정원장이라 한다.

☞ Can!   ● 전기절차

① 분개할 때 기록된 분개의 해당 계정을 찾는다.
② 차변계정에 분개된 금액을 총계정원장의 해당 계정 차변에 기입한다.
③ 대변계정에 분개된 금액을 총계정원장의 해당 계정 대변에 기입한다.
④ 금액 앞에 상대 계정과목을 기입한다.(상대 계정과목 두 개 이상 '제좌')

예 '상품 200,000원을 현금으로 구입하였다.'의 분개와 전기는 다음과 같다.

분개

차 변	상 품(자산증가)	200,000	대 변	현 금(자산감소)	200,000

전기

상 품		현 금	
현 금 200,000 (상대계정)		상 품 200,000 (상대계정)	

---

04 결산

(1) 결산의 의의

기업은 경영활동에서 발생한 거래를 분개장에 분개하고 총계정원장에 전기하는 행위를 기중에 반복하는데, 보고기간 말에는 기중에 기록된 내용을 토대로 기업의 재무상태와 경영성과를 파악하여야 한다. 이와 같이 일정시점에 자산, 부채, 자본의 재무상태를 파악하고 일정기간 동안 발생한 수익과 비용을 통해 경영성과를 파악하는 절차를 결산이라고 한다. 자산, 부채, 자본의 재무상태는 재무상태표에 표시되고, 수익과 비용을 통한 경영성과는 손익계산서에 표시되므로 결산절차는 기중에 기록된 내용을 토대로 재무상태표와 손익계산서라는 재무제표를 작성하는 과정이다.

(2) 결산의 절차

1) 수정전시산표 작성

기업의 경영활동에서 발생한 거래를 분개장에 분개한 후 총계정원장에 전기하는데 기중 분개와 전기가 정확히 되었는지 조사하기 위하여 작성하는 표가 '수정전시산표'이다. 정확히 분개가 되고 전기가 되었다면 대차평균의 원리에 의해 모든 계정의 차변과 대변의 합계는 반드시 일치한다. 시산표의 종류에는 합계시산표, 잔액시산표, 합계잔액시산표가 있다.

> 시산표 등식
> 기말자산 + 총비용 = 기말부채 + 기초자본 + 총수익

2) 기말결산사항에 대한 수정분개

기말 결산시점에 자산, 부채, 자본의 현재액과 당기에 발생한 수익과 비용을 정확하게 파악하기 위해 자산, 부채, 자본, 수익, 비용에 대한 수정분개를 한다.

3) 수정후시산표 작성

기말수정분개를 하면 그 분개내용을 총계정원장에 전기하는데, 기말수정분개가 정확히 전기되었는지 확인하기 위해 수정후시산표를 작성한다.

4) 손익계산서계정의 장부마감

손익계산서계정인 수익과 비용계정은 당기의 경영성과를 보여주는 것으로 차기의 경영활동에 영향을 미치지 않는다. 따라서 수익과 비용계정 잔액은 손익(집합손익)계정을 설정하여 '0'으로 만들어 마감하는데 그 절차는 다음과 같다.

> ① 총계정원장에 손익계정을 설정한다.
> ② 수익계정의 잔액을 손익(집합손익)계정의 대변에 대체한다.
>   (차변) 수익계정   ×××   (대변) 손익계정   ×××
> ③ 비용계정의 잔액을 손익계정의 차변에 대체한다.
>   (차변) 손익계정   ×××   (대변) 비용계정   ×××
> ④ 손익계정의 잔액을 자본계정에 대체한다.
>   • 당기순이익이 발생한 경우:
>   (차변) 손익계정   ×××   (대변) 자본금   ×××
>   • 당기순손실이 발생한 경우:
>   (차변) 자본금   ×××   (대변) 손익계정   ×××
> ⑤ 수익과 비용계정의 총계정원장을 마감한다.
>   차변과 대변의 합계를 확인한 후 두 줄을 긋고 마감한다.

5) 재무상태표계정의 장부마감

재무상태표계정인 자산, 부채, 자본계정은 당기의 재무상태가 보고된 이후에도 잔액이 '0'으로 되지 않고 계속해서 이월되어 차기의 재무상태에 영향을 미치게 된다. 따라서 자산, 부채, 자본계정은 다음과 같은 절차로 마감한다.

---

① 자산계정은 차변에 잔액이 남게 되므로 대변에 차변잔액만큼 차기이월로 기입하여 일치시킨
   후 다시 차변에 그 금액만큼 전기이월로 기입한다.
② 부채와 자본계정은 대변에 잔액이 남게 되므로 차변에 대변잔액만큼 차기이월로 기입하여 일치
   시킨 후 다시 대변에 그 금액만큼 전기이월로 기입한다.

---

6) 손익계산서와 재무상태표 작성

자산, 부채, 자본계정의 잔액을 이용하여 재무상태표를 작성하고, 수익과 비용계정을 이용하여 손익계산서를 작성한다.

ⓘ Can!

▌ 회계의 순환과정

거래의 발생 ➡ 분 개 (분개장) ➡ 전 기 (총계정원장) ➡ 결산예비 절차 시산표 작성 → 결산수정분개

➡ 결산 본 절차 총계정원장의 마감 ➡ 결산보고서 작성 절차 손익계산서와 재무상태표 작성

▌ 재무제표

① 재무상태표: 일정시점의 기업의 재무상태(자산·부채·자본)를 파악하기 위한 보고서
② 손익계산서: 일정기간의 기업의 경영성과(수익·비용)를 파악하기 위한 보고서
③ 현금흐름표: 일정기간의 기업의 현금유입과 현금유출에 관한 보고서
④ 자본변동표: 일정시점의 기업의 자본크기와 일정기간의 자본의 변동에 관한 보고서
⑤ 주석: 재무제표의 해당과목과 금액에 기호를 붙여 별지에 추가적 정보를 보여주는
     보고서

▌ 잔액시산표와 손익계산서, 재무상태표의 관계

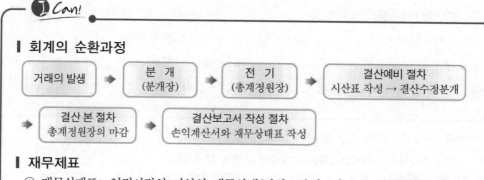

잔액시산표				손익계산서				재무상태표			
자산	390,000	부채	30,000	비용	20,000	수익	80,000	자산	390,000	부채	30,000
		자본	300,000							자본	360,000
		수익	80,000	당기순이익						(당기순이익	
비용	20,000				60,000						60,000)
	410,000		410,000		80,000		80,000		390,000		390,000

제3절 **기업의 재무상태표와 손익계산서**

재무제표는 기업의 외부 정보이용자에게 재무정보를 전달하는 핵심적인 재무보고 수단으로 다양한 정보이용자의 공통요구를 위해 작성되는 일반목적 재무제표를 의미한다.

01 **재무상태표**

(1) 재무상태표의 의의

재무상태표는 일정시점의 기업의 재무상태를 보여주는 보고서이다. 재무상태라는 것은 기업이 소유하고 있는 자산(현금, 상품, 건물 등)과 타인에게 갚아야 하는 부채(외상매입금, 차입금 등), 그리고 자산에서 부채를 차감한 자본으로 나누어진다.

I Can! 재무상태표 작성기준과 등식

- 자산과 부채는 1년 기준이나 정상적인 영업주기 기준으로 유동과 비유동으로 분류
- 자산과 부채는 유동성이 큰 항목부터 배열하는 것이 원칙
- 자산과 부채는 총액으로 표시(원칙적으로 상계하여 표시하지 않는다.)
- 주주와의 거래에서의 자본잉여금과 영업활동에서의 이익잉여금으로 구분 표시
- 재무상태표 등식

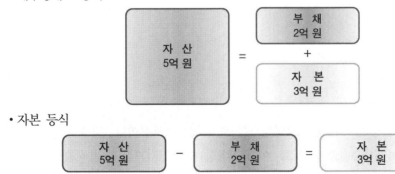

- 자본 등식

자 산 5억 원	−	부 채 2억 원	=	자 본 3억 원

(2) 재무상태표 요소

1) 자 산

기업이 경영활동을 위하여 소유하고 있는 재화(상품, 건물 등)와 채권(외상매출금, 대여금 등)을 말하며, 총자산이라고도 한다.

2) 부 채

기업이 경영활동의 결과 미래의 시점에 지급해야 할 채무(외상매입금, 차입금 등)를 말하며, 타인자본이라고도 한다.

3) 자 본

자산 총액에서 부채 총액을 차감한 잔액을 말하며, 자기자본 또는 순자산이라고도 한다.

ⓘ Can!　**재무상태표 계정**

자산 계정	현 금	한국은행에서 발행한 지폐, 동전 등
	보통예금	은행의 예금으로 수시로 입금과 출금이 가능한 예금
	대여금	차용증서를 받고 남에게 빌려주는 돈
	외상매출금	상품을 매출하고 돈을 받지 않은 외상대금
	상 품	판매하기 위하여 외부로부터 구입한 물건
	건 물	영업활동에 사용하기 위한 사무실, 공장, 창고 등
	비 품	영업활동에 사용하기 위한 컴퓨터, 복사기, 책상, 의자 등
부채 계정	차입금	차용증서를 주고 남에게 빌려온 돈
	외상매입금	상품을 구입하고 지급하지 않은 외상대금
자본 계정	자본금	개인기업 기업주의 출자액
	인출금	개인기업 기업주의 인출액

02 손익계산서

(1) 손익계산서의 의의

손익계산서는 일정기간 기업의 경영성과를 보여주는 보고서이다. 경영성과는 일정기간 동안 벌어들인 수익(상품매출, 임대료, 이자수익 등)에서 일정기간 동안 지출한 비용(급여, 복리후생비, 임차료, 이자비용 등)을 차감하여 계산된 이익이나 손실을 말한다.

I Can! 손익계산서 작성기준과 등식

- 수익과 비용은 그것이 발생한 기간에 정당하게 배분되도록 처리
- 수익과 비용은 그 발생원천에 따라 명확하게 분류하고 각 수익과 비용을 대응 표시
- 수익과 비용은 총액으로 보고하는 것이 원칙
- 손익계산서 등식(손익법)

(2) 손익계산서 요소

1) 수 익

기업이 경영활동의 결과로 획득한 금액으로, 고객에게 상품을 매출하고 얻은 대가, 용역을 제공하고 얻은 수수료, 은행예금에 대한 이자수익 등을 말한다.

2) 비 용

기업이 경영활동 과정에서 수익을 얻기 위해 지출하거나 사용한 것으로, 고객에게 판매한 상품의 원가, 종업원에 대한 급여, 은행차입금에 대한 이자비용 등을 말한다.

I Can! 손익계산서 계정

수익 계정	상품매출	상품을 판매하고 얻은 대가(상품 판매 시 매가)
	수수료수익	용역을 제공하고 얻은 대가
	이자수익	은행에 예금을 예치하고 받은 이자
비용 계정	상품매출원가	판매한 상품의 원가(상품 구입 시 원가)
	급여	직원의 근로의 대가로 지급한 급여
	임차료	건물 등을 임차하고 지급한 금액
	이자비용	자금을 차입하고 지급한 이자

03 재무상태표와 손익계산서의 관계

재무상태표는 일정시점의 기업의 재무상태를 보여주는 것이고 손익계산서는 일정기간의 기업의 경영성과를 보여주는 보고서이다. 재무상태표의 자본의 증가(감소)와 손익계산서의 당기순이익(또는 당기순손실)은 반드시 일치하여야 한다.

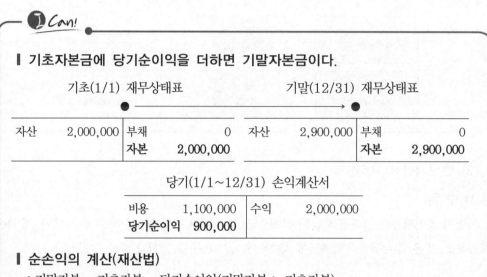

Ｉ Can!

▎기초자본금에 당기순이익을 더하면 기말자본금이다.

기초(1/1) 재무상태표			기말(12/31) 재무상태표		
자산	2,000,000	부채 　　　　　　 0 **자본** 　**2,000,000**	자산	2,900,000	부채 　　　　　　 0 **자본** 　**2,900,000**

당기(1/1~12/31) 손익계산서

비용	1,100,000	수익	2,000,000
당기순이익	**900,000**		

▎순손익의 계산(재산법)
- 기말자본 − 기초자본 = 당기순이익(기말자본 > 기초자본)
- 기초자본 − 기말자본 = 당기순손실(기말자본 < 기초자본)

제 **2** 장

회계이론 제대로 알기

제**1**절 유동자산

재무상태표

삼일뷰티		2025년 12월 31일 현재	
자산		**부채**	
유동자산		**유동부채**	
당좌자산		매입채무	
재고자산		미지급금 등	
비유동자산		**비유동부채**	
투자자산		사채 등	
유형자산		**자본**	
무형자산		자본금	
기타비유동자산			

01 당좌자산

당좌자산이란 유동자산 중에서 판매과정을 거치지 않고 1년 이내에 현금화가 가능한 자산을 말한다.

(1) 현금 및 현금성자산

1) 현금

현금은 재화나 용역을 구입하는 데 사용하는 가장 대표적인 수단으로 유동성이 가장 높은 자산이다. 일상생활에서는 지폐나 동전 등 화폐성통화만을 현금으로 생각하지만 회계에서는 통화는 아니지만 통화와 같은 효력으로 사용되는 것으로, 통화와 언제든지 교환할 수 있는 통화대용증권을 포함한다.

- 통화: 지폐와 동전
- 통화대용증권: 은행발행 자기앞수표, 타인발행 당좌수표, 송금수표, 우편환증서, 배당금지급통지표, 만기도래 국공채 및 회사채이자표 등

2) 당좌예금과 당좌차월

기업에서는 현금거래의 번거로움과 위험을 막기 위해 거래대금을 수표를 발행하여 지급하는데, 이때 발행하는 수표가 당좌수표이다.

• 당좌예금: 기업이 은행과 당좌거래의 약정을 맺고 일정한 현금을 입금한 후 당좌수표를 통해서만 인출이 되는 예금이 당좌예금이다.

• 당좌차월(2계정제): 이미 발행한 수표와 어음에 대해 예금 잔액이 부족해도 지급하도록 은행과 맺는 약정으로 결산 시 단기차입금으로 대체된다.

• 우리기업이(당점) 발행한 당좌수표를 지급하면 ➡ (대변) 당좌예금
• 우리기업이(당점) 발행한 당수표를 수취하면 ➡ (차변) 당좌예금
• 타인(동점)이 발행한 수표를 지급하면 ➡ (대변) 현금
• 타인(동점)이 발행한 수표를 수취하면 ➡ (차변) 현금

---

3) 보통예금

은행예금 중 만기가 정해져 있지 않고 입출금이 자유로운(요구불예금) 예금을 말한다.

4) 현금성자산

취득당시(취득당시 ○, 결산일로부터 ×) 만기가 3개월 이내인 유동성이 매우 높은 단기 금융상품으로 다음과 같은 특징을 가진다.

• 큰 거래비용 없이 현금으로 전환이 용이할 것
• 가치변동의 위험이 중요하지 않을 것

주식은 현금성자산에 포함되지 않는다. 왜냐하면 주식은 투자의 목적을 가지고 있으며 만기의 개념이 없기 때문이다.

현금성자산에 속하는 채무증권 및 단기금융상품의 만기는 재무상태표일(결산일) 현재 기준이 아니라 취득당시의 기준으로 하여야 한다.

예를 들어 2026년 1월 15일 만기인 채권을 2025년 11월 30일에 취득하였다면 취득일로부터 만기까지가 3개월 이내이기 때문에 현금성자산에 해당하지만, 2026년 1월 15일 만기인 채권을 2025년 9월 1일에 취득하였다면 2025년 12월 31일로부터는 만기가 3개월 이내이나 취득당시 만기가 3개월을 초과하므로 현금성자산으로 보지 않는다.

---

5) 현금과부족

장부의 현금계정잔액이 현금의 실제잔액과 일치해야 하나 계산이나 기록상 오류, 분실, 도난 등의 이유로 일치하지 않을 수 있는데, 이때 일시적으로 사용하는 계정이다.

장부상 현금잔액 < 실제 현금잔액

: 금고의 현금이 과할 때 ➡ 장부의 현금을 증가시키자!
- 현금과잉　　(차) 현금　　　　×××　(대) 현금과부족　×××
- 결산(원인불명) (차) 현금과부족　×××　(대) 잡이익　　×××

장부상 현금잔액 > 실제 현금잔액

: 금고의 현금이 부족할 때 ➡ 장부의 현금을 감소시키자!
- 현금부족　　(차) 현금과부족　×××　(대) 현금　　×××
- 결산(원인불명) (차) 잡손실　　×××　(대) 현금과부족　×××

---

(2) 단기금융상품

만기가 1년 이내에 도래하는 금융상품으로 현금성자산이 아닌 것을 말한다.

1) 정기예금과 적금

만기가 1년 이내에 도래하는 정기예금과 정기적금을 말한다.

2) 기타단기금융상품

만기가 1년 이내에 도래하는 금융기관에서 판매하고 있는 기타의 금융상품들로 양도성 예금증서(CD), 종합자산관리계좌(CMA), MMF, 환매채(RP), 기업어음(CP) 등이 있다.

3) 단기매매증권

단기간 내에 매매차익을 얻기 위한 목적으로 시장성 있는(매수와 매도가 적극적이고 빈번함) 유가증권(주식, 사채, 공채 등)을 구입하는 경우 단기매매증권으로 분류한다.

취득	• 구입금액(액면금액 ×, 구입금액 ○)으로 회계처리 • 취득시 매입수수료 당기비용(영업외비용) 처리 (차) 단기매매증권　　　×××　(대) 현　금　　××× 　수수료비용(영업외비용)　×××
평가	• 결산시 장부금액과 공정가치를 비교하여 공정가치로 평가 • 차액은 단기매매증권평가손익으로 처리 • 장부금액 < 공정가치: 단기매매증권평가이익 　(차) 단기매매증권　×××　(대) 단기매매증권평가이익　××× • 장부금액 > 공정가치: 단기매매증권평가손실 　(차) 단기매매증권평가손실　×××　(대) 단기매매증권　×××

처분	• 장부금액과 처분금액의 차액은 단기매매증권처분손익으로 처리 • 처분시 수수료 등의 비용은 단기매매증권처분손익에 가(+)감(−) 처리
	• 장부금액 < 처분금액: 단기매매증권처분이익 (차) 현금(처분금액)　　　　×××　(대) 단기매매증권　　　　××× 　　　　　　　　　　　　　　　　　단기매매증권처분이익　××× • 장부금액 > 처분금액: 단기매매증권처분손실 (차) 현금(처분금액)　　　　×××　(대) 단기매매증권　　　　××× 　　　단기매매증권처분손실　×××

(3) 매출채권(외상매출금, 받을어음)

1) 외상매출금

상품을 매출하고 대금을 나중에 받기로 하면 외상매출금으로 기입한다.

매출시	• 상품이나 제품을 외상으로 매출하면 외상매출금계정 차변으로 회계처리 (차) **외상매출금**　　　×××　(대) 상품매출(또는 제품매출)　×××
외상대금 수령시	• 외상매출금을 받게 되면 외상매출금계정 대변으로 회계처리 (차) 보통예금　　　　×××　(대) **외상매출금**　　　　×××

2) 받을어음

약속어음은 발행인(채무자)이 수취인(채권자)에게 자기의 채무를 갚기 위하여 일정한 금액(외상대금)을 약정기일(만기일)에 약정한 장소(○○은행)에서 지급할 것을 약속한 증권이다. 상품을 매출하고 대금을 약속어음으로 받았을 경우 받을어음으로 기입한다.

보관	• 상품이나 제품을 매출하고 약속어음을 수령하면 받을어음계정 차변으로 회계처리 (차) **받을어음**　　　×××　(대) 상품매출(또는 제품매출)　×××
만기 (추심)	• 받을어음의 만기가 도래하면 거래은행에 어음대금을 받아 줄 것을 의뢰(추심의뢰) • 어음대금을 받게 되면(추심) 받을어음계정 대변으로 회계 처리 • 추심관련 수수료는 당기비용(판매비와관리비)으로 처리 (차) 당좌예금　　　　　×××　(대) **받을어음**　　　××× 　　　수수료비용(판매비와관리비)　×××
배서 양도	• 받을어음 뒷면에 배서하고 양도하면 받을어음계정 대변으로 회계 처리 (차) 외상매입금　　　×××　(대) **받을어음**　　　×××

할인	• 받을어음의 만기가 되기 전에 은행에 배서양도하고 자금을 조달하는 것 • 할인료는 매출채권처분손실(영업외비용)로 처리하고 받을어음계정 대변으로 회계처리
	(차) 당좌예금　　　　　　　　×××　　(대) **받을어음**　　　　　　××× 　　매출채권처분손실　　　×× ×
부도	• 받을어음의 만기가 되기 전에 거래처의 부도가 확정된 경우
	(차) 부도어음과수표　　　　　×××　　(대) **받을어음**　　　　　　×××

3) 매출채권의 대손과 대손충당금

- 대손: 매출채권(외상매출금, 받을어음)이 채무자의 파산 등의 이유로 받지 못하게 되는 상황을 대손이 발생했다고 한다.
- 대손충당금: 보고기간 말에 외상매출금, 받을어음 등의 채권에 대한 회수가능성을 검토하여 대손예상액을 대손충당금으로 설정한다.
- 대손충당금설정법은 다음과 같은 종류가 있다.

① 매출채권 잔액비례법: 보고기간 말에 매출채권 총액에 일정률을 곱하여 계산

$$대손예상액 = 기말매출채권 \times 대손 \ 설정률$$

② 연령분석법: 매출채권의 발생기간(연령)에 따라 다른 대손률을 곱하여 계산 (오래된 매출채권일수록 대손률이 높다.)

$$대손예상액 = 기간별 \ 기말매출채권 \times 기간별 \ 대손 \ 설정률$$

기말	• 보고기간 말 대손예상액을 대손상각비로 계상 • 매출채권에서 직접 차감(직접상각법)하거나 대손충당금(충당금설정법)을 설정
	• 직접상각법: (차) 대손상각비　　××× 　(대) 외상매출금　　　××× • 충당금설정법: 대손충당금추가설정액 = 대손예상액 − 기설정대손충당금 ① 대손예상액 > 기 설정 대손충당금 　　(차) 대손상각비　　　　×××　　(대) 대손충당금　　　　××× ② 대손예상액 < 기 설정 대손충당금 　　(차) 대손충당금　　　　×××　　(대) 대손충당금환입　　××× 주의 대손충당금환입 ➡ 판매비와관리비의 차감(−) 항목이다.
대손	• 매출채권이 채무자의 파산 등의 사유로 회수불가능이 확정(대손확정)되었을 경우 • 대손충당금 잔액이 충분하면 대손충당금과 상계하고 잔액이 없으면 대손상각비로 회계처리
	(차) 대손충당금(매출채권차감항목)　×××　　(대) 매출채권　　　××× 　　대손상각비　　　　　　　　×× ×

대손금 회수	• 매출채권의 대손이 확정되어 대손처리를 하였는데 다시 회수하게 되었을 경우 대손충당금계정 대변으로 회계처리			
	(차) 현　　금	×××	(대) 대손충당금	×××

(4) 기타의 당좌자산

1) 단기대여금

자금을 대여하고 그 회수기일이 1년 이내인 대여금을 말한다.

주의 회수기일이 1년 이후에 도래하는 대여금 ⇨ 장기대여금

2) 주·임·종 단기채권

주주, 임원, 종업원에게 자금을 대여하고 그 회수기일이 1년 이내인 대여금을 말한다.

3) 미수금과 미수수익

① 미수금

주요 상거래인 상품매출 이외의 외상거래(비품, 기계장치 등의 매각)에서 대금을 나중에 지급받기로 하면 미수금으로 기입한다.

주의 상품을 외상으로 매출 ⇨ 외상매출금

② 미수수익

당기에 속하는 수익이나 결산일까지 현금으로 받지 못한 금액을 말한다.

4) 선급금과 선급비용

① 선급금

계약금 성격으로 미리 지급한 대금을 선급금이라 하는데, 선급금만큼의 자산을 청구할 권리가 증가했으므로 자산계정이다.

계약금 지급시	• 계약금을 지급하면 선급금계정 차변으로 회계처리			
	(차) 선급금	×××	(대) 보통예금	×××
상품 원재료 인수시	• 과거 계약금과 관련된 상품, 원재료 등을 인수하면 선급금 계정 대변으로 회계처리			
	(차) 상품(또는 원재료)	×××	(대) 선급금 　　　외상매입금	××× ×××

② 선급비용

선급비용은 당기에 이미 지급한 비용 중에서 차기에 속하는 부분을 계산하여 차기로 이연시킨다. 차변에는 '선급비용(자산)'으로 대변에는 당기의 비용에서 차감하는 비용계정과목으로 분개한다.

비용 지급시	• 당기와 차기에 해당하는 비용을 선지급했을 경우			
	(차) 비용계정(임차료, 보험료 등) ××× (대) 보통예금			×××
결산시	• 차기에 해당하는 비용을 비용계정 대변으로 회계처리			
	(차) 선급비용 ××× (대) 비용계정(임차료, 보험료 등)			×××

5) 가지급금

금전의 지급이 있었으나 그 계정과목이나 금액이 확정되지 않을 경우 사용하는 일시적인 계정과목이며, 그 내용이 확정되면 본래의 계정으로 대체한다.

지급시	• 출장시 여비개산액 등을 지급하면 가지급금계정 차변으로 회계처리			
	(차) 가지급금 ××× (대) 보통예금			×××
정산시	• 출장을 다녀와서 증빙을 받고 여비개산액을 정산하면 가지급금 계정 대변으로 회계처리			
	(차) 여비교통비 ××× (대) 가지급금			×××
	현금 ×××			
	또는			
	(차) 여비교통비 ××× (대) 가지급금			×××
	현금			×××

02 재고자산

재고자산은 정상적인 영업과정에서 판매를 위하여 보유하거나 생산 중에 있는 자산 및 생산 또는 서비스 제공과정에 투입될 원재료나 소모품 형태로 존재하는 자산을 말한다.

(1) 재고자산의 종류

① 상 품: 완성품을 외부에서 구입하여 추가 가공 없이 재판매하는 재고자산
② 제 품: 판매를 목적으로 원재료, 노무비, 경비를 투입하여 제조한 재고자산
③ 반제품: 현재 상태로 판매 가능한 재공품

④ 재공품: 원재료를 제조하여 제품이 완성되기 전 제조과정에 있는 재고자산

⑤ 원재료: 제품 생산과정이나 서비스를 제공하는 데 투입되는 원료 및 재료

⑥ 미착품: 상품이나 원재료 등을 주문하였으나 아직 회사에 입고되지 않은 재고자산

⑦ 소모품: 소모성 물품을 구입하고 아직 사용하지 않은 자산상태의 재고자산

> 주의 상품매매기업은 상품, 미착상품이 주요 재고자산이며, 제조기업은 원재료, 미착원재료, 재공품, 반제품, 제품이 주요재고자산이다. 부동산매매업을 주업으로 하는 기업이 보유하고 있는 부동산은 판매를 목적으로 하므로 재고자산이다.

(2) 재고자산의 취득원가

1) 재고자산의 매입

재고자산 매입대금 및 매입과 관련하여 지불한 운반비, 매입수수료, 하역비, 보험료, 세금 등의 구입 부대비용을 취득원가에 포함한다.

> 주의 재고자산 구입시 운반비 ➡ 재고자산, 재고자산 매출시 운반비 ➡ 운반비

(차) 재고자산(상품)　　　×××	(대) 외상매입금(또는 현금)　　　×××

2) 매입에누리와 환출

매입에누리는 매입한 재고자산 중 하자나 파손이 있는 재고자산에 대해 가격을 인하 받는 것을 말하며, 매입환출은 매입한 재고자산 중 하자나 파손이 있는 상품에 대해 반품하는 것을 말한다.

(차) 외상매입금(또는 현금)　　　×××	(대) 매입에누리(상품의 차감계정)　　　×××
(차) 외상매입금(또는 현금)　　　×××	(대) 매입환출(상품의 차감계정)　　　×××

3) 매입할인

재고자산의 구매자가 판매대금을 조기에 지급하는 경우에 약정에 의해 할인 받은 금액을 말한다.

(차) 외상매입금(또는 현금)　　　×××	(대) 매입할인(상품의 차감계정)　　　×××

4) 상품의 순매입액

순매입액 = 총매입액(상품 매입가액 + 매입 부대비용) − 매입에누리와 환출 − 매입할인

(3) 매출원가

1) 매출원가의 의의

기업이 주된 영업활동을 통하여 수익을 창출하는 것을 매출이라고 한다면 매출원가는 이러한 매출이 이루어지기 위하여 투입한 비용(원가)을 말한다.

2025년 1월 1일에 상품을 800원에 매입하였으며, 2025년 2월 1일에 이 상품을 1,000원에 판매하였다고 가정하자. 이러한 거래에 대해서 다음과 같이 구분하여 분개할 수 있다.

매출원가를 별도로 인식하지 않는 경우	매출원가를 별도로 인식하는 경우
2025년 1월 1일: 상품매입	2025년 1월 1일: 상품매입
(차) 상품　　　800 (대) 현금　　　800	(차) 상품　　　800 (대) 현금　　　800
2025년 2월 1일: 상품매출	2025년 2월 1일: 상품매출
(차) 현금　　1,000 (대) 상품　　　800 　　　　　　　　　상품매출이익 200	(차) 현금　　1,000 (대) 매출　　1,000 (차) 매출원가　 800 (대) 상품　　　800

상기 중 회계정보이용자에게 더 유용한 정보를 제공하는 것은 오른쪽과 같이 매출 및 매출원가를 별도로 보여주는 분개이다. 왜냐하면 매출 및 매출원가를 별도로 보여주는 경우에는 얼마만큼의 판매가 이루어졌으며 그 판매에 대응하는 원가가 얼마인가를 쉽게 알 수 있기 때문이다. 예를 들어, 위의 경우에 당기순이익에 미치는 영향은 200원으로 동일하지만 매출원가를 별도로 인식하는 경우 매출 대비 매출원가 비율(800원/1,000원 = 80%)을 쉽게 알 수 있다. 기업이 주된 영업활동을 통하여 수익을 창출하는 것을 매출이라고 한다면 매출원가는 이러한 매출이 이루어지기 위하여 투입한 비용(원가)을 말한다.

2) 매출원가 공식과 상품계정 기록방법

상품매매업의 매출원가를 구하는 기본공식은 다음과 같다.

> 기초상품재고액 + 당기상품매입액 − 기말상품재고액 = 상품매출원가

예를 들어, 기초상품재고액이 30원, 당기상품매입액이 70원, 기말상품재고액이 40원이라면 상품매출원가는 60원(기초상품재고액 30원 + 당기상품매입액 70원 − 기말상품재고액 40원)이 된다.

(4) 기말재고자산의 평가

1) 수량결정 방법

① 계속기록법	•상품의 입고, 출고를 모두 기록하여 장부에 의하여 수량을 파악한다.
② 실지재고 조사법	•상품의 입고만 기록하고 출고는 기록하지 않는다. •입고란에 기록된 수량에서 직접 조사한 상품의 실제 수량을 차감하여 판매된 수량을 파악한다.
③ 혼합법	•계속기록법과 실지재고조사법을 병행하여 파악한다.

2) 단가결정 방법

상품을 매입할 때마다 단가가 계속하여 변동하는 경우가 대부분이므로 판매되는 재고자산의 단가흐름을 어떻게 가정할 것인지를 정해야 한다.

① 개별법	•개별 상품 각각에 단가표를 붙여서 개별적 단가를 결정
	  – 장점: 실제 물량의 흐름과 동일하여 가장 정확
	            수익비용대응의 원칙에 가장 가까운 방법
	  – 단점: 거래가 많을 경우 적용하기 어려움

② 선입선출법	•먼저 입고된 상품을 먼저 출고한다는 가정하에 출고단가를 결정
	  – 장점: 실제 물량의 흐름과 일치
	            재고자산금액이 현재의 공정가치를 나타냄
	  – 단점: 현재 수익과 과거 원가가 대응하여 수익비용대응의 원칙에 부적합
	            물가상승 시 이익이 과대가 되어 법인세 부담이 큼

③ 후입선출법	•나중에 입고된 상품을 먼저 출고한다는 가정하에 출고단가를 결정
	  – 장점: 현재 수익에 현재 원가가 대응되어 수익비용대응의 원칙에 부합
	  – 단점: 실제 물량의 흐름과 동일하지 않음
	            재고자산금액이 현재의 공정가치를 나타내지 못함

④ 이동평균법	•매입할 때마다 이동평균단가를 구하여 이동평균단가로 출고 단가를 결정
	  – 장점: 변동하는 화폐가치를 단가에 반영함
	  – 단점: 매입이 자주 발생하는 경우 매번 새로운 단가를 계산해야 함

⑤ 총평균법	•기말에 총입고금액을 총입고수량으로 나누어 총평균단가로 출고단가 결정
	  – 장점: 가장 간편하고 이익조작의 가능성이 낮음
	  – 단점: 기초재고가 기말재고의 단가에 영향을 줌

주의 총평균법과 이동평균법을 가중평균법이라고 한다.

▮ 재고자산의 평가 = 수량 × 단가

수량 파악방법		단가 산정방법
• 계속기록법: 입고와 출고 모두 기록 • 실지재고조사법: 입고만 기록하고 　　　　　　　　　재고는 실지조사 • 혼합법: 계속기록법과 실지재고조사법을 　　　　　병행하는 방법	×	• 개별법: 각각 가격표 붙여 개별산정 • 선입선출법: 먼저 입고된 상품 먼저 출고 • 후입선출법: 나중 입고된 상품 먼저 출고 • 가중평균법 　┌이동평균법: 구입시마다 평균단가산정 　└총평균법: 구입한 총액의 평균단가산정

▮ 물가가 상승, 재고자산의 수량이 일정하게 유지된다는 가정하에 단가 산정방법 비교

• 기말재고금액, 매출총이익, 당기순이익, 법인세비용

　선입선출법 > 이동평균법 ≥ 총평균법 > 후입선출법

• 매출원가

　선입선출법 < 이동평균법 ≤ 총평균법 < 후입선출법

(5) 상품매매업의 회계처리

상품매매업의 주요 영업활동은 상품을 구입하고 그 구입한 상품을 판매하는 활동이다. 이러한 상품매매활동은 판매한 상품의 매출액에서 판매한 상품의 원가인 매출원가를 차감하여 상품매출총손익을 산출한다.

• 매출총이익 = 매출액 − 매출원가
• 상품매출원가 = 기초상품재고액 + 당기상품순매입액 − 기말상품재고액
• 당기상품순매입액 = 당기상품총매입액 − 매입에누리와 환출 − 매입할인

1) 단일상품계정

상품관련 계정과목을 상품계정 한 가지만 사용하는 방법으로 상품 매입 시 원가로 기록하고 매출 시 원가와 이익을 구분하여 회계 처리한다. 따라서 매출할 때마다 상품매출손익을 계산한다.

> ▶ 사례 · **(구입)** 상품 10개를 한 개당 100원에 현금 구입하다.
>
>   (차) 상품   1,000   (대) 현금   1,000
>
> · **(판매)** 상품 9개(원가 100원)를 한 개당 200원에 현금매출하다.
>
>   (차) 현금   1,800   (대) 상품   900
>
>   상품매출이익   900
>
> · **(기말)** 기초재고 1개, 매입 10개, 기말재고 2개, 판매 9개(개당 원가 100원)
>
>   분개는 없다.
>
>   ➡ 상품 판매로 인한 이익은 900원이다.

단일상품계정처리법은 상품매출이익만을 알 수 있고, 상품매출액과 매출원가에 대한 내용은 알 수 없다. 또한 상품을 매출할 때마다 판매된 상품의 원가를 일일이 파악해야 하므로 계산이 번거롭고 시간과 노력이 낭비된다.

2) 분할상품계정

단일상품계정의 단점을 보완하여 상품매출액과 매출원가를 파악하기 위하여 '상품'계정과목을 분할해서 회계처리하는 방법이다. 일반적으로 2분법을 사용한다. 2분법에서는 상품관련 계정과목을 매입 시에는 상품계정, 매출 시에는 상품매출계정으로 처리하며, 결산 시에는 기말 재고를 파악하여 판매한 것을 매출원가계정으로 대체한다.

> ▶ 사례 · **(구입)** 상품 10개를 한 개당 100원에 현금 구입하다.
>
>   (차) 상품   1,000   (대) 현금   1,000
>
> · **(판매)** 상품 9개(원가 100원)를 한 개당 200원에 현금매출하다.
>
>   (차) 현금   1,800   (대) 상품매출   1,800
>
> · **(결산)** 기초재고 1개, 매입 10개, 기말재고 2개, 판매 9개(개당 원가 100원)
>
>   (차) 상품매출원가   900   (대) 상품   900
>
>   ➡ 상품 판매로 인한 이익은 '상품매출 1,800원 − 상품매출원가 900원 = 900원'이다.

주의 실무프로세스에서는 2분법에 의한 회계처리를 한다.

제 2 절　비유동자산

재무상태표

삼일뷰티　　　　　　2025년 12월 31일 현재

자산	부채
유동자산	**유동부채**
당좌자산	매입채무
재고자산	미지급금 등
비유동자산	**비유동부채**
투자자산	사채 등
유형자산	**자본**
무형자산	자본금
기타비유동자산	

01　투자자산

투자자산이란 비유동자산 중에서 기업의 판매활동 이외의 장기간에 걸쳐 투자이익을 얻을 목적으로 보유하고 있는 자산을 말한다.

투자자산 세부계정과목	내용
장기성예금과 장기금융상품	만기가 1년 이후에 도래하는 예금을 장기성예금이라고 하며 금융기관에서 판매하고 있는 양도성예금증서(CD), 종합자산관리계좌(CMA), MMF, 환매채(RP), 기업어음(CP) 등 금융상품의 만기가 1년 이후에 도래하면 장기금융상품이라 한다.
특정현금과예금	만기가 1년 이후에 도래하는 사용이 제한되어 있는 금융상품을 말한다.
장기대여금	자금을 대여하고 그 회수기일이 1년 이후에 도래하는 대여금을 말한다.
투자부동산	기업의 고유의 영업활동과 직접적인 관련이 없는 부동산으로 투자를 목적으로 보유한다.

02 유형자산

비유동자산 중에서 기업의 영업활동과정에서 장기간에 걸쳐 사용되어 미래의 경제적 효익이 기대되는 유형의 자산을 말한다.

계정과목	내용
토지	기업이 자신의 영업목적을 위하여 영업용으로 사용하고 있는 대지, 임야, 전답, 잡종지 등으로 장기간 사용할 목적으로 취득한 것을 말한다.
건물	건물과 냉·온방, 조명, 통풍 및 건물의 기타 건물부속설비 등을 말한다. 건물이란 토지 위에 건설된 공작물로서 지붕이나 벽을 갖추고 있는 사무소, 점포, 공장, 사택, 기숙사 등을 말한다. 건물부속설비란 건물에 부속되어 그 건물과 일체를 이루는 전기설비, 급배수설비, 위생설비, 가스설비, 냉난방설비, 통풍설비, 보일러설비 및 승강기설비, 차고, 창고 등을 총칭한다.
구축물	기업이 경영목적을 위하여 소유·사용하고 있는 토지 위에 정착된 건물 이외의 토목설비, 공작물 및 이들의 부속설비 등을 말한다.
기계장치	기계장치와 컨베이어, 기중기 등의 운송설비 및 기타 부속설비 등을 말한다.
차량운반구	육상운송수단으로 사용되는 승용차, 화물차, 오토바이 등을 말한다.
비품	사무용 집기비품으로 냉장고, 에어컨, 책상, 컴퓨터, 복사기 등의 물품을 말한다.
건설중인 자산	유형자산의 건설을 위해 지출한 금액을 건설완료 전까지 처리하는 임시계정이다. 건설이 완료되면 본래의 계정과목으로 대체한다.

주의 토지라고 해서 모두 유형자산으로 분류하는 것은 아니다. 기업이 지가상승을 목적으로 보유하고 있는 토지는 투자자산 중 투자부동산으로 처리하고, 건설회사가 건설을 목적으로 보유하고 있는 토지는 재고자산(=용지)으로 계상해야 한다.

(1) 유형자산의 취득원가

유형자산 취득원가는 구입대금에 그 자산이 본래의 기능을 수행할 때까지 발생한 구입 부대비용을 가산하여 기입한다. 구입 부대비용은 매입수수료, 운송비, 하역비, 설치비, 시운전비, 취득세, 토지정지비용 등이 있다.

(2) 유형자산의 취득 후의 지출

1) 자본적 지출

유형자산을 취득한 후에 발생하는 지출이 내용연수의 증가, 생산능력의 증대, 원가절감, 품질향상 등의 경우로 미래의 경제적 효익을 증가시키면 해당자산으로 처리한다.

주의 자본적 지출: 건물의 에스컬레이터 설치, 증설이나 개조, 냉·난방장치 설치 등

2) 수익적 지출

유형자산을 취득한 후에 발생하는 지출이 원상회복, 능률유지 등 수선유지를 위한 성격이면 당기비용(수선비) 처리한다.

주의 수익적 지출: 건물의 도색, 유리창 교체, 소모된 부품의 교체, 현상유지 등

I Can! 수익적 지출과 자본적 지출을 구분해야 하는 이유

어떤 특정한 지출을 수익적 지출로 처리하느냐, 아니면 자본적 지출로 처리하느냐에 따라 기업의 재무상태와 경영성과가 크게 달라진다.

즉, 수익적 지출로 처리하여야 할 것을 자본적 지출로 처리하면 그 사업연도의 이익이 과대계상(비용의 과소계상)될 뿐만 아니라 유형자산이 과대계상된 부분이 발생하게 되며, 반대로 자본적 지출로 처리하여야 할 것을 수익적 지출로 처리하면 이익의 과소계상(비용의 과대계상)과 유형자산이 과소평가되는 결과를 초래한다.

오류의 유형	자 산	비 용	당기순이익
수익적 지출을 자본적 지출로 잘못 처리한 경우	과대계상	과소계상	과대계상
자본적 지출을 수익적 지출로 잘못 처리한 경우	과소계상	과대계상	과소계상

(3) 유형자산의 감가상각

유형자산은 사용하거나 시간의 경과에 따라 물리적으로나 경제적으로 그 가치가 점차 감소되는데 이를 감가라고 하며 이러한 현상을 측정하여 유형자산의 사용기간 동안 비용으로 배분하는 절차를 감가상각이라고 한다. 감가상각비를 계산하기 위해서는 감가상각대상금액, 감가상각기간, 감가상각방법을 알아야 한다.

주의 토지와 건설중인자산은 감가상각을 하지 않는다.

1) 감가상각대상금액(취득원가 - 잔존가치)

취득원가에서 잔존가치를 차감한 금액을 말한다. 여기서 취득원가는 자산의 구입대금에 구입 시 부대비용을 가산한 금액이며, 잔존가치는 자산을 내용연수가 종료하는 시점까지 사용하였다는 가정하에 처분 시 받을 금액을 말한다.

2) 감가상각기간(내용연수)

자산이 사용가능할 것으로 기대되는 기간을 말한다.

3) 감가상각의 방법

유형자산의 감가상각방법에는 정액법, 체감잔액법(정률법, 연수합계법), 생산량비례법이 있는데, 이 중에서 정액법과 정률법은 다음과 같다.

① 정액법

감가상각대상금액(취득원가－잔존가치)을 내용연수 동안 균등하게 배분하는 것을 말한다.

$$감가상각비 = 감가상각대상금액(취득원가 - 잔존가치) \times \frac{1}{내용연수}$$

② 정률법

기초의 미상각잔액(취득원가－감가상각누계액)에 매기 일정률(정률)을 곱해서 계산한다. 정률법을 적용하면 감가상각비를 초기에는 많이 인식하고 후기로 갈수록 적게 인식하게 된다.

$$감가상각비 = 미상각잔액(취득원가 - 감가상각누계액) \times 정률$$

4) 감가상각비 회계처리

보고기간 말에 당기에 해당하는 감가상각비금액을 감가상각비계정 차변에 기입하고 감가상각누계액계정 대변에 기입한다.

(차변) 감가상각비	×××	(대변) 감가상각누계액	×××
		(유형자산의 차감계정)	

재무상태표에 표시될 때 건물의 감가상각누계액은 건물의 차감계정으로 표시된다. 예를 들어 건물의 취득원가는 500,000원이며 감가상각누계액이 100,000원이라면, 아래의 예시와 같이 재무상태표에 표시되며 따라서 건물의 장부금액은 '취득원가 － 감가상각누계액'인 400,000원이다.

재무상태표
2025년 12월 31일 현재

자산		부채	
건　　물	500,000		
감가상각누계액	(100,000)	자본	

🔴 Can! 유형자산의 장부금액

재무상태표에 표시될 때 건물의 감가상각누계액은 건물의 차감계정으로 표시된다.

재무상태표
2025년 12월 31일 현재

자산		부채
건 물	500,000	
감가상각누계액	(100,000)	자본
장부금액	**400,000**	

(4) 유형자산의 처분

유형자산의 처분시 금액과 장부금액(취득원가 – 감가상각누계액)을 비교하여 차액에 대한 금액을 유형자산처분손익으로 인식한다.

- 장부금액(취득원가 – 감가상각누계액) 〈 처분금액: 유형자산처분이익

(차) 현 금	×××	(대) 유형자산	×××
감가상각누계액	×××	유형자산처분이익	×××

- 장부금액(취득원가 – 감가상각누계액) 〉 처분금액: 유형자산처분손실

(차) 현 금	×××	(대) 유형자산	×××
감가상각누계액	×××		
유형자산처분손실	×××		

03 무형자산

기업의 영업활동과정에서 장기간에 걸쳐 사용되어 미래의 경제적 효익이 기대되는 자산으로 유형자산과의 차이점은 물리적 형태가 없는 무형의 자산이라는 것이다. 그런데 무형자산은 물리적 형태가 없기 때문에 재무상태표에 기록하기 위해서는 추가적으로 고려해야 하는 것이 있다.

(1) 무형자산의 정의

무형자산은 재화의 생산이나 용역의 제공, 타인에 대한 임대 또는 관리에 사용할 목적으로 기업이 보유하는 것이다. 물리적 형체가 없지만 식별 가능하고, 기업이 통제하고 있으며, 미래 경제적 효익이 있는 비화폐성자산을 말한다.

주의 물리적 형체가 없는 판매용 자산 ➡ 재고자산

무형자산의 정의	내 용
식별가능성	무형자산이 분리가능하면 그 무형자산은 식별가능하다. 자산이 분리가능하다는 것은 그 자산과 함께 동일한 수익창출활동에 사용되는 다른 자산의 미래 경제적 효익을 희생하지 않고 그 자산을 임대, 매각, 교환 또는 분배할 수 있는 것을 말한다.
통제	무형자산의 미래 경제적 효익을 확보할 수 있고 제3자의 접근을 제한할 수 있다면 자산을 통제하고 있는 것이다. 무형자산의 미래 경제적 효익에 대한 통제는 일반적으로 법적 권리로부터 나오며, 법적 권리가 없는 경우에는 통제를 입증하기 어렵다. 그러나 권리의 법적 집행가능성이 통제의 필요조건은 아니다.
미래 경제적 효익	무형자산의 미래 경제적 효익은 재화의 매출이나 용역수익, 원가절감, 또는 자산의 사용에 따른 기타 효익의 형태로 발생한다.

주의 교육훈련비, 마케팅 비용은 미래 경제적 효익은 기대되지만 통제가능성이 없으므로 발생기간의 비용으로 인식한다.

(2) 무형자산의 종류

계정과목	내 용
영업권	기업의 좋은 이미지, 우수한 경영진, 뛰어난 영업망, 유리한 위치 등으로 동종의 타기업에 비해 특별히 유리한 자원을 말한다. 영업권은 사업결합으로 취득한 영업권과 내부창출영업권이 있는데 내부창출영업권은 인정하지 않는다. 매수 합병이라는 사업결합시 순자산(자본)을 초과하는 금액을 영업권이라고 한다.
산업재산권	• 특허권: 특정한 발명을 등록하여 일정기간 독점적, 배타적으로 사용할 수 있는 권리를 말한다. • 실용신안권: 특정 물건의 모양이나 구조 등 실용적인 고안을 등록하여 일정기간 독점적, 배타적으로 사용할 수 있는 권리를 말한다. • 디자인권: 특정 디자인이나 로고 등 고안을 등록하여 일정기간 독점적, 배타적으로 사용할 수 있는 권리를 말한다. • 상표권: 특정 상표를 등록하여 일정기간 독점적, 배타적으로 사용할 수 있는 권리를 말한다.
광업권	일정한 광구에서 광물을 일정기간 독점적, 배타적으로 채굴할 수 있는 권리를 말한다.
개발비	신제품과 신기술 등의 개발활동과 관련하여 발생한 지출로서 미래경제적 효익의 유입 가능성이 높으며 취득원가를 신뢰성 있게 측정할 수 있는 것을 말한다.
소프트웨어	소프트웨어 구입에 따른 금액을 말한다.

주의 신제품, 신기술 개발과 관련된 지출 자산처리 ➡ 개발비, 비용처리 ➡ 경상연구개발비

(3) 무형자산의 상각방법

무형자산상각은 유형자산의 상각방법처럼 정액법, 체감잔액법(정률법, 연수합계법), 생산량비례법이 있는데 추정내용연수 동안 체계적인 방법을 사용하기 곤란할 경우에는 정액법을 사용한다.

주의 유형자산에 대해서는 '감가상각', 무형자산에 대해서는 '상각'이라는 용어를 사용한다.

(4) 무형자산 상각의 회계처리

보고기간 말에 당기에 해당하는 상각비금액을 무형자산상각비계정 차변에 기입하고 해당자산계정 대변에 기입한다.

(차변) 무형자산상각비	×××	(대변) 무형자산(개발비, 영업권 등)	×××

주의 유형자산에 대해서는 '감가상각누계액'이라는 차감계정을 사용하지만, 무형자산에 대해서는 일반적으로 무형자산에서 직접 차감한다.

04 기타비유동자산

비유동자산 중에서 투자자산, 유형자산, 무형자산에 속하지 아니하는 자산을 말한다.

계정과목	내용
임차보증금	임대차계약에 의하여 월세를 지급하는 조건으로 타인의 부동산 사용을 계약하고 임차인이 임대인에게 지급하는 보증금을 말한다. 임차보증금은 계약기간이 만료되면 다시 상환 받는다.
장기외상매출금	상품을 매출하고 1년 이상의 기간 동안 받기로 한 외상매출금을 말한다.
장기성받을어음	상품을 매출하고 받은 약속어음의 만기가 1년 이후에 도래하는 것을 말한다.

주의 임대보증금 ➡ 비유동부채

제 3 절 유동부채

재무상태표

삼일뷰티   2025년 12월 31일 현재

자산	부채
유동자산	**유동부채**
당좌자산	매입채무
재고자산	미지급금 등
비유동자산	**비유동부채**
투자자산	사채 등
유형자산	**자본**
무형자산	자본금
기타비유동자산	

부채는 유동부채와 비유동부채로 분류한다. 유동부채는 결산일로부터 상환기한이 1년 이내에 도래하는 단기부채를 말한다.

매입채무

매입채무는 매매거래가 성립되어 상품의 인수, 서비스 등을 제공받았으나 대금을 일정기간 후에 결제하는 거래로 인해 발생하는 향후 자원이 유출되리라고 예상되는 부채이다. 매입채무는 매출채권의 상대적인 계정이라고 볼 수 있다.

(1) 외상매입금

상품, 원재료를 매입하고 대금을 나중에 지급하기로 하면 외상매입금으로 기입한다.

매입시	• 상품이나 원재료를 외상으로 매입하면 외상매입금계정 대변으로 회계처리
	(차) 상품(또는 원재료)　　×××　　(대) **외상매입금**　　××××
외상대금 지급시	• 외상매입금을 상환하게 되면 외상매입금계정 차변으로 회계처리
	(차) **외상매입금**　　×××　　(대) 현금　　××××

(2) 지급어음

약속어음은 발행인(채무자)이 수취인(채권자)에게 자기의 채무를 갚기 위하여 일정한 금액(외상대금)을 약정기일(만기일)에 약정한 장소(ㅇㅇ은행)에서 지급할 것을 약속한 증권이다. 상품이나 원재료를 매입하고 대금을 약속어음으로 발행하여 지급하였을 경우 지급어음으로 기입한다.

발행시	• 상품이나 원재료를 매입하고 약속어음을 발행하면 지급어음계정 대변으로 회계처리
	(차) 상품(또는 원재료)　　×××　　(대) **지급어음**　　××××
만기시	• 지급어음의 만기가 도래하면 은행 당좌예금계좌에서 대금이 인출되어 결제 • 어음대금을 지급하게 되면 지급어음계정 차변으로 회계처리
	(차) **지급어음**　　×××　　(대) 당좌예금　　××××

[매출]	• 상품매출 외상거래 ➡ 외상매출금	• 상품외 매각 외상거래 ➡ 미수금
	• 상품매출 어음수령 ➡ 받을어음	• 상품외 매각 어음수령 ➡ 미수금
[매입]	• 상품매입 외상거래 ➡ 외상매입금	• 상품외 구입 외상거래 ➡ 미지급금
	• 상품매입 어음지급 ➡ 지급어음	• 상품외 구입 어음지급 ➡ 미지급금

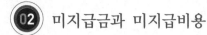

02 미지급금과 미지급비용

(1) 미지급금

주요 상거래인 상품매입 이외의 외상거래(비품, 기계장치 등의 구입과 복리후생비 등의 지급)에서 대금을 1년 이내의 기간에 지급하기로 하면 미지급금으로 기입한다.

주의 상품을 외상으로 매입 ➡ 외상매입금

(2) 미지급비용

당기에 속하는 비용이지만 결산일까지 지급하지 못한 부분을 당기의 비용으로 계상한다. 차변에는 비용에 해당하는 계정과목으로 대변에는 '미지급비용(부채)'으로 기입한다.

결산시	• 당기의 비용에 해당하는 금액을 비용을 계상
	(차) 비용계정(보험료, 임차료 등)　　×××　　(대) 미지급비용　　×××

03 선수금과 선수수익

(1) 선수금

상품을 판매함에 있어서 이를 판매하기 이전에 계약금 성격으로 그 대금의 일부 또는 전부를 미리 수취한 금액은 해당 상품이나 제품을 판매할 때까지는 선수금으로 처리한다. 즉, 그 거래에 따르는 수익(상품매출)이 계상될 때까지 그 거래의 대가의 일부를 미리 받은 금액이 선수금이다. 선급금(자산)은 선수금(부채)의 상대적인 계정이라고 볼 수 있다.

계약금 수령시	• 상품이나 제품의 수익인식 시점 이전에 그 대가의 일부 또는 전부를 받은 경우
	(차) 현금　　×××　　(대) **선수금**　　×××
매출시	• 상품이나 제품의 수익인식 시점에 선수금 계정 차변으로 회계처리
	(차) **선수금**　　×××　　(대) 상품매출　　×××　 　　외상매출금

주의 선급금(자산)은 선수금(부채)의 상대적인 계정이다.

(2) 선수수익

당기에 이미 받은 수익 중에서 차기에 속하는 부분을 차기로 이연시킨다. 차변에는 당기의 수익에서 차감하는 수익계정과목으로 대변에는 '선수수익(부채)'으로 기입한다.

수익 입금시	• 당기와 차기에 해당하는 수익을 받은 경우	
	(차) 현금　　　　　　　　　×××　(대) 수익계정(임대료, 이자수익 등) ×××	
결산시	• 차기에 해당하는 수익금액을 차기로 이연	
	(차) 수익계정(임대료, 이자수익 등) ×××　(대) 선수수익　　　　　　×××	

📌 손익의 발생과 이연

① 수익의 발생(미수수익): 미수임대료, 미수이자, 미수수수료 등이 있다.
② 비용의 발생(미지급비용): 미지급임차료, 미지급이자, 미지급수수료 등이 있다.
③ 수익의 이연(선수수익): 선수임대료, 선수이자, 선수수수료 등이 있다.
④ 비용의 이연(선급비용): 선급임차료, 선급보험료, 선급이자 등이 있다.

04 예수금

일시적으로 잠시 보관하고 있는 성격으로 급여 지급 시 공제액인 소득세와 지방소득세, 사회보험의 근로자부담금 등의 금액을 말한다.

주의 우리기업이 원천징수의무이행을 위해 지급할 금액에서 일정액을 떼는 것 ⇨ 예수금(부채)
　　 우리기업이 받을 금액에서 일정액을 원천징수 당하여 떼이는 것 ⇨ 선납세금(자산)

급여 지급시	• 근로소득세, 지방소득세, 본인부담금 사회보험을 원천징수하는 경우	
	(차) 급여　　　　　　×××　(대) 예수금　　　　×××	
납부시	• 원천징수한 근로소득세, 지방소득세, 사회보험과 회사부담 사회보험을 납부하는 경우	
	(차) 예수금(본인부담금)　×××　(대) 현금　　　　××× 　　 복리후생비 등　　　××× 　　 (회사부담금 사회보험)	

05 단기차입금

자금을 차입하고 그 상환기간이 1년 이내에 도래하는 차입금을 말한다.

차입시	(차) 보통예금	×××	(대) 단기차입금	×××
상환시	(차) 단기차입금 이자비용	××× ×××	(대) 보통예금	×××

06 가수금

자금의 입금이 있었으나 그 계정과목이나 금액이 확정되지 않았을 경우 사용하는 일시적인 계정과목이며, 그 내용이 확정되면 본래의 계정으로 대체한다. 가지급금(자산)은 가수금(부채)의 상대적인 계정이라고 볼 수 있다.

입금시	(차) 보통예금	×××	(대) 가수금	×××
원인 판명시	(차) 가수금	×××	(대) 외상매출금 등	×××

07 유동성 장기부채

비유동부채 중 1년 내에 만기일이 도래하는 부분을 유동부채로 재분류한 것을 말한다.

차입시	(차) 보통예금	×××	(대) 장기차입금	×××
결산시	(차) 장기차입금	×××	(대) 유동성장기부채	×××
상환시	(차) 유동성장기부채	×××	(대) 보통예금	×××

제4절 비유동부채

재무상태표

삼일뷰티   2025년 12월 31일 현재

자산	부채
유동자산	**유동부채**
당좌자산	매입채무
재고자산	미지급금 등
비유동자산	**비유동부채**
투자자산	사채 등
유형자산	**자본**
무형자산	자본금
기타비유동자산	

비유동부채는 결산일로부터 상환기한이 1년 이후에 도래하는 장기부채를 말한다.

01 비유동부채의 종류

(1) 사채

주식회사가 장기자금을 조달하기 위하여 발행하는 채무증권으로 계약에 따라 일정한 이자를 지급하고 일정한 시기에 원금을 상환할 것을 약속한 증서를 말한다.

주의 채무증권 ➡ 국공채와 사채, 지분증권 ➡ 주식

(2) 장기차입금

자금을 차입하고 그 상환기간이 1년 이후에 도래하는 차입금을 말한다.

(3) 임대보증금

임대차계약에 의하여 월세를 지급받는 조건으로 타인에게 부동산 사용을 계약하고 임대인이 임차인에게 지급받는 보증금을 말한다. 임대보증금은 계약기간이 만료되면 다시 상환한다.

• 임대보증금 수취시			
(차) 보통예금	×××	(대) 임대보증금	×××
• 약정일에 임대료 입금시			
(차) 보통예금	×××	(대) 임대료	×××
• 임대차 계약기간 만료시			
(차) 임대보증금	×××	(대) 보통예금	×××

(4) 퇴직급여충당부채

회사의 퇴직급여규정 등에 의하여 직원이 퇴직할 때 지급해야 할 퇴직금을 충당하기 위하여 설정하는 계정과목으로, 퇴직급여충당부채 설정시에는 퇴직급여충당부채계정 대변에 기입하고, 퇴직급여 지급시에는 퇴직급여충당부채계정 차변에 기입한다.

• 퇴직급여충당부채 설정시			
(차) 퇴직급여	×××	(대) 퇴직급여충당부채	×××
• 직원 퇴직시: 퇴직급여 지급시			
(차) 퇴직급여충당부채	×××	(대) 현금	×××

(5) 장기미지급금

주요 상거래인 상품매입 이외의 외상거래(비품, 기계장치 등의 구입과 복리후생비 등의 지급)에서 대금을 1년 이후의 기간에 지급하기로 하면 장기미지급금으로 기입한다.

주의 상품을 외상으로 매입하고 1년 이후의 기간에 지급하기로 하면 ⇨ 장기외상매입금

제5절 자본관련 계정과목

재무상태표

삼일뷰티	2025년 12월 31일 현재
자산	**부채**
유동자산	**유동부채**
당좌자산	매입채무
재고자산	미지급금 등
비유동자산	**비유동부채**
투자자산	사채 등
유형자산	**자본**
무형자산	자본금
기타비유동자산	

자본은 기업이 소유하고 있는 자산에서 갚아야 하는 부채를 차감한 것을 말하며, 개인기업의 자본은 자본금을 말한다.

01 자본금

자본금은 기업주의 원시출자액, 추가출자액, 인출액, 당기순손익을 처리하는 계정이다.

・출자시			
(차) 현금	×××	(대) 자본금	×××

02 인출금

기업주의 자본금 인출이 있을 경우 인출금계정의 차변에 기입하였다가 결산 시 자본금계정으로 대체한다.

・인출시			
(차) 인출금	×××	(대) 현금	×××
・결산시			
(차) 자본금	×××	(대) 인출금	×××

제 6 절 | 수익과 비용관련 계정과목

손익계산서

삼일뷰티   2025년 1월 1일부터 2025년 12월 31일까지

비용	수익
매출원가	매출액
판매비와관리비	영업외수익
영업외비용	

기업의 주요 영업활동인 상품매출활동과 관련된 수익을 영업수익이라고 하고 그 외의 수익을 영업외수익이라고 한다. 영업수익인 매출액에 대응하는 비용을 매출원가라고 하고 판매와 관리활동에 관련된 비용을 판매비와관리비라고 하며, 그 외의 비용을 영업외비용이라 한다.

 수 익

수익은 기업의 경영활동에서 재화의 판매 또는 용역의 제공 과정으로 획득된 경제적 가치로서 자산의 증가 또는 부채의 감소에 따라 자본의 증가를 초래하는 경제적 효익의 총유입을 의미한다.

(1) 매출액

1) 상품매출

기업의 경영활동에서 판매를 목적으로 외부에서 구입한 재화인 상품을 일정한 이익을 가산하여 매출하게 되는데 상품의 매출이 발생하면 매가로 상품매출계정 대변에 기입한다.

2) 매출에누리와 환입

- 매출에누리: 매출한 상품 중 하자나 파손이 있는 상품에 대해 값을 깎아 주는 것을 말한다.
- 매출환입: 매출한 상품 중 하자나 파손이 있는 상품에 대해 반품받는 것을 말한다.

3) 매출할인

외상매출금을 조기에 회수하는 경우 약정에 의해 할인해주는 금액을 말한다.

> 순매출액 = 총매출액 − 매출에누리와 환입 − 매출할인

(2) 영업외수익

구 분	내 용
이자수익	금융기관 등에 대한 예금이나, 대여금 등에 대하여 받은 이자
단기매매증권평가이익	결산시 단기매매증권을 공정가치로 평가할 때 장부금액보다 공정가치가 높은 경우 그 차액
단기매매증권처분이익	단기매매증권을 처분할 때 장부금액보다 처분금액이 높은 경우 그 차액
수수료수익	용역을 제공하고 그 대가를 받은 경우 그 수수료
유형자산처분이익	유형자산을 장부금액(취득원가−감가상각누계액)보다 높은 금액으로 처분할 때 발생하는 이익
무형자산처분이익	무형자산을 장부금액보다 높은 금액으로 처분할 때 발생하는 이익
투자자산처분이익	투자자산을 장부금액보다 높은 금액으로 처분할 때 발생하는 이익
자산수증이익	타인으로부터 자산을 무상으로 증여받게 되는 경우 그 금액
채무면제이익	채무를 면제받는 경우의 그 금액
잡이익	영업활동 이외의 활동에서 금액이 적은 이익이나 빈번하지 않은 이익

02 비 용

(1) 매출원가

1) 상품매출원가

기업의 경영활동에서 판매를 목적으로 외부에서 구입한 재화인 상품을 매출하였을 때 그 상품의 매입원가를 말한다.

> • 상품매출원가 = 기초상품재고액 + 당기상품순매입액 − 기말상품재고액
> • 당기상품순매입액 = 당기상품총매입액 − 매입에누리와 환출 − 매입할인

(2) 판매비와관리비

구 분	내 용
급여	직원에 대한 급여와 제수당
퇴직급여	직원이 퇴직을 할 경우 발생하는 퇴직금이나 결산시 퇴직급여충당부채를 설정할 경우의 퇴직금
복리후생비	• 직원의 복리와 후생을 위한 비용으로 식대, 경조비, 직장체육대회, 야유회비 등 • 직원을 위해 회사가 부담하는 건강보험료, 고용보험료, 산재보험료 등
여비교통비	업무와 관련한 교통비와 출장 여비 등
접대비 (기업업무추진비)	업무와 관련하여 거래처를 접대한 성격의 비용으로 식대, 경조비, 선물대금 등
통신비	업무와 관련하여 발생한 전화, 핸드폰, 팩스, 인터넷 등의 요금
수도광열비	업무와 관련하여 발생한 수도, 가스, 난방 등의 요금
전력비	업무와 관련하여 발생한 전기 요금
세금과공과금	업무와 관련하여 발생한 세금인 재산세, 자동차세 등과 공과금인 대한상공회의소회비, 조합회비, 협회비 등
감가상각비	업무와 관련된 유형자산인 건물, 기계장치, 차량운반구, 비품 등의 감가상각액
임차료	업무와 관련하여 발생한 토지, 건물, 기계장치, 차량운반구 등의 임차비용
수선비	• 업무와 관련하여 발생한 건물, 기계장치 등의 현상유지를 위한 수리비용 • 단, 차량운반구에 관련된 현상유지를 위한 수리비용은 차량유지비로 처리함
보험료	업무와 관련된 유형자산(건물, 기계장치 등)과 재고자산 등에 대한 보험
차량유지비	업무와 관련된 차량운반구(승용차, 화물차)의 유지와 수선(유류대, 엔진오일교체비 등)을 위한 비용
운반비	상품을 매출하고 지출한 운송료
도서인쇄비	업무와 관련된 도서구입비, 신문과 잡지구독료, 인쇄비 등
소모품비	업무와 관련된 복사용지, 문구류, 소모공구와 기구, 소모자재 등 소모성 물품비
수수료비용	업무와 관련된 용역을 제공받고 그에 대한 대가를 지불한 것으로 은행의 송금수수료, 어음의 추심수수료, 청소와 경비용역비 등
광고선전비	업무와 관련하여 광고목적으로 신문, 방송 잡지 등에 지출한 광고비용
대손상각비	상품매출과 관련하여 발생한 매출채권(외상매출금, 받을어음)이 회수불능 되었을 때, 또는 결산 시 대손에 대비하여 대손충당금을 설정할 때 대손상각비로 처리

(3) 영업외비용

구 분	내 용
이자비용	금융기관에 대한 차입금, 당좌차월 등 자금의 차입대가로 지불하는 이자
기부금	아무런 대가를 바라지 않고 무상으로 금전이나 물건 등을 기증한 경우
매출채권처분손실	받을어음이 만기가 되기 전에 은행에 할인할 경우 그 할인료
단기매매증권평가손실	결산 시 단기매매증권을 공정가치로 평가할 때 장부금액보다 공정가치가 낮은 경우 그 차액
단기매매증권처분손실	단기매매증권을 처분할 때 장부금액보다 처분금액이 낮은 경우 그 차액
재해손실	천재지변이나 도난 등의 예측치 못한 상황으로 발생한 손실
유형자산처분손실	유형자산을 장부금액(취득원가－감가상각누계액)보다 낮은 금액으로 처분할 때 발생하는 손실
무형자산처분손실	무형자산을 장부금액보다 낮은 금액으로 처분할 때 발생하는 손실
투자자산처분손실	투자자산을 장부금액보다 낮은 금액으로 처분할 때 발생하는 손실
잡손실	영업활동 이외 활동에서 금액이 적은 비용이나 빈번하지 않은 지출

제 7 절 　내부통제제도와 내부회계관리제도

01 내부통제제도

(1) 내부통제제도의 정의

내부통제제도는 다음 세 가지 목적을 달성하기 위하여 회사의 이사회, 경영진 및 기타 구성원에 의해 지속적으로 실행되는 일련의 과정을 말한다.

목 적	내 용
기업운영의 효율성 및 효과성 확보 (운영목적)	회사가 업무를 수행함에 있어 자원을 효과적으로 효율적으로 사용하고 있음을 확인
재무정보의 신뢰성 확보 (재무보고목적)	회사가 정확하고 신뢰할 수 있는 재무정보의 작성 및 보고 체계를 유지하고 있음을 확인
관련 법규의 정책의 준수(법규준수목적)	회사의 모든 활동은 관련법규, 감독규정, 내부정책 및 절차를 준수하고 있음을 확인

(2) 내부통제제도의 구성요소

내부통제제도의 구성요소는 통제환경, 위험평가, 통제활동, 정보 및 의사소통, 모니터링의 다섯 가지로 나누어 볼 수 있다.

구성요소	내 용
통제환경	• 내부통제제도 전체의 기초를 이루는 개념 • 조직체계·구조, 내부통제와 관련된 상벌 체계, 인력운용 정책, 교육정책, 경영자의 철학, 윤리, 리더십 등을 포함
위험평가	• 회사의 내·외부의 위험을 식별하고 평가·분석하는 활동 • 전사적 수준 및 하위 업무프로세스 수준의 위험식별, 위험의 분석·대응방안 수립, 위험의 지속적 관리 등이 포함됨
통제활동	• 조직 구성원이 경영방침이나 지침에 따라 업무를 수행할 수 있도록 마련된 정책 및 절차와 이러한 정책 및 절차가 준수되도록 하기 위한 제반 활동 • 업무의 분장, 문서화, 승인·결재체계, 감독체계, 자산의 보호체계 등을 포함
정보 및 의사소통	• 조직 구성원이 책임을 적절하게 수행할 수 있도록 정보를 확인·수집할 수 있도록 지원하는 절차와 체계 • 정보의 생성·집계·보고체계, 의사소통의 체계 및 방법 등이 포함
모니터링	• 내부통제의 효과성을 지속적으로 평가하는 과정 • 상시적인 모니터링과 독립적인 평가 또는 이 두 가지의 결합에 의해서 수행

(3) 내부통제제도의 효과와 한계

효과적인 내부통제제도는 경영진이 업무성과를 측정하고, 경영의사결정을 수행하며, 업무프로세스를 평가하고, 위험을 관리하는 데 기여함으로써 회사의 목표를 효율적으로 달성하고 위험을 회피 또는 관리할 수 있도록 한다.

그리고 직원의 위법 및 부당행위(횡령, 배임 등) 또는 내부정책 및 절차의 고의적인 위반행위뿐만 아니라 개인적인 부주의, 태만, 판단상의 착오 또는 불분명한 지시에 의해 야기된 문제점들을 신속하게 포착함으로써 회사가 시의적절한 대응조치를 취할 수 있게 해준다.

그러나 아무리 잘 설계된 내부통제제도라고 할지라도 제도를 운영하는 과정에서 발생하는 집행위험은 피할 수 없다. 즉, 최상의 자질과 경험을 지닌 사람도 부주의, 피로, 판단착오 등에 노출될 수 있으며, 내부통제제도도 이러한 사람들에 의해 운영되므로 내부통제제도가 모든 위험을 완벽하게 통제할 수는 없다.

내부회계관리제도

내부회계관리제도는 회사의 재무제표가 일반적으로 인정되는 회계처리기준에 따라 작성·공시되었는지에 대한 합리적 확신을 제공하기 위해 설계·운영되는 내부통제제도의 일부분으로서 회사의 이사회와 경영진을 포함한 모든 구성원들에 의해 지속적으로 실행되는 과정을 의미한다.

내부회계관리제도는 내부통제제도의 세 가지 목적 중 재무정보의 신뢰성 확보목적, 특히 외부에 공시되는 재무제표의 신뢰성 확보를 목적으로 하며, 여기에는 자산의 보호 및 부정방지 프로그램이 포함된다. 또한, 운영목적이나 법규준수목적과 관련된 통제절차가 재무제표의 신뢰성 확보와 관련된 경우 해당 통제절차는 내부회계관리제도의 범위에 포함된다.

(1) 자산보호와 관련된 통제

보호와 관련된 통제라 함은 재무제표에 중요한 영향을 미칠 수 있는 승인되지 않은 자산의 취득·사용·처분을 예방하고 적시에 적발할 수 있는 체계를 의미한다.

▶ 사례　(재고자산) 재고자산이 보관되어 있는 창고에 대한 물리적인 접근을 통제하고 주기적으로 재고실사 수행 ➡ 자산의 도난이 분실을 완전히 막을 수는 없지만 실물자산과 장부자산의 수량 차이를 적시에 발견하여 재무제표의 중요한 왜곡표시 방지 가능

(2) 부정방지 프로그램

부정방지 프로그램은 재무제표의 신뢰성을 훼손할 수 있는 부정을 예방·적발하는 한편, 확인된 특정 부정위험을 감소시킬 수 있도록 고안된 체제 및 통제로서 이는 회사 내 효과적인 통제문화를 조성함에 있어서 필수적인 요소이다. 예를 들어, 경영진의 권한남용 및 통제회피위험 등에 대한 적절한 부정방지 프로그램이 존재하지 않는 경우 이는 통제상 중요한 취약점으로 분류될 수 있다.

▶ 사례　(부정방지 프로그램에 포함되는 내용)

- 윤리강령
- 내부고발제도 및 내부고발자 보호 프로그램
- 채용기준 및 인사규정
- 부정 적발 또는 혐의 발견 시 처리 절차
- 이사회 및 감사(위원회)의 감독
- 부정 위험 평가 및 이를 관리하기 위한 통제활동

더존 SmartA(iPLUS)
내 것으로 만들기

더존 SmartA(iPLUS)실무교육프로그램 설치방법

참고 프로그램 설치에 대한 자세한 내용은 '1부 알고가자'를 참고하면 된다.

1. 더존 SmartA(iPLUS)프로그램을 다운받기 위해 한국공인회계사회 AT자격시험 홈페이지 'http://at.kicpa.or.kr'에 접속한다.

2. 홈페이지 하단에 '교육용프로그램 다운로드 '를 클릭한다.

3. '파일을 다운로드 하시겠습니까?'라는 대화상자가 나타나면 '확인'을 클릭한다.

4. 파일 다운로드 대화상자에서 '저장'을 클릭하여 바탕화면 등에 저장한다.

5. 다운로드한 압축파일의 압축을 풀고 더블클릭하여 실행한다.

6. 사용권 계약 등에 동의를 하고 '다음'을 클릭하여 설치를 진행하고 설치가 완료되면 '완료'를 클릭한다.

7. 바탕화면의 'AT자격시험 더존 SmartA(iPLUS)' 아이콘을 더블클릭하면 프로그램이 실행된다.

8. 화면 오른쪽 하단의 '최신버전확인'을 클릭하여 업데이트를 진행한다.

교재 백데이터 파일 설치방법

참고 백데이터 설치에 대한 자세한 내용은 '1부 알고가자'를 참고하면 된다.

본문의 수행내용 문제는 아래의 방법으로 백데이터를 설치한 후 풀어보세요.
① 삼일아이닷컴(http://www.samili.com) 홈페이지에 접속한다.
② 상단부 [제품몰]을 클릭하고 [AT수험서 자료실]의 백데이터를 다운로드한다.
③ 다운로드한 백데이터 파일을 더블클릭하여 실행한다.
④ 사용급수는 [FAT2급]을 선택한다.
  • 방법1. 회사 직접등록입력: [4000.삼일뷰티]로 회사등록부터 스스로 진행한다.
  • 방법2. 등록된 백데이터 이용: 각 장별 입력 완료된 백데이터로 진행한다.

제1장

(NCS 능력단위 0203020105_20v4)

기초정보관리의
회계정보시스템 운용

NCS 능력단위요소

제1절 회계 관련 DB마스터 관리하기
제2절 회계프로그램 운용하기
■ 비대면 시험 출제예상 평가문제

NCS 능력단위: 회계정보시스템 운용(0203020105_20v4)

I Can!
회계정보시스템 운용

원활한 재무보고를 위하여 회계 관련 DB를 관리, 회계프로그램 운용, 회계 정보를 활용하는 능력이다.

직종	분류번호	능력단위	능력단위 요소	수준
회계 감사	0203020105_20v4	회계정보시스템 운용	01 회계 관련 DB마스터 관리하기	2
			02 회계프로그램 운용하기	2
			03 회계정보 산출하기	2

능력단위 요소	수행준거	교재 구성
01 회계관련 DB마스터 관리하기	1.1 DB마스터 매뉴얼에 따라 계정과목 및 거래처를 관리할 수 있다.	제3부 1장
	1.2 DB마스터 매뉴얼에 따라 비유동자산의 변경 내용을 관리할 수 있다.	
	1.3 DB마스터 매뉴얼에 따라 개정된 회계관련규정을 적용하여 관리할 수 있다.	
02 회계프로그램 운용하기	2.1 회계프로그램 매뉴얼에 따라 프로그램 운용에 필요한 기초 정보를 입력·수정할 수 있다.	
	2.2 회계프로그램 매뉴얼에 따라 정보 산출에 필요한 자료를 처리할 수 있다.	
	2.3 회계프로그램 매뉴얼에 따라 기간별·시점별로 작성한 각종 장부를 검색할 수 있다.	
	2.4 회계프로그램 매뉴얼에 따라 결산 작업 후 재무제표를 검색할 수 있다.	
03 회계정보 산출하기	3.1 회계 관련 규정에 따라 회계정보를 활용하여 재무 안정성을 판단할 수 있는 자료를 산출할 수 있다.	제3부 5장
	3.2 회계 관련 규정에 따라 회계정보를 활용하여 수익성과 위험도를 판단할 수 있는 자료를 산출할 수 있다.	
	3.3 회계 관련 규정에 따라 회계프로그램을 이용하여 활동성을 판단할 수 있는 자료를 산출할 수 있다.	

제1절 회계 관련 DB마스터 관리하기(NCS_능력단위요소명)

★ **학습목표(NCS_ 수행준거)**

1.1 DB마스터 매뉴얼에 따라 계정과목 및 거래처를 관리할 수 있다.

1.2 DB마스터 매뉴얼에 따라 비유동자산의 변경 내용을 관리할 수 있다.

1.3 DB마스터 매뉴얼에 따라 개정된 회계 관련 규정을 적용하여 관리할 수 있다.

필요 지식

01 사용자 로그인 화면

❶ **사용급수**: 사용자가 작업하려는 사용급수를 선택한다.

❷ **회사코드**: 회사등록이 이루어진 상태면 검색(F2)을 클릭하여 회사를 선택한다.

❸ **회 사 명**: 회사코드란에서 회사코드를 선택하면 자동으로 회사명이 표시된다.

❹ **비밀번호**: 비밀번호가 부여된 회사는 비밀번호를 입력하지만 교육용은 생략한다.

❺ **회사등록**: 기존에 등록된 회사가 없거나 신규로 회사를 등록할 때 사용한다.

주의 프로그램에 로그인하기 위해서는 최초로 회사등록을 먼저 수행한다. 단, 교재 백데이터를 설치한 경우에는 회사를 선택하여 로그인할 수 있다.

(02) 회사등록

교육용 프로그램을 사용하기 위해 가장 먼저 선행되어야 하는 작업으로, 세무서에서 발급받은 사업자등록증을 기초로 작성한다. 회사의 기초정보를 등록하는 메뉴로 [회사등록]에 등록된 내용은 프로그램운용에 영향을 미치므로 정확하게 입력하여야 한다.

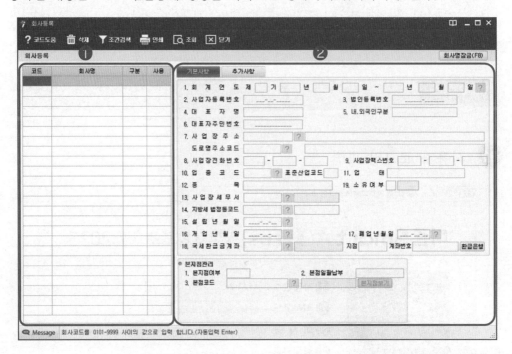

❶ 회사코드(0101~9999), 회사명(영문 30자, 한글 30자 이내), 구분(0.법인, 1.개인), 사용여부(0.사용, 1.미사용)를 선택 입력한다.

❷ 회계연도, 사업자등록번호, 대표자명, 사업장주소, 업종코드 등을 입력한다.

I Can! 회사등록!

① 프로그램을 실행하기 위한 최소 입력사항: 코드, 회사명, 구분, 사용여부, 회계연도
② 화면상 **?** 란: **F2**를 누르거나 **?**를 클릭하면 관련 도움 창이 뜬다.
③ 사업자등록번호 입력 시 오류사항이 있으면 붉은색으로 표시된다.
④ 사업장 주소를 입력하면 사업장 세무서, 지방세법정동코드가 자동으로 입력된다.
⑤ 업종코드를 입력하면 업태 및 종목이 자동으로 입력된다.

수행과제 **회사등록**

화장품 및 화장용품 도매 및 소매업을 운영하는 삼일뷰티(개인기업)의 사업자등록증이다.

사 업 자 등 록 증
(일반과세자)
등록번호: 217 - 08 - 44126

상   호: 삼일뷰티
성   명: 김광언
개 업 년 월 일: 2023년 05월 30일
사업장 소재지: 서울특별시 용산구 한강대로 157 (한강로1가)

사 업 의 종 류: 업태 도매 및 소매업 종목 화장품 및 화장용품 도매업

교 부 사 유: 사업장이전
공 동 사 업 자:

사업자단위과세 적용사업자여부: 여(   ) 부(∨)
전자세금계산서 전용 메일주소: samili@bill36524.com

2025년 1월 15일
용산 세무서장

국세청
National Tax Service

삼일뷰티의 회사등록 정보는 다음과 같다.
- 회사코드: 4000
- 회계연도: 제3기 2025년 1월 1일 ~ 2025년 12월 31일
- 대표자주민번호: 671024-1772814
- 사업장전화번호: (02)3489-3100, 사업장팩스번호: (02)3489-3141
- 업종코드: 513320
- 국세환급금계좌: 국민은행, 용산지점, 계좌번호 764502-01-047418

수행 사업자등록증을 참고하여 회사등록을 수행하시오.

수행과제 풀이   **회사등록**

재무회계 ➡ 기초정보관리 ➡ 회사등록

❙ 회사등록 수행 완료화면 ❙

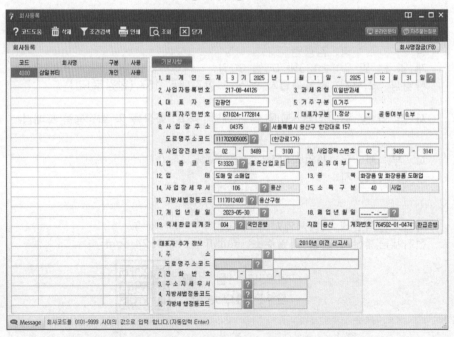

수행 tip

• 회사등록 후 회사코드(F2)에서 등록한 회사로 재로그인한다.
• 등록한 회사를 삭제하려면 삭제할 회사를 선택한 후 🗑 삭제를 클릭한다.
  경고창이 나오면 Ctrl + F5를 누른 후 다시 한번 Ctrl + F5를 누르면
  회사등록 정보가 삭제된다.

• 제시된 사업자등록증을 보고 내용을 수정·추가할 수 있어야 한다.
  ➡ 사업자등록번호, 대표자명, 사업장주소, 업태, 종목, 개업년월일 등

필요 지식

03 재무회계프로그램 메뉴 구성

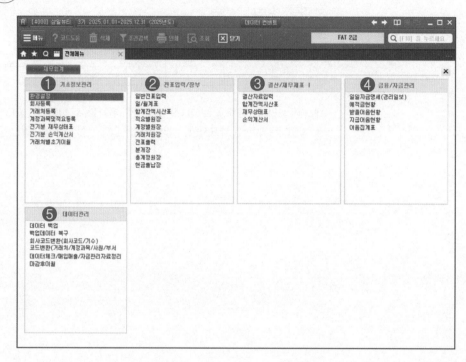

🍀 급수별 프로그램 구성 🍀

구 분	FAT 2급	FAT 1급	TAT 2급	TAT 1급
기업형태	개인기업, 도소매업	법인기업, 도소매업	법인기업, 제조업	법인기업, 제조업
회계범위	회계원리	재무회계	중급회계	고급회계
부가가치세		부가가치세기초	부가가치세실무	부가가치세신고
소득세			근로소득원천징수	원천징수 전체
법인세				법인세무조정

❶ 기초정보관리.. 가장 먼저 선행되어야 하는 실무 작업이다.

> ① 기초사항등록
> - 환경설정: 회사의 특성에 따라 사용자의 입력방법을 지정하는 시스템 환경설정을 한다.
> - 회사등록: 사업자등록증을 기초로 회사 등록사항을 입력한다.
> - 거래처등록: 관리하고자 하는 거래처의 등록사항을 입력한다.
> - 계정과목 및 적요등록: 등록된 계정과목과 적요등록을 수정하거나 추가로 등록한다.
>
> ② 전기 재무제표 이월자료의 입력
> - 전기분재무상태표: 전기분재무상태표의 계정과목별 자료를 이월하기 위해 입력한다.
> - 전기분손익계산서: 전기분손익계산서의 자료를 입력하여 비교식 자료를 제공한다.
> - 거래처별초기이월: 거래처별 관리가 필요한 계정과목의 초기이월 자료를 입력한다.

❷ 전표입력/장부...................... 거래 자료를 전표에 입력하면 자동으로 장부에 반영된다.

> ① 일반전표입력: 거래증빙을 보고 전표를 입력한다.
>
> ② 자료 및 장부 조회
> - 일계표 / 월계표: 계정과목별로 집계한 일별/월별 자료를 조회할 수 있다.
> - 합계잔액시산표: 차변합계와 대변합계의 일치성 여부를 검토한다.
> - 제장부의 조회: 전표 및 각종 장부를 조회할 수 있다.

❸ 결산/재무제표.................................. 수동결산과 자동결산 후 재무제표를 작성한다.

> ① 결산자료입력: 수동결산자료를 일반전표입력에 입력한다.
>   자동결산자료를 결산자료입력에 입력하고 '추가'를 클릭한다.
>
> ② 재무제표의 작성: 손익계산서와 재무상태표를 작성한다.

❹ 금융/자금관리.................................. 일일자금, 예금적금, 어음관련 내용이 반영된다.

> ① 일일자금: 일일 자금의 증가, 감소, 잔액 등의 내역을 조회할 수 있다.
>
> ② 예적금현황: 예금적금에 대한 계좌명, 계좌번호, 잔액 등 상세 내역을 조회할 수 있다.
>
> ③ 받을어음/지급어음현황/어음집계표: 받을어음 수령내역, 지급어음 발행내역, 어음에 대한 수불 등 상세 내역을 조회할 수 있다.

❺ 데이터관리.. 데이터 백업과 복구, 마감후 이월 등을 한다.

> ① 데이터 백업: 입력한 데이터의 내용을 백업받을 수 있다.
>
> ② 백업데이터 복구: 백업한 데이터를 복구할 수 있다.
>
> ③ 마감후이월: 데이터를 마감하고 차기로 이월할 수 있다.

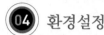 필요 지식

04 환경설정

회사의 특성에 따라 입력방법을 설정하는 것으로 회사등록을 한 후 환경설정을 한다.

(1) 전체

계정과목코드체계의 세목사용이나 기타코드관리 등은 교육용에서는 제공되지 않는다.

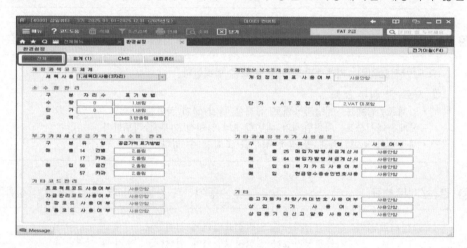

(2) 회계

전표입력 관련 환경설정으로 FAT2급은 변경할 부분 없이 그대로 사용한다.

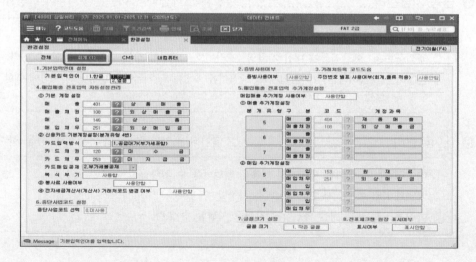

필요 지식

05 거래처등록

관리하고자 하는 거래처의 기본정보를 등록하는 메뉴로 일반 · 금융 · 카드거래처로 구분되어 있다. 외상 거래로 채권 · 채무가 발생했을 경우 거래처별로 보조장부를 작성해야 하는데 이러한 거래처원장을 작성하기 위해서는 거래처를 등록하여야 한다.

(1) 일 반

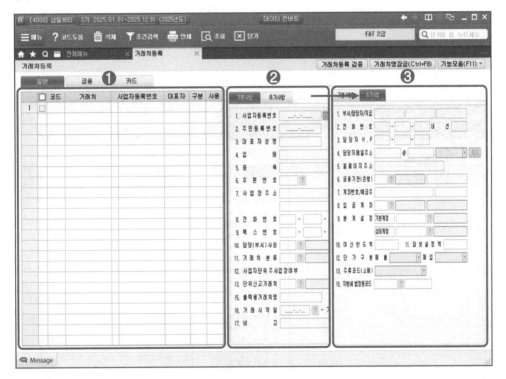

❶ 일반거래처 코드(00101~97999), 거래처명, 사업자등록번호, 대표자, 구분(0.전체, 1.매출, 2.매입), 사용(0.여, 1.부) 여부를 입력한다.

❷ 1.사업자등록번호 ~ 3.대표자 성명은 ❶에 의해 자동반영되며, 그 외는 입력한다.

❸ 4.전자세금계산서를 전송받을 거래처 이메일주소와 관련 항목을 입력한다.

🖊Can! 거래처등록!

• 거래처코드 입력 시 매출처와 매입처별 코드 구간을 설정해서 관리하면 편리하다.
• 신규 거래처와 거래 시 사업자등록증 사본을 받아 보관하며, 국세청홈택스 '사업자 상태조회'에 사업자등록번호를 입력하여 사업자 상태를 확인한다.

(2) 금 융

❶ 금융거래처 코드(98000~99599), 금융기관명, 계좌번호, 구분(0.일반, 1.적금, 2.예금), 사용여부(0.여, 1.부)를 입력한다.

❷ 1.계좌번호는 ❶에 입력된 내용이 자동반영되며, 그외 항목별 관련내용을 입력한다.

❸ 자동납부와 관련된 사항을 항목별로 입력한다.

(3) 카드

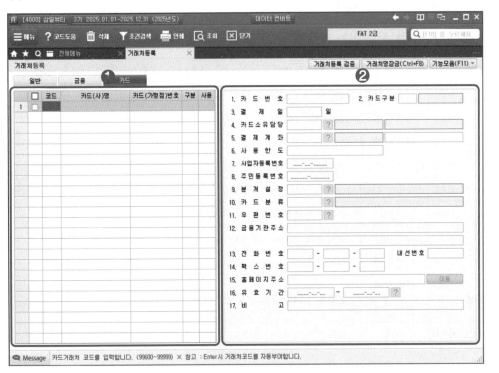

❶ 카드거래처 코드(99600~99999), 카드(사)명, 카드(가맹점)번호, 구분(0.매입, 1.매출)을 입력한다.

❷ ❶의 구분항목에 입력된 0.매입, 1.매출에 따라 기본사항 화면이 달라지며, 1.카드번호(가맹점번호)는 ❶에 입력된 내용이 자동반영되며 그 외의 항목은 입력한다.

제**3**부 더존 SmartA(iPLUS) 내 것으로 만들기

수행과제 **거래처등록**

삼일뷰티와 거래를 하고 있는 거래처는 다음과 같다.

구분	코드	상호	사업자등록번호	대표자	업태	종목	사업장 주소
일반	1001	명승뷰티	127-40-91758	김혜수	도소매	화장품	경기 의정부 시민로 100
	1002	샤방샤방	123-05-66300	이진수	도소매	화장품	경기안양 만안 수리산로 10
	1003	여인나라	112-03-24664	강여인	제 조	화장품	서울 금천구 가마산로 76
	1004	(주)SK주유소	129-81-19997	박현영	도소매	주유소	서울 성동구 아차산로 113
	1005	(주)영풍문고	102-81-30788	장영풍	소 매	도 서	서울 강남구 테헤란로 108
	1006	오상식	* 주민등록번호 721108-1874465				
금융	98001	국민은행	* 계좌번호: 764502-01-047418(구분: 일반, 예금종류: 보통예금, 0.보통)				
	98002	신한은행	* 계좌번호: 250-202-573128(구분: 일반, 예금종류: 차입금통장, 2.기타)				
은행	100	국민은행	* 상단부 기능모음(F11) ▼ 의 '은행등록'에서 은행을 등록한다.				
	200	신한은행					
카드	99601	국민카드	* 카드번호: 9876-5432-1234-5678(구분: 매입카드, 결제일: 25일)				

삼일뷰티는 거래처를 일반, 금융, 카드거래처로 구분하여 등록 관리하고자 한다.

수행 거래처내용을 참고하여 거래처등록을 수행하시오.
(일반거래처 구분: 전체)

수행과제 풀이 거래처등록

재무회계 ➡ 기초정보관리 ➡ 거래처등록

▌일반거래처등록 수행 완료화면▌

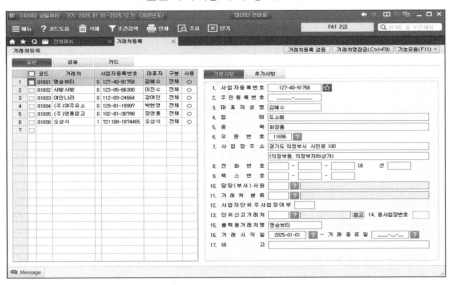

▌금융거래처등록, 은행등록 수행 완료화면▌

실무 익히기

▌카드거래처등록 수행 완료화면 ▌

주의 1. 거래처를 등록한 후 다음 거래처 입력화면까지 Enter↲를 누른다.

2. 거래처코드를 잘못 입력한 경우는 거래처코드변경이 불가능하므로 화면상단메뉴의 삭제
(🗑 삭제)로 삭제한 후 다시 등록한다.

수행 tip

• 사업자등록증, 거래명세서를 보고 거래처내용을
등록 · 수정할 수 있어야한다.

06 계정과목 및 적요등록

거래가 발생하면 기업의 자산, 부채, 자본의 증감변화와 수익, 비용이 발생하는데 이러한 증감변화 및 발생을 구체적인 항목을 세워 기록 계산하는 단위를 계정이라 하며 계정에 붙이는 이름을 계정과목이라 한다.

본 메뉴는 101번~999번까지의 계정과목과 해당과목의 구분을 규정하고 전표입력에서 빈번하게 사용되는 적요를 미리 등록시켜 놓은 메뉴이다. 사용기업의 필요에 따라 계정과목을 새로 등록하거나 수정하여 사용할 수 있다.

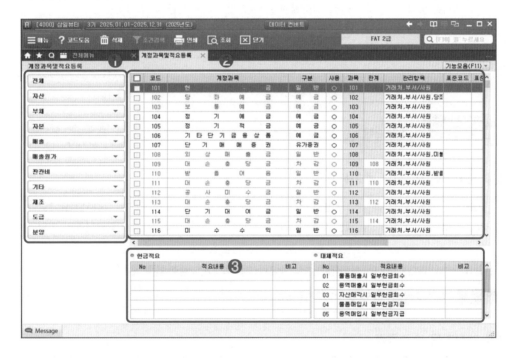

❶ 계정과목의 분류항목을 클릭하면 ❷의 화면에 관련범위의 계정과목이 보인다.

❷ 계정과목의 코드, 계정과목, 구분, 사용, 관계, 관리항목, 출력용명칭 등이 보인다.
(주의 코드란에 임의의 코드번호를 입력하면 그 코드번호로 이동한다.)

❸ 적요는 거래내용을 간단히 등록한 것으로 전표입력 시 선택하여 입력할 수 있다.
　① 현금적요: 전표입력 시 전표구분을 1.출금, 2.입금을 선택할 경우 사용
　② 대체적요: 전표입력 시 전표구분을 3.대체차변, 4.대체대변을 선택할 경우 사용

I Can! 계정과목 관리!

① 계정과목 신규등록

기존의 계정과목 이외의 별도의 계정과목을 추가 등록하고자 할 때는 '회사설정계정과목'란에 커서를 두고 계정과목을 입력한다. 이때 등록하고자 하는 계정과목 분류를 파악하여 그에 맞는 코드체계범위에 등록하여야 한다.

② • 검정색 계정과목 수정: 해당란을 클릭하고 덧씌워 입력한다.
  • 빨강색 계정과목 수정: Ctrl + F1 을 누른 후 계정과목 란에 덧씌워 입력한다.

③ 거래를 입력할 때 계정과목을 그대로 사용하여 입력하더라도 일부 계정과목은 재무제표에 표시(제출용)될 때 통합계정으로 보고가 된다.

계정과목	제출용 명칭(통합계정과목)
현금, 당좌예금, 보통예금, 기타제예금	현금 및 현금성자산
외상매출금, 받을어음	매출채권
외상매입금, 지급어음	매입채무

수행과제 계정과목 및 적요등록

1 계정과목 및 적요 추가등록

코드	계정과목	구분	현금적요	대체적요
852	위탁판매비	4.경비	01.위탁판매비 현금 지급	01.위탁판매비 미지급

삼일뷰티는 위탁판매를 개시하여 관련 계정과목을 추가 등록하고자 한다.

수행 계정과목과 적요를 추가 등록하시오.

2 계정과목 수정등록

기존내용		수정내용	
코드	계정과목	코드	계정과목
138	전도금	138	소액현금

삼일뷰티는 '전도금' 계정과목을 '소액현금'으로 변경하여 사용하고자 한다.

수행 계정과목을 수정 등록하시오.

계정과목 및 적요등록

재무회계 ➡ 기초정보관리 ➡ 계정과목 및 적요등록

1 ① 코드 란을 클릭하고 852를 입력하면 852.회사설정계정과목으로 이동한다.

② 계정과목 란에 위탁판매비를 입력하고 현금적요와 대체적요를 입력한다.

▌계정과목과 적요 추가 수행 완료화면▐

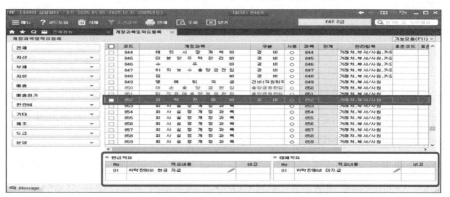

2 ① 코드 란에 커서를 두고 138을 입력하면 138.전도금으로 이동한다.

② 빨간색 계정과목이므로 Ctrl + F1을 누른 후 소액현금을 입력한다.

▌빨간색 계정과목 수정 수행 완료화면▐

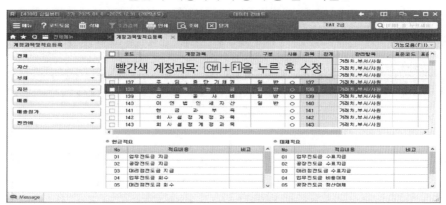

수행 tip

• 계정과목과 적요를 등록·수정할 수 있어야한다.

➡ 빨간색 계정과목은 Ctrl + F1을 누른 후 수정

회계프로그램 운용하기(**N**CS_능력단위요소명)

★ 학습목표(**N**CS_ 수행준거)

2.1 회계프로그램 매뉴얼에 따라 프로그램 운용에 필요한 기초 정보를 입력·수정할 수 있다.
2.2 회계프로그램 매뉴얼에 따라 정보 산출에 필요한 자료를 처리할 수 있다.

필요 지식

01 전기이월작업

계속사업자가 당기에 프로그램을 처음 도입하여 사용하는 경우에는 전기에 대한 자료가 프로그램에 없으므로 전기분 재무상태표, 전기분 손익계산서, 전기분 거래처원장 등을 입력하여 당기에 필요한 전기의 자료를 이월 받는 메뉴이다.

본 작업을 통하여 각 계정별로 전기 잔액을 이월 받을 수 있으며 비교식 재무제표를 작성할 수 있다. 당해 연도에 개업을 한 사업자나 당기 이전부터 프로그램을 사용하여 전기결산을 하고 마감작업(자동으로 이월 반영 받음)을 한 사업자는 입력할 필요가 없다.

02 전기분 재무상태표

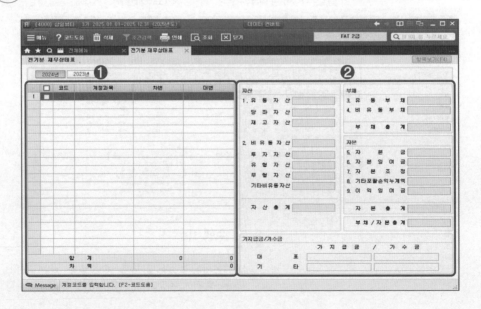

❶ 코드 란에서 F2 또는 **? 코드도움**를 누르거나, 계정과목 두 글자를 입력하면 계정과목 코드도움 창이 나타난다. 계정과목을 선택하고, 차변과 대변 란에 금액을 입력한다.

❷ 자산, 부채, 자본 각 항목에 ❶에서 입력한 금액이 자동 집계된다.

I Can! 전기분 재무상태표!

① 재고자산의 '상품' 금액은 전기분 손익계산서에 자동으로 반영된다.

상품 재고금액 ➡ 전기분 손익계산서 '상품매출원가'의 기말상품재고액에 자동반영

② 대손충당금, 감가상각누계액은 자산의 차감계정이므로, 해당 자산 계정과목 코드번호 바로 아래의 코드번호를 선택해야 한다.

예			
108.외 상 매 출 금		109.대 손 충 당 금	
110.받 을 어 음		111.대 손 충 당 금	
202.건 물		203.감가상각누계액	
208.차 량 운 반 구		209.감가상각누계액	

③ 코드번호 순서대로 입력하지 않아도 코드번호 순으로 자동 정렬된다.

④ 모든 내용을 입력하면 화면하단의 차액이 '0'이어야 한다.

실무 익히기

삼일뷰티의 전기분 재무상태표는 다음과 같다.

재 무 상 태 표

제2기 2024년 12월 31일 현재

회사명: 삼일뷰티   (단위: 원)

과 목	금	액	과 목	금	액
자 산			**부 채**		
Ⅰ. 유 동 자 산		155,000,000	**Ⅰ. 유 동 부 채**		44,000,000
(1) 당 좌 자 산		125,000,000	외 상 매 입 금		38,000,000
현　　　금		35,000,000	미 지 급 금		6,000,000
보 통 예 금		15,500,000	**Ⅱ. 비유동부채**		20,000,000
단 기 매 매 증 권		5,000,000	장 기 차 입 금		20,000,000
외 상 매 출 금	50,000,000		**부 채 총 계**		64,000,000
대 손 충 당 금	500,000	49,500,000	**자　　　본**		
받 을 어 음		20,000,000	**Ⅰ. 자 본 금**		257,000,000
(2) 재 고 자 산		30,000,000	자 본 금		257,000,000
상　　　품		30,000,000	**자 본 총 계**		257,000,000
Ⅱ. 비유동자산		166,000,000			
(1) 유 형 자 산		166,000,000			
건　　　물	160,000,000				
감가상각누계액	30,000,000	130,000,000			
차 량 운 반 구		20,000,000			
비　　　품	18,400,000				
감가상각누계액	2,400,000	16,000,000			
자 산 총 계		321,000,000	**부채와자본총계**		321,000,000

삼일뷰티는 전기까지 수기로 장부와 재무제표를 기록해 오다 당기부터 더존 SmartA 실무프로그램을 사용하기로 하여 전기분 재무상태표를 프로그램에 등록하고자 한다.

수행 전기분 재무상태표를 등록하시오.

수행과제 풀이 **전기분 재무상태표**

재무회계 ➡ 기초정보관리 ➡ 전기분 재무상태표

1 코드 란에서 계정과목명 두 글자를 입력하고 [Enter↵]를 한 후 선택한다.

주의 금액 란에서 숫자 키보드의 ⊞를 누르면 '000'이 입력된다.

2 해당금액을 입력하면 자동으로 오른쪽의 항목별 합계액이 집계된다.

▌전기분 재무상태표 수행 완료화면 ▌

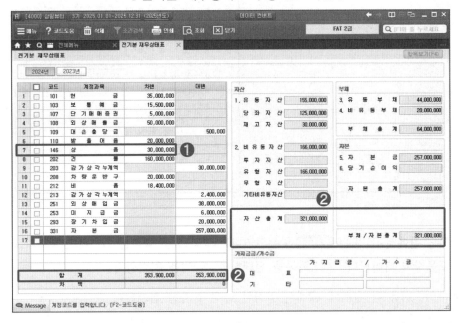

❶ 146.상품 30,000,000원은 전기분 손익계산서의 기말상품 재고금액에 자동 반영된다.

❷ 합계는 353,900,000원이나 자산총계, 부채/자본총계는 321,000,000원이다.

차 액 (32,900,000원) = 대손충당금 (500,000원) + 감가상각누계액 (32,400,000원)

수행 tip

· 계정과목, 금액을 추가 등록하거나 수정할 수 있어야 한다.
  ➡ 대손충당금, 감가상각누계액은 해당자산 아래 코드 선택
· 모든 자료를 정확히 입력하면 차액은 '0'이어야 한다.

필요 지식

03 전기분 손익계산서

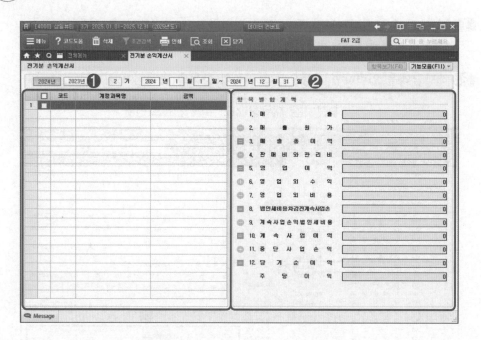

❶ 코드 란에서 F2 또는 ? 코드도움를 누르거나 계정과목 두 글자를 입력하면 계정과목 코드
도움창이 나타난다. 계정과목을 선택하고, 금액을 입력한다.

❷ 수익, 비용 각 항목에 ❶에서 입력한 금액이 자동 집계된다.

🖐**Can!** 전기분 손익계산서!

① 451.상품매출원가는 보조 입력창에 자료를 입력하면 자동으로 금액이 산출된다.

상품매출원가 = 기초상품재고액 + 당기상품매입액 − 기말상품재고액
                                                  ↳ 전기분 재무상태표에서 자동 반영

---

② 모든 내용을 입력하고 나면 당기순이익이 자동으로 산출된다.

수행과제 전기분 손익계산서

삼일뷰티의 전기분 손익계산서는 다음과 같다.

손 익 계 산 서

제2기 2024년 1월 1일부터 2024년 12월 31일까지

회사명: 삼일뷰티 (단위: 원)

과 목	금 액	
I. 매 출 액		243,500,000
상 품 매 출	243,500,000	
II. 상 품 매 출 원 가		141,000,000
기 초 상 품 재 고 액	25,000,000	
당 기 상 품 매 입 액	146,000,000	
기 말 상 품 재 고 액	30,000,000	
III. 매 출 총 이 익		102,500,000
IV. 판 매 비 와 관 리 비		43,380,000
급 여	18,200,000	
복 리 후 생 비	6,700,000	
여 비 교 통 비	2,300,000	
접 대 비(기업업무추진비)	1,500,000	
통 신 비	1,100,000	
세 금 과 공 과 금	500,000	
감 가 상 각 비	9,860,000	
임 차 료	2,400,000	
소 모 품 비	820,000	
V. 영 업 이 익		59,120,000
VI. 영 업 외 수 익		0
VII. 영 업 외 비 용		4,120,000
이 자 비 용	4,120,000	
VIII. 소 득 세 차 감 전 이 익		0
소 득 세 등	0	
IX. 당 기 순 이 익		55,000,000

삼일뷰티는 전기까지 수기로 장부와 재무제표를 기록해 오다 당기부터 더존 SmartA 실무프로그램을 사용하기로 하여 전기분 손익계산서를 프로그램에 등록하고자 한다.

수행 전기분 손익계산서를 등록하시오.

수행과제 풀이   전기분 손익계산서

```
재무회계   ➡   기초정보관리   ➡   전기분 손익계산서
```

1 코드 란에서 계정과목명 두 글자를 입력하고 `Enter↵`를 한 후 선택한다.

　주의 금액란에서 숫자 키보드의 `+`를 누르면 '000'이 입력된다.

2 해당금액을 입력하면 자동으로 오른쪽의 항목별 합계액이 집계된다.

┃ 전기분 손익계산서 수행 완료화면 ┃

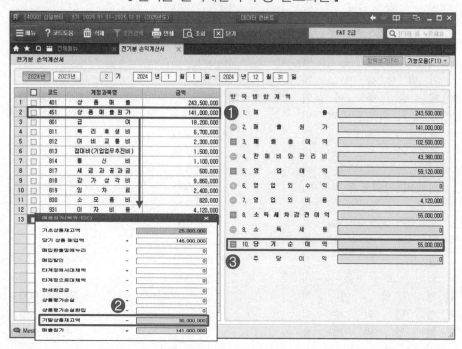

❶ 451.상품매출원가의 보조 입력창에 기초상품재고액과 당기상품매입액을 입력한다.

❷ 기말상품재고액은 [전기분 재무상태표] 상품 금액이 자동으로 반영된다.

❸ 입력을 완료하고 나면 당기순이익금액을 확인한다.

수행 tip

・계정과목이나 금액을 추가 등록하거나 수정한다.

　➡ 상품매출원가의 기말상품재고액은 전기분 재무상태표에서 수정

・모든 자료를 정확히 입력하면 시험지의 당기순이익 금액과 입력한
　데이터의 당기순이익 금액이 일치해야 한다.

필요 지식

 거래처별초기이월

채권·채무 등 거래처별로 관리가 필요한 계정과목에 대해 각 거래처별 전기이월 자료를 제공하기 위해 입력하는 것으로 입력 후 거래처원장을 열면 전기이월로 표시된다. 거래처 등록과 전기분 재무상태표에 자료가 입력되어 있어야 한다.

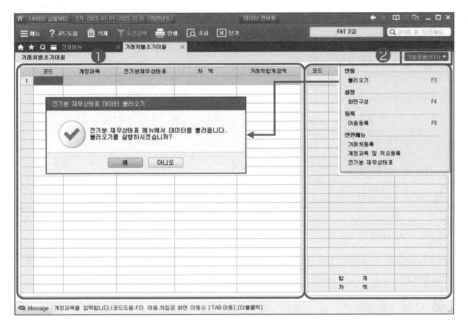

❶ 계정과목 및 거래처합계금액은 기능모음(F11) ▼ 의 불러오기 를 클릭하여 불러온다.

❷ F2를 이용하여 거래처코드를 검색하고 거래처명을 선택한 후 금액을 입력한다.

---

①Can! 거래처별초기이월!

① 거래처합계금액은 사용자가 초기이월 작업에서 범할 수 있는 오류를 방지하기 위해 전기분 재무상태표에 입력된 계정과목의 금액을 기준으로 하여 각 거래처별로 입력할 수 있도록 되어 있다.

　주의 받을어음, 지급어음, 단기차입금, 장기차입금은 더블클릭이나 탭(⇥)을 누른 후에 입력한다.

② 모든 내용을 입력하고 나면 차액이 '0'이어야 한다.

거래처별초기이월

삼일뷰티의 거래처별초기이월 자료는 다음과 같다.

계정과목	거래처명	금액	비고
보 통 예 금	국민은행	15,500,000원	
외 상 매 출 금	명승뷰티	30,000,000원	
	샤방샤방	20,000,000원	
받 을 어 음	명승뷰티 (발행인)	20,000,000원	• 만기일자: 2025.06.28. • 어음번호: 00420241228123456789 • 수취구분: 1.자수 • 발행인: 명승뷰티 • 발행일자, 거래일자: 2024.12.28. • 어음종류: 6.전자 • 지급기관: 국민은행 용산지점
외 상 매 입 금	여인나라	38,000,000원	
미 지 급 금	(주)SK주유소	6,000,000원	
장 기 차 입 금	신한은행	20,000,000원	• 만기일자: 2027.06.30.

삼일뷰티는 전기까지 수기로 장부와 재무제표를 기록해 오다 당기부터 더존 SmartA 실무프로그램을 사용하기로 하여 전기분 거래처별초기이월 자료를 프로그램에 등록하고자 한다.

수행 거래처별 초기이월 자료를 등록하시오.

거래처별초기이월

재무회계 ➡ 기초정보관리 ➡ 거래처별초기이월

1 오른쪽 기능모음(F11) ▼ 의 불러오기 를 클릭하여 '예'를 누르고 데이터를 불러온다.

2 계정과목을 클릭하여 거래처별 금액을 입력한다.(입력 완료 후 차액 '0' 확인)
　주의 받을어음, 지급어음, 단기차입금은 더블클릭이나 탭(↹)을 누르고 보조창에 입력한다.

▌보통예금 수행 완료화면▐

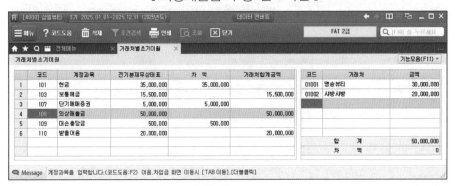

▌외상매출금 수행 완료화면▐

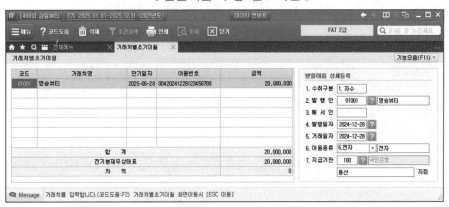

▌받을어음 수행 완료화면▐

주의 받을어음 계정과목 란을 더블클릭(또는 탭(⇥))한 후 보조창에 입력한다.

▌외상매입금 수행 완료화면 ▌

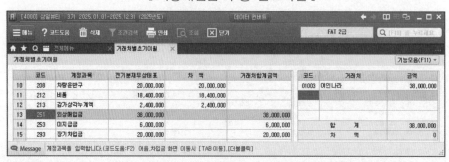

▌미지급금 수행 완료화면 ▌

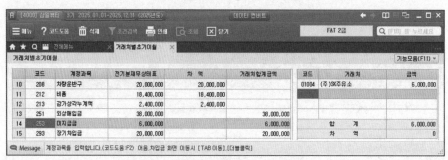

▌장기차입금 수행 완료화면 ▌

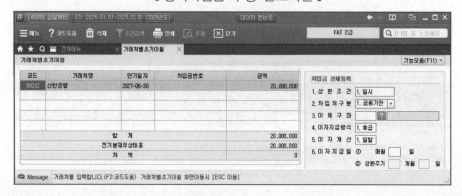

수행 tip

• 계정과목별 거래처명과 금액을 추가등록 수정할 수 있어야한다.
　➡ 받을어음, 지급어음, 단기차입금, 장기차입금은 더블클릭
　　　이나 탭(⇥)을 누른 후 입력

출제예상 평가문제

01 [회사등록 조회] 삼일뷰티의 '회사등록' 관련 내용으로 옳지 않은 것은?

① 사업장세무서는 용산세무서이다.
② 개업년월일은 2023년 5월 30일이다.
③ 업종코드는 513320이다.
④ 업태는 제조업이다.

02 [회사등록 조회] 관할 세무서 조사관에게 국세환급계좌 은행에 대한 확인요청을 받았다. 국세환급계좌의 은행 코드로 옳은 것은?

① 002   ② 003
③ 004   ④ 005

03 [거래처등록 조회] 거래처별 사업자등록번호로 옳지 않은 것은?

① 명승뷰티 127-40-91758   ② 샤방샤방   102-81-30788
③ 여인나라 112-03-24664   ④ (주)SK주유소 129-81-19997

04 [거래처등록 조회] 매입카드 국민카드의 사용대금 결제일은 몇 일인가?

① 10일   ② 15일   ③ 20일   ④ 25일

05 [거래처별초기이월 조회] 전기말 거래처별 채권채무 잔액으로 옳지 않은 것은?

① 외상매출금: 여인나라 30,000,000원
② 외상매출금: 샤방샤방 20,000,000원
③ 받을어음: 명승뷰티 20,000,000원
④ 미지급금: (주)SK주유소 6,000,000원

제**2**장

(**N**CS 능력단위 0203020101_20v4)

전표관리

NCS 능력단위요소

제1절 회계상 거래 인식하기

제2절 전표 작성하기

제3절 증빙서류 관리하기

■ 비대면 시험 출제예상 평가문제

NCS 능력단위: 전표관리(0203020101_20v4)

 I Can!
전표관리

회계상 거래를 인식하고, 전표작성 및 이에 따른 증빙서류를 처리하고 관리하는 능력이다.

직종	분류번호	능력단위	능력단위 요소	수준
회계 감사	0203020101_20v4	전표관리	01 회계상 거래 인식하기	2
			02 전표 작성하기	2
			03 증빙서류 관리하기	2

능력단위 요소	수행준거
01 회계상 거래 인식하기	1.1 회계상 거래와 일상생활에서의 거래를 구분할 수 있다.
	1.2 회계상 거래를 구성 요소별로 파악하여 거래의 결합관계를 차변 요소와 대변 요소로 구분할 수 있다.
	1.3 회계상 거래의 결합관계를 통해 거래 종류별로 구분할 수 있다.
	1.4 거래의 이중성에 따라서 기입된 내용의 분석을 통해 대차평균의 원리를 파악할 수 있다.
02 전표 작성하기	2.1 회계상 거래를 현금거래 유무에 따라 사용되는 입금전표, 출금전표, 대체전표로 구분할 수 있다.
	2.2 현금의 수입거래를 파악하여 입금전표를 작성할 수 있다.
	2.3 현금의 지출거래를 파악하여 출금전표를 작성할 수 있다.
	2.4 현금의 수입과 지출이 없는 거래를 파악하여 대체전표를 작성할 수 있다.
03 증빙서류 관리하기	3.1 발생한 거래에 따라 필요한 관련 서류 등을 확인하여 증빙여부를 검토할 수 있다.
	3.2 발생한 거래에 따라 관련 규정을 준수하여 증빙서류를 구분·대조할 수 있다.
	3.3 증빙서류 관련 규정에 따라 제 증빙자료를 관리할 수 있다.

제1절 회계상 거래 인식하기(NCS_능력단위요소명)

★ **학습목표(NCS_ 수행준거)**

1.1 회계상 거래와 일상생활에서의 거래를 구분할 수 있다.

1.2 회계상 거래를 구성 요소별로 파악하여 거래의 결합관계를 차변 요소와 대변 요소로 구분할 수 있다.

1.3 회계상 거래의 결합관계를 통해 거래 종류별로 구분할 수 있다.

1.4 거래의 이중성에 따라서 기입된 내용의 분석을 통해 대차평균의 원리를 파악할 수 있다.

필요 지식

01 회계상 거래와 일상생활에서의 거래

회계상 거래는 자산·부채·자본 증가와 감소, 수익·비용의 발생을 가져오는 것이다.

 Can! 회계상 거래와 일상생활의 거래!

- 일상생활에서는 거래이지만 회계에서는 거래가 아닌 경우
  상품 매매 계약, 종업원 채용 계약, 건물의 임대차 계약, 부동산 담보 설정 등
- 회계에서는 거래이지만 일상생활에서는 거래가 아닌 경우
  상품 등의 도난·파손·화재, 상품의 가격 하락 등

02 거래의 결합관계와 거래의 이중성

회계상 모든 거래는 왼쪽(차변)요소와 오른쪽(대변)요소가 결합하여 발생하며, 원인과 결과의 인과관계를 파악하여 이중으로 기록하기에 오류에 대한 자가 검증기능이 있다.

 Can! 거래의 8요소!

차변요소	대변요소
자산증가	자산감소
부채감소	부채증가
자본감소	자본증가
비용발생	수익발생

수행과제 회계상 거래 인식하기

1 다음 중 회계상 거래인 것은 O, 회계상 거래가 아닌 것은 ×를 하세요.

① (　　) 현금 2,000,000원을 출자하여 영업을 개시하였다.

② (　　) 상품 500,000원을 외상으로 구입하였다.

③ (　　) 사무실에 사용할 냉장고를 300,000원에 구입하기로 계약하였다.

④ (　　) 상품 50,000원이 화재가 발생하여 유실되었다.

⑤ (　　) 현금 100,000원을 보통예금 통장에 입금하였다.

⑥ (　　) 급여 1,500,000원을 지급하기로 하고 영업사원을 채용하였다.

2 다음의 회계상 거래를 거래의 8요소에 따른 결합관계로 나타내시오.

(예시) 현금 5,000,000원을 출자하여 사업을 개시하였다.

차변요소	자산증가　(현금 5,000,000원)	대변요소	자본증가　(자본금 5,000,000원)

① 상품 100,000원을 현금으로 구입하였다.

② 상품 500,000원을 외상으로 구입하였다.

③ 비품을 구입하고 보통예금 통장에서 200,000원을 이체하였다.

④ 은행에서 2,000,000원을 차입(차입기간: 6개월)하여 보통예금 통장에 입금하였다.

⑤ ②번 문제의 상품외상 구입대금 500,000원을 현금으로 지급하였다.

⑥ 은행에 예치해 둔 예금에 대한 이자 80,000원을 현금으로 받았다.

⑦ 사무실 임차료 150,000원을 현금으로 지급하였다.

⑧ 직원의 급여 300,000원을 보통예금 통장에서 자동이체 하였다.

---

①	차변요소		대변요소	
②	차변요소		대변요소	
③	차변요소		대변요소	
④	차변요소		대변요소	
⑤	차변요소		대변요소	
⑥	차변요소		대변요소	
⑦	차변요소		대변요소	
⑧	차변요소		대변요소	

　전기분 재무상태표

1　회계상 거래: ① (○), ② (○), ③ (×), ④ (○), ⑤ (○), ⑥ (×)

2　거래의 결합관계

①	**차변요소**	자산증가	(상품 100,000원)	**대변요소**	자산감소	(현금 100,000원)
②	**차변요소**	자산증가	(상품 500,000원)	**대변요소**	부채증가	(외상매입금 500,000원)
③	**차변요소**	자산증가	(비품 200,000원)	**대변요소**	자산감소	(보통예금 200,000원)
④	**차변요소**	자산증가	(보통예금 2,000,000원)	**대변요소**	부채증가	(단기차입금 2,000,000원)
⑤	**차변요소**	부채감소	(외상매입금 500,000원)	**대변요소**	자산감소	(현금 500,000원)
⑥	**차변요소**	자산증가	(현금 80,000원)	**대변요소**	수익발생	(이자수익 80,000원)
⑦	**차변요소**	비용발생	(임차료 150,000원)	**대변요소**	자산감소	(현금 150,000원)
⑧	**차변요소**	비용발생	(급여 300,000원)	**대변요소**	자산감소	(보통예금 300,000원)

제**2**절   전표 작성하기(**NCS** 능력단위요소명)

★ 학습목표(**NCS** 수행준거)

2.1 회계상 거래를 현금거래 유무에 따라 사용되는 입금 전표, 출금 전표, 대체 전표로 구분할 수 있다.

2.2 현금의 수입 거래를 파악하여 입금전표를 작성할 수 있다.

2.3 현금의 지출 거래를 파악하여 출금전표를 작성할 수 있다.

2.4 현금의 수입과 지출이 없는 거래를 파악하여 대체전표를 작성할 수 있다.

필요 지식

재무회계 ➡ 전표입력/장부 ➡ 일반전표입력

(**01**) 일반전표입력

회계에서 거래인 자산·부채·자본의 증감변동이 발생하면 증빙서류를 보고 전표를 작성한다. 전표 작성은 일반전표입력에서 이루어지며, 입력된 자료는 전표, 분개장 및 총계정원장 등 장부와 관련 자료에 자동 반영된다.

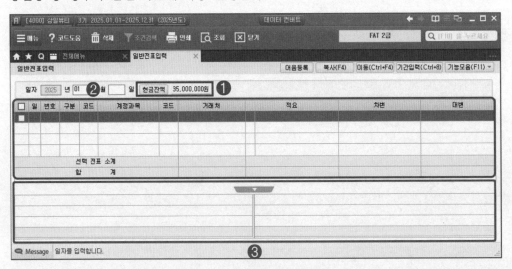

❶ 전기분재무상태표의 현금 금액이 자동으로 반영된다.

❷ 거래일자를 입력하고 관련 거래의 계정과목 코드, 거래처, 적요, 금액을 입력한다.

❸ ▬▬를 클릭하면 화면이 활성화되며 ❷에서 입력한 분개가 자동으로 반영된다.

ⓘCan! 일반전표입력!

① 전표 번호: 일자별로 차변과 대변의 금액이 일치하면 00001부터 자동으로 부여된다. 전표입력 시 전표번호 등이 다르게 되어 차변과 대변의 차액이 발생하면 상단부 기능모음(F11) ▼ 의 번호수정 을 클릭하여 전표번호를 수정하면 된다.

② 계정과목 코드와 계정과목, 거래처 코드와 거래처명 입력: 코드 란에서 F2나 상단부 ❓코드도움 을 클릭하거나, 해당 계정과목 두 자리를 입력한 후 나타나는 보조창에서 관련 내용을 선택하여 입력한다.

③ 전표 삭제: 삭제 전표를 선택(☑) 후 상단의 삭제(🗑 삭제)를 클릭하여 삭제한다.

④ 전표 정렬: 일반전표입력을 종료하면 날짜별로 자동 정렬된다. 입력순 등으로 정렬하고 싶으면 마우스 오른쪽을 클릭하여 정렬방법을 선택하면 된다.

⑤ 신규거래처 등록 방법: 코드 란에 ➕ 또는 '00000'을 입력한 후 거래처명을 입력하고 Enter↵를 누른다. 거래처등록 창이 열리면 '수정'을 클릭하여 해당내용을 입력한다.

⑥ 거래처코드를 입력해야 하는 채권·채무·예금 관련 계정과목

채 권	외상매출금, 받을어음, 미수금, 선급금, 대여금, 가지급금 등
채 무	외상매입금, 지급어음, 미지급금, 선수금, 차입금, 가수금 등
예 금	보통예금, 당좌예금, 정기예금, 정기적금, 장기성예금 등

02 출금전표 작성하기

현금의 감소거래로 거래총액이 현금으로 이루어진 거래를 출금거래라고 한다. 전표입력 시 구분 란에 '1'을 입력하면 출금으로 표시되며, 차변 계정과목만 입력하면 된다.

03 입금전표 작성하기

현금의 증가거래로 거래총액이 현금으로 이루어진 거래를 입금거래라고 한다. 전표입력 시 구분 란에 '2'를 입력하면 입금으로 표시되며, 대변 계정과목만 입력하면 된다.

04 대체전표 작성하기

거래액 총액 중 일부가 현금인 거래나 현금이 포함되지 않는 거래일 경우 전표입력 시 구분 란에 대체차변은 '3'을 대체대변은 '4'를 입력하고, 각 계정과목을 직접 입력한다.

I Can! 3전표제의 입력방식!

전표구분	내 용	회계처리 사례			
출금전표(1)	거래총액이 현금으로 출금	(차) 상 품 ×××	(대) 현 금	×××	
입금전표(2)	거래총액이 현금으로 입금	(차) 현 금 ×××	(대) 상품매출	×××	
대체전표(3, 4)	현금이 없는 거래	(차) 비 품 ×××	(대) 미지급금	×××	
차변(3) 대변(4)	현금이 일부 있는 거래	(차) 비 품 ×××	(대) 현 금 미지급금	××× ×××	
결산차변(5) 결산대변(6)	결산대체 분개 시	(차) 감가상각비 ×××	(대) 감가상각누계액 ×××		

주의 출금과 입금전표는 '현금'이 자동으로 입력되므로 상대 계정과목만 입력한다.

실무 익히기

전표 작성하기(일반전표입력)

1 출금전표 작성하기

영 수 증 (공급받는자용)

N O.   삼일뷰티 귀하

공급자	사업자등록번호	106 - 01 - 28598		
	상 호	엄마밥상	성 명	전영미
	사업장소재지	서울시 용산구 백범로 402		
	업 태	서비스	종 목	음식
작성년월일		공급대가총액		비고
2025.1.3.		28,000원		

공 급 내 역				
월/일	품 목	수량	단가	공급대가(금액)
1/3	식대	4	7,000	28,000
합 계		₩ 28,000		

위 금액을 **영수**(청구)함

관리부 사원의 야근식대를 현금으로 지급하고 수취한 영수증이다.

수행 1 회계처리를 수행하시오.

(차변)   (대변)
/

수행 2 전표입력을 수행하시오.

2 입금전표 작성하기

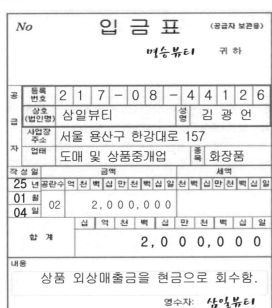

No	입 금 표		(공급자 보관용)
	명승뷰티		귀 하

공급자	등록번호	2 1 7 - 0 8 - 4 4 1 2 6		
	상호(법인명)	삼일뷰티	성명	김 광 언
	사업장주소	서울 용산구 한강대로 157		
	업태	도매 및 상품중개업	종목	화장품

작성일		금액	세액
25 년	공란수	억 천 백 십 만 천 백 십 일	천 백 십 만 천 백 십 일
01 월 04 일	02	2,000,000	

합 계	십 억 천 백 십 만 천 백 십 일
	2,000,000

내용

상품 외상매출금을 현금으로 회수함.

영수자: 삼일뷰티

상품매출에 대한 외상매출금을 현금으로 회수하고 입금표를 발행하였다.

수행 1 회계처리를 수행하시오.

(차변)   (대변)
/

수행 2 전표입력을 수행하시오.

3 대체전표 작성하기

<table>
<tr><td colspan="4" align="center">영 수 증</td></tr>
<tr><td colspan="4" align="right">2025/01/05 15:30</td></tr>
<tr><td colspan="2">(주)SK주유소</td><td colspan="2" align="right">(T.634 – 1211)</td></tr>
<tr><td colspan="4">서울 성동구 아차산로 113</td></tr>
<tr><td colspan="2">129 – 81 – 19997</td><td colspan="2">박수경</td></tr>
<tr><td>유종명</td><td>수 량</td><td>단가</td><td>금 액</td></tr>
<tr><td>휘발유</td><td>15</td><td>1,980</td><td>29,700</td></tr>
<tr><td>합계:</td><td colspan="3" align="center">29,700원</td></tr>
<tr><td colspan="4" align="center">감사합니다.</td></tr>
</table>

영업부사원의 업무용 승용차에 주유를 하고 주유대금은 월말에 지급하기로 하였다.

수행 1 회계처리를 수행하시오.

　(차변)　　　　　(대변)

　　　　　　／

수행 2 전표입력을 수행하시오.

수행과제 풀이 **전표 작성하기(일반전표 입력)**

재무회계 ➡ 전표입력/장부 ➡ 일반전표입력

1 **1월 3일**

구분	코드	계정과목	코드	거래처명	적요		차변	대변
출금	811	복리후생비		엄마밥상	02	직원식대및차대 지급	28,000	현금
		(차) 811 복리후생비		28,000	(대) 101 현금			28,000

2 **1월 4일**

구분	코드	계정과목	코드	거래처명	적요		차변	대변
입금	108	외상매출금	01001	명승뷰티	04	외상대금 현금회수	현금	2,000,000
		(차) 101 현금		2,000,000	(대) 108 외상매출금			2,000,000

3 1월 5일

구분	코드	계정과목	코드	거래처명	적요		차변	대변
차변	822	차 량 유 지 비		(주)SK주유소	01	유류대 미지급	29,700	
대변	253	미 지 급 금	1004	(주)SK주유소		유류대 미지급		29,700
(차) 822 차량유지비			29,700		(대) 253 미지급금		29,700	

❚ 전표작성 수행 완료화면 ❚

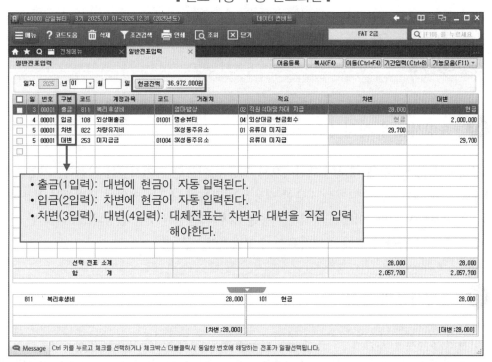

수행 tip

• 출금전표, 입금전표, 대체전표 입력번호(1, 2, 3, 4)는 자유롭게 선택하여 입력하고, 전표입력 시 일자와 차변 대변의 계정과목과 금액은 정확히 입력할 수 있어야 한다.

제 3 절 증빙서류 관리하기(**N**CS 능력단위요소명)

★ **학습목표(N**CS 수행준거)

3.1 발생한 거래에 따라 필요한 관련 서류 등을 확인하여 증빙여부를 검토할 수 있다.

3.2 발생한 거래에 따라 관련 규정을 준수하여 증빙서류를 구분·대조할 수 있다.

3.3 증빙서류 관련 규정에 따라 제증빙자료를 관리할 수 있다.

필요 지식

 증빙서류의 의의

증빙이란 거래상황에 대하여 객관적으로 입증이 가능한 증거서류를 말한다. 기업은 경영활동 중에 벌어들인 수익에서 지출한 비용을 차감하여 나오는 이익에 세법에서 적용하는 세금을 납부해야 한다. 이때 인정되는 비용은 업무와 관련된 것만 인정되므로 이러한 업무 관련 비용을 입증하기 위해 증빙서류를 주고받는다.

02 증빙서류의 종류

기업의 경영활동에 직접적으로나 간접적으로 관련된 지출거래이면 정규증명서류를 수취하도록 하고 있다. 지출은 했는데 정규증명서류를 수취하지 않았거나 그 지출이 업무와 관련이 없다면 당연히 인정을 받지 못한다.

증빙서류에는 세금계산서, 계산서, 신용카드매출전표영수증, 현금영수증, 영수증 등이 있다.

<table>
<tr><td>수행과제</td><td>증빙서류별 전표 작성하기(일반전표입력)</td></tr>
</table>

1 등기우편 영수증

```
        ✉ 우체국

        ─── 모바일 영수증 ───

   등기번호          요금   수취인
   ────────────────────────────
   15140 - 0236 - 6775   5,000   김행복
   2025년 2월 5일              300g/50cm
   합 계      1통            5,000원
   ────────────────────────────
   총 요 금:        (즉납)    5,000원
   수납요금:                 5,000원
   현   금:                 5,000원
   ────────────────────────────
   *우편물 송달기준 적용 곤란지역은 예정된
    배달일보다 더 소요될 수 있습니다.
   *우체국 「한국산업의 고객만족도(KCSI) 1위」
                        감사합니다.
```

상품매출과 관련된 서류를 우편발송하고 대금은 현금으로 지급하였다.

수행 1 회계처리를 수행하시오.

(차변)   (대변)
/

수행 2 전표입력을 수행하시오.

2 화분구입 영수증

NO.	영 수 증 (공급받는자용)				
	삼일뷰티				귀하
공급자	사 업 자 등록번호	127 - 91 - 26996			
	상 호	플라워	성명	나꽃잎	
	사 업 장 소 재 지	경기 의정부 행복로 14			
	업 태	도.소매업	종목	생화	
작성일자		공급대가총액		비고	
2025.2.10.		30,000원			
공 급 내 역					
월/일	품명	수량	단가	금액	
2/10	동양란	1		30,000	
합 계		₩30,000			
위 금액을 **영수**(청구)함					

매출처의 확장이전 축하를 위해 화분을 구입하고 대금은 현금으로 지급하였다.

수행 1 회계처리를 수행하시오.

(차변)   (대변)
/

수행 2 전표입력을 수행하시오.

3 자동차세 납부서

		2025 년분 자동차세 신고납부서					납세자 보관용 영수증	
납 세 자		김광언 (삼일뷰티)						
주 소		서울 용산구 한강대로 157						

납세번호	기관번호	5605602	제목	10106001	납세년월기	202502	과세번호	5064786

과세대상	25오 7466 (승용차)	구 분	자동차세	지방교육세	납부할 세액 합계
		당 초 산 출 세 액	78,000		
		선납공제액(10%)	–		78,000원
과세기간	2025.1.1. ~2025.12.31.	요일제감면액(5%)	–		
		납 부 할 세 액	78,000	0	

〈납부장소〉
담당자
이영화
(02)2660 - 0268

위의 금액을 영수합니다.

2025 년   2 월   15 일

수 납 인 ③
2025.2.15.
국민은행
용산지점

*수납인이 없으면 이 영수증은 무효입니다   *공무원은 현금을 수납하지 않습니다.

업무용 승용차의 자동차세를 현금으로 납부하였다.

수행 1 회계처리를 수행하시오. (차변)   (대변)

수행 2 전표입력을 수행하시오.

4 결혼청첩장

♥2025년 2월 27일 PM 15시 ♥

결혼합니다

사랑해서 모욱 잡았습니다

관리부 장그래 사원의 결혼축의금 100,000원을 현금으로 지급하였다.

수행 1 회계처리를 수행하시오.

(차변)   (대변)

/

수행 2 전표입력을 수행하시오.

5 도서구입 계산서

전자계산서				(공급받는자 보관용)		승인번호		

공급자	등록번호	102-81-30788			공급받는자	등록번호	217-08-44126		
	상호	(주)영풍문고	성명 (대표자)	장영풍		상호	삼일뷰티	성명 (대표자)	김광언
	사업장 주소	서울 강남 테헤란로 108				사업장 주소	서울 용산구 한강대로 157		
	업태	소매	종사업장번호			업태	도매 및 소매업	종사업장번호	
	종목	도서				종목	화장품		
	E-Mail	young@bill36524.com				E-Mail	samili@bill36524.com		

작성일자	2025. 3. 5.	공급가액	200,000	비 고	

월	일	품목명	규격	수량	단가	공급가액	비고
3	5	FAT 2급		10	20,000	200,000	

합계금액	현금	수표	어음	외상미수금	이 금액을	○ 영수 ● 청구　함
200,000				200,000		

신입사원의 회계실무 업무에 참고하기 위한 도서를 외상으로 구입하였다.

수행 1 회계처리를 수행하시오. (차변)　　　　　　　　　(대변)

수행 2 전표입력을 수행하시오.

6 출장품의서(출장여비 가지급)

출 장 품 의 서			
소　　속	영업팀	직위와 성명	부장 오상식
출 장 목 적	신규거래처 확보를 위한 지방 출장		
출 장 기 간	2025년 3월 10일 ~ 2025년 3월 15일		
출 장 지	세종특별자치시 매출처		
여비개산액	숙박비, 교통비, 식대 등　　합계 250,000원		
2025년 3월 10일			

영업팀 부장 오상식의 출장과 관련한 출장여비를 개산하여 현금으로 지급하였다.

수행 1 회계처리를 수행하시오. (차변)　　　　　　　　　(대변)

수행 2 전표입력을 수행하시오.

7 출장여비 정산서(가지급금 정산)

여비 정산서

소 속	영 업 팀	직 위	부장		성 명	오상식
지출내역	숙박비	100,000원	식 비	50,000원	교통비	80,000원
출장비	가지급액	250,000원	지출액	230,000원	현금 회수액	20,000원

2025년 3월 15일

신청인   성명   오상식

> 영업팀 부장 오상식의 출장비를 다음과 같이 정산하고 잔액은 현금으로 회수하였다.
>
> **수행 1** 회계처리를 수행하시오. (차변)   (대변)
> **수행 2** 전표입력을 수행하시오.

8 급여지급대장과 통장거래내역

2025년 03월 급여지급명세서

(단위: 원)

이름	지급항목			공제항목			공제계	차인 지급액
	기본급	식대	급여 총액	소득세	국민연금	고용보험		
				지방소득세	건강보험료	장기요양보험료		
장그래	2,000,000	100,000	2,100,000	19,520	90,000	16,000	205,940	1,894,060
				1,950	69,900	8,570		
오상식	3,000,000	100,000	3,100,000	84,850	135,000	24,000	370,040	2,729,960
				8,480	104,850	12,860		
계	5,000,000	200,000	5,200,000	104,370	225,000	40,000	575,980	4,624,020
				10,430	174,750	21,430		

▌보통예금(국민은행) 거래내역 ▌

번호	거래일자	내용	찾으신금액	맡기신금액	잔액	거래점
		계좌번호 764502－01－047418 삼일뷰티(김광언)				
1	2025-3-20	3월분 급여	4,624,020원		***	용산

> 직원의 급여를 국민은행 보통예금계좌에서 이체하여 지급하였다.
> (지급항목은 '급여'로 공제항목은 '예수금'으로 할 것.)
>
> **수행 1** 회계처리를 수행하시오. (차변)   (대변)
> **수행 2** 전표입력을 수행하시오.

9 계약금의 수령

No. _____		견 적 서			

No. _____

견 적 서

2025년 4월 5일
_____

명승뷰티 **귀하**

아래와 같이 견적합니다.

공급자	등 록 번 호	217-08-44126			
	상호(법인명)	삼일뷰티	성명	김 광 언	㊞
	사업장주소	서울시 용산구 한강대로 157			
	업 태	도매 및 소매업		종목	화장품
	전 화 번 호	02-3489-3100/fax:02-3489-3110			

합 계 금 액	일억원整(₩ 100,000,000)

품 명	규 격	수 량	단 가	공 급 가 액	비 고
캐비어 3종		200	500,000	100,000,000	

견적서대로 상품 주문을 받고, 판매대금의 10%에 해당하는 계약금을 국민은행 보통예금 계좌로 이체받았다.

수행 1 회계처리를 수행하시오. (차변)   (대변)

수행 2 전표입력을 수행하시오.

10 근로소득세 납부

국 세 전 자 납 부 확 인 서
(홈택스 납부분)

상호(성명)	삼일뷰티	사업자등록번호	217-08-44***
주 소	서울 용산구 한강대로 157		
세 목	근로소득세	세목코드	202503-4-14-65820419
납 부 일 자	2025년 4월 10일	수납점포	국민(용산금융센터)
납 부 금 액	104,370원	비 고	-

귀하의 성실한 국세납부에 감사드리며 위와 같이 납부되었음을 통보합니다.
2025년 4월 10일
용 산 세 무 서 장 ㊞

직원의 3월분 급여지급 시 원천징수하였던 근로소득세를 국민은행 보통예금에서 이체하여 납부하였다.

수행 1 회계처리를 수행하시오. (차변)   (대변)

수행 2 전표입력을 수행하시오.

11 건강보험료 납부

건강 보험료	2025 년 03 월	영수증(납부자용)
사 업 장 명	삼일뷰티(김광언)	
사 용 자	서울특별시 용산구 한강대로 157 (한강로1가)	

납부자번호	2600000457	사 업 장 관 리 번 호	21708441260

납부할보험료 (ⓐ+ⓑ+ⓒ+ⓓ+ⓔ)	392,360 원
납 부 기 한	2025.4.10 까지

보	건 강 ⓐ	349,500 원	연 금 ⓒ	원
험	장 기 요 양 ⓑ	42,860 원	고 용 ⓓ	원
료	소 계 (ⓐ+ⓑ)	392,360 원	산 재 ⓔ	원

납기후금액	396,020원	납기후기한	2025.4.26.까지

◉ 납부기한까지 납부하지 않으면 연체금이 부과됩니다.
※ 납부장소: 전 은행, 우체국, 농·수협(지역조합 포함), 새마을금고, 신협, 증권사, 산림조합중앙회, 인터넷지로(www.giro.or.kr)
※ 2D코드: GS25, 세븐일레븐, 미니스톱, 바이더웨이, 씨유에서 납부 시 이용.(우리·신한은행 현금카드만 수납가능)

2025 년 03 월 19 일

국민건강보험공단 이사장

(수납인)

[4월 10일]
건강보험료와 장기요양보험료 392,360원을 국민은행 보통예금 계좌에서 이체하였다. 50%인 196,180원은 원천징수한 금액이며, 나머지는 회사부담분이다.(회사부담분은 '복리후생비'로 할 것.)

수행 1 회계처리를 수행하시오.
　(차변)　　　　　(대변)
　　　　　/
수행 2 전표입력을 수행하시오.

12 거래명세서에 의한 상품매입

거래명세서　(공급받는자 보관용)

공급자	등록번호	120-81-35097		공급받는자	등록번호	217-08-44126	
	상호	(주)꼼꼼이	성명 이아람		상호	삼일뷰티	성명 김광언
	사업장주소	서울시 서대문구 경기대로 10			사업장주소	서울시 용산구 한강대로 157	
	업태	제조	종사업장번호		업태	도매 및 소매업	종사업장번호
	종목	화장품			종목	화장품	

거래일자	미수금액	공급가액	총당일거래총액
2025. 4. 15.		50,000,000	50,000,000

NO	월	일	품목명	규격	수량	단가	공급가액	합계
1	4	15	안티링클크림	AT_S	1,000	50,000	50,000,000	50,000,000

(주)꼼꼼이에서 상품을 외상으로 매입하였다.
(신규거래처이므로 거래처코드 2001로 입력할 것.)

수행 1 회계처리를 수행하시오.　(차변)　　　　　(대변)
수행 2 전표입력과 신규거래처등록을 수행하시오.

13 거래명세서에 의한 상품매출

<table>
<tr>
<td colspan="2" align="center">거 래 명 세 서</td>
<td colspan="2" align="center">(공급자 보관용)</td>
<td colspan="4"></td>
</tr>
<tr>
<td rowspan="6" align="center">공급자</td>
<td align="center">등록번호</td>
<td colspan="3" align="center">217-08-44126</td>
<td rowspan="6" align="center">공급받는자</td>
<td align="center">등록번호</td>
<td colspan="3" align="center">127-40-91758</td>
</tr>
<tr>
<td align="center">상호</td>
<td align="center">삼일뷰티</td>
<td align="center">성명</td>
<td align="center">김광언</td>
<td align="center">상호</td>
<td align="center">명승뷰티</td>
<td align="center">성명</td>
<td align="center">김혜수</td>
</tr>
<tr>
<td align="center">사업장
주소</td>
<td colspan="3" align="center">서울시 용산구 한강대로 157</td>
<td align="center">사업장
주소</td>
<td colspan="3" align="center">경기도 의정부시 시민로 100</td>
</tr>
<tr>
<td align="center">업태</td>
<td align="center">도매 및 소매업</td>
<td colspan="2" align="center">종사업장번호</td>
<td align="center">업태</td>
<td colspan="2" align="center">도소매</td>
<td align="center">종사업장번호</td>
</tr>
<tr>
<td align="center">종목</td>
<td colspan="3" align="center">화장품</td>
<td align="center">종목</td>
<td colspan="3" align="center">화장품</td>
</tr>
</table>

거래일자	미수금액	공급가액	총 합계금액
2025. 4. 20.		100,000,000	100,000,000

NO	월	일	품목명	규격	수량	단가	공급가액	합계
1	4	20	캐비어 10종	CAV	200	500,000	100,000,000	100,000,000

거래처 명승뷰티에 상품을 외상으로 매출하였다.(4월 5일 계약금 10%를 수령함)

수행 1 회계처리를 수행하시오. (차변)   (대변)
수행 2 전표입력을 수행하시오.

수행과제 풀이 증빙서류별 전표 작성하기(일반전표입력)

▌2월 거래내역 ▌

1 2월 5일

구분	코드	계정과목	코드	거래처명		적요	차변	대변
출금	814	통 신 비		우체국	02	우편료 지급	5,000	현금
	(차) 814 통신비		5,000		(대) 101 현금		5,000	

2 2월 10일

구분	코드	계정과목	코드	거래처명		적요	차변	대변
출금	813	접 대 비 (기업업무추진비)		플라워	09	거래처선물대금 지급	30,000	현금
	(차) 813 접대비(기업업무추진비) 30,000				(대) 101 현금		30,000	

③ 2월 15일

구분	코드	계정과목	코드	거래처명		적요	차변	대변
출금	817	세금과공과금		서울시 용산구청	01	자동차세 납부	78,000	현금
		(차) 817 세금과공과금		78,000		(대) 101 현금	78,000	

④ 2월 25일

구분	코드	계정과목	코드	거래처명		적요	차변	대변
출금	811	복리후생비		장그래	07	임직원경조사비 지급	100,000	현금
		(차) 811 복리후생비		100,000		(대) 101 현금	100,000	

┃2월 거래내역 수행 완료화면┃

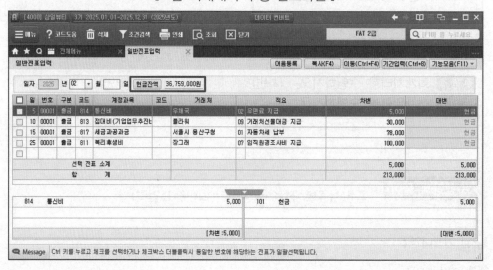

┃3월 거래내역┃

⑤ 3월 5일

구분	코드	계정과목	코드	거래처명	적요	차변	대변
차변	826	도서인쇄비		(주)영풍문고	도서 구입대금 미지급	200,000	
대변	253	미지급금	01005	(주)영풍문고	도서 구입대금 미지급		200,000
		(차) 826 도서인쇄비		200,000	(대) 253 미지급금	200,000	

6 3월 10일

구분	코드	계정과목	코드	거래처명	적요		차변	대변
출금	134	가 지 급 금	01006	오상식	02	업무가지급금 지급	250,000	현금
		(차) 134 가지급금		250,000		(대) 101 현금	250,000	

7 3월 15일

구분	코드	계정과목	코드	거래처명	적요		차변	대변
차변	812	여 비 교 통 비			01	출장여비 가지급정산	230,000	
차변	101	현　　　금				출장여비 가지급정산	20,000	
대변	134	가 지 급 금	01006	오상식	06	업무가지급금 정산대체		250,000
		(차) 812 여비교통비		230,000		(대) 134 가지급금	250,000	
		101 현금		20,000				

8 3월 20일

구분	코드	계정과목	코드	거래처명	적요	차변	대변
차변	801	급　　　여			직원 급여 지급	5,200,000	
대변	254	예 수 금			급여지급 시 소득세 등 예수		575,980
대변	103	보 통 예 금	98001	국민은행	직원 급여 지급		4,624,020
		(차) 801 급여		5,200,000	(대) 254 예수금	575,980	
					103 보통예금	4,624,020	

▌3월 거래내역 수행 완료화면▐

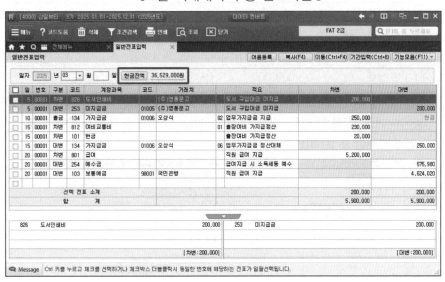

▌4월 거래내역▌

9 4월 5일

구분	코드	계정과목	코드	거래처명	적요	차변	대변
차변	103	보 통 예 금	98001	국민은행	상품매출 계약금 입금	10,000,000	
대변	259	선 수 금	01001	명승뷰티	상품매출 계약금 입금		10,000,000
	(차) 103 보통예금			10,000,000	(대) 259 선수금	10,000,000	

10 4월 10일

구분	코드	계정과목	코드	거래처명	적요	차변	대변
차변	254	예 수 금			근로소득세 납부	104,370	
대변	103	보 통 예 금	98001	국민은행	근로소득세 납부		104,370
	(차) 254 예수금			104,370	(대) 103 보통예금	104,370	

11 4월 10일

구분	코드	계정과목	코드	거래처명	적요	차변	대변
차변	254	예 수 금			직원분 건강보험료등 납부	196,180	
차변	811	복리후생비			회사분 건강보험료등 납부	196,180	
대변	103	보 통 예 금	98001	국민은행	건강보험료 등 납부		392,360
	(차) 257 예수금			196,180	(대) 103 보통예금	392,360	
	811 복리후생비			196,180			

12 4월 15일

구분	코드	계정과목	코드	거래처명		적요	차변	대변
차변	146	상 품		(주)꼼꼼이	01	상품외상매입	50,000,000	
대변	251	외상매입금	02001	(주)꼼꼼이	04	재고자산 외상매입		50,000,000
	(차) 146 상품			50,000,000		(대) 251 외상매입금	50,000,000	

주의 신규거래처등록: 거래처코드란에서 ⊞를 누르면 00000이 입력됨 → 신규거래처명을 입력한 후 Enter↵ → 거래처등록 창에서 거래처코드를 입력하고 [수정]을 클릭 → 거래처 내용을 입력하고 [확인]을 클릭한 후 [등록]을 누른다.

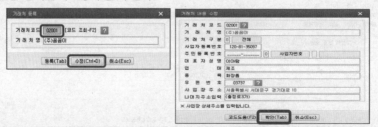

13 4월 20일

구분	코드	계정과목	코드	거래처명		적요	차변	대변
차변	108	외상매출금	01001	명승뷰티	01	상품외상매출	90,000,000	
차변	259	선 수 금	01001	명승뷰티	01	선수금 외상매출금 대체	10,000,000	
대변	401	상 품 매 출		명승뷰티	03	국내 일반매출		100,000,000

(차) 108 외상매출금   90,000,000   (대) 401 상품매출   100,000,000
       259 선수금   10,000,000

┃4월 거래내역 수행 완료화면┃

수행 tip

• 증빙을 보고 일자를 파악할 수 있어야 하며, 차변과 대변의
 금액, 계정과목, 거래처코드(채권, 채무, 예금)를 정확히
 입력할 수 있어야 한다.

출제예상 평가문제 (비대면 시험대비)

01 [현금출납장 조회] 매월 말 '현금' 잔액으로 옳지 않는 것은?

① 1월 말 36,972,000원   ② 2월 말 36,759,000원
③ 3월 말 36,529,000원   ④ 4월 말 46,529,000원

02 [월계표 조회] 2월에 발생한 판매비와관리비(계정과목 800번대 코드) 중 현금지출 금액이 가장 큰 계정과목은?

① 811.복리후생비   ② 813.접대비(기업업무추진비)
③ 814.통신비   ④ 817.세금과공과금

03 [계정별원장 조회] 3월말 가지급금 잔액은 얼마인가?

①   0원   ②   20,000원
③ 230,000원   ④ 250,000원

04 [총계정원장 조회] 4월 한달 동안 발생한 '상품매출' 금액은 얼마인가?

(   )원

05 [거래처원장 조회] (주)꼼꼼이의 4월 말 '외상매입금' 잔액은 얼마인가?

(   )원

제3장

(NCS 능력단위 0203020102_20v4)

자금관리

NCS 능력단위: 자금관리(0203020102_20v4)

ⓘ Can!
자금관리

기업 및 조직의 자금을 관리하기 위하여 회계 관련 규정에 따라 자금인 현금, 예금, 법인카드, 어음·수표를 관리하는 능력이다.

직종	분류번호	능력단위	능력단위 요소	수준
회계 감사	0203020102_20v4	자금관리	01 현금시재 관리하기	2
			02 예금 관리하기	2
			03 법인카드 관리하기	2
			04 어음·수표 관리하기	2

능력단위 요소	수행준거
01 현금시재 관리하기	1.1 회계 관련 규정에 따라 현금 입출금을 관리할 수 있다.
	1.2 회계 관련 규정에 따라 소액현금 업무를 처리할 수 있다.
	1.3 회계규정에 따라 입·출금전표 및 현금출납부를 작성할 수 있다.
	1.4 회계 관련 규정에 따라 현금시재를 일치시키는 작업을 할 수 있다.
02 예금 관리하기	2.1 회계 관련 규정에 따라 예·적금 업무를 처리할 수 있다.
	2.2 자금운용을 위한 예·적금 계좌를 예치기관별·종류별로 구분·관리할 수 있다.
	2.3 은행업무시간 종료 후 회계 관련 규정에 따라 은행잔고를 확인할 수 있다.
	2.4 은행잔고의 차이 발생 시 그 원인을 규명할 수 있다.
03 법인카드 관리하기	3.1 회계 관련 규정에 따라 금융기관에 법인카드를 신청할 수 있다.
	3.2 회계 관련 규정에 따라 법인카드 관리대장의 작성 업무를 처리할 수 있다.
	3.3 법인카드의 사용범위를 파악하고 결제일 이전에 대금이 정산될 수 있도록 회계처리할 수 있다.
04 어음·수표 관리하기	4.1 관련 규정에 따라 수령한 어음·수표의 예치 업무를 할 수 있다.
	4.2 관련 규정에 따라 어음·수표를 발행·수령할 때 회계처리할 수 있다.
	4.3 관련 규정에 따라 어음관리대장에 기록하여 관리할 수 있다.
	4.4 관련 규정에 따라 어음·수표의 분실처리 업무를 할 수 있다.

제 1 절 현금시재 관리하기(NCS_능력단위요소명)

★ **학습목표(NCS_ 수행준거)**

1.1 회계 관련 규정에 따라 현금 입출금을 관리할 수 있다.
1.2 회계 관련 규정에 따라 소액현금 업무를 처리할 수 있다.
1.3 회계규정에 따라 입·출금전표 및 현금출납부를 작성할 수 있다.
1.4 회계 관련 규정에 따라 현금시재를 일치시키는 작업을 할 수 있다.

필요 지식

01 현금시재 관리와 현금과부족

현금의 수입과 지출이 있을 때 현금출납장에 기록하고, 매일 현금시재의 잔액을 확인하고 관리한다. 계산이나 기록상 오류, 분실, 도난 등으로 현금시재와 장부가 불일치할 경우 '현금과부족' 계정을 사용하고 과부족의 원인이 밝혀지면 해당 계정과목으로 대체시키고 결산 시까지 원인이 밝혀지지 않으면 잡손실 또는 잡이익으로 대체한다.

구 분	거 래	분 개				
장부상 현금잔액 < 실제 현금잔액	현금과잉 시	(차) 현금	×××	(대) 현금과부족	×××	
	결산 시	(차) 현금과부족	×××	(대) 잡이익	×××	
장부상 현금잔액 > 실제 현금잔액	현금부족 시	(차) 현금과부족	×××	(대) 현금	×××	
	결산 시	(차) 잡손실	×××	(대) 현금과부족	×××	

02 현금출납장

기업의 영업활동 중 발생한 현금의 수입과 지출 내용을 상세히 기록한 보조장부이다.

03 일계표/월계표

계정과목별로 일단위로 집계한 표는 일계표, 월단위로 집계한 표는 월계표이다.

> **𝓘 Can!** 현금시재 확인!
>
> ① 매일 확인하는 현금시재와 차변의 금일잔고가 일치해야 한다.
> ② 차변 위치에 기록되어 있는 '계, 대체, 현금'에서 '현금'란에 표시된 금액은 현금지출!
>   대변 위치에 기록되어 있는 '현금, 대체, 계'에서 '현금'란에 표시된 금액은 현금수입!
>   **(차변) 금일잔고 = (대변)전일잔고 + (대변)현금거래 − (차변)현금거래**

▌일계표: 1월 3일부터 1월 3일까지▐

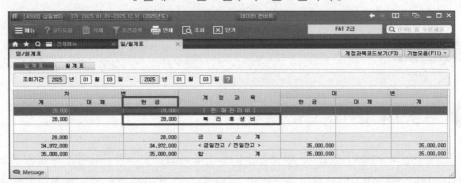

> 주의 1월 3일 거래는 '복리후생비 **28,000원**을 현금으로 지출하였다.'라고 해석되며 차변에 기록되어
> 있는 현금 란은 현금의 지출을 의미한다.

▌월계표: 3월부터 3월까지▐

차 변			계 정 과 목	대 변		
계	대 체	현 금		현 금	대 체	계
250,000		250,000	[유 동 자 산]	20,000	4,854,020	4,874,020
250,000		250,000	< 당 좌 자 산 >	20,000	4,624,020	4,624,020
			보 통 예 금		4,624,020	4,624,020
250,000		250,000	가 지 급 금	20,000	230,000	250,000
			[유 동 부 채]		775,980	775,980
			미 지 급 금		200,000	200,000
			예 수 금		575,980	575,980
5,630,000	5,630,000		[판 매 관 리 비]			
5,200,000	5,200,000		급 여			
230,000	230,000		여 비 교 통 비			
200,000	200,000		도 서 인 쇄 비			
5,880,000	5,630,000	250,000	금 일 소 계	20,000	5,630,000	5,650,000
36,529,000		36,529,000	< 금월잔고 / 전월잔고 >	36,759,000		36,759,000
42,409,000	5,630,000	36,779,000	합 계	36,779,000	5,630,000	42,409,000

> 주의 3월 월계표 '가지급금 란의 대변 **20,000원**은 현금으로 입금되었다.'라고 해석되며, 대변에 기록
> 되어 있는 현금 란은 현금의 수입을 의미한다.

수행과제

삼일뷰티의 현금시재와 관련된 내용을 제시된 대로 수행하시오.

1 2월 28일 현재 현금잔액은 얼마인가?

2 1월부터 3월까지의 현금 입금액과 출금액의 차액은 얼마인가?

수행과제 풀이

1 현금출납장 또는 월계표를 조회하여 현금잔액을 확인한다. **답** 36,759,000원

2 현금출납장 또는 월계표를 조회하여 현금 입금액과 현금 출금액의 차액을 확인한다.
답 현금 입금액 2,020,000원 − 현금 출금액 491,000원 = 1,529,000원

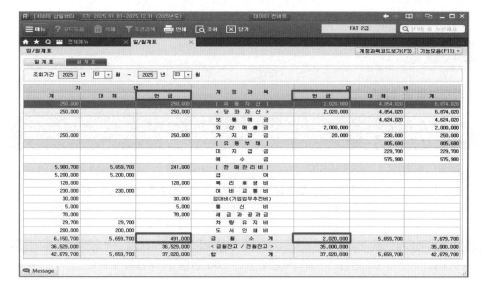

제**2**절   예금 관리하기(NCS_능력단위요소명)

★   **학습목표(NCS_ 수행준거)**

2.1 회계 관련 규정에 따라 예·적금 업무를 처리할 수 있다.
2.2 자금운용을 위한 예·적금 계좌를 예치기관별·종류별로 구분·관리할 수 있다.
2.3 은행업무시간 종료 후 회계 관련 규정에 따라 은행잔고를 확인할 수 있다.
2.4 은행잔고의 차이 발생 시 그 원인을 규명할 수 있다.

필요 지식

 예금의 구분 관리

보통예금은 입출금이 자유로운 예금이며, 당좌예금은 당좌 한도금액 내에서 당좌수표를 발행하여 인출할 수 있는 예금이다. 정기예금은 일정금액을 한꺼번에 예금하고 기간만료 후에 원금과 이자를 한 번에 받는 예금이다.

02 **예적금현황**

기업의 영업활동 중 발생한 예금과 적금의 현황을 보여준다.

수행과제

1 **화재보험료 납부**

화재보험증권			
증 권 번 호	3355897	계 약 일	2025년 5월 1일
보 험 기 간	2025년 5월 1일 00:00부터 2026년 4월 30일 24:00까지		
보 험 계 약 자	삼일뷰티	주민(사업자)번호	217-08-44126
피 보 험 자	삼일뷰티	주민(사업자)번호	217-08-44126
보험료 납입사항			
총보험료	60 만원	납입보험료	60 만원	미납입 보험료	0 원

▌보통예금(국민은행) 거래내역 ▌

번호	거래일자	내용	찾으신금액	맡기신금액	잔액	거래점
		계좌번호 764502-01-047418 삼일뷰티(김광언)				
1	2025-5-1	삼성화재(주)	600,000원		***	용산

본사 사옥에 대한 화재보험을 삼성화재(주)에 가입하고 보험료를 국민은행 보통예금 계좌에서 이체하여 지급하였다.(비용으로 회계처리할 것.)

수행 1 회계처리를 수행하시오. (차변) (대변)
수행 2 전표입력을 수행하시오.

수행과제 풀이

1 5월 1일

구분	코드	계정과목	코드	거래처명	적요	차변	대변
차변	821	보 험 료		삼성화재(주)	화재보험료 2025.5.1.~2026.4.30.	600,000	
대변	103	보 통 예 금	98001	국민은행	화재보험료 2025.5.1.~2026.4.30.		600,000
	(차) 821 보험료		600,000		(대) 103 보통예금	600,000	

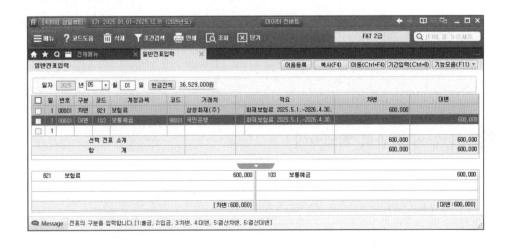

제3절 법인카드 관리하기(NCS___능력단위요소명)

★ **학습목표(NCS___ 수행준거)**
3.1 회계 관련 규정에 따라 금융기관에 법인카드를 신청할 수 있다.
3.2 회계 관련 규정에 따라 법인카드 관리대장의 작성 업무를 처리할 수 있다.
3.3 법인카드의 사용범위를 파악하고 결제일 이전에 대금이 정산될 수 있도록 회계처리할 수 있다.

필요 지식

카드 관리하기

소매업, 음식·숙박업 등 주로 최종소비자를 대상으로 영업을 하는 사업자는 신용카드나 현금영수증 단말기를 설치하고 대금을 결제 받는다. 이렇게 신용카드 등으로 결제된 내역은 국세청에 통보가 된다.

▮법인카드 관리대장▮

발급일	카드 종류	카드 번호	유효 기간	한도 금액	결제계좌		결제일	사용 부서	담당자	확인
					은행명	계좌번호				

카드 거래 관련 회계처리

구 분	거 래	분 개			
매출	상품매출시 카드거래	(차) 외상매출금	×××	(대) 상품매출	×××
	상품외 매각시 카드거래	(차) 미수금	×××	(대) 비품	×××
매입	상품 매입시 카드거래	(차) 상품	×××	(대) 외상매입금	×××
	상품외 구입시 카드거래	(차) 비품	×××	(대) 미지급금	×××

수행과제 카드관련 거래

1 신용카드의 사용

```
KCP (주)한국사이버결제          가맹점명, 가맹점주소가
                              실제와 다른 경우 신고안내
매  출  전  표                 ☎여신금융협회(02)2011-0777
                              - 포상금 10만원 지급
신용승인                                    고객용
TID : 1002736526        전표No : 250503557952
2025/5/3 20:35:40       국민카드           국민
9876-5432-****-5678     전자서명전표       일시불

금    액    320,000원    봉사료           0원
                       합  계     320,000원

승인번호  38345722 S

가맹점명 : 황금오리
강매화                   가맹점No : 0046263089
전화번호 : 0226635988             109-03-26384
서울 강서구 공항로 339번길

포인트잔액 : 000009028       서명  삼일뷰티
```

매출거래처의 직원과 식사를 하고 국민카드로 결제하였다.

수행 1 회계처리를 수행하시오.

(차변)   (대변)
              /

수행 2 전표입력을 수행하시오.

2 신용카드 사용대금의 결제

┃ 보통예금(국민은행) 거래내역 ┃

번호	거래일자	내용	찾으신금액	맡기신금액	잔액	거래점
		계좌번호 764502-01-047418 삼일뷰티(김광언)				
1	2025-5-25	국민카드	320,000원		***	용산

5월 카드 사용대금이 국민은행 보통예금계좌에서 자동이체로 결제되었다.

수행 1 회계처리를 수행하시오. (차변)   (대변)
수행 2 전표입력을 수행하시오.

수행과제 풀이 **카드관련 거래**

재무회계 ➡ 전표입력/장부 ➡ 일반전표입력

1 5월 3일

구분	코드	계정과목	코드	거래처명		적요	차변	대변
차변	813	접 대 비 (기업업무추진비)		황금오리	02	거래처 접대비(기업업무추진비) /신용카드(개인)	320,000	
대변	253	미 지 급 금	99601	국민카드		거래처 접대비(기업업무추진비) /신용카드(개인)		320,000
		(차) 813 접대비(기업업무추진비) 320,000				(대) 253 미지급금 320,000		

2 5월 25일

구분	코드	계정과목	코드	거래처명		적요	차변	대변
차변	253	미 지 급 금	99601	국민카드		카드대금 보통예금인출	320,000	
대변	103	보 통 예 금	98001	국민은행	04	카드대금 보통예금인출		320,000
		(차) 253 미지급금 320,000				(대) 103 보통예금 320,000		

▌카드 거래내역 수행 완료화면 ▌

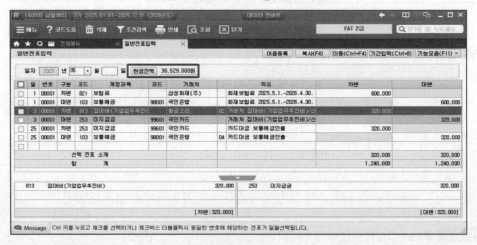

수행 tip

• 보통예금 거래내역의 찾으신 금액: (대변) 보통예금
• 보통예금 거래내역의 맡기신 금액: (차변) 보통예금
• 카드 거래 채권·채무 거래처: 카드거래처로 입력해야 한다.

제 **4** 절   어음·수표 관리하기(**N**CS _능력단위요소명)

★   **학습목표(N**CS_ 수행준거)
4.1 관련 규정에 따라 수령한 어음·수표의 예치 업무를 할 수 있다.
4.2 관련 규정에 따라 어음·수표를 발행·수령할 때 회계처리할 수 있다.
4.3 관련 규정에 따라 어음관리대장에 기록하여 관리할 수 있다.
4.4 관련 규정에 따라 어음·수표의 분실처리 업무를 할 수 있다.

필요 지식

01 어음 관리하기

약속어음이란 발행인이 소지인(수취인)에게 일정한 기일에 일정한 금액을 지급할 것을 약속하는 증권을 말한다. 약속어음거래에 대하여는 거래상대방으로부터 물품대금으로 약속어음을 받는 경우와 은행으로부터 약속어음용지를 수령하여 물품대금으로 약속어음을 발행하여 지급하는 경우로 구분할 수 있다.

02 수표 관리하기

자기앞수표는 은행이 자기를 지급인으로 정하여 발행한 수표이며, 거래가 발생하여 자기앞수표를 수령하거나 지급하면 '현금'으로 회계 처리한다. 당좌수표는 현금거래의 번거로움을 막기 위해 거래대금을 수표로 발행하는 것으로 은행과 당좌거래의 약정을 맺고 당좌수표용지를 수령하여 필요한 경우 발행하면 된다.

03 어음·수표 관련 회계처리

(1) 어음 관련 회계처리

▎받을어음의 회계처리▎

구 분	거 래	분 개			
보관	상품판매 시 어음수령	(차) 받을어음	×××	(대) 상품매출	×××
	외상대금 어음수령	(차) 받을어음	×××	(대) 외상매출금	×××
결제	어음대금 입금	(차) 당좌예금	×××	(대) 받을어음	×××
부도	은행에서 지급거절	(차) 부도어음과수표	×××	(대) 받을어음	×××
배서	외상대금지급 시 양도	(차) 외상매입금	×××	(대) 받을어음	×××
	상품 구입 시 양도	(차) 상품	×××	(대) 받을어음	×××
할인	금융기관에서 할인	(차) 매출채권처분손실 당좌예금	××× ×××	(대) 받을어음	×××

▎지급어음의 회계처리▎

구 분	거 래	분 개			
수령	약속어음 등록	약속어음을 등록하면 '수령'으로 표시되며 '수령'으로 표시된 어음번호에 대해 전표입력메뉴에서 입력할 수 있다.			
발행	상품매입 시 어음발행	(차) 상품	×××	(대) 지급어음	×××
	외상대금 어음발행	(차) 외상매입금	×××	(대) 지급어음	×××
결제	발행된 어음의 만기결제	(차) 지급어음	×××	(대) 당좌예금	×××

(2) 수표 관련 회계처리

구 분	거 래	분 개			
자기앞 수표	자기앞수표 수령	(차) 현 금	×××	(대) 상품매출	×××
	자기앞수표 지급	(차) 비 품	×××	(대) 현 금	×××
당좌 수표	타사발행 당좌수표 수령	(차) 현 금	×××	(대) 상품매출	×××
	당사발행 당좌수표 지급	(차) 상 품	×××	(대) 당좌예금	×××

04 어음관련 내용 조회

(1) 받을어음현황: 기업의 영업활동 중 발생한 받을어음의 현황을 보여준다.
(2) 지급어음현황: 기업의 영업활동 중 발생한 지급어음의 현황을 보여준다.
(3) 어음집계표: 기업의 영업활동 중 발생한 지급어음 수불관리의 현황을 보여준다.

05 일일자금명세서(경리일보)

기업의 영업활동 중 발생한 현금및현금성자산(현금, 당좌예금, 보통예금), 받을어음과 지급어음, 차입금(단기차입금, 장기차입금), 금융상품 등의 자금관련 일일 내역을 보여주는 명세서이다.

수행과제 **어음관련 거래**

1 어음의 수령

전 자 어 음

삼일뷰티 귀하　　　　　　　　　　　00420250605123456789

금　오백만원정　　　　　　　　　　　**5,000,000원**

위의 금액을 귀하 또는 귀하의 지시인에게 지급하겠습니다.

지급기일	2026년 1월 5일	**발행일**	2025년 6월 5일
지 급 지	국민은행	**발행지**	경기도 안양시 만안구 수리산로10
지급장소	용산지점	**주 소**	
		발행인	샤방샤방

[6월 5일] 매출거래처 샤방샤방에 상품을 매출하고 동점발행 전자어음을 수령하였다.

수행 1 회계처리를 수행하시오.　(차변)　　　　　　　　(대변)
수행 2 전표입력과 어음에 대한 자금관리를 수행하시오.

실무 익히기

| 143

2 어음의 발행

전 자 어 음

여인나라 귀하   00420250615123456789

금   일백오십만원정   1,500,000원

위의 금액을 귀하 또는 귀하의 지시인에게 지급하겠습니다.

지급기일 2026년 1월 15일	발행일 2025년 6월 15일
지 급 지 국민은행	발행지
지급장소 용산지점	주 소 서울 용산구 한강대로 273
	발행인 삼일뷰티

[6월 15일] 여인나라에서 상품을 1,500,000원을 구입하고 대금은 전자어음을 발행
하여 지급하였다.

수행 1 회계처리를 수행하시오. (차변)   (대변)
수행 2 전자어음 등록을 수행하시오.(수령일 2025년 6월 15일, 국민은행, 1매)
수행 3 전표입력과 어음에 대한 자금관리를 수행하시오.

3 어음의 만기도래

전 자 어 음

삼일뷰티 귀하   00420241228123456789

금   이천만원정   20,000,000원

위의 금액을 귀하 또는 귀하의 지시인에게 지급하겠습니다.

지급기일 2025년 6월 28일	발행일 2024년 12월 28일
지 급 지 국민은행	발행지
지급장소 용산지점	주 소 경기 의정부 시민로 100
	발행인 명승뷰티

전기에 명승뷰티로부터 받아 보관중인 전자어음이 만기가 도래하여 지급기일에 만기
추심하여 국민은행 보통예금 계좌에 입금하였다.

수행 1 회계처리를 수행하시오. (차변)   (대변)
수행 2 전표입력과 어음에 대한 자금관리를 수행하시오.

4 어음관리대장의 기록과 관리

6월 30일까지의 어음관리대장의 내용을 파악하여 결재를 받고자 한다.

수행 1 거래처별 받을어음현황(조회구분: 1.잔액)의 작성을 수행하시오.
수행 2 거래처별 지급어음현황(조회구분: 2.내용)의 작성을 수행하시오.
수행 3 어음집계표(구분: 1.수불장) 작성을 수행하시오

5 일일자금명세서에서의 어음관리

6월 28일 시점의 일일자금명세(경리일보)의 내용을 파악하여 결재를 받고자 한다.

수행 1 일일자금명세(경리일보) 작성을 수행하시오.

수행과제 풀이 어음관련 거래

재무회계 ➡ 전표입력/장부 ➡ 일반전표입력

1 6월 5일

구분	코드	계정과목	코드	거래처명	적요	차변	대변
차변	110	받을어음	01002	샤방샤방	00420250605123456789-보관-[만기일자:2026.01.05]	5,000,000	
대변	401	상품매출		샤방샤방 05	국내매출 시 어음회수		5,000,000
	(차) 110 받을어음		5,000,000		(대) 401 상품매출	5,000,000	

주의 받을어음 자금관리

받을어음 란에서 화면 오른쪽 상단부의 기능모음(F11) ▼ 을 선택한 후 **자금관리** (또는 F3)를 클릭하면 하단에 받을어음관리가 나타난다. 전자어음에 있는 세부내역을 입력하고 나면 받을어음계정의 적요 내용이 변경된다.

2 6월 15일

구분	코드	계정과목	코드	거래처명	적요	차변	대변
차변	146	상 품		여인나라	03 상품어음매입	1,500,000	
대변	252	지급어음	01003	여인나라	00420250615123456789-발행 -[만기일자: 2026.01.15]		1,500,000
	(차) 146 상품		1,500,000		(대) 252 지급어음	1,500,000	

주의 ① 지급어음 란에서 상단부 어음등록 을 클릭하여 어음을 등록한다.

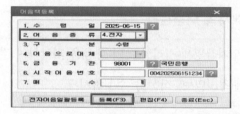

② 지급어음 란에서 오른쪽 상단부의 기능모음(F11) ▼ 을 선택한 후 자금관리 (또는 F3)를 클릭하면
하단에 지급어음 관리가 나타난다. 어음번호에서 F2를 클릭하면 등록된 전자어음을 선택할
수 있으며, 만기일을 수정입력하면 지급어음계정의 적요 내용이 변경된다.

3 6월 28일

구분	코드	계정과목	코드	거래처명	적요	차변	대변
차변	103	보통예금	98001	국민은행	02 받을어음추심 보통예입	20,000,000	
대변	110	받을어음	01001	명승뷰티	00420241228123456789-만기 -[만기일자: 2025.06.28]		20,000,000
	(차) 103 보통예금		20,000,000		(대) 110 받을어음	20,000,000	

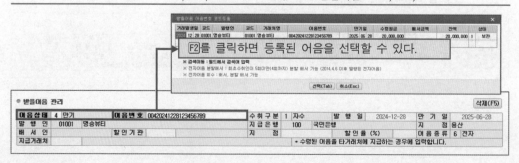

▌어음관련 거래 입력 수행 완료화면 ▌

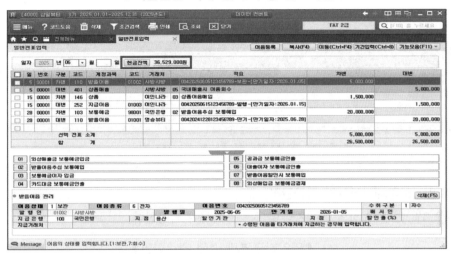

4 어음관리대장의 기록과 관리

수행 1 6월 30일까지의 거래처별 받을어음현황(조회구분: 1.잔액)을 조회하여 작성한다.

▌받을어음현황 수행 완료화면 ▌

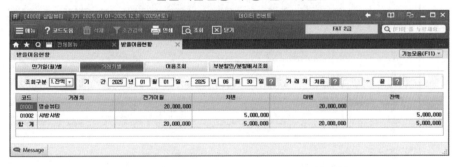

수행 2 6월 30일까지의 거래처별 지급어음현황(조회구분: 2.내용)을 조회하여 작성한다.

▌지급어음현황 수행 완료화면 ▌

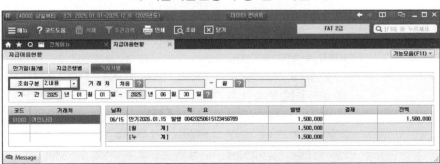

수행 3 6월 30일까지의 어음집계표(구분: 1.수불장)를 조회하여 작성한다.

┃ 어음집계표 수행 완료화면 ┃

코드	지급은행	지점	어음번호	구분	금액	수령일	발행일	만기일	거래일	어음종류
98001	국민은행		00420250615123456789	발행	1,500,000	2025-06-15	2025-06-15	2026-01-15	2025-06-15	전자

[수령: 1매], [발행: 1매], [결제: 0매], [담보: 0매], [폐기: 0매], [미발행: 0매]

5 일일자금명세서에서의 어음관리

수행 1 6월 28일 시점의 일일자금명세를 조회하여 작성한다.

┃ 일일자금명세 수행 완료화면 ┃

구분	계정과목	현금수입	차변대체	현금지출	대변대체	적요	거래처
일일거래	보 통 예 금		20,000,000				
	받 을 어 음				20,000,000	00420241228123456789-만족뷰티	영숙뷰티
계	전일현금:36,529,000		20,000,000		20,000,000	당일현금:36,529,000	
구분	은행	전일잔액	당일증가	당일감소	당일잔액	한도잔액	계좌번호
계							
구분	은행	전일잔액	당일증가	당일감소	당일잔액	계좌계 실적	계좌번호
보통예금	국민은행	19,459,250	20,000,000		39,459,250		?64502-01-047418
		19,459,250	20,000,000		39,459,250		
<현금가용>		55,988,250	20,000,000		75,988,250		
구분	거래처	전일잔액	당일증가	당일감소	당일잔액	어음번호	만기일
받을어음	영숙뷰티	20,000,000		20,000,000		00420241228123456789	2025-06-28
	사랑사랑	5,000,000			5,000,000	00420250605123456789	2026-01-05
계		25,000,000		20,000,000	5,000,000		
구분	거래처	전일잔액	당일증가	당일감소	당일잔액	어음번호	만기일
지급어음	여민나라	1,500,000			1,500,000	00420250615123456789	2026-01-15
계		1,500,000			1,500,000		
<자금>		26,500,000		20,000,000	6,500,000		
구분	차입거래처	●상환액	당일상환액	당일잔액	●대출액	차입금번호	차입거래처계좌번호
계							
구분	차입거래처	●상환액	당일상환액	당일잔액	●대출액	차입금번호	차입거래처계좌번호
장기차입금	신한은행			20,000,000	20,000,000		250-202-573128
계				20,000,000	20,000,000		
<차입금>				20,000,000	20,000,000		
구분	은행명	전일잔액	불입액	해약액	당일잔액	계약액	계좌번호
계							
<금융상품>							

수행 tip

• 전자어음번호는 20자리의 어음번호체계를 갖는다.

   004   20250605   252232143

   ↳ 은행코드(국민은행)   ↳ 어음 발행일자   ↳ 일련번호

• 자금관리내역이 수행된 전표는 하단의 자금관리내역을 먼저 삭제해야 전표를 삭제할 수 있다.

  ① 어음계정 란을 클릭한 후 하단의 자금관리내역을 선택한다.

  ② 상단 🗑삭제를 클릭 후 '예'를 선택하면 자금관리내역이 삭제된다.

  ③ 삭제할 전표를 선택한 후 상단부 🗑삭제를 클릭하면 해당전표가 삭제된다.

• 받을어음, 지급어음 계정은 기능모음(F11) ▾ 의 **자금관리** (또는 F3)를 수행한다.

• 받을어음현황, 지급어음현황, 어음집계표는 조회 후 해석할 수 있어야 한다.

(비대면 시험대비)

01 [월계표 조회] 1월부터 3월까지 석달 동안 현금으로 지출된 금액이 가장 큰 계정과목은 무엇인가?

① 급여
② 여비교통비
③ 가지급금
④ 도서인쇄비

02 [월계표 조회] 5월 한달 동안 발생한 보험료 금액은 얼마인가?

① 320,000원
② 600,000원
③ 920,000원
④ 1,240,000원

03 [받을어음현황 조회] 2026년에 만기가 도래하는 받을어음의 금액은 얼마인가?

① 1,500,000원
② 5,000,000원
③ 6,000,000원
④ 20,000,000원

04 [일일자금명세(경리일보) 조회] 6월 28일 '일일자금명세서'의 내용으로 옳지 않은 것은?

① 받을어음 당일 감소 금액은 20,000,000원이다.
② 국민은행 보통예금은 20,000,000원이 증가하였다.
③ 지급어음의 당일 잔액은 1,500,000원이다.
④ 신한은행 장기차입금 당일 잔액은 2,000,000원이다.

05 [예적금현황 조회] 6월 말 국민은행 보통예금 잔액은 얼마인가?

(   )원

제**4**장

(NCS 능력단위 0203020104_23v5)

결산처리

NCS 능력단위: 결산처리(0203020104_23v5)

I Can!
결산처리

재고조사표, 시산표 및 정산표를 작성하는 결산 예비절차와 각 계정을 정리하여 집합계정과 자본계정에 대체하고, 장부를 마감하는 능력이다.

직종	분류번호	능력단위	능력단위 요소	수준
회계감사	0203020104_23v5	결산처리	01 결산준비하기	2
			02 결산분개하기	2
			03 장부마감하기	2

능력단위 요소	수행준거
01 결산준비하기	1.1 회계의 순환과정을 파악할 수 있다.
	1.2 회계관련규정에 따라 시산표를 작성할 수 있다.
	1.3 회계관련규정에 따라 재고조사표를 작성할 수 있다.
	1.4 회계관련규정에 따라 정산표를 작성할 수 있다.
02 결산분개하기	2.1 손익 관련 결산분개를 할 수 있다.
	2.2 자산·부채계정에 관한 결산정리사항을 분개할 수 있다.
	2.3 손익 계정을 집합계정에 대체할 수 있다.
03 장부마감하기	3.1 회계 관련 규정에 따라 주요장부를 마감할 수 있다.
	3.2 회계 관련 규정에 따라 보조장부를 마감할 수 있다.
	3.3 회계 관련 규정에 따라 각 장부의 오류를 수정할 수 있다.
	3.4 자본거래를 파악하여 자본의 증감여부를 확인할 수 있다.

실무 익히기

제1절　결산 준비하기와 결산 분개하기(NCS_능력단위요소명)

★ **학습목표(NCS_ 수행준거)**

1.1 회계의 순환과정을 파악할 수 있다.
1.2 회계관련규정에 따라 시산표를 작성할 수 있다.
1.3 회계관련규정에 따라 재고조사표를 작성할 수 있다.
1.4 회계관련 규정에 따라 정산표를 작성할 수 있다.
2.1 손익 관련 결산분개를 할 수 있다.
2.2 자산·부채계정에 관한 결산정리사항을 분개할 수 있다.
2.3 손익 계정을 집합계정에 대체할 수 있다.

필요 지식

01 결산의 준비와 절차

① 기중에 분개장에 분개를 하고 총계정원장에 전기를 하는데 전기가 정확히 되었는지 확인하기 위해 '수정전시산표'를 작성한다.

② 기말 결산시점에 자산, 부채, 자본의 현재액과 당기에 발생한 수익과 비용을 정확하게 파악하기 위해 자산, 부채, 자본, 수익, 비용에 대한 수정분개를 한다.

③ 기말수정분개를 하면 그 분개내용을 총계정원장에 전기를 하므로 기말수정분개가 정확히 전기되었는지 확인하기 위해 '수정후시산표'를 작성한다.

④ 당기의 수익과 비용, 자산, 부채, 자본의 총계정원장을 마감한다.

⑤ 손익계산서와 재무상태표를 작성한다.

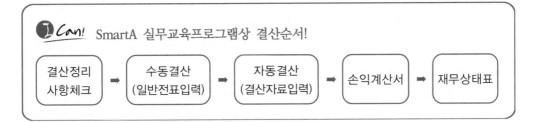

ⅠCan! SmartA 실무교육프로그램상 결산순서!

결산정리
사항체크 → 수동결산
(일반전표입력) → 자동결산
(결산자료입력) → 손익계산서 → 재무상태표

02 수동결산 분개하기

수동결산 분개를 [전표입력/장부] ➡ [일반전표입력]에 12월 31일로 입력한다.

(1) 손익의 결산정리

회계기간 중 현금기준에 의해 회계 처리한 사항을 현행회계기준인 발생기준으로 수정해야 하는데 이를 손익의 결산정리라고 한다.

① 수익의 발생(미수수익)

당기에 속하는 수익이지만 결산일까지 수익으로 계상되지 않은 부분을 당기의 수익으로 분개한다.

[전표입력]   (차) 미 수 수 익(자산)   ×××   (대) 수 익 계 정   ×××

▶ **사례** **(당기 결산 시)** 은행예금에 대한 이자수익 30,000원을 계상하다.
          (차) 미수수익   30,000원   (대) 이자수익   30,000원

② 비용의 발생(미지급비용)

당기에 속하는 비용이지만 결산일까지 비용으로 계상되지 않은 부분을 당기의 비용으로 분개한다.

[전표입력]   (차) 비 용 계 정   ×××   (대) 미지급비용(부채) ×××

▶ **사례** **(당기 결산 시)** 차입금에 대한 이자비용 100,000원을 계상하다.
          (차) 이자비용   100,000원   (대) 미지급비용   100,000원

③ 수익의 이연(선수수익)

당기에 받은 수익 중에서 차기에 속하는 부분을 계산하여 차기로 이연시킨다.

[전표입력]   (차) 수 익 계 정   ×××   (대) 선 수 수 익(부채) ×××

▶ **사례** **(당기 입금 시)** 1년분 임대료 120,000원을 현금으로 미리 받다.
          (차) 현   금   120,000원   (대) 임 대 료   120,000원
     (당기 결산 시) 당기에 계상된 임대료 120,000원 중 60,000원은 차기분이다.
          (차) 임 대 료   60,000원   (대) 선 수 수 익   60,000원

④ 비용의 이연(선급비용)

당기에 지급한 비용 중에서 차기에 속하는 부분을 계산하여 차기로 이연시킨다.

[전표입력]   (차) 선 급 비 용(자산) ×××   (대) 비 용 계 정   ×××

▶ **사례** **(당기 지급 시)** 1년분 보험료 120,000원을 현금으로 미리 지급하다.

(차) 보 험 료 120,000원 (대) 현 금 120,000원

(당기 결산 시) 당기에 계상된 보험료 120,000원 중 60,000원은 차기분이다.

(차) 선 급 비 용 60,000원 (대) 보 험 료 60,000원

(2) 소모품과 소모품비의 정리

소모품은 구입 시 자산(소모품)이나 비용(소모품비)으로 처리하고 결산시점에 당기 사용액만을 비용으로 처리하고 미사용액은 자산으로 처리하는 정리분개를 한다.

① 구입 시 자산처리법

구입 시 '소모품'으로 처리하며, 기말에 당기 사용 금액을 '소모품비'로 대체한다.

[전표입력] (차) 소 모 품 비 ××× (대) 소 모 품 ×××

▶ **사례** **(구입 시)** 소모품 100,000원을 현금으로 구입하다.

(차) 소 모 품 100,000원 (대) 현 금 100,000원

(결산 시) 소모품 사용액이 70,000원이다.

(차) 소 모 품 비 70,000원 (대) 소 모 품 70,000원

② 구입 시 비용처리법

구입 시 '소모품비'로 처리하며, 기말에 당기 미사용 금액을 '소모품'으로 대체한다.

[전표입력] (차) 소 모 품 ××× (대) 소 모 품 비 ×××

▶ **사례** **(구입 시)** 소모품 100,000원을 현금으로 구입하다.

(차) 소 모 품 비 100,000원 (대) 현 금 100,000원

(결산 시) 소모품 미사용액이 30,000원이다.

(차) 소 모 품 30,000원 (대) 소 모 품 비 30,000원

(3) 단기매매증권의 평가

단기매매증권은 기말 결산 시 공정가치로 평가해야 한다.

① 장부금액 < 공정가치: 단기매매증권평가이익

[전표입력] (차) 단기매매증권 ××× (대) 단기매매증권평가이익 ×××

▶ **사례** 단기매매증권의 장부금액은 10,000원이며 기말 공정가치는 12,000원이다.

(결산 시) (차) 단기매매증권 2,000원 (대) 단기매매증권평가이익 2,000원

② 장부금액 > 공정가치: 단기매매증권평가손실

[전표입력] (차) 단기매매증권평가손실 ××× (대) 단기매매증권 ×××

▶ 사례 단기매매증권의 장부금액은 10,000원이며 기말 공정가치는 8,000원이다.
  (결산 시) (차) 단기매매증권평가손실   2,000원 (대) 단기매매증권   2,000원

(4) 현금과부족의 정리

장부상 현금과 실제 현금 불일치시 '현금과부족'을 사용하고 결산 시까지 원인이 밝혀지지 않으면 '잡이익', '잡손실' 계정으로 대체한다.

① 기중 현금불일치의 결산정리

[장부상 현금잔액 < 실제 현금잔액]

[전표입력] (차) 현금과부족   ××× (대) 잡 이 익   ×××

▶ 사례 **(현금과잉)** 장부상 현금은 50,000원이고 실제 현금은 60,000원이다.
  (차) 현   금   10,000원 (대) 현금과부족   10,000원
  (결산 시) 현금과부족 10,000원의 원인이 밝혀지지 않았다.
  (차) 현금과부족   10,000원 (대) 잡 이 익   10,000원

[장부상 현금잔액 > 실제 현금잔액]

[전표입력] (차) 잡 손 실   ××× (대) 현금과부족   ×××

▶ 사례 **(현금부족)** 장부상 현금은 50,000원이고 실제 현금은 40,000원이다.
  (차) 현금과부족   10,000원 (대) 현   금   10,000원
  (결산 시) 현금과부족 10,000원의 원인이 밝혀지지 않았다.
  (차) 잡 손 실   10,000원 (대) 현금과부족   10,000원

② 결산일 당일의 현금불일치 분개

[전표입력] (결산일) 현금과잉 (차) 현   금   ××× (대) 잡 이 익   ×××
(결산일) 현금부족 (차) 잡 손 실   ××× (대) 현   금   ×××

▶ 사례 **(현금과잉)** 결산당일 장부상 현금은 50,000원이고 실제 현금은 80,000원이다.
  (차) 현   금   30,000원 (대) 잡 이 익   30,000원
  (현금부족) 결산당일 장부상 현금은 50,000원이고 실제 현금은 30,000원이다.
  (차) 잡 손 실   20,000원 (대) 현   금   20,000원

(5) 인출금계정의 정리

사업주가 개인적 용도로 기업의 현금이나 상품 등을 인출하는 경우 '인출금' 계정으로 분개하고 기말에 인출금계정 잔액을 '자본금' 계정으로 대체한다.

```
[전표입력]    (차) 자 본 금        ×××        (대) 인 출 금        ×××
```

▶ 사례 **(인출 시)** 사업주가 개인적 용도로 현금 100,000원을 인출하다.

　　　　　　　(차) 인 출 금   100,000원   (대) 현   금   100,000원

　　　(결산 시) 결산일 현재 인출금계정 잔액이 100,000원이 있다.

　　　　　　　(차) 자 본 금   100,000원   (대) 인 출 금   100,000원

03 자동결산 분개하기

[결산/재무제표] ⇨ [결산자료입력]에 입력한 후 상단부의 전표추가(F3) 를 클릭한다.

① 상품매출원가의 계상(기말상품 재고 금액 입력)

> 상품매출원가 = 기초상품재고액 + 당기상품매입액 − 기말상품재고액

```
[자동입력된 전표]  (차) 상품매출원가  ×××        (대) 상    품    ×××
```

② 감가상각비의 계상(유형자산별 감가상각 금액 입력)

```
[자동입력된 전표]  (차) 감가상각비   ×××        (대) 감가상각누계액   ×××
```

③ 매출채권에 대한 대손예상액의 계상(대손상각비 금액 입력)

매출채권(외상매출금, 받을어음) 기말잔액 중에는 차기 이후에 대손이 예상되는 금액이 포함되어 있기 때문에 결산 시 대손예상액만큼을 대손충당금으로 설정해야 한다.

> 대손충당금 추가 설정액 = (기말매출채권 × 설정률) − 결산전 대손충당금잔액

```
[자동입력된 전표]  (차) 대손상각비   ×××        (대) 대손충당금   ×××
```

수행과제 결산 분개하기

다음 자료를 이용하여 삼일뷰티 결산을 수행하시오.

1 수동결산 분개하기

> 5월 1일 화재보험료는 차기분 미경과보험료가 포함되어 있다.(월할 계산할 것.)
>
> 수행 1 결산 회계처리를 수행하시오.   (차변)   (대변)
> 수행 2 전표입력을 수행하시오.

2 자동결산 분개하기

> [결산자료입력] 메뉴를 활용하여 다음의 각 내용을 자동결산하고자 한다.
>
> 수행 1 기말 재고조사를 실시한 결과 상품재고액이 45,000,000원이다.
> 수행 2 당기분 감가상각비에 대한 내용은 다음과 같다.
>   • 건물 5,800,000원 • 차량운반구 2,000,000원 • 비품 2,800,000원
> 수행 3 매출채권(외상매출금, 받을어음) 잔액에 대하여 대손충당금 1%를 설정한다.
>   (보충법)

수행과제 풀이 결산분개하기

1순위 수동결산에 해당하는 내용을 12월 31일 일반전표입력 메뉴에 입력한다.

재무회계 ➡ 전표입력/장부 ➡ 일반전표입력

당기분 5월~12월, 차기분 1월~4월: $600,000원 \times \dfrac{4개월}{12개월} = 200,000원$(차기로 이연)

구분	코드	계정과목	코드	거래처명		적요	차변	대변
차변	133	선 급 비 용		삼성화재(주)	01	미경과 보험금 계상	200,000	
대변	821	보 험 료		삼성화재(주)	03	보험료의 선급비용 대체		200,000
	(차) 133 선급비용		200,000		(대) 821 보험료		200,000	

▎수동결산 수행 완료화면▎

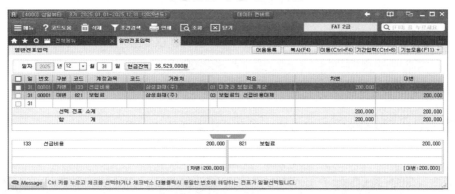

2순위 [결산자료입력] 메뉴 각 란에 해당 금액을 입력한다.

재무회계 ➡ 결산/재무제표 ➡ 결산자료입력

• 결산일자를 2025년 01월부터 2025년 12월로 입력한 후 자동결산 금액을 입력한다.
'매출원가 및 경비선택' 입력창이 나오면 '확인'을 클릭한다.

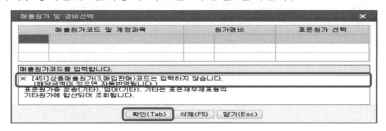

수행 1 기말상품재고액에 45,000,000원을 입력한다. ···································· ❶

당기 상품매출원가 = 기초 상품재고액 + 당기 상품매입액 − 기말 상품재고액
(36,500,000원)　　(30,000,000원)　　(51,500,000원)　　(45,000,000원)

수행 2 감가상각비 란에 감가상각비 설정 금액을 입력한다. ···················· ❷

수행 3 대손상각비 란에 대손충당금 추가설정 금액을 입력한다. ··················· ❸

▎합계잔액시산표 조회화면▎

차변		계정과목	대변	
잔액	합계		합계	잔액
138,000,000	140,000,000	외 상 매 출 금	2,000,000	
		대 손 충 당 금	500,000	500,000
5,000,000	25,000,000	받 을 어 음	20,000,000	

159

대손충당금 추가설정액 = (기말 매출채권 × 설정률) − 기설정 대손충당금

① 외상매출금 대손충당금 추가설정 금액 = (138,000,000원 × 1%) − 500,000원
   = 880,000원
② 받을어음 대손충당금 추가설정 금액 = (5,000,000원 × 1%) = 50,000원

3순위 상단부 전표추가(F3)를 클릭하여 자동결산 분개를 생성한다. ·················· ❹

❚ 결산자료입력 완료화면 ❚

▌자동결산의 전표추가(F3) 수행 완료화면 ▌

수행 tip

• 자동분개 일괄 삭제하기

[일반전표입력]의 12월 31일 화면에서 Shift 를 누른 상태
에서 F5 를 누르면 일괄자동분개 삭제화면이 나타나며,
삭제(F5) 를 누르면 자동분개가 일괄 삭제된다.

• 결산전표 작성하기

수동결산 문제는 [일반전표입력] 메뉴에 12월 31일로 입력
한다. 자동결산 문제는 [결산자료입력] 메뉴 각 란에 금액을
입력한 후 상단부 전표추가(F3) 를 클릭하여 반영한다.

제 2 절 　장부마감하기(NCS_능력단위요소명)

★ 학습목표(NCS_ 수행준거)

2.1 회계 관련 규정에 따라 주요장부를 마감할 수 있다.
2.2 회계 관련 규정에 따라 보조장부를 마감할 수 있다.
2.3 회계 관련 규정에 따라 각 장부의 오류를 수정할 수 있다.
2.4 자본거래를 파악하여 자본의 증감 여부를 확인할 수 있다.

필요 지식

01 데이터체크

기중에 회계상 거래를 입력한 분개와 결산분개의 내용이 오류가 있는지 데이터체크를 한다. [데이터관리] ⇨ [데이터체크]를 선택한 후 　검사시작(F3)　을 클릭하여 검사하고, 오류가 있다면 오류관련 세부내용이 나타나므로 관련 내용을 수정하면 된다.

02 합계잔액시산표 조회

합계잔액시산표의 차변합계액과 대변합계액은 대차평균의 원리에 의하여 반드시 일치하여야 한다. 차변합계와 대변합계가 일치하지 않는다면 입력오류가 발생한 것이므로 오류를 조사하여 이를 수정해야 한다. 즉 [합계잔액시산표]는 입력된 전표가 대차차액 없이 적정하게 처리되었는지 정확성 여부를 검증하는 것이다.

03 손익계산서 계정의 마감

손익계산서계정인 수익과 비용계정은 당기의 경영성과를 보여주는 것으로 차기의 경영활동에 영향을 미치지 않으므로 잔액은 손익(집합손익)계정으로 대체하여 마감한다.

I *Can!* 수익과 비용 계정의 손익대체분개

- 수익계정의 잔액을 손익(집합손익) 계정으로 대체한다.
  (차변) 수익계정　　　　　　×××　　　(대변) 손익계정　　　　　×××
- 비용계정의 잔액을 손익(집합손익) 계정으로 대체한다.
  (차변) 손익계정　　　　　　×××　　　(대변) 비용계정　　　　　×××
- 손익계정의 잔액을 자본금 계정으로 대체한다.
  (차변) 손익계정　　　　　　×××　　　(대변) 자본금　　　　　　×××

04 재무상태표 계정의 마감(마감 후 이월)

재무상태표계정인 자산, 부채, 자본계정은 당기의 재무상태가 보고된 이후에도 잔액이 '0'으로 되지 않고 계속해서 이월되어 차기의 재무상태에 영향을 미치게 된다. 당기의 경영활동에 의한 경영성과와 재무상태를 파악하기 위하여 기말수정분개를 하고 난 후에는 각 계정들을 마감하여 다음 회계기간의 경영활동을 기록하기 위한 준비를 한다. [마감 후 이월] 메뉴에서 상단부 마감(F4) 을 클릭하여 계정잔액을 차기로 이월시킨다.

I *Can!* SmartA 실무교육프로그램상 마감순서!

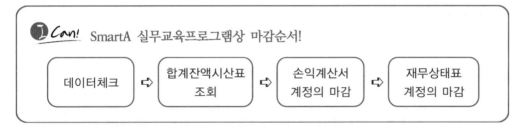

데이터체크 ⇨ 합계잔액시산표 조회 ⇨ 손익계산서 계정의 마감 ⇨ 재무상태표 계정의 마감

수행과제　장부마감하기

다음 자료를 이용하여 삼일뷰티의 장부마감을 수행하시오.

1 데이터체크하기

장부를 마감하기 전에 데이터의 오류를 검사하고자 한다.

수행 1 [데이터체크] 메뉴를 이용하여 데이터체크를 수행하시오.

2 합계잔액시산표 조회하기

장부를 마감하기 전에 합계잔액시산표를 이용하여 대차평균을 확인하고자 한다.

수행 1 12월 31일을 기준으로 합계잔액시산표 작성을 수행하시오.

3 손익계산서계정 마감하기

손익 대체분개를 통해 수익과 비용 계정을 마감하고자 한다.

수행 1 12월 31일 기준으로 손익계산서를 작성하여 당기순이익을 확인하시오.

• 당기순이익 (원)

수행 2 상단부 [기능모음]의 [추가]를 클릭하여 12월 31일 기준으로 손익대체 분개를 수행하시오.

4 재무상태표계정 이월하기

재무상태표계정을 마감하고 관련 계정을 차기로 이월하고자 한다.

수행 1 [마감후이월]을 이용하여 장부마감과 이월을 수행하시오.

수행과제 풀이　**장부마감하기**

1 상단부의 검사시작(F3) 을 클릭하여 데이터체크를 한다.

재무회계 ➡ 데이터관리 ➡ 데이터체크

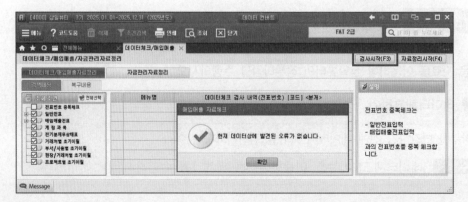

2 합계잔액시산표를 12월 31일로 조회하여 작성한다.

재무회계 ➡ 전표입력/장부 ➡ 합계잔액시산표

▌합계잔액시산표 수행 완료화면▐

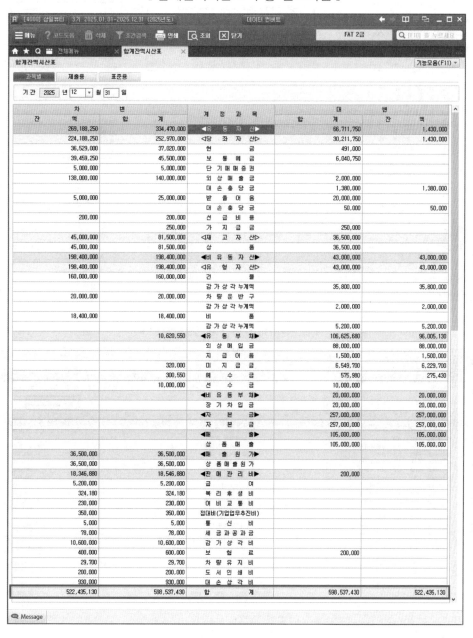

차변 잔액	차변 합계	계 정 과 목	대변 합계	대변 잔액
269,188,250	334,470,000	◀유 동 자 산▶	66,711,750	1,430,000
224,188,250	252,970,000	◁당 좌 자 산▷	30,211,750	1,430,000
36,529,000	37,020,000	현 금	491,000	
39,459,250	45,500,000	보 통 예 금	6,040,750	
5,000,000	5,000,000	단 기 매 매 증 권		
138,000,000	140,000,000	외 상 매 출 금	2,000,000	
		대 손 충 당 금	1,380,000	1,380,000
5,000,000	25,000,000	받 을 어 음	20,000,000	
		대 손 충 당 금	50,000	50,000
200,000	200,000	선 급 비 용		
	250,000	가 지 급 금	250,000	
45,000,000	81,500,000	◁재 고 자 산▷	36,500,000	
45,000,000	81,500,000	상 품	36,500,000	
198,400,000	198,400,000	◀비 유 동 자 산▶	43,000,000	43,000,000
198,400,000	198,400,000	◁유 형 자 산▷	43,000,000	43,000,000
160,000,000	160,000,000	건 물		
		감 가 상 각 누 계 액	35,800,000	35,800,000
20,000,000	20,000,000	차 량 운 반 구		
		감 가 상 각 누 계 액	2,000,000	2,000,000
18,400,000	18,400,000	비 품		
		감 가 상 각 누 계 액	5,200,000	5,200,000
	10,620,550	◀유 동 부 채▶	106,625,680	96,005,130
		외 상 매 입 금	88,000,000	88,000,000
		지 급 어 음	1,500,000	1,500,000
	320,000	미 지 급 금	6,549,700	6,229,700
	300,550	예 수 금	575,980	275,430
	10,000,000	선 수 금	10,000,000	
		◀비 유 동 부 채▶	20,000,000	20,000,000
		장 기 차 입 금	20,000,000	20,000,000
		◀자 본 금▶	257,000,000	257,000,000
		자 본 금	257,000,000	257,000,000
		◀매 출▶	105,000,000	105,000,000
		상 품 매 출	105,000,000	105,000,000
36,500,000	36,500,000	◀매 출 원 가▶		
36,500,000	36,500,000	상 품 매 출 원 가		
18,346,880	18,546,880	◀판 매 관 리 비▶	200,000	
5,200,000	5,200,000	급 여		
324,180	324,180	복 리 후 생 비		
230,000	230,000	여 비 교 통 비		
350,000	350,000	접대비(기업업무추진비)		
5,000	5,000	통 신 비		
78,000	78,000	세 금 과 공 과 금		
10,600,000	10,600,000	감 가 상 각 비		
400,000	600,000	보 험 료	200,000	
29,700	29,700	차 량 유 지 비		
200,000	200,000	도 서 인 쇄 비		
930,000	930,000	대 손 상 각 비		
522,435,130	598,537,430	합 계	598,537,430	522,435,130

3 손익계산서를 12월로 조회하여 당기순이익(50,153,120원)을 확인하고 기능모음(F11) ▼ 의 **추가**를 클릭하여 손익대체분개를 수행한다.

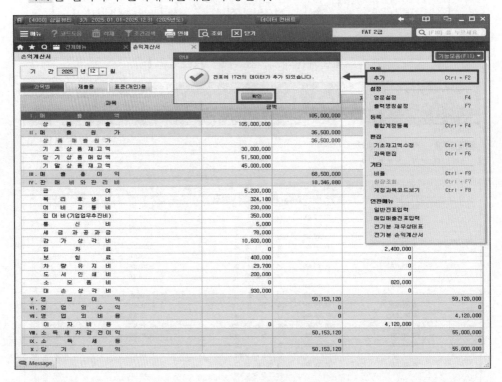

┃손익대체분개 수행 완료화면┃

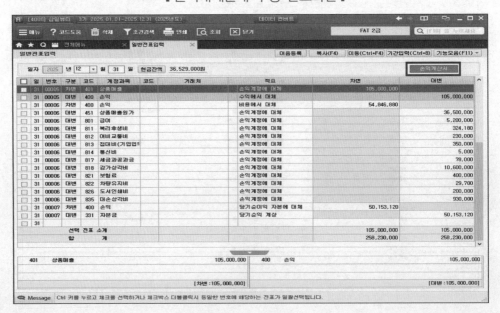

4 마감후이월을 선택하여 상단부의 마감(F4) 을 클릭한다.

재무회계 ➡ 데이터관리 ➡ 마감후이월

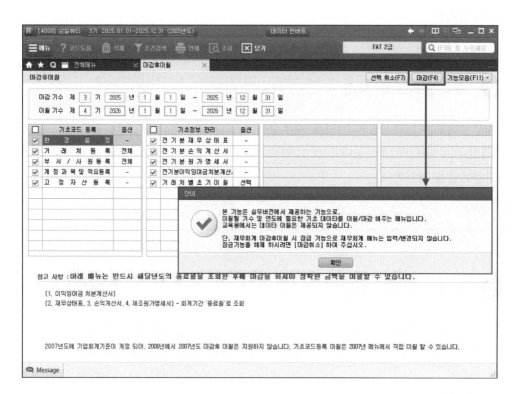

제3절 재무제표 작성하기

필요 지식

01 재무상태표의 작성

재무상태표는 일정시점의 기업의 재무상태를 나타내는 결산보고서이다.

[결산/재무제표]의 [재무상태표]를 12월로 조회하여 자산, 부채, 자본의 상태를 확인하고 기말자본금을 확인한다.

> 기말자본금 = 기초 자본금 + 추가 출자금 − 인출금 + 당기순이익

02 손익계산서의 작성

손익계산서는 일정기간동안 기업의 경영성과를 나타내는 결산보고서이다.

[결산/재무제표]의 [손익계산서]를 12월로 조회하여 당기순이익을 확인한다.

수행과제 **재무제표 작성하기**

다음 자료를 이용하여 삼일뷰티의 재무제표 작성을 수행하시오.

1 손익계산서 작성하기

삼일뷰티의 당기분 경영성과를 확인하고자 한다.

수행 [손익계산서] 메뉴를 이용하여 손익계산서 작성을 수행하시오.

2 재무상태표 작성하기

삼일뷰티의 12월 31일 시점의 재무상태를 확인하고자 한다.

수행 [재무상태표] 메뉴를 이용하여 재무상태표 작성을 수행하시오.

3 재무제표 이해하기

재무제표의 특성을 파악하여 다양한 재무정보를 파악하고자 한다.

수행 1 당기말 매출채권(외상매출금과 받을어음의 통합계정) 잔액이 얼마인지 확인하시오.
• 매출채권 잔액 (원)

수행 2 제2(전)기와 제3(당)기를 비교하여 접대비(기업업무추진비)의 증가 또는 감소금액이 얼마인지 확인하시오.
• 접대비(기업업무추진비) 증가 또는 감소금액 (원)

수행과제 풀이 **재무제표 작성하기**

1 손익계산서를 12월로 조회한 후 당기순이익(50,153,120원)을 확인한다.

┃ 손익계산서 수행 완료화면 ┃

과목	제 3(당)기 [2025/01/01 ~ 2025/12/31] 금액		제 2(전)기 [2024/01/01 ~ 2024/12/31] 금액	
I. 매 출 액		105,000,000		243,500,000
상 품 매 출	105,000,000		243,500,000	
II. 매 출 원 가		36,500,000		141,000,000
상 품 매 출 원 가		36,500,000		141,000,000
기 초 상 품 재 고 액	30,000,000		25,000,000	
당 기 상 품 매 입 액	51,500,000		146,000,000	
기 말 상 품 재 고 액	45,000,000		30,000,000	
III. 매 출 총 이 익		68,500,000		102,500,000
IV. 판 매 비 와 관 리 비		18,346,880		43,380,000
급 여	5,200,000		18,200,000	
복 리 후 생 비	324,180		6,700,000	
여 비 교 통 비	230,000		2,300,000	
접 대 비 (기업업무추진비)	350,000		1,500,000	
통 신 비	5,000		1,100,000	
세 금 과 공 과 금	78,000		500,000	
감 가 상 각 비	10,600,000		9,860,000	
임 차 료	0		2,400,000	
보 험 료	400,000		0	
차 량 유 지 비	29,700		0	
도 서 인 쇄 비	200,000		0	
소 모 품 비	0		820,000	
대 손 상 각 비	930,000		0	
V. 영 업 이 익		50,153,120		59,120,000
VI. 영 업 외 수 익		0		0
VII. 영 업 외 비 용		0		4,120,000
이 자 비 용	0		4,120,000	
VIII. 소 득 세 차 감 전 이 익		50,153,120		55,000,000
IX. 소 득 세 등		0		0
X. 당 기 순 이 익		50,153,120		55,000,000

2 재무상태표를 12월로 조회한 후 기말자본금(307,153,120원)을 확인한다.

기말자본금 = 기초 자본금 + 추가 출자금 - 인출금 + 당기순이익
┗ 307,153,120원 ┗ 257,000,000원 ┗ 50,153,120원

▌ 재무상태표 수행 완료화면 ▌

과목	제 3(당)기 [2025/01/01 ~ 2025/12/31]		제 2(전)기 [2024/01/01 ~ 2024/12/31]	
	금	액	금	액
자 산				
Ⅰ. 유 동 자 산		267,758,250		155,000,000
(1) 당 좌 자 산		222,758,250		125,000,000
현 금		36,529,000		35,000,000
보 통 예 금		39,459,250		15,500,000
단 기 매 매 증 권		5,000,000		5,000,000
외 상 매 출 금	138,000,000		50,000,000	
대 손 충 당 금	1,380,000	136,620,000	500,000	49,500,000
받 을 어 음	5,000,000		20,000,000	
대 손 충 당 금	50,000	4,950,000		20,000,000
선 급 비 용		200,000		0
(2) 재 고 자 산		45,000,000		30,000,000
상 품		45,000,000		30,000,000
Ⅱ. 비 유 동 자 산		155,400,000		166,000,000
(1) 투 자 자 산		0		0
(2) 유 형 자 산		155,400,000		166,000,000
건 물	160,000,000		160,000,000	
감 가 상 각 누 계 액	35,800,000	124,200,000	30,000,000	130,000,000
차 량 운 반 구	20,000,000		20,000,000	
감 가 상 각 누 계 액	2,000,000	18,000,000		20,000,000
비 품	18,400,000		18,400,000	
감 가 상 각 누 계 액	5,200,000	13,200,000	2,400,000	16,000,000
(3) 무 형 자 산		0		0
(4) 기 타 비 유 동 자 산		0		0
자 산 총 계		423,158,250		321,000,000
부 채				
Ⅰ. 유 동 부 채		96,005,130		44,000,000
외 상 매 입 금		88,000,000		38,000,000
지 급 어 음		1,500,000		0
미 지 급 금		6,229,700		6,000,000
예 수 금		275,430		0
Ⅱ. 비 유 동 부 채		20,000,000		20,000,000
장 기 차 입 금		20,000,000		20,000,000
부 채 총 계		116,005,130		64,000,000
자 본				
Ⅰ. 자 본 금		307,153,120		257,000,000
자 본 금		307,153,120		257,000,000
(당 기 순 이 익)				
당기 : 50,153,120 원				
전기 : 55,000,000 원				
자 본 총 계		307,153,120		257,000,000
부 채 및 자 본 총 계		423,158,250		321,000,000

3 **수행 1** 재무상태표를 12월로 조회(제출용)하여 매출채권 금액을 확인한다.

답 143,000,000원(= 외상매출금 138,000,000원 + 받을어음 5,000,000원)

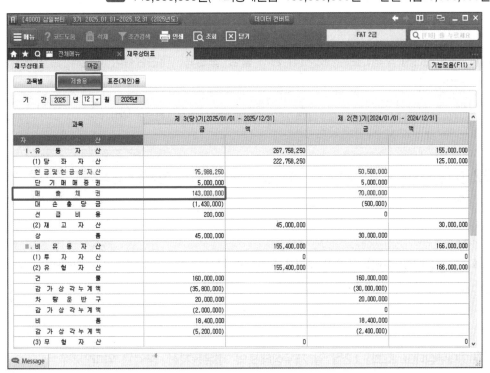

수행 2 손익계산서를 12월로 조회하여 전기와 당기의 접대비(기업업무추진비)를 비교한다.

답 전기 1,500,000원 - 당기 350,000원 = 1,150,000원 감소

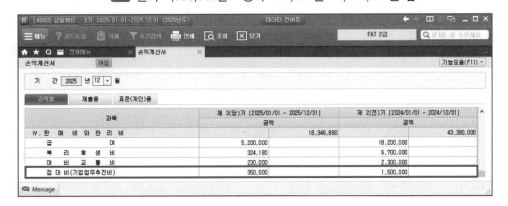

수행 tip

• 재무제표를 조회하여 자유롭게 원하는
  정보를 해석할 수 있어야한다.

출제예상 평가문제　　　　　　　　　　　　　　　　(비대면 시험대비)

01 [손익계산서 조회] 손익계산서의 당기 발생 '보험료, 대손상각비' 계정의 금액은 각각 얼마인가?

(1) 보험료 (　　　　　　)원　　　　　　　(2) 대손상각비 (　　　　　　)원

02 [재무상태표 조회-제출용] 12월 말 재무상태표의 '현금및현금성자산' 금액은 얼마인가?
(　　　　　　)원

03 [재무상태표 조회] 당기의 '기말상품재고액'은 전기에 비해 얼마나 증가하였는가?
(　　　　　　)원

04 [재무상태표 조회] 12월 말 재무상태표의 '비유동자산' 금액은 얼마인가?
(　　　　　　)원

05 [재무상태표 조회] 12월 말 재무상태표의 '자본금' 금액은 얼마인가?
(　　　　　　)원

제**5**장

(NCS 능력단위 0203020105_20v4)

회계정보시스템 운용

I Can!
회계정보시스템운용

원활한 재무보고를 위하여 회계 관련 DB마스터 관리, 회계프로그램 운용, 회계정보를 활용하는 능력이다.

직종	분류번호	능력단위	능력단위 요소	수준
회계 감사	0203020105_20v4	회계정보시스템 운용	01 회계 관련 DB마스터 관리하기	2
			02 회계프로그램 운용하기	2
			03 회계정보 활용하기	2

능력단위 요소	수행준거	교재 구성
01 회계관련 DB마스터 관리하기	1.1 DB마스터 매뉴얼에 따라 계정과목 및 거래처를 관리할 수 있다.	제3부 1장
	1.2 DB마스터 매뉴얼에 따라 비유동자산의 변경 내용을 관리할 수 있다.	
	1.3 DB마스터 매뉴얼에 따라 개정된 회계 관련 규정을 적용하여 관리할 수 있다.	
02 회계프로그램 운용하기	2.1 회계프로그램 매뉴얼에 따라 프로그램 운용에 필요한 기초 정보를 입력·수정할 수 있다.	
	2.2 회계프로그램 매뉴얼에 따라 정보 산출에 필요한 자료를 입력·수정할 수 있다.	
	2.3 회계프로그램 매뉴얼에 따라 기간별·시점별로 작성한 각종 장부를 검색·출력할 수 있다.	제3부 5장
	2.4 회계프로그램 매뉴얼에 따라 결산 작업 후 재무제표를 검색·출력할 수 있다.	
03 회계정보 활용하기	3.1 회계 관련 규정에 따라 회계정보를 활용하여 재무 안정성을 판단할 수 있는 자료를 산출할 수 있다.	
	3.2 회계 관련 규정에 따라 회계정보를 활용하여 수익성과 위험도를 판단할 수 있는 자료를 산출할 수 있다.	
	3.3 경영진 요청 시 회계정보를 제공할 수 있다.	

회계프로그램 운용하기(NCS_능력단위요소명)

★ **학습목표(NCS_ 수행준거)**
2.3 회계프로그램 매뉴얼에 따라 기간별·시점별로 작성한 각종 장부를 검색·출력할 수 있다.
2.4 회계프로그램 매뉴얼에 따라 결산 작업 후 재무제표를 검색·출력할 수 있다.

필요 지식

01 주요부와 보조부

장부는 기업의 경영활동에서 발생하는 모든 거래를 기록·계산·정리하기 위하여 작성하며 주요부와 보조부로 구분된다.

- 주요부: 분개장, 총계정원장
- 보조부: 현금출납장, 당좌예금출납장, 매입장, 매출장, 받을어음기입장, 지급어음
  기입장, 상품재고장, 매출처원장, 매입처원장 등

02 전표출력

일반전표입력에서 입력한 전표를 출력할 수 있는 메뉴이다.

03 분개장

차변과 대변으로 분개된 내용을 조회하며 기능모음의 전표수정으로 전표수정이 가능하다.

04 총계정원장

계정과목별로 차변, 대변, 잔액의 월별 합계 자료를 보여주며, 월자료를 더블클릭하면 계정별원장 조회화면에서 자세한 내용을 확인할 수 있다.

05 계정별원장

각 계정과목별 거래내역을 자세히 기록한 장부로 주요부인 총계정원장의 보조부이다.

06 거래처원장

기업의 영업활동 중 거래처별 관리가 필요한 채권·채무 거래가 발생한 경우 거래처별로 장부관리가 필요하게 된다. 이러한 장부를 거래처원장이라 하며 전표 입력 시 거래처별 관리가 필요한 계정과목에 거래처코드를 입력하면 거래처원장에서 조회가 된다.

수행과제

삼일뷰티의 관련 장부를 조회하여 다음을 수행하시오.

1 상반기(1월~6월) 중 상품의 매입액이 가장 큰 달은 몇 월인가?(총계정원장 조회)

2 1월 중 외상매출금 회수액은 얼마인가?(계정별원장 조회)

3 6월말 현재 거래처 샤방샤방의 받을어음 잔액은 얼마인가?(거래처원장 조회)

수행과제 풀이

1 총계정원장 조회   답 4월

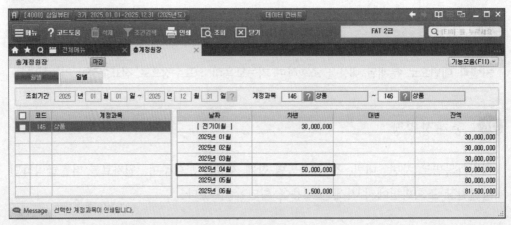

2 계정별원장 조회 답 2,000,000원

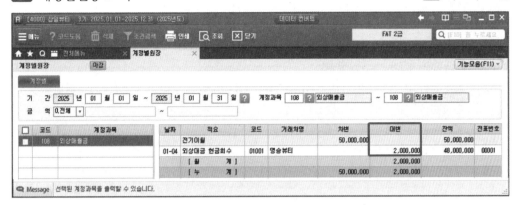

3 거래처원장 조회 답 5,000,000원

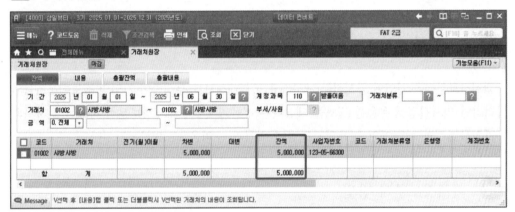

수행 tip

• 각종 장부에 대한 특성을 이해하여 원하는
  정보를 산출할 수 있어야한다.

제2절　회계정보 활용하기(NCS_능력단위요소명)

★ **학습목표(NCS_ 수행준거)**

3.1 회계 관련 규정에 따라 회계정보를 활용하여 재무 안정성을 판단할 수 있는 자료를 산출할
　수 있다.

3.2 회계 관련 규정에 따라 회계정보를 활용하여 수익성과 위험도를 판단할 수 있는 자료를 산출
　할 수 있다.

3.3 경영진 요청 시 회계정보를 제공할 수 있다.

필요 지식

① 회계정보분석

회계정보분석은 기업이 공시하는 재무제표의 회계정보를 분석하여 기업의 정보이용자들의
합리적인 의사결정에 유용한 정보를 제공하는 것을 말한다. 회계정보분석 자료는 투자자의
투자의사결정과 채권자의 신용의사결정에 위험과 수익을 측정하는 것이다.

② 회계정보분석 방법

1) 재무상태표와 관련된 지표

구 분	공 식	내 용
유동비율	$\dfrac{유동자산}{유동부채} \times 100$	기업이 보유하는 지급능력, 신용능력을 판단하기 위한 비율로 높을수록 기업의 재무유동성이 크다.
당좌비율	$\dfrac{당좌자산}{유동부채} \times 100$	유동자산 중 현금화할 수 있는 당좌자산으로 단기 채무를 충당할 수 있는 정도를 나타내는 비율이다.
부채비율	$\dfrac{부채총계}{자기자본(자본총계)} \times 100$	지급능력을 측정하는 비율로 높을수록 채권자에 대한 위험이 증가한다.
자기자본비율	$\dfrac{자기자본(자본총계)}{자산총계} \times 100$	기업의 재무구조 건전성을 측정하는 비율로 높을수록 기업의 재무구조가 건전하다.
총자산회전율	$\dfrac{매출액}{총자산} \times 100$	총자산이 1년에 몇 번 회전하는지 나타내는 비율로 높을수록 자산을 효율적으로 이용하고 있다는 것이다.

2) 손익계산서와 관련된 지표

구 분	공 식	내 용
매출총이익률	$\dfrac{\text{매출총이익}}{\text{매출액}} \times 100$	매출로부터 얼마의 이익을 얻느냐를 나타내는 비율로 높을수록 판매, 매입활동이 양호한 편이다.
영업이익률	$\dfrac{\text{영업이익}}{\text{매출액}} \times 100$	기업의 주된 영업활동에 의한 성과를 판단하는 비율로 판매활동과 직접 관계없는 영업외손익을 제외한 순수 영업활동의 수익성을 나타낸다.
주당순이익	$\dfrac{\text{당기순이익}}{\text{주식수}}$	1주당 이익을 얼마나 창출하였느냐를 나타내는 지표로 당기순이익에 대한 주주의 몫을 나타낸다.
이자보상비율	$\dfrac{\text{영업이익}}{\text{이자비용}} \times 100$	기업의 채무상환능력을 나타내는 지표로 1보다 클 경우 금융비용을 부담하고 추가 이익도 낼 수 있다는 것이다.

수행과제 회계정보 활용하기

삼일뷰티의 재무제표 자료를 참고하여 회계정보분석을 수행하시오.

1 전기의 유동비율은 얼마인가?(재무상태표 조회)

2 당기의 매출총이익률은 얼마인가?(손익계산서 조회)

수행과제 풀이 회계정보 활용하기

1 재무상태표의 전기분 유동자산과 유동부채를 참고로 유동비율을 구한다.

$$\text{답 } \text{유동비율} = \frac{\text{유동자산}}{\text{유동부채}} \times 100 = \frac{155,000,000원}{44,000,000원} \times 100 = 352\%$$

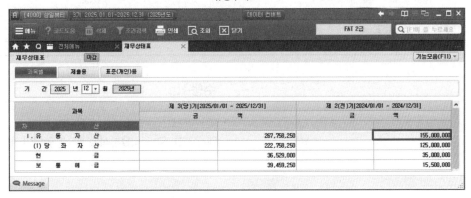

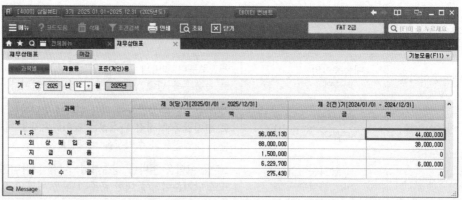

2 손익계산서의 매출총이익과 매출액을 참고로 매출총이익률을 구한다.

답 매출총이익률 $= \dfrac{매출총이익}{매출액} \times 100 = \dfrac{68,500,000원}{105,000,000원} \times 100 = 65.2\%$

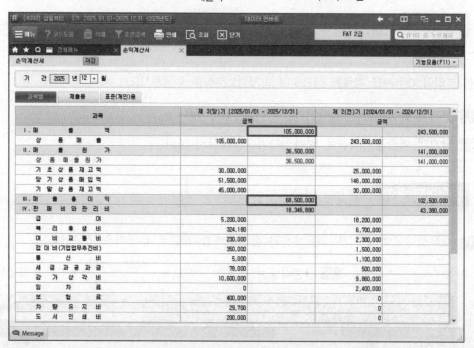

수행 tip

• 재무상태표, 손익계산서 등을 조회하여 알고자
하는 지표 등의 비율분석을 할 수 있어야 한다.

(비대면 시험대비)

01 [총계정원장 조회] 2025년 중 보통예금이 가장 많이 증가한 월은 몇 월인가?

① 3월　　　　　② 4월　　　　　③ 5월　　　　　④ 6월

02 [거래처원장 조회] 12월 말 미지급금 잔액이 가장 큰 거래처 코드와 잔액을 기록하시오.

(1) 코드 (　　　　　　　　　)　　　　　(2) 잔액 (　　　　　　　　)원

03 [재무상태표 조회] 유동자산 중 현금화할 수 있는 당좌자산으로 단기채무를 충당할 수 있는 정도를 나타내는 비율은 당좌비율이다. 삼일뷰티의 전기분 당좌비율은 얼마인가?(단, 소숫점 이하는 버림 할 것.)

$$당좌비율(\%) = \frac{당좌자산}{유동부채} \times 100$$

① 260%　　　② 276%　　　③ 284%　　　④ 293%

04 [재무상태표 조회] 부채비율은 기업의 지급능력을 측정하는 비율로 높을수록 채권자에 대한 위험이 증가한다. 삼일뷰티의 전기분 부채비율은 얼마인가?(단, 소숫점 이하는 버림 할 것.)

$$부채비율(\%) = \frac{부채총계}{자기자본(자본총계)} \times 100$$

① 20%　　　② 24%　　　③ 26%　　　④ 28%

실무 익히기

05 [손익계산서 조회] 매출로부터 얼마의 이익을 얻느냐를 나타내는 비율이 매출총이익률이다. 이 비율이 높을수록 판매·매입 활동이 양호한 편이다. 삼일뷰티의 전기분 매출총이익률을 계산하면 얼마인가?(단, 소숫점 이하는 버림할 것.)

$$\text{매출총이익률} = \frac{\text{매출총이익}}{\text{매출액}} \times 100$$

① 42%   ② 44%   ③ 46%   ④ 48%

제 **4** 부

합격 확신
문제 풀이

백데이터 설치방법

합격 확신 문제 풀이(유형별 연습문제, 최신 기출문제, 출제예상 모의고사) 백데이터를 아래의 방법으로 설치한 후 문제를 풀어보세요.

① 삼일아이닷컴(http://www.samili.com) 홈페이지에 접속한다.
② 상단부 제품몰을 클릭하고 자료실에서 백데이터를 다운받는다.
③ 다운받은 백데이터파일을 더블클릭하여 실행한다.
④ 해당회사로 로그인하고 문제를 푼다.

참고 프로그램 설치에 대한 자세한 내용은 교재 '알고가자'를 참고하면 된다.

제 **1** 장

유형별 연습문제

유형별 연습문제

실무이론평가

01 재무회계 기본개념

01 적시성 있는 정보를 제공하기 위해 기업의 존속기간을 일정한 기간단위로 분할하여 재무제표를 작성하는 기본가정은 무엇인가?

① 기간별 보고   ② 기업실체
③ 계속기업   ④ 발생기준

02 다음 중 회계의 기본개념에 대한 설명으로 옳지 않은 것은?

① 회계는 회계정보이용자가 합리적 의사결정을 할 수 있도록 경제적 정보를 식별, 측정, 전달하는 정보시스템이다.
② 회계는 정보이용자들이 경제적 자원의 배분과 관련된 의사결정을 하는데 도움이 되는 유용한 정보를 제공한다.
③ 기업을 둘러싼 이해관계자는 주주와 채권자뿐이다.
④ 재무제표의 작성과 표시의 책임은 경영자에게 있다.

03 다음에서 설명하는 회계의 기본 가정으로 옳은 것은?

> • 회계순환과정에 있어 기말결산정리를 하게 되는 근거가 되는 가정이다.
> • 기업실체 존속기간을 일정한 기간 단위로 분할하여 각 기간에 대해 경제적 의사결정에 유용한 정보를 보고하는 것이다.

① 계속 기업의 가정
② 기업 실체의 가정
③ 화폐 단위의 가정
④ 기간별 보고의 가정

04 다음은 신문기사의 일부이다. (㉮)에 들어갈 내용으로 가장 적절한 것은?

> 외부감사인이 회계감사 대상 회사의 재무제표 작성 지원을 금지하며 회사가 자체 결산 능력을 갖추고 (㉮)의 책임하에 재무제표를 작성하도록 했다.
> (XX신문, 2025년 12월 30일)

① 내부감사인
② 공인회계사
③ 경영자
④ 과세당국

05 다음 내용에서 (가), (나)에 들어가는 단어로 옳은 것은?

> 재무회계의 목적은 이해관계자의 합리적 의사결정을 위하여 재무상태, (가), 현금흐름 및 자본변동에 관한 유용한 정보를 제공하며, (나)의 수탁책임 평가에 유용한 정보를 제공하는데 있다.

① (가) 노사관계   (나) 정부
② (가) 경영성과   (나) 채무자
③ (가) 경영성과   (나) 경영자
④ (가) 노사관계   (나) 종업원

06 다음의 의사결정 내용과 관계가 있는 회계정보이용자로 옳은 것은?

> 기업 경영 계획의 수립 · 집행 · 통제 등의 의사결정을 위해 회계 정보를 활용한다.

① 거래처   ② 경영자
③ 채권자   ④ 투자자

07 회계의 정의에 관한 설명으로 옳지 않은 것은?

① 회계의 목적은 정보이용자의 경제적 의사결정에 유용한 정보를 제공하는 것이다.
② 회계는 기업경영에 대한 수탁책임을 경영자가 성실히 수행하였는가에 대한 정보를 제공한다.
③ 회계정보의 이용자에 회계정보를 생산하는 경영자는 포함되지 아니한다.
④ 회계는 기업에서 이루어지는 수많은 경영활동을 화폐적 숫자로 표현하는 기업의 언어이다.

합격 확신 문제풀이

02 기업의 재무상태표와 손익계산서

01 재무제표의 기본요소에 대한 설명으로 옳지 않은 것은?

① 자산은 미래에 경제적 효익을 창출할 것으로 기대되는 자원이다.
② 자산은 현재 기업실체에 의해 지배되어야 한다.
③ 부채는 기업실체가 현재 시점에서 부담하여야 하는 경제적 의무이다.
④ 부채는 미래에 자원의 유입이 예상되는 권리이다.

02 다음 중 재무제표에 해당하지 않는 것은?

① 재무상태표   ② 손익계산서
③ 현금흐름표   ④ 정산표

03 다음 중 재무상태표에 표시되지 않는 계정은?

① 매출채권   ② 선수수익
③ 소모품비   ④ 선급비용

04 다음 (가), (나), (다)에 들어갈 계정과목으로 옳은 것은?

부동산을 정상적인 영업과정에서 판매할 목적으로 취득하면 **(가)**(으)로, 투자할 목적으로 취득하면 **(나)**(으)로, 영업활동에 장기간 사용할 목적으로 취득하면 **(다)**(으)로 분류한다.

① (가) 재고자산 (나) 유형자산 (다) 투자자산
② (가) 재고자산 (나) 투자자산 (다) 유형자산
③ (가) 투자자산 (나) 유형자산 (다) 재고자산
④ (가) 투자자산 (나) 재고자산 (다) 유형자산

05 다음 중 재무상태표 계정과목의 사용 사례로 옳지 않은 것은?

① 상품을 매입하기 위해 계약금을 지급하면 차변에 선급금을 기록한다.
② 장기차입금의 만기가 내년에 도래하면 기말에 유동성장기부채로 분류한다.
③ 비품을 외상으로 구입하면 대변에 미지급금을 기록한다.
④ 사무실을 빌려서 사용할 목적으로 보증금을 지급하면 대변에 임대보증금을 기록한다.

06 다음 (주)한공의 거래에 대한 회계처리 시 차변 계정과목으로 옳은 것은?

사무실에서 사용하고 있던 책상을 장부금액으로 처분하고 대금은 거래처 발행 약속어음으로 받다.

① 비품   ② 미수금
③ 단기대여금   ④ 외상매출금

07 다음 중 재무상태표 계정과목에 해당하지 않는 것은?

① 매출채권   ② 기부금
③ 미지급금   ④ 선급비용

08 재무상태표 작성 기준으로 옳지 않은 것은?

① 구분표시   ② 총액표시
③ 유동성배열법   ④ 현금주의

09 다음 중 재무상태표의 작성기준에 관한 설명으로 옳지 않은 것은?

① 자산과 부채는 결산일 현재 1년 또는 영업주기를 기준으로 구분표시 한다.
② 자산과 부채가 관련되어 있는 경우 원칙적으로 상계하여 표시한다.
③ 자산과 부채는 유동성이 큰 항목부터 배열하는 것을 원칙으로 한다.
④ 가지급금과 가수금 등의 미결산 계정은 그 내용을 나타내는 적절한 계정으로 표시한다.

10 다음 중 재무상태표에 대한 설명으로 옳지 않은 것은?

① 자산과 부채는 원칙적으로 상계하여 표시하지 않는다.
② 자산과 부채는 1년을 기준으로 유동과 비유동으로 분류한다.
③ 재무상태표는 정보이용자에게 기업의 유동성, 재무적 탄력성 등을 평가하는데 유용한 정보를 제공한다.
④ 재무상태표의 기본요소는 자산, 부채 및 수익이다.

11 다음 중 재무상태표를 구성하는 계정과목이 아닌 것은?

① 선수수익   ② 선급금
③ 미수수익   ④ 연구비

12 다음 중 재무상태표 작성기준에 대한 설명으로 옳지 않은 것은?

① 자산은 유동자산과 비유동자산으로 구분한다.
② 부채는 유동부채와 비유동부채로 구분한다.
③ 자산과 부채는 유동성이 작은 항목부터 배열하는 것을 원칙으로 한다.
④ 자본은 자본금, 자본잉여금, 자본조정, 기타포괄손익누계액 및 이익잉여금으로 구분한다.

13 다음 중 재무상태표와 관련된 등식으로 옳지 않은 것은?

① 자본 = 자산 - 부채
② 자산 = 유형자산 + 무형자산
③ 유동자산 = 당좌자산 + 재고자산
④ 부채 = 유동부채 + 비유동부채

14 다음에서 설명하는 계정과목에 해당하는 것은?

> 물리적 형체는 없지만 식별가능하고 기업이 통제하고 있으며 미래경제적효익이 있는 비화폐성자산이다.

① 건물
② 산업재산권
③ 매출채권
④ 재고자산

15 다음 중 무형자산에 속하지 않는 것은?

① 특허권
② 광업권
③ 개발비
④ 전세권

16 다음 중 무형자산에 해당하는 계정과목이 아닌 것은?

① 개발비
② 광고선전비
③ 산업재산권
④ 소프트웨어

17 다음 계정과목 중 무형자산에 해당하지 않는 것은?

① 영업권
② 개발비
③ 경상연구개발비
④ 산업재산권

18 다음에서 설명하는 자산에 해당하지 않는 것은?

> • 물리적 실체는 없으나 식별가능하다.
> • 영업활동에 사용할 목적으로 보유하는 자산이다.
> • 기업이 통제하고 있으며, 미래 경제적 효익이 있는 자산이다.

① 개발비
② 영업권
③ 매출채권
④ 산업재산권

19 다음에서 설명하는 자산의 종류에 해당하지 않는 것은?

> • 물리적 형체가 없지만 식별 가능하다.
> • 재화의 생산이나 용역의 제공, 타인에 대한 임대 또는 관리에 사용할 목적으로 기업이 보유한다.

① 상표권
② 연구비
③ 영업권
④ 개발비

20 다음 중 무형자산의 종류가 아닌 것은?

① 영업권
② 특허권
③ 개발비
④ 연구비

21 다음 중 무형자산에 대한 설명으로 옳지 않은 것은?

① 물리적 실체는 없으나 식별가능하다.
② 영업활동에 사용할 목적으로 보유하는 자산이다.
③ 기업이 통제하고 있으며, 미래 경제적 효익이 있는 자산이다.
④ 특별한 경우를 제외하고는 잔존가치는 취득원가의 10%로 본다.

22 다음 중 무형자산으로 분류되는 계정과목이 아닌 것은?

① 소프트웨어
② 특허권
③ 임차보증금
④ 개발비

23 무형자산에 대한 설명으로 옳지 않은 것은?

① 유형자산과 마찬가지로 미래경제적 효익이 기대되어야 한다.
② 특정한 발명을 등록하여 일정기간 독점적, 배타적으로 사용할 수 있는 권리는 특허권으로 기록한다.
③ 비유동자산으로 분류한다.
④ 미래 경제적 효익이 기대되는 신제품 개발관련 지출은 경상연구개발비로 기록한다.

| 189

24 재무상태표 상 비유동부채에 표시되는 계정과목으로 옳은 것은?

① 미지급금　　　　② 지급어음
③ 장기차입금　　　④ 유동성장기부채

25 다음 중 비유동부채에 해당하지 않는 것은?

① 장기차입금　　　② 퇴직급여충당부채
③ 매입채무　　　　④ 사채

26 다음 대화 내용에 따라 2025년도 말 결산정리를 할 경우, 대변 계정과목으로 옳은 것은?

> • 이부장:
> 거래은행에서 2023년도 3월초에 대출받았던 장기차입금 만기일이 언제인가요?
> • 김대리:
> 만기일이 2026년 3월말입니다. 결산정리에 반영하겠습니다.

① 단기차입금　　　② 장기차입금
③ 임차보증금　　　④ 유동성장기부채

27 다음 중 유동부채에 해당하지 않는 것은?

① 단기차입금　　　② 사채
③ 선수금　　　　　④ 매입채무

28 다음 중 재무상태표상 자산·부채 계정에 대한 분류가 옳지 않은 것은?

① 매입채무: 유동부채
② 차량운반구: 유동자산
③ 단기차입금: 유동부채
④ 재고자산: 유동자산

29 유형자산을 처분하고 대금을 나중에 받기로 한 경우, 차변 계정과목으로 옳은 것은?

① 미수금　　　　　② 선급금
③ 선급비용　　　　④ 외상매출금

30 다음 중 유형자산에 해당하지 않는 것은?

① 개발비　　　　　② 기계장치
③ 건설중인자산　　④ 차량운반구

31 다음 중 유형자산에 대한 설명으로 옳지 않은 것은?

① 유형자산은 사용할 목적으로 보유하는 물리적 형체가 있는 자산이다.
② 토지는 감가상각을 하지 않는다.
③ 유형자산에서 발생한 자본적 지출은 기간비용으로 처리한다.
④ 유형자산 취득원가에는 취득부대비용이 포함된다.

32 비업무용 토지와 건물이 속하는 계정과목은 무엇인가?

① 무형자산　　　　② 재고자산
③ 유형자산　　　　④ 투자자산

33 다음에서 설명하는 자산에 포함되는 계정과목은?

> 재화의 생산, 용역의 제공, 타인에 대한 임대 또는 자체적으로 사용할 목적으로 보유하는 물리적 형체가 있는 자산으로, 1년을 초과하여 사용할 것으로 예상된다.

① 건물　　　　　　② 산업재산권
③ 임차보증금　　　④ 영업권

34 다음 중 재무상태표의 계정과목을 모두 고른 것은?

> 가. 현금　　　　　나. 지급어음
> 다. 광고선전비　　라. 수수료수익
> 마. 외상매출금

① 가. 나. 다.　　　② 가. 나. 마.
③ 나. 다. 라.　　　④ 다. 라. 마.

35 다음은 출장 사원의 업무보고 관련 대화내용의 일부이다. 회계처리 시 (가)와 (나)에 해당하는 대변 계정과목으로 옳은 것은?

> • 경리부장
> 출장은 잘 다녀오셨나요?
> • 사 원
> 예. 잘 다녀왔습니다.
> • 경리부장
> 출장지에서 500,000원을 송금하셨던데요.
> • 사 원
> 예. (가) 송금액은 매출처로부터 회수한 상품매출에 대한 외상대금 400,000원과 (나) 거래처로부터 받은 상품주문대금 100,000원입니다.

① (가) 외상매출금 　　(나) 선수금
② (가) 선급금 　　　　(나) 가수금
③ (가) 미수금 　　　　(나) 선수금
④ (가) 외상매출금 　　(나) 가수금

36 다음 중 투자자산으로 분류되는 계정과목이 아닌 것은?

① 장기대여금 　　　② 장기매출채권
③ 장기투자증권 　　④ 투자부동산

37 다음 중 재무상태표상 계정과목에 해당하지 않는 것은?

① 단기차입금 　　　② 장기대여금
③ 퇴직급여충당부채 　④ 세금과공과금

38 다음 중 손익계산서에 대한 설명으로 옳지 않은 것은?

① 손익계산서는 일정기간 동안의 경영성과에 대한 정보를 제공한다.
② 손익계산서에는 수익, 비용, 순손익에 관한 정보가 제공된다.
③ 수익과 비용은 순액으로 표시하는 것을 원칙으로 한다.
④ 수익과 직접 관련하여 발생한 비용은 대응하여 인식한다.

39 구분식 손익계산서를 작성할 때 순서로 옳은 것은?

① 매출총이익 → 법인세비용차감전이익
　 → 영업이익 → 당기순이익
② 영업이익 → 법인세비용차감전이익
　 → 매출총이익 → 당기순이익
③ 법인세비용차감전이익 → 매출총이익
　 → 영업이익 → 당기순이익
④ 매출총이익 → 영업이익 → 법인세비용차감전이익
　 → 당기순이익

40 영업손익을 계산하는 과정으로 옳은 것은?

영업손익 = 매출액 - (가) - (나)

① (가) 매출원가 　　　(나) 판매비와관리비
② (가) 매출원가 　　　(나) 영업외비용
③ (가) 판매비와관리비 　(나) 영업외비용
④ (가) 판매비와관리비 　(나) 법인세비용

41 다음 중 당기순손익에 영향을 미치지 않는 거래는?

① 화재로 창고에 보관 중인 상품이 소실되다.
② 상품을 외상으로 판매하다.
③ 직원 급여를 현금으로 지급하다.
④ 대표이사에게 현금을 대여하다.

42 다음 중 손익계산서와 관련된 설명으로 옳지 않은 것은?

① 손익계산서는 일정기간의 기업의 경영성과를 보여주는 보고서이다.
② 매출액은 총매출액에서 매출할인 등을 차감한 금액으로 한다.
③ 영업수익은 기업의 주된 영업활동이 아닌 활동으로부터 발생한 수익을 말한다.
④ 손익계산서는 기업의 미래현금흐름과 수익창출능력 등의 예측에도 유용한 정보를 제공한다.

43 손익계산서와 관련된 설명으로 옳지 않은 것은?

① 수익과 비용은 각각 총액으로 보고하는 것을 원칙으로 한다.
② 당기순이익은 수익에서 비용을 차감하여 산출한다.
③ 손익계산서는 일정기간의 경영성과를 나타내는 보고서이다.
④ 손익계산서는 당기순이익에 해당되는 만큼의 현금 보유에 대한 정보를 제공한다.

44 다음 중 일정 기간 동안 기업의 경영성과에 대한 정보를 제공하는 재무보고서는 무엇인가?

① 주석 　　　　② 재무상태표
③ 현금흐름표 　④ 손익계산서

45 다음 중 손익계산서에 나타날 수 없는 항목은?

① 감가상각비 　② 이자비용
③ 급여 　　　　④ 미지급비용

03 회계의 기록

01 다음 중 회계상 거래에 해당하는 것은?

> 가. 거래처에 원재료 매입을 주문하였다.
> 나. 월급여 1,000,000원을 주기로 하고 종업원을 채용하였다.
> 다. 창고에 화재가 발생하여 상품이 소실되었다.
> 라. 월 500,000원에 사무용 컴퓨터를 빌려 쓰기로 계약하였다.

① 나   ② 다
③ 가, 나   ④ 다, 라

02 다음 중 하나의 거래에서 동시에 나타날 수 없는 것은?

① 자산의 증가와 자산의 감소
② 자산의 감소와 수익의 발생
③ 자산의 증가와 부채의 증가
④ 자산의 감소와 부채의 감소

03 다음과 같은 결합관계로 이루어진 거래로 옳은 것은?

> (차) 자산의 증가   (대) 부채의 증가

① 현금 500,000원을 출자하여 영업을 시작하다.
② 종업원급여 3,000원을 현금으로 지급하다.
③ 은행으로부터 현금 100,000원을 차입하다.
④ 대여금 50,000원을 현금으로 받다.

04 다음 (가), (나)의 각 거래를 회계처리할 때 차변에 나타나는 거래 요소로 옳은 것은?

> (가) 단기차입금 1,000,000원을 현금으로 상환하다.
> (나) 전기료 200,000원을 보통예금 계좌에서 자동 이체하다.

① (가) 자산 증가   (나) 자산 증가
② (가) 부채 감소   (나) 비용 발생
③ (가) 부채 감소   (나) 자산 증가
④ (가) 자산 증가   (나) 비용 발생

05 회계 관련 등식으로 옳지 않은 것은?

① 자산 = 부채 + 자본
② 자본 = 자산 − 부채
③ 순이익 = 수익 − 비용
④ 자산 − 비용 = 부채 + 자본 + 수익

06 재무상태표에 대한 다음 설명 중 (가), (나)에 해당하는 내용으로 옳은 것은?

> 재무상태표는 일정 시점 현재 기업이 보유하고 있는 경제적 자원인 (가)과 경제적 의무인 부채, 그리고 (나)에 대한 정보를 제공하는 재무보고서이다.

① (가) 수익   (나) 자본
② (가) 자산   (나) 수익
③ (가) 자산   (나) 자본
④ (가) 자본   (나) 수익

04 결산과 재무제표

01 다음 중 수정전 시산표상 차변합계액과 대변합계액의 불일치 원인이 아닌 것은?

① 특정계정의 잔액을 시산표에 옮겨 적는데 오류가 있었다.
② 시산표의 대변합계를 계산하는데 오류가 있었다.
③ 시산표의 차변합계를 계산하는데 특정계정의 금액을 누락하였다.
④ 어느 거래의 분개가 모두 누락되었다.

02 다음 결산정리사항 중 당기순이익에 미치는 영향이 나머지와 다른 것은?

① 선급보험료의 계상
② 대손상각비의 계상
③ 미지급이자의 계상
④ 감가상각비의 계상

03 다음 중 (㉮)와 (㉯)에 들어갈 금액으로 옳은 것은?

	기 초	기 말
자산	50,000원	(㉮)
부채	30,000원	70,000원
자본	XXX원	(㉯)

당기순이익은 20,000원이다.(단, 다른 자본거래는 없는 것으로 가정한다)

① (㉮) 10,000원   (㉯) 80,000원
② (㉮) 90,000원   (㉯) 20,000원
③ (㉮) 110,000원   (㉯) 40,000원
④ (㉮) 130,000원   (㉯) 60,000원

05 당좌자산

01 다음 중 당좌자산으로 분류되지 않는 것은?

① 만기가 1년 이내에 도래하는 정기예금
② 단기간 내에 매매차익을 얻을 목적으로 구입한 시장성 있는 주식
③ 상품을 매출하고 받은 어음
④ 판매목적으로 보유하고 있는 상품

02 다음 자료에 의해 매출채권 금액을 계산하면 얼마인가?

• 외상매출금	5,800,000원
• 받을어음	3,000,000원
• 미수금	1,500,000원
• 미수수익	3,500,000원

① 3,000,000원   ② 4,500,000원
③ 5,800,000원   ④ 8,800,000원

03 매출채권 회계처리에 대한 설명 중 옳지 않은 것은?

① 전기에 대손이 확정되어 대손회계처리를 한 채권을 당기에 회수한 경우 대변에 현금으로 회계처리한다.
② 일반적 상거래에서 발생한 매출채권에 대한 대손상각비는 판매비와 관리비로 처리하고, 기타 채권에 대한 대손상각비는 영업외비용으로 처리한다.
③ 대손충당금 잔액이 대손추산액 보다 작은 경우에는 차액을 대손상각비로 하여 당기비용으로 인식한다.
④ 대손충당금 잔액이 대손추산액 보다 많은 경우에는 차액을 대손충당금환입으로 하여 판매비와 관리비의 차감항목으로 처리한다.

04 대손충당금 설정대상 항목으로 적절하지 않은 것은?

① 미수금   ② 단기매매증권
③ 받을어음   ④ 외상매출금

05 다음은 한공상사의 외상매출금과 관련된 내용이다. 당기의 외상매출금 회수액은 얼마인가?

• 기초금액	32,000원
• 당기외상매출액	200,000원
• 외상매출금 기말금액	40,000원

① 160,000원   ② 192,000원
③ 200,000원   ④ 208,000원

06 다음 자료에 의하여 회계처리한 후, 대손충당금 잔액을 계산한 것으로 옳은 것은?

• 2025년 1월 1일: 대손충당금 잔액 250,000원
• 2025년 4월 12일: 거래처 파산으로 외상매출금 120,000원과 받을어음 50,000원이 회수불능으로 판명되다.

① 80,000원   ② 120,000원
③ 130,000원   ④ 170,000원

07 (주)한공은 (주)강서의 외상매입금을 지급하기 위해서 (주)종로에서 받아 보유하고 있던 받을어음을 배서하여 양도하였다. 이에 대한 회계처리의 영향으로 옳은 것은?

① 비용의 증가, 자산의 감소
② 자산의 증가, 부채의 증가
③ 부채의 감소, 자산의 감소
④ 비용의 증가, 부채의 증가

08 다음 자료에서 재무상태표상 현금및현금성자산 계정에 표시할 금액으로 옳은 것은?

• 현 금	1,000,000원
• 보통예금	800,000원
• 당좌예금	1,500,000원
• 만기가 6개월 후에 도래하는 정기예금	500,000원

① 1,000,000원   ② 2,500,000원
③ 3,300,000원   ④ 3,800,000원

09 다음 자료에서 재무상태표에 표시될 현금및현금성자산은 얼마인가?

• 현 금	100,000원
• 당좌예금	200,000원
• 보통예금	200,000원
• 단기대여금	300,000원
• 받을어음	250,000원

① 300,000원   ② 400,000원
③ 500,000원   ④ 600,000원

10 다음 중 재무상태표의 현금및현금성자산에 해당하지 않는 것은?

① 취득 당시 만기가 3개월 미만인 채권
② 차용증서
③ 자기앞수표
④ 보통예금

11 다음 자료에 나타낸 항목을 재무상태표에 통합해서 기입할 계정과목은?

• 우편환증서
• 타인발행수표
• 취득당시 3개월 만기 양도성예금증서
• 당좌예금

① 미수금   ② 단기금융상품
③ 매출채권   ④ 현금및현금성자산

12 다음 중 현금및현금성자산에 속하지 않는 것은?

① 보통예금
② 받을어음
③ 타인발행수표
④ 취득당시 만기가 3개월 이내 도래하는 공·사채

13 다음 중 재무상태표상의 현금및현금성자산에 해당하지 않는 것은?

① 당좌예금
② 타인발행수표
③ 가입당시 만기가 3개월 이내에 도래하는 정기예금
④ 만기가 6개월 후에 도래하는 정기적금

14 다음 중 재무상태표상 현금및현금성자산에 해당하지 않는 것은?

① 통화 및 타인발행수표
② 당좌예금
③ 1년 만기 정기적금
④ 취득당시 만기가 3개월 이내 도래하는 어음관리구좌(CMA)

15 다음 중 현금및현금성자산에 속하지 않는 것은?

① 당좌예금
② 보통예금
③ 가입당시 만기가 3개월인 정기예금
④ 3개월 이내에 처분할 목적으로 구입한 주식

16 다음 중 현금 및 현금성자산에 해당하지 않는 것은?

① 만기가 도래한 공사채이자표
② 타인발행 수표
③ 우편환증서
④ 타인발행 약속어음

17 (주)한공은 거래처에서 상품을 매입하기로 하고 계약금 10%를 보통예금계좌에서 이체하였다. 이 거래에 대한 다음 분개의 차변에 적절한 계정과목은?

(차) ( )	100,000원
(대) 보통예금	100,000원

① 상품   ② 비품
③ 선급금   ④ 소모품비

18 다음 대화내용에서 (가)에 해당하는 계정과목으로 옳은 것은?

• 이과장
김대리. 거래처 (주)대한으로부터 재고자산 판매에 대한 계약금으로 1,000,000원을 현금으로 받은 금액은 어떻게 회계처리 하였나요?
• 김대리
네. 과장님. 1,000,000원을 유동부채에 해당하는 (가) 계정과목으로 처리하였습니다.

① 지급어음   ② 미지급금
③ 선수금   ④ 예수금

19 다음 거래를 회계처리할 때 (가)에 해당하는 계정과목으로 옳은 것은?

> • 주문받은 상품 1,000,000원을 인도하고, 계약금 200,000원을 차감한 잔액은 보통예금 계좌로 이체 받다.
>
> (차) 보통예금   800,000원
>   (가)   200,000원
>   (대) 상품매출   1,000,000원

① 선급금   ② 외상매출금
③ 가수금   ④ 선수금

20 다음 상품 거래를 회계처리할 때, (가), (나)에 해당하는 계정과목으로 옳은 것은?

> • 주문했던 상품 500,000원을 인수하고, 계약 시 지급한 계약금 50,000원을 제외한 잔액은 외상으로 하다.
>
> (차) 상품   500,000원
>   (대) (가)   50,000원
>   (나)   450,000원

① (가) 선급금   (나) 외상매입금
② (가) 선수금   (나) 외상매출금
③ (가) 가수금   (나) 외상매입금
④ (가) 가지급금   (나) 외상매출금

21 (가), (나)에 해당하는 계정과목으로 옳은 것은?

> (가) 사무실에서 사용하는 컴퓨터를 처분하고 아직 받지 못한 금액
> (나) 상품을 매입하기 위하여 선지급한 금액

① (가) 선수금   (나) 미수금
② (가) 외상매출금   (나) 선급금
③ (가) 미수금   (나) 선수금
④ (가) 미수금   (나) 선급금

22 한공상사가 서울상사에 1,000,000원의 상품을 주문하고 계약금으로 현금 100,000원을 지급한 경우 각 회사가 인식할 계정과목으로 옳은 것은?

① 한공상사: 선급금,   서울상사: 선수금
② 한공상사: 지급어음,   서울상사: 받을어음
③ 한공상사: 매입채무,   서울상사: 매출채권
④ 한공상사: 선급비용,   서울상사: 선수수익

23 다음의 어음 할인 거래에 대한 회계처리로 옳은 것은?

> 거래처로부터 상품판매대금으로 받은 약속어음 1,000,000원을 은행에서 할인하고, 할인료 50,000원을 차감한 950,000원을 당좌예금에 입금하다.(매각거래로 처리할 것.)
>
> ㉮ (차) 당좌예금   950,000원
>   (대) 받을어음   950,000원
> ㉯ (차) 당좌예금   1,000,000원
>   (대) 받을어음   1,000,000원
> ㉰ (차) 당좌예금   950,000원
>   이자비용   50,000원
>   (대) 받을어음   1,000,000원
> ㉱ (차) 당좌예금   950,000원
>   매출채권처분손실   50,000원
>   (대) 받을어음   1,000,000원

① ㉮   ② ㉯
③ ㉰   ④ ㉱

24 다음 중 매출채권에 대한 설명으로 옳지 않은 것은?

① 매출채권이란 일반적 상거래에서 발생한 미수채권을 말한다.
② 외상매출금, 받을어음은 매출채권이다.
③ 식품 제조회사가 자동차를 판매하고 대금을 어음으로 받은 경우 매출채권으로 회계처리한다.
④ 자동차 제조회사가 생산된 자동차를 판매하고 대금을 어음으로 받은 경우 매출채권으로 회계처리한다.

25 (주)한공은 2025년 3월 1일 단기매매증권을 주당 55,000원에 10주를 취득하였다. 2025년 4월 1일 해당 단기매매증권 10주를 620,000원에 처분한 경우 단기매매증권처분손익은 얼마인가?

① 단기매매증권처분이익 70,000원
② 단기매매증권처분손실 70,000원
③ 단기매매증권처분이익 73,000원
④ 단기매매증권처분손실 73,000원

26 (주)한공은 2025년 1월 10일에 단기매매차익을 목적으로 A기업 주식 200주를 주당 50,000원에 구입하고, 매입대금은 수수료 50,000원과 함께 현금으로 지급하였다.

2025년 3월 20일에 그 주식 모두를 주당 60,000원에 처분한 경우 단기매매증권처분손익은 얼마인가?

① 단기매매증권처분손실 1,950,000원
② 단기매매증권처분이익 1,950,000원
③ 단기매매증권처분손실 2,000,000원
④ 단기매매증권처분이익 2,000,000원

27 다음은 한공기업의 단기매매증권 거래 자료이다. 2025년 4월 1일에 인식할 단기매매증권처분손익은 얼마인가?

> • 2025. 3. 20. 주식매입(200주, 주당 1,000원)
> • 2025. 4. 01. 주식처분(100주, 주당 1,400원)

① 단기매매증권처분이익 40,000원
② 단기매매증권처분손실 40,000원
③ 단기매매증권처분이익 80,000원
④ 단기매매증권처분손실 80,000원

28 한공상사(도매업)는 단기투자목적으로 보유하고 있던 주식(장부금액 250,000원)을 2월 15일에 장부금액으로 처분하였고, 그 대금은 2월 18일에 보통예금으로 수령하였다. 다음 중 2월 15일자 회계처리로 옳은 것은?

> ㉮ (차) 선급금   250,000원
>   (대) 단기매매증권   250,000원
>
> ㉯ (차) 미수금   250,000원
>   (대) 단기매매증권   250,000원
>
> ㉰ (차) 외상매출금   250,000원
>   (대) 단기매매증권   250,000원
>
> ㉱ (차) 보통예금   250,000원
>   (대) 단기매매증권   250,000원

① ㉮   ② ㉯
③ ㉰   ④ ㉱

29 다음 중 단기시세차익 목적으로 시장성 있는 주식을 취득하는 경우 가장 적합한 계정과목은 무엇인가?

① 만기보유증권
② 매도가능증권
③ 단기매매증권
④ 지분법적용투자주식

30 다음은 (주)한공이 소유하고 있는 단기매매증권에 관한 사항이다.

> 2025년 4월 5일 (주)한성의 주식 100주를 1주당 7,000원(액면금액 5,000원)에 구입하고, 취득부대비용 30,000원을 포함한 대금은 보통예금에서 인터넷 뱅킹으로 처리하였다.

위 단기매매증권의 취득원가는 얼마인가?

① 500,000원   ② 530,000원
③ 700,000원   ④ 730,000원

31 다음 자료에 의해 단기매매증권의 취득원가를 계산한 금액으로 옳은 것은?

> • 취득 주식 수: 100주
> • 거래수수료: 20,000원(현금 지급)
> • 1주당 액면단가: 10,000원
> • 1주당 취득단가: 12,000원

① 1,000,000원   ② 1,020,000원
③ 1,200,000원   ④ 1,220,000원

32 다음은 한공상사의 단기매매증권에 대한 자료이다. 회계처리에 대한 설명으로 옳은 것은?

> • (주)서울 발행 주식 200주(주당 단가 5,000원)를 취득하고, 대금은 보통예금 계좌에서 이체하여 지급하였다.
> • 이 때 발생한 거래수수료 10,000원은 현금으로 지급하였다.
>
> ㉮ (차) 단기매매증권   1,000,000원
>   수수료비용   10,000원
>   (대) 보통예금   1,000,000원
>   현금   10,000원
>
> ㉯ (차) 단기매매증권   1,010,000원
>   (대) 보통예금   1,000,000원
>   현금   10,000원
>
> ㉰ (차) 단기매매증권   1,010,000원
>   (대) 보통예금   1,010,000원
>
> ㉱ (차) 단기매매증권   1,000,000원
>   수수료비용   10,000원
>   (대) 현금   1,010,000원

① ㉮   ② ㉯
③ ㉰   ④ ㉱

33 한공상사는 단기매매증권으로 분류되는 주식 100주(액면가 10,000원)를 주당 30,000원에 매입하면서 증권회사에 20,000원의 수수료를 지급하였다. 이때 단기매매증권의 취득원가는 얼마인가?

① 1,000,000원   ② 1,020,000원
③ 3,000,000원   ④ 3,020,000원

34 다음 자료에 대한 한공상사의 회계처리로 옳은 것은?

> • 단기적 매매차익을 목적으로 상장법인 (주)한국의 보통주 100주를 1주당 12,000원(액면가 10,000원)에 매입하였다.
> • 결제대금은 중개수수료 20,000원과 함께 보통예금 계좌에서 이체하였다.
>
> ㉮ (차) 단기매매증권   1,000,000원
>   수수료비용   20,000원
>   (대) 보통예금   1,020,000원
>
> ㉯ (차) 단기매매증권   1,020,000원
>   (대) 보통예금   1,020,000원
>
> ㉰ (차) 단기매매증권   1,200,000원
>   수수료비용   20,000원
>   (대) 보통예금   1,220,000원
>
> ㉱ (차) 단기매매증권   1,220,000원
>   (대) 보통예금   1,220,000원

① ㉮   ② ㉯
③ ㉰   ④ ㉱

35 (주)한공은 단기 시세차익을 목적으로 (주)공인의 시장성 있는 주식 100주를 1주당 8,000원(액면금액 5,000원)에 취득하고 이와 별도로 수수료 50,000원을 지출하였다. (주)한공의 재무상태표에 계상할 주식의 장부금액은 얼마인가?

① 500,000원   ② 550,000원
③ 800,000원   ④ 850,000원

36 다음 거래를 토대로 계산한 (주)한공의 단기매매증권 취득금액은 얼마인가?

> • (주)한공은 단기적 매매차익을 목적으로 상장법인 (주)공인의 발행주식 1,000주(액면가 10,000원)를 1주당 15,000원에 매입하다.

> • 주식매입대금은 수수료 200,000원과 함께 현금으로 지급하다.

① 10,000,000원   ② 10,200,000원
③ 15,000,000원   ④ 15,200,000원

37 다음은 (주)한공의 유가증권 구입 관련 자료이다. 회계 처리할 때 차변에 계상할 계정과목과 금액으로 옳은 것은?

> • 장기 자금 투자 목적으로 (주)대한 발행 주식 100주(주당 액면금액 5,000원)를 주당 7,000원에 구입하고 수수료 20,000원과 함께 현금으로 지급하였다.

	계정과목	금액
㉮	단기매매증권	700,000원
	수수료비용	20,000원
㉯	매도가능증권	720,000원
㉰	만기보유증권	720,000원
㉱	매도가능증권	700,000원
	수수료비용	20,000원

① ㉮   ② ㉯
③ ㉰   ④ ㉱

38 다음은 (주)한공의 단기매매증권과 관련된 자료이다. 단기매매증권의 취득금액은 얼마인가?

> • 액면가 1주당 5,000원인 (주)대한의 주식 200주를 1주당 20,000원에 현금취득하다.
> • 매입부대비용 100,000원을 현금으로 지급하다.

① 4,000,000원   ② 4,100,000원
③ 1,000,000원   ④ 1,100,000원

06 재고자산

01 다음 자료에 의하여 선입선출법과 후입선출법에 따라 상품의 기말재고액을 계산하면 각각 얼마인가?

> • 전기이월 상품 10개   @10,000원
> • 당기 매입 상품 20개   @12,000원
> • 당기 매출 상품 20개   @20,000원

① 선입선출법: 100,000원
  후입선출법: 100,000원
② 선입선출법: 120,000원
  후입선출법: 100,000원
③ 선입선출법: 100,000원
  후입선출법: 120,000원
④ 선입선출법: 120,000원
  후입선출법: 120,000원

02 다음 자료를 토대로 한공기업의 2025년 12월 31일 재무제표에 기록될 기말상품재고액은 얼마인가?

• 2025. 1. 1. 기초상품재고액	85,000원
• 2025년 중 상품 총 매입액	1,500,000원
• 2025년 중 매입에누리액	150,000원
• 2025년 결산시 매출원가	1,000,000원

① 350,000원   ② 415,000원
③ 435,000원   ④ 585,000원

03 다음 자료를 이용하여 계산한 재고자산의 취득원가는 얼마인가?

• 상품 매입금액	500,000원
• 매입운반비	7,000원
• 판매자부담운임	50,000원
• 광고선전비	10,000원

① 500,000원   ② 507,000원
③ 528,000원   ④ 579,000원

04 다음은 (주)한공의 재고자산 취득에 관한 자료이다. 재고자산의 취득원가는 얼마인가?

• 상품의 매입금액	100,000원
• 판매자부담운임	10,000원
• 매입운반비	20,000원
• 광고선전비	8,000원

① 100,000원   ② 110,000원
③ 120,000원   ④ 138,000원

05 다음 중 먼저 구입한 상품이 먼저 사용되거나 판매되는 것으로 가정하여 기말재고액을 결정하는 방법은?

① 선입선출법   ② 이동평균법
③ 총평균법   ④ 후입선출법

06 재고자산평가방법 중 선입선출법의 특징이 아닌 것은?

① 기말재고는 최근 구입한 것이므로 기말재고자산은 공정가액에 가깝게 보고된다.
② 물가상승 시 이익을 가장 적게 계상하는 보수적인 평가방법이다.
③ 먼저 매입한 것을 먼저 판매하는 경우에는 물량흐름과 원가흐름이 일치한다.
④ 물가상승 시 후입선출법에 비해 매출원가가 적게 계상된다.

07 물가가 지속적으로 상승하는 경우에 기말재고자산 금액이 가장 크게 나타나는 단가결정방법은?

① 선입선출법   ② 이동평균법
③ 총평균법   ④ 후입선출법

08 다음 중 기말 재고자산에 포함되지 않는 항목은?

① 상품   ② 원재료
③ 제품   ④ 기계장치

09 다음 중 재고자산에 대한 설명으로 옳지 않은 것은?

① 재고자산은 판매를 위하여 보유하고 있는 자산이다.
② 재고자산 매입원가는 취득과정에서 정상적으로 발생한 부대원가를 포함한다.
③ 재고자산 매입과 관련된 할인, 에누리는 영업외비용으로 처리한다.
④ 재고자산의 수량결정방법은 실지재고조사법과 계속기록법이 있다.

10 다음 재고자산에 대한 설명으로 옳지 않은 것은?

① 재고자산은 정상적인 영업과정에서 판매를 위하여 보유하는 자산이다.
② 재고자산의 매입원가는 매입금액에 매입운임 등 취득 부대비용를 가산한다.
③ 재고자산의 감모손실은 영업외비용으로 분류한다.
④ 재고자산의 단위원가는 개별법, 선입선출법, 가중평균법 또는 후입선출법 등을 사용하여 결정한다.

11 상품을 매입하는 과정에서 매입운임을 현금으로 지급하였다. 매입운임에 대한 올바른 회계처리는?

① 운반비로 회계처리하고, 판매비와관리비로 분류한다.
② 상품의 취득원가에 가산한다.
③ 총상품매입액에서 차감한다.
④ 운반비로 회계처리하고, 영업외비용으로 분류한다.

07 비유동자산
(투자·유형·무형·기타비유동자산)

01 다음은 한공상사의 건물 취득과 관련된 자료이다. 건물의 취득원가는 얼마인가?

• 건물 구입 금액	10,000,000원
• 구입 시 중개수수료	100,000원
• 취득세	70,000원
• 건물취득 후 납부한 화재 보험료	50,000원

① 10,000,000원 　　② 10,100,000원
③ 10,170,000원 　　④ 10,220,000원

02 (주)한공은 다음과 같이 업무용차량 관련 지출이 발생하였다. 이 경우 차량운반구의 취득원가는 얼마인가?

• 차량가액	30,000,000원
• 유류대	1,500,000원
• 취득세	1,000,000원
• 자동차보험료	400,000원

① 31,000,000원 　　② 30,600,000원
③ 30,400,000원 　　④ 31,500,000원

03 다음 자료로 재무상태표에 계상할 건물의 취득원가를 계산하면 얼마인가?

사무실로 사용할 건물을 5,000,000원에 구입하고 취득세 200,000원, 냉난방장치 설치비 100,000원(건물의 가치를 증가시킴)과 화재보험료(1년분) 240,000원을 지급하였다.

① 5,000,000원 　　② 5,200,000원
③ 5,300,000원 　　④ 5,540,000원

04 (주)한공은 물류창고로 사용하기 위해 건물을 구입하였다. 구입한 건물과 관련된 지출이 다음과 같을 때 건물의 취득원가는 얼마인가?

• 구입대금	100,000,000원
• 구입 관련 중개수수료	1,000,000원
• 취득세	2,000,000원
• 재산세	100,000원

① 102,000,000원 　　② 102,100,000원
③ 103,000,000원 　　④ 103,100,000원

05 다음은 (주)한공의 유형자산 관련 거래이다. 토지와 비품의 취득원가는 각각 얼마인가?

• 토지를 구입하면서 토지 구입대금 100,000원과 토지관련 취득세 5,000원을 지급하였다.
• 비품을 취득하면서 구입대금 200,000원과 취득 관련 설치비 10,000원을 지급하였다.

	토지	비품
①	100,000원	200,000원
②	100,000원	210,000원
③	105,000원	200,000원
④	105,000원	210,000원

06 다음 거래로 인한 재무제표 항목의 변동으로 옳은 것은?

• 업무용 컴퓨터 10,000,000원 구매 (50% 현금 지급, 나머지 외상)
• 컴퓨터 설치비 250,000원 발생(현금 지급)

	차변	대변
①	자산의 증가	자본의 증가
②	부채의 감소 비용의 발생	수익의 발생
③	비용의 발생	자산의 감소 부채의 증가
④	자산의 증가	부채의 증가 자산의 감소

07 다음 중 유형자산의 취득원가에 포함될 수 있는 내용으로 옳지 않은 것은?

① 취득과 직접 관련된 제세공과금
② 제작을 위한 설계비
③ 운반 및 설치에 소요된 비용
④ 정기점검 및 수리에 소요된 비용

08 한공부동산은 부동산매매업을 영위하고 있다. 다음 자료에 의해 유형자산 금액을 계산하면 얼마인가?

> • 판매 목적으로 보유하고 있는 건물
> 60,000,000원
> • 본사 사옥 건설을 위해 구입한 토지
> 100,000,000원
> • 장기투자를 목적으로 보유하고 있는 토지
> 50,000,000원
> • 직원용 기숙사 10,000,000원
> • 업무용 차량 5,000,000원

① 15,000,000원   ② 105,000,000원
③ 115,000,000원   ④ 175,000,000원

09 다음은 (주)한공의 사업용 토지 처분에 관한 대화이다. 이에 대한 회계처리 시 대변 계정과목은?

> • 이부장
> 토지 처분 건은 어떻게 되었나요?
> • 박대리
> 네. 20,000,000원에 매매계약을 체결하고, 계약금 2,000,000원을 현금으로 받았습니다.

① 토지   ② 가수금
③ 선수금   ④ 건설중인자산

10 다음 중 정액법에 의하여 감가상각비를 계산하는 데 있어 필요하지 않은 자료는?

① 취득원가   ② 잔존가치
③ 내용연수   ④ 감가상각누계액

11 유형자산의 감가상각에 대한 설명으로 옳지 않은 것은?

① 감가상각이란 감가상각대상금액을 내용연수에 걸쳐 합리적이고 체계적으로 배분하는 것을 말한다.
② 감가상각대상금액은 취득원가에서 잔존가치를 차감한 금액으로 한다.
③ 정액법은 유형자산의 내용연수 동안 일정액의 감가상각액을 인식하는 방법이다.
④ 정률법을 적용하면 내용연수 초기보다 후기에 감가상각비를 더 많이 인식하게 된다.

12 다음 중 무형자산의 상각에 대한 설명으로 옳지 않은 것은?

① 무형자산의 상각에 따라 장부금액은 감소한다.
② 무형자산의 가치 감소분을 무형자산상각비로 처리한다.
③ 무형자산의 잔존가치는 없는 것을 원칙으로 한다.
④ 무형자산에 대한 합리적인 상각방법을 정할 수 없는 경우에는 정률법을 사용한다.

13 유형자산의 감가상각에 대한 설명으로 옳지 않은 것은?

① 취득원가, 내용연수, 잔존가치 등은 감가상각 계산의 요소이다.
② 유형자산 중 토지, 건물, 비품은 감가상각 대상이다.
③ 감가상각 방법에는 정액법, 정률법, 연수합계법, 생산량비례법 등이 있다.
④ 간접법에 의한 장부기록은 차변에 감가상각비, 대변에 감가상각누계액으로 한다.

14 다음 (주)한공의 재무상태표에 나타난 업무용 건물에 대한 설명으로 옳은 것은?

재무상태표		
(주)한공 2025년 12월 31일 현재		(단위: 원)
유형자산		
건물	1,000,000	
건물감가상각누계액	(400,000)	600,000
⋮	⋮	⋮

① 업무용 건물의 취득원가는 600,000원이다.
② 업무용 건물의 장부금액은 1,000,000원이다.
③ 업무용 건물의 처분금액은 400,000원이다.
④ 업무용 건물을 취득한 후 2025. 12. 31.까지 감가상각한 금액의 합계액은 400,000원이다.

15 다음의 유형자산 중 감가상각 대상자산을 모두 고른 것은?

> 가. 건물   나. 건설중인자산
> 다. 구축물   라. 토지

① 가, 나   ② 나, 라
③ 나, 다   ④ 가, 다

16 다음은 회계기간 경과에 따른 감가상각비 추이를 나타낸 그래프이다. 이에 대한 설명으로 옳은 것을 모두 고르면?

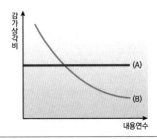

> 가. (A)의 감가상각방법은 정률법이다.
> 나. (B)의 감가상각방법은 정액법이다.
> 다. (A)의 경우 매기 감가상각 금액이 일정하다.
> 라. (B)의 경우 내용연수가 경과함에 따라 매기 감가상각 금액이 체감한다.

① 가, 라   ② 가, 다
③ 나, 라   ④ 다, 라

17 다음 중 감가상각방법에 대한 설명으로 옳지 않은 것은?

① 정액법은 일정 기간에 인식하는 감가상각비가 동일하게 유지된다.
② 정률법은 초기에는 감가상각비를 적게 인식하지만 후기로 갈수록 많이 인식하게 된다.
③ 유형자산의 감가상각은 자산이 사용가능한 때부터 시작한다.
④ 생산량비례법에서는 내용연수와 관계없이 감가상각비가 결정된다.

18 감가상각비에 대한 설명으로 옳지 않은 것은?

① 유형자산의 감가상각은 자산이 사용가능한 때부터 시작한다.
② 건설중인자산은 감가상각비가 발생하지 않는다.
③ 내용연수가 늘어나면 연간 감가상각비는 감소한다.
④ 잔존가치가 늘어나면 연간 감가상각비는 증가한다.

19 다음 중 감가상각 대상 자산에 해당하지 않는 것은?

① 건물   ② 상품
③ 산업재산권   ④ 차량운반구

20 (주)한공은 장부금액 600,000원(취득원가 700,000원, 감가상각누계액 100,000원)인 비품을 700,000원에 처분하고 대금을 3개월 후에 받기로 하였다. 이 거래를 다음과 같이 회계처리하는 경우 괄호 안에 들어갈 올바른 계정과목은?

(차) ( )	700,000원
감가상각누계액	100,000원
(대) 비품	700,000원
유형자산처분이익	100,000원

① 미수금   ② 매출채권
③ 미수수익   ④ 투자자산

21 (주)한공은 2025년 12월 20일 차량운반구를 2,000,000원에 처분하고 대금은 2026년 1월 20일에 수령하기로 하였다. 처분시점의 회계처리로 옳은 것은?

• 차량운반구의 취득원가 10,000,000원	
• 감가상각누계액 9,000,000원(처분시점까지 감가상각 되었음)	
㉮ (차) 외상매출금	2,000,000원
(대) 차량운반구	2,000,000원
㉯ (차) 외상매출금	2,000,000원
감가상각누계액	9,000,000원
(대) 차량운반구	10,000,000원
유형자산처분이익	1,000,000원
㉰ (차) 미수금	2,000,000원
(대) 차량운반구	2,000,000원
㉱ (차) 미수금	2,000,000원
감가상각누계액	9,000,000원
(대) 차량운반구	10,000,000원
유형자산처분이익	1,000,000원

① ㉮   ② ㉯
③ ㉰   ④ ㉱

22 (주)한공은 건물을 다음과 같이 양도하였다. 유형자산처분손익을 구하면 얼마인가?

- 양도금액: 700,000원(2025년 12월 31일 양도)
- 취득원가: 1,000,000원(2024년 1월 1일 취득)
- 감가상각: 정액법, 내용연수 10년, 잔존가치 없음
- (주)한공은 양도 시까지 감가상각비를 계상하였다.

① 유형자산처분이익 100,000원
② 유형자산처분손실 100,000원
③ 유형자산처분이익 200,000원
④ 유형자산처분손실 200,000원

23 (주)한공(사업연도: 2025.1.1.~12.31.)이 2024년 1월 1일 취득한 업무용 차량을 2025년 12월 31일에 다음 자료와 같이 처분한 경우 유형자산처분손익을 계산하면 얼마인가?

- 취득금액: 10,000,000원
- 감가상각방법: 정액법(내용연수 5년, 잔존가치 없음)
- 처분금액: 5,000,000원

① 유형자산처분이익 1,000,000원
② 유형자산처분손실 1,000,000원
③ 유형자산처분이익 3,000,000원
④ 유형자산처분손실 3,000,000원

24 (주)한공은 취득원가 500,000원인 업무용 토지를 매각하고, 대금은 3개월 후에 받기로 하였다. 토지 매각으로 인해 영업외수익이 200,000원 발생하였다면 토지의 매각대금은 얼마인가?

① 200,000원   ② 500,000원
③ 700,000원   ④ 900,000원

25 다음의 자료를 이용하여 유형자산처분손익을 계산하면 얼마인가?

- 취득원가 5,000,000원의 영업용 건물을 3,000,000원에 현금을 받고 매각하였다.
- 건물의 처분 직전 감가상각누계액은 1,000,000원이다.

① 유형자산처분손실 1,000,000원
② 유형자산처분손실 2,000,000원
③ 유형자산처분이익 3,000,000원
④ 유형자산처분이익 4,000,000원

26 다음 자료로 (주)한공이 인식할 유형자산처분손익을 계산하면 얼마인가? 단, 감가상각비는 월할계산한다.

- 2024년 1월 1일에 취득원가 1,200,000원, 잔존가액 200,000원, 내용연수 5년인 비품을 취득하였다.
- (주)한공의 결산월은 12월이고, 정액법으로 감가상각하였다.
- 2025년 10월 1일에 1,000,000원의 현금을 받고 해당 비품을 처분하였다.

① 유형자산처분이익 200,000원
② 유형자산처분손실 150,000원
③ 유형자산처분이익 150,000원
④ 유형자산처분손실 200,000원

27 다음은 차량운반구에 관한 자료이다. 이 차량운반구를 3,000,000원에 매각 시 유형자산처분손익은 얼마인가?

〈차량운반구 자료〉

- 차량운반구 구입금액   5,000,000원
- 구입 관련 비용   500,000원
- 처분일 현재 감가상각누계액 2,200,000원

① 유형자산처분이익   200,000원
② 유형자산처분이익   800,000원
③ 유형자산처분손실   300,000원
④ 유형자산처분손실 2,000,000원

28 다음은 잔액시산표의 일부와 업무용 건물의 매각 거래이다. 유형자산의 처분손익을 계산하면 얼마인가?

〈자료 1〉 잔액시산표의 일부
2024년 12월 31일

(주)한공   (단위: 원)

차변	계정과목	대변
	⋮	
10,000,000	건 물	
	감가상각누계액	4,000,000
	⋮	

〈자료 2〉 매각 거래

- 2025년 6월 30일(6개월분): 건물에 대한 감가상각비는 500,000원이다.
- 2025년 6월 30일에 건물을 5,000,000원에 매각하였다.

① 유형자산처분손실　500,000원
② 유형자산처분이익　500,000원
③ 유형자산처분손실　1,000,000원
④ 유형자산처분이익　1,000,000원

29 다음은 한공상사의 비품 처분에 관한 자료이다. 비품의 처분금액은 얼마인가?

• 기초 감가상각누계액	50,000원
• 처분자산 취득원가	570,000원
• 당기 감가상각비	300,000원
• 유형자산처분손실	50,000원

① 170,000원　　② 220,000원
③ 270,000원　　④ 520,000원

30 한공상사가 2023년 1월 1일 다음과 같이 구입한 차량운반구를 2025년 1월 1일 6,000,000원에 처분한 경우 유형자산처분손익은 얼마인가?(단, 정액법, 월할상각에 의한 감가상각을 한다.)

• 취득원가	10,000,000원
• 내용연수	5년
• 잔존가치	2,000,000원

① 유형자산처분이익　800,000원
② 유형자산처분손실　800,000원
③ 유형자산처분이익　1,000,000원
④ 유형자산처분손실　1,000,000원

31 다음 자료를 토대로 (주)한공이 인식해야 할 유형자산처분손익은 얼마인가?

• 차량운반구 매각금액	3,000,000원
• 차량운반구 구입금액	5,000,000원
• 취득부대비용	500,000원
• 처분일 현재 감가상각누계액	2,200,000원

① 유형자산처분이익　200,000원
② 유형자산처분이익　800,000원
③ 유형자산처분손실　300,000원
④ 유형자산처분손실　2,000,000원

32 다음 자료를 토대로 유형자산처분이익을 계산하면 얼마인가?

〈자료 1〉 잔액시산표의 일부
2024년 12월 31일

(주)한공		(단위: 원)
차변	계정과목	대변
:	:	:
10,000,000	건 물	
	감가상각누계액	4,000,000
	:	:

〈자료 2〉 매각 거래
• 2025년 6월 30일(6개월분): 처분시까지 인식한 감가상각비는 500,000원이다.
• 2025년 6월 30일에 건물을 6,000,000원에 매각하였다.

①　500,000원　　②　600,000원
③ 1,000,000원　　④ 1,200,000원

33 다음 자료에 의하여 (주)한공의 2025년 7월 1일에 기계장치의 유형자산처분손익을 계산하면 얼마인가?(단, 감가상각방법은 정액법, 월할상각 한다.)

• 2023년 1월 1일: 기계장치 800,000원 구입 (내용연수 4년, 잔존가치 0원)
• 2025년 7월 1일: 보유하던 해당 기계장치 380,000원에 현금으로 매각

① 유형자산처분이익　20,000원
② 유형자산처분이익　80,000원
③ 유형자산처분손실　80,000원
④ 유형자산처분손실　20,000원

34 다음 중 유형자산의 자본적 지출로 분류되는 것은?
① 태풍으로 파손된 건물 유리창을 교체하였다.
② 건물에 엘리베이터를 설치하여 건물의 가치가 증가되었다.
③ 건물 외벽에 페인트를 새로 칠하였다.
④ 사무실의 오래된 형광등을 교체하였다.

35 다음의 내용과 관련된 분개로 옳은 것은?

> 제품 창고가 오래되어 외벽에 페인트 칠을 하고, 운송효율을 높이기 위하여 엘리베이터를 설치하였다. 페인트 칠 관련 대가 1,000,000원과 엘리베이터 설치대가 7,000,000원을 당좌수표를 발행하여 지급하였다.
>
> | ㉮ (차) 수선유지비 | 8,000,000원 | |
> |---|---|---|
> | (대) 당좌예금 | | 8,000,000원 |
> | ㉯ (차) 수선유지비 | 8,000,000원 | |
> | (대) 현금 | | 8,000,000원 |
> | ㉰ (차) 건물 | 8,000,000원 | |
> | (대) 당좌예금 | | 8,000,000원 |
> | ㉱ (차) 건물 | 7,000,000원 | |
> | 수선유지비 | 1,000,000원 | |
> | (대) 당좌예금 | | 8,000,000원 |

① ㉮　　　　　　② ㉯
③ ㉰　　　　　　④ ㉱

36 유형자산의 자본적 지출에 해당하는 것은?

① 차량용 타이어의 교체
② 건물 내부 조명등의 교환
③ 건물의 에스컬레이터 설치
④ 파손된 유리창의 교체

37 다음 유형자산의 취득 후의 지출 중 발생한 기간에 비용으로 인식하는 것은 어느 것인가?

① 수선유지를 위한 지출
② 품질향상을 가져오는 지출
③ 생산능력의 증대를 위한 지출
④ 내용연수의 연장을 위한 지출

38 유형자산의 취득 후 기간 비용으로 인식하여야 할 지출을 자본적 지출로 잘못 회계처리한 경우 재무제표에 미치는 영향으로 옳은 것은?

① 자산이 과소계상되고 비용이 과대계상된다.
② 자산이 과소계상되고 자본이 과대계상된다.
③ 자산이 과대계상되고 비용이 과소계상된다.
④ 자산이 과대계상되고 자본이 과소계상된다.

39 다음은 (주)한공의 총무부장과 경리부장의 대화이다. 경리부장의 답변 (가)으로 옳은 것은?

> • 총무부장
> 본사 건물에 엘리베이터를 설치하고 대구 창고는 외벽에 페인트를 새로 칠하기로 했답니다. 본사 건물과 대구 창고에 대한 지출은 어떻게 회계처리하나요?
> • 경리부장
> (가)

① 본사건물과 대구창고에 대한 지출 모두 건물로 계상됩니다.
② 본사건물에 대한 지출은 건물로 계상되고, 대구창고에 대한 지출은 수선비로 계상됩니다.
③ 본사건물과 대구창고에 대한 지출 모두 수선비로 계상됩니다.
④ 본사건물에 대한 지출은 수선비로 계상되고, 대구창고에 대한 지출은 건물로 계상됩니다.

40 다음 중 유형자산의 자본적 지출로 분류되는 것은?

① 건물의 파손된 유리 교체
② 건물의 내부 형광등 교체
③ 건물의 외벽 페인트 도색
④ 건물의 에스컬레이터 설치

41 다음 중 유형자산의 가치를 증가시키는 자본적 지출에 해당되는 것은?

① 건물의 도색 작업
② 자동차의 타이어 교체
③ 파손된 유리의 교체
④ 건물 구입 후 엘리베이터 설치

42 다음의 거래로 인한 회계처리가 재무제표에 미치는 영향으로 옳은 것은?

> • 기존에 사용하던 본사건물에 엘리베이터를 설치하고 당기비용으로 처리하였다.
> • 엘리베이터 설치로 인해 내용연수가 3년 연장되었다.

① 자산의 과대 계상
② 자본의 과대 계상
③ 비용의 과대 계상
④ 수익의 과소 계상

43 다음 중 수익적 지출을 자본적 지출로 잘못 처리한 경우 발생하는 영향에 관하여 옳지 않은 것은?

① 자산이 과대계상된다.
② 비용이 과소계상된다.
③ 자본이 과소계상된다.
④ 순이익이 과대계상된다.

44 다음 중 유형자산의 자본적 지출에 해당되지 않는 것은?

① 상당한 원가절감 또는 품질향상을 가져오는 경우의 지출
② 내용연수의 증가를 가져오는 경우의 지출
③ 생산능력의 증대를 가져오는 경우의 지출
④ 수선유지를 위한 지출

45 다음 중 기계장치의 수익적 지출에 해당하는 것으로 옳은 것은?

① 품질을 향상시키기 위한 개조
② 경제적 내용연수를 연장시키는 증설
③ 생산량을 증가시키는 부품의 설치
④ 성능을 유지시키는 윤활유의 교체

46 다음 중 유형자산과 관련된 설명으로 옳지 않은 것은?

① 물리적 형태가 있다.
② 식별이 가능한 비화폐성 자산이다.
③ 판매를 목적으로 구입한 자산이다.
④ 토지, 건물, 비품 등을 유형자산으로 분류한다.

47 다음중 유형자산의 취득원가에 포함하는 항목으로 옳지 않은 것은?

① 유형자산 가동을 위한 시운전비
② 토지취득세
③ 유형자산 관련 재산세
④ 취득을 위한 운송중에 발생한 보험료

48 다음 중 유형자산 취득 후 지출에 대한 회계처리로 옳지 않은 것은?

① 유형자산의 내용연수를 연장시키는 지출은 자본적 지출로 처리하여 취득원가에 가산한다.
② 유형자산의 원상회복을 위한 경상적인 지출은 수익적 지출로서 당기비용으로 처리한다.

③ 기계장치의 소모품과 벨트의 교체는 자본적 지출에 해당한다.
④ 건물 내 엘리베이터 또는 냉난방 시설의 설치는 자본적 지출에 해당한다.

49 (주)한공은 (주)서울 소유의 건물을 3년간 사용하기로 하는 전세계약을 체결하고, 전세금 10,000,000원을 지급하였다. (주)한공은 전세금 10,000,000원을 비유동자산 중 어떤 계정과목으로 표시하여야 하는가?

① 장기외상매출금   ② 구축물
③ 임대보증금   ④ 임차보증금

50 다음 중 무형자산에 대한 설명으로 옳지 않은 것은?

① 무형자산의 상각방법은 정액법만 인정된다.
② 무형자산을 최초로 인식할 때에는 원가로 측정한다.
③ 사용을 중지하고 처분을 위해 보유하는 무형자산은 상각하지 않는다.
④ 무형자산은 미래경제적효익이 기업에 유입될 가능성이 매우 높고, 자산의 원가를 신뢰성 있게 측정할 수 있는 경우에만 인식한다.

⑧ 부채와 자본

01 다음 거래를 분개할 때 자본의 증감변동이 있는 경우가 아닌 것은?

① 거래처에 대한 받을어음 200,000원을 현금으로 회수하였다.
② 거래처 대여금에 대한 이자 300,000원이 보통예금 계좌로 입금되었다.
③ 사업주가 현금 1,000,000원을 추가 출자하였다.
④ 직원들의 회식비로 현금 100,000원을 지급하였다.

02 부채에 대한 설명으로 옳지 않은 것은?

① 부채는 1년을 기준으로 유동부채와 비유동부채로 분류한다.
② 보고기간종료일부터 만기가 1년 이내인 사채는 비유동부채로 분류한다.
③ 유동성장기차입금은 유동부채로 분류한다.
④ 퇴직급여충당부채는 비유동부채로 분류한다.

03 다음 중 부채 총액에 영향을 주는 거래가 아닌 것은?

① 이자비용 미지급분을 계상하다.
② 장기차입금을 유동성장기차입금으로 분류하다.
③ 단기차입금을 현금으로 상환하다.
④ 상품매출을 위하여 계약금을 선수하다.

04 다음 중 재무상태표상 자본항목으로 분류되는 계정과목이 아닌 것은?

① 감자차익
② 주식발행초과금
③ 주식할인발행차금
④ 단기매매증권평가손익

05 다음 중 개인기업의 자본총액에 변화가 없는 거래는?

① 토지를 장부금액으로 매각하고 매각대금을 전액 현금으로 수령하였다.
② 사업주가 개인적으로 사용하기 위해 자본금을 현금으로 인출하였다.
③ 사업주가 현금을 추가 출자하였다.
④ 재고자산을 매입원가를 초과하는 금액으로 판매하였다.

06 다음은 개인기업의 자본금 계정에 대한 설명으로 옳지 않은 것은?

자본금			
	1/1	현 금	500,000
	3/2	현 금	300,000
12/31 손 익 300,000			

① 차기이월 자본금은 1,100,000원이다.
② 1월 1일 현금을 출자하여 사업을 개시하다.
③ 3월 2일 사업주가 개인 용도로 현금을 인출하다.
④ 결산 결과 당기순이익이 발생하여 자본금 계정에 대체하다.

07 다음 중 개인기업의 자본을 감소시키는 거래로 옳은 것은?

① 사무실 책상을 외상으로 구입하다.
② 현금과 건물을 출자하여 영업을 개시하다.
③ 기업주의 종합소득세를 현금으로 납부하다.
④ 단기매매증권을 장부금액보다 큰 금액에 현금으로 매각하다.

08 다음 거래를 회계처리할 때 매입채무로 계상되는 금액은 얼마인가?

- 7월 4일 업무용으로 사용할 프린터기를 300,000원에 외상 구입하다.
- 7월 10일 상품 300,000원을 매입하고, 대금 중 100,000원은 현금으로 지급하고 잔액은 8월 말에 지급하기로 하다.
- 7월 22일 상품을 500,000원에 매입하고 대금은 약속어음을 발행하여 지급하다.

① 300,000원 ② 400,000원
③ 500,000원 ④ 700,000원

09 다음은 (주)한공의 부채 내역이다. 비유동부채는 얼마인가?

• 외상매입금	10,000원
• 장기미지급금	50,000원
• 퇴직급여충당부채	15,000원
• 단기차입금	30,000원
• 예수금	3,000원

① 40,000원 ② 43,000원
③ 55,000원 ④ 65,000원

10 다음은 한공기업의 부채 관련 자료이다. 유동부채금액 합계액을 계산하면 얼마인가?

• 단기차입금	5,000,000원
• 외상매입금	1,200,000원
• 미지급비용	800,000원
• 예수금	2,000,000원
• 퇴직급여충당부채	3,000,000원

① 7,000,000원 ② 7,200,000원
③ 9,000,000원 ④ 12,000,000원

11 (주)한공의 2025년 12월 31일 현재 기말자산은 200,000원, 기말부채는 130,000원이며, 1년 동안에 발생한 당기순이익은 50,000원이다. 2025년 1월 1일에 영업을 시작하였다고 가정할 때 출자한 자본금은 얼마인가?

① 10,000원 ② 20,000원
③ 30,000원 ④ 40,000원

12 다음 자료에 의하여 기초자본과 비용총액을 계산하면 얼마인가?(자본거래는 없는 것으로 가정한다)

• 기초자산	250,000원
• 기초부채	120,000원
• 기말자본	160,000원
• 수익총액	80,000원

	기초자본	비용총액
㉮	100,000원	30,000원
㉯	100,000원	50,000원
㉰	130,000원	30,000원
㉱	130,000원	50,000원

① ㉮　　　　　　　　② ㉯
③ ㉰　　　　　　　　④ ㉱

13 다음은 개인기업인 한공기업의 회계기간별 재무자료이다. 제3기 기말자본을 계산하면 얼마인가?

(단위: 원)

구분	기초자본	추가출자	인출액	당기순이익
제2기	50,000	20,000	–	30,000
제3기	××××	–	10,000	40,000

①　70,000원　　　　② 90,000원
③ 100,000원　　　　④ 130,000원

14 영업용 트럭을 어음을 발행하여 외상으로 구입한 경우, 대변에 기재해야 하는 계정과목은?

① 선수금　　　　　② 외상매입금
③ 미수금　　　　　④ 미지급금

15 다음 거래의 (가), (나)에 해당하는 대변 계정과목으로 옳은 것은?

> (가) 사무실에서 사용할 컴퓨터를 구입하고 대금을 지급하지 않은 경우
> (나) 가구 판매회사가 판매용 침대를 구입하고 대금을 지급하지 않은 경우

	(가)	(나)
㉮	외상매입금	미수금
㉯	미지급금	외상매입금
㉰	미지급금	미수금
㉱	외상매입금	미지급금

① ㉮　　　　　　　　② ㉯
③ ㉰　　　　　　　　④ ㉱

16 다음 회계처리 시 차변에 나타나는 계정과목으로 옳은 것은?

> • 종업원 김영업씨가 퇴직하게 되어 퇴직급여 1,500,000원을 현금으로 지급하였다.
> 단, 퇴직급여 지급 직전의 퇴직급여충당부채 잔액은 5,000,000원이다.

① 현금　　　　　　② 퇴직급여
③ 퇴직급여충당부채　　④ 퇴직연금운용자산

17 다음 중에서 유동부채로 분류되지 않는 계정과목은?

① 매입채무
② 단기차입금
③ 유동성장기차입금
④ 퇴직급여충당부채

18 다음 중 유동부채와 관련 있는 거래가 아닌 것은?

① 상품 20,000원을 매입하고 대금은 3개월 뒤에 지급하기로 하였다.
② 비품 30,000원을 구입하고 대금은 6개월 뒤에 지급하기로 하였다.
③ 상품 40,000원을 매입하기로 하고 계약금 4,000원을 현금으로 지급하였다.
④ 급여 100,000원 중 원천징수 금액 5,000원을 제외한 잔액을 보통예금 계좌에서 이체하였다.

19 (주)한공이 주당 액면금액 5,000원의 보통주 100주를 주당 6,000원에 현금으로 발행하였다. 이 거래가 재무제표에 미치는 영향으로 옳지 않은 것은?

① 자산의 증가　　　② 자본의 증가
③ 자본금의 증가　　④ 부채의 증가

20 (주)한공이 자금을 조달하기 위하여 주식을 할증발행한 경우 나타나는 변화로 옳지 않은 것은?

① 자산의 증가　② 자본금의 증가
③ 자본잉여금의 증가　④ 자본조정의 증가

21 다음 거래에 대한 회계처리로 옳은 것은?

> 6개월 후 상환 조건으로 차입한 차입금의 상환 기일이 도래하여 거래은행에 차입금1,000,000원과 이자 15,000원을 현금으로 지급하다.
>
> ㉮ (차) 단기차입금　　1,000,000원
> 　　(대) 현금　　　　　1,000,000원
>
> ㉯ (차) 단기차입금　　1,000,000원
> 　　　이자비용　　　　　15,000원
> 　　(대) 현금　　　　　1,015,000원
>
> ㉰ (차) 현금　　　　　1,015,000원
> 　　(대) 단기대여금　　1,015,000원
>
> ㉱ (차) 현금　　　　　1,015,000원
> 　　(대) 단기대여금　　1,000,000원
> 　　　이자수익　　　　　15,000원

① ㉮　　　② ㉯
③ ㉰　　　④ ㉱

22 다음 설명에 해당될 수 있는 계정과목으로 옳은 것은?

> • 기업이 미래에 타인에게 일정한 금액을 갚아야 할 채무(빚)를 말한다.

① 차입금　　② 선급금
③ 미수금　　④ 단기대여금

⑨ 수익과 비용

01 다음 중 전자제품 소매업을 영위하는 한공상사의 영업외수익이 발생하는 거래가 아닌 것은?

① 외상매출금 100,000원을 조기회수하면서 약정에 의해 10%를 할인해 주었다.
② 단기대여금에 대한 이자 10,000원을 현금으로 받았다.
③ 거래처로부터 차입한 단기차입금 100,000원에 대한 상환을 면제받았다.

④ 본사건물 일부를 임대하고 임대료 10,000원을 현금으로 받았다.

02 다음 중 도소매업을 영위하는 한공상사의 영업외손익에 대한 설명으로 옳지 않은 것은?

① 영업외손익 금액이 변경되어도 매출총이익에는 영향을 미치지 않는다.
② 영업외비용은 기업의 주된 영업활동이 아닌 활동으로부터 발생한 비용이다.
③ 영업외수익은 임대료수익, 유형자산처분이익 등을 포함한다.
④ 영업외비용은 급여, 이자비용, 기타의 대손상각비 등을 포함한다.

03 다음의 설명에 해당하는 손익계산서 항목은 무엇인가?

> 제품, 상품, 용역 등의 판매활동과 기업의 관리활동에서 발생하는 비용으로서 매출원가에 속하지 아니하는 모든 영업비용을 포함한다.

① 매출액　　② 판매비와관리비
③ 영업외비용　④ 영업외수익

04 다음 중 한공상사의 매출로 인식되는 거래에 해당하지 않는 것은?

① 고객에게 6개월 유효기간의 상품권을 발행·판매하였다.
② 거래처에 상품을 판매하고 대금은 다음 달에 받기로 하였다.
③ 수탁자인 한국유통이 소비자에게 한공상사의 상품을 판매하였다.
④ 시송품을 사용한 고객이 상품 구입의사를 표시하였다.

05 다음 중 손익계산서의 작성과 표시에 대한 설명으로 옳지 않은 것은?

① 손익계산서는 발생주의에 따라 작성하는 것을 원칙으로 한다.
② 손익계산서의 수익과 비용은 총액기준에 따라 보고하는 것을 원칙으로 한다.
③ 손익계산서는 수익·비용 대응의 원칙에 따라 작성한다.
④ 손익계산서의 세부항목들은 유동성배열법에 따라 표시한다.

06 다음 중 손익계산서에 대한 설명으로 옳은 것은?

① 일정 시점의 재무상태를 나타내는 보고서이다.
② 수익과 비용은 순액으로 기재한다.
③ 수익은 현금주의에 따라 인식한다.
④ 비용은 발생주의에 따라 인식한다.

07 다음 중 한공상사(도매업)의 영업외수익이 발생하지 않는 거래는?

① 은행 예금에 대한 이자를 받는 경우
② 회사가 소유하는 주식에 대하여 배당금을 지급받는 경우
③ 거래처에 일시적으로 창고를 사용하게 하고 임대료를 받는 경우
④ 거래처에 상품을 판매한 경우

08 다음 중 영업외수익의 발생 거래로 옳지 않은 것은?

① 도서 판매점에서 사용중인 중고복사기를 처분하여 얻은 수익
② 가구제품 도소매점에서 일부 매장을 임대하여 발생한 수익
③ 자전거 제조기업이 거래은행으로부터 정기예금에 대하여 받은 이자
④ 부동산매매업을 영위하는 기업이 판매목적 부동산을 처분하고 얻은 수익

09 다음 중 손익계산서에 대한 설명으로 옳지 않은 것은?

① 일정기간의 경영성과를 나타내는 보고서이다.
② 재화를 판매하는 경우 일반적으로 대금이 회수될 때 수익을 기록한다.
③ 수익과 비용은 총액기준에 따라 보고하는 것을 원칙으로 한다.
④ 법인세비용은 영업이익에 영향을 미치지 않는다.

10 다음 거래를 토대로 한공기업이 매출을 인식할 일자와 금액은 얼마인가?

- 3월 3일 상품 50개를 1개당 100원에 판매하기로 계약을 체결
- 3월 5일 상품 50개를 거래처에 인도하고 운반비 150원을 지출
- 3월 8일 판매했던 상품대금을 보통예금으로 회수

	일자	금액
㉮	3월 3일	5,000원
㉯	3월 5일	5,000원
㉰	3월 5일	4,850원
㉱	3월 8일	4,850원

① ㉮   ② ㉯
③ ㉰   ④ ㉱

11 (주)한공이 매출로 인식할 수 있는 거래에 해당하는 것은?

① 거래처와 상품매매계약을 체결하다.
② 고객으로부터 상품매매계약과 관련한 계약금을 받다.
③ 고객에게 3개월 유효기간의 상품권을 발행하였다.
④ 거래처에 상품을 판매하고 대금 결제는 12개월 할부로 하다.

12 일반기업회계기준에서 요구하는 손익계산서 작성 원칙으로 옳지 않은 것은?

① 현금주의 원칙
② 총액표시의 원칙
③ 구분표시의 원칙
④ 수익비용 대응의 원칙

13 다음 (   )에 들어갈 용어로 옳은 것은?

> (   )은(는) 기업실체의 경제적 거래나 사건에 대해 관련된 수익과 비용을 그 현금유출이 있는 기간이 아니라 당해 거래나 사건이 발생한 기간에 인식하는 것을 말한다.

① 현금주의   ② 수익비용대응
③ 이연   ④ 발생주의

14 손익계산서 작성기준으로 옳지 않은 것은?

① 수익 · 비용 대응의 원칙
② 발생주의와 실현주의
③ 수익과 비용항목의 구분표시
④ 유동성배열법

15 다음 자료를 이용하여 계산한 매출총이익, 영업이익과 당기순이익은 얼마인가?

• 매출원가		6,000,000원
• 이자비용		500,000원
• 매출액		10,000,000원
• 복리후생비		300,000원
• 급여		1,000,000원

	매출총이익	영업이익	당기순이익
㉮	3,500,000원	2,700,000원	2,200,000원
㉯	3,000,000원	2,700,000원	2,200,000원
㉰	4,000,000원	2,700,000원	2,200,000원
㉱	4,000,000원	3,700,000원	2,700,000원

① ㉮   ② ㉯
③ ㉰   ④ ㉱

16 다음 자료에 의하여 영업이익을 계산하면 얼마인가?

• 매출액	10,000,000원
• 매출원가	4,000,000원
• 이자수익	1,000,000원
• 자산수증이익	1,000,000원
• 접대비(기업업무추진비)	2,000,000원
• 이자비용	1,000,000원

① 3,000,000원   ② 4,000,000원
③ 6,000,000원   ④ 8,000,000원

17 다음 자료에 의해 영업이익을 계산하면 얼마인가?(단, 자료에 제시된 것 외의 수익과 비용은 없다고 가정한다.)

• 매출액	2,000,000원
• 매출원가	1,500,000원
• 광고선전비	100,000원
• 임차료	60,000원

① 340,000원   ② 400,000원
③ 800,000원   ④ 850,000원

18 다음은 (주)한공의 2025년 회계자료이다. 영업이익과 당기순이익을 계산하면 얼마인가?(다만, 2025년 회계연도에 부담할 법인세 등은 없다고 가정한다)

19 다음 자료를 이용하여 상품소매업을 영위하는 한공실업의 당기순이익을 계산하면 얼마인가?

• 매출액	30,000원
• 이자수익	500원
• 매출원가	8,200원
• 급여	8,500원
• 광고선전비	3,000원
• 수도광열비	250원
• 보험료	480원
• 임차료	920원
• 이자비용	800원

	영업이익	당기순이익
㉮	8,650원	8,350원
㉯	8,650원	8,830원
㉰	9,150원	8,150원
㉱	9,150원	8,350원

① ㉮   ② ㉯
③ ㉰   ④ ㉱

19 다음 자료를 이용하여 상품소매업을 영위하는 한공실업의 당기순이익을 계산하면 얼마인가?

• 상품매출	2,000,000원
• 상품매출원가	1,200,000원
• 급여	300,000원
• 이자비용	100,000원

① 800,000원   ② 400,000원
③ 300,000원   ④ 200,000원

20 다음 자료에 의해 전자제품 도매업을 영위하는 (주)한공의 영업이익은 얼마인가?

• 매출액	5,000,000원
• 매출원가	3,500,000원
• 광고선전비	500,000원
• 복리후생비	300,000원
• 이자비용	100,000원
• 임대료	200,000원

① 400,000원   ② 700,000원
③ 800,000원   ④ 1,500,000원

21 다음은 도매업을 영위하는 한공상사의 손익계산서 일부이다. 당기 발생 비용을 반영한 후 (가)의 금액은 얼마인가?

손익계산서
2025년 1월 1일~2025년 12월 31일

(주)한공   (단위: 원)

계정과목	제5(당)기
⋮	⋮
매출총이익	3,000,000
판매비와관리비	XXX
⋮	⋮
영업이익	(가)

[당기 발생 비용]
- 급여   800,000원
- 수도광열비   60,000원
- 이자비용   40,000원
- 대손상각비   200,000원
- 세금과공과   90,000원
- 외환차손   10,000원

① 1,150,000원   ② 1,800,000원
③ 1,840,000원   ④ 1,850,000원

22 다음 자료에 의해 도소매업을 운영하는 한공상사의 영업이익을 계산하면 얼마인가?

손익계산서
2025년 1월 1일 ~ 2025년 12월 31일

(주)한공   (단위: 원)

비용	금액	수익	금액
매출원가	100,000	매출	300,000
급여	50,000		
복리후생비	10,000		
임차료비용	40,000		
기부금	30,000		
당기순이익	70,000		
	300,000		300,000

① 50,000원   ② 70,000원
③ 80,000원   ④ 100,000원

23 다음 자료를 이용하여 계산한 당기 순매입액은 얼마인가?

- 기초상품재고액   10,000원
- 매입환출액   3,000원
- 총매입액   100,000원
- 매입운임   500원
- 매입에누리액   2,000원
- 기말상품재고액   20,000원

① 90,000원   ② 95,500원
③ 105,500원   ④ 110,000원

24 한공기업 재고자산 매입금액은 3,000,000원이었다. 다음 사항이 반영된 재고자산 금액은 얼마인가?

• 매입운임	1,200,000원
• 매입에누리	400,000원

① 3,000,000원   ② 3,400,000원
③ 3,800,000원   ④ 4,200,000원

25 다음 자료에 의하여 매출액을 계산하면 얼마인가?

• 당기 총매출액	100,000원
• 당기 매출할인	5,000원
• 당기 매출에누리와 환입	10,000원

① 100,000원   ② 90,000원
③ 85,000원   ④ 82,000원

26 다음은 한공상사의 당기 매출 관련 자료이다. 당기 총매출액을 계산하면 얼마인가?

• 매출총이익	150,000원
• 매출원가	70,000원
• 매출환입	30,000원
• 매출에누리	10,000원

① 80,000원   ② 110,000원
③ 200,000원   ④ 260,000원

27 (주)한공의 상품에 대한 거래내역을 보고, 매출원가를 계산하면 얼마인가?

내역	금액	내역	금액
기초상품재고액	200,000원	매출액	2,440,000원
매입액	1,500,000원	매입환출액	100,000원
매입에누리	50,000원	기말상품재고액	150,000원

① 1,350,000원   ② 1,400,000원
③ 1,700,000원   ④ 2,750,000원

28 다음 자료에 의해 매출원가를 계산하면 얼마인가?

• 기초상품재고액	80,000원
• 매입액	70,000원
• 기말상품재고액	120,000원
• 매입운임	5,000원

① 30,000원   ② 25,000원
③ 35,000원   ④ 45,000원

29 다음 자료에 의하여 매출원가를 계산하면 얼마인가?

• 기초상품재고액	180,000원
• 총매입액	500,000원
• 매입환출	30,000원
• 기말상품재고액	100,000원
• 매입운임	10,000원
• 매입할인	10,000원

① 530,000원   ② 550,000원
③ 570,000원   ④ 580,000원

30 다음 자료에 의하여 매출원가를 계산하면 얼마인가?

• 기초상품재고액	100,000원
• 매입액	400,000원
• 매입운임	20,000원
• 기말상품재고액	150,000원
• 매출액	900,000원
• 매입환출	50,000원

① 320,000원   ② 350,000원
③ 370,000원   ④ 500,000원

31 다음은 도매업을 영위하는 (주)한공의 상품 자료이다. 매출원가는 얼마인가?

• 기초재고	750,000원(1,500개 × 500원)
• 당기매입	6,000,000원(10,000개 × 600원)
• 기말재고	1,000개
• 재고자산 단가 결정은 선입선출법에 의하고 있다.	

① 6,000,000원   ② 6,150,000원
③ 6,600,000원   ④ 6,750,000원

32 다음 자료를 이용하여 매출원가를 계산하면 얼마인가?

• 기초상품재고액	5,000,000원
• 당기매입액	15,000,000원
• 매입환출액	2,000,000원
• 매입할인액	3,000,000원
• 기말상품재고액	6,000,000원

① 4,000,000원   ② 6,000,000원
③ 7,000,000원   ④ 9,000,000원

33 다음 자료를 이용하여 상품매출원가를 계산하면 얼마인가?

• 기초상품재고액	100,000원
• 당기총매입액(매입운임제외)	500,000원
• 매입운임	20,000원
• 기말상품재고액	40,000원
• 매입할인	10,000원

① 460,000원   ② 510,000원
③ 570,000원   ④ 600,000원

34 다음은 (주)한공의 재고자산에 관한 자료이다. 매출원가는 얼마인가?

• 기초상품재고액	60,000원
• 매입할인	10,000원
• 당기상품매입액	1,300,000원
• 매입환출과에누리	20,000원
• 기말상품재고액	100,000원

① 1,230,000원   ② 1,270,000원
③ 1,310,000원   ④ 1,360,000원

35 다음은 (주)한공의 재고자산에 관한 자료이다. 매출원가는 얼마인가?

• 기초상품재고액	200,000원
• 매입환출액	50,000원
• 매입제비용	100,000원
• 당기상품매입액	2,500,000원
• 매입에누리액	30,000원
• 기말상품재고액	300,000원

① 2,220,000원   ② 2,400,000원
③ 2,420,000원   ④ 2,520,000원

36 다음은 한공상점의 재고자산에 관한 자료이다. 매출원가를 계산하면 얼마인가?

• 기초상품재고액	2,000,000원
• 당기 총매입액(매입제비용 제외)	8,000,000원
• 매입환출	400,000원
• 매입에누리	100,000원
• 매입운임	200,000원
• 기말상품재고액	3,000,000원

① 5,000,000원　　② 6,700,000원
③ 7,000,000원　　④ 7,300,000원

37 다음은 한공기업의 2025년 손익계산서의 일부이다. 매출원가는 얼마인가?(단, 제시된 자료 외의 다른계정은 고려하지 않는다)

• 총매출액	5,000,000원
• 매출에누리와 환입액	100,000원
• 판매비와관리비	1,500,000원
• 영업이익	1,000,000원

① 950,000원　　② 1,000,000원
③ 2,400,000원　　④ 2,500,000원

38 다음은 도소매업을 영위하는 한공상사의 2025년 1월 1일부터 2025년 12월 31일까지의 수익과 비용내역이다. 2025년도 매출원가는 얼마인가?

• 상품매출	900,000원
• 급여	170,000원
• 이자비용	30,000원
• 광고선전비	50,000원
• 임대료수익	70,000원
• 당기순이익	70,000원

① 550,000원　　② 580,000원
③ 650,000원　　④ 780,000원

39 상품 매입에 관한 다음 자료를 이용하여 매출원가를 계산하면 얼마인가?(단, 재고자산감모손실은 없다)

• 기초상품	1,500,000원
• 매입할인	90,000원
• 당기매입	3,000,000원
• 매입환출	50,000원
• 매입운임	200,000원
• 기말상품	2,000,000원

① 2,560,000원　　② 2,580,000원
③ 2,610,000원　　④ 2,700,000원

40 다음은 한공기업의 2025년 손익계산서의 일부이다. 매출원가를 계산하면 얼마인가?

• 총매출액	2,000,000원
• 판매비와관리비	300,000원
• 영업이익	900,000원
• 영업외수익	300,000원
• 영업외비용	100,000원

① 700,000원　　② 800,000원
③ 1,100,000원　　④ 1,200,000원

41 다음은 한공상사의 재고자산 관련 자료이다. 매출원가는 얼마인가?

• 기초 재고자산	1,000,000원
• 매입관련 운임	100,000원
• 기말 재고자산	980,000원
• 당기 매입액	2,000,000원
• 매입환출 및 에누리	50,000원

① 1,970,000원　　② 2,020,000원
③ 2,070,000원　　④ 2,120,000원

42 다음 자료에 의하여 매출원가를 계산하면 얼마인가?

• 기초상품 재고액	300,000원
• 당기 총매입액	500,000원
• 매입에누리	50,000원
• 기말상품 재고액	150,000원

① 600,000원　　② 650,000원
③ 800,000원　　④ 850,000원

43 다음 자료를 토대로 (주)한공의 매출원가를 계산하면 얼마인가?

• 기초상품재고액	50,000원
• 기말상품재고액	50,000원
• 당기총매출액	700,000원
• 당기총매입액	200,000원

• 매입시 운반비	5,000원
• 매입에누리	3,000원

① 200,000원 ② 202,000원
③ 210,000원 ④ 212,000원

44 다음은 (주)한공의 결산시점 각 계정잔액을 나타낸 것이다. 이 자료를 토대로 매출원가를 계산하면 얼마인가?(실지재고조사법을 채택하고 있으며 장부상재고액과 실지재고액은 차이가 없었음.)

기초재고	52,000원	매입환출	7,000원
당기매입(총액)	219,000원	매입운임	8,000원
기말재고	48,000원	매입에누리	11,000원
총매출액	450,000원	매출환입	18,000원
매출할인	9,000원		

① 213,000원 ② 216,000원
③ 219,000원 ④ 246,000원

45 다음 자료를 토대로 매출원가를 계산한 금액은 얼마인가?

• 기초상품 재고액	100,000원
• 기말상품 재고액	200,000원
• 총 매입액	3,500,000원
• 매출 환입액	100,000원
• 매입 에누리액	60,000원
• 매입 할인액	40,000원

① 3,200,000원 ② 3,300,000원
③ 3,340,000원 ④ 3,400,000원

46 다음 중 상품의 매입부대비용으로 볼 수 없는 것은?

① 매입수수료 ② 매입운임
③ 매입하역비 ④ 매입에누리

47 다음 중 매출총이익과 관련 있는 거래가 아닌 것은?

① 아침마트는 배달용 트럭을 처분하고 대금은 현금으로 받았다.
② 메가오피스는 판매용 복사기 3대를 거래처에 외상으로 납품하였다.

③ 씽씽렌트카는 차량을 대여하고 사용요금을 현금으로 받았다.
④ 대왕갈비는 갈비탕 5인분을 판매하고 대금은 신용카드로 결제 받았다.

48 종업원의 급여 지급 시 원천징수하였던 건강보험료, 소득세 등을 현금으로 납부한 경우 차변 계정과목으로 옳은 것은?

① 가수금 ② 선수금
③ 예수금 ④ 미지급비용

49 다음에 해당하는 계정과목은?(단, 전자제품 도매업을 주업으로 영위하고 있다)

• 기업의 판매활동과 관리활동에서 발생하는 비용이다.
• 매출원가에 속하지 않는 영업비용이다.

① 급여
② 이자비용
③ 단기매매증권처분손실
④ 유형자산처분손실

50 다음 중 상품매출원가 산출과정을 올바르게 나타낸 것은?

① 당기상품매출액 – 상품매입에누리
② 기초재고자산 + 당기상품매입액 – 기말재고자산
③ 당기상품매출액 – 상품매입할인
④ 기말재고자산 + 기초재고자산

51 다음의 내용과 관련이 있는 계정과목으로 옳은 것은?(단, 상품매매를 주업으로 영위한다고 가정한다.)

• 당기순이익을 감소시킨다.
• 판매활동과 기업의 관리활동에서 발생하는 비용으로 매출원가에 속하지 않는 영업비용이다.
• 총계정원장의 계정잔액은 잔액시산표의 차변에 기록된다.

① 접대비(기업업무추진비)
② 이자비용
③ 매출에누리와 환입
④ 유형자산처분손실

52 다음 항목 중 손익계산서 계정과목으로만 구성되어 있는 것은?

가. 급여	나. 영업권
다. 단기차입금	라. 광고선전비
마. 감가상각비	바. 상품

① 가, 다, 라　　　　② 가, 라, 마
③ 나, 다, 바　　　　④ 나, 라, 바

53 (주)한공 사장의 다음 계획발표와 관련된 계정과목은 무엇인가?

임직원 여러분. 우리 한공은 회사의 영업수지 개선을 위해 친환경 전기절약형 에어컨을 사용하고, LED 전구로 조명등을 교체하여 전기요금을 절감하고자 합니다. 절전 생활화에 여러분의 많은 협조 당부드립니다.

① 수선비　　　　　② 기부금
③ 수도광열비　　　　④ 잡비

54 (가), (나), (다)에 해당하는 계정과목으로 옳은 것은?

(가) 차입금에 대한 이자는 비용으로 처리한다.
(나) 특허권의 취득원가는 일정기간에 걸쳐 상각한다.
(다) 회수가 불가능한 매출채권은 비용으로 처리한다.

	(가)	(나)	(다)
㉮	이자비용	무형자산상각비	통신비
㉯	이자비용	무형자산상각비	대손상각비
㉰	이자수익	감가상각비	대손상각비
㉱	이자수익	감가상각비	접대비 (기업업무추진비)

① ㉮　　　　　② ㉯
③ ㉰　　　　　④ ㉱

55 도매업을 영위하는 (주)한공의 손익계산서상 영업외수익에 해당하지 않는 것은?

① 외환차익
② 임대료수익
③ 채무면제이익
④ 매도가능증권평가이익

56 다음 중 도매업을 운영하는 기업의 영업외수익에 해당하지 않는 것은?

① 이자수익
② 자산수증이익
③ 유형자산처분이익
④ 자기주식처분이익

57 다음 중 성격이 다른 계정과목은 무엇인가?

① 개발비　　　　　② 복리후생비
③ 보험료　　　　　④ 수도광열비

58 다음은 신문기사의 일부이다. 기사에서 (주)한공스포츠가 지출한 내용을 회계처리할 때 발생하는 계정과목은?

〈한양신문 2025년 12월 12일 자〉
(주)한공스포츠는 겨울 스키시즌을 맞아 스키 관련 신제품을 홍보하기 위하여 피겨의 여왕 김여나 씨를 모델로 발탁하고 TV광고에 1억원을 지출하였다.

① 광고선전비　　　　② 판매촉진비
③ 지급수수료　　　　④ 통신비

59 다음은 신문기사의 일부이다. 기사에서 (주)한공이 지출한 내용의 회계처리가 손익계산서에 미치는 영향으로 옳은 것은?

(주)한공은 리우 올림픽을 맞아 리듬 체조 관련 신제품을 TV에 홍보하기 위하여 ○○○ 선수를 모델로 발탁하고 거액의 광고비를 지출하였다.
(생략)

자료: ○○ 스포츠 신문 2025년 2월 10일자

① 영업이익이 감소한다.
② 매출원가가 증가한다.
③ 당기순이익에는 영향이 없다
④ 판매비와관리비에는 영향이 없다.

60 다음 중 손익계산서에 표시되는 계정과목이 아닌 것은?

① 이자수익　　　　　② 대손충당금
③ 복리후생비　　　　④ 무형자산상각비

61 (주)한공의 다음 거래를 분개할 때 차변의 계정과목으로 옳은 것은?

> 2월분 사무실의 전화료 50,000원과 인터넷 사용료 30,000원이 보통예금에서 자동이체되다.

① 지급수수료 ② 소모품비
③ 통신비 ④ 수도광열비

62 상품소매업을 영위하는 한공실업의 다음 각 상황별로 나타날 수 있는 계정과목으로 옳지 않은 것은?

① 은행예금에 대하여 이자를 받은 경우: 이자수익
② 단기매매증권을 처분한 경우: 단기매매증권처분손익
③ 건물을 처분한 경우: 유형자산처분손익
④ 건물을 임대하고 보증금을 받은 경우: 임대료수익

63 다음 손익계산서에서 (가), (나)에 들어갈 수 있는 계정과목으로 옳은 것은?

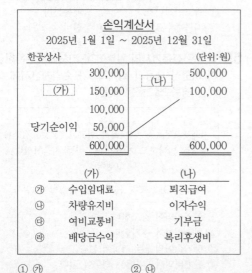

손익계산서
2025년 1월 1일 ~ 2025년 12월 31일
한공상사   (단위:원)

	300,000	(나)	500,000
(가)	150,000		100,000
	100,000		
당기순이익	50,000		
	600,000		600,000

	(가)	(나)
㉮	수입임대료	퇴직급여
㉯	차량유지비	이자수익
㉰	여비교통비	기부금
㉱	배당금수익	복리후생비

① ㉮ ② ㉯
③ ㉰ ④ ㉱

64 다음 중 거래내역에 해당하는 계정과목으로 옳지 않은 것은?

거래내역	계정과목
㉮ 거래처에 증정할 선물구입비	기부금
㉯ 종업원의 야근식대	복리후생비
㉰ 본사의 신문 구독 비용	도서인쇄비
㉱ 본사 건물에 대한 재산세	세금과공과

① ㉮ ② ㉯
③ ㉰ ④ ㉱

65 다음에 해당하는 계정과목은?

> 상품 매매 기업의 주된 영업활동으로 인하여 발생하는 것으로, 재화를 제공함에 따라 얻어지는 수익을 말한다.

① 임대료 ② 이자수익
③ 상품매출 ④ 유형자산처분이익

66 도매업을 영위하는 (주)한공의 영업외수익에 해당하는 계정과목을 모두 고른 것은?

> 가. 이자수익 나. 유형자산처분이익
> 다. 단기매매증권 라. 배당금수익

① 가, 나 ② 가, 나, 다
③ 가, 라 ④ 가, 나, 라

67 사무기기 도매업을 운영하는 (주)한공의 거래이다. 영업외수익이 발생하지 않는 거래는?

① 거래처에 판매용 복사기를 판매한 경우
② 정기예금에 대한 이자를 받은 경우
③ 단기매매증권의 공정가치가 장부금액보다 높은 경우
④ 관리부에서 업무용으로 사용하던 컴퓨터를 장부가액보다 큰 금액으로 처분한 경우

68 다음 (가), (나)의 거래를 분개 할 때 발생하는 수익 계정과목으로 옳은 것은?

> (가) 단기시세차익을 목적으로 보유 중인 (주)한국의 주식 900,000원(장부금액)을 1,000,000원에 매각하다.
> (나) 거래처 외상매입금 500,000원 중 300,000원은 현금으로 지급하고 200,000원은 면제받다.

① (가) 단기매매증권처분이익
　　(나) 이자수익
② (가) 단기매매증권처분이익
　　(나) 채무면제이익
③ (가) 단기매매증권평가이익
　　(나) 자산수증이익
④ (가) 단기매매증권평가이익
　　(나) 유형자산처분이익

69 다음 신문기사에 나타난 내용을 회계처리 할 때 나타나는 계정과목으로 옳은 것은?

> 한공기업은 연말연시를 맞아 교육부에서 추천한 소년·소녀 가장에게 장학금을 지급하는 행사를 가졌다.
> – 서울신문, 2025년 12월 23일 자 –

① 대손상각비　　　　② 급여
③ 접대비(기업업무추진비)　④ 기부금

70 다음은 한공기업 분개장의 일부이다. (가)에 들어갈 계정과목으로 옳은 것은?

분개장			
일자	적요	차변	대변
3.15.	(가)	1,000,000원	
	현금		1,000,000원
	직원체육		
	대회비 지급		

① 복리후생비　　　　② 접대비(기업업무추진비)
③ 기부금　　　　　④ 광고선전비

71 다음은 한공상사 회계부서 직원들의 대화 내용이다. 빈 칸에 들어갈 비용계정으로 옳은 것은?

> 〈김과장〉
> 이번 달에 지출된 결혼식 축의금은 어떻게 처리했나요?
> 〈이대리〉
> 영업부 김대리의 결혼식 축의금은 (가)(으)로 처리하고, 매출거래처 김사장 아들의 결혼식 축의금은 (나)(으)로 처리했습니다.

① (가) 복리후생비　(나) 접대비(기업업무추진비)
② (가) 급여　　　　(나) 기부금

③ (가) 복리후생비　(나) 기부금
④ (가) 급여　　　　(나) 접대비(기업업무추진비)

72 다음 중 손익계산서에 표시되는 계정과목은?

① 단기매매증권처분손실
② 미지급비용
③ 선수수익
④ 개발비

73 회사의 업무용 승용차에 주유를 한 경우, 차변 계정과목으로 옳은 것은?

① 소모품비　　　② 광고선전비
③ 수선비　　　　④ 차량유지비

74 다음은 회계부서 팀원간의 대화이다. (가)에 들어갈 계정과목으로 옳은 것은?

> 〈한과장〉
> 김대리. 어제 노인회관에 무상으로 제공한 난방기는 어떻게 처리했나요?
> 〈김대리〉
> 네. 무상으로 제공한 난방기는 (가) 계정으로 회계처리 했습니다.

① 기부금　　　　② 접대비(기업업무추진비)
③ 복리후생비　　④ 광고선전비

75 다음 중 영업이익에 영향을 미치는 계정과목으로 옳은 것은?

① 잡손실　　　② 유형자산처분이익
③ 이자비용　　④ 여비교통비

76 다음 중 컴퓨터판매업을 영위하고 있는 (주)한공의 영업외수익에 해당하는 계정과목으로 옳지 않은 것은?

① 단기매매증권처분이익
② 잡이익
③ 이자수익
④ 매도가능증권평가이익

77 다음 중 손익계산서에 표시되는 계정과목으로 옳은 것은?

① 미수수익　　　② 선수수익
③ 미지급비용　　④ 배당금수익

78 다음 대화내용 중 (가)에 해당하는 계정과목으로 옳은 것은?

〈김주임〉
한대리님. 회사가 업무와 관련하여 타인으로부터 토지를 증여받을 경우 대변은 어떤 계정으로 치리해야 하나요?
〈한대리〉
토지를 증여받았을 경우 대변 계정과목은 (가)(으)로 처리해야 해요

① 기부금　　　　　② 자산수증이익
③ 채무면제이익　　④ 배당금수익

79 다음 대화에 나타난 거래를 회계 처리 시 대변 계정과목의 분류로 옳은 것은?

〈경리과장〉
오늘 은행에 가서 통장정리를 하셨나요?
〈김대리〉
네. 통장정리를 한 결과 거래처에 빌려준 단기대여금에 대한 이자 50,000원이 보통예금 통장에 입금되었어요.

① 매출　　　　　　② 영업외비용
③ 영업외수익　　　④ 판매비와 관리비

80 회사의 업무용 승용차에 주유를 하고 카드로 대금지급한 경우 차변 계정과목으로 옳은 것은?

① 광고선전비　　　　② 접대비(기업업무추진비)
③ 카드미지급금　　　④ 차량유지비

81 다음의 내용과 관련이 있는 계정과목으로 옳은 것은?(단, 상품매매를 주업으로 영위한다고 가정한다.)

• 당기순이익을 감소시킨다.
• 판매활동과 기업의 관리활동에서 발생하는 비용으로 매출원가에 속하지 않는 영업비용이다.
• 총계정원장의 계정잔액은 잔액시산표의 차변에 기록된다.

① 접대비(기업업무추진비)② 이자비용
③ 매출에누리와 환입　　④ 유형자산처분손실

82 다음 중 영업이익에 영향을 미치지 않는 계정과목은?

① 접대비(기업업무추진비)　② 이자비용
③ 보험료　　　　　　　　　④ 교육훈련비

83 다음 중 판매비와관리비에 해당될 수 없는 것은?

① 퇴직급여　　　　② 광고선전비
③ 세금과공과금　　④ 유형자산처분손실

84 다음 중 영업이익 계산과정에 포함되는 항목을 모두 고른 것은?

가. 여비교통비　　　나. 이자비용
다. 접대비(기업업무추진비) 라. 기부금

① 가, 나　　　② 가, 다
③ 나, 다　　　④ 다, 라

85 다음 중 상품도매업을 영위하는 한공상회의 판매비와관리비에 해당하지 않는 계정과목은?

① 세금과공과금　　② 지급수수료
③ 교육훈련비　　　④ 기부금

86 다음 중 판매비와관리비로 분류되는 계정을 모두 고른 것은?

가. 임차료　　　　나. 세금과공과
다. 기부금　　　　라. 접대비(기업업무추진비)
마. 유형자산처분손실

① 가, 나, 다　　② 가, 나, 라
③ 나, 다, 라　　④ 다, 라, 마

87 도매업을 영위하고 있는 한공기업의 손익계산서상 영업외비용에 해당하지 않는 것은?

① 이자비용　　　　② 유형자산처분손실
③ 급여　　　　　　④ 단기매매증권평가손실

88 다음 중 영업손익에 영향을 미치지 않는 계정과목은?

① 매출액　　　　　② 매출원가
③ 감가상각비　　　④ 유형자산처분이익

89 다음 중 손익계산서의 영업외비용에 해당하는 것은?

① 접대비(기업업무추진비)② 기부금
③ 경상연구개발비　　④ 대손상각비

90 다음 중 영업이익에 영향을 미치지 않는 비용 계정과목으로 짝지어진 것은?

가. 기부금	나. 이자비용
다. 임차료	라. 접대비(기업업무추진비)

① 가, 나　　　　　② 가, 다
③ 나, 라　　　　　④ 다, 라

91 다음 중 한공상사(도매업)의 영업외손익에 해당하지 않는 것은?

① 이자비용　　　　② 단기매매증권처분이익
③ 대손충당금환입　④ 기부금

92 다음 중 도소매업을 영위하는 기업의 판매비와관리비에 해당하지 않은 계정과목은?

① 개발비　　　　　② 연구비
③ 감가상각비　　　④ 수선비

93 다음 중 도소매업을 운영하는 회사의 판매비와 관리비에 해당하지 않는 것은?

① 감가상각비　　　② 대손상각비
③ 접대비(기업업무추진비)④ 이자비용

94 다음 중 도소매업을 영위하는 기업의 판매비와 관리비에 해당하는 계정과목이 아닌 것은?

① 임차료　　　　　② 보험료
③ 감가상각비　　　④ 기부금

⑩ 결산의 절차

01 당기에 발생하였으나 아직 현금이 지급되지 않은 이자비용에 대한 결산정리분개는 다음 중 어떤 유형의 정리분개에 해당하는가?

① 비용의 이연　　　② 비용의 발생(예상)
③ 수익의 이연　　　④ 수익의 발생(예상)

02 다음 중 회계순환과정에 대한 설명으로 옳지 않은 것은?

① 분개는 회계상 거래를 식별하여 차변과 대변에 계정과목과 금액을 기록하는 절차이다.

② 전기는 분개한 내용을 총계정원장에 옮겨 적는 절차이다.
③ 시산표 작성은 누락된 분개를 검증하는 결산의 본절차이다.
④ 결산은 기중에 기록된 내용을 토대로 기업의 재무상태와 경영성과를 확정하는 절차이다.

03 다음 중 회계의 순환과정에서 재무제표가 작성되는 순서로 옳은 것은?

① 분개장 → 시산표 → 총계정원장 → 재무제표
② 분개장 → 총계정원장 → 시산표 → 재무제표
③ 총계정원장 → 분개장 → 시산표 → 재무제표
④ 총계정원장 → 시산표 → 분개장 → 재무제표

04 다음 자료에 의한 2025년 12월 31일의 결산분개로 옳은 것은?(월할계산하기로 한다)

- 2025년 4월 1일 은행으로부터 3,000,000원을 차입
- 이자율 연 12%(1년분 이자는 2026년 3월 31일 전액 지급예정)

㉮	(차) 이자비용	270,000원
	(대) 미지급비용	270,000원
㉯	(차) 이자비용	360,000원
	(대) 미지급비용	360,000원
㉰	(차) 이자비용	270,000원
	(대) 선급비용	270,000원
㉱	(차) 이자비용	360,000원
	(대) 선급비용	360,000원

① ㉮　　② ㉯　　③ ㉰　　④ ㉱

05 다음 중 (가)에 해당하는 결산정리사항으로 옳은 것은?

결산정리사항	재무제표에 미치는 영향
(가)	비용의 발생, 부채의 증가

① 임차료 선급분 200,000원을 계상하다.
② 임대료 선수분 200,000원을 계상하다.
③ 이자수익 미수분 200,000원을 계상하다.
④ 이자비용 미지급분 200,000원을 계상하다.

06 다음 자료를 토대로 한공기업의 2025. 12. 31. 재무상태표에 기록될 미지급비용을 계산하면 얼마인가?(단, 이자비용은 월할계산한다.)

• 2025. 7. 1. 은행으로부터 1,000,000원을 연 이
자율 12%로 차입하였다.
• 1년분 이자는 2026. 6. 30. 지급예정이며, 결산
분개 전까지 이자비용에 대한 분개를 하지 않았다.

① 60,000원   ② 120,000원
③ 160,000원   ④ 220,000원

07 (주)한공은 2025년 9월 1일 건물을 임차하고 6
개월 임차료 120,000원을 현금으로 지급한 후,
다음과 같이 분개하였다.

(차) 지급임차료	120,000원	
(대) 현금		120,000원

2025년 12월 31일 결산 분개로 올바른 것은?
(단, 월할 계산한다고 가정한다.)

㉮ (차) 선급비용	80,000원	
(대) 지급임차료		80,000원
㉯ (차) 선수수익	80,000원	
(대) 지급임차료		80,000원
㉰ (차) 선급비용	40,000원	
(대) 지급임차료		40,000원
㉱ (차) 선수수익	40,000원	
(대) 지급임차료		40,000원

① ㉮   ② ㉯   ③ ㉰   ④ ㉱

08 (주)한공은 2025년 3월 1일에 사용 중인 차량
운반구에 대하여 자동차보험에 가입하고, 1년분
(2025.3.1.~2026.2.28.) 보험료 1,200,000원을
현금으로 지급한 후 다음과 같이 분개하였다.

(차) 보험료	1,200,000원	
(대) 현금		1,200,000원

2025년 12월 31일 결산정리분개로 올바른 것
은?(단, 보험료는 월할 계산한다고 가정한다.)

㉮ (차) 선급비용	200,000원	
(대) 보험료		200,000원
㉯ (차) 선수수익	200,000원	
(대) 보험료		200,000원

㉰ (차) 선급비용	300,000원	
(대) 보험료		300,000원
㉱ (차) 선수수익	300,000원	
(대) 보험료		300,000원

① ㉮   ② ㉯   ③ ㉰   ④ ㉱

09 (주)한공은 2025년 10월 1일에 사무실 임차료
1년분(임차기간 2025년 10월 1일~2026년 9월
30일) 2,400,000원을 지급하고 다음과 같이 분
개하였다.

2025년 10월 1일		
(차) 지급임차료	2,400,000원	
(대) 현금		2,400,000원

2025년 12월 31일 결산정리분개로 옳은 것은?

㉮ (차) 지급임차료	1,800,000원	
(대) 선급비용		1,800,000원
㉯ (차) 지급임차료	600,000원	
(대) 선급비용		600,000원
㉰ (차) 선급비용	1,800,000원	
(대) 지급임차료		1,800,000원
㉱ (차) 선급비용	600,000원	
(대) 지급임차료		600,000원

① ㉮   ② ㉯   ③ ㉰   ④ ㉱

10 다음 자료에 의한 2025년 12월 31일 결산 분개
로 옳은 것은?

2025년 10월 1일 자동차보험에 가입하면서 보
험료 2,400,000원을 계좌이체하고, 보험료 계정
으로 처리하였다.(계약기간은 2025년 10월 1일
부터 2026년 9월 30일까지이며, 월할계산한다)

㉮ (차) 보험료	2,400,000원	
(대) 보통예금		2,400,000원
㉯ (차) 손익	2,400,000원	
(대) 보험료		2,400,000원
㉰ (차) 선급보험료	1,800,000원	
(대) 보험료		1,800,000원
㉱ (차) 선급보험료	600,000원	
(대) 보험료		600,000원

① ㉮   ② ㉯   ③ ㉰   ④ ㉱

11 다음은 (주)한공의 수정 전 잔액시산표와 임차료 지급내역이다. 임차료에 대한 결산정리분개 시, 차변 계정과목으로 옳은 것은?

표 잔액시산표(수정전)
2025년 12월 31일

(주)한공 (단위: 원)

차변	계정과목	대변
⋮	⋮	⋮
1,200,000	임차료	

• 2025년 7월 1일: 사무실 임차 계약을 하고, 임차료(1년분)를 현금 지급하였다.

① 현금   ② 임차료
③ 선급임차료   ④ 미지급임차료

12 (주)한공은 2025년 10월 1일에 1년분 보험료 240,000원을 선급하고 전액 비용으로 처리하였다. 이 경우 (주)한공의 2025년 12월 31일 선급비용으로 계상될 금액은 얼마인가?(단, 선급비용은 월할계산한다.)

① 20,000원   ② 60,000원
③ 120,000원   ④ 180,000원

13 다음은 한공기업이 2025년 임차료 관련 거래를 회계처리한 것이다.

2025년 7월 1일 본사사무실로 사용할 목적으로 1년분 임차료 1,200,000원을 현금으로 지급하다.
　(차) 임차료　　　　　1,200,000원
　(대)현금　　　　　　　　　1,200,000원

결산분개로 옳은 것은?(단, 월할계산한다)

㉮ (차) 선급비용	600,000원	
(대) 임차료		600,000원
㉯ (차) 임차료	600,000원	
(대) 선급비용		600,000원
㉰ (차) 선급비용	1,200,000원	
(대) 임차료		1,200,000원
㉱ 분개 없음		

① ㉮   ② ㉯   ③ ㉰   ④ ㉱

14 다음 자료에 의하여 손익계산서에 반영될 보험료는 얼마인가?

〈자료1〉 잔액시산표(수정전)
2025년 12월 31일

(주)한공 (단위: 원)

차변	계정과목	대변
⋮		
150,000	보험료	
⋮		

〈자료 2〉 결산정리사항
결산일 현재 보험료 미지급액: 50,000원

① 50,000원   ② 100,000원
③ 150,000원   ④ 200,000원

15 한공상사는 2025년 7월 1일 보유 차량에 대한 보험료 1년치 140,000원을 현금으로 납부하고 전액 비용처리하였다. 이를 수정하는 결산분개로 옳은 것은?(월할계산하는 것으로 가정한다)

㉮ (차) 보험료	70,000원	
(대) 선급비용		70,000원
㉯ (차) 보험료	70,000원	
(대) 미지급비용		70,000원
㉰ (차) 선급비용	70,000원	
(대) 보험료		70,000원
㉱ (차) 미지급비용	70,000원	
(대) 보험료		70,000원

① ㉮   ② ㉯   ③ ㉰   ④ ㉱

16 다음 자료에 의해 한공상사의 2025년 12월 31일 재무상태표에 표시될 선급비용을 계산하면 얼마인가?

• 2025년 11월 1일:
임차료 6개월분 1,200,000원을 현금으로 지급하고 전액 비용처리하였다(계약기간: 2025년 11월 1일 ~ 2026년 4월 30일).
• 2025년 12월 31일 미경과분 임차료를 계상하다.(단, 월할 계산으로 할 것.)

① 200,000원   ② 400,000원
③ 800,000원   ④ 1,000,000원

17 한공기업은 2025년 4월 1일 일년 분 보험료 120,000원을 지급하고 선급비용으로 처리하였다. 한공기업이 2025년 12월 31일 수행해야 할 결산분개로 옳은 것은?(단, 보험료는 월할 계산한다.)

㉮ (차) 보험료	30,000원		
(대) 미지급비용		30,000원	
㉯ (차) 보험료	30,000원		
(대) 선급비용		30,000원	
㉰ (차) 보험료	90,000원		
(대) 미지급비용		90,000원	
㉱ (차) 보험료	90,000원		
(대) 선급비용		90,000원	

① ㉮　　　② ㉯　　　③ ㉰　　　④ ㉱

18 다음은 (주)한공의 보험료 관련 거래 내용이다. 2025년 12월 31일 기말 재무상태표에 표시될 선급비용 금액은 얼마인가?

- 2025년 10월 1일 보험료 6개월분 2,400,000원을 현금으로 지급하고 비용 처리하였다.
- 2025년 12월 31일 미경과분 보험료를 계상하다.(단, 월할 계산에 의한다.)

① 400,000원　　　② 800,000원
③ 1,200,000원　　　④ 1,600,000원

19 다음은 (주)한공의 2025년 12월 31일 수정전 잔액시산표의 일부와 결산정리사항을 나타낸 것이다.

〈자료 1〉 잔액시산표(수정전)
2025년 12월 31일

(주)한공 (단위: 원)

차변	계정과목	대변
	⋮	
	임대료수익	120,000,000
	⋮	

〈자료 2〉 결산정리사항
임대료수익은 2025년 7월 1일 1년치를 선수한 것이고, 월할계산한다.

결산정리사항을 반영한 후, 2025년 12월 31일 재무상태표상 선수임대료는 얼마인가?

① 40,000,000원　　　② 60,000,000원
③ 80,000,000원　　　④ 100,000,000원

20 한공상사는 2025.8.1.에 임대료 1년분 2,400,000원을 현금으로 받았다. 임대료를 수취하면서 전액 임대료수익으로 인식하였다. 2025.12.31.에 결산시 계상할 선수수익은 얼마인가?(월할계산하기로 한다.)

① 1,000,000원　　　② 1,200,000원
③ 1,400,000원　　　④ 1,600,000원

21 (주)한공은 2025년 10월 1일 소모품을 120,000원에 구입하고 다음과 같이 회계처리하였다.

(차) 소모품비	120,000원
(대) 현금	120,000원

2025년 12월 31일 현재 소모품 잔액은 30,000원이다. 기말에 필요한 수정분개는?

㉮ (차) 소모품비	30,000원		
(대) 소모품		30,000원	
㉯ (차) 소모품비	90,000원		
(대) 소모품		90,000원	
㉰ (차) 소모품	30,000원		
(대) 소모품비		30,000원	
㉱ (차) 소모품	90,000원		
(대) 소모품비		90,000원	

① ㉮　　　② ㉯　　　③ ㉰　　　④ ㉱

22 다음은 (주)한공의 수정전 잔액시산표와 소모품 관련 내역이다. 소모품에 대한 결산 정리 후, 손익계산서에 반영되는 당기 소모품비의 금액으로 옳은 것은?

〈자료 1〉 잔액시산표(수정전)
2025년 12월 31일

(주)한공 (단위: 원)

차변	계정과목	대변
	⋮	
100,000	소모품	
	⋮	

〈자료 2〉 결산정리사항
2025년 12월 31일(결산일): 소모품 미사용액은 20,000원이다.

① 20,000원　　　② 80,000원
③ 100,000원　　　④ 120,000원

23 다음의 경우 2025년 손익계산서에 기록되어야 할 소모품비는 얼마인가?

• 2024년 말 소모품 재고액	200,000원
• 2025년 중 소모품 구입액	500,000원
• 2025년 말 실사결과 소모품 잔액	50,000원

① 450,000원　　② 500,000원
③ 650,000원　　④ 700,000원

24 (주)한공은 2025년 9월 1일에 소모품 100,000원을 현금으로 구입하고 다음과 같이 회계처리를 하였다.

(차) 소모품	100,000원
(대) 현금	100,000원

2025년 12월 31일 현재 소모품 사용액은 80,000원이다. 결산 시 수정 회계처리로 옳은 것은?

㉮ (차) 소모품　　80,000원
　　(대) 소모품비　　80,000원
㉯ (차) 소모품　　100,000원
　　(대) 소모품비　　100,000원
㉰ (차) 소모품비　　20,000원
　　(대) 소모품　　20,000원
㉱ (차) 소모품비　　80,000원
　　(대) 소모품　　80,000원

① ㉮　　② ㉯　　③ ㉰　　④ ㉱

25 다음은 한공기업의 소모품 관련 자료이다.

•〈2025년 3월 1일〉	
(차) 소모품비	150,000원
(대) 현금	150,000원
•〈2025년 12월 31일〉	
재고조사 결과 소모품이 30,000원 남아 있는 것을 확인하였다.	

2025년 12월 31일 결산시점의 회계처리로 옳은 것은?

㉮ (차) 소모품비　　120,000원
　　(대) 현금　　120,000원
㉯ (차) 소모품비　　30,000원
　　(대) 현금　　30,000원

㉰ (차) 소모품　　30,000원
　　(대) 소모품비　　30,000원
㉱ (차) 소모품　　120,000원
　　(대) 소모품비　　120,000원

① ㉮　　② ㉯　　③ ㉰　　④ ㉱

26 한공상사의 수정전잔액시산표상 소모품비계정 잔액은 360,000원이다. 결산 시 소모품 미사용액 140,000원에 대한 수정분개로 옳은 것은?

㉮ (차) 소모품비　　140,000원
　　(대) 소모품　　140,000원
㉯ (차) 소모품　　140,000원
　　(대) 소모품비　　140,000원
㉰ (차) 소모품비　　220,000원
　　(대) 소모품　　220,000원
㉱ (차) 소모품　　220,000원
　　(대) 소모품비　　220,000원

① ㉮　　② ㉯　　③ ㉰　　④ ㉱

27 다음은 (주)한공이 소유하고 있는 단기매매증권에 관한 사항이다.

가. 2025년 3월 5일 (주)한성의 주식 100주를 1주당 4,000원에 구입하고, 취득부대비용 40,000원을 포함한 대금은 현금으로 지급하였다.	
나. 2025년 12월 31일 결산 시 공정가치 1주당 4,500원으로 평가하였다.	

2025년 12월 31일 단기매매증권평가손익은 얼마인가?

① 단기매매증권평가손실　10,000원
② 단기매매증권평가손실　50,000원
③ 단기매매증권평가이익　10,000원
④ 단기매매증권평가이익　50,000원

28 (주)한공은 2025년 12월 15일 단기투자목적으로 상장기업인 (주)서울의 주식 100주를 1주당 10,000원에 취득하였고, 이때 발생된 주식거래수수료는 20,000원이다. 2025년 말 (주)서울 주식의 공정가치가 1주당 12,000원일 때 주식의 평가이익으로 옳은 것은?

① 단기매매증권평가이익　200,000원
② 매도가능증권평가이익　200,000원
③ 단기매매증권평가이익　180,000원
④ 매도가능증권평가이익　180,000원

29 다음은 한공상사의 주식평가에 관한 자료이다. 2025년 손익계산서에 계상되는 평가손익은 얼마인가?

> • 2025년 6월 1일
> 　단기투자목적으로 (주)생생의 주식 1,000주를 주당 1,200원(액면금액 1,000원)에 현금으로 취득하였다.
> • 2025년 12월 31일
> 　(주)생생 주식의 공정가치는 주당 1,300원이었다.

① 평가이익 100,000원
② 평가손실 100,000원
③ 평가이익 300,000원
④ 평가손실 300,000원

30 다음 중 기말 결산 시 적절한 대체 분개를 하여 재무상태표에 나타나지 않아야 되는 항목은?

① 미수금　　　　② 선급금
③ 단기차입금　　④ 가지급금

31 다음 중 기말 재무상태표에 표시되는 계정과목으로 옳은 것은?

① 미지급금　　　② 가수금
③ 가지급금　　　④ 현금과부족

32 2025년 8월 20일 장부상 현금잔액은 500,000원이고, 실제 보유 현금잔액은 450,000원으로 발견되었으며, 그 원인은 조사 중이다. 기말결산 시까지 원인을 발견하지 못하였을 경우에 회계처리 시 차변 계정과목으로 옳은 것은?

① 현금　　　　　② 현금과부족
③ 잡이익　　　　④ 잡손실

33 다음은 한공상사의 결산과 관련된 대화이다. 회계처리에 대한 설명으로 옳은 것은?

> • 김부장
> 　오늘이 결산일인데, 지난 달 현금과부족으로 회계처리했던 현금 부족액 7만원의 원인을 파악하였나요?

> • 이대리
> 　3만원은 교통비 지급액으로 밝혀졌는데, 나머지 금액은 원인을 파악하지 못했습니다.

① 현금 계정 차변에 40,000원을 기입한다.
② 잡이익 계정 대변에 40,000원을 기입한다.
③ 여비교통비 계정 대변에 30,000원을 기입한다.
④ 현금과부족 계정 대변에 70,000원을 기입한다.

34 (주)한공은 2025년 12월 31일 현재 매출채권 잔액 1,000,000원에 대하여 10%를 대손충당금으로 설정하려고 한다. 이에 대한 회계처리로 옳은 것은?(단, 회계처리 전 대손충당금 잔액은 없다)

> ㉮ (차) 대손상각비　　　100,000원
> 　　(대) 대손충당금　　　　100,000원
> ㉯ (차) 대손상각비　　　100,000원
> 　　(대) 대손충당금환입　　100,000원
> ㉰ (차) 대손충당금　　　100,000원
> 　　(대) 대손충당금환입　　100,000원
> ㉱ (차) 대손충당금　　　100,000원
> 　　(대) 대손상각비　　　　100,000원

① ㉮　　② ㉯　　③ ㉰　　④ ㉱

35 다음은 (주)한공의 총계정원장 중 일부이다.

매출채권 대손충당금	
	기초　　30,000원

기말 매출채권 대손충당금이 100,000원으로 추정되는 경우, 이에 대한 분개로 옳은 것은?(단, 기중에 대손충당금과 상계되거나 환입된 매출채권은 없다)

> ㉮ (차) 대손상각비　　　100,000원
> 　　(대) 대손충당금　　　　100,000원
> ㉯ (차) 대손충당금　　　100,000원
> 　　(대) 대손상각비　　　　100,000원
> ㉰ (차) 대손충당금　　　70,000원
> 　　(대) 대손상각비　　　　70,000원
> ㉱ (차) 대손상각비　　　70,000원
> 　　(대) 대손충당금　　　　70,000원

① ㉮　　② ㉯　　③ ㉰　　④ ㉱

36 (주)한공의 2025년 12월 31일 재무상태표상의 매출채권은 200,000원이고 대손충당금은 20,000원이다. (주)한공의 결산 분개 전 대손충당금계정이 다음과 같을 때 손익계산서상의 대손상각비는 얼마인가?

대손충당금	
6/1 매출채권 5,000원	1/1 기초 10,000원

① 10,000원   ② 15,000원
③ 20,000원   ④ 25,000원

37 (주)한공은 2025년 12월 31일 현재의 매출채권 2,500,000원에 대하여 대손충당금 1%를 설정하려고 한다. 단, 대손충당금 잔액은 10,000원이 설정되어 있다. 이에 대한 회계처리로 옳은 것은?

㉮ (차) 대손상각비   10,000원
     (대) 대손충당금   10,000원

㉯ (차) 대손충당금   10,000원
     (대) 대손상각비   10,000원

㉰ (차) 대손상각비   15,000원
     (대) 대손충당금   15,000원

㉱ (차) 대손상각비   25,000원
     (대) 대손충당금   25,000원

① ㉮   ② ㉯   ③ ㉰   ④ ㉱

38 다음은 2025년 (주)한공의 매출채권과 대손 관련 자료이다. 자료에 대한 설명으로 옳지 않은 것은?

• 기초 대손충당금 잔액   200,000원
• 기중 매출채권 대손처리액   400,000원
• 기말 매출채권 잔액   30,000,000원
• 대손충당금은 매출채권의 1%로 한다.

① 2025년 말 대손충당금 설정액은 300,000원이다.
② 2025년 대손충당금 당기 감소액은 400,000원이다.
③ 2025년 말 재무상태표에 표시될 대손충당금은 300,000원이다.
④ 2025년 말 손익계산서에 표시될 대손상각비는 500,000원이다.

39 2025년초 사업을 시작한 (주)한공은 2025년 12월 31일 현재의 매출채권 2,500,000원에 대

하여 대손충당금 1%를 설정하려고 한다. 2025년 12월 31일 결산분개로 옳은 것은?(단, 기중 대손 발생은 없었다)

㉮ (차) 대손상각비   10,000원
     (대) 대손충당금   10,000원

㉯ (차) 대손충당금   10,000원
     (대) 대손상각비   10,000원

㉰ (차) 대손상각비   25,000원
     (대) 대손충당금   25,000원

㉱ (차) 대손충당금   25,000원
     (대) 대손상각비   25,000원

① ㉮   ② ㉯   ③ ㉰   ④ ㉱

40 다음은 (주)한공의 2025년 대손 관련 자료이다.

• 1월 1일 대손충당금 기초잔액   140,000원
• 9월 10일 외상매출금 대손발생액   30,000원
• 12월 31일 기말 대손충당금 추가 설정액   40,000원

이에 대한 분개로 옳은 것은?

㉮ 9월 10일
     (차) 대손상각비   30,000원
     (대) 외상매출금   30,000원

㉯ 9월 10일
     (차) 대손상각비   30,000원
     (대) 대손충당금   30,000원

㉰ 12월 31일
     (차) 대손충당금   40,000원
     (대) 대손충당금환입   40,000원

㉱ 12월 31일
     (차) 대손상각비   40,000원
     (대) 대손충당금   40,000원

① ㉮   ② ㉯   ③ ㉰   ④ ㉱

41 매출채권의 당기 대손에 관한 정보는 다음과 같다. 당기 손익계산서에 보고될 대손상각비는 얼마인가?

• 대손충당금의 기초잔액은 150,000원이다.
• 당기 중 거래처의 파산으로 매출채권 120,000원이 회수불능하게 되었다.
• 기말 현재 파악된 매출채권의 대손예상액은 160,000원이다.

① 130,000원   ② 160,000원
③ 190,000원   ④ 310,000원

42 다음은 (주)한공의 2025년 12월 31일 수정 전 잔액시산표의 일부와 결산정리사항과 관련된 자료이다. 결산정리사항 반영 후 손익계산서상 대손상각비는 얼마인가?

〈자료 1〉 잔액시산표(수정전)
2025년 12월 31일

(주)한공   (단위: 원)

차변	계정과목	대변
	⋮	
1,000,000	매출채권	
	대손충당금	20,000
	⋮	

〈자료 2〉 결산정리사항

기말 매출채권잔액이 5%를 대손충당금으로 설정하려고 한다.

① 20,000원   ② 30,000원
③ 40,000원   ④ 50,000원

43 (주)한공의 결산정리분개 후의 대손충당금잔액으로 옳은 것은?

- 2025년 1월 1일
 기초 대손충당금 산액은 250,000원이다.

- 2025년 3월 2일
 100,000원의 대손이 발생하였다.

- 2025년 12월 31일
 기말 수정분개 시 50,000원의 대손충당금을 추가로 계상하였다.

① 100,000원   ② 150,000원
③ 200,000원   ④ 250,000원

44 다음은 (주)한공의 2024년 재무상태표의 일부와 2025년의 대손내역이다.

〈자료 1〉 재무상태표
2024년 12월 31일

(주)한공   (단위: 원)

계정과목	제5기	
	⋮	
매출채권	5,000,000	4,900,000
대손충당금	(100,000)	
	⋮	

〈자료 2〉 대손내역

거래처의 파산으로 매출채권 500,000원이 회수 불가능하게 되었다.

대손에 대한 회계처리로 옳은 것은?

㉮	(차) 대손충당금	100,000원
	(대) 매출채권	100,000원

㉯	(차) 매출채권	500,000원
	(대) 대손충당금	500,000원

㉰	(차) 대손충당금	100,000원
	대손상각비	400,000원
	(대) 매출채권	500,000원

㉱	(차) 대손충당금	100,000원
	대손상각비	4,900,000원
	(대) 매출채권	5,000,000원

① ㉮   ② ㉯   ③ ㉰   ④ ㉱

45 다음은 (주)한공의 2025년 12월 31일 수정전 잔액시산표의 일부와 결산정리사항이다. 결산정리사항 반영 후 손익계산서에 표시되는 대손상각비는 얼마인가?

〈자료 1〉 잔액시산표(수정전)
2025년 12월 31일

(주)한공   (단위: 원)

차변	계정과목	대변
	⋮	
5,000,000	매출채권	
	대손충당금	30,000
	⋮	

〈자료 2〉 결산정리사항

기말 매출채권 잔액의 2%의 대손충당금을 설정하다.

① 30,000원   ② 69,400원
③ 70,000원   ④ 100,000원

46 다음 자료에 의하여 손익계산서에 반영될 대손상각비는 얼마인가?

대손충당금			
5/31 외상매출금	XXX	1/1 전기이월	100,000
12/31 차기이월	110,000	12/31 대손상각비	XXX
	XXX		XXX

• 당기중 회수가 불가능한 것으로 판명되어 제각된 외상매출금은 20,000원이다.

① 10,000원　② 20,000원
③ 30,000원　④ 40,000원

47 다음은 한공상사의 매출채권 정보이다. 결산 시 계상할 대손상각비는 얼마인가?

• 기말 현재 매출채권은 10,000,000원이며, 결산 전 대손충당금은 150,000원이다.
• 경과기간별 매출채권 금액과 대손추정률은 다음과 같다.

경과기간	금액	대손추정률
01~30일 경과	3,000,000원	2%
31~90일 경과	6,000,000원	3%
90일 이상 경과	1,000,000원	5%
합 계	10,000,000원	

① 140,000원　② 150,000원
③ 180,000원　④ 290,000원

48 다음 자료에 의해 한공기업이 기말에 대손충당금으로 계상할 금액은 얼마인가?(단, 대손충당금은 보충법을 적용한다.)

• 기초 대손충당금 잔액은 300,000원이다.
• 5월 3일 거래처의 파산으로 매출채권 350,000원이 회수불능으로 처리되었다.
• 기말 매출채권 잔액 35,000,000원에 대하여 2%의 대손을 설정하다.

① 350,000원　② 400,000원
③ 700,000원　④ 1,000,000원

49 다음은 한공상사의 2025년도 결산전 매출채권 및 대손충당금 내역이다. 2025년 손익계산서에 계상하여야 할 대손상각비 또는 대손충당금환입

금액은 얼마인가?(단, 결산전 계상된 대손상각비는 없으며, 매출채권잔액에 대한 대손추정률은 10%이다.)

매출채권			
기초	1,000원	회수	XXX
발생	XXX	기말	1,200원

대손충당금			
		기초	100원
기말	XXX	전기대손채권의 회수	300원

① 대손충당금환입 280원
② 대손상각비　120원
③ 대손상각비　300원
④ 대손충당금환입 200원

50 다음은 한공상사의 대손충당금 관련 정보이다. 당기말 대손충당금 잔액은 얼마인가?

• 전기말 대손충당금 잔액은 30,000원이었다.
• 당기중 매출채권 15,000원을 대손처리하였다.
• 기말 결산 시 대손상각비 5,000원을 계상하였다.

① 5,000원　② 10,000원
③ 15,000원　④ 20,000원

51 다음은 한공상사의 기초 잔액시산표와 대손충당금 관련 자료이다. 2025년도말 재무상태표상의 외상매출금에 대한 대손충당금은 얼마인가?

〈자료 1〉 잔액시산표(수정전)
2025년 12월 31일

(주)한공　(단위: 원)

차변	계정과목	대변
	:	
2,000,000	외상매출금	
	대손충당금	30,000
	:	

〈자료 2〉 대손 관련 거래 및 결산 사항

• 2025년 3월 20일: 외상매출금 10,000원이 회수불능 되어 대손 처리하였다.
• 2025년 결산 시: 30,000원의 대손충당금을 추가로 계상하였다.

① 20,000원　② 30,000원
③ 40,000원　④ 50,000원

52 다음은 (주)한공의 2025년 중 매출채권과 관련된 자료이다. 2025년 손익계산서에 표시될 대손상각비는 얼마인가?

> • 2025. 1. 1. 대손충당금: 200,000원
> • 2025. 4. 3. 매출채권의 대손처리: 150,000원
> • 2025. 12. 31. 매출채권잔액에 대한 대손예상액: 170,000원

① 20,000원   ② 50,000원
③ 120,000원   ④ 170,000원

53 다음 자료를 토대로 (주)한공이 2025년말 추가로 설정해야 할 대손충당금을 계산하면 얼마인가?

> • 2025년말 수정전시산표상 매출채권 잔액: 1,000,000원
> • 2025년말 수정전시산표상 대손충당금 잔액: 4,000원
> • 2025년말 매출채권잔액에 대해 1%의 대손율 예상

① 10,000원   ② 6,000원
③ 4,000원   ④ 2,000원

54 다음 자료를 토대로 결산 시 추가로 계상할 대손충당금은 얼마인가?(단, 대손충당금은 보충법을 적용한다)

> • 결산 시 매출채권 잔액에 대하여 2%의 대손충당금을 설정하다.
> • 결산 시 잔액시산표 상의 채권 및 대손충당금 잔액
>   - 외상매출금   3,000,000원
>   - 받을어음   2,000,000원
>   - 대손충당금   30,000원

① 30,000원   ② 70,000원
③ 80,000원   ④ 100,000원

55 다음은 한공기업의 매출채권 관련 자료이다. 2025년에 인식할 대손상각비는 얼마인가?

> • 2025년 1월 1일: 매출채권 10,000,000원, 대손충당금 500,000원
> • 2025년 12월 31일 매출채권 11,000,000원 (이 중, 8%에 대하여 회수가 어려울 것으로 예상됨.)
> • 2025년 중 결산분개 전까지 대손충당금 계정에 변동이 없었다.

① 380,000원   ② 500,000원
③ 880,000원   ④ 1,260,000원

56 다음 자료를 토대로 결산정리 분개후 기말 재무상태표상 대손충당금 금액은 얼마인가?

> • 외상매출금 잔액   600,000원
> • 결산 전 대손충당금 잔액   7,000원
> • 받을어음 잔액   400,000원
> • 결산시 대손예상액   매출채권 잔액의 2%

① 5,000원   ② 12,000원
③ 13,000원   ④ 20,000원

57 다음은 한공상사의 대손충당금 관련 자료이다. 당기말 대손충당금 잔액은 얼마인가?

> • 기초 대손충당금 잔액은 40,000원이다.
> • 당기중 매출채권 15,000원을 대손처리하였다.
> • 기말 결산 시 대손상각비 10,000원을 계상하였다.

① 10,000원   ② 15,000원
③ 25,000원   ④ 35,000원

58 다음 자료에 의한 기계장치의 2025년 말 순장부금액은?

> • 2025년 7월 1일 기계장치를 2,000,000원에 구입하다.
> • 2025년 12월 31일 정액법으로 감가상각을 하다. (내용연수 5년, 잔존가치 0, 월할상각)

① 200,000원   ② 400,000원
③ 1,600,000원   ④ 1,800,000원

59 다음 자료에 의하여 2025년 감가상각비를 계산한 것으로 옳은 것은?

- 2024년 1월 영업용 차량을 10,000,000원에 구입하였다.
- 감가상각은 연 1회, 정률법(상각률 20%)으로 한다.
- 2025년 12월 31일 결산을 수행하였다.

① 1,000,000원   ② 1,600,000원
③ 2,000,000원   ④ 3,600,000원

60 다음 자료에 의하여 2025년 결산 시 감가상각비를 계산하면 얼마인가?

- 2025년 4월 1일 건물을 2,000,000원에 구입하였다.
- 감가상각방법은 정액법이며 월할상각한다.
- 건물의 내용연수는 5년이며, 잔존가치는 없다.
- 2025년 12월 31일 결산을 수행하였다.

① 300,000원   ② 400,000원
③ 500,000원   ④ 600,000원

61 다음은 업무용 비품대장의 일부이다. 당기 말 손익계산서에 표시될 감가상각비는 얼마인가?

비품 대장

관리번호/자산명	A-5/소파
관리책임	관리부장
취득일	2025년 1월 1일
처분일	
취득금액	10,000,000원
처분금액	
내용연수	5년
잔존가치	1,000,000원

① 900,000원   ② 1,000,000원
③ 1,800,000원   ④ 2,000,000원

62 (주)한공상사는 2025년 1월 1일에 건물을 5,000,000원에 구입하고, 취득세 500,000원을 현금으로 지급하였다. 2025년 12월 31일 결산 시 정액법에 의한 감가상각비는 얼마인가?(단, 내용연수 10년, 잔존가치 500,000원, 결산 연 1회)

① 50,000원   ② 450,000원
③ 500,000원   ④ 550,000원

63 한공상점은 2025년 1월 1일에 건물을 7,000,000원에 구입하고, 취득세 300,000원과 중개수수료 100,000원을 수표를 발행하여 지급하였다. 2025년 12월 31일 결산 시 정액법에 의한 감가상각비를 계산하면 얼마인가?(단, 내용연수 10년, 잔존가치 0원, 월할계산)

① 700,000원   ② 710,000원
③ 730,000원   ④ 740,000원

64 한공기업은 2025년 1월 1일 본사 건물을 구입하였다. 건물의 구입가격은 1,000,000원이고, 취득 중개수수료 100,000원은 현금으로 지급하였다. 이 건물의 내용연수는 5년이고 잔존가치는 없으며 월할상각한다. 2025년 12월 31일 결산시 정액법에 의한 감가상각비는 얼마인가?

① 100,000원   ② 110,000원
③ 200,000원   ④ 220,000원

65 (주)한공은 2024년 7월 1일 본사건물을 1,000,000원에 구입하였다. 2025년 재무상태표에 계상된 본사건물 감가상각누계액은 얼마인가?(단, 잔존가치는 없으며 내용연수는 10년, 정액법으로 월할 상각한다.)

① 50,000원   ② 100,000원
③ 150,000원   ④ 200,000원

66 다음은 한공상사가 취득한 차량운반구에 대한 자료이다. 2025년 감가상각비는 얼마인가?

- 취득일자: 2025년 7월 1일
- 취득원가: 50,000,000원(잔존가치 없음)
- 내용연수: 10년(월할상각)
- 감가상각방법: 정액법

① 2,500,000원   ② 3,000,000원
③ 4,500,000원   ④ 5,000,000원

67 다음은 한공상사의 건물취득 관련 자료이다. 2025년도 결산 후 건물의 감가상각누계액을 차감한 장부금액은 얼마인가?

- 취득일: 2023년 1월 1일
- 취득원가: 1,000,000원
- 내용연수: 10년
- 잔존가치: 0원
- 감가상각 방법은 정액법이며, 월할상각한다.

① 700,000원   ② 800,000원
③ 900,000원   ④ 1,000,000원

68 다음 자료를 토대로 한공기업의 2025년 결산 시 계상할 감가상각비는 얼마인가?

- 유형자산의 감가상각방법: 정률법(상각률 20%), 월할상각
- 2025년 1월 1일: 기계장치(취득원가 300,000원, 감가상각누계액 200,000원)
- 2025년 7월 1일: 비품을 100,000원에 취득함.

① 20,000원   ② 30,000원
③ 40,000원   ④ 50,000원

69 다음은 (주)한공의 기계장치 구입과 관련된 자료이다. 2025년 결산 시 동 기계장치에 대한 감가상각비금액은 얼마인가?

- 취득시점: 2025년 1월 1일
- 기계장치 취득원가: 2,200,000원
- 감가상각방법: 정액법, 내용연수 5년
- 잔존가치: 200,000원

① 200,000원   ② 300,000원
③ 400,000원   ④ 500,000원

⑪ 내부통제제도와 내부회계관리제도

01 다음 중 내부통제제도의 목적에 해당하지 않는 것은?

① 기업 운영의 효율성 및 효과성 확보
② 재무정보의 신뢰성 확보
③ 관련법규 및 정책의 준수
④ 회사의 경영성과 극대화

02 다음 중 내부통제제도 구성요소에 해당하지 않는 것은?

① 통제환경   ② 고객관계
③ 통제활동   ④ 위험평가

03 다음 중 내부통제제도 효과와 한계에 대한 설명으로 옳지 않은 것은?

① 효과적인 내부통제제도는 경영진의 업무성과를 측정하는데 기여할 수 있다.
② 효과적인 내부통제제도는 직원의 위법행위를 신속히 발견할 수 있게 한다.
③ 효과적인 내부통제제도를 통해서 모든 위험을 통제할 수 있다.
④ 효과적인 내부통제제도는 회사가 사의적절한 대응조치를 취할 수 있게 한다.

04 다음 중 내부회계관리제도에 대한 설명으로 옳지 않은 것은?

① 내부회계관리제도는 운영목적이나 법규준수목적과 관련된 통제절차를 포함하지 않는다.
② 내부회계관리제도는 재무정보의 신뢰성 확보를 주목적으로 한다.
③ 내부회계관리제도는 자산의 보호 및 부정방지 프로그램이 포함된다.
④ 내부회계관리제도와 내부통제제도는 밀접한 관계에 있다.

05 다음 중 내부회계관리제도에 대한 설명으로 옳지 않은 것은?

① 자산보호와 관련된 통제는 승인되지 않은 자산의 취득 등을 예방·적발하는 체계를 포함한다.
② 부정방지 프로그램은 부정을 예방·적발하는 체계를 포함한다.
③ 경영진의 권한남용에 대한 부정방지 프로그램이 없는 경우 통제상 중요한 취약점이 된다.
④ 재고실사를 통해 자산의 도난이나 분실을 완전히 막을 수 있다.

유형별 연습문제

실무수행평가

유형상사(회사코드 4200)는 사무용기기 도·소매업을 운영하는 개인기업으로, 회계기간은
제6기(2025.1.1.~2025.12.31.)이다. 제시된 자료와 [자료설명]을 참고하여 [평가문제]의
물음에 답하시오.

실무수행 유의사항	1. 타계정 대체와 관련된 적요는 반드시 코드를 입력하여야 한다. 2. 채권·채무, 예금거래 등 관리대상 거래자료에 대하여는 거래처코드를 반드시 등록한다. 3. 자금관리 등 추가 작업이 필요한 경우 문제의 요구에 따라 추가 작업하여야 한다. 4. 등록된 계정과목 중 가장 적절한 계정과목을 선택한다. 5. 부가가치세는 고려하지 않는다.

01 기초정보관리의 이해

1 사업자등록증에 의한 회사등록 수정

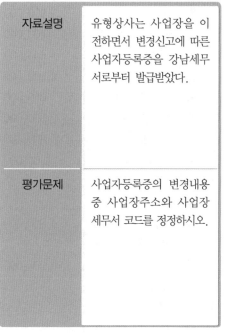

자료설명	유형상사는 사업장을 이 전하면서 변경신고에 따른 사업자등록증을 강남세무 서로부터 발급받았다.
평가문제	사업자등록증의 변경내용 중 사업장주소와 사업장 세무서 코드를 정정하시오.

2 전기분손익계산서 입력 수정

손 익 계 산 서

제5(당)기 2024년 1월 1일부터 2024년 12월 31일까지
제4(전)기 2023년 1월 1일부터 2023년 12월 31일까지

과 목	제5(당)기		제4(전)기	
	금 액		금 액	
I. 매　　출　　액		850,000,000		740,000,000
상 품 매 출	850,000,000		740,000,000	
II. 매　　출　　원　　가		596,000,000		97,000,000
상 품 매 출 원 가		596,000,000		97,000,000
기 초 상 품 재 고 액	16,000,000		15,000,000	
당 기 상 품 매 입 액	600,000,000		98,000,000	
기 말 상 품 재 고 액	20,000,000		16,000,000	
III. 매 출 총 이 익		254,000,000		643,000,000
IV. 판 매 비 와 관 리 비		44,550,000		34,610,000
급　　　　　　여	26,000,000		18,000,000	
복 리 후 생 비	4,500,000		3,700,000	
여 비 교 통 비	750,000		550,000	
접대비(기업업무추진비)	2,000,000		1,750,000	
통　　신　　비	1,000,000		920,000	
수 도 광 열 비	500,000		340,000	
세 금 과 공 과 금	650,000		470,000	
감 가 상 각 비	2,900,000		2,850,000	
보　　험　　료	850,000		840,000	
차 량 유 지 비	2,300,000		1,950,000	
운　　반　　비	800,000		740,000	
소 모 품 비	2,300,000		2,500,000	
V. 영 업 이 익		209,450,000		608,390,000
VI. 영 업 외 수 익		4,200,000		3,900,000
이 자 수 익	4,200,000		3,900,000	
VII. 영 업 외 비 용		3,000,000		3,790,000
이 자 비 용	3,000,000		3,790,000	
VIII. 소득세차감전순이익		210,650,000		608,500,000
IX. 소 득 세 등		650,000		500,000
X. 당 기 순 이 익		210,000,000		608,000,000

자료설명	1. 유형상사의 전기(제5기)분 재무제표는 이미 이월받아 등록되어 있다.
	2. 유형상사의 전기(제5기)분 손익계산서 검토결과 입력오류를 발견하였다.
평가문제	입력이 누락되었거나 오류부분을 찾아 수정입력 하시오.

3 계정과목 추가(수정)

자료설명	가구영업과 관련된 프랜차이즈 계약을 맺고 가맹점 권리를 취득하였다.
평가문제	무형자산 중 '광업권' 계정과목을 '프랜차이즈' 계정과목으로 수정하시오.

4 거래처별 초기이월등록

┃미지급금 명세서┃

코드	거래처명	적요	금액	비고
03009	진영자동차	차량 할부금	2,500,000원	
99602	신한카드	카드 대금	6,000,000원	
99603	삼성카드	카드 대금	8,500,000원	
합 계			17,000,000원	

자료설명	유형상사의 전기분 재무제표는 이월받아 등록되어 있다.
평가문제	미지급금에 대한 거래처별 초기이월사항을 등록하시오.

02 거래자료입력

1 매입·매출거래

1. 07월 01일: 광주상사에 상품 2,000,000원을 외상으로 판매하였다.

2. 07월 02일: 울진상사에 상품 5,000,000원을 판매하고 대금 중 3,000,000원은 자기
앞수표로 받고 나머지는 외상으로 하였다.

3. 07월 03일: 강릉상사에 판매하기로 계약하였던 상품 3,000,000원을 인도하고 6월 28일 받은 계약금 300,000원을 제외한 나머지 금액은 외상으로 하였다.

4. 07월 04일: 경기상사에 상품 5,000,000원을 판매하고 대금은 동점발행 당좌수표로 받았다. 매출 시 발생한 운임 50,000원은 당점이 부담하기로 하고 현금으로 지급하였다.

5. 07월 05일: 명동상사(주)에서 상품 3,000,000원을 외상으로 구입하고 대금은 다음 달 말일까지 지급하기로 하였다.

6. 07월 06일: (주)평화상사에서 상품 2,000,000원을 외상으로 매입하고, 운반비 20,000원은 현금 지급하였다.

7. 07월 07일: 명동상사(주)에서 상품 7,000,000원을 구입하면서 7월 1일 지급한 계약금 1,000,000원을 차감한 잔액은 외상으로 하였다.

2 어음 거래

1. 08월 01일: (주)부산상사의 외상매입금 5,000,000원을 약속어음을 발행하여 지급하였다. 약속어음 등록(수령일: 2025년 8월 1일, 금융기관: 국민은행, 매수: 10매) 후 지급어음 관리내역도 작성하시오.

약 속 어 음

(주)부산상사 귀하   자타20250801

금   오백만원정   **5,000,000원**

위의 금액을 귀하 또는 귀하의 지시인에게 지급하겠습니다.

지급기일 2026년 1월 2일	발행일 2025년 8월 1일
지 급 지 국민은행	발행지 서울시 강남구 강남대로 580
지급장소 삼성지점	주 소
	발행인 유형상사

2. 08월 02일: 전주상사에 발행하였던 지급어음 3,000,000원이 만기가 도래되어 국민은행 당좌예금에서 계좌이체 되었다.[어음번호:0042025070212345678 9(2025.8.2.만기)]

3. 08월 03일: 안동상사에 대한 외상매출금을 전자어음으로 받았다.

전 자 어 음

유형상사 귀하 01120250803123456789

금 이백오십만원정 **2,500,000원**

위의 금액을 귀하 또는 귀하의 지시인에게 지급하겠습니다.

지급기일 2026년 1월 3일   발행일 2025년 8월 3일
지 급 지 농협   발행지 서울시 서초구 서초대로 101
지급장소 서초지점   주 소
  발행인 안동상사

4. 08월 04일: 강릉상사에서 제품판매대금으로 받아 보관중인 전자어음 6,000,000원이 만기일이 되어 은행에 제시한 결과 당사 국민은행 당좌예금계좌로 금일 입금되었다.(어음번호: 00420250704123456789)

5. 08월 05일: 부족한 자금을 조달하기 위하여 (주)충주상사에서 받아 보관중인 전자어음 7,000,000원(어음번호: 00420250705123456789, 지급기일: 2025.9.15., 지급은행: 국민은행 삼성지점)을 당사 거래은행인 국민은행에서 할인하고 할인료 50,000원을 차감한 잔액은 당사 국민은행 당좌계좌로 입금 받았다. (할인율 입력은 생략)

6. 08월 06일: (주)수원상사의 외상매입대금을 경기상사에서 받아 보관중인 전자어음 4,000,000원을 배서하여 지급하였다.(어음번호: 00420250706123456789)

3 판매비와관리비 거래

1. 09월 01일: 재경팀 사원 박지은의 급여를 농협은행 보통예금계좌에서 이체하여 지급하였다.

성명	급여	국민연금	건강보험	소득세	지방소득세	차감지급액
박지은	1,500,000원	130,000원	60,000원	20,000원	2,000원	1,288,000원

2. 09월 02일: 종업원들에게 지급할 작업복을 구입하고 대금 210,000원은 삼성카드로 결제하였다.

3. 09월 03일: 직원 야유회를 위하여 과일을 구입하고 대금 300,000원은 자기앞수표로
지급하였다.

4. 09월 04일: 8월분 급여지급분에 대한 건강보험료 500,000원을 농협 보통예금계좌에
서 이체하여 납부하였다. 건강보험료의 50%는 급여 지급 시 원천징수한
금액이며, 50%는 회사부담분이다. 당사는 회사부담분을 '복리후생비'로
처리하고 있다.

5. 09월 05일: 영업부 사원의 국외출장 왕복항공료 1,200,000원을 삼성카드로 결제하였다.

6. 09월 06일: 거래처 직원의 청첩장을 받고 축하금 50,000원을 현금으로 지급하다.

7. 09월 07일: 거래처 경기상사의 창사기념일을 맞아 동양란을 보내고 대금 80,000원은
현금으로 지급하였다.

8. 09월 08일: 신상품 설명회 후 거래처 직원과 함께 식사를 하고 대금 45,000원은 삼성
카드로 결제하였다.

9. 09월 09일: 매출거래처 직원의 결혼식에 보낼 화환을 구입하고 계산서를 발급받았다.
대금 95,000원은 당사 당좌수표(국민은행)를 발행하여 지급하였다.

10. 09월 10일: 판매사원의 영업용 핸드폰 요금 88,000원이 농협 보통예금계좌에서 자동
이체 되었다.

11. 09월 11일: 매출처에 관련서류를 등기우편으로 발송하고 우편료 4,000원은 현금으로
지급하였다.

12. 09월 12일: 수도요금 30,000원이 농협 보통예금계좌에서 자동 이체되었다.

13. 09월 13일: 난방용 유류 200,000원을 서울주유소에서 구입하고 대금은 현금으로 지
급하였다.

14. 09월 14일: 전기요금 230,000원이 농협 보통예금계좌에서 자동 이체되었다.

15. 09월 15일: 영업부에서 사용중인 상품 운송용 트럭에 대한 자동차세 80,000원을 현금으로 납부하였다.

16. 09월 16일: 상품 운송용 트럭에 대한 면허세 18,000원을 현금으로 납부하였다.

17. 09월 17일: 본사건물에 대한 재산세 800,000원을 현금으로 납부하였다.

18. 09월 18일: 상공회의소회 일반회비 50,000원을 현금으로 납부하였다.

19. 09월 19일: 계약서에 첨부할 인지 100,000원을 현금으로 구입하였다.

20. 09월 20일: 국민연금보험료 460,000원을 현금으로 납부하였다. 국민연금보험료의 50%는 급여 지급 시 원천징수한 금액이며, 50%는 회사부담분이다. 당사는 회사부담분을 '세금과공과금'으로 처리하고 있다.

21. 09월 21일: 강남빌딩의 9월분 임차료 1,000,000원 중 700,000원은 현금으로 지급하고 나머지는 다음 달에 지급하기로 하였다.

22. 09월 22일: 사무실 에어컨을 수리하고 대금 90,000원을 현금으로 지급하였다.(수익적지출로 회계처리)

23. 09월 23일: 상품 배송용 화물차에 대한 자동차보험을 삼성화재에 가입하고 1년분 보험료 1,200,000원을 현금으로 지급하였다.(비용으로 처리)

24. 09월 24일: 영업용승용차의 엔진오일을 보충하고 카센터에 현금 40,000원을 지급하였다.

25. 09월 25일: 경기상사에 상품 샘플을 발송하면서 퀵서비스 비용 20,000원을 현금으로 지급하였다.

26. 09월 26일: 신입사원의 실무능력향상을 위한 외부 위탁교육을 실시하고 교육비 300,000원을 현금으로 지급하였다.

27. 09월 27일: 본사 사무실의 신문구독료 15,000원을 한국일보에 현금으로 지급하였다.

28. 09월 28일: 사무실에서 사용할 사무용 소모품 100,000원을 현대문구에서 구입하고 대금은 현금으로 지급하였다.(비용으로 회계처리)

29. 09월 29일: 당사의 장부기장을 의뢰하고 있는 세무사사무소에 장부기장수수료 500,000 원을 농협 보통예금계좌에서 이체하여 지급하였다.

30. 09월 30일: 신상품의 광고를 위한 현수막을 제작하고 제작비 150,000원을 현금으로 지급하였다.

4 기타거래

1. 10월 01일: 단기매매차익을 목적으로 상장회사인 (주)한국의 주식 1,000주를 주당 6,000원(액면금액 5,000원)에 구입하고 대금은 매입수수료 8,000원을 포함하여 총 6,008,000원을 농협 보통예금계좌에서 이체하였다.

2. 10월 02일: 단기간의 매매차익을 목적으로 총액 2,000,000원에 구입한 주식을 1,800,000 원에 처분하였으며 처분대금은 농협 보통예금계좌에 입금되었다.

3. 10월 03일: 단기간의 매매차익을 목적으로 총액 1,000,000원에 구입한 주식을 1,300,000 원에 처분하였으며 처분대금은 농협 보통예금계좌에 입금되었다.

4. 10월 04일: 경기상사에서 상품 2,000,000원을 구입하기로 계약하고, 계약금 10%는 현금으로 지급하였다.

5. 10월 05일: 광주상사에서 상품 5,000,000원을 판매하기로 계약하고, 계약금 10%는 현금으로 받았다.

6. 10월 06일: 거래처 공주오피스에 현금 2,000,000원을 대여하였다.(10개월 후 상환받기로 약정함)

7. 10월 07일: 사업확장을 위하여 기업은행에서 20,000,000원을 차입하여 농협 보통예금계좌에 입금되었다.(3년 후 상환, 이자지급일 매월 30일)

8. 10월 08일: 사원 김영숙의 출장비로 현금 500,000원을 우선 개산하여 지급하고, 출장
    비사용명세서를 받아 출장비를 정산하기로 하였다.

9. 10월 09일: 사원 김영숙은 세미나참석을 위한 출장경비로 지급받은 업무가지급금
    500,000원에 대해 다음과 같이 사용하고 잔액은 현금으로 정산하였다.
    (여비교통비로 처리할 것)

• 왕복항공료 240,000원	• 택시요금 50,000원	• 숙박비 200,000원

10. 10월 10일: 영업부 김상진 부장은 10월 7일 제주도 출장경비로 지급받은 업무가지급
    금 400,000원에 대해 다음과 같이 사용하고 잔액은 현금으로 정산하였
    다.(여비교통비로 처리할 것)

• 숙박비 150,000원	• 왕복항공료 270,000원	• 택시요금 50,000원

11. 10월 11일: 현금출납장의 잔액과 비교하여 실제 현금이 50,000원 부족하였다. 그 원인을
    파악할 수 없어서, 원인을 찾을 때까지 현금과부족으로 처리하기로 하였다.

12. 10월 12일: 10월 11일 현금과부족으로 처리한 50,000원은 사무실 직원 야근식대로
    확인되었다.

13. 10월 13일: 현금시재를 확인한 결과 실제잔액이 장부잔액보다 30,000원 많은 것을 발
    견하였는데 그 원인은 아직 알 수 없다.

14. 10월 14일: 9월분 급여지급 시 징수한 소득세·지방소득세 22,000원을 농협 보통예금
    계좌에서 이체하여 납부하였다.

15. 10월 15일: 지점확장을 위해 강남빌딩과 월세계약서를 작성하고, 보증금 10,000,000
    원을 농협 보통예금계좌에서 이체하였다.

16. 10월 16일: 농협 보통예금계좌에 2,000,000원이 입금되어 있으나 원인을 알 수 없다.

17. 10월 17일: 보통예금 통장으로 입금된 2,000,000원은 대구전자의 외상매출금으로 확인되었다.

18. 10월 18일: 비씨카드 사용금액 1,500,000원이 농협 보통예금계좌에서 자동 이체되었다.

19. 10월 19일: 업무용 복사기를 하이마트에서 구입하고 대금 3,000,000원을 삼성카드로 결제하였다.

20. 10월 20일: 상품 운송을 위한 중고트럭을 8,000,000원에 구입하고 당사 농협 보통예금계좌에서 이체하였다.

21. 10월 21일: 판매관리프로그램을 구입하고 4,000,000원을 농협 보통예금계좌에서 이체하였다.

22. 10월 22일: 매장 건물을 신축하기 위하여 토지를 취득하고 그 대금 30,000,000원을 당사 당좌수표(국민은행)를 발행하여 지급하였다. 또한 부동산 중개수수료 500,000원과 취득세 600,000원은 현금으로 지급하였다.

23. 10월 23일: 업무용 승용차(스파크)를 매각하고 대금 3,000,000원을 농협 보통예금계좌로 이체 받았다.(취득금액 12,000,000원, 처분시점까지의 감가상각누계액은 10,000,000원)

24. 10월 24일: 본사사무실에 사용중이던 온풍기를 매각하고 대금 1,000,000원을 농협 보통예금계좌로 이체 받았다.(취득금액 5,000,000원, 처분시점까지의 감가상각누계액은 3,500,000원)

25. 10월 25일: 나약상사의 파산으로 외상매출금 2,000,000원이 회수가 불가능하여 대손처리 하였다. 단, 대손처리시점의 대손충당금 잔액을 조회하여 처리하시오.

26. 10월 26일: 사장 개인용 승용차에 대한 자동차세 450,000원을 현금으로 납부하였다.

27. 10월 27일: 사업주가 회사자금이 부족하여 농협 보통예금계좌에 10,000,000원을 입금하였다.

28. 10월 28일: 창고용 건물을 김포산업에 임대하고 10월분 임대료 250,000원을 현금으로 받았다.

29. 10월 29일: 국제구호단체에 현금 300,000원을 기부하였다.

30. 10월 30일: 장기차입금에 대한 이자 120,000원을 농협 보통예금계좌에서 이체하였다.

31. 10월 31일: 안동상사에 대여한 단기대여금 5,000,000원과 이자 250,000원을 농협 보통예금계좌로 회수하였다.

03 전표수정

1 입력자료 수정

1. 11월 15일: (주)코리아에 외상대금 1,000,000원을 이체하면서 수수료 1,000원이 지급된 거래이다.

┃ 자료. 보통예금(농협) 거래내역 ┃

		내용	찾으신금액	맡기신금액	잔액	거래점
번호	거래일	계좌번호 413-02-491735 유형상사				
1	2025-11-15	(주)코리아	1,001,000		***	***

2. 11월 18일: 11월분 사무실 임차료를 지급한 거래가 '세금과공과금'으로 입력되어 있다.

3. 11월 20일: 운반비 80,000원의 현금 지출은 판매과정에서 발생한 것이 아니라, 상품을 구매하는 과정에서 발생한 것으로 확인되었다.

2 거래처 변경

1. 11월 25일: 거래처별 외상매출금 잔액이 맞지 않아 거래처원장을 검토한 결과 한일상회로부터 현금으로 회수한 외상매출대금 2,000,000원이 한성기업으로 잘못 입력되었음을 발견하였다.

04 결산

1 수동결산

1. 결산일 현재 보험료 미경과분 400,000원을 계상하시오.

2. 12월 31일 현재 단기차입금에 대한 기간 경과분 이자 300,000원이 장부에 미계상 되었다.

3. 결산일 현재 정기예금에 대한 기간 경과분 미수이자 25,000원을 계상하다.

4. 결산일 현재 대여금에 대한 이자 중 선수분은 50,000원이다.

5. 소모품 구입 시 전액 소모품비로 비용처리하고 결산 시 미사용분을 자산으로 계상하고 있다. 2025년도 말 결산을 위해 재고를 파악한 결과 미사용 소모품은 100,000원으로 확인되었다.

6. 기말현재까지 현금과부족으로 처리되었던 현금과다액 30,000원에 대한 원인이 아직 밝혀지지 않았다.

7. 인출금계정 잔액을 자본금계정으로 대체하기로 한다.

2 결산자료입력에 의한 자동결산

1. 기말상품재고액은 6,000,000원이다.

2. 당기 분 차량운반구 감가상각비는 2,500,000원이다.

3. 대손충당금은 기말 매출채권(외상매출금, 받을어음) 잔액에 대하여 1%를 설정하다. (보충법)

4. 12월 31일을 기준으로 '손익계산서 → 재무상태표'를 순서대로 조회 작성하시오.(단, 손익계산서 조회 작성 시 상단부 [기능모음]의 '추가'를 이용하여 '손익대체분개'를 수행할 것.)

05 회계정보분석

1 일계표 조회

1. 2월 1일 ~ 2월 15일에 발생한 판매관리비 중 지출이 가장 큰 계정과목은?

2 월계표 조회

1. 3월 중 현금지출이 가장 많았던 판매관리비 계정과목은?

2. 6월 한 달 동안 판매관리비 지출금액은 총 얼마인가?

3 계정별원장 조회

1. 4월 중 외상매출금 회수액은 얼마인가?

2. 5월 중 발생한 외상매입금 금액은 얼마인가?

4 거래처원장 조회

1. 3월 31일 현재 매출처 한성기업의 외상매출금 잔액은 얼마인가?

2. 6월 30일 현재 외상매입금 잔액이 가장 큰 거래처 코드번호와 금액은 얼마인가?

5 총계정원장 조회

1. 상반기(1월 ~ 6월) 중 상품의 매입액이 가장 큰 달은 몇 월인가?

2. 상반기(1월 ~ 6월) 중 판매비와관리비의 '통신비' 지출액이 가장 많은 월은?

6 현금출납장 조회

1. 1월 14일 현재 현금시재액은 얼마인가?

2. 2월 중 현금지출액은 얼마인가?

7 일일자금명세 조회

1. 2월 28일에 현금지출 거래가 없는 계정은?
   ① 복리후생비
   ② 접대비(기업업무추진비)
   ③ 수도광열비
   ④ 임차료

2. 3월 31일자 일일자금명세(경리일보)의 내용 중 틀린 것은?
   ① 당좌예금 잔액 50,000,000원
   ② 보통예금 잔액   44,497,000원
   ③ 받을어음 잔액   5,500,000원
   ④ 단기차입금 잔액 66,880,000원

8 예적금현황 조회

1. 6월 30일자 예적금 잔액이 틀린 것은?
   ① 국민은행 50,000,000원
   ② 농협   14,900,000원
   ③ 기업은행 35,000,000원
   ④ 하나은행 10,100,000원

9 받을어음현황 조회

1. 6월 30일 현재 거래처별 받을어음 잔액으로 옳지 않은 것은?
   ① 대구전자 5,500,000원
   ② 민주상사 2,900,000원
   ③ 한성기업 6,000,000원
   ④ 안동상사 9,400,000원

10 지급어음현황 조회

1. 6월(6월 1일 ~ 6월 30일) 중 만기가 되는 지급어음의 거래처는 어디인가?
   ① 경기상사
   ② 광주상사
   ③ 명도상사(주)
   ④ 충주상사

11 어음집계표 조회

1. 부산은행에서 2025년에 수령한 약속어음 중 미 발행된 어음의 매수는 몇 매인가?

12 합계잔액시산표 또는 재무상태표 조회

1. 6월 30일 현재 비유동자산 잔액은 얼마인가?

2. 6월 30일 현재 현금및현금성자산의 잔액은 얼마인가?

3. 6월 30일 매입채무 잔액은 얼마인가?

4. 당기초 건물의 장부금액(취득원가 − 감가상각누계액)은 얼마인가?

5. 6월 30일 현재 임차보증금잔액은 전기에 비하여 얼마나 변동되었는가?

6. 유동비율이란 기업의 단기 지급능력을 평가하는 지표이다. 3월 말 현재 유동비율을 계산하면?(단, 소숫점 이하는 버림 할 것.)

$$유동비율(\%) = \frac{유동자산}{유동부채} \times 100$$

13 손익계산서 조회

1. 상반기(1월 ~ 6월) 장부에 계상한 통신비는 얼마인가?

2. 상반기(1월 ~ 6월) 복리후생비 월평균발생액은 얼마인가?

3. 1분기(1월 ~ 3월) 판매비와관리비는 얼마인가?

4. 1분기(1월 ~ 3월) 상품매입액은 얼마인가?

5. 전기 손익계산서를 기초로 계산한 매출총이익률은 얼마인가?(단, 소숫점 이하는 버림 할 것.)

$$매출총이익률(\%) = \frac{매출총이익}{매출액} \times 100$$

제 2 장

최신 기출문제

■ 비대면 시험 기출문제
2025년으로 개정 완벽 반영

최신 기출문제 제69회

아래 문제에서 특별한 언급이 없으면 기업의 보고
기간(회계기간)은 매년 1월 1일부터 12월 31일까지
입니다. 또한 기업은 일반기업회계기준 및 관련 세
법을 계속적으로 적용하고 있다고 가정하고 물음에
가장 합당한 답을 고르시기 바랍니다.

실무이론평가

01 다음 중 회계정보의 이용자가 필요로 하는 정보
로 적절하지 않은 것은?

① 채권자: 배당금이 얼마인지에 대한 정보
② 경영자: 영업이익이 얼마인지에 대한 정보
③ 종업원: 성과급을 얼마나 받을지에 대한 정보
④ 세무서: 세금을 얼마나 내는지에 대한 정보

02 다음 중 (가)와 (나)에 대한 설명으로 옳지 않은
것은?

(가) 대여금에 대한 이자 100,000원이 보통예금
계좌에 입금되었다.
(나) 거래처로부터 상품 300,000원을 매입하기
로 계약하고, 계약금(매입대금의 10%)을 보통예
금 계좌에서 이체하였다.

① (가)는 손익거래이다.
② (나)는 교환거래이다.
③ (가)는 차변에 비용의 발생, 대변에 자산의 감소로
결합되는 거래이다.
④ (나)는 차변에 자산의 증가, 대변에 자산의 감소로
결합되는 거래이다.

03 다음 자료를 토대로 매출채권 금액을 계산하면
얼마인가?

• 외상매출금	5,800,000원
• 받을어음	3,000,000원
• 미수금	1,500,000원
• 미수수익	3,500,000원

① 3,000,000원   ② 4,500,000원
③ 5,800,000원   ④ 8,800,000원

04 다음은 한공상사의 상품 매입과 판매 관련 자료
이다. 상품의 취득원가를 계산하면 얼마인가?

• 상품 매입액	100,000원
• 매입운임	5,000원
• 보험료	7,000원 (상품 매입 관련)
• 판매운임	3,000원 (상품 판매 관련)

① 105,000원   ② 107,000원
③ 112,000원   ④ 115,000원

05 다음의 상품매입 거래를 회계처리 할 때 (가),
(나)에 해당하는 계정과목으로 옳은 것은?

주문했던 상품(500,000원)을 인수하고 주문 시
지급했던 계약금 50,000원을 제외한 잔액은 외
상으로 하다
(차) 상품 500,000원 (대) 50,000원
                          (나) 450,000원

	(가)	(나)
①	선급금	외상매입금
②	선급금	미지급금
③	선수금	외상매입금
④	선수금	미지급금

06 다음 중 도소매업을 영위하는 기업의 판매비와
관리비에 해당하는 계정과목이 아닌 것은?

① 임차료   ② 보험료
③ 감가상각비   ④ 기부금

07 다음 자료를 토대로 매출원가를 계산하면 얼마
인가?

• 기초상품재고액	100,000원
• 기말상품재고액	200,000원
• 총매입액	3,500,000원
• 매출환입	100,000원
• 매입에누리	60,000원
• 매입할인	40,000원

① 3,200,000원   ② 3,300,000원
③ 3,340,000원   ④ 3,400,000원

08 다음 중 손익계산서의 작성과 표시에 대한 설명으로 옳지 않은 것은?

① 손익계산서는 발생주의에 따라 작성하는 것을 원칙으로 한다.
② 손익계산서의 수익과 비용은 총액기준에 따라 보고하는 것을 원칙으로 한다.
③ 손익계산서는 수익·비용 대응의 원칙에 따라 작성한다.
④ 손익계산서의 세부항목들은 유동성배열법에 따라 표시한다.

09 다음은 한공상사의 결산과 관련된 대화 장면이다. 회계처리에 대한 설명으로 옳은 것은?

김부장: 오늘이 결산일인데, 지난 달 현금과부족으로 회계처리했던 현금 부족액 7만원의 원인을 파악하였나요?

이대리: 3만원은 교통비 지급액으로 밝혀졌는데, 나머지 금액은 원인을 파악하지 못했습니다.

① 현금 계정 차변에 40,000원을 기입한다.
② 잡이익 계정 대변에 40,000원을 기입한다.
③ 여비교통비 계정 대변에 30,000원을 기입한다.
④ 현금과부족 계정 대변에 70,000원을 기입한다.

10 다음은 업무용 비품대장의 일부이다. 2025년말 손익계산서에 표시될 감가상각비는 얼마인가?

비품 대장			
관리번호/자산명	A-5/소파	관리책임	관리부장
취득일	2025년 1월 1일	처분일	
취득금액	10,000,000원	처분금액	
내용연수	5년	잔존가치	1,000,000원
상각방법	정액법(연1회 월할상각)	기장방법	간접법

① 900,000원   ② 1,000,000원
③ 1,800,000원   ④ 2,000,000원

실무수행평가

웨스트우드(회사코드 4269)는 의류 도·소매업을 운영하는 개인기업으로, 회계기간은 제7기(2025.1.1. ~ 2025.12.31.)이다. 제시된 자료와 [자료설명]을 참고하여 [수행과제]를 완료하고 [평가문제]의 물음에 답하시오.

실무수행 유의사항	1. 타계정 대체와 관련된 적요는 반드시 코드를 입력하여야 한다. 2. 채권·채무, 예금거래 등 관리대상 거래자료에 대하여는 거래처코드를 반드시 입력한다. 3. 자금관리 등 추가 작업이 필요한 경우 문제의 요구에 따라 추가 작업하여야 한다. 4. 등록된 계정과목 중 가장 적절한 계정과목을 선택한다. 5. 부가가치세는 고려하지 않는다.

실무수행 ◎ 기초정보관리의 이해

회계관련 기초정보는 입력되어 있다. [자료설명]을 참고하여 [수행과제]를 수행하시오.

1 사업자등록증에 의한 회사등록 수정

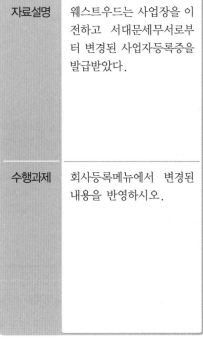

자료설명	웨스트우드는 사업장을 이전하고 서대문세무서로부터 변경된 사업자등록증을 발급받았다.
수행과제	회사등록메뉴에서 변경된 내용을 반영하시오.

2 전기분 손익계산서의 입력수정

손 익 계 산 서

제6(당)기 2024년 1월 1일부터 2024년 12월 31일까지
제5(전)기 2023년 1월 1일부터 2023년 12월 31일까지

웨스트우드 (단위: 원)

과 목	제6(당)기		제5(전)기	
	금 액		금 액	
Ⅰ. 매 출 액		815,000,000		653,000,000
상 품 매 출	815,000,000		653,000,000	
Ⅱ. 매 출 원 가		460,000,000		354,000,000
상 품 매 출 원 가		460,000,000		354,000,000
기 초 상 품 재 고 액	130,000,000		20,000,000	
당 기 상 품 매 입 액	520,000,000		464,000,000	
기 말 상 품 재 고 액	190,000,000		130,000,000	
Ⅲ. 매 출 총 이 익		355,000,000		299,000,000
Ⅳ. 판 매 비 와 관 리 비		199,490,000		201,900,000
급 여	113,000,000		100,751,500	
복 리 후 생 비	45,000,000		61,000,000	
여 비 교 통 비	8,500,000		8,000,000	
접대비(기업업무추진비)	3,730,000		3,200,000	
통 신 비	2,850,000		2,800,000	
전 력 비	1,250,000		1,000,000	
세 금 과 공 과 금	5,151,500		5,300,000	
감 가 상 각 비	2,048,500		2,048,500	
임 차 료	9,000,000		9,000,000	
보 험 료	2,150,000		2,100,000	
차 량 유 지 비	3,210,000		3,800,000	
건 물 관 리 비	3,600,000		2,900,000	
Ⅴ. 영 업 이 익		155,510,000		97,100,000
Ⅵ. 영 업 외 수 익		14,500,000		13,200,000
이 자 수 익	4,000,000		3,200,000	
수 수 료 수 익	10,500,000		10,000,000	
Ⅶ. 영 업 외 비 용		18,300,000		21,800,000
이 자 비 용	15,000,000		20,000,000	
기 부 금	1,800,000		800,000	
기 타 의 대 손 상 각 비	1,500,000		1,000,000	
Ⅷ. 소 득 세 차 감 전 순 이 익		151,710,000		88,500,000
Ⅸ. 소 득 세 등		0		0
Ⅹ. 당 기 순 이 익		151,710,000		88,500,000

자료설명	전기(제6기)분 재무제표는 입력되어 있으며, 재무제표 검토결과 입력오류를 발견하였다.
수행과제	입력이 누락되었거나 잘못된 부분을 찾아 수정하시오.

실무수행 ◎ 거래자료입력

실무프로세스 자료이다. [자료설명]을 참고하여 [수행과제]를 수행하시오.

1 증빙에 의한 전표입력

<table>
<tr><td>

신용카드매출전표

카드종류: 신한카드
회원번호: 4658-1232-****-4**5
거래일시: 2025.3.11. 21:05:16
거래유형: 신용승인
매   출: 52,000원
합   계: 52,000원
결제방법: 일시불
승인번호: 61232124

가맹점명: 엄마곰탕(156-12-31570)
- 이 하 생 략 -

</td><td>

자료설명	거래처 직원들과 식사를 하고 신한카드로 결제하였다.
수행과제	거래자료를 입력하시오.

</td></tr>
</table>

2 재고자산의 매입거래

거래명세서 (공급받는자 보관용)

	등록번호	126-81-56580				등록번호	211-42-21212		
공급자	상호	(주)빛나패션	성명	김민희	공급받는자	상호	웨스트우드	성명	김비안
	사업장 주소	서울특별시 강남구 강남대로 951				사업장 주소	서울특별시 서대문구 충정로7길 29-11 (충정로3가)		
	업태	도소매업	종사업장번호			업태	도매 및 소매업	종사업장번호	
	종목	의류				종목	의류		

거래일자	미수금액	공급가액	세액	총 합계금액
2025.4.5.		4,200,000		4,200,000

NO	월	일	품목명	규격	수량	단가	공급가액	세액	합계
1	4	5	플리츠 스커트		50	30,000	1,500,000		1,500,000
2	4	5	라이더 자켓		30	90,000	2,700,000		2,700,000

자료설명	[4월 5일] 상품을 매입하고 발급받은 거래명세서이다. 4월 4일에 지급한 계약금을 차감한 잔액은 4월 말에 지급하기로 하였다.
수행과제	거래자료를 입력하시오.

3 약속어음 발행거래

전 자 어 음

(주)센스쟁이 귀하   00420250510123456789

금 오백만원정   5,000,000원

위의 금액을 귀하 또는 귀하의 지시인에게 지급하겠습니다.

지급기일 2026년 1월 10일	**발행일** 2025년 5월 10일
지 급 지 국민은행	**발행지** 서울특별시 서대문구 충정로7길
지급장소 충정로지점	**주 소** 29-11 (충정로3가)
	발행인 웨스트우드

자료설명	[5월 10일] (주)센스쟁이의 상품 외상 매입대금 중 일부를 전자어음을 발행하여 지급하였다.
수행과제	1. 거래자료를 입력하시오. 2. 자금관련 정보를 입력하여 지급어음 현황에 반영하시오. (단, 등록된 어음을 사용할 것.)

4 통장사본에 의한 거래입력

자료 1. 인터넷요금 고지서

kt 광랜 모바일명세서	2025.06.
납부급액	210,000원
이용총액	210,000원
이용기간	2025.05.01. ~ 2025.05.31.
서비스번호	31825995
명세서번호	257010124
납기일	2025.06.20.

자료 2. 보통예금(신한은행) 거래내역

번호	거래일	내용	찾으신금액	맡기신금액	잔액	거래점
		계좌번호 325-235220-01-122 웨스트우드				
1	2025-06-20	인터넷요금	210,000		***	***

자료설명	1. 자료 1은 6월분 인터넷요금 고지서이다.
	2. 인터넷요금은 납기일에 신한은행 보통예금 통장에서 이체출금 되었다.
수행과제	거래자료를 입력하시오.(납기일에 비용으로 처리할 것.)

5 기타 일반거래

자료 1. 고용보험료 영수증

고용 보험료	2025 년 6 월 영수증(납부자용)		
사 업 장 명	웨스트우드 (김비안)		
사 용 자	서울특별시 서대문구 충정로7길 29-11 (충정로3가)		
납부자번호	6231700451	사 업 장 관리번호	21142212120
납부할보험료 (ⓐ+ⓑ+ⓒ+ⓓ+ⓔ)			320,000 원
납 부 기 한			2025.7.10. 까지
보 건 강 ⓐ	원	연금 ⓒ	원
험 장기요양 ⓑ	원	고용 ⓓ	320,000원
료 소계 (ⓐ+ⓑ)	원	산재 ⓔ	원
납기후금액	324,260원	납기후기한	2025.7.30.까지

◉ 납부기한까지 납부하지 않으면 연체금이 부과됩니다.
※ 납부장소 : 전 은행, 우체국, 농·수협(지역조합 포함), 새마을금고, 신협, 증권사, 산림조합중앙회, 인터넷지로(www.giro.or.kr)
※ 2D코드 : GS25, 세븐일레븐, 미니스톱, 바이더웨이, 씨유에서 납부 시 이용.(우리·신한은행 현금카드만 수납가능)

2025년 6 월 20 일

자료 2. 보통예금(국민은행) 거래내역

번호	거래일	내용	찾으신금액	맡기신금액	잔액	거래점
		계좌번호 103-55-998876 웨스트우드				
1	2025-07-10	고용보험료 납부	320,000		***	***

자료설명	1. 6월 급여지급분에 대한 고용보험료를 납부기한일에 국민은행 보통예금 계좌에서 이체하여 납부하였다. 2. 고용보험료 중 142,000원은 급여 지급 시 원천징수한 금액이며, 178,000원은 회사부담분이다. 3. 당사는 회사부담분을 '복리후생비'로 처리하고 있다.
수행과제	거래자료를 입력하시오.

6 유·무형자산의 매각

자료설명	[8월 13일] 1. 영업부에서 사용하던 승합차를 진웅중고차에 매각하고, 매각대금 8,000,000원은 다음 달 초에 받기로 하였다. 2. 매각직전 자산내역은 다음과 같다.

계정과목	자산명	취득원가	감가상각누계액
차량운반구	승합차	40,000,000원	32,000,000원

수행과제	거래자료를 입력하시오.

7 증빙에 의한 전표입력

롯데시네마 LOTTE CINEMA **영화입장권**

(영수증 겸용)

[전체발권]

(디지털) 콘크리트 유토피아

-(15세)
2025-09-28 6회
18:00 - 20:15
4층 6관 G열 1번 ~ H열 5번

일반   10,000원(20명)
Total 200,000원

현금(지출증명)
고객명
신분확인번호   2114221212
현금영수증승인   A45796320/200,000원
현금영수증승인

롯데시네마
(113-85-37493)

- 이 하 생 략 -

자료설명	우리회사와 자매결연 되어있는 사회복지단체에 영화 입장권을 현금으로 구입하여 전달하였다.
수행과제	거래자료를 입력하시오.

8 재고자산의 매출거래

거래명세서 (공급자 보관용)

공급자	등록번호	211-42-21212			공급받는자	등록번호	181-31-31112		
	상호	웨스트우드	성명	김비안		상호	러블리의류	성명	최사랑
	사업장 주소	서울특별시 서대문구 충정로7길 29-11 (충정로3가)				사업장 주소	서울특별시 구로구 구로동로 29		
	업태	도매 및 소매업	종사업장번호			업태	도소매업	종사업장번호	
	종목	의류				종목	의류		

거래일자	미수금액	공급가액	총 합계금액
2025.10.25.		1,600,000	1,600,000

NO	월	일	품목명	규격	수량	단가	공급가액	합계
1	10	25	그루밍 니트 원피스		20	80,000	1,600,000	1,600,000

자료설명	러블리의류에 상품(그루밍 니트 원피스)을 판매하고 대금 중 600,000원은 현금으로 받았으며, 잔액은 외상으로 하였다.
수행과제	거래자료를 입력하시오.

실무수행 ◎ 전표수정

실무프로세스 자료이다. [자료설명]을 참고하여 [수행과제]를 수행하시오.

1 입력자료 수정

자료설명	6월 30일에 입력된 거래는 영업부에서 사용하고 있는 업무용 승용차에 대한 자동차세를 납부한 거래이다.
수행과제	거래자료를 수정하시오.

2 입력자료 수정

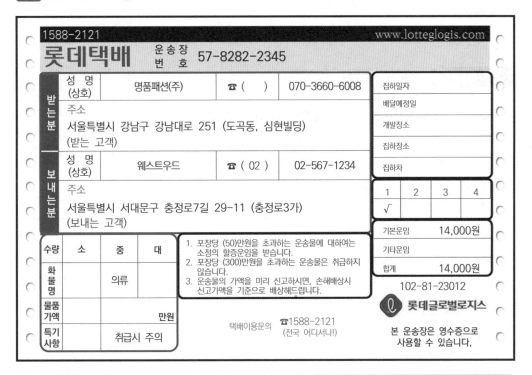

자료설명	[11월 17일] 상품을 매출하고 우리회사 부담의 택배비를 현금으로 지급하였다.
수행과제	거래자료를 수정하시오.

실무수행 ◎ 결산

[결산자료]를 참고하여 결산을 수행하시오.(단, 제시된 자료 이외의 자료는 없다고 가정함.)

1 수동결산 및 자동결산

자료설명	1. 구입시 비용처리한 소모품 중 기말현재 미사용 소모품은 800,000원으로 확인되었다. 2. 기말상품재고액은 47,000,000원이다.
수행과제	1. 수동결산 또는 자동결산 메뉴를 이용하여 결산을 완료하시오. 2. 12월 31일을 기준으로 '손익계산서 → 재무상태표'를 순서대로 조회 작성하시오. (단, 손익계산서 조회 작성 시 상단부 [기능모음]의 '추가'를 이용하여 '손익대체분개'를 수행할 것.)

평가문제 ◎ 실무수행평가 (62점)

입력자료 및 회계정보를 조회하여 [평가문제]의 답안을 입력하시오.

평가문제 답안입력 유의사항		
❶ 답안은 지정된 단위의 숫자로만 입력해 주십시오. ＊ 한글 등 문자 금지		
	정답	오답(예)
(1) 금액은 원 단위로 숫자를 입력하되, 천 단위 콤마(,)는 생략 가능합니다.	1,245,000 1245000	1.245.000 1,245,000원 1,245,0000 12,45,000 1,245천원
(1-1) 답이 0원인 경우 반드시 "0" 입력 (1-2) 답이 음수(-)인 경우 숫자 앞에 "-" 입력 (1-3) 답이 소수인 경우 반드시 "." 입력		
(2) 질문에 대한 답안은 숫자로만 입력하세요.	4	04 4건, 4매, 4명 04건, 04매, 04명
(3) 거래처 코드번호는 5자리 숫자로 입력하세요.	00101	101 00101번
❷ 더존 프로그램에서 조회되는 자료를 복사하여 붙여넣기가 가능합니다.		
❸ 수행과제를 올바르게 입력하지 않고 작성한 답과 모범답안이 다른 경우 오답처리됩니다.		

번호	평가문제	배점
11	**평가문제 [회사등록 조회]** **회사등록과 관련된 내용 중 옳지 않은 것은?** ① 회계연도는 '제7기'이다. ② 과세유형은 '일반과세'이다. ③ 사업장세무서는 '역삼'이고 세무서 코드는 '220'이다. ④ 개업년월일은 '2019년 11월 17일'이다.	4
12	**평가문제 [예적금현황 조회]** **12월 말 은행별 예금 잔액으로 옳은 것은?** ① 신협은행(보통) 47,993,000원 ② 국민은행(보통) 98,216,880원 ③ 신한은행(보통) 12,649,000원 ④ 우리은행(보통) 61,000,000원	3
13	**평가문제 [거래처원장 조회]** **6월 말 거래처별 '251.외상매입금' 잔액으로 옳지 않은 것은?** ① 00103.사랑의류 23,975,000원 ② 00110.(주)빛나패션 6,805,000원 ③ 00112.무신사 3,000,000원 ④ 00120.(주)센스쟁이 15,000,000원	3
14	**평가문제 [거래처원장 조회]** **10월 말 거래처별 '108.외상매출금' 잔액으로 옳지 않은 것은?** ① 00102.타라앤코 10,713,500원 ② 00108.(주)라모리타 16,325,000원 ③ 00120.(주)센스쟁이 65,602,400원 ④ 00240.러블리의류 5,500,000원	3
15	**평가문제 [거래처원장 조회]** **3월 말 '99601.신한카드'의 '253.미지급금' 잔액은 얼마인가?** ( )원	3
16	**평가문제 [계정별원장 조회]** **6월 말 '146.상품' 잔액은 얼마인가?** ( )원	3
17	**평가문제 [지급어음현황 '지급은행별' 조회]** **지급은행이 '98005.국민은행(당좌)'이면서 '만기일이 2026년에 도래하는 지급어음 합계는 얼마인가?** ( )원	3
18	**평가문제 [일/월계표 조회]** **3월 한달 동안 발생한 '접대비(기업업무추진비)' 금액은 얼마인가?** ( )원	3
19	**평가문제 [일/월계표 조회]** **상반기(1월 ~ 6월) 발생한 '차량유지비' 금액은 얼마인가?** ( )원	3
20	**평가문제 [손익계산서 조회]** **전기와 비교하여 당기 '통신비' 증가금액은 얼마인가?** ( )원	3

번호	평가문제	배점
21	평가문제 [손익계산서 조회] 전기분 '판매비와관리비'의 금액으로 옳지 않은 것은? ① 접대비(기업업무추진비) 3,730,000원 ② 통신비 2,850,000원 ③ 전력비 7,250,000원 ④ 건물관리비 3,600,000원	3
22	평가문제 [손익계산서 조회] 당기분 '판매비와관리비'의 금액으로 옳지 않은 것은? ① 운반비 709,000원 ② 도서인쇄비 240,000원 ③ 소모품비 1,200,000원 ④ 세금과공과금 6,949,000원	4
23	평가문제 [손익계산서 조회] 당기에 발생한 '상품매출'은 얼마인가? ( )원	4
24	평가문제 [손익계산서 조회] 당기에 발생한 '영업외비용'은 얼마인가? ( )원	3
25	평가문제 [재무상태표 조회] 12월 말 계정별 잔액으로 옳지 않은 것은? ① 단기대여금 10,000,000원 ② 미수수익 520,000원 ③ 미수금 13,000,000원 ④ 선급금 1,900,000원	3
26	평가문제 [재무상태표 조회] 12월 말 '현금' 잔액은 얼마인가? ( )원	3
27	평가문제 [재무상태표 조회] 12월 말 '재고자산' 계정 중 '상품' 잔액은 얼마인가? ( )원	4
28	평가문제 [재무상태표 조회] 12월 말 '유동부채' 계정 중 잔액이 가장 적은 계정과목 코드를 입력하시오. ( )	3
29	평가문제 [재무상태표 조회] 12월 말 '유형자산' 금액은 얼마인가? ( )원	3
30	평가문제 [재무상태표 조회] 12월 말 '자본금' 잔액은 얼마인가? ( )원	1
총 점		62

평가문제 회계정보분석 (8점)

회계정보를 조회하여 [회계정보분석] 답안을 입력하시오.

31. 재무상태표 조회 (4점)

유동비율이란 기업의 단기 지급능력을 평가하는 지표이다. 전기 유동비율은 얼마인가?(단, 소숫점 이하는 버림 할 것.)

$$유동비율(\%) = \frac{유동자산}{유동부채} \times 100$$

① 175%   ② 180%
③ 187%   ④ 192%

32. 재무상태표 조회 (4점)

부채비율은 타인자본의 의존도를 표시하며, 기업의 건전성 정도를 나타내는 지표이다. 전기말 부채비율은 얼마인가?(단, 소숫점 이하는 버림 할 것.)

$$부채비율(\%) = \frac{부채총계}{자본총계} \times 100$$

① 64%   ② 75%
③ 84%   ④ 92%

최신 기출문제 제71회

아래 문제에서 특별한 언급이 없으면 기업의 보고기간(회계기간)은 매년 1월 1일부터 12월 31일까지입니다. 또한 기업은 일반기업회계기준 및 관련 세법을 계속적으로 적용하고 있다고 가정하고 물음에 가장 합당한 답을 고르시기 바랍니다.

실무이론평가

01 다음 거래의 결합관계를 나타낸 것으로 옳은 것은?

> 업무출장으로 인한 기차요금 50,000원을 현금으로 지급하였다.

① (차) 자산의 증가   (대) 부채의 증가
② (차) 비용의 발생   (대) 자산의 감소
③ (차) 비용의 발생   (대) 자본의 증가
④ (차) 자산의 증가   (대) 수익의 발생

02 다음은 신문기사의 일부이다. (㉮)에 들어갈 내용으로 가장 적절한 것은?

> 외부감사인이 회계감사 대상 회사의 재무제표 작성 지원을 금지하며 회사가 자체 결산 능력을 갖추고 (㉮)의 책임하에 재무제표를 작성하도록 했다.   (XX신문, 2025년 3월 31일)

① 내부감사인   ② 경영자
③ 공인회계사   ④ 과세당국

03 다음의 대화 내용은 무엇에 관한 것인가?

04 다음 자료를 토대로 매출채권 금액을 계산하면 얼마인가?

• 외상매출금	4,000,000원
• 받을어음	3,000,000원
• 미수금	1,500,000원
• 미수수익	2,500,000원

① 4,000,000원   ② 5,500,000원
③ 7,000,000원   ④ 8,500,000원

05 다음 자료를 토대로 재고자산의 취득원가를 계산하면 얼마인가?

• 상품 매입금액	300,000원
• 판매자 부담운임	60,000원
• 매입운반비	20,000원
• 광고선전비	10,000원

① 300,000원   ② 310,000원
③ 320,000원   ④ 380,000원

06 다음 중 유형자산의 자본적 지출로 분류되는 것은?

① 건물 외벽에 페인트를 새로 칠하였다.
② 건물에 엘리베이터를 설치하여 건물의 가치가 증가되었다.
③ 태풍으로 파손된 건물 유리창을 교체하였다.
④ 사무실의 오래된 LED전등을 교체하였다.

① 총계정원장   ② 손익계산서
③ 재무상태표   ④ 시산표

07 다음 자료를 토대로 도소매업을 운영하는 한공상사의 영업이익을 계산하면 얼마인가?

손익계산서

2025년 1월 1일부터 2025년 12월 31일까지

한공상사 (단위: 원)

비용	금액	수익	금액
매출원가	150,000	매출	350,000
급여	50,000		
복리후생비	10,000		
임차료비용	30,000		
기부금	60,000		
당기순이익	50,000		
	350,000		350,000

① 50,000원   ② 80,000원

③ 90,000원   ④ 110,000원

08 다음 중 손익계산서에 표시되는 계정과목으로 옳은 것은?

① 배당금수익   ② 선수수익

③ 미지급비용   ④ 미수수익

09 다음은 한공상사의 대손충당금 관련 자료이다. 당기말 대손충당금 잔액은 얼마인가?

- 전기말 대손충당금 잔액은 40,000원이었다.
- 당기중 매출채권 15,000원을 대손처리하였다.
- 기말 결산 시 대손상각비 10,000원을 계상하였다.

① 15,000원   ② 20,000원

③ 25,000원   ④ 35,000원

10 다음 자료를 토대로 재무상태표에 표시될 현금및현금성자산을 계산하면 얼마인가?

- 현금   50,000원
- 당좌예금   150,000원
- 보통예금   200,000원
- 단기대여금   300,000원
- 받을어음   400,000원

① 200,000원   ② 400,000원

③ 700,000원   ④ 800,000원

실무수행평가

비전커피(회사코드 4271)는 커피 도소매업을 운영하는 개인기업으로, 회계기간은 제7기 (2025.1.1.~2025.12.31.)이다. 제시된 자료와 자료설명을 참고하여, [수행과제]를 완료하고 [평가문제]의 물음에 답하시오.

실무수행 유의사항	1. 타계정 대체와 관련된 적요는 반드시 코드를 입력하여야 한다. 2. 채권·채무, 예금거래 등 관리대상 거래자료에 대하여는 거래처코드를 반드시 입력한다. 3. 자금관리 등 추가 작업이 필요한 경우 문제의 요구에 따라 추가 작업하여야 한다. 4. 등록된 계정과목 중 가장 적절한 계정과목을 선택한다. 5. 부가가치세는 고려하지 않는다.

실무수행 ◎ 기초정보관리의 이해

회계관련 기초정보는 입력되어 있다. [자료설명]을 참고하여 [수행과제]를 수행하시오.

1 거래처등록

자료설명	하나은행에서 계좌를 개설하고 보통예금(기업자유예금) 통장을 발급받았다.
수행과제	통장을 참고하여 거래처등록을 하시오.(코드: 98005, 금융기관명: 하나은행(보통), 구분: 0.일반으로 할 것.)

2 거래처별초기이월 등록 및 수정

미지급금 명세서

코드	거래처명	금액	비고
32012	(주)우리자동차	16,000,000원	
32013	(주)하나컴퓨터	2,200,000원	
	합계	18,200,000원	

자료설명	비전커피의 전기분 재무제표는 이월받아 등록되어 있다.
수행과제	미지급금에 대한 거래처별 초기이월사항을 입력하시오.

실무수행 ◎ 거래자료입력

실무프로세스 자료이다. [자료설명]을 참고하여 [수행과제]를 수행하시오.

1 증빙에 의한 전표입력

NO.	**영 수 증** (공급받는자용)				
			비전커피	귀하	
공급자	사업자등록번호	211-14-24517			
	상 호	수할인마트	성명	김상철	
	사업장소재지	서울특별시 서대문구 충정로7길 12 (충정로2가)			
	업 태	도소매업	종목	잡화	
작성일자	공급대가총액		비고		
2025.6.10.	₩ 28,000				
공 급 내 역					
월/일	품명	수량	단가	금액	
6/10	형광펜			10,000	
6/10	서류파일			18,000	
합 계		₩ 28,000			
위 금액을 (영수)(청구)함					

자료설명	사무실에서 사용할 문구를 구입하고 대금은 현금으로 지급하였다.
수행과제	거래자료를 입력하시오. (단, '사무용품비'로 처리할 것.)

2 증빙에 의한 전표입력

자료. 자동차세 영수증

2025 년분 자동차세 세액 신고납부서

납세자 보관용 영수증

납 세 자 주 소	김민영 서울특별시 서대문구 충정로7길 29-13 (충정로3가)				

과세대상	62모 7331 (승용차)	구 분	자동차세	지방교육세	납부할 세액 합계
		당 초 산 출 세 액	345,000		
과세기간	2025.1.1. ~2025.6.30.	선납공제액(9.15%)			345,000 원
		요일제감면액(5%)			
		납 부 할 세 액	345,000	0	

〈납부장소〉

위의 금액을 영수합니다.
2025 년   6 월   30 일

수납일
2025.06.30
농협은행

* 수납인이 없으면 이 영수증은 무효입니다   * 공무원은 현금을 수납하지 않습니다.

자료설명	영업부의 업무용 승용차에 대한 자동차세를 현금으로 납부한 영수증이다.
수행과제	거래자료를 입력하시오.

3 통장사본에 의한 거래입력

■ 보통예금(국민은행) 거래내역

번호	거래일	내용	찾으신금액	맡기신금액	잔액	거래점
		계좌번호 096-24-0094-123 비전커피				
1	2025-7-10	(주)비발디커피	50,000,000		***	***

자료설명	거래처 (주)비발디커피에 50,000,000원(상환일: 2026년 3월 31일)을 대여해주기로 하고 국민은행 보통예금 계좌에서 이체하였다.
수행과제	거래자료를 입력하시오.

4 재고자산의 매출거래

거래명세서 (공급자 보관용)

공급자	등록번호	109-09-67470			공급받는자	등록번호	214-06-14065		
	상호	비전커피	성명	김민영		상호	커피엔쿡	성명	구한모
	사업장 주소	서울특별시 서대문구 충정로7길 29-13 (충정로3가)				사업장 주소	서울특별시 구로구 구로동로 29 (가리봉동)		
	업태	도소매업	종사업장번호			업태	도소매업	종사업장번호	
	종목	커피외				종목	커피외		

거래일자	미수금액	공급가액	총 합계금액
2025.07.20.		3,000,000	3,000,000

NO	월	일	품목명	규격	수량	단가	공급가액	합계
1	7	20	더치커피		50	60,000	3,000,000	3,000,000

자료설명	커피엔쿡에 상품(더치커피)을 판매하고 대금 중 2,000,000원은 현금으로 받았으며, 잔액은 외상으로 하였다.
수행과제	거래자료를 입력하시오.

5 증빙에 의한 전표입력

신용카드매출전표

가 맹 점 명 LG패션 (031)555-8766
사 업 자 번 호 130-42-35528
대 표 자 명 김 순 자
주   소 경기도 수원시 팔달구 매산로 1-8 (매산로1가)

삼 성 카 드   신용승인
거 래 일 시   **2025-8-10** 오전 11:08:04
카 드 번 호   7445-8841-****-30**
유 효 기 간   **/**
가 맹 점 번 호   87687393
매 입 사 : **삼성카드**(전자서명전표)

판 매 금 액   1,500,000원
합   계   1,500,000원

캐셔:032507 김서은

20250810/10062411/00046160

자료설명	직원들의 근무복인 유니폼을 구입하고 신용카드로 결제하였다.
수행과제	거래자료를 입력하시오. (단, '복리후생비'로 처리할 것.)

6 단기매매증권 구입 및 매각

자료 1. 주식매매 내역서

자료 2. 보통예금(신한은행) 거래내역

번호	거래일	내용	찾으신금액	맡기신금액	잔액	거래점
		계좌번호 308-24-374555 비전커피				
1	2025-8-20	주식매각대금 입금		7,000,000	***	***

자료설명	[8월 20일] 단기매매목적으로 보유하고 있는 현대자동차 주식(장부금액: 8,000,000원)을 7,000,000원에 매각하고 받은 내역이다.
수행과제	주식 매각과 관련된 거래자료를 입력 하시오.

7 증빙에 의한 전표입력

화재보험료 영수증

비전커피(김민영) 귀하

보 험 료:	1,870,000 원정			No. 42513876			

보험계약자 (피보험자)	상호 (성명)	비전커피(김민영)		납 세 번 호 (사업자등록번호)		109-09-67470	
	주소	서울특별시 서대문구 충정로7길 29-13 (충정로3가)					

품 명	수량	보험일	요율	보험가입금액 (감정가격)	보험료	공제일
물품보관창고	1	2025.8.25.00:00~2026.8.25.24:00	0.0187	100,000,000	1,870,000	

위의 금액을 정히 영수 (납입) 하였기에 이를 증명합니다.
2025년 8월 25일

 한국손해보험(주)

회 장	김보험
주 민 등 록 번 호	590822-2320917
사 업 자 고 유 번 호	102-82-04254
전 화 번 호	02-123-1234

알 림	1. 이 영수증에는 회장직인 및 취급자인이 있어야 합니다. 2. 이 영수증에 영수일자가 없는 것, 컴퓨터로 기록되지 않은 것, 또는 기재사항을 고쳐쓴 것은 무효입니다. 3. 이 영수증 이외의 어떠한 형태의 사제 영수증은 무효입니다	취급자
		최영한

자료설명	[8월 25일] 상품 보관용으로 사용 중인 창고건물을 화재보험에 가입하고 보험료는 현금으로 지급하였다.
수행과제	거래자료를 입력하시오.(단, '비용'으로 처리할 것.)

8 유·무형자산의 구입

거래명세서 (공급받는자 보관용)

공급자	등록번호	119-81-24789			공급받는자	등록번호	109-09-67470		
	상호	(주)더존소프트	성명	박용철		상호	비전커피	성명	김민영
	사업장주소	서울특별시 금천구 가산로 80				사업장주소	서울특별시 서대문구 충정로7길 29-13 (충정로3가)		
	업태	도소매업	종사업장번호			업태	도소매업	종사업장번호	
	종목	소프트웨어				종목	커피외		

거래일자	미수금액	공급가액	총 합계금액
2025.9.29.		3,000,000	3,000,000

NO	월	일	품목명	규격	수량	단가	공급가액	합계
1	9	29	위하고(웹버전)				3,000,000	3,000,000

자료설명	비대면 재택근무를 위한 회계세무 소프트웨어 '위하고(웹버전)'를 구입하고, 구입대금은 다음달 말일에 지급하기로 하였다.
수행과제	거래자료를 입력하시오.

실무수행 ◎ 전표수정

실무프로세스 자료이다. [자료설명]을 참고하여 [수행과제]를 수행하시오.

1 입력자료 수정

■ 보통예금(신협은행) 거래내역

번호	거래일	내용	찾으신금액	맡기신금액	잔액	거래점
		계좌번호 1122-098-123143 비전커피				
1	2025-12-10	(주)망고식스	26,810,000		***	***

자료설명	(주)망고식스에 지급해야 할 외상매입금을 신협은행 보통예금 계좌에서 이체하여 지급하였다.
수행과제	통장 거래내역을 확인하고 올바르게 수정하시오.

2 입력자료 수정

NO.	영 수 증 (공급받는자용)			
	비전커피 귀하			
공급자	사업자등록번호	211-14-22014		
	상호	제일서점	성명	노기석
	사업장소재지	서울특별시 강남구 강남대로 312		
	업태	도소매업	종목	도서
작성일자	공급대가총액		비고	
2025.9.20.	₩ 24,000			
공 급 내 역				
월/일	품명	수량	단가	금액
9/20	도서			24,000
합 계		₩ 24,000		
위 금액을 (영수)(청구)함				

자료설명	도서구입과 관련된 회계처리가 중복 입력되어 있음을 확인하였다.
수행과제	오류자료를 수정하시오.

실무수행 ◎ 결산

[결산자료]를 참고하여 결산을 수행하시오.(단, 제시된 자료 이외의 자료는 없다고 가정함.)

1 수동결산 및 자동결산

자료설명	1. 구입시 비용처리한 소모품 중 기말현재 미사용액은 500,000원으로 확인되었다. 2. 기말 상품재고액은 43,000,000원이다.
수행과제	1. 수동결산 또는 자동결산 메뉴를 이용하여 결산을 완료하시오. 2. 12월 31일 기준으로 '손익계산서 ➡ 재무상태표'를 순서대로 조회 작성하시오. (단, 손익계산서 조회 작성 시 상단부 [기능모음]의 '추가'를 이용하여 '손익대체 분개'를 수행할 것.)

평가문제 ◎ 실무수행평가 (62점)

입력자료 및 회계정보를 조회하여 [평가문제]의 답안을 입력하시오.

평가문제 답안입력 유의사항		
❶ 답안은 지정된 단위의 숫자로만 입력해 주십시오. * 한글 등 문자 금지		
	정답	오답(예)
(1)금액은 원 단위로 숫자를 입력하되, 천 단위 콤마(,)는 생략 가능합니다.	1,245,000 1245000	1,245.000 1,245,000원 1,245,0000 12,45,000 1,245천원
(1-1) 답이 0원인 경우 반드시 "0" 입력 (1-2) 답이 음수(-)인 경우 숫자 앞에 "-" 입력 (1-3) 답이 소수인 경우 반드시 "." 입력		
(2) 질문에 대한 답안은 숫자로만 입력하세요.	4	04 4건, 4매, 4명 04건, 04매, 04명
(3) 거래처 코드번호는 5자리 숫자로 입력하세요.	00101	101 00101번
❷ 더존 프로그램에서 조회되는 자료를 복사하여 붙여넣기가 가능합니다.		
❸ 수행과제를 올바르게 입력하지 않고 작성한 답과 모범답안이 다른 경우 오답처리됩니다.		

번호	평가문제	배점
11	**평가문제 [거래처등록 조회]** **금융 거래처별 계좌번호로 옳지 않은 것은?** ① 국민은행(보통) 096-24-0094-123　　② 신한은행(보통) 308-24-374555 ③ 농협은행(보통) 112-42-562489　　④ 하나은행(보통) 527-910004-22456	3
12	**평가문제 [거래처원장 조회]** **12월 말 거래처별 '253.미지급금' 잔액으로 옳지 않은 것은?** ① 성진빌딩(주) 7,000,000원　　② (주)더존소프트　2,000,000원 ③ (주)은비까비 2,970,000원　　④ (주)우리자동차　16,000,000원	3
13	**평가문제 [거래처원장 조회]** **12월 말 '103.보통예금' 신한은행(코드: 98002)의 잔액은 얼마인가?** (　　　　)원	3
14	**평가문제 [거래처원장 조회]** **12월 말 '253.미지급금' 삼성카드(코드: 99605)의 잔액은 얼마인가?** (　　　　)원	3
15	**평가문제 [예적금현황 조회]** **12월 말 은행별 예금잔액으로 옳은 것은?** ① 신협은행(보통)　62,009,000원　　② 국민은행(보통)　89,824,000원 ③ 신한은행(보통)　37,000,000원　　④ 우리은행(당좌)　13,000,000원	4
16	**평가문제 [분개장 조회]** **9월(9/1~9/30) 동안의 전표 중 '전표: 1.일반, 선택: 1.출금' 전표의 건수는?** (　　　　)건	3
17	**평가문제 [일/월계표 조회]** **8월에 발생한 '판매관리비'의 계정과목 중 현금지출이 가장 큰 계정과목의 코드번호 세자리를 입력하시오.** (　　　　)	3
18	**평가문제 [현금출납장 조회]** **6월 말 '현금' 잔액은 얼마인가?** (　　　　)원	3
19	**평가문제 [현금출납장 조회]** **8월(8/1~8/31)의 '현금' 출금액은 얼마인가?** (　　　　)원	2
20	**평가문제 [손익계산서 조회]** **당기에 발생한 '상품매출' 금액은 얼마인가?** (　　　　)원	4
21	**평가문제 [손익계산서 조회]** **당기에 발생한 '판매비와관리비'의 계정별 금액으로 옳은 것은?** ① 도서인쇄비　288,000원　　② 사무용품비　　28,000원 ③ 소모품비 2,640,000원　　④ 광고선전비　5,000,000원	3

번호	평가문제	배점
22	**평가문제 [손익계산서 조회]** 당기에 발생한 '상품매출원가' 금액은 얼마인가? ( )원	4
23	**평가문제 [손익계산서 조회]** 당기에 발생한 '복리후생비' 금액은 얼마인가? ( )원	4
24	**평가문제 [손익계산서 조회]** 당기에 발생한 '세금과공과금' 금액은 얼마인가? ( )원	2
25	**평가문제 [손익계산서 조회]** 당기에 발생한 '영업외비용' 금액은 얼마인가? ( )원	3
26	**평가문제 [재무상태표 조회]** 12월 말 '단기매매증권' 잔액은 얼마인가? ( )원	3
27	**평가문제 [재무상태표 조회]** 12월 말 '단기대여금' 잔액은 얼마인가? ( )원	4
28	**평가문제 [재무상태표 조회]** 12월 말 '소모품' 잔액은 얼마인가? ( )원	4
29	**평가문제 [재무상태표 조회]** 12월 말 '소프트웨어' 잔액은 얼마인가? ( )원	3
30	**평가문제 [재무상태표 조회]** 12월 말 재무상태표의 '자본금' 금액은 얼마인가? ① 515,250,570원　　　　② 515,540,570원 ③ 522,904,570원　　　　④ 523,935,370원	1
총 점		**62**

평가문제 ◎ 회계정보분석 (8점)

회계정보를 조회하여 [답안수록] 메뉴에 해당문제의 답안을 입력하시오.

31. 재무상태표 조회 (4점)

유동비율이란 기업의 단기 지급능력을 평가하는 지표이다. 전기분 유동비율은 얼마인가?
(단, 소숫점 이하는 버림 할 것.)

$$\text{유동비율(\%)} = \frac{\text{유동자산}}{\text{유동부채}} \times 100$$

① 18%   ② 20%
③ 530%   ④ 540%

32. 손익계산서 조회 (4점)

매출총이익률은 매출로부터 얼마의 이익을 얻느냐를 나타내는 지표이다. 전기분 매출총이익률은 얼마
인가?(단, 소숫점 이하는 버림 할 것.)

$$\text{매출총이익률(\%)} = \frac{\text{매출총이익}}{\text{매출액}} \times 100$$

① 30%   ② 36%
③ 39%   ④ 42%

최신 기출문제 제73회

아래 문제에서 특별한 언급이 없으면 기업의 보고 기간(회계기간)은 매년 1월 1일부터 12월 31일까지 입니다. 또한 기업은 일반기업회계기준 및 관련 세법을 계속적으로 적용하고 있다고 가정하고 물음에 가장 합당한 답을 고르시기 바랍니다.

실무이론평가

01 다음 중 아래 거래요소의 결합관계에 해당하는 거래는 무엇인가?

(차변)	─ ─ ─ ─ ─	(대변)
자산의 증가	─ ─ ─ ─ ─	자산의 감소

① 투자자로부터 시가 6,000,000원의 건물을 기증받았다.
② 단기차입금 300,000원을 현금으로 상환하였다.
③ 대여금 500,000원이 만기가 되어 현금으로 상환받았다.
④ 종업원급여 2,000,000원을 보통예금 계좌에서 지급하였다.

02 다음 중 회계상 거래에 해당하지 않는 것은?

① 기계장치를 50,000,000원에 취득하고 현금을 지급하였다.
② 창고에 보관중이던 상품 10,000,000원을 분실하였다.
③ 20,000,000원인 업무용차량을 구입하기 위해 거래처에 주문서를 발송하였다.
④ 종업원에게 5,000,000원의 급여를 지급하였다.

03 다음 중 재무상태표에 표시되지 않는 계정은?

① 매출채권   ② 선수수익
③ 선급비용   ④ 경상개발비

04 다음 대화 중 선생님의 질문에 대하여 바르게 대답한 학생으로 묶은 것은?

① 영수, 진우   ② 영수, 민지
③ 민지, 혜민   ④ 진우, 혜민

05 다음 자료를 토대로 유형자산처분이익을 계산하면 얼마인가?

잔액시산표
2025. 1. 1.
(주)한공   (단위: 원)

차변	원면	계정과목	대변
⋮		⋮	⋮
10,000,000	생략	건물 감가상각누계액	2,000,000

• 2025. 6. 30. 처분시까지 인식한 감가상각비는 500,000원이다.
• 2025. 6. 30. 건물을 9,000,000원에 처분하다.

① 500,000원   ② 600,000원
③ 1,000,000원   ④ 1,500,000원

06 다음 중 재고자산에 대한 설명으로 옳지 않은 것은?

① 재고자산은 판매를 위하여 보유하고 있는 자산이다.
② 재고자산 매입원가는 매입과정에서 정상적으로 발생한 부대원가를 포함한다.
③ 재고자산의 수량결정방법은 실지재고조사법과 계속기록법이 있다.
④ 재고자산 매입과 관련된 할인, 에누리는 영업외비용으로 처리한다.

07 다음 자료를 토대로 매출액을 계산하면 얼마인가?

• 당기 총매출액	90,000원
• 당기 매출할인	10,000원
• 당기 매출에누리와 환입	5,000원

① 75,000원　　② 80,000원
③ 85,000원　　④ 90,000원

08 회사의 업무용 승용차에 주유를 하고 신용카드로 결제한 경우 차변 계정과목으로 옳은 것은?

① 차량유지비　　② 접대비(기업업무추진비)
③ 복리후생비　　④ 광고선전비

09 다음의 오류가 당기 손익계산서에 미치는 영향으로 옳은 것은?

• 기말 재고자산을 150,000원으로 계상하였으나 정확한 기말재고금액은 120,000원이다.	

	매출원가	당기순이익
①	과대	과대
②	과대	과소
③	과소	과소
④	과소	과대

10 다음 자료를 토대로 손익계산서에 반영될 대손상각비를 계산하면 얼마인가?

대손충당금			
			(단위: 원)
5/31		1/1	
외상매출금	XXX	전기이월	100,000
12/31		12/31	
차기이월	120,000	대손상각비	XXX
	XXX		XXX

• 당기중 회수가 불가능한 것으로 판명되어 대손 처리된 외상매출금은 30,000원이다.

① 10,000원　　② 20,000원
③ 30,000원　　④ 50,000원

실무수행평가

주토피아(회사코드 4273)는 반려동물용품 도소매업을 운영하는 개인기업으로, 회계기간은 제7기(2025.1.1. ~ 2025.12.31.)이다. 제시된 자료와 [자료설명]을 참고하여, [수행과제]를 완료하고 [평가문제]의 물음에 답하시오.

실무수행 유의사항	1. 타계정 대체와 관련된 적요는 반드시 코드를 입력하여야 한다. 2. 채권·채무, 예금거래 등 관리대상 거래자료에 대하여는 거래처코드를 반드시 입력한다. 3. 자금관리 등 추가 작업이 필요한 경우 문제의 요구에 따라 추가 작업하여야 한다. 4. 등록된 계정과목 중 가장 적절한 계정과목을 선택한다. 5. 부가가치세는 고려하지 않는다.

실무수행 ◎ 기초정보관리의 이해

회계관련 기초정보는 입력되어 있다. [자료설명]을 참고하여 [수행과제]를 수행하시오.

1 거래처등록

자료설명	통신요금 자동이체 할인을 위한 신용카드를 신규로 발급받았다.
수행과제	거래처등록을 하시오. ('코드: 99607, 카드명: 국민카드, 구분: 매입, 카드 결제일: 25일'로 할 것.)

2 거래처별초기이월 등록 및 수정

장기차입금 명세서

코드	거래처명	금액	비고
98004	농협은행(차입)	40,000,000원	만기일 2027.10.31.
98006	카카오뱅크(차입)	50,000,000원	만기일 2027.11.30.
	합계	90,000,000원	

자료설명	주토피아의 전기분 재무제표는 이월 받아 입력되어 있다.
수행과제	장기차입금에 대한 거래처별초기이월을 입력하시오.

실무수행 ◎ **거래자료입력**

실무프로세스 자료이다. [자료설명]을 참고하여 [수행과제]를 수행하시오.

1 통장사본에 의한 거래입력

■ 보통예금(기업은행) 거래내역

번호	거래일	내용	찾으신금액	맡기신금액	잔액	거래점
		계좌번호 221-311-456789 주토피아				
1	2025-1-14	대여금 원리금		2,300,000	***	***

자료설명	(주)몰리스펫 단기대여금 원금 2,000,000원과 이자 300,000원을 기업은행 보통예금 계좌로 입금 받았다.
수행과제	거래자료를 입력하시오.

2 증빙에 의한 전표입력

NO.		**영 수 증** (공급받는자용)			
		주토피아 귀하			
공급자	사 업 자 등 록 번 호	251-29-13424			
	상 호	선일인쇄	성명	한영걸	
	사 업 장 소 재 지	서울특별시 강남구 논현로 6			
	업 태	제조업	종목	인쇄	
작성일자		공급대가총액		비고	
2025.2.5.		₩ 20,000			
공 급 내 역					
월/일	품명	수량	단가	금액	
2/5	명함			20,000	
합 계				20,000	
위 금액을 영수(청구)함					

자료설명	신규 입사한 영업부 직원 명함 인쇄대금을 현금으로 지급하였다.
수행과제	거래자료를 입력하시오. (단, '도서인쇄비'로 처리할 것.)

3 재고자산의 매입거래

거래명세서
(공급받는자 보관용)

공급자	등록번호	214-21-54323			공급받는자	등록번호	318-12-37852		
	상호	헬로댕댕이	성명	이경규		상호	주토피아	성명	강형욱
	사업장 주소	서울특별시 서초구 사평대로 106				사업장 주소	서울특별시 강남구 강남대로 246, 1층		
	업태	제조업	종사업장번호			업태	도소매업	종사업장번호	
	종목	반려동물용품				종목	반려동물용품		

거래일자	미수금액	공급가액	세액	총 합계금액
2025.3.10.		40,000,000		40,000,000

NO	월	일	품목명	규격	수량	단가	공급가액	세액	합계
1	3	10	강아지 이동가방		1,000	30,000	30,000,000		30,000,000
2	3	10	강아지 방수신발		1,000	10,000	10,000,000		10,000,000

자료설명	헬로댕댕이에서 상품을 매입하고 대금 중 10,000,000원은 현금으로 지급하고, 잔액은 외상으로 하였다.
수행과제	거래자료를 입력하시오.

4 기타 일반거래

영수증 (입금증, 영수증, 계산서, 전자통장거래확인증 등 겸용)

타행 송금의뢰 확인증

2025 년 4 월 20 일

입금 은행 :	국민은행	대　　체 :	₩5,500,000
입금 계좌 :	151810-125-9110		
수 취 인 :	폴리파크	합　　계 :	₩5,500,000
적　　요 :		송금수수료 :	0
의 뢰 인	주토피아		

유성지점　　　(☎ 1544-9999)

국민은행

자료설명	[4월 20일] 상품을 매입하기 위해 폴리파크에 국민은행 보통예금 계좌에서 계약금을 이체지급하였다.
수행과제	거래자료를 입력하시오.

5 통장사본에 의한 거래입력

자료 1. 신용카드 이용대금 명세서

4월 이용대금 명세서	결제일: 2025.5.13. / 실제출금일: 2025.5.13. 결제계좌: 하나은행

결제하실 금액	이달의 할인혜택	포인트 및 마일리지
2,151,000원	0 원	포인트리 15,400
	할인 서비스 0 원 무이자 혜택금액 0 원	

하나카드

자료 2. 보통예금(하나은행) 거래내역

번호	거래일	내용	찾으신금액	맡기신금액	잔액	거래점
		계좌번호 112-420-556641 주토피아				
1	2025-5-13	하나카드	2,151,000		***	***

자료설명	하나카드 4월 사용분 결제대금이 하나은행 보통예금 계좌에서 이체되었음을 확인하였다.
수행과제	거래자료를 입력하시오.

6 기타일반거래

```
NO.   27

                              발 주 서
   2025년 5 월 28 일
                            ┌──────────┬─────────────────────────────┐
   주토피아          귀하   │  등록번호  │       216-23-37552         │
                       공  ├──────────┼──────────────┬──────┬──────┤
   아래와 같이 발주합니다.  급  │상호(법인명)│   해오름광고   │ 성명 │ 이호영 │
                       자  ├──────────┼─────────────────────────────┤
                           │ 사업장주소 │ 서울 구로구 구로동로 104    │
                           ├──────┬───┼──────────────┬──────┬──────┤
                           │ 업  태 │서비스업│   종목  │  광고  │
                           ├──────────┼─────────────────────────────┤
                           │  전화번호  │      02-***-****           │
   합계금액                        이만오천원整  ( ₩ 25,000 )
```

품 명	규격	수량	단가	공급가액	비고
광고배너		1	25,000	25,000	
계				25,000	

자료설명	[5월 28일] 신제품 홍보목적으로 광고배너를 제작하고, 대금은 현금으로 지급하였다.
수행과제	거래자료를 입력하시오.

7 기타일반거래

2025년 6월 급여대장

팀명	성명	급여	공제액			차감지급액
			소득세 등	건강보험료 등	공제액합계	
회계팀	손흥민	3,000,000원	81,780원	282,120원	363,900원	2,636,100원
영업팀	류현진	4,000,000원	215,550원	376,160원	591,710원	3,408,290원
합계		7,000,000원	297,330원	658,280원	955,610원	6,044,390원

■ 보통예금(토스뱅크) 거래내역

번호	거래일	내용	찾으신금액	맡기신금액	잔액	거래점
		계좌번호 1251-1510-12510 주토피아				
1	2025-6-30	급여	6,044,390		***	***

자료설명	6월분 급여를 토스뱅크 보통예금 계좌에서 이체하여 지급하였다.
수행과제	거래자료를 입력하시오.(공제액합계는 '예수금'으로 처리 할 것.)

8 기타 일반거래

자료설명	[7월 31일] (주)씨유펫에 판매 상품을 발송하고, 당사부담 운반비를 현금으로 지급하였다.
수행과제	거래자료를 입력하시오.

실무수행 ◎ 전표수정

실무프로세스 자료이다. [자료설명]을 참고하여 [수행과제]를 수행하시오.

1 입력자료 수정

** **현금영수증** ** (지출증빙용) 사업자등록번호 : 220-19-24312 김꽃님 사업자명　　　 : 천년플라워 가맹점주소　　 : 서울특별시 강남구 강남대로 125-1 현금영수증 회원번호 **318-12-37852 주토피아** 승인번호　　　　　 : 45457878　 (PK) 거래일시　　　　　 : **2025년 8월 15일** - 공급금액　　　　　　　　　　　　 100,000원 부가세금액 총합계　　　　　　　　　　　　　 100,000원 - 휴대전화, 카드번호 등록 http://현금영수증.kr 국세청문의(126) 38036925-GCA10106-3870-U490 　　<<<<<이용해 주셔서 감사합니다.>>>>>	**자료설명** 거래처 확장이전 축하선물용 화환을 현금으로 구입하고 발급받은 현금영수증이다. **수행과제** 거래자료를 확인하고 올바르게 수정하시오.

2 입력자료수정

NO _20250920_　　**입 금 표** (공급자용) 　　　　**(주)에이스가구**　　 귀하	**자료설명** 사무용 가구(비품)를 당근마켓에 중고로 판매하고 발생한 미수금을 현금으로 받고 발급한 입금표이다. **수행과제** 9월 20일 거래자료를 참고하여 입력 자료를 적절하게 수정하시오.

공급자	사 업 자 등록번호	318-12-37852		
	상　호	주토피아	성명	강형욱
	사 업 장 소 재 지	서울특별시 강남구 강남대로 246, 1층		
	업　태	도소매업	종목	반려동물용품
작성일	공급대가총액		비고	
2025.9.20.	350,000			
공 급 내 역				
월/일	품명	수량	단가	금액
9/20	중고가구	5	70,000	350,000
합　계	₩350,000			
위 금액을 (영수)(청구)함				

실무수행 ⊙ 결산

[결산자료]를 참고하여 결산을 수행하시오.(단, 제시된 자료 이외의 자료는 없다고 가정함.)

2 수동결산 및 자동결산

자료설명	1. 받을어음 잔액에 대하여 1%의 대손충당금을 설정하시오.(보충법을 적용할 것.) 2. 기말 상품재고액은 5,600,000원이다.
수행과제	1. 수동결산 또는 자동결산 메뉴를 이용하여 결산을 완료하시오. 2. 12월 31일을 기준으로 '손익계산서 ➜ 재무상태표'를 순서대로 조회 작성하시오. (단, 손익계산서 조회 작성 시 상단부 [기능모음]의 '추가'를 이용하여 '손익대체 분개'를 수행할 것.)

평가문제 ⊙ 실무수행평가 (62점)

입력자료 및 회계정보를 조회하여 [평가문제]의 답안을 입력하시오.

평가문제 답안입력 유의사항		
❶ 답안은 지정된 단위의 숫자로만 입력해 주십시오. * 한글 등 문자 금지		
	정답	오답(예)
(1)금액은 원 단위로 숫자를 입력하되, 천 단위 콤마(,)는 생략 가능합니다.	1,245,000 1245000	1.245.000 1,245,000원 1,245,0000 12,45,000 1,245천원
(1-1) 답이 0원인 경우 반드시 "0" 입력 (1-2) 답이 음수(-)인 경우 숫자 앞에 " - " 입력 (1-3) 답이 소수인 경우 반드시 " . " 입력		
(2) 질문에 대한 답안은 숫자로만 입력하세요.	4	04 4건, 4매, 4명 04건, 04매, 04명
(3) 거래처 코드번호는 5자리 숫자로 입력하세요.	00101	101 00101번
❷ 더존 프로그램에서 조회되는 자료를 복사하여 붙여넣기가 가능합니다. ❸ 수행과제를 올바르게 입력하지 않고 작성한 답과 모범답안이 다른 경우 오답처리됩니다.		

주토피아의 입력자료 및 회계정보를 조회하여 [평가문제]의 답안을 입력하시오.

번호	평가문제	배점
11	평가문제 [거래처등록 조회] [거래처등록] 관련 내용으로 옳지 않은 것은? ① 우리카드는 매출카드이다. ② 매출카드는 1개이고 매입카드는 4개이다. ③ 국민카드의 결제일은 25일이다. ④ 하나카드의 결제계좌는 하나은행(보통)이다.	3
12	평가문제 [예적금현황 조회] 12월 말 은행별 예금 잔액으로 옳지 않은 것은? ① 98000.기업은행(보통) 100,000,000원 ② 98001.신한은행(보통) 45,192,620원 ③ 98002.하나은행(보통) 15,849,000원 ④ 98003.국민은행(보통) 4,500,000원	3
13	평가문제 [거래처원장 조회] 12월 말 농협은행(차입)(코드 98004)의 장기차입금 잔액은 얼마인가? ( )원	4
14	평가문제 [거래처원장 조회] 12월 말 하나카드(코드 99601)의 미지급금 잔액은 얼마인가? ① 0원 ② 1,860,000원 ③ 2,151,000원 ④ 6,872,000원	3
15	평가문제 [거래처원장 조회] 12월 말 외상매입금 잔액이 가장 큰 거래처는? ① 폴리파크 ② (주)씨유펫 ③ 헬로댕댕이 ④ 야옹아멍멍	3
16	평가문제 [현금출납장 조회] 8월 말 '현금' 잔액은 얼마인가? ( )원	3
17	평가문제 [일/월계표 조회] 4월 중 '선급금' 증가액은 얼마인가? ( )원	3
18	평가문제 [일/월계표 조회] 8월 중 '접대비(기업업무추진비)'의 현금 지출액은 얼마인가? ( )원	3
19	평가문제 [총계정원장 조회] 다음 중 '146.상품' 매입 금액이 가장 많은 달은 몇 월인가? ① 1월 ② 3월 ③ 5월 ④ 8월	3
20	평가문제 [손익계산서 조회] 당기에 발생한 판매관리비(판매비와관리비)의 계정별 금액으로 옳지 않은 것은? ① 급여 253,139,000원 ② 복리후생비 14,241,200원 ③ 여비교통비 1,324,600원 ④ 광고선전비 5,325,000원	3

번호	평가문제	배점
21	**평가문제 [손익계산서 조회]** 당기 '상품매출원가' 금액은 얼마인가? ( )원	4
22	**평가문제 [손익계산서 조회]** 판매비와관리비 계정 중 '운반비'의 전기(6기)대비 증가액은 얼마인가? ( )원	3
23	**평가문제 [손익계산서 조회]** 다음 당기 판매비와관리비 계정 중 발생액이 가장 큰 계정과목은? ① 운반비　　　　　　　　　　　② 도서인쇄비 ③ 사무용품비　　　　　　　　　④ 잡비	3
24	**평가문제 [손익계산서 조회]** 당기에 발생한 '영업외수익' 금액은 얼마인가? ( )원	3
25	**평가문제 [재무상태표 조회]** 12월 말 '보통예금' 잔액으로 옳은 것은? ① 249,850,000원　　　　　　② 241,750,000원 ③ 247,550,000원　　　　　　④ 249,701,000원	2
26	**평가문제 [재무상태표 조회]** 12월 말 '받을어음의 장부금액(받을어음 – 대손충당금)'은 얼마인가? ( )원	3
27	**평가문제 [재무상태표 조회]** 12월 말 계정별 잔액으로 옳지 않은 것은? ① 단기대여금　50,000,000원　　② 미수수익　　600,000원 ③ 미수금　　　1,100,000원　　④ 선급금　9,200,000원	4
28	**평가문제 [재무상태표 조회]** 12월 말 '미지급금' 잔액은 얼마인가? ( )원	4
29	**평가문제 [재무상태표 조회]** 12월 말 '예수금' 잔액은 얼마인가? ( )원	3
30	**평가문제 [재무상태표 조회]** 12월 말 '자본금' 금액은 얼마인가? ① 510,660,120원　　　　　　② 512,480,120원 ③ 514,188,500원　　　　　　④ 523,610,510원	2
총 점		**62**

평가문제 ⊙ 회계정보분석 (8점)
··

회계정보를 조회하여 [회계정보분석] 답안을 입력하시오.

31. 재무상태표 조회 (4점)

부채비율은 기업의 지급능력을 측정하는 비율로 높을수록 채권자에 대한 위험이 증가한다. 전기 부채비율은 얼마인가?(단, 소숫점 이하는 버림 할 것.)

$$부채비율(\%) = \frac{부채총계}{자기자본(자본총계)} \times 100$$

① 55%   ② 58%
③ 60%   ④ 63%

32. 손익계산서 조회 (4점)

영업이익률은 기업의 주된 영업활동에 의한 성과를 판단하는 비율로 판매활동과 직접 관계없는 영업외손익을 제외한 순수 영업활동의 수익성을 나타내는 비율이다. 전기 영업이익률은 얼마인가?
(단, 소숫점 이하는 버림 할 것.)

$$영업이익률(\%) = \frac{영업이익}{매출액} \times 100$$

① 48%   ② 58%
③ 62%   ④ 65%

최신 기출문제 제75회

아래 문제에서 특별한 언급이 없으면 기업의 보고 기간(회계기간)은 매년 1월 1일부터 12월 31일까지 입니다. 또한 기업은 일반기업회계기준 및 관련 세법을 계속적으로 적용하고 있다고 가정하고 물음에 가장 합당한 답을 고르시기 바랍니다.

실무이론평가

01 다음 거래에 대한 거래 요소의 결합 관계를 나타낸 것으로 옳은 것은?

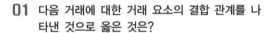

> • 한공상사는 기계장치를 50,000,000원에 취득하고 현금을 지급하였다.

① (차) 자산의 증가   (대) 수익의 발생
② (차) 자산의 증가   (대) 부채의 증가
③ (차) 비용의 발생   (대) 자산의 감소
④ (차) 자산의 증가   (대) 자산의 감소

02 다음 중 당좌자산으로 분류되지 않는 것은?

① 만기가 1년 이내에 도래하는 정기예금
② 판매목적으로 보유하고 있는 상품
③ 상품을 판매하고 받은 어음
④ 단기간 내에 매매차익을 얻을 목적으로 구입한 시장성 있는 주식

03 (주)한공은 종업원기숙사로 사용하기 위해 건물을 취득하였다. 취득한 건물과 관련된 지출이 다음과 같을 때 건물의 취득원가는 얼마인가?

• 취득대금	80,000,000원
• 취득 관련 중개수수료	1,000,000원
• 취득세	3,600,000원
• 재산세	100,000원

① 80,000,000원   ② 81,000,000원
③ 84,600,000원   ④ 84,700,000원

04 다음은 (주)한공의 사업용 토지 처분에 관한 대화이다. 이에 대한 회계처리 시 대변 계정과목은?

김부장: 토지 처분 건은 어떻게 되었나요?

이대리: 네, 10,000,000원에 매매계약을 체결하고, 계약금 1,000,000원을 현금으로 받았습니다.

① 토지   ② 가수금
③ 건설중인자산   ④ 선수금

05 다음 자료를 토대로 2025년 3월 31일의 대손충당금 잔액을 계산하면 얼마인가?

> • 2025년 1월 1일
> 대손충당금 잔액 200,000원
> • 2025년 3월 31일
> 거래처 파산으로 매출채권 150,000원이 회수 불능으로 판명되어 대손처리하다.

① 50,000원   ② 100,000원
③ 150,000원   ④ 200,000원

06 다음 중 재무상태표의 계정과목을 모두 고른 것은?

가. 매출채권	나. 매입채무
다. 광고선전비	라. 수수료수익
마. 선수수익	

① 가, 나, 다   ② 가, 나, 마
③ 나, 다, 라   ④ 다, 라, 마

07 다음 자료를 토대로 매출원가를 계산하면 얼마 인가?

• 기초상품 재고액	200,000원
• 당기 총매입액	400,000원
• 매입에누리	40,000원
• 기말상품 재고액	150,000원

① 410,000원   ② 450,000원
③ 500,000원   ④ 600,000원

08 다음은 (주)한공이 판매대리점으로 사용할 사무실 임대차계약서의 일부이다. (주)한공이 임대인에게 지급하는 보증금으로 (주)한공의 재무제표에 표시되는 계정과목은?

(사무실) 임대차계약서			☐ 임 대 인 용 ■ 임 차 인 용 ☐ 사무소보관용			
부동산의 표시	소재지	서울 용산구 한강로3가 16-49 삼구빌딩 1층 104호				
	구조	철근 콘크리트조	용도	사무실	면적	82㎡
전세보증금	금 50,000,000원정					
제1조	위 부동산의 임대인과 임차인 합의하에 아래와 같이 계약함.					
제2조	위 부동산의 임대차에 있어 임차인은 보증금을 위와 같이 지불키로 함.					

① 임대보증금   ② 임차료
③ 임대료   ④ 임차보증금

09 한공상사는 2025년 4월 1일에 임대료 1년분 2,400,000원을 현금으로 받고 전액 임대료수익으로 인식하였다. 2025년 12월 31일 결산 시 계상할 선수수익은 얼마인가?(월할계산하기로 한다.)

①   600,000원   ② 1,200,000원
③ 1,400,000원   ④ 1,800,000원

10 다음 중 손익계산서에 표시되는 계정과목은?

① 개발비   ② 미지급비용
③ 선수수익   ④ 단기매매증권처분손실

실무수행평가

모든스포츠(회사코드 4275)는 스포츠용품 도소매업을 운영하는 개인기업으로, 회계기간은 제7기(2025.1.1. ~ 2025.12.31.)이다. 제시된 자료와 [자료설명]을 참고하여, [수행과제]를 완료하고 [평가문제]의 물음에 답하시오.

실무수행 유의사항	1. 타계정 대체와 관련된 적요는 반드시 코드를 입력하여야 한다. 2. 채권·채무, 예금거래 등 관리대상 거래자료에 대하여는 거래처코드를 반드시 입력한다. 3. 자금관리 등 추가 작업이 필요한 경우 문제의 요구에 따라 추가 작업하여야 한다. 4. 등록된 계정과목 중 가장 적절한 계정과목을 선택한다. 5. 부가가치세는 고려하지 않는다.

실무수행 ◎ 기초정보관리의 이해

회계관련 기초정보는 입력되어 있다. [자료설명]을 참고하여 [수행과제]를 수행하시오.

1 사업자등록증에 의한 거래처등록

<h2>사 업 자 등 록 증</h2>(일반과세자) 등록번호: 110-81-02129 상 호: (주)세방기계 대 표 자 명: 장은호 개 업 년 월 일: 2020년 1월 24일 사업장 소재지: 서울특별시 강남구 강남대로 246 (도곡동, 다림빌딩) 사 업 의 종 류: [업태] 제조업 [종목] 운동기구 교 부 사 유: 정정 사업자단위과세 적용사업자여부: 여( ) 부(√) 전자세금계산서 전용 메일주소: sebang@naver.com 2025년 3월 15일 역삼 세무서장 	**자료설명** 거래처 (주)세방기계의 사업자등록증 내용 중 '종목'과 '메일주소'가 변경되어 사업자등록증 사본을 받았다. **수행과제** 사업자등록증을 확인하여 변경사항을 수정하시오.

2 거래처별 초기이월 등록

계정과목	거래처 코드	거래처명	금액	비고
외상매출금	00106	건강지킴이	47,500,000원	
	00120	금강기술	22,000,000원	
	03004	클라우드	25,500,000원	
	합 계		95,000,000원	
미지급금	00110	한얼회계법인	1,700,000원	
	02507	(주)소호상사	8,000,000원	
	합 계		9,700,000원	

자료설명	거래처별 초기이월 자료는 등록되어 있다.
수행과제	외상매출금, 미지급금에 대한 거래처별 초기이월사항을 등록 및 수정하시오.

실무수행 ◎ 거래자료입력

실무프로세스 자료이다. [자료설명]을 참고하여 [수행과제]를 수행하시오.

1 증빙에 의한 전표입력

<table>
<tr><td colspan="4" align="center"><h3>영 수 증</h3></td></tr>
<tr><td colspan="4" align="right">2025/2/6</td></tr>
<tr><td colspan="2">우리모터스</td><td colspan="2">(T.02-823-1234)</td></tr>
<tr><td colspan="4">서울특별시 강남구 일원로 2 (대치동)</td></tr>
<tr><td colspan="4">130-30-88639</td></tr>
<tr><td>품 목</td><td>수 량</td><td>단 가</td><td>금 액</td></tr>
<tr><td>요소수</td><td>1</td><td>25,000</td><td>25,000</td></tr>
<tr><td colspan="4" align="right">합계: 25,000원</td></tr>
<tr><td colspan="4" align="right">감사합니다.</td></tr>
</table>

자료설명	업무용 승용차에 요소수를 투입하고 대금은 현금으로 지급하였다.
수행과제	거래자료를 입력하시오. (단, '차량유지비'로 처리할 것.)

2 기타 일반거래

자료 1. 사무실 월세계약서 내역

(사 무 실) 월 세 계 약 서				□ 임 대 인 용 ■ 임 차 인 용 □ 사무소보관용		
부동산의 표시	소재지	서울특별시 서대문구 충정로7길 29-13 (충정로3가)				
	구 조	철근콘크리트조	용도	사무실	면적	80㎡
월 세 보 증 금		금 50,000,000원정		월세 1,200,000원정		

제 1 조 위 부동산의 임대인과 임차인 합의하에 아래와 같이 계약함.

제 2 조 위 부동산의 임대차에 있어 임차인은 보증금을 아래와 같이 지불키로 함.

계 약 금	원정은 계약시 지불하고
중 도 금	원정은 년 월 일 지불하며
잔 금	50,000,000원정은 2025년 3월 5일 중개업자 입회하에 지불함.

제 3 조 위 부동산의 명도는 2025년 3월 5일로 함.

제 4 조 임대차 기간은 2025년 3월 5일로부터 (24)개월로 함.

제 5 조 **월세금액은 매월(10)일에 지불**키로 하되 만약 기일내에 지불치 못할 시에는 보증금액에서 공제키로함.**(국민은행, 계좌번호: 801210-52-072659, 예금주: 김하늘)**

〜〜〜 중략 〜〜〜

임 대 인	주 소	서울 구로구 경인로 638				
	주 민 등 록 번 호	651214-2415111	전화번호	02-555-1255	성명	김하늘

자료 2. 보통예금(신한은행) 거래내역

번호	거래일	내용	찾으신금액	맡기신금액	잔액	거래점
		계좌번호 308-24-374555 모든스포츠				
1	2025-3-5	김하늘	50,000,000		***	***

자료설명	사무실 확장을 위하여 계약했던 건물의 보증금을 신한은행 보통예금 계좌에서 이체한 내역이다.
수행과제	거래자료를 입력하시오.

3 기타 일반거래

출장비 정산서

일자	출발지	도착지	교통비(SRT)	숙박비	식대	계
2025.4.18.	서울	부산	47,500원	120,000원	30,000원	197,500원
2025.4.21.	부산	서울	47,500원	–	20,000원	67,500원
합 계			95,000원	120,000원	50,000원	265,000원

자료설명	[4월 22일] 출장을 마친 직원 민경진의 출장비 내역을 보고 받고, 잔액은 현금으로 회수하였다.
수행과제	4월 17일의 거래를 확인하여 거래자료를 입력하시오. (단, 출장비 지출내역은 '여비교통비'로 처리하고, '가지급금'은 거래처를 입력할 것.)

4 약속어음 수취거래

전 자 어 음

모든스포츠 귀하   00420250514123456789

금 오백만원정   **5,000,000원**

위의 금액을 귀하 또는 귀하의 지시인에게 지급하겠습니다.

지급기일 2025년 7월 13일   **발행일** 2025년 5월 14일
지 급 지 국민은행   **발행지** 서울특별시 서대문구
지급장소 강남지점   **주 소** 홍제내2나길 29
   발행인 클라우드

자료설명	[5월 14일] 클라우드의 상품 외상매출대금 일부를 전자어음으로 수취하였다.
수행과제	1. 거래자료를 입력하시오. 2. 자금관련정보를 입력하여 받을어음현황에 반영하시오.

5 기타 일반거래

■ 보통예금(기업은행) 거래내역

번호	거래일	내용	찾으신금액	맡기신금액	잔액	거래점
		계좌번호 764502-01-047720 모든스포츠				
1	2025-6-7	주식매입	3,012,000		***	***

자료설명	단기매매차익을 목적으로 거래소에 상장된 (주)바이오로직스의 주식 100주(주당 액면금액 10,000원)를 주당 30,000원에 매입하면서 취득수수료 12,000원을 포함한 대금은 기업은행 보통예금 계좌에서 이체하였다.
수행과제	거래자료를 입력하시오. (취득수수료는 '영업외비용' 범위의 계정으로 처리할 것.)

6 유·무형자산의 구입

거래명세서 (공급받는자 보관용)

공급자	등록번호	140-81-11779			공급받는자	등록번호	109-09-67470		
	상호	(주)우리전자	성명	조성진		상호	모든스포츠	성명	김혜수
	사업장주소	서울특별시 서대문구 충정로7길 19-70 (충정로2가)				사업장주소	서울특별시 서대문구 충정로7길 29-13 (충정로3가)		
	업태	제조업		종사업장번호		업태	도소매업		종사업장번호
	종목	전자기기				종목	스포츠용품		

거래일자	미수금액	공급가액	총 합계금액
2025.7.20.		1,800,000	1,800,000

NO	월	일	품목명	규격	수량	단가	공급가액	합계
1	7	20	디지털 복합기		1		1,800,000	1,800,000

자료설명	사무실에서 사용할 디지털 복합기를 구입하고, 구입대금은 다음달 말일에 지급하기로 하였다.
수행과제	거래자료를 입력하시오.(자산으로 처리할 것.)

7 증빙에 의한 전표입력

<table>
<tr><td colspan="2">

매 출 전 표

카드종류	거래일자
신한카드	2025.8.10.10:13:42

카드번호(CARD NO)
4658-1232-****-45**

승인번호	금액 AMOUNT	백		천			원
20250810101234		2	4	0	0	0	0

일반	할부	부가세 V.A.T						
일시불								

	전단지	봉사료 CASHBACK						

거래유형	합계 TOTAL		2	4	0	0	0	0

가맹점명
예술광고

대표자명	사업자번호
임예술	216-23-37552

전화번호	가맹점번호
02-439-7248	84566611

주소
서울특별시 구로구 구로동로 104

상기의 거래 내역을 확인합니다.   **서명** 모든스포츠
</td>
<td>

자료설명	신제품 판매촉진을 위한 광고전단지를 제작하고, 결제한 신용카드매출전표 이다.
수행과제	거래자료를 입력하시오.
</td></tr>
</table>

8 통장사본에 의한 거래입력

자료 1. 견적서

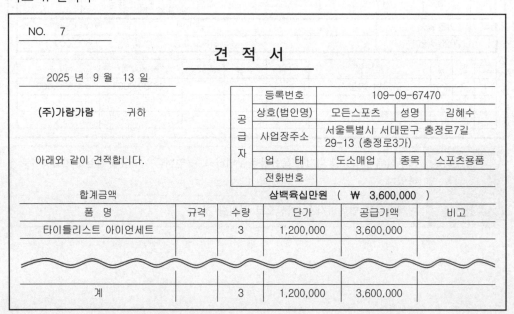

NO. 7

견 적 서

2025 년 9 월 13 일

(주)가람가람   귀하

아래와 같이 견적합니다.

공급자	등록번호	109-09-67470		
	상호(법인명)	모든스포츠	성명	김혜수
	사업장주소	서울특별시 서대문구 충정로7길 29-13 (충정로3가)		
	업 태	도소매업	종목	스포츠용품
	전화번호			

합계금액	삼백육십만원 (₩ 3,600,000)				
품 명	규격	수량	단가	공급가액	비고
타이틀리스트 아이언세트		3	1,200,000	3,600,000	
계		3	1,200,000	3,600,000	

자료 2. 보통예금(국민은행) 거래내역

번호	거래일	내 용	찾으신금액	맡기신금액	잔 액	거래점
		계좌번호 096-24-0094-123 모든스포츠				
1	2025-9-13	(주)가람가람		360,000	***	***

자료설명	1. 자료 1은 (주)가람가람에 상품을 판매하기 위해 발급한 견적서이다. 2. 자료 2는 공급가액의 10%(계약금)를 국민은행 보통예금 계좌로 입금 받은 내역이다.
수행과제	거래자료를 입력하시오.

실무수행 ◎ 전표수정

실무프로세스 자료이다. [자료설명]을 참고하여 [수행과제]를 수행하시오.

1 입력자료 수정

■ 보통예금(신한은행) 거래내역

번호	거래일	내용	찾으신금액	맡기신금액	잔액	거래점
		계좌번호 308-24-374555 모든스포츠				
1	2025-10-15	에코전자		300,000	***	***

자료설명	에코전자의 단기대여금에 대한 이자를 신한은행 보통예금 계좌에 입금받은 내역이다.
수행과제	거래자료를 수정하시오.

2 입력자료 수정

자료설명	11월 4일에 입력된 거래는 영업부에서 사용하고 있는 업무용 승용차에 대한 자동차세를 납부한 거래이다.
수행과제	거래자료를 수정하시오.

실무수행 ◎ 결산

[결산자료]를 참고하여 결산을 수행하시오.(단, 제시된 자료 이외의 자료는 없다고 가정함.)

1 수동결산 및 자동결산

자료설명	1. 단기대여금에 대한 당기 기간경과분 미수이자 420,000원을 계상하다. 2. 기말상품재고액은 29,000,000원이다.

수행과제	1. 수동결산 또는 자동결산 메뉴를 이용하여 결산을 완료하시오.
	2. 12월 31일을 기준으로 '손익계산서 → 재무상태표'를 순서대로 조회 작성하시오.
	   (단, 손익계산서 조회 작성 시 상단부 [기능모음]의 '추가'를 이용하여 '손익대체
	   분개'를 수행할 것.)

평가문제 ◎ 실무수행평가 (62점)

입력자료 및 회계정보를 조회하여 [평가문제]의 답안을 입력하시오.

평가문제 답안입력 유의사항		
❶ 답안은 지정된 단위의 숫자로만 입력해 주십시오. * 한글 등 문자 금지		
	정답	오답(예)
(1) 금액은 원 단위로 숫자를 입력하되, 천 단위 콤마(,)는 생략 가능합니다. (1-1) 답이 0원인 경우 반드시 "0" 입력 (1-2) 답이 음수(-)인 경우 숫자 앞에 " - " 입력 (1-3) 답이 소수인 경우 반드시 " . " 입력	1,245,000 1245000	1.245.000 1,245,000원 1,245,0000 12,45,000 1,245천원
(2) 질문에 대한 답안은 숫자로만 입력하세요.	4	04 4건, 4매, 4명 04건, 04매, 04명
(3) 거래처 코드번호는 5자리 숫자로 입력하세요.	00101	101 00101번
❷ 더존 프로그램에서 조회되는 자료를 복사하여 붙여넣기가 가능합니다.		
❸ 수행과제를 올바르게 입력하지 않고 작성한 답과 모범답안이 다른 경우 오답처리됩니다.		

번호	평가문제	배점
11	평가문제 [거래처등록 조회] **(주)세방기계(코드: 03100)의 거래처등록사항으로 옳지 않은 것은?** ① (주)세방기계의 대표자명은 '장은호'이다. ② 메일주소는 'health@naver.com'이다. ③ 업태는 '제조업'이다. ④ 종목은 '운동기구'이다.	4
12	평가문제 [일/월계표 조회] **1/4분기(1월~3월) 동안 발생한 '차량유지비' 금액은 얼마인가?** ( )원	3
13	평가문제 [계정별원장 조회] **9월 말 '259.선수금' 잔액은 얼마인가?** ( )원	4
14	평가문제 [거래처원장 조회] **5월 말 거래처별 '108.외상매출금' 잔액으로 옳은 것은?** ① 건강지킴이 47,500,000원 ② 금강기술 31,230,000원 ③ 클라우드 20,500,000원 ④ (주)프라하 5,000,000원	3
15	평가문제 [거래처원장 조회] **6월 말 '134.가지급금' 잔액이 있는 거래처의 코드번호 5자리를 입력하시오.** ( )	4
16	평가문제 [거래처원장 조회] **7월 말 거래처별 '253.미지급금' 잔액으로 옳은 것은?** ① 00110.한얼회계법인 1,700,000원 ② 01016.(주)우리전자 3,000,000원 ③ 02507.(주)소호상사 8,500,000원 ④ 99601.신한카드 1,500,000원	3
17	평가문제 [현금출납장 조회] **2월 말 '현금' 잔액은 얼마인가?** ( )원	4
18	평가문제 [재무상태표 조회] **6월 말 '기타비유동자산'의 금액은 얼마인가?** ( )원	4
19	평가문제 [재무상태표 조회] **6월 말 '단기매매증권' 금액은 얼마인가?** ( )원	3
20	평가문제 [재무상태표 조회] **6월 말 '장기차입금' 금액은 얼마인가?** ( )원	3
21	평가문제 [재무상태표 조회] **9월 말 '외상매입금' 금액은 얼마인가?** ( )원	3

합격 확신! 문제풀이

번호	평가문제	배점
22	평가문제 [재무상태표 조회] 12월 말 '받을어음의 장부금액(받을어음 - 대손충당금)'은 얼마인가? ( )원	3
23	평가문제 [재무상태표 조회] 12월 말 '선급금' 금액은 얼마인가? ( )원	3
24	평가문제 [재무상태표 조회] 12월 말 '자본금' 잔액은 얼마인가? ① 406,290,000원 ② 510,079,000원 ③ 626,920,570원 ④ 838,525,900원	2
25	평가문제 [손익계산서 조회] 당기 '상품매출원가' 금액은 얼마인가? ( )원	2
26	평가문제 [손익계산서 조회] 당기에 발생한 '판매비와관리비'의 계정별 금액으로 옳은 것은? ① 복리후생비 17,573,000원 ② 통신비 1,650,000원 ③ 운반비 6,930,000원 ④ 광고선전비 5,540,000원	3
27	평가문제 [손익계산서 조회] 당기에 발생한 '세금과공과금' 금액은 얼마인가? ( )원	3
28	평가문제 [손익계산서 조회] 당기에 발생한 '이자수익' 금액은 전기 대비 얼마나 증가하였는가? ( )원	2
29	평가문제 [예적금현황 조회] 12월 말 은행별 보통예금 잔액으로 옳은 것은? ① 신협은행(보통) 115,654,000원 ② 국민은행(보통) 40,022,000원 ③ 신한은행(보통) 98,000,000원 ④ 기업은행(보통) 30,988,000원	2
30	평가문제 [받을어음현황 조회] 만기일이 2025년에 도래하는 '받을어음'의 보유금액 합계는 얼마인가? ( )원	4
총 점		**62**

평가문제 ⦿ 회계정보분석 (8점)

회계정보를 조회하여 [회계정보분석] 답안을 입력하시오.

31. 손익계산서 조회 (4점)

매출총이익률은 매출로부터 얼마의 이익을 얻느냐를 나타내는 비율로 높을수록 판매, 매입활동이 양호한 편이다. 전기 매출총이익률은 얼마인가?(단, 소수점 이하는 버림할 것.)

$$\text{매출총이익률(\%)} = \frac{\text{매출총이익}}{\text{매출액}} \times 100$$

① 28%   ② 40%
③ 252%   ④ 254%

32. 손익계산서 조회 (4점)

영업이익률은 기업의 주된 영업활동에 의한 성과를 판단하는 비율로 판매활동과 직접 관계없는 영업외손익을 제외한 순수 영업활동의 수익성을 나타내는 지표이다. 전기 영업이익률을 계산하면 얼마인가?(단, 소수점 이하는 버림할 것.)

$$\text{영업이익률(\%)} = \frac{\text{영업이익}}{\text{매출액}} \times 100$$

① 20%   ② 26%
③ 537%   ④ 576%

제4부 합격 확신 문제풀이

최신 기출문제 제76회

아래 문제에서 특별한 언급이 없으면 기업의 보고기간(회계기간)은 매년 1월 1일부터 12월 31일까지입니다. 또한 기업은 일반기업회계기준 및 관련 세법을 계속적으로 적용하고 있다고 가정하고 물음에 가장 합당한 답을 고르시기 바랍니다.

실무이론평가

01 다음 거래에 대한 거래 요소의 결합 관계를 나타낸 것으로 옳은 것은?

• 한공상사는 거래처에 빌려준 대여금 10,000,000원을 보통예금 계좌로 송금받았다.

① (차) 자산의 증가　　(대) 수익의 감소
② (차) 자산의 증가　　(대) 수익의 발생
③ (차) 수익의 감소　　(대) 자산의 감소
④ (차) 자산의 증가　　(대) 자산의 감소

02 다음 대화에 나타난 거래를 회계처리 시 대변 계정과목의 분류로 옳은 것은?
(단, 회사의 업종은 도소매업을 가정한다.)

이과장: 오늘 은행에 가서 통장정리를 하셨나요?

김대리: 네. 통장정리를 한 결과 거래처에 빌려준 단기대여금에 대한 이자 100,000원이 보통예금 통장에 입금되었어요.

① 매출　　　　　② 영업외비용
③ 영업외수익　　④ 판매비와 관리비

03 다음은 신문기사의 일부이다. (㉮)에 들어갈 내용으로 가장 적절한 것은?

외부감사인이 회계감사 대상 회사의 재무제표 작성 지원을 금지하며 회사가 자체 결산 능력을 갖추고 (㉮)의 책임하에 재무제표를 작성하도록 했다.

(XX신문, 2025년 10월 31일)

① 경영자　　　　② 공인회계사
③ 내부감사인　　④ 주주

04 다음은 한공상사의 상품 관련 자료이다. 상품의 취득원가를 계산하면 얼마인가?

• 상품 매입액　100,000원
• 매입운임　　　30,000원
• 보험료　　　　5,000원(상품 매입 관련)
• 판매운임　　　10,000원(판매된 상품 택배비)

① 100,000원　　② 120,000원
③ 130,000원　　④ 135,000원

05 다음 중 재무상태표 계정과목에 해당하지 않는 것은?

① 매출채권　　　② 선급비용
③ 임대보증금　　④ 기부금

06 다음 중 손익계산서 작성기준으로 옳지 않은 것은?

① 수익·비용 대응의 원칙
② 유동성배열법
③ 수익과 비용항목의 구분표시
④ 발생주의

07 다음 자료를 토대로 결산 시 추가로 계상할 대손충당금은 얼마인가?

> • 결산 시 매출채권 잔액에 대하여 1%의 대손충당금을 설정하다.
> • 결산 시 잔액시산표 상의 매출채권 및 대손충당금 잔액
> – 매출채권   5,000,000원
> – 대손충당금   10,000원

① 20,000원   ② 40,000원
③ 60,000원   ④ 80,000원

08 다음 거래에 대한 회계처리 오류 내용이 재무제표에 미치는 영향으로 옳은 것은?

> [거래] 업무용 승용차에 주유를 하고 60,000원을 현금으로 지급하다.
> [분개] (차) 차량운반구   60,000원
>   (대) 현금   60,000원

① 자산의 과소 계상   ② 자본의 과소 계상
③ 비용의 과소 계상   ④ 수익의 과소 계상

09 다음 자료에 의한 2025년 12월 31일의 결산분개로 옳은 것은?
(이자비용은 월할계산하기로 한다.)

> • 2025년 4월 1일 은행으로부터 1,000,000원을 차입하였다.
> • 이자율은 연 6%이며, 1년분 이자는 2026년 3월 31일 전액 지급예정이다.

① (차) 이자비용   45,000원
   (대) 미지급비용   45,000원
② (차) 이자비용   15,000원
   (대) 미지급비용   15,000원
③ (차) 이자비용   45,000원
   (대) 선급비용   45,000원
④ (차) 이자비용   15,000원
   (대) 선급비용   15,000원

10 직원들의 야근식대를 지출하고 다음 증빙을 수취한 경우 올바른 분개는?

> ** 현금영수증 **
> (RECEIPT)
>
> 사업자등록번호   : 214-09-12321 강기열
> 사업자명   : 천국피자
> 단말기ID   : 73453259(tel :02-345-4546)
> 가맹점주소   : 서울 노원구 노원로 16길 2
> 현금영수증 회원번호 : 211-23-11111
> 승인번호   : 83746302   (PK)
> 거래일시   : 2025년 08월 05일
>   18시28분21초
> --
> 포테이토 피자 (L)   50,000원
> 콜라 (6잔)   10,000원
> 총합계   60,000원
> --
> 휴대전화, 카드번호 등록
> http://현금영수증.kr
> 국세청문의(126)
> 38036925-GCA10106-3870-U490
>   <<<<<이용해 주셔서 감사합니다.>>>>>

① (차) 기부금   60,000원
   (대) 현금   60,000원
② (차) 급여   60,000원
   (대) 현금   60,000원
③ (차) 광고선전비   60,000원
   (대) 현금   60,000원
④ (차) 복리후생비   60,000원
   (대) 현금   60,000원

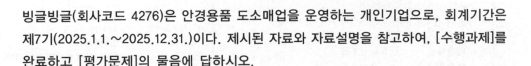

빙글빙글(회사코드 4276)은 안경용품 도소매업을 운영하는 개인기업으로, 회계기간은
제7기(2025.1.1.~2025.12.31.)이다. 제시된 자료와 자료설명을 참고하여, [수행과제]를
완료하고 [평가문제]의 물음에 답하시오.

실무수행 유의사항	1. 타계정 대체와 관련된 적요는 반드시 코드를 입력하여야 한다. 2. 채권·채무, 예금거래 등 관리대상 거래자료에 대하여는 거래처코드를 반드시 입력한다. 3. 자금관리 등 추가 작업이 필요한 경우 문제의 요구에 따라 추가 작업하여야 한다. 4. 등록된 계정과목 중 가장 적절한 계정과목을 선택한다. 5. 부가가치세는 고려하지 않는다.

 실무수행 ◎ **기초정보관리의 이해**

회계관련 기초정보는 입력되어 있다. [자료설명]을 참고하여 [수행과제]를 수행하시오.

1 거래처등록

B **아래와 같이 계좌가 개설되어 있음을 확인합니다.** 예 금 주 : 나미 (빙글빙글) 님 계좌종류 : 입출금통장 계좌번호 : 428-10106-32458 개 설 일 : 2025년 1월 1일 과세구분 : 일반과세 **보호금융상품** 예금보험공사 이 예금은 예금자보호법에 따라 원금과 소정의 1인당 최고 5천만원 이자를 합하여 1인당 "5천만원까지"(본 은행의 여타 보호상품과 합산) 보호됩니다. **(주)카카오뱅크**	**자료설명** (주)카카오뱅크에서 모바일뱅킹으로 사업용 계좌를 개설하였다. **수행과제** 통장사본을 참고하여 거래처등록을 하시오.(코드: 98005, 금융기관명: 카카오뱅크(보통), 구분: 0.일반으 로 할 것.)

2 거래처별초기이월 등록 및 수정

예수금 명세서

코드	거래처명	금액	비고
32014	국민연금공단	1,500,000원	국민연금 예수금
32015	국민건강보험공단	1,000,000원	건강보험 예수금
32016	근로복지공단	250,000원	고용보험 예수금
32017	서대문세무서	1,500,000원	근로소득세 예수금
32018	서대문구청	150,000원	지방소득세 예수금
	합계	4,400,000원	

자료설명	빙글빙글의 전기분 재무제표는 이월받아 등록되어 있다.
수행과제	예수금에 대한 거래처별 초기이월사항을 추가입력하시오.

실무수행 ⊙ 거래자료입력

실무프로세스 자료이다. [자료설명]을 참고하여 [수행과제]를 수행하시오.

1 증빙에 의한 전표입력

기후동행카드 충전 영수증

역 사 명 : 청량리(서울시립대입구)
장 비 번 호 : 152
카 드 번 호 : 2151-2415-5288-9512
결 제 방 식 : 현금
충 전 일 시 : 2025-02-12 15:02:04

투 입 금 액 :   30,000원
충 전 금 액 :   **30,000원**
거 스 름 돈 :   0원
이 용 구 간 : 기후동행카드(따릉이 미포함)

대표자명   서울교통공사 사장
사업자번호   698-87-00598
주소   서울특별시 성동구 천호대로
           346

자료설명	사무실 직원들의 시내출장용으로 사용하는 교통카드를 충전하고, 대금은 현금으로 지급하였다.
수행과제	거래자료를 입력하시오. (단, '여비교통비'로 처리할 것.)

2 증빙에 의한 전표입력

■ 등록면허세 영수증

등록면허세 (신고분) 영수증

출금계좌번호: 011-2020486-014
납 부 기 관: 하나은행

납부일: 2025.02.20

납부내역

납부자명	나미 (빙글빙글)	세목	등록면허세
전자납부번호	116501210245121	거래일시	2025.02.20. 13:56:49
청구기관	서울특별시	납부금액	40,500

⚘ 서울특별시

자료설명	[2월 20일] 통신판매업 신고에 따른 등록면허세를 하나은행 보통예금 계좌에서 이체 납부하였다.
수행과제	거래자료를 입력하시오. (단, '세금과공과금'으로 처리할 것.)

3 통장사본에 의한 거래입력

■ 보통예금(하나은행) 거래내역

번호	거래일	내용	찾으신금액	맡기신금액	잔액	거래점
		계좌번호 011-2020486-014 빙글빙글				
1	2025-03-05	(주)다봄안경	10,000,000		***	***

자료설명	거래처 (주)다봄안경에 10,000,000원(상환일: 2026년 2월 28일)을 대여하기로 하고 하나은행 보통예금 계좌에서 이체하였다.
수행과제	거래자료를 입력하시오.

4 재고자산의 매입거래

거래명세서 (공급받는자 보관용)

공급자					공급받는자			
등록번호	121-81-12646				등록번호	109-09-67470		
상호	베네치아(주)	성명	최민석		상호	빙글빙글	성명	나미
사업장 주소	서울특별시 강남구 강남대로 584				사업장 주소	서울특별시 서대문구 충정로7길 29-13 (충정로3가)		
업태	도소매업		종사업장번호		업태	도소매업		종사업장번호
종목	안경외				종목	안경외		

거래일자	미수금액	공급가액	총 합계금액
2025.3.20.		5,000,000	5,000,000

NO	월	일	품목명	규격	수량	단가	공급가액	합계
1	3	20	안경테		100	50,000	5,000,000	5,000,000

자료설명	1. 상품을 구입하고 발급받은 거래명세서이다. 2. 3월 8일 지급한 계약금을 차감한 잔액은 월말에 지급하기로 하였다.
수행과제	거래자료를 입력하시오.

5 증빙에 의한 전표입력

신용카드매출전표

상점 정보

가 맹 점 명 (주)99플라워 TEL 1588-5899
사업자번호 125-81-65451
대 표 자 명 윤공순
주   소 서울 서초구 언남길 35, 201호
U R L https://www.99flower.co.kr

결제 정보

삼 성 카 드   신용승인
거 래 일 시   2025-4-12 오전 10:11:05
카 드 번 호   7445-8841-****-30**
유 효 기 간   **/**
가맹점번호   5114812
매 입 사: **삼성카드(전자서명전표)**

판 매 금 액   150,000원
합   계   150,000원

결제대행사 정보

상호   나이스페이먼츠 주식회사
대표자명   황윤정

자료설명	거래처의 개업 축하 화환을 인터넷으로 주문하고 대금은 신용카드(삼성카드)로 결제하였다.
수행과제	거래자료를 입력하시오.

6 단기매매증권 구입 및 매각

자료 1. 주식매매 내역서

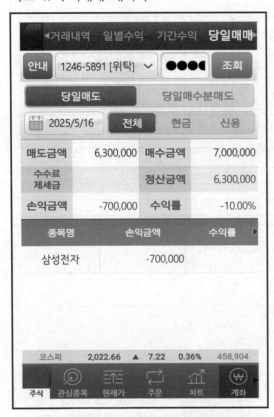

자료 2. 보통예금(신한은행) 거래내역

번호	거래일	내용	찾으신금액	맡기신금액	잔액	거래점
		계좌번호 2512-18512-106 빙글빙글				
1	2025-05-16	주식매각대금 입금		6,300,000	***	***

자료설명	단기매매목적으로 보유하고 있는 삼성전자 주식(장부금액: 7,000,000원)을 6,300,000원에 매각하고 받은 내역이다.
수행과제	주식 매각과 관련된 거래자료를 입력하시오.

7 증빙에 의한 전표입력

** 현금영수증 **		자료설명	상품을 홍보할 목적으로 홍보용 물티슈를 제작하고 수취한 현금영수증이다.

** 현금영수증 **
(지출증빙용)

사업자등록번호 : 807-09-01631
사업자명 : 홍보물닷컴
가맹점주소 : 서울특별시 강남구 테헤란로 423

현금영수증 회원번호
109-09-67470 빙글빙글
승인번호 : 25457923 (PK)
거래일시 : **2025년 06월 22일**

공급금액	1,760,000원
총합계	1,760,000원

휴대전화, 카드번호 등록
http://현금영수증.kr
국세청문의(126)
38036925-GCA10106-3870-U490
<<<<<이용해 주셔서 감사합니다.>>>>>

자료설명	상품을 홍보할 목적으로 홍보용 물티슈를 제작하고 수취한 현금영수증이다.
수행과제	거래자료를 입력하시오. (단, '광고선전비'로 처리 할 것.)

8 통장사본에 의한 거래입력

■ 보통예금(농협은행) 거래내역

번호	거래일	내용	찾으신금액	맡기신금액	잔액	거래점
		계좌번호 201-6611-04712 빙글빙글				
1	2025-9-15	법률자문수수료	800,000		***	***

자료설명	법무법인으로부터 티몬·위메프 대금정산지연 사태와 관련된 법률자문을 제공받고 수수료를 농협은행 보통예금 계좌에서 이체하여 지급하였다.
수행과제	거래자료를 입력하시오.

실무수행 ◎　**전표수정**

실무프로세스 자료이다. [자료설명]을 참고하여 [수행과제]를 수행하시오.

1　입력자료 수정

■ 보통예금(토스뱅크) 거래내역

번호	거래일	내용	찾으신금액	맡기신금액	잔액	거래점
		계좌번호 1144-561-5121564　빙글빙글				
1	2025-10-14	(주)다보여안경	21,320,000		***	***

자료설명	(주)다보여안경에 지급해야 할 외상매입금을 토스뱅크 보통예금 계좌에서 이체하여 지급하였다.
수행과제	통장 거래내역을 확인하고 올바르게 수정하시오.

2　입력자료 수정

자료설명	[9월 22일] 대표자가 인출한 대표자 동창의 결혼축의금 회계처리가 9월 22일자로 중복 입력되어 있음을 확인하였다.
수행과제	오류자료를 수정하시오.

실무수행 ◎ 결산

[결산자료]를 참고하여 결산을 수행하시오.(단, 제시된 자료 이외의 자료는 없다고 가정함.)

1 수동결산 및 자동결산

자료설명	1. 10월 1일 지급된 보험료 1,800,000원 중 기간 미경과분 1,350,000원을 계상하다. 2. 기말 상품재고액은 35,800,000원이다.
수행과제	1. 수동결산 또는 자동결산 메뉴를 이용하여 결산을 완료하시오. 2. 12월 31일 기준으로 '손익계산서 ➜ 재무상태표'를 순서대로 조회 작성하시오. (단, 손익계산서 조회 작성 시 상단부 [기능모음]의 '추가'를 이용하여 '손익대체 분개'를 수행할 것.)

평가문제 ◎ 실무수행평가 (62점)

입력자료 및 회계정보를 조회하여 [평가문제]의 답안을 입력하시오.

평가문제 답안입력 유의사항

❶ 답안은 지정된 단위의 숫자로만 입력해 주십시오.
　* 한글 등 문자 금지

	정답	오답(예)
(1)금액은 원 단위로 숫자를 입력하되, 천 단위 콤마(,)는 생략 가능합니다. 　(1-1) 답이 0원인 경우 반드시 "0" 입력 　(1-2) 답이 음수(-)인 경우 숫자 앞에 " - " 입력 　(1-3) 답이 소수인 경우 반드시 " . " 입력	1,245,000 1245000	1.245.000 1,245,000원 1,245,0000 12,45,000 1,245천원
(2) 질문에 대한 답안은 숫자로만 입력하세요.	4	04 4건, 4매, 4명 04건, 04매, 04명
(3) 거래처 코드번호는 5자리 숫자로 입력하세요.	00101	101 00101번

❷ 더존 프로그램에서 조회되는 자료를 복사하여 붙여넣기가 가능합니다.
❸ 수행과제를 올바르게 입력하지 않고 작성한 답과 모범답안이 다른 경우 오답처리됩니다.

번호	평가문제	배점
11	**평가문제 [거래처등록 조회]** **금융 거래처별 계좌번호로 옳지 않은 것은?** ① 하나은행(보통) 1122-098-123143 ② 신한은행(보통) 2512-18512-106 ③ 카카오뱅크(보통) 428-10106-32458 ④ 농협은행(보통) 201-6611-04712	3
12	**평가문제 [거래처원장 조회]** **12월 말 거래처별 '131.선급금' 잔액으로 옳지 않은 것은?** ① 무지개안경 1,000,000원 ② 소나기안경 1,200,000원 ③ (주)다비치안경 500,000원 ④ 베네치아(주) 3,000,000원	3
13	**평가문제 [거래처원장 조회]** **12월 말 거래처별 '254.예수금' 잔액으로 옳지 않은 것은?** ① 국민연금공단 2,100,000원 ② 국민건강보험공단 1,300,000원 ③ 서대문세무서 320,000원 ④ 서대문구청 180,000원	3
14	**평가문제 [거래처원장 조회]** **12월 말 '103.보통예금' 신한은행(코드: 98002)의 잔액은 얼마인가?** ( )원	3
15	**평가문제 [거래처원장 조회]** **12월 말 '253.미지급금' 삼성카드(99605)의 잔액은 얼마인가?** ( )원	4
16	**평가문제 [예적금현황 조회]** **12월 말 은행별 예금잔액으로 옳지 않은 것은?** ① 토스뱅크(보통) 2,470,000원 ② 하나은행(보통) 80,708,500원 ③ 농협은행(보통) 3,000,000원 ④ 우리은행(당좌) 13,250,000원	3
17	**평가문제 [분개장 조회]** **9월(9/1~9/30) 동안의 전표 중 '전표: 1.일반, 선택: 1.출금' 전표의 건수는 몇 건인가?** ( )건	3
18	**평가문제 [일/월계표 조회]** **6월에 발생한 '판매관리비'의 계정과목 중 현금지출이 가장 큰 계정과목의 코드번호 3자리를 입력하시오.** ( )	3
19	**평가문제 [현금출납장 조회]** **2월 말 '현금' 잔액은 얼마인가?** ( )원	2
20	**평가문제 [현금출납장 조회]** **6월(6/1~6/30)의 '현금' 출금액 월계는 얼마인가?** ( )원	4

번호	평가문제	배점
21	**평가문제 [손익계산서 조회]** 당기에 발생한 '판매비와관리비'의 계정별 금액으로 옳지 않은 것은? ① 여비교통비 1,274,600원 　② 운반비 459,000원 ③ 소모품비 2,000,000원 　④ 수수료비용 3,990,000원	3
22	**평가문제 [손익계산서 조회]** 당기에 발생한 '상품매출원가' 금액은 얼마인가? (　　　)원	4
23	**평가문제 [손익계산서 조회]** 당기에 발생한 '접대비(기업업무추진비)' 금액은 얼마인가? (　　　)원	4
24	**평가문제 [손익계산서 조회]** 당기에 발생한 '세금과공과금' 금액은 얼마인가? (　　　)원	2
25	**평가문제 [손익계산서 조회]** 당기에 발생한 '영업외비용' 금액은 얼마인가? (　　　)원	3
26	**평가문제 [합계잔액시산표 조회]** 6월 말 '단기매매증권' 잔액은 얼마인가? ① 70,000,000원 　② 77,000,000원 ③ 3,000,000원 　④ 2,500,000원	3
27	**평가문제 [합계잔액시산표 조회]** 6월 말 '단기대여금' 잔액은 얼마인가? (　　　)원	4
28	**평가문제 [재무상태표 조회]** 12월 말 '선급비용' 잔액은 얼마인가? (　　　)원	4
29	**평가문제 [재무상태표 조회]** 12월 말 '외상매입금' 잔액은 얼마인가? (　　　)원	3
30	**평가문제 [재무상태표 조회]** 12월 말 재무상태표의 '자본금' 금액은 얼마인가? ① 412,250,370원 　② 413,540,370원 ③ 415,716,570원 　④ 417,935,370원	1
총 점		**62**

평가문제 ◎ 회계정보분석 (8점)

회계정보를 조회하여 [답안수록] 메뉴에 해당문제의 답안을 입력하시오.

31. 재무상태표 조회 (4점)

당좌비율은 유동자산 중 현금화할 수 있는 당좌자산으로 단기채무를 충당할 수 있는 정도를 나타내는 비율이다. 전기말 당좌비율을 계산하면 얼마인가?(단, 소숫점 이하는 버림 할 것.)

$$당좌비율 (\%) = \frac{당좌자산}{유동부채} \times 100$$

① 478%   ② 652%
③ 678%   ④ 694%

32. 손익계산서 조회 (4점)

영업이익률은 기업의 주된 영업활동에 의한 성과를 판단하는 비율로 판매활동과 직접 관계없는 영업외손익을 제외한 순수 영업활동의 수익성을 나타내는 지표이다. 전기 영업이익률을 계산하면 얼마인가?(단, 소숫점 이하는 버림 할 것.)

$$영업이익률(\%) = \frac{영업이익}{매출액} \times 100$$

① 13%   ② 15%
③ 18%   ④ 20%

아래 문제에서 특별한 언급이 없으면 기업의 보고 기간(회계기간)은 매년 1월 1일부터 12월 31일까지입니다. 또한 기업은 일반기업회계기준 및 관련 세법을 계속적으로 적용하고 있다고 가정하고 물음에 가장 합당한 답을 고르시기 바랍니다.

실무이론평가

01 "기업은 그 목적과 의무를 이행하기에 충분할 정도로 장기간 존속한다"는 재무제표의 기본가정은 무엇인가?

① 기업실체의 가정
② 계속기업의 가정
③ 기간별 보고의 가정
④ 발생주의 회계의 가정

02 다음과 같은 거래 요소의 결합관계에 해당하는 거래로 옳은 것은?

> (차) 자산의 증가　　　(대) 부채의 증가

① 상품 100,000원을 외상으로 판매하다.
② 종업원 급여 3,000,000원을 현금으로 지급하다.
③ 은행으로부터 10,000,000원을 1년간 차입하여 보통예금으로 입금하다.
④ 단기차입금 5,000,000원과 그 이자 300,000원을 현금으로 지급하다.

03 다음은 한공상사의 건물 취득과 관련된 자료이다. 다음 자료를 토대로 건물의 취득원가를 계산하면 얼마인가?

• 건물 구입 금액	10,000,000원
• 구입 시 중개수수료	200,000원
• 취득세	500,000원
• 건물취득 후 납부한 화재 보험료	50,000원

① 10,000,000원　　② 10,200,000원
③ 10,700,000원　　④ 10,750,000원

04 다음 (주)한공의 거래에 대한 회계처리 시 차변 계정과목으로 옳은 것은?

> 사무실에서 사용하고 있던 책상을 장부금액으로 처분하고 대금은 거래처 발행 약속어음으로 받다.

① 비품　　　　　② 미수금
③ 받을어음　　　④ 외상매출금

05 다음은 (주)한공의 사업용 토지 처분에 관한 대화이다. 이에 대한 회계처리 시 대변 계정과목은?

이부장: 토지 처분 건은 어떻게 되었나요?

박대리: 네, 30,000,000원에 매매계약을 체결하고, 계약금 3,000,000원을 현금으로 받았습니다.

① 토지　　　　　② 가수금
③ 선수금　　　　④ 건설중인자산

06 다음에서 설명하는 계정과목에 해당하는 것은?

> 물리적 형체는 없지만 식별가능하고 기업이 통제하고 있으며 미래 경제적효익이 있는 비화폐성자산이다.

① 건물　　　　　② 재고자산
③ 매출채권　　　④ 특허권

07 다음은 도매업을 영위하는 한공상사의 손익계산서 일부이다. 당기 발생 비용을 반영한 후 (가)의 금액은 얼마인가?

손익계산서

2025년 1월 1일부터
한공상사 2025년 12월 31일까지 (단위: 원)

과목	제5(당)기
⋮	⋮
매 출 총 이 익	2,000,000
판매비와관리비	XXX
⋮	⋮
영 업 이 익	(가)

[당기 발생 비용]
- 급여　　　　　　　600,000원
- 수도광열비　　　　 50,000원
- 이자비용　　　　　 30,000원
- 대손상각비　　　　100,000원
- 세금과공과　　　　 80,000원
- 외환차손　　　　　 10,000원

① 1,130,000원　　　② 1,140,000원
③ 1,170,000원　　　④ 1,270,000원

08 다음의 오류가 당기 매출원가와 당기순이익에 미치는 영향으로 옳은 것은?

기말 재고자산을 120,000원으로 계상하였으나 정확한 기말재고금액은 100,000원이다.

	매출원가	당기순이익
①	과대	과대
②	과대	과소
③	과소	과소
④	과소	과대

09 다음에 해당하는 계정과목은?(단, 전자제품 도매업을 영위하고 있다.)

- 기업의 판매활동과 관리활동에서 발생하는 비용이다.
- 매출원가에 속하지 않는 영업비용이다.

① 이자비용　　　　② 단기매매증권처분손실
③ 급여　　　　　　④ 유형자산처분손실

10 다음 중 결산정리사항에 해당하지 않는 것은?

① 미지급이자의 계상
② 감가상각비의 계상
③ 대손충당금의 계상
④ 차입금의 상환

실무수행평가

별별유통(회사코드 4178)은 생활용품 도·소매업을 운영하는 개인기업으로, 회계기간은 제7기(2025.1.1. ~ 2025.12.31.)이다. 제시된 자료와 [자료설명]을 참고하여 [수행과제]를 완료하고 [평가문제]의 물음에 답하시오.

실무수행 유의사항	1. 타계정 대체와 관련된 적요는 반드시 코드를 입력하여야 한다. 2. 채권·채무, 예금거래 등 관리대상 거래자료에 대하여는 거래처코드를 반드시 입력한다. 3. 자금관리 등 추가 작업이 필요한 경우 문제의 요구에 따라 추가 작업하여야 한다. 4. 등록된 계정과목 중 가장 적절한 계정과목을 선택한다. 5. 부가가치세는 고려하지 않는다.

실무수행 ◎ **기초정보관리의 이해**

회계관련 기초정보는 입력되어 있다. [자료설명]을 참고하여 [수행과제]를 수행하시오.

1 사업자등록증에 의한 회사등록 수정

사 업 자 등 록 증 (일반과세자) 등록번호: 211-42-21212 상 호: 별별유통 대 표 자 명: 김성렬 개 업 년 월 일: 2017년 11월 17일 사업장 소재지: 서울특별시 서대문구 충정로7길 29-11 (충정로3가) 사 업 의 종 류: 업태 도소매업 종목 잡화 통신판매업 교 부 사 유: 정정 사업자단위과세 적용사업자여부: 여( ) 부(√) 전자세금계산서 전용 메일주소: starcop@bill36524.com 2025년 2월 13일 서대문 세무서장 (인) ○ 국세청	**자료설명** 별별유통은 사업자등록증의 기재사항이 변경되어 서대문세무서로부터 변경된 사업자등록증을 발급받았다. **수행과제** 회사등록메뉴에서 사업자등록증의 변경된 사항을 확인하고 반영하시오.

2 계정과목 추가 및 적요등록 수정

자료설명	별별유통은 프랜차이즈 본사와의 계약조건에 따라 매월 지급할 가맹점 수수료를 계정과목으로 등록하여 사용하려고 한다.
수행과제	'850.회사설정계정과목'을 '850.가맹점수수료'로 수정하고, 표준재무제표용 표준코드와 현금적요를 등록하시오. - 계정구분: 4.경비, 표준코드: 047.지급수수료 - 현금적요: 01.가맹점 수수료 현금 지급

실무수행 ◎ 거래자료입력

실무프로세스 자료이다. [자료설명]을 참고하여 [수행과제]를 수행하시오.

1 증빙에 의한 전표입력

<table>
<tr><td>

신용카드매출전표

카드종류: 국민카드
회원번호: 7445-8841-****-3**1
거래일시: 2025.02.21. 13:25:12
거래유형: 신용승인
매   출: 120,000원
합   계: 120,000원
결제방법: 일시불
승인번호: 26785995

가맹점명: (주)올품인쇄(125-81-28548)
- 이 하 생 략 -

</td>
<td>

자료설명	봄맞이 프로모션 행사 홍보용 전단지를 제작하면서 국민카드로 결제하고 받은 신용카드매출전표이다.
수행과제	거래자료를 입력하시오.

</td></tr>
</table>

2 통장사본에 의한 거래입력

■ 보통예금(기업은행) 거래내역

번호	거래일	내용	찾으신금액	맡기신금액	잔액	거래점
		계좌번호 1122-098-123143 별별유통				
1	2025-3-31	차입금이자	426,000		***	***

자료설명	차입금에 대한 이자비용을 기업은행 보통예금 계좌에서 이체하여 지급하였다.
수행과제	거래자료를 입력하시오.

3 약속어음 발행거래

전 자 어 음

(주)우리안전 귀하   00420250511123456789

금 팔백만원정   8,000,000원

위의 금액을 귀하 또는 귀하의 지시인에게 지급하겠습니다.

지급기일 2025년 7월 10일   발행일 2025년 5월 11일
지 급 지 국민은행   발행지 서울특별시 서대문구 충정로7길
지급장소 충정로지점   주 소 29-11 (충정로3가)
                              발행인 별별유통

자료설명	[5월 11일] (주)우리안전의 상품 외상매입 대금 중 일부를 전자어음을 발행하여 지급하였다.
수행과제	1. 거래자료를 입력하시오. 2. 자금관련 정보를 입력하여 지급어음 현황에 반영하시오. (단, 등록된 어음을 사용할 것.)

4 증빙에 의한 전표입력

영 수 증 (공급받는자용)				
NO		**별별유통** 귀하		
공급자	사업자 등록번호	120-12-33526		
	상 호	배송365	성 명	도태경
	사업장 소재지	서울특별시 강남구 광평로 220		
	업 태	서비스업	종목	포장, 배송
작성일자		공급대가총액		비고
2025.6.20.		28,000원		
공 급 내 역				
월/일	품명	수량	단가	금액
6/20	배송비			28,000
합 계		**28,000원**		
위 금액을 (영수)(청구)함				

자료설명	포장 및 배송 전문업체인 배송365에 판매상품 배송을 요청하고 당사부담 배송비를 현금으로 지급하였다.
수행과제	거래자료를 입력하시오.

5 기타 일반거래

자료 1. 급여 및 상여대장

2025년 7월 급상여대장						
직급	성명	급여 상여	공제액			차감지급액
			소득세 등	건강보험료 등	공제액합계	
과장	신봉규	3,800,000원 1,000,000원	186,720원	301,760원	488,480원	4,311,520원
대리	조성진	3,200,000원 1,000,000원	134,260원	237,520원	371,780원	3,828,220원
합계		7,000,000원 2,000,000원	320,980원	539,280원	860,260원	8,139,740원

자료 2. 보통예금(국민은행) 거래내역

번호	거래일	내용	찾으신금액	맡기신금액	잔액	거래점
		계좌번호 103-55-998876 별별유통				
1	2025-7-31	급상여	8,139,740		***	***

자료설명	7월분 급여와 상여를 국민은행 보통예금 계좌에서 이체하여 지급한 내역이다.
수행과제	거래자료를 입력하시오.(단, 급여와 상여는 구분하여 회계처리하고 공제액합계는 '예수금'으로 처리할 것.)

6 유·무형자산의 매각

자료설명	[8월 10일] 1. 사무실에서 사용하던 냉난방기를 일산재활용센터에 매각하고, 매각대금 1,800,000원은 성능점검 후 8월 말에 받기로 하였다. 2. 매각직전의 해당 자산내역은 다음과 같다. <table><tr><td>계정과목</td><td>자산명</td><td>취득원가</td><td>감가상각누계액</td></tr><tr><td>비품</td><td>냉난방기</td><td>3,000,000원</td><td>1,200,000원</td></tr></table>
수행과제	거래자료를 입력하시오.

7 증빙에 의한 전표입력

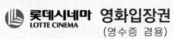

```
   롯데시네마   영화입장권
   LOTTE CINEMA
                  (영수증 겸용)
                          [전체발권]
==================================
(디지털) 인사이드아웃2
-(7세)
2025-09-22 5회
18:00 - 20:15
2층 6관 J열 1번 ~ J열 10번
----------------------------------
일반    12,000원(10명)
Total   120,000원
----------------------------------
현금(지출증명)
고객명
신분확인번호        2114221212
현금영수증승인      A45796320/120,000원
현금영수증승인

롯데시네마
(113-85-37493)
      - 이 하 생 략 -
```

자료설명	회사는 추석 명절을 맞이하여 회사 인근에 있는 보육원 아동들의 단체 영화관람을 위해 입장권을 현금으로 구매 후 기부하였다.
수행과제	거래자료를 입력하시오.

8 재고자산의 매출거래

거래명세서 (공급자 보관용)

공급자					공급받는자				
	등록번호	211-42-21212				등록번호	101-12-42117		
	상호	별별유통	성명	김성렬		상호	서울용역	성명	백수인
	사업장 주소	서울특별시 서대문구 충정로7길 29-11 (충정로3가)				사업장 주소	서울특별시 서대문구 통일로 131 (충정로2가, 공화당빌딩)		
	업태	도소매업 외	종사업장번호			업태	서비스업	종사업장번호	
	종목	잡화				종목	청소		

거래일자	미수금액	공급가액	총 합계금액
2025.10.15.		1,200,000	1,200,000

NO	월	일	품목명	규격	수량	단가	공급가액	합계
1	10	15	멀티 세정제		20	60,000	1,200,000	1,200,000

자료설명	서울용역에 상품(멀티 세정제)을 판매하고 대금 중 200,000원은 현금으로 받았으며, 잔액은 외상으로 하였다.
수행과제	거래자료를 입력하시오.

실무수행 ⊙ 전표수정

실무프로세스 자료이다. [자료설명]을 참고하여 [수행과제]를 수행하시오.

1 입력자료 수정

** 현금영수증 ** (지출증빙용) 사업자등록번호 : 102-81-23012 조영래 사업자명　　　 : (주)서울유통 단말기ID　　　 : 73453259(tel:02-349-5545) 가맹점주소　　 : 서울특별시 강남구 광평로 220(수서동) 현금영수증 회원번호 **211-42-21212　별별유통** 승인번호　　　 : 83746302　　(PK) 거래일시　　 : **2025년 6월 26일** - 공급금액　　　　　　　　　　　　1,500,000원 부가세금액　　　　　　　　　　　　　　　원 총합계　　　　　　　　　　　　　1,500,000원 - 휴대전화, 카드번호 등록 http://현금영수증.kr 국세청문의(126) 38036925-GCA10106-3870-U490 　　　<<<<<이용해 주셔서 감사합니다.>>>>>	**자료설명** 6월 26일에 입력된 거래는 판매용 상품을 매입하고 현금영수증을 수취한 거래이다. **수행과제** 거래자료를 수정하시오.

2 입력자료 수정

자료 1. 보험증권

화재보험증권

증 권 번 호	2557466	계 약 일	2025년 7월 1일
보 험 기 간	2025년 7월 1일 00:00부터	2026년 7월 1일 24:00까지	
보험계약자	별별유통	주민(사업자)번호	211-42-21212
피 보 험 자	별별유통	주민(사업자)번호	211-42-21212

보험료 납입사항

총보험료	126만원	납입보험료	126만원	미납입 보험료	0 원

자료 2. 보통예금(국민은행) 거래내역

번호	거래일	내용	찾으신금액	맡기신금액	잔액	거래점
		계좌번호 103-55-998876 별별유통				
1	2025-7-1	삼성화재(주)	1,260,000		***	***

자료설명	사업장에 대한 화재보험을 가입하고 국민은행 보통예금 계좌에서 이체한 거래가 입력 누락 되었다.
수행과제	거래내역을 확인 후 추가 입력하시오.('자산'으로 처리할 것.)

실무수행 ◎ 결산

[결산자료]를 참고하여 결산을 수행하시오.(단, 제시된 자료 이외의 자료는 없다고 가정함.)

1 수동결산 및 자동결산

자료설명	1. 구입 시 비용처리한 소모품 중 기말현재 미사용 소모품은 300,000원으로 확인되었다. 2. 기말상품재고액은 138,000,000원이다.
수행과제	1. 수동결산 또는 자동결산 메뉴를 이용하여 결산을 완료하시오. 2. 12월 31일을 기준으로 '손익계산서 → 재무상태표'를 순서대로 조회 작성하시오.(단, 손익계산서 조회 작성 시 상단부 [기능모음]의 '추가'를 이용하여 '손익대체분개'를 수행할 것.)

평가문제 ◎ 실무수행평가 (62점)

입력자료 및 회계정보를 조회하여 [평가문제]의 답안을 입력하시오.

평가문제 답안입력 유의사항		
❶ 답안은 지정된 단위의 숫자로만 입력해 주십시오. * 한글 등 문자 금지		
	정답	오답(예)
(1)금액은 원 단위로 숫자를 입력하되, 천 단위 콤마(,)는 생략 가능합니다.	1,245,000 1245000	1.245.000 1,245,000원 1,245,0000 12,45,000 1,245천원
(1-1) 답이 0원인 경우 반드시 "0" 입력 (1-2) 답이 음수(-)인 경우 숫자 앞에 " - " 입력 (1-3) 답이 소수인 경우 반드시 " . " 입력		
(2) 질문에 대한 답안은 숫자로만 입력하세요.	4	04 4건, 4매, 4명 04건, 04매, 04명
(3) 거래처 코드번호는 5자리 숫자로 입력하세요.	00101	101 00101번
❷ 더존 프로그램에서 조회되는 자료를 복사하여 붙여넣기가 가능합니다. ❸ 수행과제를 올바르게 입력하지 않고 작성한 답과 모범답안이 다른 경우 오답처리됩니다.		

번호	평가문제	배점
11	**평가문제 [회사등록 조회]** **회사등록과 관련된 내용 중 옳지 않은 것은?** ① 과세유형은 '일반과세'이다. ② 사업장세무서는 '역삼'이고 세무서 코드는 '220'이다. ③ 업태는 도소매업, 통신판매업이다. ④ 사업장주소는 '서울특별시 서대문구 충정로7길 29-11(충정로3가)'이다.	4
12	**평가문제 [계정과목및적요등록 조회]** **'850.가맹점수수료' 계정과 관련된 내용으로 옳지 않은 것은?** ① 구분은 '4.경비'이다. ② 표준재무제표항목의 표준코드 '048.판매수수료'를 사용하고 있다. ③ 현금적요는 1개를 사용하고 있다. ④ 대체적요는 사용하고 있지 않다.	4
13	**평가문제 [계정별원장 조회]** **8월 말 '120.미수금' 잔액은 얼마인가?** ( )원	3
14	**평가문제 [거래처원장 조회]** **2월 말 '99605.국민카드'의 '253.미지급금' 잔액은 얼마인가?** ( )원	3
15	**평가문제 [거래처원장 조회]** **6월 말 거래처별 '251.외상매입금' 잔액으로 옳지 않은 것은?** ① 00120.(주)우리안전 1,500,000원 ② 00123.콜롬보스 23,315,000원 ③ 00125.바른손펜시(주) 2,000,000원 ④ 01121.(주)한려수도 13,472,500원	3
16	**평가문제 [거래처원장 조회]** **10월 말 거래처별 '108.외상매출금' 잔액으로 옳지 않은 것은?** ① 00102.한성에스이 10,713,500원 ② 00108.(주)라모리타 16,325,000원 ③ 00177.서울용역 500,000원 ④ 00240.파도소리(주) 6,500,000원	3
17	**평가문제 [지급어음현황 '지급은행별' 조회]** **지급은행이 '98005.국민은행(당좌)'이면서 '만기일이 2025년에 도래하는 지급어음합계는 얼마인가?** ( )원	3
18	**평가문제 [일/월계표 조회]** **2월 한 달 동안 발생한 '광고선전비' 금액은 얼마인가?** ① 120,000원 ② 800,000원 ③ 1,200,000원 ④ 1,320,000원	4
19	**평가문제 [일/월계표 조회]** **상반기(1월 ~ 6월) 발생한 '이자비용' 금액은 얼마인가?** ( )원	3
20	**평가문제 [합계잔액시산표 조회]** **7월 말까지 발생한 '급여' 금액은 얼마인가?** ① 29,550,000원 ② 31,550,000원 ③ 38,550,000원 ④ 40,550,000원	4

번호	평가문제	배점
21	**평가문제 [합계잔액시산표 조회]** 12월 말 기준 '소모품' 잔액은 얼마인가? ( )원	3
22	**평가문제 [손익계산서 조회]** 당기에 발생한 '상품매출'은 얼마인가? ( )원	4
23	**평가문제 [손익계산서 조회]** 당기분 '판매비와관리비'의 금액으로 옳지 않은 것은? ① 임차료 6,400,000원 ② 운반비 694,000원 ③ 도서인쇄비 240,000원 ④ 건물관리비 3,450,000원	3
24	**평가문제 [손익계산서 조회]** 당기에 발생한 '기부금'은 얼마인가? ( )원	3
25	**평가문제 [재무상태표 조회]** 12월 말 계정별 잔액으로 옳지 않은 것은? ① 선급금 1,600,000원 ② 선급비용 780,000원 ③ 미지급금 5,026,500원 ④ 선수금 1,244,000원	2
26	**평가문제 [재무상태표 조회]** 12월 말 '재고자산' 계정 중 '상품' 잔액은 얼마인가? ( )원	4
27	**평가문제 [재무상태표 조회]** 12월 말 '유동부채' 계정 중 잔액이 가장 적은 계정과목 코드 3자리를 입력하시오. ( )	3
28	**평가문제 [재무상태표 조회]** 12월 말 '유형자산' 금액은 얼마인가? ( )원	2
29	**평가문제 [재무상태표 조회]** 12월 말 '자본금' 잔액은 얼마인가? ( )원	1
30	**평가문제 [예적금현황 조회]** 12월 말 은행별 예금 잔액으로 옳지 않은 것은? ① 기업은행(보통) 100,175,740원 ② 국민은행(보통) 156,199,260원 ③ 신한은행(보통) 12,439,000원 ④ 우리은행(보통) 61,500,000원	3
총 점		**62**

회계정보를 조회하여 [회계정보분석] 답안을 입력하시오.

31. 재무상태표 조회 (4점)

유동비율이란 기업의 단기 지급능력을 평가하는 지표이다. 전기 유동비율은 얼마인가?(단, 소숫점 이하는 버림 할 것.)

$$유동비율(\%) = \frac{유동자산}{유동부채} \times 100$$

① 175%   ② 180%

③ 187%   ④ 192%

32. 재무상태표 조회 (4점)

부채비율은 타인자본의 의존도를 표시하며, 기업의 건전성 정도를 나타내는 지표이다. 전기말 부채비율은 얼마인가?(단, 소숫점 이하는 버림 할 것.)

$$부채비율(\%) = \frac{부채총계}{자본총계} \times 100$$

① 64%   ② 75%

③ 84%   ④ 92%

제 3 장

출제예상
모의고사

출제예상 모의고사 제1회

아래 문제에서 특별한 언급이 없으면 기업의 보고기간(회계기간)은 매년 1월 1일부터 12월 31일까지입니다. 또한 기업은 일반기업회계기준 및 관련 세법을 계속적으로 적용하고 있다고 가정하고 물음에 가장 합당한 답을 고르시기 바랍니다.

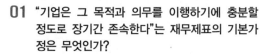

실무이론평가

01 "기업은 그 목적과 의무를 이행하기에 충분할 정도로 장기간 존속한다"는 재무제표의 기본가정은 무엇인가?

① 기업실체의 가정
② 계속기업의 가정
③ 기간별 보고의 가정
④ 현금주의 회계

02 다음 중 회계적 거래에 해당하는 것을 보기에서 고른 것은?

〈보기〉
가. 금고의 현금을 조사한 결과 1,000,000원이 부족한 것을 발견하였다.
나. 영업부 사원을 월급 1,500,000원에 채용하였다.
다. 사무실에 있던 상품(원가 700,000원)을 창고업자에게 맡겼다.
라. 컴퓨터용 책상을 400,000원에 외상으로 구입하였다.

① 가, 나
② 나, 다
③ 가, 라
④ 나, 라

03 다음의 대화 내용은 무엇에 관한 것인가?

① 대차평균의 원리에 맞게 기록이 되어 있는지 장부기록의 오류를 검증할 수 있어.
② 응 맞아. 왼쪽에는 자산과 비용, 오른쪽에는 부채와 자본, 수익이 기입되어 복식부기원리에 따라 누락되는 금액이 없는지 한번에 볼 수 있어.
③ 그런데 거래에 대한 분개자체가 누락된 경우에는 오류를 확인할 수 없어.

① 총계정원장
② 일일자금일보
③ 시산표
④ 재무상태표

04 회계의 목적과 관련된 설명으로 옳은 것은?

① 내부이해관계자에게만 회계정보를 제공한다.
② 정부는 회계정보 이용자에 해당되지 않는다.
③ 외부이해관계자인 채권자에게만 회계정보를 제공한다.
④ 모든 회계정보 이용자들에게 유용한 회계정보를 제공한다.

05 다음 중 결산정리사항에 해당하지 않는 것은?

① 외상매출금의 회수
② 감가상각비의 계상
③ 대손충당금의 계상
④ 미수이자의 계상

06 다음에 해당하는 계정과목으로 옳은 것은?

(가) 내용불명 입금액이 발생한 경우
(나) 비품매각액이 미회수된 경우
(다) 상품매입 계약금을 지급한 경우

	(가)	(나)	(다)
㉮	가수금	미수금	선급금
㉯	가수금	미지급금	선급금
㉰	가지급금	미수금	선수금
㉱	가지급금	미지급금	선수금

① ㉮
② ㉯
③ ㉰
④ ㉱

07 다음 자료를 토대로 2025년 회계연도 결산 시 기계장치의 감가상각비는 얼마인가?

> • 취득시점: 2024년 1월 1일
> • 기계장치금액: 8,000,000원
> • 감가상각방법: 정률법
> • 내용연수: 5년(정률상각율 0.45)

① 1,600,000원
② 1,980,000원
③ 3,200,000원
④ 3,600,000원

08 다음 중 재무상태표에 대한 설명으로 옳지 않은 것은?

① 재무상태표 작성시 자산은 유동자산과 비유동자산으로 구분한다.
② 재무상태표 작성시 부채는 유동부채와 비유동부채로 구분한다.
③ 자산과 부채는 유동성이 작은 항목부터 배열하는 것을 원칙으로 한다.
④ 재무상태표는 일정 시점 현재 기업이 보유하고 있는 자산, 부채, 자본에 관한 정보를 제공한다.

09 다음은 (주)한공의 상품의 기초재고와 매입·매출 자료이다. 이 자료로 선입선출법에 의한 상품의 기말재고액을 구하면 얼마인가?

	수량	단가	금액
기초재고	1,500개	500원	750,000원
당기매입	10,000개	600원	6,000,000원
당기매출 (판매가)	10,500개	800원	8,400,000원

① 500,000원
② 600,000원
③ 750,000원
④ 800,000원

10 다음 중 부채에 대한 설명으로 옳지 않은 것은?

① 예수금은 유동부채에 속한다.
② 퇴직급여충당부채는 유동부채에 속한다.
③ 단기차입금은 보고기간종료일로부터 1년 이내에 상환될 부채이다.
④ 유동성장기부채는 보고기간종료일로부터 1년 이내에 상환될 부채이다.

실무수행평가 ⠿

민이어링(회사코드 4501)은 악세서리 도·소매업을 운영하는 개인기업으로, 회계기간은
제7기(2025.1.1.~2025.12.31.)이다. 제시된 자료와 [자료설명]을 참고하여, [수행과제]
를 완료하고 [평가문제]의 물음에 답하시오.

실무수행
유의사항
	1. 타계정 대체와 관련된 적요는 반드시 코드를 입력하여야 한다.
	2. 채권·채무, 예금거래 등 관리대상 거래자료에 대하여는 반드시 거래처코드를
	  입력한다.
	3. 자금관리 등 추가 작업이 필요한 경우 문제의 요구에 따라 추가 작업하여야
	  한다.
	4. 등록된 계정과목 중 가장 적절한 계정과목을 선택한다.
	5. 부가가치세는 고려하지 않는다.

실무수행 ◎ 기초정보관리의 이해

회계관련 기초정보는 입력되어 있다. [자료설명]을 참고하여 [수행과제]를 수행하시오.

1 거래처등록

자료설명	사업용 구매전용 카드로 사용 하기 위해 KB국민카드를 신규 발급 받았다.
수행과제	거래처등록을 하시오. (코드: 99700, 카드명: KB 국민카드, 구분: 매입, 결제일: 15일)

2　거래처별초기이월(채무) 등록 및 수정

∥ 예수금 명세 ∥

코드	거래처명	금액	비고
05100	역삼세무서	2,500,000원	12월분 근로소득세
05200	강남구청	250,000원	12월분 지방소득세
05300	국민연금공단	4,500,000원	12월분 국민연금 근로자부담금
05400	국민건강보험공단	3,750,000원	12월분 건강보험, 장기요양보험 근로자부담금
05500	근로복지공단	1,250,000원	12월분 고용보험 근로자부담금
합계		12,250,000원	

자료설명	민이어링의 전기분 재무제표는 이월 받아 등록되어 있다.
수행과제	예수금 계정에 대한 거래처별 초기이월사항을 입력하시오.

실무수행 ◎　거래자료입력

실무프로세스 자료이다. [자료설명]을 참고하여 [수행과제]를 수행하시오.

1　증빙에 의한 전표입력

현금영수증 (지출증빙용) ------------------------------------ 회원번호: 202-32-81*** 거래일시: 2025.04.07. 12:05:16 매　　출: 65,000원 **합　　계: 65,000원** 결제방법: 일시불 승인번호: 12365498 ------------------------------------ <<<<<이용해 주셔서 감사합니다.>>>>>	자료설명	상품 매입과 관련된 운반비를 현금으로 지급하고 현금영수증을 수취하였다.
	수행과제	거래 자료를 입력하시오.

2 증빙에 의한 전표입력

모바일티켓

미나리

CGV 강남 5관

2025.04.26. 월요일 16:00 ~ 17:40	5층 8관 H열 11번 ~ I열 4번

일반	9,000원(12명)
Total	108,000원

신용카드매출전표

하나카드	신용승인
카드번호	6415-7052-****-47**
판매금액	**108,000원**

TICKET NO. **0011-0129-0357-935**

상영 준비중입니다.
지금은 티켓매표소에서만 예매취소를 하실 수 있습니다.(상영시작 이후, 취소 불가)
캡쳐된 화면은 입장이 제한될 수 있습니다.

자료설명	관리팀 직원의 단합을 목적으로 영화 입장권을 구입하고 하나카드로 결제하였다.
수행과제	거래자료를 입력하시오.

3 기타일반거래

자료 1. 급여명세서

2025년 4월 급여명세서

부 서 명 : 재경팀
작 성 자 : 이호성
일 자 : 2025년 4월 28일

이 름	유 현 정	지 급 일	2025년 4월 28일
기 본 급	2,300,000원	국 민 연 금	105,750원
연 장 근 로 수 당	350,000원	건 강 보 험	80,600원
상 여 금	원	장 기 요 양 보 험	9,280원
특 별 수 당	원	고 용 보 험	18,800원
자 가 운 전 보 조 금	150,000원	소 득 세	58,750원
식 대	150,000원	지 방 소 득 세	5,870원
장 기 근 속 수 당	원	기 타	원
급 여 계	2,950,000원	공 제 합 계	279,050원
		지 급 총 액	2,670,950원

자료 2. 보통예금(농협은행) 거래내역

번호	거래일	내용	찾으신금액	맡기신금액	잔액	거래점
		계좌번호 096-42-9400-321 민이어링				
1	2025-04-28	4월 급여	2,670,950		***	***

제4부 합격 확신 문제풀이

		내용	찾으신금액	맡기신금액	잔액	거래점
번호	거래일	계좌번호 096-42-9400-321 민이어링				
1	2025-04-30	(주)세종빌딩	50,000,000		***	***

자료설명	재경팀 직원 유현정의 4월분 급여 및 제수당을 농협은행 보통예금 계좌에서 이체하였다.
수행과제	거래자료를 입력하시오.(기본급 및 제수당은 '급여' 계정으로 회계처리하고, 공제항목에 해당하는 거래처코드를 각각 입력할 것.)

4 통장사본에 의한 거래입력

■ 보통예금(농협은행) 거래내역

		내용	찾으신금액	맡기신금액	잔액	거래점
번호	거래일	계좌번호 096-42-9400-321 민이어링				
1	2025-04-30	(주)세종빌딩	50,000,000		***	***

자료설명	(주)세종빌딩과 사무실 임차계약을 체결하고 보증금을 농협은행 보통예금 계좌에서 이체하였다.
수행과제	거래자료를 입력하시오.(보증금 관련 계정은 거래처코드를 입력할 것.)

5 기타 일반거래

NO. 1

견 적 서

2025년 5월 12일

내세상이어링   귀하

아래와 같이 견적합니다.

공급자	등록번호	202-32-81255		
	상 호	민이어링	성명	김민채
	사업장주소	서울특별시 강남구 강남대로 242 (도곡동, 크리스탈빌딩)		
	업 태	도소매업	종목	악세서리
	전화번호	02-360-8523		

품 명	규격	수량	단가	공급가액	보고
핀형 이어링		100	20,000	2,000,000	
클립형 이어링		200	30,000	6,000,000	
합 계				8,000,000	

자료설명	[5월 12일] 상품 매출을 위한 견적서를 발행하고, 매출대금의 50%를 우리은행 보통예금 계좌로 입금 받았다.
수행과제	거래 자료를 입력하시오.

6 재고자산의 매입거래

신용카드매출전표

카드종류: 현대카드
회원번호: 1212-3152-****-4**5
거래일시: 2025.05.17. 16:25:14
거래유형: 신용승인
매　　출: 3,500,000원
합　　계: 3,500,000원
결제방법: 일시불
승인번호: 23575995

가맹점명: 링링귀걸이(128-65-35524)
- 이 하 생 략 -

자료설명	링링귀걸이에서 상품을 매입하고 현대카드로 결제하였다.
수행과제	거래자료를 입력하시오. (단, 매입채무는 '외상매입금'으로 처리할 것.)

7 증빙에 의한 전표입력

계산서

（공급받는자 보관용）　　　승인번호

공급자	등록번호	220-96-12345			공급받는자	등록번호	202-32-81255		
	상호	한공교육원	성명(대표자)	이한공		상호	민이어링	성명(대표자)	김민채
	사업장주소	서울특별시 강남구 강남대로 262 (도곡동, 캠토양재타워)				사업장주소	서울특별시 강남구 강남대로 242 (도곡동, 크리스탈빌딩)		
	업태	서비스	종사업장번호			업태	도소매업	종사업장번호	
	종목	교육				종목	악세사리		

작성일자	2025.6.11.	공급가액	400,000	비 고	

월	일	품목명	규격	수량	단가	공급가액	비고
6	11	온라인 마케팅 교육				400,000	

합계금액	현금	수표	어음	외상미수금	이 금액을	● 영수 함 ○ 청구
400,000	400,000					

자료설명	신입사원을 대상으로 온라인 마케팅 교육을 실시하고 관련 비용을 현금으로 지급하였다.
수행과제	거래자료를 입력하시오.

8 재고자산의 매출거래

거래명세서				(공급자 보관용)					

<table>
<tr><td rowspan="6">공급자</td><td>등록번호</td><td colspan="3">202-32-81255</td><td rowspan="6">공급받는자</td><td>등록번호</td><td colspan="3">119-54-38332</td></tr>
<tr><td>상호</td><td colspan="2">민이어링</td><td>성명</td><td>상호</td><td colspan="2">원이어링</td><td>성명</td><td>이판수</td></tr>
<tr><td>사업장
주소</td><td colspan="3">서울특별시 강남구 강남대로 242
(도곡동, 크리스탈빌딩)</td><td>사업장
주소</td><td colspan="3">서울특별시 서대문구 충정로7길 31
(충정로2가)</td></tr>
<tr><td>업태</td><td colspan="2">도소매업</td><td>종사업장번호</td><td>업태</td><td colspan="2">도소매업</td><td>종사업장번호</td></tr>
<tr><td>종목</td><td colspan="2">악세서리</td><td></td><td>종목</td><td colspan="2">악세서리</td><td></td></tr>
</table>

거래일자	미수금액	공급가액	세액	총 합계금액
2025.6.15.				10,000,000

NO	월	일	품목명	규격	수량	단가	공급가액	세액	합계
1	6	15	드롭 귀걸이		500	20,000	10,000,000		

자료설명	원이어링에 상품을 외상으로 판매하고 발급한 거래명세서이다.
수행과제	거래자료를 입력하시오.

실무수행 ◉ 전표수정

실무프로세스 자료이다. [자료설명]을 참고하여 [수행과제]를 수행하시오.

1 입력자료 수정

kt M mobile	2025.07.
총 납부급액	**77,000원**
이용하신 금액	**77,000원**
할인받으신 금액	0원
이용기간	2025.7.1. ~ 2025.7.31.
서비스번호	
고객명	민이어링
명세서번호	**62928**
이용내역	
월정액	77,000원
납부정보	
계좌번호	301-9493-2245-61
은행명	우리은행

자료설명	[8월 11일] 전화요금 납부와 관련된 회계처리가 중복입력 되어 있음을 확인하였다.
수행과제	오류를 수정하시오.

2 입력자료 수정

<table>
<tr><td colspan="2">

영 수 증

2025/10/2

. . . .

GS주유소   Tel. (02)4232-5963

서울특별시 금천구 가산로 140

214-12-45123
</td></tr>
</table>

유 종 명	수 량	단 가	금 액
휘 발 유			30,000

합계: 30,000원

감사합니다.

자료설명	업무용 승용차의 주유요금을 현금으로 지급하고 영수증을 수취한 거래가 9월 2일로 잘못 처리되었음을 발견하였다.
수행과제	오류를 수정하시오.

실무수행 ◉ 결산

[결산자료]를 참고하여 결산을 수행하시오.(단, 제시된 자료 이외의 자료는 없다고 가정함.)

1 수동결산 및 자동결산

자료설명	1. 기말 상품재고액은 12,000,000원이다. 2. 무형자산의 상각내역은 다음과 같다.

구분	자산명	당기 상각비
무형자산	디자인권	2,000,000원
	소프트웨어	1,500,000원
합 계		3,500,000원

수행과제	1. 수동결산 또는 자동결산 메뉴를 이용하여 결산을 완료하시오. 2. 12월 31일을 기준으로 '손익계산서 → 재무상태표'를 순서대로 조회 작성하시오.(단, 손익계산서 조회 작성 시 상단부 [기능모음]의 '추가'를 이용하여 '손익대체분개'를 수행할 것.)

실무수행평가

입력자료 및 회계정보를 조회하여 [평가문제]의 답안을 입력하시오.

번호	평가문제	배점
11	평가문제 [환경설정 조회] 환경설정의 '② 신용카드 기본계정설정'의 '카드채무' 계정과목 코드번호는?(회계(1)탭에서 조회하시오.) ① 108　　　　② 146　　　　③ 251　　　　④ 253	3
12	평가문제 [거래처등록 조회] 카드 거래처 중 매출카드 거래처가 아닌 것은? ① KDB산업은행　　　　② 우리카드 ③ 롯데카드　　　　④ KB국민카드	3
13	평가문제 [일/월계표 조회] 상반기(1월 ~ 6월)에 현금으로 지출된 '교육훈련비(판매비와관리비)' 금액은 얼마인가?	3
14	평가문제 [일/월계표 조회] 10월 발생한 '판매비와관리비' 금액은 얼마인가?	4
15	평가문제 [계정별원장 조회] 6월에 발생한 '상품매출' 금액은 얼마인가?	3
16	평가문제 [계정별원장 조회] 5월 말 상품 계정의 잔액은 얼마인가? ① 95,211,200원　　　　② 95,276,200원 ③ 98,776,200원　　　　④ 98,211,200원	3
17	평가문제 [거래처원장 조회] 8월 말 농협은행 '보통예금' 잔액은 얼마인가?	3
18	평가문제 [거래처원장 조회] 12월 말 원이어링 '외상매출금' 잔액은 얼마인가?	3
19	평가문제 [거래처원장 조회] 9월 말 '외상매입금' 잔액이 가장 적은 거래처의 코드를 기록하시오.	3
20	평가문제 [거래처원장 조회] 6월 말 '미지급금' 잔액이 가장 적은 거래처 코드를 기록하시오.	3
21	평가문제 [거래처원장 조회] 12월 말 하나카드 '미지급금' 잔액은 얼마인가?	3
22	평가문제 [거래처원장 조회] 4월 말 국민연금공단 '예수금' 잔액은 얼마인가? ①　　105,750원　　　　② 1,199,200원 ③ 3,750,000원　　　　④ 4,500,000원	3

번호	평가문제	배점
23	**평가문제 [거래처원장 조회]** 12월 말 현재 '선수금' 잔액이 가장 많은 거래처 코드를 기록하시오.	3
24	**평가문제 [총계정원장 조회]** 5월 한달 동안 '외상매입금' 증가액은 얼마인가?	4
25	**평가문제 [재무상태표 조회]** 12월 말 '무형자산' 잔액은 얼마인가?	3
26	**평가문제 [재무상태표 조회]** 12월 말 '기타비유동자산' 잔액은 얼마인가?	4
27	**평가문제 [재무상태표 조회]** 12월 말 '자본금' 잔액은 얼마인가? ① 977,706,100원 ② 677,706,100원 ③ 877,706,100원 ④ 363,380,000원	2
28	**평가문제 [손익계산서 조회]** 당기에 발생한 '통신비' 금액은 얼마인가?	3
29	**평가문제 [손익계산서 조회]** 당기에 발생한 판매비와관리비 계정별 금액으로 옳지 않은 것은? ① 소모품비 150,000원 ② 복리후생비 27,650,080원 ③ 급여 329,100,000원 ④ 접대비(기업업무추진비) 12,474,500원	3
30	**평가문제 [받을어음현황 조회]** 2025년 12월에 만기가 도래하는 '받을어음' 금액은 얼마인가?	3
	총 점	62

회계정보를 조회하여 [회계정보분석] 답안을 입력하시오.

31. 재무상태표 조회 (4점)

유동비율이란 기업의 단기 지급능력을 평가하는 지표이다. 전기 말 현재 유동비율을 계산하면 얼마인가?(단, 소숫점 이하는 버림 할 것.)

$$유동비율(\%) = \frac{유동자산}{유동부채} \times 100$$

① 230%　　　　　　　　② 360%

③ 460%　　　　　　　　④ 520%

32. 손익계산서 조회 (4점)

전기 손익계산서를 기초로 계산한 매출총이익률은 얼마인가?(단, 소숫점 이하는 버림 할 것.)

$$매출총이익률(\%) = \frac{매출총이익}{매출액} \times 100$$

① 23%　　　　　　　　② 38%

③ 40%　　　　　　　　④ 43%

출제예상 모의고사 제2회

아래 문제에서 특별한 언급이 없으면 기업의 보고기간(회계기간)은 매년 1월 1일부터 12월 31일까지입니다. 또한 기업은 일반기업회계기준 및 관련 세법을 계속적으로 적용하고 있다고 가정하고 물음에 가장 합당한 답을 고르시기 바랍니다.

실무이론평가

01 기업실체의 이해 관계자가 유용한 의사결정을 하기 위해서는 적시성 있는 정보가 필요하다. 이러한 정보수요를 충족시키기 위하여 기업 실체의 존속기간을 일정한 기간 단위로 분할하여 재무제표를 작성하는 기본가정은 무엇인가? 재무제표의 기본가정은 무엇인가?

① 신뢰성
② 목적적합성
③ 화폐단위의 안정
④ 기간별 보고

02 다음 중 회계상 거래에 해당하는 것은?

① 창고에 보관 중인 상품의 도난
② 신입사원의 입사
③ 물품 구입 품의서 작성
④ 건물 임대차 계약의 체결

03 재무회계의 목적으로 옳지 않은 것은?

① 기업의 경영성과와 재무상태에 관한 정보를 제공하는 것이다.
② 기업의 경영자만을 위해 기업의 경영성과를 화폐의 단위로 측정하는 것이다.
③ 기업의 불특정 외부이해관계자에게 경제적 의사결정을 하는데 유용한 정보를 제공하는 것이다.
④ 경영자의 수탁 책임에 대한 평가에 유용한 정보를 제공한다.

04 도매업을 영위하는 한공상사가 결산 시 차입금에 대한 기간 경과분 미지급이자를 계상하지 않을 경우 당기 재무제표에 어떤 영향을 주는가?

① 부채가 과대계상 된다.
② 자산이 과소계상 된다.
③ 자본이 과소계상 된다.
④ 당기순이익이 과대계상 된다.

05 다음은 한공상사의 지출내역이다. 이에 대한 회계처리 시 (가)와 (나)의 차변 계정과목으로 옳은 것은?

지출내역

구분	적요	품목	수량	단가	금액
(가)	거래처 직원 선물 제공	휴대용 충전기	100개	10,000원	1,000,000원
(나)	노인회관 무상 제공	난방기	2개	500,000원	1,000,000원

① (가) 접대비(기업업무추진비) (나) 기부금
② (가) 접대비(기업업무추진비) (나) 광고선전비
③ (가) 복리후생비 (나) 기부금
④ (가) 복리후생비 (나) 광고선전비

06 다음은 (주)한공의 사업용 건물에 대한 취득과 처분 관련 자료이다. 2025년 1월 1일 건물처분 관련 회계처리 시 차변에 계상할 감가상각누계액은 얼마인가?

- 2023년 1월 1일
  건물을 1,000,000원에 현금으로 취득하다.(단, 감가상각은 정액법에 의한다.)
- 2025년 1월 1일
  건물을 1,100,000원에 현금 매각한 결과 유형자산처분이익 150,000원이 발생하였다.

① 50,000원
② 100,000원
③ 850,000원
④ 950,000원

07 다음 재무상태표의 (㉮)와 (㉯)에 기입할 계정 과목으로 올바르게 연결된 것은?

〈자료〉 재무상태표, 2025년 12월 31일

(주)한공　　　　　　　　　　　　　　(단위: 원)

자산		부채및자본	
과목	금액	과목	금액
현금및현금성자산	800,000	매입채무	1,000,000
(㉮)	1,000,000	(㉯)	1,400,000
상품	1,200,000	자본금	2,400,000
건물	1,800,000		
합계	4,800,000	합계	4,800,000

① (㉮) 매출채권　　(㉯) 단기차입금
② (㉮) 미수금　　　(㉯) 선급비용
③ (㉮) 단기차입금　(㉯) 미지급금
④ (㉮) 매입채무　　(㉯) 선수금

08 다음 자료를 토대로 재고자산 취득원가를 계산하면 얼마인가?

• 매입 재고자산 수량	150개(단가 3,500원)
• 매입운반비	8,000원
• 판매 수수료	10,000원
• 매입수수료	5,000원

① 525,000원　　　② 533,000원
③ 538,000원　　　④ 546,000원

09 다음 거래에서 매입채무로 계상되는 금액은 얼마인가?

• 7월 4일 사무용비품을 300,000원에 구입하고 외상으로 하다.
• 7월 13일 상품을 400,000원에 판매하고 대금은 1개월 후에 받기로 하다.
• 7월 22일 상품을 500,000원에 구입하고 대금은 약속어음을 발행하여 지급하다.

① 300,000원　　　② 500,000원
③ 800,000원　　　④ 900,000원

10 다음은 (주)한공의 총계정원장의 일부이다. 장부 마감 시 (가), (나)에 들어갈 내용으로 옳은 것은?

외상매출금

3/1 제좌	700,000	8/20 보통예금	500,000
–	–	12/31 (가)	200,000
	700,000		700,000
1/1 XXX	200,000		

복리후생비

12/20 현금	30,000	12/31 (나)	30,000

① (가) 손익　　　　(나) 차기이월
② (가) 잔액　　　　(나) 전기이월
③ (가) 전기이월　　(나) 잔액
④ (가) 차기이월　　(나) 손익

실무수행평가 ⊞

음악사랑(회사코드 4502)은 음반 등을 도·소매하는 개인기업으로 회계기간은 제7기 (2025.1.1.~2025.12.31.)이다. 제시된 자료와 [자료설명]을 참고하여, [수행과제]를 완료하고 [평가문제]의 물음에 답하시오.

실무수행 유의사항	1. 타계정 대체와 관련된 적요는 반드시 코드를 입력하여야 한다. 2. 채권·채무, 예금거래 등 관리대상 거래자료에 대하여는 거래처코드를 반드시 입력한다. 3. 자금관리 등 추가 작업이 필요한 경우 문제의 요구에 따라 추가 작업하여야 한다. 4. 등록된 계정과목 중 가장 적절한 계정과목을 선택한다. 5. 부가가치세는 고려하지 않는다.

실무수행 ◎ 기초정보관리의 이해

회계관련 기초정보는 입력되어 있다. [자료설명]을 참고하여 [수행과제]를 수행하시오.

1 사업자등록증에 의한 거래처 등록

자료설명	동현문구와 상품거래 계약을 하고, 사업자등록증 사본을 받았다.
수행과제	사업자등록증 내용을 확인하여 거래처등록(01007)을 하시오.(메일주소도 입력할 것.)

2 전기분재무상태표의 입력수정

재 무 상 태 표

제6(당)기 2024. 12. 31. 현재
제5(전)기 2023. 12. 31. 현재

음악사랑   (단위: 원)

과 목	제6기(2024.12.31.)		제5기(2023.12.31.)	
자 산				
Ⅰ. 유 동 자 산		417,400,000		413,842,386
(1) 당 좌 자 산		357,400,000		328,717,000
현 금		27,000,000		712,000
보 통 예 금		250,100,000		14,300,000
정 기 적 금		1,000,000		0
기타단기금융상품		2,500,000		0
단 기 매 매 증 권		8,930,000		0
외 상 매 출 금	63,000,000		179,500,000	
대 손 충 당 금	630,000	62,370,000	1,795,000	177,705,000
받 을 어 음		5,500,000		136,000,000
(2) 재 고 자 산		60,000,000		85,125,386
상 품		60,000,000		85,125,386
Ⅱ. 비 유 동 자 산		93,650,000		92,136,000
(1) 투 자 자 산		0		0
(2) 유 형 자 산		38,650,000		37,136,000
차 량 운 반 구	50,000,000		41,600,000	
감 가 상 각 누 계 액	15,000,000	35,000,000	10,850,000	30,750,000
비 품	6,000,000		8,250,000	
감 가 상 각 누 계 액	2,350,000	3,650,000	1,864,000	6,386,000
(3) 무 형 자 산		0		0
(4) 기 타 비 유 동 자 산		55,000,000		55,000,000
임 차 보 증 금		55,000,000		55,000,000
자 산 총 계		511,050,000		505,978,386
부 채				
Ⅰ. 유 동 부 채		87,480,000		79,730,386
외 상 매 입 금		19,000,000		53,250,000
미 지 급 금		9,700,000		16,000,000
예 수 금		340,000		480,386
단 기 차 입 금		58,440,000		10,000,000
Ⅱ. 비 유 동 부 채		0		0
부 채 총 계		87,480,000		79,730,386
자 본				
자 본 금		423,570,000		426,248,000
자 본 총 계		423,570,000		426,248,000
부 채 와 자 본 총 계		511,050,000		505,978,386

자료설명	전기(제6기)분 재무제표는 입력되어 있으며, 재무제표 검토결과 입력오류를 발견하였다.
수행과제	입력이 누락되었거나 잘못된 부분을 찾아 수정하시오.

실무수행 ◎ 거래자료입력

실무프로세스 자료이다. [자료설명]을 참고하여 [수행과제]를 수행하시오.

1 재고자산 매출거래

자료 1. 거래명세서

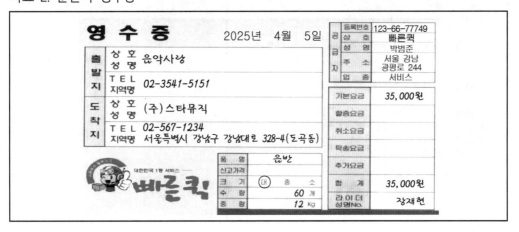

거래명세서						(공급자 보관용)			
공급자	등록번호	220-43-21173			공급받는자	등록번호	215-81-24753		
	상호	음악사랑	성명	김영민		상호	(주)스타뮤직	성명	이채현
	사업장주소	서울특별시 강남구 강남대로 328-4 (도곡동)				사업장주소	서울특별시 강남구 강남대로 596		
	업태	도소매업	종사업장번호			업태	도소매업	종사업장번호	
	종목	음반 외				종목	CD, LP외		

거래일자	미수금액	공급가액	세액	총 합계금액
2025.4.5.		10,000,000		10,000,000

NO	월	일	품목명	규격	수량	단가	공급가액	세액	합계
1	4	5	2025 최신가요		500	20,000	10,000,000		10,000,000

자료 2. 운반비 영수증

영 수 증   2025년 4월 5일

출발지	상 호 성 명	음악사랑
	T E L 지역명	02-3541-5151
도착지	상 호 성 명	(주)스타뮤직
	T E L 지역명	02-567-1234 서울특별시 강남구 강남대로 328-4(도곡동)

	등록번호	123-66-77749
공급자	상 호	빠른퀵
	성 명	박범준
	주 소	서울 강남 광평로 244
	업 종	서비스

기본요금	35,000원
할증요금	
취소요금	
퇵송요금	
추가요금	
합 계	35,000원
라이더 성명No.	장재현

품 명	음반
신고가격	
크 기	(대) 중 소
수 량	60 개
종 량	12 Kg

대한민국 1등 서비스 빠른퀵

자료설명	1. 자료 1은 상품을 외상으로 판매하고 발급한 거래명세서이다. 2. 자료 2는 당사 부담의 운반비를 현금으로 지급하고 받은 영수증이다.
수행과제	거래자료를 입력하시오.

2 기타 일반거래

■ 기업은행(보통예금) 거래내역

번호	거래일	내용	찾으신금액	맡기신 금액	잔액	거래점
		계좌번호 1602-4501-101157 음악사랑				
1	2025-04-07	CD이체		1,000,000	***	***

자료설명	1. 4월 7일 기업은행 보통예금 계좌에 내역을 알 수 없는 1,000,000원이 입금되었다. 2. 4월 10일 위 금액을 확인한 결과 상훈기획(주)의 외상매출금으로 확인되었다.
수행과제	입력된 4월 7일 거래자료를 참고하여 4월 10일의 거래 자료를 입력하시오.

3 증빙에 의한 전표입력

매 출 전 표

카드종류	거래일자
삼성카드	2025.4.19.10:13:42

카드번호(CARD NO)
2331-3637-****-45**

승인번호	금액 AMOUNT	백		천			원		
20250420101234		2	0	0	0	0	0	0	
일반	할부	부가세 V.A.T							
일시불									
		봉사료 CASHBACK							
거래유형									
		합계 TOTAL	2	0	0	0	0	0	0

가맹점명	
반짝광고	
대표자명	사업자번호
김성훈	216-23-37552
전화번호	가맹점번호
02-439-7248	845666110
주소	
서울 구로구 구로동로 104	

상기의 거래 내역을 확인합니다.   서명 음악사랑

자료설명	신제품(힙합전사)의 판매촉진을 위한 광고영상 제작 관련 비용을 신용카드로 결제한 영수증이다.
수행과제	거래자료를 입력하시오.

4 통장사본에 의한 거래입력

자료 1. 메신저 내용

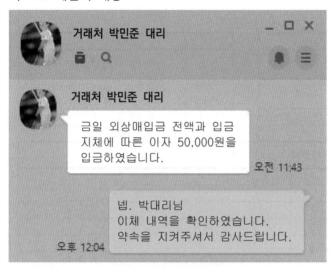

자료 2. 보통예금(신한은행) 거래내역

		내용	찾으신금액	맡기신금액	잔액	거래점
번호	거래일	계좌번호 112-417-1756367 음악사랑				
1	2025-04-28	원경유통(주)		2,550,000	***	***

자료설명	매출처 원경유통(주)에서 외상대금과 입금지체에 따른 이자가 보통예금계좌에 입금되었다.
수행과제	거래자료를 입력하시오.(단, 입금지체 이자는 '이자수익'으로 회계처리할 것.)

5 증빙에 의한 전표입력

<table>
<tr><td colspan="5" align="center">계산서</td><td colspan="2" align="center">(공급받는자 보관용)</td><td colspan="2">승인번호</td></tr>
<tr><td rowspan="5">공급자</td><td colspan="2">등록번호</td><td colspan="2" align="center">110-22-16849</td><td rowspan="5">공급받는자</td><td>등록번호</td><td colspan="2" align="center">220-43-21173</td></tr>
<tr><td>상호</td><td>AT더존학원</td><td>성명
(대표자)</td><td>김주은</td><td>상호</td><td>음악사랑</td><td>성명
(대표자)</td><td>김영민</td></tr>
<tr><td>사업장
주소</td><td colspan="3">서울특별시 강남구 역삼로 123</td><td>사업장
주소</td><td colspan="3">서울특별시 강남구 강남대로
328-4(도곡동)</td></tr>
<tr><td>업태</td><td>서비스</td><td colspan="2">종사업장번호</td><td>업태</td><td>도소매업</td><td colspan="2">종사업장번호</td></tr>
<tr><td>종목</td><td>교육</td><td colspan="2"></td><td>종목</td><td>음반 외</td><td colspan="2"></td></tr>
<tr><td colspan="2">작성일자</td><td colspan="2">2025.5.22.</td><td>공급가액</td><td colspan="2">1,300,000</td><td colspan="2">비 고</td></tr>
<tr><td>월</td><td>일</td><td colspan="2">품목명</td><td>규격</td><td>수량</td><td>단가</td><td>공급가액</td><td>비고</td></tr>
<tr><td>5</td><td>22</td><td colspan="2">WEHAGO 플랫폼 실무교육</td><td></td><td></td><td></td><td>1,300,000</td><td></td></tr>
<tr><td></td><td></td><td colspan="2"></td><td></td><td></td><td></td><td></td><td></td></tr>
<tr><td></td><td></td><td colspan="2"></td><td></td><td></td><td></td><td></td><td></td></tr>
<tr><td></td><td></td><td colspan="2"></td><td></td><td></td><td></td><td></td><td></td></tr>
<tr><td colspan="2" align="center">합계금액</td><td align="center">현금</td><td align="center">수표</td><td align="center">어음</td><td colspan="2" align="center">외상미수금</td><td colspan="3" rowspan="2">이 금액을 ● 영수
○ 청구 함</td></tr>
<tr><td colspan="2">1,300,000</td><td>1,300,000</td><td></td><td></td><td colspan="2"></td></tr>
</table>

자료설명	AI기반 자동화기장 솔루션과 관련하여 외부 위탁교육을 실시하고 교육비는 현금으로 지급하였다.
수행과제	거래 자료를 입력하시오.

6 통장사본에 의한 거래입력

■ 보통예금(기업은행) 거래내역

번호	거래일	내용	찾으신금액	맡기신금액	잔액	거래점
		계좌번호 1602-4501-101157 음악사랑				
1	2025-05-25	동현문구		1,200,000	***	***

자료설명	동현문구와 상품 매출 계약을 체결하고 계약금을 기업은행 보통예금 계좌로 입금받았다.
수행과제	거래 자료를 입력하시오.

7 기타 일반거래

자료 1. 전기요금 영수증

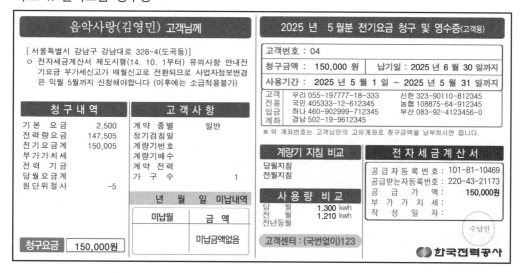

음악사랑(김영민) 고객님께

[서울특별시 강남구 강남대로 328-4(도곡동)]
○ 전자세금계산서 제도시행(14. 10. 1부터) 유의사항 안내전기요금 부가세신고가 매월신고로 전환되므로 사업자정보변경은 익월 5월까지 신청해야합니다 (이후에는 소급적용불가)

청구 내역

기 본 요 금	2,500
전 력 량 요 금	147,505
전 기 요 금 계	150,005
부 가 가 치 세	
전 력 기 금	
당 월 요 금 계	
원 단 위 절 사	-5

고 객 사 항

계 약 종 별	일반
정기검침일	
계량기번호	
계량기배수	
계 약 전 력	
가 구 수	1

년 월 일 미납내역

미납월	금 액
	미납금액없음

청구요금 150,000원

2025 년 5 월분 전기요금 청구 및 영수증(고객용)

고객번호 : 04

청구금액 : 150,000 원	납기일 : 2025 년 6 월 30 일까지
사용기간 : 2025 년 5 월 1 일 ~ 2025 년 5 월 31 일까지	

고객전용입금계좌	우리 055-197777-18-333 국민 405333-12-612345 하나 460-902999-712345 경남 502-19-9612345	신한 323-90110-812345 농협 108875-64-912345 부산 083-92-4123456-0

※ 위 계좌번호는 고객님만의 고유계좌로 청구금액을 납부하시면 됩니다.

계량기 지침 비교

| 당월지침 | |
| 전월지침 | |

사용량 비교

당 월	1.300 kwh
전 월	1.210 kwh
전년동월	

고객센터 : (국번없이)123

전 자 세 금 계 산 서

공 급 자 등 록 번 호 :	101-81-10469
공급받는자등록번호 :	220-43-21173
공 급 가 액 :	150,000원
부 가 가 치 세 :	
작 성 일 자 :	

수납인

한국전력공사

자료 2. 보통예금(신한은행) 거래내역

번호	거래일	내용	찾으신금액	맡기신금액	잔액	거래점
		계좌번호 112-417-1756367 음악사랑				
1	2025-06-17	전기요금 납부	150,000		***	***

자료설명	[6월 17일] 사무실 및 창고의 5월분 전기요금을 신한은행 보통예금계좌에서 이체하여 납부하였다. 회사는 납부일에 비용으로 회계처리하고 있다.
수행과제	거래자료를 입력하시오.(단, '전력비' 계정으로 회계처리할 것.)

8 기타 일반거래

자료설명	[6월 20일] 거래처 직원의 청첩장을 받고 축하금 200,000원을 현금으로 지급하다.
수행과제	거래자료를 입력하시오.

실무수행 ◉ **전표수정**

실무프로세스 자료이다. [자료설명]을 참고하여 [수행과제]를 수행하시오.

1 입력자료 수정

신용카드매출전표

- -

카드종류: 비씨카드
회원번호: 6415-7052-****-4**5
거래일시: 2025.7.23. 20:05:16
거래유형: 신용승인
매   출: 273,000원
합   계: 273,000원
결제방법: 일시불
승인번호: 14782895
은행확인: 국민은행

= =

 가맹점명: 건강밥상 (120-12-34511)

- 이 하 생 략 -

자료설명	회계팀 직원들의 회식대금을 결제하고 받은 신용카드매출전표이다.
수행과제	거래 자료를 확인하고 올바르게 수정하시오.

2 입력자료 수정

<table>
<tr><td rowspan="2">NO_____</td><td colspan="4">입 금 표 (공급받는자용)</td><td>자료설명</td><td rowspan="2">회사업무에 사용할 소모성 물품을 현금으로 구입하고 발급받은 입금표이다.</td></tr>
<tr><td colspan="3">음악사랑</td><td>귀하</td></tr>
</table>

공급자	사업자등록번호	220-19-24364		
	상 호	샤방키친	성명	장재현
	사업장소재지	서울특별시 양천구 곰달래로 2		
	업 태	도소매업	종목	주방용품

작성일	금 액	비고
2025. 10. 31.	250,000	
합 계	250,000	

위 금액을 **영수**(청구)함

수행과제: 거래 자료를 확인하고 올바르게 수정하시오.

실무수행 ◉ 결산

다음 [결산자료]를 참고로 음악사랑의 결산을 수행하고 재무제표를 완성하시오.

1 수동결산 및 자동결산

자료설명
1. 12월 31일 현재 현금과부족 잔액에 대해서 결산일까지 그 내역이 밝혀지지 않았다.
2. 기말 재고자산(상품) 명세이다.

재고자산 명세
2025년 12월 31일 현재

계정과목	품목명	수량	단가	금액
상품	째즈 CD	900개	20,000원	18,000,000원
	올드팝 CD	600개	20,000원	12,000,000원
	클래식 CD	800개	21,500원	17,200,000원
	힙합 CD	800개	15,000원	12,000,000원
합 계				59,200,000원

수행과제
1. 수동결산 또는 자동결산 메뉴를 이용하여 결산을 완료하시오.
2. 12월 31일을 기준으로 '손익계산서 → 재무상태표'를 순서대로 조회 작성하시오.(단, 손익계산서 조회 작성 시 상단부 [기능모음]의 '추가'를 이용하여 '손익대체분개'를 수행할 것.).

실무수행평가

입력자료 및 회계정보를 조회하여 [평가문제]의 답안을 입력하시오.

번호	평가문제	배점
11	평가문제 [거래처등록 조회] 거래처별 사업자등록번호로 옳지 않은 것은? ① 동현문구 110-21-02125　　② 음악세상 110-45-11047 ③ 찬스뮤직 102-81-23012　　④ 아트박스 120-12-34511	3
12	평가문제 [일/월계표 조회] 5월 한달 동안 발생한 판매관리비(판매비와관리비) 중 현금지출이 가장 많은 계정과목의 코드를 기록하시오.	3
13	평가문제 [계정별원장 조회] 12월 말 '가수금' 잔액은 얼마인가? ① 7,000,000원　　　　　　② 8,000,000원 ③ 9,000,000원　　　　　　④ 10,000,000원	3
14	평가문제 [거래처원장 조회] 12월 말 '외상매출금' 잔액이 있는 거래처 중 그 금액이 가장 적은 거래처의 코드를 기록하시오.	3
15	평가문제 [거래처원장 조회] 12월 말 카드사별 '미지급금' 잔액으로 옳지 않은 것은? ① 삼성카드 2,000,000원　　② 신한카드 2,000,000원 ③ 비씨카드 6,498,200원　　④ 우리카드 1,400,000원	3
16	평가문제 [거래처원장 조회] 12월 말 '선수금' 잔액이 가장 많은 거래처의 코드를 기록하시오.	3
17	평가문제 [총계정원장 조회] 4월 말 '외상매출금' 잔액은 얼마인가?	3
18	평가문제 [총계정원장 조회] '상품매출'이 가장 많이 발생한 월은 몇 월인가?	3
19	평가문제 [총계정원장 조회] '광고선전비'가 가장 많이 발생한 월의 금액은 얼마인가?	3
20	평가문제 [현금출납장 조회] 5월 현금 지출액은 얼마인가?	3
21	평가문제 [재무상태표 조회] 12월 말 '선급금' 잔액은 얼마인가?	3
22	평가문제 [재무상태표 조회] 3월 말 '유형자산' 잔액은 얼마인가?	4

번호	평가문제	배점
23	평가문제 [재무상태표 조회] 12월 말 '기타비유동자산' 잔액은 얼마인가?	4
24	평가문제 [재무상태표 조회] 12월 말 '미지급금' 잔액은 얼마인가?	3
25	평가문제 [재무상태표 조회] 12월 말 '자본금' 잔액은 얼마인가? ① 570,825,380원　　　　　② 670,825,380원 ③ 870,825,380원　　　　　④ 423,570,000원	2
26	평가문제 [손익계산서 조회] 당기에 발생한 '상품매출원가' 금액은 얼마인가?	3
27	평가문제 [손익계산서 조회] 당기에 발생한 '판매비와관리비'의 계정별 금액으로 옳지 않은 것은? ① 복리후생비　12,558,200원　　　② 접대비(기업업무추진비)　15,707,700원 ③ 운반비　　　　674,000원　　　④ 교육훈련비　　　　　1,300,000원	3
28	평가문제 [손익계산서 조회] 당기에 발생한 '전력비' 금액은 얼마인가?	3
29	평가문제 [손익계산서 조회] 당기에 발생한 '이자수익' 금액은 얼마인가?	4
30	평가문제 [예적금현황 조회] 12월 말 은행별 예금잔액으로 옳지 않은 것은? ① 신한은행(보통)　7,850,000원　　　② 우리은행(보통) 72,342,800원 ③ 기업은행(보통) 10,000,000원　　　④ 농협은행(보통) 50,000,000원	3
총 점		**62**

합격 확신 문제풀이

회계정보를 조회하여 [회계정보분석] 답안을 입력하시오.

31. 손익계산서 조회 (4점)

음악사랑의 전기분 매출원가율은 얼마인가?(단, 소숫점 이하는 버림 할 것.)

$$매출원가율 = \frac{매출원가}{매출액} \times 100$$

① 18%   ② 20%

③ 22%   ④ 24%

32. 손익계산서 조회 (4점)

음악사랑의 전기분 주당순이익을 계산하면 얼마인가?

• 주당순이익 = 당기순이익 / 주식수
• 발행주식수: 10,000주

① 11,000원   ② 11,100원

③ 11,150원   ④ 11,152원

출제예상 모의고사 제3회

아래 문제에서 특별한 언급이 없으면 기업의 보고기간(회계기간)은 매년 1월 1일부터 12월 31일까지입니다. 또한 기업은 일반기업회계기준 및 관련 세법을 계속적으로 적용하고 있다고 가정하고 물음에 가장 합당한 답을 고르시기 바랍니다.

실무이론평가

01 회계공준은 회계이론을 이끌어 나가기 위한 가정을 말한다. 다음 중 회계공준이 아닌 것은?

① 기업실체
② 계속기업
③ 기간별보고
④ 회계의 순환과정

02 다음 거래의 결합관계를 나타낸 것으로 옳은 것은?

> 업무출장으로 인한 택시비 10,000원을 현금으로 지급하였다.

① (차) 자산의 증가   (대) 부채의 증가
② (차) 비용의 발생   (대) 자산의 감소
③ (차) 비용의 발생   (대) 자본의 증가
④ (차) 자산의 증가   (대) 수익의 발생

03 다음 중 재무회계에 대한 설명으로 옳지 않은 것은?

① 재무제표의 작성과 표시에 대한 책임은 경영자에게 있다.
② 재무보고의 주된 목적은 투자 및 신용의사결정에 유용한 정보를 제공하는 것이다.
③ 일반기업회계기준에 따라 적정하게 작성된 재무제표는 공정하게 표시된 재무제표로 본다.
④ 현금흐름표는 재무제표에 해당하지 않는다.

04 다음 중 손익계산서의 영업이익에 영향을 미치는 계정과목이 아닌 것은?

① 접대비(기업업무추진비)
② 외환차손
③ 경상개발비
④ 대손상각비

05 다음 자료를 토대로 한공상사의 2025년도 손익계산서상 판매비와관리비를 계산하면 얼마인가?

• 총매출액	3,000,000원
• 매출에누리와환입	200,000원
• 영업외비용	170,000원
• 영업이익	1,000,000원
• 기초상품재고액	100,000원
• 기말상품재고액	30,000원
• 당기상품매입액	1,000,000원
• 소득세비용	100,000원
• 영업외수익	250,000원

① 730,000원
② 800,000원
③ 900,000원
④ 930,000원

06 한공상사는 2022년 1월 1일 기계장치를 3,000,000원에 취득하고, 정액법(내용연수 7년, 잔존가치 200,000원)에 의해 감가상각하고 있다. 2025년도말 재무제표에 계상될 감가상각비와 감가상각누계액은 얼마인가?

	감가상각비	감가상각누계액
㉮	400,000원	1,600,000원
㉯	400,000원	1,200,000원
㉰	1,600,000원	1,600,000원
㉱	1,600,000원	1,200,000원

① ㉮
② ㉯
③ ㉰
④ ㉱

07 다음은 (주)한공의 2025년 매출채권 관련 자료이다. 기말 매출채권 잔액은 얼마인가?

• 기초 매출채권	300,000원
• 현금매출액	500,000원
• 외상매출액	800,000원
• 외상매출분에 대한 현금회수	100,000원
• 회수불능 매출채권 대손처리	50,000원

① 950,000원   ② 1,000,000원
③ 1,050,000원   ④ 1,100,000원

08 다음은 (주)한공의 상품 거래 자료이다. 5월말 상품재고액을 계산하면 얼마인가?(단, 선입선출법을 적용한다)

[상품 거래 자료]
• 5월 1일 전월이월 20개 단가 500원
• 5월 13일 매 입 50개 단가 600원
• 5월 17일 매 입 50개 단가 700원
• 5월 21일 매 출 50개 단가 1,500원

① 35,000원   ② 40,000원
③ 45,000원   ④ 47,000원

09 다음은 (주)한공의 재무상태표 중 부채 내역이다. 비유동부채를 계산하면 얼마인가?

과목	금액
부채	
사채	2,000,000원
장기차입금	200,000원
퇴직급여충당부채	500,000원
예수금	800,000원

① 2,000,000원   ② 2,200,000원
③ 2,700,000원   ④ 3,500,000원

10 다음은 (주)한공의 총계정원장의 일부이다. 현금 계정과 관련된 상대 계정의 전기가 잘못된 것은?

현금

1/1 전기이월	800,000	1/3 외상매입금	20,000
1/14 전기이월	30,000	1/21 이자비용	10,000
		1/30 상품	200,000

(가) 외상매출금

1/14 현금 30,000원

(나) 상품

1/30 현금 20,000원

(다) 외상매입금

1/3 현금 20,000원

(라) 이자비용

1/21 현금 10,000원

① (가)   ② (나)
③ (다)   ④ (라)

실무수행평가 ⊞

우리아이(회사코드 4503)는 유아용품을 도·소매하는 개인기업으로 회계기간은 제7기 (2025.1.1.~2025.12.31.)이다. 제시된 자료와 [자료설명]을 참고하여, [수행과제]를 완료하고 [평가문제]의 물음에 답하시오.

실무수행 유의사항	1. 타계정 대체와 관련된 적요는 반드시 코드를 입력하여야 한다. 2. 채권·채무, 예금거래 등 관리대상 거래자료에 대하여는 거래처코드를 반드시 입력한다. 3. 자금관리 등 추가 작업이 필요한 경우 문제의 요구에 따라 추가 작업하여야 한다. 4. 등록된 계정과목 중 가장 적절한 계정과목을 선택한다. 5. 부가가치세는 고려하지 않는다.

실무수행 ◎ 기초정보관리의 이해

회계관련 기초정보는 입력되어 있다. [자료설명]을 참고하여 [수행과제]를 수행하시오.

1 사업자등록증에 의한 거래처 수정

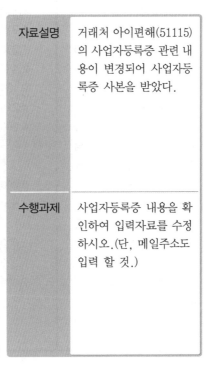

자료설명	거래처 아이편해(51115)의 사업자등록증 관련 내용이 변경되어 사업자등록증 사본을 받았다.
수행과제	사업자등록증 내용을 확인하여 입력자료를 수정하시오.(단, 메일주소도 입력 할 것.)

사 업 자 등 록 증

(일반과세자)

등록번호: 110-12-51115

상　　　　호: 아이편해
대 표 자 명: 김하늘
개 업 년 월 일: 2018년 11월 17일
사업장 소재지: 서울특별시 강남구 강남대로 248
　　　　　　　 (도곡동, 목원빌딩)
사 업 의 종 류: [업태] 도소매업 [종목] 유아침대
교 부 사 유: 정정

사업자단위과세 적용사업자여부: 여( ) 부(√)
전자세금계산서 전용 메일주소: sky138@bill36524.com

2025 년 9 월 28 일

역삼 세무서장

2 전기분 손익계산서의 입력수정

손 익 계 산 서

제6(당)기 2024년 1월 1일부터 2024년 12월 31일까지
제5(전)기 2023년 1월 1일부터 2023년 12월 31일까지

우리아이   (단위: 원)

과 목	제6(당)기		제5(전)기	
	금 액		금 액	
Ⅰ.매　　출　　액		745,000,000		683,000,000
상 품 매 출	745,000,000		683,000,000	
Ⅱ.매　출　원　가		360,000,000		354,000,000
상 품 매 출 원 가		360,000,000		354,000,000
기 초 상 품 재 고 액	130,000,000		20,000,000	
당 기 상 품 매 입 액	520,000,000		464,000,000	
기 말 상 품 재 고 액	290,000,000		130,000,000	
Ⅲ.매　출　총　이　익		385,000,000		329,000,000
Ⅳ.판 매 비 와 관 리 비		216,300,000		201,900,000
급　　　　　여	134,000,000		104,800,000	
복 리 후 생 비	53,000,000		61,000,000	
여 비 교 통 비	8,500,000		13,000,000	
접대비(기업업무추진비)	2,750,000		5,200,000	
통　　신　　비	1,810,000		2,800,000	
수 도 광 열 비	1,250,000		1,000,000	
세 금 과 공 과 금	2,430,000		5,300,000	
보　　험　　료	2,150,000		2,100,000	
차 량 유 지 비	4,210,000		3,800,000	
수 수 료 비 용	6,200,000		2,900,000	
Ⅴ.영　업　이　익		168,700,000		127,100,000
Ⅵ.영 업 외 수 익		13,500,000		13,200,000
이 자 수 익	9,000,000		3,200,000	
수 수 료 수 익	4,500,000		10,000,000	
Ⅶ.영 업 외 비 용		23,200,000		21,800,000
이 자 비 용	15,000,000		20,000,000	
기　　부　　금	6,200,000		800,000	
매 출 채 권 처 분 손 실	2,000,000		1,000,000	
Ⅷ.소 득 세 차 감 전 이 익		159,000,000		118,500,000
Ⅸ.소　득　세　등		0		
Ⅹ.당 기 순 이 익		159,000,000		118,500,000

자료설명	전기(제6기)분 재무제표는 입력되어 있으며, 재무제표 검토결과 입력오류를 발견하였다.
수행과제	입력이 누락되었거나 잘못된 부분을 찾아 수정하시오.

실무수행 ◎ **거래자료입력**

실무프로세스 자료이다. [자료설명]을 참고하여 [수행과제]를 수행하시오.

1 재고자산 매입거래

자료 1. 거래명세서

거래명세서 (공급받는자 보관용)

	등록번호	215-81-54752					등록번호	211-75-24158		
공급자	상호	장난감(주)	성명	최태웅		공급받는자	상호	우리아이	성명	김하늘
	사업장주소	서울특별시 서대문구 독립문로8길 110					사업장주소	서울특별시 서대문구 충정로7길 12 (충정로2가)		
	업태	제조업	종사업장번호				업태	도소매업	종사업장번호	
	종목	완구류					종목	유아용품		

거래일자	미수금액	공급가액	세액	총 합계금액
2025.10.13.		700,000		700,000

NO	월	일	품목명	규격	수량	단가	공급가액	세액	합계
1	10	13	로봇인형		10	30,000	300,000		300,000
2	10	13	멜로디인형		20	20,000	400,000		400,000

자료 2. 보통예금(농협은행) 거래내역

번호	거래일	내용	찾으신금액	맡기신 금액	잔액	거래점
		계좌번호 2702-7501-501157 우리아이				
1	2025-10-13	장난감(주)	100,000		***	***

자료설명	1. 자료 1은 상품을 매입하고 발급받은 거래명세서이다. 2. 자료 2는 상품 매입대금의 일부를 농협은행 보통예금 계좌에서 이체한 거래내역이며, 나머지 대금은 다음달 10일에 지급하기로 하였다.
수행과제	거래자료를 입력하시오.

2 증빙에 의한 전표입력

카페얼그레이샵 세종점

229-85-05597 김완명
세종특별자치시 다솜2로 94

POS번호: 1   : NO:0122
단말번호   : 222912929
----------------[신용승인]----------------
카드명칭: 신한카드
가맹번호: 712521500
카드번호: 9440 - **** - 1231 - ****
승인번호: 8726219   매입사: 신한카드
거래일시: 22/10/25 14:39:15
할부기간: 일시불
합계금액: 20,000

품명	단가	수량	금액
음료 세트	5,000	4	20,000

| 합계금액 | | | 20,000 |

자료설명	세종특별자치시 출장을 간 영업부직원이 거래처에 제공할 음료를 구입하고 신용카드로 결제한 영수증이다.
수행과제	거래자료를 입력하시오.

3 기타 일반거래

출장비 정산내역서

■ 출장내역

출 장 자	김철민	연 락 처	010-2502-****
부 서	영업부	직위	대리
출장기간	2025년 11월 5일부터 2025년 11월 6일까지		
목 적	신규 매출처 발굴		
장 소	대구 성서 공단 일대		
지급 받은 금액	350,000원		

■ 지출내역

일 자	교통비	식비	숙박비	기타잡비	합 계
2025.11.5.	35,000	40,000	150,000	50,000	275,000
2025.11.6.	35,000	40,000		30,000	105,000
총 지출금액	일금 삼십팔만 원정 (₩ 380,000)				

자료설명	[11월 6일] 영업부 김철민이 출장 후 제출한 정산내역서이다. 출장비는 11월 5일에 현금으로 지급하였으며 추가 사용액은 11월 6일 현금으로 지급하였다.
수행과제	거래자료를 입력하시오.(단, 지출내역은 '여비교통비'로 회계처리할 것.)

4 재고자산 매출거래

거래명세서 (공급자 보관용)

	등록번호	211-75-24158				등록번호	146-25-25329		
공급자	상호	우리아이	성명	김하늘	공급받는자	상호	가위바위보	성명	이세상
	사업장주소	서울특별시 서대문구 충정로7길 12 (충정로2가)				사업장주소	서울특별시 중랑구 망우로 390		
	업태	도소매업	종사업장번호			업태	도소매업	종사업장번호	
	종목	유아용품				종목	잡화		

거래일자	미수금액	입금액	세액	총 합계금액
2025.11.16.	7,000,000	1,000,000		8,000,000

NO	월	일	품목명	규격	수량	단가	공급가액	세액	합계
1	11	16	말랑 동물쿠션(대형)		200	40,000	8,000,000		8,000,000

자료설명	상품을 매출하고 발급한 거래명세서이다. 대금 중 1,000,000원은 자기앞수표로 받고 잔액은 다음달 말일에 받기로 하였다.
수행과제	거래자료를 입력하시오.

5 계약금 지급

행사 대행 계약서

행사 주최사 우리아이(이하 '동'이라 한다.)와 행사 대행사 미래기획(이하 '행'이라 한다.)은 창립 기념행사에 대하여 다음과 같이 행사 운영에 관한 계약을 체결한다.

제1조 [총칙]
　　'행'은 '동'의 행사에 관하여 각 조항의 계약조건을 성실히 이행함을 목적으로 한다.
제2조 [행사내용]
　　1. 행사명: 우리아이 창립 기념행사
　　2. 행사일시: 2025년 12월 1일
　　3. 행사장소: AT컨벤션센터
제3조 ['동'의 업무내용]

- 중 략 -

제5조 [대금청구 및 지급방법]
    1. 행사계약 총액은 금 오백만원(₩5,000,000)으로 한다.
    2. '동'은 '행'에게 계약일 11월 25일에 행사계약금 금 팔십만원(₩800,000)을 지급한다.
    3. '동'은 '행'에게 행사일인 12월 1일에 행사중도금 금 이백만원(₩2,000,000)을 지급한다.
    4. 나머지 행사잔금 금 이백이십만원(₩2,200,000)은 행사 종료 후 30일 이내에 지급한다.

- 하 략 -
2025년 11월 25일

자료설명	[11월 25일] 창립 기념행사와 관련하여 행사 대행 계약금 800,000원을 계약과 동시에 현금으로 지급하였다.
수행과제	거래자료를 입력하시오.

6 증빙에 의한 전표입력

영 수 증 (공급받는자용)				
NO 우리아이 귀하				
공급자	사업자등록번호	110-26-11110		
	상 호	아담플라워	성명	박혜선
	사업장소재지	서울특별시 서대문구 충정로 50 (충정로3가, 골든브릿지빌딩)		
	업 태	도소매업	종목	생화
작성일자	공급대가총액		비고	
2025.12.7.	30,000			
공 급 내 역				
월/일	품명	수량	단가	금액
12/7	꽃다발	1		30,000
합 계	₩30,000			
위 금액을 영수(청구)함				

자료설명	생일을 맞이한 영업부 직원 홍기쁨에게 선물할 꽃다발을 구입하고 대금은 월말에 지급하기로 하였다.
수행과제	거래자료를 입력하시오.

7 기타 일반거래

■ 보통예금(우리은행) 거래내역

		내용	찾으신금액	맡기신 금액	잔액	거래점
번호	거래일	계좌번호 1252-236-105792 우리아이				
1	2025-12-23	주식매각대금		1,850,000	***	***

자료설명	단기매매차익 목적으로 보유하고 있던 주식 100주(장부금액 2,000,000원)의 매각 대금이 우리은행 보통예금계좌에 입금되었다.
수행과제	거래자료를 입력하시오.

8 증빙에 의한 전표입력

자료 1. 자동차세 세액 신고납부서

2025 년분 자동차세 세액 신고납부서

납세자 보관용 영수증

납 세 자 주 소	서울특별시 서대문구 충정로7길 12 (충정로2가)				
납세번호	기관번호	제목		납세년월기	과세번호
과세대상	235로 3322 (승용차)	구 분	자동차세	지방교육세	납부할 세액 합계
		당 초 산 출 세 액	620,000		
과세기간	2025.7.1. ~2025.12.31.	선 납 공 제 액(10%)			620,000원
		요 일 제 감 면 액(5%)			
		납 부 할 세 액	620,000	0	

〈납부장소〉

위의 금액을 영수합니다.
2025 년   12 월   30 일

수납인

*수납인이 없으면 이 영수증은 무효입니다   *공무원은 현금을 수납하지 않습니다.

자료 2. 보통예금(신한은행) 거래내역

		내용	찾으신금액	맡기신금액	잔액	거래점
번호	거래일	계좌번호 252-8601-4421157 우리아이				
1	2025-12-30	자동차세납부	620,000		***	***

자료설명	업무용 승용차의 자동차세를 신한은행 보통예금계좌에서 이체하여 지급하였다.
수행과제	거래자료를 입력하시오.

실무수행 ◎ 전표수정

실무프로세스 자료이다. [자료설명]을 참고하여 [수행과제]를 수행하시오.

1 입력자료 수정

이체확인증

출력일자: 2025-10-08

이 체 일 시	2025-10-08 13:49:24	입 금 은 행	하나은행
입금계좌번호	1154-12-34567	예 금 주	모빌나라
이 체 금 액	1,700,000원	수 수 료	2,500원
C M S 코 드		출 금 계 좌	832-42-01121
송 금 인	우리아이		
메 모	외상대금		

상기내용과 같이 이체가 완료되었음을 확인합니다.
2025년 10월 8일 (주)하나은행

자료설명	모빌나라의 상품 외상매입대금 1,700,000원과 송금 수수료 2,500원을 하나은행 보통예금 통장에서 이체하고, 수령한 이체확인증이다.
수행과제	오류자료를 수정하시오.

2 입력자료 수정

		자료설명	업무용 승용차에 휘발유를 주유하고 주유대금을 현금으로 지급한 후 받은 영수증이다.

영 수 증

2025/9/28

GS주유소   Tel. (02)3489-1234

서울특별시 서대문구 충정로7길 29-20
(충정로3가)

305-12-45128

유 종 명	수 량	단 가	금 액
휘 발 유			30,000

합계: 30,000원

감사합니다.

수행과제	영수증을 참고하여 입력된 자료를 적절하게 수정하시오.

실무수행 ◎ 결산

[결산자료]를 참고하여 결산을 수행하시오.(단, 제시된 자료 이외의 자료는 없다고 가정함.)

1 수동결산 및 자동결산

자료설명	1. 2025년 기말 현재 단기대여금에 대한 이자 미수분 600,000원을 계상하다. 2. 기말 상품 재고액은 300,000,000원이다.
수행과제	1. 수동결산 또는 자동결산 메뉴를 이용하여 결산을 완료하시오. 2. 12월 31일을 기준으로 '손익계산서 → 재무상태표'를 순서대로 조회 작성하시오.(단, 손익계산서 조회 작성 시 상단부 [기능모음]의 '추가'를 이용하여 '손익대체분개'를 수행할 것.).

실무수행평가

입력자료 및 회계정보를 조회하여 [평가문제]의 답안을 입력하시오.

번호	평가문제	배점
11	**평가문제 [거래처등록 조회]** '아이편해(5115)'의 거래처등록 내용 중 옳지 않은 것은? ① 대표자성명: 김하늘 ② 업태: 도소매업 ③ 종목: 유아침대 ④ 담당자 메일주소: ai@naver.com	3
12	**평가문제 [거래처별초기이월 조회]** 전기말 '외상매입금' 잔액에 대한 거래처별초기이월 금액으로 옳지 않은 것은? ① 유아세상 5,000,000원 ② 아이조아 5,120,000원 ③ 하늘천국 3,580,000원 ④ 행복아이 40,000,000원	3
13	**평가문제 [일/월계표 조회]** 10월 한 달 동안 발생한 '판매관리비(판매비와관리비)' 계정 중 지출금액이 가장 적은 계정과목의 코드를 기록하시오.	3
14	**평가문제 [거래처원장 조회]** 12월 말 거래처별 '외상매출금'을 비교하여 잔액이 가장 많은 거래처의 금액을 기록하시오.	3
15	**평가문제 [거래처원장 조회]** 10월 말 카드사별 '미지급금'을 비교하여 잔액이 가장 많은 카드사 거래처 코드를 기록하시오.	3
16	**평가문제 [총계정원장 조회]** 매월 말 '현금' 잔액으로 옳은 것은? ① 9월 30일 98,970,400원 ② 10월 31일 52,308,900원 ③ 11월 30일 59,409,330원 ④ 12월 31일 54,998,110원	3
17	**평가문제 [총계정원장 조회]** 11월에 발생한 '상품매출'의 금액으로 옳은 것은? ① 19,000,000원 ② 24,500,000원 ③ 32,500,000원 ④ 43,200,000원	3
18	**평가문제 [총계정원장 조회]** 월별 '세금과공과금' 발생금액으로 옳지 않은 것은? ① 1월 294,000원 ② 7월 50,000원 ③ 9월 455,000원 ④ 12월 30,000원	3
19	**평가문제 [재무상태표 조회]** 12월 말 '보통예금' 잔액은 얼마인가?	3
20	**평가문제 [재무상태표 조회]** 12월 말 '단기매매증권' 잔액은 얼마인가?	3

번호	평가문제	배점
21	평가문제 [재무상태표 조회] 당기의 '기말상품재고액'은 전기에 비해 얼마나 증가하였는가?	4
22	평가문제 [재무상태표 조회] 12월 말 '가지급금' 잔액은 얼마인가?	3
23	평가문제 [재무상태표 조회] 12월 말 '매입채무' 잔액은 얼마인가?	3
24	평가문제 [재무상태표 조회] 12월 말 '미지급금' 잔액은 얼마인가?	3
25	평가문제 [재무상태표 조회] 12월 말 '선급금' 잔액은 얼마인가?	4
26	평가문제 [재무상태표 조회] 12월 말 '자본금' 잔액은 얼마인가? ① 532,366,080원 ② 387,570,000원 ③ 432,366,080원 ④ 332,366,080원	2
27	평가문제 [손익계산서 조회] 당기에 발생한 '복리후생비, 접대비(기업업무추진비)'의 합계금액은 얼마인가?	3
28	평가문제 [손익계산서 조회] 당기에 발생한 '여비교통비' 금액은 얼마인가?	3
29	평가문제 [손익계산서 조회] 당기에 발생한 '차량유지비' 금액은 전기 발생 금액과 비교하여 얼마나 증가하였는가?	3
30	평가문제 [손익계산서 조회] 당기에 발생한 '영업외수익' 금액은 얼마인가?	4
	총 점	62

회계정보를 조회하여 [회계정보분석] 답안을 입력하시오.

31. 재무상태표 조회 (4점)

당좌비율이란 유동자산 중 현금화할 수 있는 당좌자산으로 단기채무를 충당할 수 있는 정도를 나타내는 비율이다. 전기분 당좌비율은 얼마인가?(단, 소숫점 이하는 버림 할 것.)

$$당좌비율(\%) = \frac{당좌자산}{유동부채} \times 100$$

① 126%   ② 139%

③ 142%   ④ 153%

32. 재무상태표 조회 (4점)

부채비율이란 기업의 지급능력을 측정하는 비율로 높을수록 채권자에 대한 위험이 증가한다. 전기분 부채비율은 얼마인가?(단, 소숫점 이하는 버림 할 것.)

$$부채비율(\%) = \frac{부채총계}{자기자본(자본총계)} \times 100$$

① 32%   ② 35%

③ 39%   ④ 42%

출제예상 모의고사 제4회

아래 문제에서 특별한 언급이 없으면 기업의 보고기간(회계기간)은 매년 1월 1일부터 12월 31일까지입니다. 또한 기업은 일반기업회계기준 및 관련 세법을 계속적으로 적용하고 있다고 가정하고 물음에 가장 합당한 답을 고르시기 바랍니다.

실무이론평가

01 (가)에 해당하는 회계의 공준(기본가정)으로 옳은 것은?

> (가) 이란 기업이 설립 되면 해산이나 청산 없이 계속적으로 존속하는 경영 주체라는 가정 하에 모든 회계처리를 하는 것을 말한다.

① 기업실체의 공준
② 회계기간의 공준
③ 계속기업의 공준
④ 화폐가치 안정의 공준

02 다음 중 회계기록의 대상이 되는 거래가 아닌 것은?

① 소모품 1,000,000원을 외상으로 구입하였다.
② 다음 달 임차료 1,000,000원을 미리 지급하였다.
③ 상품 1,000,000원을 구매하기로 하고 계약을 체결하였다.
④ 거래처에 상품을 인도하고 대금 1,000,000원은 한달 후에 받기로 하였다.

03 다음 (가), (나)의 각 거래에서 대변에 나타나는 거래 요소로 옳은 것은?

> (가) 외상매입금 300,000원을 현금으로 지급하다.
> (나) 거래처 직원과 식사하고 50,000원을 당사 법인카드로 결제하다.

① (가) 자산 감소   (나) 부채 증가
② (가) 자산 감소   (나) 수익 발생
③ (가) 부채 증가   (나) 자산 감소
④ (가) 부채 증가   (나) 부채 증가

04 다음 중 재무회계에 대한 설명으로 옳지 않은 것은?

① 재무보고의 주된 목적은 투자 및 신용의사결정에 유용한 정보를 제공하는 것이다.
② 재무제표는 재무상태표, 손익계산서, 현금흐름표, 자본변동표로 구성되며, 주석은 제외된다.
③ 경영자는 기업실체 외부의 이해관계자에게 재무제표를 작성하고 보고할 일차적인 책임을 진다.
④ 재무상태표는 일정시점 현재 기업이 보유하고 있는 경제적 자원인 자산과 경제적 의무인 부채, 그리고 자본에 대한 정보를 제공하는 재무보고서이다.

05 (주)한공은 2025년 3월 1일에 1년분(2025. 3. 1~2026. 2. 28) 보험료 1,200,000원을 현금으로 지급하고 보험료로 회계처리 하였다. (주)한공이 2025년 12월 31일 결산 시 보험료에 대한 결산정리 사항을 누락한 경우 손익계산서의 당기순이익에 미치는 영향으로 옳은 것은?

①　 200,000원 과대계상
②　 200,000원 과소계상
③ 1,000,000원 과대계상
④ 1,000,000원 과소계상

06 다음은 (주)한공이 방학 중 결식아동들에게 무료로 지급하기 위해 도시락을 구입하고 수취한 영수증이다. 도시락 구입비용의 계정과목으로 옳은 것은?

영수증	발행일	2025년 12월 20일
	받는이	이기부 귀하

공급자			
상호	맛있어 도시락	대표자	김찬할 (인)
등록번호	111-11-1111		
주소	서울 무료구 도림로 100길 111-1 더큰빌딩 808호		
전화	02-1000-1000	팩스	02-1000-1001

받은금액	₩	1,200,000

날자	품목	수량	단가	금액
12/20	불고기도시락	100	12,000	1,200,000

합계	₩	1,200,000

① 복리후생비
② 기부금
③ 접대비(기업업무추진비)
④ 광고선전비

07 다음은 한공기업의 비품 취득 관련 자료이다. 2025년도 손익계산서에 반영될 비품의 감가상각비는 얼마인가?

- 취득일: 2025년 7월 1일
- 매입가액: 1,000,000원
- 취득 부대비용: 100,000원
- 잔존가치: 0원
- 내용연수: 5년
- 감가상각 방법: 정액법(월할계산)

① 100,000원   ② 110,000원
③ 200,000원   ④ 220,000원

08 무형자산에 대한 설명으로 옳은 것은?

① 무형자산은 미래경제적효익이 기업에 유입될 가능성이 매우 높고, 자산의 원가를 신뢰성 있게 측정할 수 있는 경우에만 인식한다.
② 무형자산의 상각방법은 정액법만 인정된다.
③ 무형자산의 상각기간은 어떠한 경우라도 20년을 초과할 수 없다.
④ 사용을 중지하고 처분을 위해 보유하는 무형자산도 상각대상이다.

09 다음은 (주)한공의 재무이사인 오상무와 회계담당자인 박과장의 대화이다. (주)서울의 부도로 인한 회계처리로 옳은 것은?

- 박과장
  오늘 매출거래처인 (주)서울이 최종 부도처리 되었습니다. (주)서울에 대한 미회수채권이 1,000,000원입니다.
- 오상무
  현재 설정되어 있는 대손충당금 잔액은 얼마인가요?
- 박과장
  네! 500,000원입니다.
- 오상무
  (주)서울에 대한 미회수채권 전액을 대손처리하세요.

㉮(차) 대손상각비	1,000,000원
(대) 대손충당금	1,000,000원

㉯(차) 대손충당금	500,000원
(대) 매출채권	500,000원

㉰(차) 대손상각비	1,000,000원
(대) 매출채권	1,000,000원

㉱(차) 대손충당금	500,000원
대손상각비	500,000원
(대) 매출채권	1,000,000원

① ㉮   ② ㉯
③ ㉰   ④ ㉱

10 다음은 한공상사의 상품 매입과 판매 관련 자료이다. 상품의 취득원가를 계산하면 얼마인가?

- 상품 매입액   100,000원
- 매입운임   5,000원
- 보험료   7,000원(상품 매입 관련)
- 판매운임   3,000원(판매된 상품 택배비)

① 105,000원   ② 107,000원
③ 112,000원   ④ 115,000원

실무수행평가 ⊞

상록문구(회사코드 4504)는 사무용품 도매 및 소매업을 운영하는 개인기업으로, 회계기간은 제7기(2025.1.1.~2025.12.31.)이다. 제시된 자료와 [자료설명]을 참고하여, [수행과제]를 완료하고 [평가문제]의 물음에 답하시오.

실무수행 유의사항	1. 타계정 대체와 관련된 적요는 반드시 코드를 입력하여야 한다. 2. 채권·채무, 예금거래 등 관리대상 거래자료에 대하여는 거래처코드를 반드시 입력한다. 3. 자금관리 등 추가 작업이 필요한 경우 문제의 요구에 따라 추가 작업하여야 한다. 4. 등록된 계정과목 중 가장 적절한 계정과목을 선택한다. 5. 부가가치세는 고려하지 않는다.

실무수행 ◎ 기초정보관리의 이해

회계관련 기초정보는 입력되어 있다. [자료설명]을 참고하여 [수행과제]를 수행하시오.

1 사업자등록증에 의한 거래처 등록

사 업 자 등 록 증 (일반과세자) 등록번호: 110-12-32122 상 호: 행복상사 대 표 자 명: 김행복 개 업 년 월 일: 2018년 1월 24일 사업장 소재지: 서울특별시 강남구 강남대로 250 (도곡동, 심현빌딩) 사 업 의 종 류: 업태 도소매업 종목 사무용품 교 부 사 유: 사업장 이전 사업자단위과세 적용사업자여부: 여( ) 부(√) 전자세금계산서 전용 메일주소:happy@naver.com 2025년 1월 15일 역삼 세무서장	**자료설명** 거래처 행복상사로부터 변경된 사업자등록증 사본을 팩스로 받았다. **수행과제** 1. 교부받은 사업자등록증을 확인하여 입력자료를 수정 하시오. 2. 전자세금계산서 전용 메일 주소를 등록하시오.

2 거래처별초기이월 등록 및 수정

▌미지급금 명세서▐

코드	거래처명	금액	비고
00115	(주)우리자동차	10,000,000원	승용차 구입대금
04503	행복상사	2,000,000원	광고선전용품 구입대금
합계		12,000,000원	

▌단기차입금 명세서▐

코드	거래처명	금액	비고
98000	기업은행	5,000,000원	만기일 2025.8.31.
98003	국민은행	7,000,000원	만기일 2025.6.30.
합계		12,000,000원	

자료설명	상록문구의 전기분 재무제표는 이월 받아 입력되어 있다.
수행과제	미지급금, 단기차입금에 대한 거래처별 초기이월사항을 입력하시오.

실무수행 ◉ 거래자료입력

실무프로세스 자료이다. [자료설명]을 참고하여 [수행과제]를 수행하시오.

1 증빙에 의한 전표입력

신용카드매출전표

카드종류: 신한카드
회원번호: 4658-1232-****-4**5
거래일시: 2025.6.3. 20:05:16
거래유형: 신용승인
매   출: 215,000원
합   계: 215,000원
결제방법: 일시불
승인번호: 51231124
====================================
　　　가맹점명: 이동숯불갈비
　　　　　(156-12-31570)
　　　　- 이 하 생 략 -

자료설명	영업부 직원의 회식 후 결제하고 수령한 신용카드매출전표이다.
수행과제	거래자료를 입력하시오

2 증빙에 의한 전표입력

<table>
<tr><td colspan="5" align="center">**영 수 증**
2025/7/5</td></tr>
<tr><td colspan="3">조은카정비</td><td colspan="2">(T.042-823-1234)</td></tr>
<tr><td colspan="5">대전시 유성구 죽동로 321</td></tr>
<tr><td colspan="5">123-45-67891</td></tr>
<tr><td>품 목</td><td>수 량</td><td>단 가</td><td colspan="2">금 액</td></tr>
<tr><td>엔진교체</td><td>1</td><td>4,200,000</td><td colspan="2">4,200,000</td></tr>
<tr><td colspan="5" align="right">합계: 4,200,000원</td></tr>
<tr><td colspan="5" align="right">감사합니다.</td></tr>
</table>

자료설명	관리부 업무용 승용차의 엔진고장으로 인해 조은카정비에서 엔진을 교체하고, 수리비는 다음달에 지급하기로 하였다. 당사는 본 거래에 대해 차량의 자본적지출로 처리하기로 하였다.
수행과제	거래자료를 입력하시오

3 통장사본에 의한 거래입력

■ 보통예금(신한은행) 거래내역

번호	거래일	내용	찾으신금액	맡기신금액	잔액	거래점
		계좌번호 432-1544-8570 상록문구				
1	2025-7-11	만세물류	500,000		***	***

자료설명	만세물류의 단기차입금에 대한 이자비용을 신한은행 보통예금 계좌에서 이체하여 지급했다.
수행과제	거래자료를 입력하시오.

4 재고자산의 매입거래

거래명세서

(공급받는자 보관용)

공급자	등록번호	126-81-56580			공급받는자	등록번호	318-12-37852		
	상호	(주)강남문구	성명	장강남		상호	상록문구	성명	김상록
	사업장 주소	서울특별시 강남구 강남대로 951				사업장 주소	대전 유성 배울2로 61 101호		
	업태	도소매업	종사업장번호			업태	도소매업	종사업장번호	
	종목	문구용품외				종목	사무용품		

거래일자	미수금액	공급가액	세액	총 합계금액
2025.8.19.		3,200,000		3,200,000

NO	월	일	품목명	규격	수량	단가	공급가액	세액	합계
1	8	19	만년필		30	40,000	1,200,000		1,200,000
2	8	19	고급수첩		100	20,000	2,000,000		2,000,000

자료설명	상품을 매입하고 발급받은 거래명세서이다. 8월 8일에 지급한 계약금을 차감한 잔액은 8월 말에 지급하기로 하였다.
수행과제	8월 8일 거래를 참고하여 8월 19일 거래자료를 입력하시오.

5 통장사본에 의한 거래입력 (출금)

자료 1. 송금영수증

영수증 (입금증, 영수증, 계산서, 전자통장거래확인증 등 겸용)

타행 송금의뢰 확인증

2025 년 10 월 02 일

입금 은행	:	하나은행			
입금 계좌	:	1235-12-3252000	대체	:	₩2,000,000
수취인	:	백두문구			
적요			합계	:	₩2,000,000
의뢰인		상록문구	송금수수료	:	₩1,000

유성지점 ☎ 1544-9999)
신한은행

자료 2. 보통예금(신한은행) 거래내역

		내용	찾으신금액	맡기신금액	잔액	거래점
번호	거래일	계좌번호 432-1544-8570 상록문구				
1	2025-10-2	백두문구	2,000,000		***	***

자료설명	백두문구의 외상매입대금을 신한은행 보통예금 계좌에서 이체하여 지급하고, 송금 수수료는 현금으로 납부하였다.
수행과제	거래자료를 입력하시오.

6 기타 일반거래

여비 정산서

소 속	영업부	직 위		대리	성 명		홍성주
출장내역	일 시	2025년 10월 26일 ~ 2025년 10월 27일					
	출 장 지	부산					
	출 장 목 적	거래업체 면담 및 거래조건 확인					
출 장 비	지급받은 금액	300,000원	실제소요액	200,000원	현금반환액		100,000원
지출내역	숙 박 비	80,000원	식 비	50,000원	교 통 비		70,000원

정산일자: 2025년 10월 28일

신청인 홍 성 주 (인)

자료설명	10월 28일 출장을 마친 직원의 여비정산 내역을 보고받고, 잔액은 현금으로 회수 하였다.
수행과제	10월 26일의 거래를 확인한 후, 정산일자의 회계처리를 입력하시오. (출장비 지출내역은 하나의 계정과목으로 회계처리하고, 가지급금은 거래처를 입력할 것.)

7 기타일반거래

2025년 11월 급여지급대장

부서	성명	급여	공제액			차감지급액
			소득세 등	건강보험료 등	공제액합계	
관리부	홍명자	2,000,000원	152,000원	92,000원	244,000원	1,756,000원
영업부	송진이	3,000,000원	178,000원	122,000원	300,000원	2,700,000원
합계		5,000,000원	330,000원	214,000원	544,000원	4,456,000원

■ 보통예금(신한은행) 거래내역

번호	거래일	내용	찾으신금액	맡기신금액	잔액	거래점
		계좌번호 432-1544-8570 상록문구				
1	2025-11-30	11월분 급여	4,456,000		***	***

자료설명	2025년 11월분 급여를 신한은행 보통예금 계좌에서 이체하여 지급하였다.
수행과제	거래자료를 입력하시오.(하나의 거래로 입력할 것.)

8 기타 일반거래

자료설명	[12월 3일] 거래처 우리유통에 판매상품을 발송하고, 당사부담 운반비를 현금으로 지급하였다.
수행과제	거래자료를 입력하시오.

실무수행 ◎ **전표수정**

실무프로세스 자료이다. [자료설명]을 참고하여 [수행과제]를 수행하시오.

1 입력자료 수정

<table>
<tr><td colspan="2">

영 수 증
2025/10/20

GS주유소   Tel. (042)222-2550

대전 중구 선화 150

305-12-45128

유 종 명	수 량	단 가	금 액
휘 발 유			30,000

합계: 30,000원

감사합니다.

</td></tr>
</table>

자료설명	영업용 승용차의 유류대를 현금으로 지급하고 영수증을 수취하였다.
수행과제	영수증을 참고하여 입력자료를 적절하게 수정하시오.

합격 확신 문제풀이

2 입력자료 수정

CJ 대한통운
korea express

CJ 대한통운
사업자등록번호: 1350421691
발송점: CJ 대한통운코드 364

14494	2025/12/05	POS 03

대행수납: 택배

택배-선불   1   3,500

================================

내 실 돈	3,500
내 신 돈	3,500
거 스 름	0

환불은 30일내 영수증 지참시에 가능합니다.

객층: 23   담당: 24   NO: 4672

20251205162624242402946

자료설명	오나문구에서 판매용 상품을 구입하면서 발생한 당사부담 택배비에 대한 영수증이다.
수행과제	거래자료를 수정하시오.

 결산

[결산자료]를 참고하여 결산을 수행하시오.(단, 제시된 자료 이외의 자료는 없다고 가정함.)

1 수동결산 및 자동결산

자료설명	1. 대신상사의 단기대여금에 대해 수령한 이자수익 920,000원중 당기 귀속분은 500,000원이다. 2. 기말 상품 재고액은 30,000,000원이다.
수행과제	1. 수동결산 또는 자동결산 메뉴를 이용하여 결산을 완료하시오. 2. 12월 31일을 기준으로 '손익계산서 → 재무상태표'를 순서대로 조회 작성하시오.(단, 손익계산서 조회 작성 시 상단부 [기능모음]의 '추가'를 이용하여 '손익대체분개'를 수행할 것.).

《《 실무수행평가 》》

입력자료 및 회계정보를 조회하여 [평가문제]의 답안을 입력하시오.

번호	평가문제	배점
11	**평가문제 [거래처등록 및 거래처원장 조회]** '행복상사'의 거래내역 및 거래처등록사항이 옳지 않은 것은? ① 1월 말 미지급금 잔액은 2,000,000원이다. ② 메일주소는 happy@naver.com ③ 주소는 서울특별시 강남구 강남대로 250(도곡동, 심현빌딩)이다. ④ 1월 말 외상매입금 잔액은 1,500,000원이다.	3
12	**평가문제 [일/월계표 조회]** 4/4분기(10월~12월)동안 발생한 '수수료비용' 금액은 얼마인가?	3
13	**평가문제 [거래처원장 조회]** 12월 말 '외상매입금' 잔액이 가장 적은 거래처의 코드를 기록하시오.	3
14	**평가문제 [거래처원장 조회]** 12월 말 거래처별 '미지급금' 잔액으로 옳지 않은 것은? ① (주)우리자동차 10,000,000원 　② 행복상사 2,000,000원 ③ 신한카드 0원 　④ 농협카드 1,860,000원	3
15	**평가문제 [거래처원장 조회]** 12월 말 거래처별 '단기차입금' 잔액으로 옳지 않은 것은? ① 만세물류 100,000,000원 　② 기업은행 5,000,000원 ③ 신한은행 8,000,000원 　④ 국민은행 7,000,000원	3
16	**평가문제 [전표출력 조회]** 1월 20일 거래 중 입금전표로 발행된 거래금액은 얼마인가?	3
17	**평가문제 [총계정원장 조회]** 하반기 중 '상품매입' 금액이 가장 적은 달의 금액은 얼마인가?	3
18	**평가문제 [현금출납장 조회]** 10월에 발생한 현금 지출액은 얼마인가?	3
19	**평가문제 [재무상태표 조회]** 12월 말 '미수수익' 잔액은 얼마인가?	4
20	**평가문제 [재무상태표 조회]** 12월 말 '선급금' 잔액은 얼마인가?	4
21	**평가문제 [재무상태표 조회]** 12월 말 '가지급금' 잔액은 얼마인가?	4
22	**평가문제 [재무상태표 조회]** 12월 말 재무상태표의 '유형자산' 잔액은 얼마인가?	3

합격 확신! 문제풀이

번호	평가문제	배점
23	평가문제 [재무상태표 조회] 12월 말 '예수금' 잔액은 얼마인가?	3
24	평가문제 [재무상태표 조회] 12월 말 '자본금' 잔액은 얼마인가? ① 676,389,030원 ② 237,527,520원 ③ 776,389,030원 ④ 362,490,000원	2
25	평가문제 [손익계산서 조회] 당기에 발생한 '상품매출원가' 금액은 얼마인가?	3
26	평가문제 [손익계산서 조회] 당기에 발생한 '복리후생비' 금액은 얼마인가?	3
27	평가문제 [손익계산서 조회] 당기에 발생한 판매관리비(판매비와관리비)의 계정별 금액으로 옳지 않은 것은? ① 급여 251,139,000원 ② 운반비 639,000원 ③ 차량유지비 6,639,700원 ④ 여비교통비 1,524,600원	3
28	평가문제 [손익계산서 조회] 당기에 발생한 '영업외수익' 금액은 얼마인가?	3
29	평가문제 [예적금현황 조회] 12월 말 은행별 예금잔액으로 옳지 않은 것은? ① 신한은행(보통) 7,850,000원 ② 하나은행 5,000,000원 ③ 축협은행 10,000,000원 ④ 우리은행 3,000,000원	3
30	평가문제 [받을어음현황 조회] 7월에 만기가 도래하는 '받을어음' 거래처의 거래처 코드를 기록하시오.	3
총 점		62

평가문제 ◉ 회계정보분석 (8점)

회계정보를 조회하여 [회계정보분석] 답안을 입력하시오.

31. 재무상태표 조회 (4점)

당좌비율이란 유동자산 중 현금화할 수 있는 당좌자산으로 단기채무를 충당할 수 있는 정도를 나타 내는 비율이다. 전기분 당좌비율은 얼마인가?(단, 소숫점 이하는 버림 할 것.)

$$당좌비율(\%) = \frac{당좌자산}{유동부채} \times 100$$

① 351%   ② 787%

③ 386%   ④ 795%

32. 손익계산서 조회 (4점)

전기 손익계산서를 기초로 계산한 영업이익률은 얼마인가?(단, 소숫점 이하는 버림 할 것.)

$$영업이익률(\%) = \frac{영업이익}{매출액} \times 100$$

① 23%   ② 55%

③ 70%   ④ 56%

출제예상 모의고사 제5회

아래 문제에서 특별한 언급이 없으면 기업의 보고기간(회계기간)은 매년 1월 1일부터 12월 31일까지입니다. 또한 기업은 일반기업회계기준 및 관련 세법을 계속적으로 적용하고 있다고 가정하고 물음에 가장 합당한 답을 고르시기 바랍니다.

실무이론평가

01 다음 중 회계정보의 질적 특성인 목적적합성의 하위 속성이 아닌 것은?

① 예측가치　　② 피드백가치
③ 적시성　　　④ 중요성

02 다음 중 회계상의 거래로 인식되지 않은 것은?

① 상품 200,000원을 매출하고 대금은 월말에 받기로 하다.
② 거래 은행에서 영업자금으로 1,000,000원을 차입하고 6개월 후에 상환하기로 하다.
③ 월 급여 1,200,000원을 지급하기로 약속하고 직원 김영희를 채용하다.
④ 거래처에 사원을 출장보내고 여비 예상액 100,000원을 현금으로 지급하다.

03 다음 거래의 결합관계에 해당하지 않는 것은?

출장 중인 직원이 보내온 내용불명의 입금액 300,000원 중 200,000원은 매출처 (주)한공에 대한 외상대금의 회수액이며, 나머지는 상품주문 대금을 미리 받은 것으로 확인되었다.

① 비용의 발생　　② 자산의 감소
③ 부채의 감소　　④ 부채의 증가

04 다음 자료에 의해 판매비와관리비를 계산하면 얼마인가?

• 급여	1,000,000원
• 세금과공과금	100,000원
• 여비교통비	200,000원
• 접대비(기업업무추진비)	500,000원
• 기부금	300,000원

① 1,000,000원　　② 1,100,000원
③ 1,300,000원　　④ 1,800,000원

05 다음은 한공상사가 구입한 화환의 영수증이다. 화환을 (가) 거래처 직원의 결혼식에 제공하는 경우와, (나) 한공상사 직원의 결혼식에 제공하는 경우의 계정과목으로 옳은 것은?

영 수 증
2025/10/08

예쁜꽃화원　　Tel. (02)222-6430
서울 금천구 가산로 115
214-12-45123

종명	수량	단가	금액
결혼식화환			80,000

합계 : 80,000원
감사합니다.

① (가) 복리후생비　　　　　(나) 접대비(기업업무추진비)
② (가) 접대비(기업업무추진비)　(나) 복리후생비
③ (가) 복리후생비　　　　　(나) 기부금
④ (가) 기부금　　　　　　　(나) 복리후생비

06 다음은 (주)한공(사업연도: 1. 1.~12. 31.)의 재무상태표상 차량운반구에 관한 자료이다. (가)에 해당하는 금액으로 옳은 것은?

〈자료 1〉 재무상태표

(주)한공 (단위: 원)

과목	제6기(2025.12.31.)	
자산	⋮	
차량운반구	600,000	
감가상각누계액	**(가)**	XXX
	⋮	

〈자료 2〉 관련내용

• 차량운반구: 영업부 사용 업무용 승용차
• 취득일: 2024. 7. 1.
• 전기말상각누계액: 60,000원
• 내용연수: 5년(월할상각)
• 상각방법: 정액법
• 잔존가치: 없음

① 120,000원   ② 180,000원
③ 240,000원   ④ 300,000원

07 다음 (가)~(다)의 거래를 분개할 때 차변 계정 과목에 해당하는 것으로 옳게 짝지은 것은?

(가) 거래처로부터 전기말에 차입한 1억원(만기 6 개월)을 상환하였다.
(나) 투자를 목적으로 건물을 취득하였으며 매입대금 2억 원을 당좌수표로 지급하였다.
(다) 제품 개발에 필요한 특허기술을 현금 3억원에 구입하였다.

① (가) 장기차입금 (나) 투자부동산 (다) 특허권
② (가) 장기차입금 (나) 유형자산   (다) 개발비
③ (가) 단기차입금 (나) 투자부동산 (다) 특허권
④ (가) 단기차입금 (나) 유형자산   (다) 개발비

08 다음은 (주)한공의 2025년 재무상태표의 일부와 2026년 대손 내역이다. 대손에 대한 회계처리로 옳은 것은?

재무상태표

(주)한공 2025년 12월 31일 현재 (단위: 원)

	⋮		
매출채권	10,000,000	⋮	
대손충당금	(100,000)		
	⋮		

[대손내역]
거래처의 파산으로 매출채권 200,000원이 회수 불가능하게 되었다.

㉮ (차) 매출채권   200,000원
    (대) 매출   200,000원

㉯ (차) 대손상각비   200,000원
    (대) 현금   200,000원

㉰ (차) 대손충당금   100,000원
       매출채권   100,000원
    (대) 대손상각비   200,000원

㉱ (차) 대손충당금   100,000원
       대손상각비   100,000원
    (대) 매출채권   200,000원

① ㉮   ② ㉯
③ ㉰   ④ ㉱

09 다음 중 판매자의 기말재고 금액에 포함될 수 있는 경우가 아닌 것은?

① 도착지인도조건에 따라 판매한 기말 현재 운송 중인 상품
② 매입자가 아직까지 매입의사표시를 하지 않은 시송품
③ 금융기관 대출에 대한 담보로 제공한 제품
④ 할부판매로 고객에게 인도된 상품

10 다음은 한공기업의 2025년 자본에 대한 내역이다. 기말자본은 얼마인가?(단, 제시된 자료 외에는 고려하지 않는다)

자료 1. 기초 재무상태			
자산	500,000원	부채	300,000원
		자본	200,000원

자료 2. 당기 경영성과			
총비용	300,000원	총수익	400,000원

자료 3. 기중 자본 변동
• 추가 출자액 50,000원

① 250,000원   ② 300,000원
③ 350,000원   ④ 400,000원

실무수행평가

커피사랑(회사코드 4505)은 커피 도소매업을 운영하는 개인기업으로, 회계기간은 제7기 (2025.1.1.~2025.12.31.)이다. 제시된 자료와 [자료설명]을 참고하여, [수행과제]를 완료하고 [평가문제]의 물음에 답하시오.

실무수행 유의사항	1. 타계정 대체와 관련된 적요는 반드시 코드를 입력하여야 한다. 2. 채권·채무, 예금거래 등 관리대상 거래자료에 대하여는 거래처코드를 반드시 입력한다. 3. 자금관리 등 추가 작업이 필요한 경우 문제의 요구에 따라 추가 작업하여야 한다. 4. 등록된 계정과목 중 가장 적절한 계정과목을 선택한다. 5. 부가가치세는 고려하지 않는다.

실무수행 ◎ 기초정보관리의 이해

회계관련 기초정보는 입력되어 있다. [자료설명]을 참고하여 [수행과제]를 수행하시오.

1 사업자등록증에 의한 거래처 등록(수정)

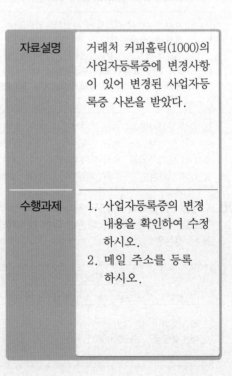

자료설명	거래처 커피홀릭(1000)의 사업자등록증에 변경사항이 있어 변경된 사업자등록증 사본을 받았다.
수행과제	1. 사업자등록증의 변경 내용을 확인하여 수정하시오. 2. 메일 주소를 등록하시오.

사 업 자 등 록 증
(일반과세자)
등록번호: 211-21-12343

상   호: 커피홀릭
대 표 자 명: 김주영
개 업 년 월 일: 2018년 4월 1일
사업장 소재지: 서울특별시 서대문구 충정로7길 31(충정로2가)
사 업 의 종 류: 업태 도소매업 종목 커피외

교 부 사 유: 주소변경

사업자단위과세 적용사업자여부: 여( ) 부(√)
전자세금계산서 전용 메일주소: sewon21@naver.com

2025년 1월 2일
서대문 세무서장 (인)

국세청

2 거래처별초기이월 등록 및 수정

▌받을어음 명세서▌

코드	거래처명	적요	금액	비고
01015	커피나라	상품대금 어음회수	25,000,000원	만기일자: 2025.3.10 어음번호: 00420241210123456781 수취구분: 자수 발 행 인: 커피나라 발행일자, 거래일자: 2024.12.10 어음종류: 전자 지급기관: 국민은행 서대문
01016	세계커피	상품대금 어음회수	35,000,000원	만기일자: 2025.4.20 어음번호: 00320241220123456782 수취구분: 자수 발 행 인: 세계커피 발행일자, 거래일자: 2024.12.20 어음종류: 전자 지급기관: IBK기업은행 서대문
합 계			60,000,000원	

자료설명	커피사랑의 전기분 재무제표는 이월 받아 등록되어 있다.
수행과제	거래처별 받을어음 명세서에 의하여 거래처별 초기이월사항을 등록 및 수정 입력 하시오.

실무수행 ◎ 거래자료입력

실무프로세스 자료이다. [자료설명]을 참고하여 [수행과제]를 수행하시오.

1 증빙에 의한 전표입력

NO.	영 수 증 (공급받는자용)				
			커피사랑	귀하	
공급자	사 업 자 등 록 번 호	314-25-12349			
	상 호	산들애	성 명	김산들	
	사 업 장 소 재 지	서울특별시 서대문구 충정로7길 48 (충정로2가)			
	업 태	음식업	종 목	한식	
작성일자	공급대가총액		비고		
2025.6.4.	₩ 19,000				
공 급 내 역					
월/일	품명	수량	단가	금액	
6/4	식대			19,000	
합 계			₩ 19,000		
위 금액을 영수(청구)함					

자료설명	영업부 직원의 야근식대 영수증이며, 대금은 월말에 일괄 지급하기로 하였다.
수행과제	거래자료를 입력하시오.

2 증빙에 의한 전표입력

```
 롯데시네마    영화입장권
 LOTTE CINEMA   (영수증 겸용)
                        [전체발권]
------------------------------------
(디지털) 유토피아

-(12세)

2025-06-07 4회
16:05(오전) - 17:50(오후)
8층 7관 M열 1번 ~ N열 02번
------------------------------------
일반    9,000원(22명)
Total 198,000원
현금(지출증명)
고객명
신분확인번호       1090967470
현금영수증승인     A38796510/198,000원
현금영수증승인

롯데시네마
(113-85-37493)
          - 이 하 생 략 -
```

자료설명	우리회사와 자매결연 되어 있는 사회복지단체에 영화입장권을 현금으로 구입하여 전달하였다.
수행과제	거래자료를 입력하시오.

3 약속어음 수취거래

전 자 어 음

커피사랑 귀하   00420250608123406789

금 오백만원정   **5,000,000원**

위의 금액을 귀하 또는 귀하의 지시인에게 지급하겠습니다.

지급기일	2025년 8월 8일	**발행일**	2025년 6월 8일
지 급 지	국민은행	**발행지**	서울 강남구 강남대로 250
지급장소	강남지점	**주 소**	
		발행인	콜럼비아

자료설명	[6월 8일] 거래처 콜럼비아에 상품을 납품하고 판매대금 5,000,000원을 전자어음으로 받았다.
수행과제	1. 거래자료를 입력하시오. 2. 자금관련정보를 입력하여 받을어음현황에 반영하시오.

4 유·무형자산의 매각

자료설명	[6월 15일] 1. 영업부에서 사용하던 승용차를 소호상사에 5,000,000원에 매각하고, 대금은 다음달 15일에 수령하기로 하였다. 2. 매각 직전 자산의 내역은 다음과 같다.

계정과목	자산명	취득원가	감가상각누계액
차량운반구	승용차	25,000,000	19,400,000

수행과제	거래자료를 입력하시오.

5 단기매매증권 구입 및 매각

자료 1. 주식매매 내역서

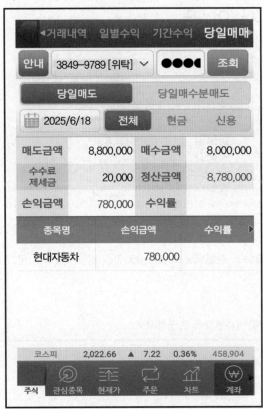

자료 2. 보통예금(신한은행) 거래내역

번호	거래일	내용	찾으신금액	맡기신금액	잔액	거래점
		계좌번호 308-24-374555 커피사랑				
1	2025-6-18	주식매각대금 입금		8,780,000	***	서대문

자료설명	[6월 18일] 1. 단기매매목적으로 보유하고 있는 현대자동차 주식(장부금액: 8,000,000원)을 8,800,000원에 매각했다. 2. 수수료 20,000원을 제외한 금액이 신한은행 보통예금 통장으로 입금되었다.
수행과제	주식 매각과 관련된 거래 자료를 입력 하시오.

6 통장사본에 의한 거래입력

자료 1. 인터넷요금 고지서

kt 광랜 모바일명세서	2025.06
납부급액	180,500원
이용총액	180,500
이용기간	2025.05.01. ~ 2025.05.31.
서비스번호	0105914****
명세서번호	937610125
납기일	2025.06.25

자료 2. 보통예금(국민은행) 거래내역

번호	거래일	내 용	찾으신금액	맡기신금액	잔 액	거래점
		계좌번호 096-24-0094-123 커피사랑				
1	2025-6-25	인터넷요금	180,500		******	서대문점

자료설명	1. 자료 1은 6월분 인터넷요금 고지서이다. 2. 인터넷요금은 납기일에 국민은행 보통예금 통장에서 이체출금 되었다.
수행과제	거래자료를 입력하시오.(납기일에 비용으로 처리할 것.)

7 대손의 발생과 설정

자료설명	[6월 28일] 1. 매출거래처인 인도네시아가 6월 28일 파산처리 되었다는 통보를 받고, 금일 외상매출금 잔액에 대하여 대손처리 하였다. 2. 합계잔액시산표상 대손충당금 잔액은 500,000원으로 확인되었다.
수행과제	거래자료를 입력하시오.(대손처리시점의 거래처 인도네시아의 외상매출금 잔액을 조회할 것.)

8 증빙에 의한 전표입력

■ 자동차세 영수증

	2025 년분 자동차세 세액 신고납부서				납세자 보관용 영수증
납 세 자 주 소	김원두 서울특별시 서대문구 충정로7길 29-13(충정로3가)				
과세대상	62모 7331 (승용차)	구 분	자동차세	지방교육세	납부할 세액 합계
		당 초 산 출 세 액	345,000		
과세기간	2025.1.1. ~2025.6.30.	선납공제액(10%)			345,000원
		요일제감면액(5%)			
		납 부 할 세 액	345,000	0	

〈납부장소〉

위의 금액을 영수합니다.

2025 년   6 월   30 일

수납일 2025.06.30. 농협은행

*수납인이 없으면 이 영수증은 무효입니다   *공무원은 현금을 수납하지 않습니다.

자료설명	사업주의 가사용차량에 대한 자동차세를 현금으로 납부한 영수증이다.
수행과제	거래자료를 입력하시오.

실무수행 ◉ 전표수정

실무프로세스 자료이다. [자료설명]을 참고하여 [수행과제]를 수행하시오.

1 입력자료 수정

거래명세서
(공급자 보관용)   당거래액: 680,000원

공급자	등록번호	109-09-67470			공급받는자	등록번호	113-81-22110		
	상호	커피사랑	성명	김원두		상호	금천상사(주)	성명	구윤희
	사업장 주소	서울특별시 서대문구 충정로7길 29-13 (충정로3가)				사업장 주소	서울특별시 금천구 가산로 148 (가산동)		
	업태	도소매업	종사업장번호			업태	도소매업	종사업장번호	
	종목	커피외				종목	커피		

거래일자	미수금액	공급가액	세액	총 합계금액
2025.10.22.		680,000		680,000

NO	월	일	품목명	규격	수량	단가	공급가액	세액	합계
1	10	22	원두커피		5	136,000	680,000		680,000

자료설명	10월분 외상매출금의 거래처별 잔액이 맞지 않아 검토한 결과 10월 22일자 거래 입력내용에 오류가 있음을 확인하였다.
수행과제	거래명세서를 확인 후 올바르게 수정하시오.

2 입력자료 수정

자료. 자동차 보험증권

<table>
<tr><td colspan="4" style="text-align:center">자동차보험증권</td></tr>
<tr><td>증 권 번 호</td><td>3355897</td><td>계 약 일</td><td>2025년 10월 26일</td></tr>
<tr><td>보 험 기 간</td><td colspan="3">2025년 10월 26일 00:00부터 2026년 10월 25일 24:00까지</td></tr>
<tr><td>보 험 계 약 자</td><td>커피사랑</td><td>주민(사업자)번호</td><td>109-09-67470</td></tr>
<tr><td>피 보 험 자</td><td>커피사랑</td><td>주민(사업자)번호</td><td>109-09-67470</td></tr>
</table>

보험료 납입사항

총보험료	54 만원	납입보험료	54만원	미납입 보험료	0 원

자료설명	[10월 26일] 영업부 업무용 승용차의 보험료를 신한은행 보통예금으로 납입한 거래가 입력이 누락 되었다.
수행과제	거래내역을 확인 후 추가 입력 하시오.(비용으로 처리할 것.)

실무수행 ◎ 결산

[결산자료]를 참고하여 결산을 수행하시오.(단, 제시된 자료 이외의 자료는 없다고 가정함.)

1 수동결산 및 자동결산

자료설명	1. 구입 시 비용처리한 소모품 중 기말현재 미사용액은 240,000원으로 확인 되었다. 2. 기말 상품재고액은 52,300,000원이다.
수행과제	1. 수동결산 또는 자동결산 메뉴를 이용하여 결산을 완료하시오. 2. 12월 31일을 기준으로 '손익계산서 → 재무상태표'를 순서대로 조회 작성하시오.(단, 손익계산서 조회 작성 시 상단부 [기능모음]의 '추가'를 이용하여 '손익대체분개'를 수행할 것.).

입력자료 및 회계정보를 조회하여 [평가문제]의 답안을 입력하시오.

번호	평가문제	배점
11	**평가문제 [거래처등록 조회]** '커피홀릭(01000)'의 내용 중 옳지 않은 것은? ① 사업자등록번호는 211-21-12343이다. ② 대표자는 김주영이다. ③ 사업장 주소는 서울특별시 서대문구 충정로7길 31이다. ④ 담당자 메일주소는 coffee21@samill.com이다.	3
12	**평가문제 [거래처별초기이월 조회]** '거래처별 초기이월' 메뉴에서 받을어음에 내용 중 옳은 것은? ① 전기(6기) 받을어음 금액은 70,000,000원이다. ② 전기(6기) 커피나라로부터 받은 받을어음의 만기는 2025년 3월 10일이다. ③ 전기(6기) 세계커피로부터 받은 받을어음의 발행일은 2024년 12월 10일이다. ④ 전기(6기) 세계커피로부터 받은 받을어음의 금액은 30,000,000원이다.	3
13	**평가문제 [일/월계표 조회]** 6월 '복리후생비' 발생금액은 얼마인가? ① 1,115,600원 ② 1,178,600원 ③ 1,134,600원 ④ 1,374,500원	3
14	**평가문제 [일/월계표 조회]** 2분기(4월~6월)에 발생한 '영업외비용'의 현금지출 총액은 얼마인가? ① 198,000원 ② 393,000원 ③ 591,000원 ④ 967,000원	3
15	**평가문제 [거래처원장 조회]** 12월 말 현재 거래처별 '받을어음' 잔액이 가장 큰 거래처의 코드를 기록하시오.	3
16	**평가문제 [거래처원장 조회]** 12월 말 현재 거래처별 '미지급금' 중 금액이 가장 작은 거래처는 어디인가? ① 산들애 ② 레몬트리 ③ 안성커피 ④ 신협은행	3
17	**평가문제 [총계정원장 조회]** 10월 '보험료' 발생금액을 기록하시오.	4
18	**평가문제 [재무상태표 조회]** 12월 말 현재 '매출채권' 잔액은 얼마인가?	3
19	**평가문제 [재무상태표 조회]** 2025년 12월 말 현재 외상매출금에 대한 '대손충당금'은 전기 대비 얼마나 감소하였는지 기록하시오.	3

번호	평가문제	배점
20	평가문제 [재무상태표 조회] 12월 말 현재 '미수금' 잔액은 얼마인가?	4
21	평가문제 [재무상태표 조회] 12월 현재 '소모품' 잔액은 얼마인가?	4
22	평가문제 [재무상태표 조회] 12월 말 '예수금' 잔액은 얼마인가?	4
23	평가문제 [재무상태표 조회] 12월 말 '자본금' 잔액은 얼마인가? ① 220,435,170원　　　　② 323,300,000원 ③ 530,479,370원　　　　④ 920,479,370원	2
24	평가문제 [손익계산서 조회] 1월부터 7월까지 발생한 '상품매출' 금액은 얼마인가?	3
25	평가문제 [손익계산서 조회] 당기에 발생한 '상품매출원가' 금액은 얼마인가?	2
26	평가문제 [손익계산서 조회] 당기에 발생한 '통신비'는 전기대비 얼마나 감소하였는가?	3
27	평가문제 [손익계산서 조회] 당기에 발생한 '대손상각비' 금액은 얼마인가?	3
28	평가문제 [손익계산서 조회] 당기에 발생한 '단기매매증권처분익' 금액은 얼마인가?	3
29	평가문제 [손익계산서 조회] 당기에 발생한 '유형자산처분손실' 금액은 얼마인가?	3
30	평가문제 [예적금현황 조회] 12월 말 국민은행 '보통예금' 잔액은 얼마인가?	3
	총 점	62

평가문제 ◎　회계정보분석 (8점)

회계정보를 조회하여 [회계정보분석] 답안을 입력하시오.

31. 재무상태표 조회 (4점)

전기분 2024년 유동비율은 얼마인가?(단, 소숫점 이하는 버림 할 것.)

$$유동비율 = \frac{유동자산}{유동부채} \times 100$$

① 35%　　　　　　　　　　② 100%

③ 278%　　　　　　　　　④ 354%

32. 재무상태표, 손익계산서 조회 (4점)

전기분 2024년 자산회전율은 얼마인가?(단, 소숫점 이하는 버림 할 것.)

$$총자산회전율 = \frac{매출액}{총자산} \times 100$$

① 97%　　　　　　　　　② 119%

③ 145%　　　　　　　　　④ 202%

출제예상 모의고사 제6회

아래 문제에서 특별한 언급이 없으면 기업의 보고기간(회계기간)은 매년 1월 1일부터 12월 31일까지입니다. 또한 기업은 일반기업회계기준 및 관련 세법을 계속적으로 적용하고 있다고 가정하고 물음에 가장 합당한 답을 고르시기 바랍니다.

실무이론평가

01 기업실체의 존속기간을 일정한 기간 단위로 분할하여 각 기간별로 재무제표를 작성한다는 회계공준에 해당하는 것은?

① 기업실체의 가정
② 계속기업의 가정
③ 기간별 보고의 가정
④ 화폐가치 안정의 가정

02 다음 중 회계상 거래에 해당되지 않는 것은?

① 취득가액이 1억 원인 공장건물이 화재로 인해 소실되다.
② 건물을 1억 원에 취득하기로 계약을 체결하고 계약금 1천만 원을 지급하다.
③ 경력사원 1명을 연봉 1억 원에 채용하기로 결정하다.
④ 판매목적으로 보유하고 있는 취득가액 1억 원인 상품의 시장가격이 5천만 원으로 하락하다.

03 다음 중 결합관계가 성립될 수 없는 회계처리는?

	(차변)	(대변)
㉮	자산의 증가	자산의 감소
㉯	비용의 발생	부채의 증가
㉰	부채의 감소	수익의 발생
㉱	자산의 증가	부채의 감소

① ㉮
② ㉯
③ ㉰
④ ㉱

04 다음 중 재무회계에 대한 설명으로 옳지 않은 것은?

① 일반적으로 인정된 회계기준에 따라 작성되어야 한다.
② 일정 시점의 재무상태를 나타내는 정태적보고서는 재무상태표이다.
③ 재무제표는 재무상태표, 손익계산서, 현금흐름표, 자본변동표로 구성되며 주석을 포함한다.
④ 외부이해관계자를 제외한 경영자에게 유용한 정보를 제공하기 위한 것이 목적이다.

05 다음은 (주)한공의 2025년 12월 31일 수정전 잔액시산표의 일부와 결산정리사항을 나타낸 것이다.

〈자료 1〉 잔액시산표(수정전)
2025년 12월 31일

(주)한공 (단위: 원)

차변	계정과목	대변
120,000,000	보험료	
⋮	⋮	

〈자료 2〉 결산정리사항

보험료는 2025년 7월 1일에 1년치를 선급하였고, 월할계산 한다.

결산정리사항을 반영한 후, 2025년 손익계산서 상 보험료는 얼마인가?

① 30,000,000원
② 60,000,000원
③ 90,000,000원
④ 120,000,000원

06 다음은 (주)한공이 판매대리점으로 사용할 사무실 임대차계약서의 일부이다. (주)한공이 임대인에게 지급하는 보증금의 계정과목은?

(사 무 실) 임 대 차 계 약 서	☐ 임 대 인 용 ■ 임 차 인 용 ☐ 사무소보관용				
부동산의 표시	소재지	서울 용산구 한강로3가 16-49 삼구빌딩 1층 104호			
	구조	철근콘크리트조	용도	사무실	면적	82㎡
전 세 보 증 금	금 70,000,000원정				

제1조 위 부동산의 임대인과 임차인 합의하에 아래와 같이 계약함.
제2조 위 부동산의 임대차에 있어 임차인은 보증금을 위와 같이 지불키로 함.

① 임차보증금
② 임차료
③ 임대료
④ 임대보증금

07 다음 자료에 의하여 2025년 12월 31일 비품의 장부금액을 계산하면 얼마인가?

• 2025년 10월 1일 비품을 4,000,000원에 구입하다.
• 2025년 12월 31일 정액법으로 감가상각을 하다.(내용연수 5년, 잔존가치 0원, 월할 상각)

①   200,000원
②   800,000원
③ 3,200,000원
④ 3,800,000원

08 다음의 내용이 설명하는 계정분류에 포함되지 않는 것은?

재화의 생산이나 용역의 제공, 타인에 대한 임대, 관리에 사용할 목적으로 보유하고 있으며, 물리적 실체는 없지만 식별할 수 있고, 통제하고 있으며, 미래 경제적 효익이 있는 비화폐성자산

① 영업권
② 개발비
③ 연구비
④ 특허권

09 다음은 (주)한공이 보유중인 자산의 일부이다. 현금및현금성자산은 얼마인가?

• 현금	10,000원
• 당좌차월	15,000원
• 타인발행수표	30,000원
• 보통예금	50,000원
• 취득당시 만기가 2개월 후인 받을어음	
	3,000원

① 60,000원
② 90,000원
③ 93,000원
④ 108,000원

10 다음 거래의 회계처리와 관련 없는 계정과목은?

상품을 3,000,000원에 매입하고 매입대금 중 2,000,000원은 현금으로, 500,000원은 당좌수표를 발행하여 지급하고 잔액은 외상으로 하였다.(단, 운반비 50,000원은 추가로 현금으로 지급하였다.)

① 외상매입금
② 현금
③ 당좌예금
④ 운반비

실무수행평가

장미화원(회사코드 4506)은 생화 등 도소매업과 꽃배달 서비스업을 운영하는 개인기업으로, 회계기간은 제7기(2025.1.1.~2025.12.31.)이다. 제시된 자료와 [자료설명]을 참고하여, [수행과제]를 완료하고 [평가문제]의 물음에 답하시오.

실무수행 유의사항	1. 타계정 대체와 관련된 적요는 반드시 코드를 입력하여야 한다. 2. 채권·채무, 예금거래 등 관리대상 거래자료에 대하여는 거래처코드를 반드시 입력한다. 3. 자금관리 등 추가 작업이 필요한 경우 문제의 요구에 따라 추가 작업하여야 한다. 4. 등록된 계정과목 중 가장 적절한 계정과목을 선택한다. 5. 부가가치세는 고려하지 않는다.

실무수행 ◎ 기초정보관리의 이해

회계관련 기초정보는 입력되어 있다. [자료설명]을 참고하여 [수행과제]를 수행하시오.

1 사업자등록증에 의한 회사등록 수정

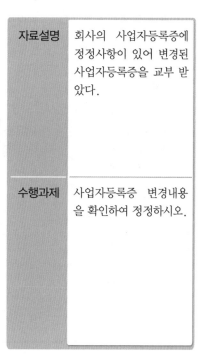

자료설명	회사의 사업자등록증에 정정사항이 있어 변경된 사업자등록증을 교부 받았다.
수행과제	사업자등록증 변경내용을 확인하여 정정하시오.

사 업 자 등 록 증
(일반과세자)
등록번호: 110-56-20247

상 호: 장미화원
대 표 자 명: 정장미
개 업 년 월 일: 2018년 7월 24일
사업장 소재지: 서울특별시 서대문구 독립문로 11 (영천동)
사업의 종류: [업태] 도소매업, 서비스업 [종목] 생화, 꽃배달

교 부 사 유: 정정

사업자단위과세 적용사업자여부: 여( ) 부(√)

2025년 1월 2일
서대문 세무서장

2 전기분재무상태표의 입력수정

재 무 상 태 표

제6(당)기 2024. 12. 31. 현재
제5(전)기 2023. 12. 31. 현재

장미화원 (단위: 원)

과 목	제 6기 (2024.12.31.)		제 5기 (2023.12.31.)	
자 산				
Ⅰ. 유 동 자 산		405,180,000		414,275,000
(1) 당 좌 자 산		348,180,000		329,255,000
현 금		8,000,000		1,250,000
보 통 예 금		254,780,000		14,300,000
외 상 매 출 금	95,000,000		179,500,000	
대 손 충 당 금	22,400,000	72,600,000	1,795,000	177,705,000
받 을 어 음		8,300,000		136,000,000
미 수 금		4,500,000		
(2) 재 고 자 산		57,000,000		85,120,000
상 품		57,000,000		85,120,000
Ⅱ. 비 유 동 자 산		87,600,000		89,136,000
(1) 투 자 자 산		0		0
(2) 유 형 자 산		57,600,000		34,136,000
차 량 운 반 구	60,000,000		32,600,000	
감 가 상 각 누 계 액	12,000,000	48,000,000	5,100,000	27,500,000
비 품	12,000,000		8,500,000	
감 가 상 각 누 계 액	2,400,000	9,600,000	1,864,000	6,636,000
(3) 무 형 자 산		0		0
(4) 기 타 비 유 동 자 산		30,000,000		55,000,000
임 차 보 증 금		30,000,000		55,000,000
자 산 총 계		492,780,000		503,511,000
부 채				
Ⅰ. 유 동 부 채		88,490,000		79,730,000
외 상 매 입 금		13,700,000		50,250,000
지 급 어 음		5,300,000		3,000,000
미 지 급 금		9,700,000		16,000,000
예 수 금		1,350,000		480,000
단 기 차 입 금		58,440,000		10,000,000
Ⅱ. 비 유 동 부 채		0		0
부 채 총 계		88,490,000		79,730,000
자 본				
자 본 금		404,290,000		423,781,000
(당 기 순 이 익				
164,320,000)				
자 본 총 계		404,290,000		423,781,000
부 채 와 자 본 총 계		492,780,000		503,511,000

자료설명	전기(제6기)분 재무제표는 입력되어 있으며 재무제표 검토결과 입력오류를 발견하였다.
수행과제	입력이 누락되었거나 오류부분을 찾아 수정 입력하시오.

실무수행 ◎ 거래자료입력

실무프로세스 자료이다. [자료설명]을 참고하여 [수행과제]를 수행하시오.

1 증빙에 의한 전표입력

<table>
<tr><td>

** 현금영수증 **
(지출증빙용)

사업자등록번호 : 217-39-12327 한다인
사업자명 : 다인한식
단말기ID : 53453259(tel:02-349-5545)
가맹점주소 : 서울시 서대문구 충정로7길 19-7
(충정로 3가)

현금영수증 회원번호
110-56-20247 장미화원
승인번호 : 73738585 (PK)
거래일시 : **2025년 8월 1일**

- -

공급금액 **110,000원**
부가세금액
총합계 **110,000원**

- -

휴대전화, 카드번호 등록
http://현금영수증.kr
국세청문의(126)
38036925-GCA10106-3870-U490
<<<<<<이용해 주셔서 감사합니다.>>>>>>

</td><td>

** 현금영수증 **
(지출증빙용)

사업자등록번호 : 217-38-12320 한혜정
사업자명 : 혜정일식
단말기ID : 24453232(tel:02-229-6428)
가맹점주소 : 서울시 서대문구 충정로7길 29-20
(충정로 3가)

현금영수증 회원번호
110-56-20247 장미화원
승인번호 : 45457878 (PK)
거래일시 : **2025년 8월 1일**

- -

공급금액 **275,000원**
부가세금액
총합계 **275,000원**

- -

휴대전화, 카드번호 등록
http://현금영수증.kr
국세청문의(126)
38036925-GCA10106-3870-U490
<<<<<<이용해 주셔서 감사합니다.>>>>>>

</td></tr>
</table>

자료설명	거래처 직원들의 야유회에 제공하기 위한 도시락을 구입하고 수취한 현금영수증이며, 대금은 국민은행 보통예금 계좌에서 이체하여 지급하였다.
수행과제	거래자료를 입력하시오.

2 증빙에 의한 전표입력

연금보험료		2025 년 7 월			영수증(납부자용)	
사 업 장 명		정장미(장미화원)				
사 용 자		서울특별시 서대문구 독립문로 11(영천동)				
납부자번호		5870000456		사 업 장 관 리 번 호	11056202470	
납 부 할 보 험 료 (@+ⓑ+ⓒ+ⓓ+ⓔ)					320,000 원	
납 부 기 한					2025.8.10. 까지	
보 험 료	건 강 @	원	연금 ⓒ		320,000원	
	장 기 요 양 ⓑ	원	고 용 ⓓ		원	
	소 계 (@+ⓑ)	320,000 원	산 재 ⓔ		원	
납 기 후 금 액		원	납 기 후 기 한		2025.8.20. 까지	

◉ 납부기한까지 납부하지 않으면 연체금이 부과됩니다.
※ 납부장소: 전 은행, 우체국, 농·수협(지역조합 포함), 새마을금고, 신협, 증권사, 산림조합중앙회, 인터넷지로(www.giro.or.kr)
※ 2D코드: GS25, 세븐일레븐, 미니스톱, 바이더웨이, 씨유에서 납부 시 이용.(우리·국민은행 현금카드만 수납가능)

2025 년 8 월 10 일

국민연금관리공단 이 사

수납일 2025.08.10.
수납인 농협은행

자동이체 신청 납부자번호 :

자료설명	[8월 10일] 7월 분 급여지급 시 공제한 국민연금보험료를 현금으로 납부하고 받은 영수증이다.(단, 국민연금보험료의 50%는 회사가 부담하고 있으며, '세금과공과금'으로 처리하고 있다.)
수행과제	거래자료를 입력하시오.

3 전자어음 발행거래

전 자 어 음

금강화원 귀하   00420250831123456789

금 삼백만원정   **3,000,000원**

위의 금액을 귀하 또는 귀하의 지시인에게 지급하겠습니다.

지급기일	2025년 11월 30일	발행일	2025년 8월 31일
지 급 지	국민은행	발행지	서울특별시 서대문구 독립문로 11
지급장소	서대문지점	주 소	(영천동)
		발행인	장미화원

자료설명	[8월 31일] 금강화원에서 상품 8,000,000원을 매입하고, 대금 중 5,000,000원은 자기앞수표로 지급하고 잔액은 전자어음을 발행하여 지급하였다.
수행과제	1. 거래자료를 입력하시오. 2. 자금관련 정보를 입력하여 지급어음 현황에 반영하시오. (단, 등록된 어음을 사용할 것.)

4 재고자산의 매출거래

거래명세서 (공급자 보관용)

당거래액: 880,000원

공급자	등록번호	110-56-20247			공급받는자	등록번호	113-81-22110		
	상호	장미화원	성명	정장미		상호	승찬조경(주)	성명	주승찬
	사업장주소	서울특별시 서대문구 독립문로 11 (영천동)				사업장주소	서울특별시 청계산로 11길 7-15 (신원동)		
	업태	도소매업, 서비스업	종사업장번호			업태	건설업	종사업장번호	
	종목	생화, 꽃배달				종목	조경공사		

거래일자	미수금액	공급가액	세액	총 합계금액
2025.9.5.		880,000		880,000

NO	월	일	품목명	규격	수량	단가	공급가액	세액	합계
1	9	5	흑장미		400	2,200	880,000		880,000

자료설명	1. 상품을 매출하고 발급한 거래명세서이다. 2. 9월 1일 수취한 계약금을 제외한 잔액을 승찬조경(주) 발행 당좌수표로 회수하였다.
수행과제	거래내역을 입력하시오.

5 통장사본에 의한 거래입력

■ 보통예금(국민은행) 거래내역

번호	거래일	내 용	찾으신금액	맡기신금액	잔 액	거래점
		계좌번호 011202-04-012365 장미화원				
1	2025-9-8	보승화분(주)		30,000,000	***	***

자료설명	임차중인 상품보관용 창고의 계약기간이 만료되어 보증금 총액을 보통예금(국민은행)통장으로 입금받았다.
수행과제	거래자료를 입력하시오.

6 기타 일반거래

■ 보통예금(국민은행) 거래내역

번호	거래일	내 용	찾으신금액	맡기신금액	잔 액	거래점
		계좌번호 011202-04-012365 장미화원				
1	2025-9-20	주식매입	3,030,000		***	***

자료설명	단기매매차익을 목적으로 거래소에 상장된 (주)성공의 주식 100주(액면금액 10,000원, 구입가격 30,000원)를 매입하고, 주식대금은 수수료와 함께 보통예금 통장에서 이체하였다.
수행과제	거래자료를 입력하시오.

7 기타 일반거래

■ 보통예금(국민은행) 거래내역

번호	거래일	내 용	찾으신금액	맡기신금액	잔 액	거래점
		계좌번호 011202-04-012365 장미화원				
1	2025-9-22	계약금		850,000	***	***

자료설명	[9월 25일] 지난 9월 22일 국민은행 보통예금 계좌에 원인을 알 수 없는 금액이 입금되어 임시계정(가수금)으로 처리한 내역은 은선화원의 상품매출거래에 대한 계약금으로 확인되었다.
수행과제	9월 25일자로 거래자료를 입력하시오.

8 기타일반거래

■ 보통예금(국민은행) 거래내역

		내용	찾으신금액	맡기신금액	잔액	거래점
번호	거래일	계좌번호 011202-04-012365 장미화원				
1	2025-9-28	정장미	500,000		***	***

자료설명	사장의 개인적인 가족행사 비용을 국민은행 보통예금 계좌에서 인출하여 지급하였다.
수행과제	거래자료를 입력하시오.

실무수행 ◉ 전표수정

실무프로세스 자료이다. [자료설명]을 참고하여 [수행과제]를 수행하시오.

1 입력자료 수정

NO _
20251015

입 금 표 (공급자용)

애경화원 귀하

공급자	사업자등록번호	110-56-20247		
	상 호	장미화원	성명	정장미
	사업장소재지	서울특별시 서대문구 독립문로 11(영천동)		
	업 태	도소매업, 서비스업	종목	생화, 꽃배달
작성일	공급대가총액		비고	
2025.10.15.	6,000,000			
공 급 내 역				
월/일	품명	수량	단가	금액
10/15	백장미			6,000,000
합 계	₩6,000,000			
위 금액을 영수(청구)함				

자료설명	상품 판매에 대한 외상대금을 현금으로 받고 발급한 입금표이다.
수행과제	입금표를 참고하여 입력자료를 적절하게 수정하시오.

2 입력자료 수정

서울특별시	**차량 취득세 (전액)**		납부(납입) 서	납세자보관용 영수증

납 세 자	정장미(장미화원)
주　　소	서울특별시 서대문구 독립문로 11(영천동)

납 세 번 호	기관번호 1100910	세목 10101502	납세년월기 2025101	과세번호 0002090

과세내역	차 번	67부 5374		년식	2025
	목 적	신규등록(일반등록)	특례	세율특례없음	
	차 명	스타렉스			
	차 종	승용자동차		세율	70/1000

과세표준액
36,154,000

세　목	납부세액	납부할 세액 합계
취 득 세	2,530,780	
가 산 세	0	2,530,780 원
지방교육세	0	
농어촌특별세	0	신고납부기한
합 계 세 액	2,530,780	2025.10.20.까지

전용계좌로도 편리하게 납부!!
우리은행　620-441829-64-125
국민은행　563-04433-245814
하나은행　117-865254-74125
국민은행　4205-84-28179245
기업은행　528-774145-58-247
■ 전용계좌 납부안내(뒷면참조)

지방세법 제6조~22조, 제30조의 규정에 의하여 위와 같이 신고하고 납부 합니다.

담당자	위의 금액을 영수합니다.	
김민수	납부장소 : 전국은행(한국은행제외) 우체국 농협	2025 년 10 월 20일

수납일 2025.10.20.
수납인 농협은행

자료설명	영업부 업무용 승합차의 취득세를 현금으로 지급하였다.
수행과제	입력자료를 적절하게 수정하시오.

실무수행 ◎ 결산

[결산자료]를 참고하여 결산을 수행하시오.(단, 제시된 자료 이외의 자료는 없다고 가정함.)

1 수동결산 및 자동결산

자료설명	재고자산 명세서에 의한 기말재고액은 다음과 같다.				
	계정과목	자산명	수량	단가	재고금액
	상품	흑장미	2,000 송이	2,000원	4,000,000원
		백장미	1,000 송이	3,000원	3,000,000원
	합계		3,000 송이		7,000,000원
수행과제	1. 수동결산 또는 자동결산 메뉴를 이용하여 결산을 완료하시오. 2. 12월 31일을 기준으로 '손익계산서 → 재무상태표'를 순서대로 조회 작성하시오.(단, 손익계산서 조회 작성 시 상단부 [기능모음]의 '추가'를 이용하여 '손익대체분개'를 수행할 것.).				

실무수행평가

입력자료 및 회계정보를 조회하여 [평가문제]의 답안을 입력하시오.

번호	평가문제	배점
11	평가문제 [회사등록 조회] '회사등록' 메뉴에서 장미화원의 내용 중 옳은 것은? ① 업태는 도소매업과 제조업이다. ② 사업자등록번호는 110-81-50568이다. ③ 사업장 주소는 서울특별시 서대문구 독립문로 11(영천동)이다. ④ 면세 사업자이다.	4
12	평가문제 [일/월계표 조회] 3분기(7월~9월)의 '접대비(기업업무추진비)' 발생금액은 얼마인가? ①　　　315,000원　　　② 　　　648,000원 ③ 1,050,000원　　　④ 8,024,500원	3
13	평가문제 [일/월계표 조회] 8월에 발생한 '판매관리비'의 현금지출 총액은 얼마인가? ① 3,000,000원　　　② 3,133,500원 ③ 9,524,000원　　　④ 10,154,000원	3
14	평가문제 [계정별원장 조회] 10월에 발생한 '보통예금' 입금액은 얼마인가?	4
15	평가문제 [거래처원장 조회] 12월 말 '외상매출금' 잔액이 가장 큰 거래처는? ① (주)신성화원　　　② 민정화원 ③ 한샘정원　　　④ 애경화원	3
16	평가문제 [거래처원장 조회] 12월 말 금강화원의 '지급어음' 잔액은 얼마인가?	3
17	평가문제 [재무상태표 조회] 12월 말 '단기매매증권' 잔액은 얼마인가?	3
18	평가문제 [재무상태표 조회] 전기 대비 당기 '미수금'은 얼마나 증가하였는가? ①　　　　0원　　　② 4,500,000원 ③ 9,000,000원　　　④ 13,500,000원	3
19	평가문제 [재무상태표 조회] 12월 말 '차량운반구' 잔액은 얼마인가?	3
20	평가문제 [재무상태표 조회] 12월 말 '임차보증금' 잔액은 얼마인가?	3

번호	평가문제	배점
21	평가문제 [재무상태표 조회] 12월 말 '미지급금' 잔액은 얼마인가?	3
22	평가문제 [재무상태표 조회] 12월 말 현재 '예수금' 잔액은 얼마인가?	3
23	평가문제 [재무상태표 조회] 12월 말 '선수금' 잔액은 얼마인가?	3
24	평가문제 [재무상태표 조회] 12월 말 '가수금' 잔액은 얼마인가?	3
25	평가문제 [재무상태표 조회] 12월 말 '자본금' 잔액은 얼마인가? ① 269,235,030원 ② 669,235,030원 ③ 999,135,030원 ④ 404,290,000원	2
26	평가문제 [손익계산서 조회] 당기에 발생한 '상품매출' 금액은 얼마인가?	3
27	평가문제 [손익계산서 조회] 12월 말 '기초상품재고액' 금액은 얼마인가?	4
28	평가문제 [손익계산서 조회] 당기에 발생한 '차량유지비'는 전기 대비 얼마나 증가하였는가?	3
29	평가문제 [손익계산서 조회] 당기에 발생한 영업외비용의 '수수료비용' 금액은 얼마인가?	3
30	평가문제 [예적금현황 조회] 12월 말 현재 국민은행 보통예금 잔액은 얼마인가?	3
	총 점	62

평가문제 ◉　회계정보분석 (8점)

회계정보를 조회하여 [회계정보분석] 답안을 입력하시오.

31. 재무상태표 조회 (4점)

전기분 당좌비율비율은 얼마인가?(단, 소숫점 이하는 버림 할 것.)

$$당좌비율 = \frac{당좌자산}{유동부채} \times 100$$

① 57%　　　　　　　　② 126%

③ 232%　　　　　　　④ 393%

32. 손익계산서 조회 (4점)

전기분 영업이익률은 얼마인가?(단, 소숫점 이하는 버림 할 것.)

$$영업이익률 = \frac{영업이익}{매출액} \times 100$$

① 57%　　　　　　　　② 62%

③ 82%　　　　　　　　④ 90%

출제예상 모의고사 제7회

아래 문제에서 특별한 언급이 없으면 기업의 보고기간(회계기간)은 매년 1월 1일부터 12월 31일까지입니다. 또한 기업은 일반기업회계기준 및 관련 세법을 계속적으로 적용하고 있다고 가정하고 물음에 가장 합당한 답을 고르시기 바랍니다.

실무이론평가

01 다음 중 회계상 거래로 옳은 것은?

① 비품을 100,000,000원에 취득하기로 계약을 체결하다.
② 창고에 보관중이던 20,000,000원 상당의 상품을 도난당하다.
③ 월 2,500,000원의 급여를 지급하기로 하고 종업원을 채용하다.
④ 상품을 50,000,000원에 매입하기로 계약을 체결하다.

02 다음에서 제시하는 결합관계에 해당하는 것은?

(차) 자산의 증가	(대) 자산의 감소

① 상품을 외상으로 매입하다.
② 은행차입금을 현금으로 상환하다.
③ 기업주 출자금을 보통예금에 예치하다.
④ 매출채권을 현금으로 회수하다.

03 시산표에 대한 설명으로 옳지 않은 것은?

① 시산표를 작성하면 차변총계와 대변총계가 일치하는지 검증할 수 있다.
② 시산표는 총계정원장상 모든 계정의 차변과 대변 금액을 한 곳에 집계한 표이다.
③ 시산표 작성은 필수적인 절차이며, 시산표는 재무제표 중 하나이다.
④ 시산표가 모든 오류를 검증하는 것은 아니며, 특정 거래를 완전히 누락시킨 오류는 시산표 작성을 통해 발견하기 어렵다.

04 회계의 목적은 기업의 이해관계자에게 유용한 정보를 제공하는 것인데, 이해관계자가 필요로 하는 정보로 적절하지 않은 것은?

① 채권자: 배당금이 얼마인지에 대한 정보
② 경영자: 영업이익이 얼마인지에 대한 정보
③ 종업원: 성과급을 얼마나 받을지에 대한 정보
④ 세무서: 법인세를 얼마나 내는지에 대한 정보

05 기말재고자산을 과대 계상하였을 때 손익계산서에 미치는 영향으로 옳은 것은?

	매출원가	당기순이익
㉮	과대	과대
㉯	과대	과소
㉰	과소	과대
㉱	과소	과소

① ㉮
② ㉯
③ ㉰
④ ㉱

06 다음은 (주)한공의 지출결의서 일부이다. 회계처리 계정과목으로 옳은 것은?

지출결의서	결재	담당자	팀장	이사
		김교육	이**	박**

업무와 관련하여 임직원 교육을 위한 온라인 강의 수강료를 청구합니다.

1. 비즈니스 영어   1,000,000원
2. 전자상거래 실무   1,500,000원

일 자: 2025년 8월 4일
담당자: 김교육

① 급여
② 감가상각비
③ 교육훈련비
④ 지급수수료

07 다음은 (주)한공이 보유하고 있는 유형자산에 관한 자료이다. 2025년말 장부금액과 2025년 감가상각비를 계산한 것으로 옳은 것은?

- 취득원가 500,000원
- 취득일 2024년 1월 1일
- 내용연수 5년, 잔존가치는 없다.
- 정액법으로 상각

	2025년 말 장부금액	2025년 감가상각비
㉮	300,000원	100,000원
㉯	300,000원	200,000원
㉰	400,000원	100,000원
㉱	400,000원	200,000원

① ㉮
② ㉯
③ ㉰
④ ㉱

08 다음 중 기타비유동자산으로 분류되는 것은?

가. 임차보증금　　나. 영업권
다. 기계장치　　　라. 매출채권
마. 장기매출채권

① 가, 나
② 다, 라
③ 가, 마
④ 나, 마

09 다음은 (주)한공전자 영업일지의 일부이다. 영업일지의 내용으로 회계처리하는 경우 차변 계정과목으로 옳은 것은?

영 업 일 지

2025. 4. 7.(목)　　　작성자: 김영업

- 영업 실적
 – 품목 및 판매수량: 컴퓨터(판매용) 1대
 – 판매금액: 800,000원
 – 대금결제: 전액 거래처의 법인신용카드로 결제

① 받을어음
② 미지급금
③ 외상매입금
④ 외상매출금

10 다음은 (주)대한의 단기매매증권 관련 자료이다. 단기매매증권처분손익은 얼마인가?

- 3월 6일 단기시세차익을 목적으로 (주)한공에서 발행한 주식 100주(액면: 주당 5,000원)를 1주당 7,000원에 취득하였다. 취득 시 수수료 20,000원은 현금으로 지급하였다.
- 4월 3일 보유 중인 (주)한공 발행 주식 전부를 800,000원에 처분하였다.

① 단기매매증권처분이익　80,000원
② 단기매매증권처분손실　80,000원
③ 단기매매증권처분이익 100,000원
④ 단기매매증권처분손실 100,000원

실무수행평가

유나악기(회사코드 4507)는 악기 도매 및 상품중개업을 운영하는 개인기업으로, 회계기간은 제7기(2025.1.1.~2025.12.31.)이다. 제시된 자료와 [자료설명]을 참고하여, [수행과제]를 완료하고 [평가문제]의 물음에 답하시오.

실무수행 유의사항	1. 타계정 대체와 관련된 적요는 반드시 코드를 입력하여야 한다. 2. 채권·채무, 예금거래 등 관리대상 거래자료에 대하여는 거래처코드를 반드시 입력한다. 3. 자금관리 등 추가 작업이 필요한 경우 문제의 요구에 따라 추가 작업하여야 한다. 4. 등록된 계정과목 중 가장 적절한 계정과목을 선택한다. 5. 부가가치세는 고려하지 않는다.

실무수행 ◎ 기초정보관리의 이해

회계관련 기초정보는 입력되어 있다. [자료설명]을 참고하여 [수행과제]를 수행하시오.

1 사업자등록증에 의한 거래처 등록(수정)

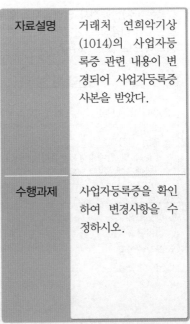

자료설명	거래처 연희악기상(1014)의 사업자등록증 관련 내용이 변경되어 사업자등록증 사본을 받았다.
수행과제	사업자등록증을 확인하여 변경사항을 수정하시오.

2 계정과목 추가등록 및 적요등록 수정

자료설명	유나악기는 일반적인 외상매출거래는 '외상매출금'계정으로 처리하고, 할부매출 시 발생하는 외상매출거래는 '할부외상매출금'계정으로 구분하여 회계처리하려고 한다.
수행과제	'127.회사설정계정과목'을 '할부외상매출금'으로 수정하여 등록하고, 현금적요와 대체적요를 등록하시오.(구분: 3.일반)

구분	적요내용
현금적요	01.할부외상매출금 현금으로 수취
대체적요	01.할부판매에 의한 할부외상매출금 발생

실무수행 ◎ 거래자료입력

실무프로세스 자료이다. [자료설명]을 참고하여 [수행과제]를 수행하시오.

1 증빙에 의한 전표입력

NO.	영 수 증 (공급받는자용)				
	유나악기 귀하				
공급자	사업자 등록번호	211-14-24517			
	상 호	수활인마트	성명	김상철	
	사업장 소재지	서울 강남구 강남대로 246			
	업 태	도소매업	종목	잡화	
작성일자		공급대가총액		비고	
2025.7.7.		₩ 30,000			
공 급 내 역					
월/일	품명	수량	단가	금액	
7/7	종이컵			20,000	
7/7	물티슈			10,000	
합 계			₩ 30,000		
위 금액을 영수(청구)함					

자료설명	사무실에서 사용할 종이컵과 물티슈를 구입하고 대금은 현금으로 지급하였다. (비용으로 처리할 것.)
수행과제	거래자료를 입력하시오.

2 증빙에 의한 전표입력

신용카드매출전표 -- 카드종류: 국민카드 회원번호: 4447-8664-****-7**9 거래일시: 2025.07.15. 20:05:16 거래유형: 신용승인 매　　출: 143,000원 합　　계: 143,000원 결제방법: 일시불 승인번호: 26785995 은행확인: 국민은행 -- 가맹점명: 강남생고기(156-12-31570) - 이 하 생 략 -	**자료설명**　영업부 직원의 회의 후 식사를 하고 국민카드로 결제하였다. **수행과제**　거래자료를 입력하시오.

3 재고자산의 매입거래

거래명세서 (공급받는자 보관용)

	등록번호	211-28-35011				등록번호	220-28-33128		
공급자	상호	승윤악기	성명	강승윤	공급받는자	상호	유나악기	성명	차유나
	사업장 주소	서울시 구로구 개봉로1길 188				사업장 주소	서울특별시 강남구 강남대로 496 (논현동)		
	업태	도매업		종사업장번호		업태	도매 및 상품중개업		종사업장번호
	종목	악기외				종목	악기외		

거래일자	미수금액	공급가액	세액	총 합계금액
2025.7.23.		4,000,000		4,000,000

NO	월	일	품목명	규격	수량	단가	공급가액	세액	합계
1	7	23	클래식기타		10	400,000	4,000,000		4,000,000

자료설명	[7월 23일] 상품을 구입하고 발급 받은 거래명세서이다. 거래대금 중 7월 20일 지급한 계약금을 차감한 잔액은 월말에 지급하기로 하였다.
수행과제	거래자료를 입력하시오.

4 유·무형자산의 매각

자료설명	[7월 31일] 1. 영업부에서 사용하던 승합차를 민수중고차나라에 매각하였다. 2. 매각직전 자산내역은 다음과 같다.

계정과목	자산명	취득원가	감가상각누계액
차량운반구	승합차	25,000,000원	10,000,000원

	3. 승합차 매매대금 15,000,000원 중 5,000,000원은 현금으로 수령하고, 나머지는 다음달에 받기로 하였다.
수행과제	거래자료를 입력하시오.

5 통장사본에 의한 거래입력

■ 보통예금(국민은행) 거래내역

번호	거래일	내 용	찾으신금액	맡기신금액	잔 액	거래점
		계좌번호 096-24-0094-123 유나악기				
1	2025-8-2	다인피아노		520,000	***	강남점

자료설명	다인피아노와 상품매출 계약을 하고 계약금을 국민은행 보통예금계좌로 입금받은 내용이다.
수행과제	거래자료를 입력하시오.

6 전자어음 수취거래

전 자 어 음

유나악기 귀하   00420250810123406789

금 일천만원정   **10,000,000원**

위의 금액을 귀하 또는 귀하의 지시인에게 지급하겠습니다.

지급기일 2025년 11월 10일	**발행일** 2025년 8월 10일
지 급 지 국민은행	**발행지**
지급장소 청림동지점	**주 소** 서울특별시 서대문구 가좌로 35
	발행인 수연플롯

자료설명	[8월 10일] 수연플롯의 상품 외상판매대금을 전자어음으로 수취하였다.
수행과제	1. 거래자료를 입력하시오. 2. 자금관련정보를 입력하여 받을어음현황에 반영하시오.

7 기타 일반거래

자료 1.

NO＿＿＿＿＿	입 금 표 (공급받는자용)		
	유나악기 귀하		

공급자	사 업 자 등록번호	110-81-45128		
	상 호	(주)든든시공	성명	이건설
	소 재 지	서울 서대문구 연희로 3		
	업 태	건설업	종목	산업설비공사외

작성일	공급대가총액	비고
2025.8.14.	1,000,000	

공 급 내 역				
월/일	품명	수량	단가	금액
8/14	계약금			1,000,000
합 계	₩1,000,000			

위 금액을 **영수**(청구)함

자료 2. 보통예금(국민은행) 거래내역

번호	거래일	내 용	찾으신금액	맡기신금액	잔 액	거래점
		계좌번호 096-24-0094-123 유나악기				
1	2025-8-20	공사계약금		1,000,000	***	강남점

자료설명	자료 1. 창고건물의 신축공사를 위한 계약금을 8월 14일 지급하고 받은 입금표이다. 자료 2. 업체의 사정으로 창고건물의 신축공사가 불가능하게 되어 지급하였던 계약금을 8월 20일 국민은행 보통예금 통장으로 입금받았다.
수행과제	8월 20일의 거래자료를 입력하시오.

8 기타 일반거래

이체처리결과조회(리스트)

NH NongHyup

거래구분	당/타행내		조회구분	출금계좌전체
조회시작일	2025-8-22		조회종료일	2025-8-22
총이체금액		120,000원	정상이체금	120,000원

(단위: 원)

출금계좌번호	입금은행	입금계좌번호	예금주	이체일자	이체금액	수수료	처리결과	이체메모
112-01-123154	농협	302-08-348395	박선주	2025-8-22	120,000	0	정상	출장

자료설명	[8월 22일] 지방 출장을 간 박선주 사원으로부터 출장비 추가 입금요청이 있어 농협은행 보통예금계좌에서 이체하였다.
수행과제	거래자료를 입력하시오.

실무수행 ◎ 전표수정

실무프로세스 자료이다. [자료설명]을 참고하여 [수행과제]를 수행하시오.

1 입력자료 수정

은행CD입출금기 거래명세표

거래일자	CD처리번호	취급	CD번호
2025-9-12	8754	312825	018
개설은행	계 좌 번 호(신용카드번호)		
국민은행	096-24-0094-123		
거래권종	거 래 종 류	거 래 금 액	
	카드타행이체	₩ 420,000	
거래시각	거 래 후 잔 고		
15:00		******	
이체은행	이체입금계좌번호		예금주
신한은행	31255-16-47335		박금주 (천년악기)
	미 결 제 타 정 권 입 금 액		

자료설명	천년악기에서 상품을 구입하기로 하고, 계약금을 국민은행 보통예금 계좌에서 이체한 내역이다.
수행과제	거래자료를 수정하시오.

2 입력자료 수정

	신용카드매출전표	자료설명	직원 시내출장시 택시를 이용하고 결제한 신용카드매출전표이다.
	카드종류: 삼성카드 회원번호: 7445-8841-****-3**1 거래일시: 2025.09.20. 12:04:16 거래유형: 신용승인 매 출: 45,000원 합 계: 45,000원 결제방법: 일시불 승인번호: 26785995 가맹점명: 경동운수 (156-12-31677) - 이 하 생 략 -	수행과제	거래자료를 수정하시오.

실무수행 ◎   결산

[결산자료]를 참고하여 결산을 수행하시오.(단, 제시된 자료 이외의 자료는 없다고 가정함.)

1 수동결산 및 자동결산

자료설명	1. 외상매출금 잔액에 대하여 1%의 대손충당금을 보충법을 적용하여 설정하고 있다. 2. 기말 상품재고액은 52,000,000원이다.
수행과제	1. 수동결산 또는 자동결산 메뉴를 이용하여 결산을 완료하시오. 2. 12월 31일을 기준으로 '손익계산서 → 재무상태표'를 순서대로 조회 작성하시오. (단, 손익계산서 조회 작성 시 상단부 [기능모음]의 '추가'를 이용하여 '손익대체분개'를 수행할 것.).

실무수행평가

입력자료 및 회계정보를 조회하여 [평가문제]의 답안을 입력하시오.

번호	평가문제	배점
11	**평가문제 [거래처등록 조회]** '연희악기상(01014)'의 내용 중 옳지 않은 것은? ① 사업자등록번호는 305-32-81253 ② 업태는 도매 및 상품중개업이다. ③ 사업장 주소는 대전광역시 동구 가양남로 14(가양동)이다. ④ 이메일주소는 ksjang9376@bill36524.com이다.	3
12	**평가문제 [일/월계표 조회]** 8월에 발생한 '가지급금'은 얼마인가?	4
13	**평가문제 [일/월계표 조회]** 3분기(7월~9월)에 발생한 '복리후생비'의 현금지출 총액은 얼마인가? ① 91,000원 ② 205,000원 ③ 565,000원 ④ 2,557,000원	3
14	**평가문제 [일/월계표 조회]** 9월에 발생한 '운반비' 금액은 얼마인가?	3
15	**평가문제 [계정별원장 조회]** 당기에 증가한 '단기대여금' 금액은 얼마인가?	3
16	**평가문제 [계정별원장 조회]** 5월 20일에 임차보증금으로 지급한 거래상대방의 거래처코드를 기록하시오.	3
17	**평가문제 [거래처원장 조회]** 1월~12월 동안 국민은행 '보통예금'계좌로 입금된 금액은 얼마인가?	4
18	**평가문제 [거래처원장 조회]** 8월 말 '외상매출금' 잔액이 가장 많은 거래처의 금액을 기록하시오.	3
19	**평가문제 [거래처원장 조회]** 당기에 '외상매출금' 회수금액이 가장 큰 거래처는 어디인가? ① 이디악기 ② 금강악기 ③ 클라라악기 ④ 수연플롯	3
20	**평가문제 [거래처원장 조회]** 12월 말 '받을어음' 잔액이 가장 적은 거래처 코드를 기록하시오.	3
21	**평가문제 [거래처원장 조회]** 12월 말 거래처 승윤악기의 '선급금' 잔액은 얼마인가? ① 0원 ② 200,000원 ③ 400,000원 ④ 500,000원	3

번호	평가문제	배점
22	**평가문제 [총계정원장 조회]** 7월에 발생한 '상품매출' 금액은 얼마인가?	3
23	**평가문제 [재무상태표 조회]** 7월 말 '미수금' 잔액은 얼마인가? ① 520,000원　② 1,100,000원 ③ 10,000,000원　④ 74,800,000원	3
24	**평가문제 [재무상태표 조회]** 전기 대비 당기에 '비품' 증가액은 얼마인가?	3
25	**평가문제 [재무상태표 조회]** 12월 말 '임차보증금' 잔액은 얼마인가?	3
26	**평가문제 [재무상태표 조회]** 12월 말 '선수금' 잔액은 얼마인가?	4
27	**평가문제 [재무상태표 조회]** 12월 말 '단기차입금' 잔액은 얼마인가?	3
28	**평가문제 [재무상태표 조회]** 12월 말 '자본금' 잔액은 얼마인가? ① 121,848,260원　② 920,435,170원 ③ 220,435,170원　④ 521,848,260원	2
29	**평가문제 [손익계산서 조회]** 당기 발새한 '상품매출원가' 금액은 얼마인가?	3
30	**평가문제 [손익계산서 조회]** 당기에 발생한 '광고선전비' 금액은 얼마인가?	3
총 점		**62**

평가문제 ◎ 회계정보분석 (8점)

회계정보를 조회하여 [회계정보분석] 답안을 입력하시오.

31. 재무상태표 조회 (4점)

전기분 자기자본비율은 얼마인가?(단, 소수점 이하는 버림할 것.)

$$자기자본비율 = \frac{자본총계}{자산총계} \times 100$$

① 56%   ② 66%

③ 76%   ④ 86%

32. 손익계산서 조회 (4점)

전기분 이자보상비율은 얼마인가?(단, 소숫점 이하는 버림 할 것.)

$$이자보상비율 = \frac{영업이익}{이자비용} \times 100$$

① 254%   ② 254%

③ 1,488%   ④ 2549%

제**5**부

부록 /
정답 및 해설

제 **1** 장

부록:
계정과목과 요점정리

01 재무상태표 계정과목

자산	유동자산	당좌자산	현금 및 현금성자산 (통합계정)	• **현금**: 통화, 타인발행수표, 우편환, 배당금통지표, 만기도래국공채 이자표
				• **당좌예금**: 은행과 당좌거래 약정을 맺고 당좌수표를 발행할 수 있는 예금 (**당좌차월**: 당좌예금의 잔액을 초과하여 수표를 발행한 금액으로 결산 시 단기차입금으로 분류)
				• **보통예금**: 만기가 없이 수시로 입출금이 자유로운 요구불예금
				• **현금성자산**: 큰 거래비용 없이 현금 전환이 용이하고, 이자율변동에 따른 가치의 변동의 위험이 중요하지 않은 금융상품으로 취득당시 만기(또는 상환일)가 3개월 이내인 단기금융상품
			단기투자자산 (통합계정)	• **단기금융상품**: 취득 시 만기가 3개월 초과 1년 이내에 도래하는 금융상품(정기예·적금 등 저축성예금) • **단기대여금**: 1년 이내의 상환조건으로 차용증을 받고 금전을 빌려준 경우 • **단기매매증권**: 단기간 내에 매매차익을 목적으로 취득한 유가증권
			매출채권 (통합계정)	• **외상매출금**: 일반적인 상거래(상품매출)에서 외상으로 판매한 경우 채권 • **받을어음**: 일반적인 상거래(상품매출)에서 외상으로 판매하고 받은 어음 (**대손충당금**: 외상매출금, 받을어음의 차감적 평가계정으로 결산시점에 대변에 추가로 설정하고, 대손확정시에는 차변으로 분개한다)
			미수금	일반적인 상거래 이외(상품매출 이외: 유형자산처분 등)에서 발생한 채권
			미수수익 (수익의 발생)	당기에 속하는 수익 중 약정기일이 도래하지 않아 아직 받지 못한 수익(발생주의, 거래나 사건이 발생한 기간에 인식)
			선급금	상품의 구입조건으로 미리 지급하는 계약금
			선급비용 (비용의 이연)	당기에 지급한 비용 중 차기분에 해당하는 비용을 자산으로 처리하는 경우(발생주의, 거래나 사건이 발생한 기간에 인식)
			가지급금	금전은 지급되었으나 내용, 금액 등이 확정되지 않았을 때 처리하는 계정
			현금과부족	장부상 현금과 금고상 현금이 일치하지 않았을 경우 금고상 금액으로 일치시키는 임시계정 결산시까지 원인이 밝혀지지 않으면 잡손실, 잡이익으로 대체, 결산 당일의 현금시재불일치는 현금과부족을 사용하지 않고 바로 잡손실, 잡이익으로 대체

자산	유동 자산	재고 자산	상품	판매를 목적으로 외부에서 구입한 물품(도·소매업)
			소모품	소모품 구입 시 자산으로 처리한 경우(자산처리법)
	비유동 자산	투자 자산	장기투자자산 (통합계정)	• **장기금융상품**: 만기가 1년 이후에 도래하는 금융상품(정기예·적금 등 저축성예금)
				• **매도가능증권**: 단기매매증권, 만기보유증권으로 분류되지 아니하는 유가증권
				• **만기보유증권**: 만기가 확정된 채무증권으로 만기까지 보유할 적극적인 의도와 능력이 있는 것
			장기대여금	대여기간이 결산일로부터 1년 이상인 것
			투자부동산	영업활동에 사용하지 않는 투자 목적으로 구입한 토지, 건물 및 기타의 부동산
		유형 자산	토지	영업활동에 사용하는 대지, 임야, 전, 답 등
			건물	영업활동에 사용하는 공장, 사무실, 창고 등으로 냉난방, 조명, 기타 건물 부속설비를 포함
			구축물	영업활동에 사용하는 교량, 저수지, 갱도, 상하수도, 터널, 전주, 지하도관, 신호장치, 정원 등
			기계장치	영업활동에 사용하는 기계장치, 생산설비 등 기타의 부속설비
			차량운반구	영업활동에 사용하는 승용차, 트럭, 오토바이, 지게차 등 차량과 운반구
			비품	영업활동에 사용하는 PC, 복사기, 프린트, 책상 등의 집기·비품
			건설중인자산	영업활동에 사용할 유형자산을 건설하기 위하여 지출한 금액으로 아직 건설이 완료되지 않은 것
			(감가상각누계액)	건물, 구축물, 기계장치, 차량운반구 등 유형자산의 차감적 평가계정(토지, 건설 중인 자산: 감가상각하지 않음)
		무형 자산	영업권	사업결합의 경우 이전대가의 공정가치가 취득자산과 인수부채의 순액을 초과하는 금액(외부구입 영업권만 인정)
			산업재산권 (통합계정)	• **특허권**: 신규 발명품에 대한 특허를 등록하고 얻은 독점적 권리
				• **실용신안권**: 산업상 이용할 수 있는 물품의 형상, 구조, 조합에 관한 신규고안을 등록하고 얻은 권리
				• **디자인권**: 물품에 대한 새로운 디자인을 고안하여 등록하고 얻은 권리
				• **상표권**: 특정상표를 등록하여 독점적으로 이용하는 권리
			개발비	신기술 개발비용으로 미래 경제적 효익의 유입가능성이 매우 높고 취득원가를 신뢰성 있게 측정할 수 있는 경우
			소프트웨어	소프트웨어(회계프로그램, ERP프로그램, 한글프로그램, MS오피스 프로그램 등) 구입 금액

자산	비유동자산	기타 비유동 자산	임차보증금	임대차계약에 의하여 임차인이 임대인에게 지급하는 보증금으로 계약기간 만료되면 다시 상환 받음.
			장기매출채권	• **장기외상매출금**: 일반적인 상거래(상품매출)에서 외상으로 판매한 후 회수기간이 1년 이상인 채권 • **장기받을어음**: 일반적인 상거래(상품매출)에서 외상으로 판매하고 받은 어음으로 만기가 1년 이상인 어음
			장기미수금	일반적인 상거래이외(상품매출 이외)에서 발생한 채권으로 회수기간이 1년 이상인 채권
			부도어음과수표	어음과 수표 대금에 대한 지급 청구 시 지급이 거절된 어음과 수표
부채	유동부채		매입채무 (통합계정)	• **외상매입금**: 일반적인 상거래(상품)에서 외상으로 매입한 경우의 채무 • **지급어음**: 일반적인 상거래(상품)에서 외상으로 매입하고 지급한 어음
			미지급금	일반적인 상거래 이외(상품 이외: 유형자산매입 등)에서 발생한 채무
			미지급비용(비용의 발생)	당기에 속하는 비용 중 약정기일이 도래하지 않아 아직 지급하지 못한 비용(발생주의, 거래나 사건이 발생한 기간에 인식)
			예수금	소득세, 지방소득세, 4대 보험의 근로자부담금 등을 원천징수하여 일시적으로 보관하는 예수금액
			가수금	금전의 입금이 있으나 그 내용이나 금액이 확정되지 않았을 때 처리하는 계정
			선수금	상품매출 등을 약정하고 계약금 성격으로 미리 받은 대금
			선수수익(수익의 이연)	당기에 이미 받은 수익 중에서 차기분에 해당하는 수익을 부채로 처리하는 경우(발생주의, 거래나 사건이 발생한 기간에 인식)
			단기차입금	자금을 차입하고 그 상환기간이 1년 이내에 도래하는 차입금
			부가세예수금	상품, 제품, 비품 등 물품 판매 시에 거래징수한 부가가치세로서 매출세액
			유동성장기부채	장기차입금 중 기말결산일 현재 상환기일이 1년 이내 도래하는 채무
	비유동부채		장기차입금	자금을 차입하고 그 상환기간이 1년 이후에 도래하는 차입금
			임대보증금	임대차계약에 의하여 임대인이 임차인에게 받은 보증금으로 계약기간 만료되면 다시 상환함.
			퇴직급여충당부채	직원이 퇴직할 때 지급해야 할 퇴직급여를 충당하기 위해 설정한 금액
			장기미지급금	일반적인 상거래 이외(상품 이외: 유형자산매입 등)발생한 채무로 1년 이후에 지급할 채무
자본	자본금		자본금	주식회사가 발행한 주식의 액면금액(발행주식수 × 액면금액)
			인출금	개인기업의 기업주가 개인적인 이유로 자본금을 인출한 금액

02 손익계산서 계정과목

수익	영업수익	상품매출	상품을 판매하여 발생한 상품순매출액 (상품순매출액 = 상품총매출액 − 매출에누리와 환입 − 매출할인)
	영업외수익	이자수익	금융기관의 예금이나 대여금 등에 대하여 받은 이자
		배당금수익	주식(단기매매증권 등)의 투자에 대하여 받은 배당금
		단기매매증권평가이익	결산시 단기매매증권을 공정가치로 평가할 때 장부금액보다 공정가치가 높은 경우 그 차액
		단기매매증권처분이익	단기매매증권을 처분할 때 장부금액보다 처분금액이 높은 경우 그 차액
		외환차익	외화자산의 회수와 외화부채의 상환 시 환율 차이로 발생하는 이익
		외화환산이익	결산시 외화자산과 외화부채를 결산일 환율로 평가할 때 발생하는 이익
		수수료수익	용역(서비스)을 제공하고 그 대가를 받은 경우
		임대료	토지, 건물, 기계장치, 차량운반구 등을 임대하여 사용하게 하고 받은 대가
		유형자산처분이익	유형자산을 장부금액(취득원가−감가상각누계액)보다 높은 금액으로 처분하는 경우 그 차액
		자산수증이익	타인으로부터 자산을 무상으로 증여 받은 경우 인식하는 이익
		채무면제이익	타인으로부터 채무를 면제 받는 경우 인식하는 이익
		보험금수익	보험에 가입된 자산이 피해를 입었을 경우 보험회사로부터 수령하는 금액
		잡이익	영업활동 이외의 활동에서 금액이 적은 이익이나 빈번하지 않은 이익
비용	매출원가	상품매출원가	판매된 상품의 매입원가로 상품매출에 대응되는 원가 (상품매출원가 = 기초재고액 + 당기순매입액 − 기말재고액) (당기순매입액 = 당기총매입액 − 매입에누리와 환출 − 매입할인)
	판매비와관리비	급여	직원에 대한 급여와 제수당
		퇴직급여	직원이 퇴직할 경우 발생하는 퇴직금이나 결산 시 퇴직급여충당부채를 설정할 경우의 퇴직금
		복리후생비	직원의 복리와 후생을 위해 지출한 비용으로 식대, 경조사비, 직장체육대회, 야유회비 등
		여비교통비	직원의 업무와 관련한 교통비와 출장 여비 등
		접대비(기업업무추진비)	업무와 관련하여 거래처를 접대한 성격의 비용
		통신비	업무와 관련하여 발생한 전화, 핸드폰, 팩스, 인터넷 등의 요금
		수도광열비	업무와 관련하여 발생한 가스, 수도, 난방 등의 요금
		전력비	업무와 관련하여 발생한 전기 요금

		세금과공과금	업무와 관련하여 발생한 세금과공과금으로 재산세, 자동차세, 대한상공회의소회비, 협회비 등
비용	판매비와 관리비	감가상각비	업무와 관련된 유형자산인 건물, 기계장치, 차량운반구, 비품 등의 감가상각 금액
		무형자산상각비	업무와 관련된 무형자산인 개발비, 영업권, 소프트웨어 등의 상각금액
		임차료	업무와 관련하여 발생한 토지, 건물, 기계장치, 차량운반구 등의 임차비용
		수선비	업무와 관련하여 발생한 건물, 기계장치 등의 현상유지를 위한 수리비용
		보험료	업무와 관련된 유형자산(건물, 기계장치 등)과 재고자산(상품, 제품 등) 등에 대한 보험료
		차량유지비	업무와 관련된 차량운반구의 유지와 수선을 위한 비용
		운반비	상품을 매출하고 지출한 운송료(cf.상품 매입시 운송료: 자산의 취득원가에 가산)
		도서인쇄비	업무와 관련된 도서구입비, 신문잡지구독료, 인쇄비 등
		소모품비	업무와 관련된 소모성물품 구입비(복사용지, 문구류, 소모공기구, 소모자재 등)
		수수료비용	업무와 관련된 용역을 제공받고 그에 대한 대가를 지불한 것(은행 송금수수료, 청소와 경비용역비 등)
		광고선전비	업무와 관련하여 광고목적으로 신문, 방송, 잡지 등에 지출한 광고비용
		대손상각비	상품매출과 관련하여 발생한 매출채권(외상매출금, 받을어음)이 회수불능되었을 때나 결산시 대손에 대비하여 대손충당금을 설정할 경우 **(대손충당금환입:** 결산시 대손충당금 잔액이 매출채권 잔액에 대한 대손충당금 총액보다 클 경우 그 차액으로 판매비와관리비의 차감계정)
	영업외비용	이자비용	금융기관에 대한 차입금, 당좌차월 등 자금의 차입대가로 지불하는 이자
		기부금	무상으로 금전이나 물건 등을 기증하는 경우
		매출채권처분손실	받을어음을 만기가 되기 전에 은행에 할인하는 경우 그 할인료와 수수료
		단기매매증권평가손실	결산 시 단기매매증권을 공정가치로 평가할 때 장부금액보다 공정가치가 낮은 경우 그 차액
		단기매매증권처분손실	단기매매증권을 처분할 때 장부금액보다 처분금액이 낮은 경우 그 차액
		재해손실	천재지변이나 도난 등 예측치 못한 상황으로 발생한 손실
		유형자산처분손실	유형자산을 장부금액(취득원가－감가상각누계액)보다 낮은 금액으로 처분할 때 발생하는 손실
		투자자산처분손실	투자자산을 장부금액보다 낮은 금액으로 처분하는 경우 발생하는 손실
		잡손실	영업활동 이외의 활동에서 금액이 적은 비용이나 빈번하지 않은 지출

03 짝꿍 계정과목

자산	부채
단기대여금	단기차입금
외상매출금	외상매입금
받을어음	지급어음
미수금	미지급금
선급금	선수금
미수수익	선수수익
선급비용	미지급비용
가지급금	가수금
장기대여금	장기차입금
임차보증금	임대보증금

비용	수익
상품매출원가	상품매출
이자비용	이자수익
단기매매증권평가손실	단기매매증권평가이익
단기매매증권처분손실	단기매매증권처분이익
수수료비용	수수료수익
임차료	임대료
유형자산처분손실	유형자산처분이익
잡손실	잡이익

04 시험 당일 읽는 요점정리

1. 회계란 무엇인가?

- 의의: 회계정보이용자가 합리적 의사결정을 할 수 있도록 유용한 경제적 정보를 식별, 측정, 전달하는 과정
- 분류: 재무회계 – 외부정보이용자(주주, 채권자, 정부기관), 회계원칙에 따라 작성
  원가관리회계 – 내부정보이용자(경영자, 근로자), 일정한 원칙 없이 작성
- 회계단위: 기업 경영활동을 기록 계산하기 위한 장소적 범위(본점, 지점)
- 보고기간: 회계연도 또는 회계기간이라고도 하며 1년을 넘지 않는 범위 내에서 설정
- 기본가정: 기업실체의 가정, 계속기업의 가정, 기간별보고의 가정
- 발생주의: 현금수수에 관계없이 거래가 발생된 시점에 인식하는 기준
- 질적특성: 목적적합성(예측가치, 피드백가치, 적시성)
  　　　　　신뢰성(표현의 충실성, 검증가능성, 중립성)

2. 재무제표

① 재무제표의 종류
- 재무상태표: 일정시점의 기업의 재무상태를 보여주는 보고서(자산＝부채＋자본)
  – 자산(총자산): 기업이 소유하고 있는 재화(상품, 건물 등), 채권(외상매출금 등)
  – 부채(타인자본, 타인지분): 기업이 미래의 시점에 지급해야 할 채무(외상매입금 등)
  – 자본(순자산, 자기자본, 자기지분, 소유주지분): 자산에서 부채를 차감한 금액
- 손익계산서: 일정기간의 기업의 경영성과를 보여주는 보고서
  　　　　　(총수익－총비용＝당기순이익)
  – 수익: 경영활동의 결과 획득한 금액(상품매출, 수입수수료 등)
  – 비용: 경영활동에서 수익을 얻기 위해 지출한 금액(상품매출원가, 급여 등)
  주의 재무상태표: 일정시점의 재무상태, 손익계산서: 일정기간의 경영성과

② 재무제표 작성과 표시의 일반원칙
- 계속기업: 경영진이 기업을 청산하거나 중단할 의도가 없다면 계속기업 전제
- 재무제표의 작성책임과 공정한 표시: 작성과 표시의 책임은 경영진에게 있고 일반기업회계기준에 따라 적정하게 작성된 재무제표는 공정하다.

- 재무제표 항목의 구분과 통합표시: 중요한 항목은 구분하여 표시하고 유사한 항목은 통합하여 표시할 수 있다.
- 비교재무제표작성: 기간별 비교가능성을 제고하기 위해 전기와 당기를 비교표시
- 재무제표 항목의 표시와 분류의 계속성: 기간별 비교가능성 제고를 위해 매기 동일
- 재무제표 보고양식: 기업명, 보고기간종료일(or 회계기간), 보고통화, 금액단위 기재

3. 회계의 순환과정

> 거래의 식별 → 분개(분개장) → 전기(총계정원장) → 결산예비절차(수정전시산표 작성, 결산정리 분개) → 결산 본 절차(수정후시산표 작성, 총계정원장의 마감 → 결산보고서 작성(손익계산 서, 재무상태표 등)

① 거래의 식별
- 거래: 자산, 부채, 자본, 수익, 비용의 증가와 감소 등의 변화를 가져오는 것
    회계상 거래인 것 – 상품의 도난, 파손, 화재 등
    회계상 거래가 아닌 것 – 상품의 매매 계약, 종업원 채용 계약, 임대차 계약,
        담보 설정 등
- 거래의 8요소: (차변요소) 자산의 증가, 부채의 감소, 자본의 감소, 비용의 발생
        (대변요소) 자산의 감소, 부채의 증가, 자본의 증가, 수익의 발생
② 분개(분개장): 어떤 계정과목에 얼마의 금액을, 어느 쪽(차, 대)에 기록할 것인가?
③ 전기(총계정원장): 분개한 내용을 해당 총계정원장에 옮겨 적는 것
④ 결산예비절차
- 시산표: 분개를 총계정원장에 전기한 후 정확히 전기되었는지 검증하기 위해 작성

> * 시산표 등식: 기말자산 + 총비용 = 기말부채 + <u>기초자본</u> + 총수익
>   ↳ **주의** 기말자본이 아니라 기초자본!

- 결산정리분개: 재고자산, 감가상각비, 대손상각비 등 결산정리분개를 한다.
⑤ 결산본 절차: 수익과 비용계정은 '손익' 대체분개를 한 후 마감한다.
        자산, 부채, 자본계정은 '차기이월', '전기이월'로 마감한다.
⑥ 결산보고서 작성: 손익계산서와 재무상태표 등 결산보고서를 작성한다.

4. 자산 관련 계정과목

(1) 당좌자산

- 현금 및 현금성자산: 통화 및 통화대용증권(타인발행수표, 우편환증서 등), 당좌예금, 보통예금, 현금성자산

  [현금성자산] ① 큰 거래비용 없이 현금으로 전환이 용이하고

  ② 이자율변동에 따른 가치변동 위험이 중요하지 않은 금융상품으로

  ③ <u>취득당시</u> 만기(또는 상환일)가 3개월 이내인 단기금융상품

  ↳ 주의 취득당시○ 결산 보고일(12/31) ×

- 당좌예금: 우리 회사가 발행한 당좌수표

  → 지급하면 (대변) 당좌예금, 수취하면 (차변) 당좌예금

  : 타인이 발행한 당좌수표

  → 지급하면 (대변) 현금, 수취하면 (차변) 현금

- 현금과부족: 실제 현금부족 (기중) (차) 현금과부족 (대) 현   금

  (기말) (차) 잡 손 실 (대) 현금과부족

  실제 현금과잉 (기중) (차) 현   금 (대) 현금과부족

  (기말) (차) 현금과부족 (대) 잡 이 익

  주의 결산 당일에 현금이 안 맞는 경우 현금과부족이 아닌 잡손실, 잡이익으로 회계처리 함

  - 결산 당일 현금부족 (차) 잡 손 실 (대) 현   금
  - 결산 당일 현금과잉 (차) 현   금 (대) 잡 이 익

- 단기매매증권

  (취득시) 취득금액을 단기매매증권 처리, 매입수수료 등 수수료비용(영업외비용) 처리

  (결산시) 결산시 장부금액과 공정가치의 차액 단기매매증권평가손익(영업외손익) 처리

  (처분시) 처분시 장부금액과 처분금액의 차액 단기매매증권처분손익(영업외손익) 처리

- 매출채권(외상매출금, 받을어음)

  상품매출: 외상이나 카드-외상매출금, 어음-받을어음

  상품매출 이외의 경우: 외상이나 카드-미수금, 어음-미수금

- 어음거래

  (매출시) (차) 받을어음   (대) 상품매출

  (만기시) (차) 당좌예금   (대) 받을어음

  수수료비용(수수료 등)

  (배서시) (차) 외상매입금   (대) 받을어음

(할인시) (차) 당좌예금   (대) 받을어음
              매출채권처분손실(할인료 등)

- 대손충당금:
  ① 기말 결산시
     대손예상액 > 기 설정 대손충당금: (차) 대손상각비   (대) 대손충당금
     대손예상액 < 기 설정 대손충당금: (차) 대손충당금   (대) <u>대손충당금환입</u>
                                                      (판매비와관리비 차감항목)

  > * **대손충당금추가설정액:** 대손예상액(기말매출채권 × 설정률) − 기 설정 대손충당금

  ② 대손 확정시: 대손시점의 대손충당금 잔액과 상계처리, 부족시 대손상각비 처리
                  (차) 대손충당금 또는 대손상각비   (대) 외상매출금, 받을어음
  ③ 대손 확정 후 매출채권 회수시: (차) 현금   (대) 대손충당금

(2) 재고자산

> * 매출액 − <u>매출원가</u> = 매출총이익
>   ↳상품매출원가 = 기초상품재고액 + <u>당기상품순매입액</u> − 기말상품재고액
>   ↳ <u>상품총매입액</u>−매입에누리와 환출−매입할인
>   ↳상품매입금액+매입부대비용

- 기말재고자산의 평가: 수량 × 단가
  ① 수량파악방법: 계속기록법, 실지재고조사법, 혼합법
  ② 단가산정방법 : 개별법, 선입선출법, 후입선출법, 가중평균법(이동평균법, 총평균법)
- 물가가 상승하고 재고수준이 일정하게 유지된다는 가정하에 단가산정방법 비교
  ① 기말재고액, 매출총이익: 선입선출법 > 이동평균법 ≥ 총평균법 > 후입선출법
  ② 매출원가: 선입선출법 < 이동평균법 ≤ 총평균법 < 후입선출법
- 저가법: 장부금액과 시가를 비교하여 낮은 금액으로 표시하는 방법
- 재고자산평가손실: 매출원가에 가산한다.
- 재고자산감모손실: 정상적(원가성○) − 매출원가에 가산
              : 비정상적(원가성×) − 영업외비용

(3) 투자자산

- 특정현금과예금: 당좌거래개설보증금에 대해 분개할 경우
- 투자부동산: 기업의 고유 영업활동과 관련 없는 부동산을 투자목적으로 보유
- 유가증권: 지분증권(주식)과 채무증권(국채, 공채, 사채)으로 구분된다.

-단기매매증권, 매도가능증권, 만기보유증권의 분류

보유목적	지분증권	채무증권
① 단기간 내의 매매차익	단기매매증권	단기매매증권
② 만기까지 보유할 적극적인 의도와 능력	-	만기보유증권
①, ② 외의 경우(매각 시기를 결정하지 않은 경우)	매도가능증권	매도가능증권

(4) 유형자산

- 취득원가: 구입대금에 구입부대비용(매입수수료, 운송비, 하역비, 설치비, 시운전비, 취득세, 토지정지비용 등) 가산

  주의 구입시 지불하는 세금은 취득원가에 가산! 매년 지불하는 세금(자동차세, 재산세)은 세금과공과금!

- 취득 후 지출

  ① 자본적 지출(내용연수의 증가, 생산능력의 증대, 원가절감 등): 자산에 가산 분개
  ② 수익적 지출(원상회복, 능률유지, 수선유지 등): 당기비용(수선비)으로 분개

- 감가상각

  ① 감가상각 요소: 취득원가, 잔존가치, 내용연수
  ② 감가상각 방법에 따른 감가상각비

  * 정 액 법: 감가상각대상금액(취득원가 - 잔존가치) $\times \dfrac{1}{\text{내용연수}}$
  * 정 률 법: 미상각잔액(취득원가 - 감가상각누계액) $\times$ 정률

- 상각분개: (차) 감가상각비 (대) 감가상각누계액(유형자산의 차감계정)
- 처분 ① 유형자산처분이익: 장부금액(취득원가 - 감가상각누계액) < 처분금액
  ② 유형자산처분손실: 장부금액(취득원가 - 감가상각누계액) > 처분금액

(5) 무형자산

- 인식조건: ① 식별가능성, ② 기업이 통제, ③ 미래 경제적 효익
- 종류: 영업권, 산업재산권(특허권, 실용신안권, 디자인권, 상표권), 광업권, 개발비 등
- 상각분개: (차) 무형자산상각비 (대) 무형자산(영업권, 개발비 등)

(6) 기타비유동자산

- 비유동자산 중 투자자산, 유형자산, 무형자산에 속하지 아니하는 자산
- 종류: 임차보증금, 전세권, 장기외상매출금, 장기받을어음 등

5. 부채 관련 계정과목

- 매입채무(외상매입금, 지급어음)

  상품매입: 외상이나 카드 − 외상매입금, 어음 − 지급어음

  상품매입 이외의 경우: 외상이나 카드 − 미지급금, 어음 − 미지급금

- 어음거래

(매입시)	(차) 상　품	(대) 지급어음	
(만기시)	(차) 지급어음	(대) 당좌예금	
	수수료비용(추심 수수료)	현　금	

- 선수금

(계약금 수취시)	(차) 현　금	(대) 선 수 금	
(상품 인도시)	(차) 선 수 금	(대) 상품매출	
	외상매출금		

- 예수금: 급여지급시 소득세와 지방소득세, 사회보험의 근로자부담금을 일시적으로 보관
  하는 경우

(급여 지급시)	(차) 급　여	(대) 예 수 금	
		보통예금	
(예수금 납부시)	(차) 예 수 금	(대) 현　금	

- 퇴직급여충당부채

(설정시)	(차) 퇴직급여	(대) 퇴직급여충당부채	
(퇴직시)	(차) 퇴직급여충당부채	(대) 현금	

6. 자본 관련 계정과목

- 자본금: 기업주가 출자한 금액
- 인출금: 기업주가 인출한 금액

7. 수익 관련 계정과목

[영업수익]

- 상품(순)매출액 = 상품(총)매출액 − 매출에누리와 환입 − 매출할인

[영업외수익]

- 이자수익: 예금이나 대여금에 대한 이자를 받는 경우
- 단기매매증권평가이익: 결산 시 장부금액 < 결산 시 공정가치

- 단기매매증권처분이익: 처분 시 장부금액 < 처분 시 처분금액
- 유형자산처분이익: 유형자산 장부금액(취득원가−감가상각누계액) < 처분금액
- 투자자산처분이익: 투자자산 장부금액 < 처분금액
- 자산수증이익: 자산을 무상으로 증여받게 되는 경우
- 채무면제이익: 채무를 면제받게 되는 경우
- 잡이익: 영업활동 이외의 활동에서 적은 이익이나 빈번하지 않은 이익

8. 비용 관련 계정과목

[매출원가]

> * 상품매출원가=기초상품재고액 + 당기상품순매입액 − 기말상품재고액
> ↳ 상품총매입액−매입에누리와 환출−매입할인
> ↳ 상품매입금액+매입부대비용

[판매비와관리비]

- 급여: 종업원에 대한 급여와 제수당
- 퇴직급여: 퇴직금 지급시) (차) 퇴직급여충당부채 또는 퇴직급여   (대) 보통예금
- 복리후생비: 식대, 경조비, 직장체육대회비, 야유회비, 4대 보험 회사부담금 등
- 여비교통비: 출장에서 사용한 여비(식대, 숙박비, 교통비), 고속도로통행료 등
- 접대비(기업업무추진비): 거래처를 접대한 성격의 식대, 경조비, 선물대금 등
- 통신비: 전화, 핸드폰, 팩스, 인터넷 요금 등
- 수도광열비: 수도, 가스, 난방 요금 등
- 전력비: 전기 요금
- 세금과공과금: 재산세, 자동차세, 대한상공회의소회비, 협회비 등
- 감가상각비: 결산 시 유형자산의 감가상각 금액
- 임차료: 토지, 건물, 기계장치, 차량운반구 등의 임차비용
- 수선비: 업무와 관련하여 발행하는 수리비용
  주의 차량운반구에 관련된 수리비용은 '차량유지비'
- 보험료: 업무와 관련된 보험료
- 차량유지비: 차량운반구의 수선비, 유류대, 엔진오일 교체비, 세차비 등
- 운반비: 상품 매출시 운반비
  주의 상품 매입시 운반비는 '상품의 취득원가에 가산'
- 도서인쇄비: 도서구입비, 신문과 잡지구독료, 각종 인쇄비 등

• 소모품비: 복사용지, 문구류, 소모공구와 기구, 소모자재 등 소모성 물품비

　주의　소모품 구입시 비용처리법은 '소모품비', 자산처리법은 '소모품'

• 수수료비용: 송금수수료, 어음 추심 수수료, 청소와 경비용역비 등

• 광고선전비: 광고 목적으로 신문, 방송, 잡지 등에 지출한 광고비용

　주의　광고 목적 전단지 인쇄는 '광고선전비', 업무와 관련된 양식지 등의 인쇄는 '도서인쇄비'

• 대손상각비: (기중) 외상매출금과 받을어음의 회수불능(대손)이 확정된 경우 대손충당금
　　　　　　　　잔액을 초과하는 금액

　　　　　　(차) 대손충당금, 대손상각비　　　　　(대) 외상매출금, 받을어음

　　　　　　(기말) 외상매출금과 받을어음 잔액에 대한 대손충당금의 설정

　　　　　　(차) 대손상각비　　　　　　　　　　(대) 대손충당금

[영업외비용]

• 이자비용: 차입금, 당좌차월 등에 대한 이자를 지불하는 경우

• 단기매매증권평가손실: 결산시 장부금액 > 결산시 공정가치

• 단기매매증권처분손실: 처분시 장부금액 > 처분시 처분금액

• 외환차손: 외화자산 회수시 장부금액 > 회수금액
　　　　　　외화부채 상환시 장부금액 < 상환금액

• 외화환산손실: 외화자산 결산시 장부금액 > 평가금액
　　　　　　　　외화부채 결산시 장부금액 < 평가금액

• 유형자산처분손실: 유형자산 장부금액(취득원가－감가상각누계액) > 처분금액

• 투자자산처분손실: 투자자산 장부금액 > 처분금액

• 매출채권처분손실: 받을어음을 만기가 되기 전에 할인할 경우 할인료

• 재해손실: 천재지변이나 도난 등의 예측치 못한 상황의 손실

• 잡손실: 영업활동 이외의 활동에서 적은 비용이나 빈번하지 않은 지출

9. 손익의 정리와 소모품의 정리

• 손익의 정리

① 수익의 발생: 당기에 속하는 수익이지만 결산일까지 수입되지 않은 수익

　　　　　　　　(차) 미수수익　×××　　　　　(대) 이자수익　　×××

② 비용의 발생: 당기에 속하는 비용이지만 결산일까지 지급하지 않은 비용

　　　　　　　　(차) 이자비용　×××　　　　　(대) 미지급비용　×××

③ 수익의 이연: 당기에 이미 받은 수익 중에서 차기에 해당되는 수익

（차）이자수익　　　×××　　（대）선수수익　×××

④ 비용의 이연: 당기에 이미 지급한 비용 중에서 차기에 해당되는 비용

（차）선급비용　　　×××　　（대）이자비용　×××

• 소모품의 정리

① 비용처리법 （구입 시）（차）소모품비　×××　　（대）현　　금　×××

（결산 시）（차）<u>소 모 품</u>　×××　　（대）소모품비　×××

↳ 미사용분을 자산으로 대체

② 자산처리법 （구입 시）（차）소 모 품　×××　　（대）현　　금　×××

（결산 시）（차）<u>소모품비</u>　×××　　（대）소 모 품　×××

↳ 사용분을 비용으로 대체

제**2**장

정답 및 해설

비대면 시험 출제예상 평가문제 정답 및 해설

출제예상 평가문제

01 기초정보관리의 회계정보시스템 운용

평가문제	1	2	3	4	5
정답	④	③	②	④	①

01 [회사등록] 업태는 도매 및 소매업이다.

02 [회사등록] 국민은행 국세환급금계좌 코드는 004이다.

03 [거래처등록] - [일반] 샤방샤방의 사업자등록번호는 123-05-66300이다.

04 [거래처등록] - [카드] 국민카드 결제일은 25일이다.

05 [거래처별초기이월] 외상매출금 잔액 30,000,000원은 명승뷰티에 대한 채권이다.

02 전표관리

평가문제	1	2	3	4	5
정답	④	①	①	100,000,000	50,000,000

01 [현금출납장] 1월 1일 ~ 4월 30일 '현금잔액'을 확인하면 4월말은 36,529,000원이다.

02 [월계표] 2월 '813.복리후생비'가 100,000원으로 가장 큰 금액이다.

03 [계정별원장] 3월 10일 가지급금 지급액 250,000원이 3월 15일 모두 정산되어 잔액은 0원이다.

04 [총계정원장] 4월 발생한 '상품매출' 금액은 100,000,000원이다.

05 [거래처원장] (주)꼼꼼이의 4월말 '외상매입금' 잔액은 50,000,000원이다.

03 자금관리

평가문제	1	2	3	4	5
정답	③	②	②	④	39,459,250

01 [월계표] 조회기간 1월 ~ 3월 차변 란 '현금'에 기록된 금액이 가장 큰 계정과목은 가지급금 250,000원이다.

02 [월계표] 조회기간 5월 ~ 5월 차변 란 '계'에 기록된 보험료의 금액은 600,000원이다.

03 [받을어음현황] 만기일 2025년 1월 1일 ~ 2025년 12월 31일 만기 도래 어음 금액은 5,000,000원이다.

04 [일일자금명세(경리일보)] 6월 28일 장기차입금 당일 잔액은 20,000,000원이다.

05 [예적금현황] 6월 30일 국민은행 예금 잔액은 39,459,250원이다.

04 결산처리

평가문제	1	2	3	4	5
정답	(1) 400,000 (2) 930,000	75,988,250	15,000,000	155,400,000	307,153,120

01 [손익계산서] 12월 조회하면 보험료 400,000원, 대손상각비 930,000원이다.

02 [재무상태표] - [제출용] 12월 조회하면 현금및현금성자산(통합계정) 75,988,250원이다.

03 [재무상태표] 12월 조회하면 당기분 상품 45,000,000원, 전기분 상품 30,000,000원이다.

04 [재무상태표] 12월 조회하면 비유동자산 금액은 155,400,000원이다.

05 [재무상태표] 12월 조회하면 자본금 금액은 307,153,120원이다.

05 회계정보시스템 운용

평가문제	1	2	3	4	5
정답	④	(1) 01004 (2) 6,029,700	③	②	①

01 [총계정원장] 1월 ~ 12월 보통예금을 조회하면 가장 많이 증가한 월은 6월 20,000,000원이다.

02 [거래처원장] 1월 ~ 12월 미지급금을 조회하면 잔액이 가장 많은 거래처는 (주)SK주유소 6,029,700원이다.

03 [재무상태표] 12월 조회하여 전기분 당좌자산, 유동부채를 확인한다.
(125,000,000원 / 44,000,000원) × 100 = 284%

04 [재무상태표] 12월 조회하여 전기분 부채총계와 자기자본(자본총계)를 확인한다.
(64,000,000원 / 257,000,000원) × 100 = 24%

05 [손익계산서] 12월 조회하여 전기분 매출액과 매출총이익을 확인한다.
(102,500,000원 / 243,500,000원) × 100 = 42%

유형별 연습문제 정답 및 해설

실무이론평가

01 재무회계 기본개념

01 ① 기간별 보고의 가정이란 기업실체의 존속기간을 일정한 기간 단위로 분할하여 각 기간별로 재무제표를 작성하는 것을 말한다.

02 ③ 기업을 둘러싼 이해관계자는 주주와 채권자, 정부, 노동조합, 잠재적 투자자, 일반대중 등으로 다양하다.

03 ④ 기간별 보고의 가정에 대한 설명이다.

04 ③ 경영자는 기업실체 외부의 이해관계자에게 재무제표를 작성하고 보고할 일차적 책임을 진다.

05 ③
• 재무회계의 목적은 이해관계자의 합리적 의사결정을 위하여 재무상태, 경영성과, 현금흐름 및 자본변동에 관한 유용한 정보를 제공하며, 경영자의 수탁책임 평가에 유용한 정보를 제공하는데 있다.

06 ②
• ① 거래처: 거래 대금 회수 가능성에 대한 의사결정에 회계정보를 활용한다.
• ③ 채권자: 채권 대금 회수 가능성에 대한 의사결정에 회계정보를 활용한다.
• ④ 투자자: 투자금의 수익 획득 가능성에 대한 의사결정에 회계정보를 활용한다.

07 ③
• 경영자도 기업 내부 이해관계자로서 회계정보 이용자에 포함된다.

02 기업의 재무상태표와 손익계산서

01 ④
• 부채는 미래에 자원의 유출 또는 사용이 예상되는 의무이다.

02 ④
• 정산표는 재무제표가 아니다.

03 ③
• 소모품비는 비용이므로 손익계산서에 표시되는 계정이다.

04 ②
• 부동산을 정상적인 영업과정에서 판매할 목적으로 취득하면 재고자산으로, 투자할 목적으로 취득하면 투자자산으로, 영업활동에 장기간 사용할 목적으로 취득하면 유형자산으로 분류한다.

05 ④
• 보증금을 지급하면 차변에 임차보증금으로 처리하며, 임대보증금은 보증금을 받은 경우에 사용한다.

06 ②
• (차) 미수금   ×××원   (대) 비품   ×××원

07 ②
• 기부금은 손익계산서 계정과목임

08 ④
• 재무상태표는 현금주의가 아닌 발생주의에 따라 작성된다.

09 ②
• 자산과 부채는 원칙적으로 상계하여 표시하지 않는다.

10 ④
• 재무상태표의 기본요소는 자산, 부채 및 자본이다.

11 ④
• 연구비는 판매비와관리비 항목으로 손익계산서에 표시된다.

12 ③
• 자산과 부채는 유동성이 큰 항목부터 배열하는 것을 원칙으로 한다.

13 ②
• 자산 = 유동자산 + 비유동자산

14 ②
• 무형자산에 대한 설명이다.

15 ④
• 전세권은 기타비유동자산으로 분류한다.

16 ②
• 광고선전비는 무형자산이 아니고 판매비와 관리비이다.

17 ③
• 영업권, 개발비, 산업재산권은 무형자산에 해당하며, 경상연구개발비는 판매비와관리비로 비용처리한다.

18 ③
- 무형자산의 종류에는 개발비, 영업권, 산업재산권, 라이선스 등이 있다. 매출채권은 유동자산 중 당좌자산에 해당한다.

19 ②
- 연구비는 판매비와관리비 계정으로서, 위에서 설명하는 무형자산의 종류에 해당하지 않는다.

20 ④
- 연구비는 판매비와관리비로 처리한다.

21 ④
- 무형자산은 특별한 경우를 제외하고는 잔존가치가 없는 것으로 본다.

22 ③
- 임차보증금은 기타비유동자산이고, 나머지는 무형자산이다.

23 ④
- 미래 경제적 효익이 기대되는 신제품 개발관련 지출은 개발비(자산)로 기록한다.

24 ③
- 장기차입금은 재무상태표 상 비유동부채에 표시된다.
- 미지급금, 지급어음, 유동성장기부채는 유동부채에 표시된다.

25 ③
- 매입채무는 유동부채에 해당한다.

26 ④
- 보고기간 종료일로부터 장기차입금 결제 만기일이 1년 이내이면 유동성장기부채 계정으로 대체한다.

27 ②
- 사채는 비유동부채이다.

28 ②
- 차량운반구는 비유동자산에 해당한다.

29 ①
- 재고자산 이외의 자산을 처분하고 대금을 나중에 받기로 한 경우, 차변에 '미수금' 계정으로 처리한다.

30 ①
- 개발비는 무형자산에 해당한다.

31 ③
- 유형자산에서 발생한 자본적 지출은 유형자산 장부금액에 가산한다.

32 ④
- 비업무용 토지와 건물은 투자자산으로 회계처리 한다.

33 ①
- 유형자산에 대한 설명이다. 건물은 유형자산, 산업재산권과 영업권은 무형자산, 임차보증금은 기타비유동자산이다.

34 ②
- 광고선전비와 수수료수익은 손익계산서 계정과목이다.

35 ①
- (가) 외상대금 회수액의 대변 계정과목은 외상매출금이고, (나) 거래처로부터 받은 상품주문대금의 대변 계정과목은 선수금이다.

36 ②
- 장기매출채권은 기타비유동자산으로 분류된다.

37 ④
- 세금과공과금은 손익계산서상의 계정과목이다.

38 ③
- 수익과 비용은 각각 총액으로 표시하는 것을 원칙으로 한다.

39 ④
- 구분식 손익계산서의 계산순서
  매출총이익 → 영업이익 → 법인세비용차감전이익 → 당기순이익

40 ①
- 영업손익은 매출액에서 매출원가와 판매비와관리비를 차감한 금액을 말한다.

41 ④
- 당기순이익(손실) 감소(증가)
  ① (차) 재해손실(비용의 증가)   ×××
      (대) 상품(자산의 감소)   ×××
- 당기순이익(손실) 증가(감소)
  ② (차) 매출채권(자산의 증가)   ×××
      (대) 매출(수익의 증가)   ×××
- 당기순이익(손실) 감소(증가)
  ③ (차) 급여(비용의 증가)   ×××
      (대) 현금(자산의 감소)   ×××
- 당기순이익(손실)에 영향 없음
  ④ (차) 대여금(자산의 증가)   ×××
      (대) 현금(자산의 감소)   ×××

42 ③
- 기업의 주된 영업활동이 아닌 활동으로 발생한 수익은 영업외수익이다.

43 ④
- 손익계산서는 일정기간 경영성과를 나타내는 보고서이며, 현금보유에 대한 정보를 제공하지는 않는다.

44 ④
- 손익계산서는 일정 기간 동안 기업의 경영성과에 대한 정보를 제공하는 재무보고서이다.

45 ④
- 미지급비용은 유동부채로서 재무상태표에 나타나는 항목이다.

③ 회계의 기록

01 ② 주문, 채용 결정, 계약 그 자체는 회계상 거래가 아니다.

02 ② 자산의 감소와 수익의 발생은 둘 다 대변거래이므로 동시에 나타날 수 없다.

03 ③
- ① 현금 500,000원을 출자하여 영업을 시작하다.
   (차) 자산(현금및현금성자산)의 증가
      (대) 자본(자본금)의 증가
- ② 종업원급여 3,000원을 현금으로 지급하다.
   (차) 비용(종업원급여)의 증가
      (대) 자산(현금및현금성자산)의 감소
- ③ 은행으로부터 현금 100,000원을 차입하다.
   (차) 자산(현금및현금성자산)의 증가
      (대) 부채(차입금)의 증가
- ④ 대여금 50,000원을 현금으로 받다.
   (차) 자산(현금및현금성자산)의 증가
      (대) 자산(대여금)의 감소

04 ②
- (가) (차) 단기차입금 1,000,000원(부채 감소)
      (대) 현금   1,000,000원(자산 감소)
- (나) (차) 수도광열비   200,000원(비용 발생)
      (대) 보통예금   200,000원(자산 감소)

05 ④
- ① 재무상태표 등식
- ② 자본 등식
- ③ 손익계산서 등식
- ④ 확장된 회계 등식: 자산 + 비용 = 부채 + 자본 + 수익

06 ③
- 재무상태표는 일정 시점 현재 기업이 보유하고 있는 경제적 자원인 자산과 경제적 의무인 부채, 그리고 자본에 대한 정보를 제공하는 재무보고서로서, 정보이용자들이 기업의 유동성, 재무적 탄력성, 수익성과 위험 등을 평가하는 데 유용한 정보를 제공한다.

④ 결산과 재무제표

01 ④
- 분개 자체가 누락된 경우에는 시산표상에서 그 오류를 발견할 수 없다.

02 ①
- 선급보험료를 계상하면 당기순이익이 증가한다. 반면, 대손상각비, 미지급이자, 감가상각비를 계상하면 당기순이익이 감소한다.

03 ③
- 기초자본: 기초자산 – 기초부채
   = 50,000원 – 30,000원 = 20,000원
- 기말자본(⊕): 기초자본 + 당기순이익
   = 20,000원 + 20,000원 = 40,000원
- 기말자산(㉮): 기말부채 + 기말자본
   = 70,000원 + 40,000원 = 110,000원

⑤ 당좌자산

01 ④
- 판매목적으로 보유하고 있는 상품은 재고자산에 속한다.

02 ④
- 매출채권 = 외상매출금 + 받을어음
   = 5,800,000원 + 3,000,000원 = 8,800,000원

03 ①
- 전기에 대손회계처리한 매출채권을 당기에 회수한 경우 대변에 대손충당금으로 처리한다.

04 ②
- 미수금, 받을어음, 외상매출금은 대손충당금 설정대상이나 단기매매증권은 대손충당금 설정대상이 아니다.

05 ②
- 외상매출금회수액 = 기초금액(32,000원) + 당기외상매출액(200,000원) – 기말금액(40,000원) = 192,000원

06 ①
- 대손충당금 잔액 = 대손충당금(250,000원) – 매출채권 회수불능액(120,000원 + 50,000원) = 80,000원

07 ③
- 자산의 감소와 부채의 감소 거래이다.
   (차) 외상매입금 ×××   (대) 받을어음 ×××

제5부

부록 / 정답 및 해설

08 ③
- 현금 1,000,000원 + 보통예금 800,000원 + 당좌예금 1,500,000원 = 3,300,000원
- 현금, 요구불예금(당좌예금, 보통예금 등)은 재무상태표에 현금및현금성자산 계정으로 통합하여 표시한다.
- 만기가 6개월 후에 도래하는 정기예금은 단기예금(단기금융상품)에 해당한다.

09 ③
- 본 문제는 현금 및 3개월 이내에 현금으로 교환이 가능한 금융자산 금액을 계산하는 문제임.
  1. 현금
  2. 요구불예금: 당좌예금, 보통예금
  3. 현금성자산: 3개월 이내 현금화가 가능한 금융자산
- 현금 100,000원 + 당좌예금 200,000원 + 보통예금 200,000원 = 500,000원

10 ②
- 차용증서는 현금및현금성자산에 해당하지 않는다.

11 ④
- 현금및현금성자산에는 통화 및 통화대용증권(타인발행수표, 우편환증서), 요구불예금(보통예금, 당좌예금), 취득당시 만기가 3개월 이내의 단기금융상품(양도성예금증서) 등이 포함된다.

12 ②
- 받을어음은 매출채권으로 분류한다.

13 ④
- 만기가 6개월 후에 도래하는 정기적금은 단기투자자산에 해당한다.

14 ③
- 1년 만기 정기적금은 단기금융상품에 해당한다.

15 ④
- 3개월 이내에 처분할 목적으로 구입한 주식은 단기매매증권이다.

16 ④
- 타인발행 약속어음은 상거래와 관련된 경우에는 매출채권, 상거래가 아닌 경우에는 미수금 또는 대여금으로 분류한다.

17 ③
- 상품을 구입하기로 하고 선지급한 금액은 선급금으로 처리한다.

18 ③
- 재고자산 판매에 대한 계약금으로 미리 받은 돈은 선수금으로 회계처리한다.

19 ④
- 상품매매 계약금을 받으면 선수금으로 처리하고, 상품을 인도하면 상품매출계정에 대체한다.

20 ①
- (차) 상품 500,000원
  - (대) 선급금 50,000원
    - 외상매입금 450,000원

21 ④
- 사무실에서 사용하는 컴퓨터를 처분하고 아직 받지 못한 금액: 미수금
- 상품을 매입하기 위하여 선지급한 금액: 선급금

22 ①
- 한공상사의 회계처리
  - (차) 선급금 100,000원 (대) 현금 100,000원
- 서울상사의 회계처리
  - (차) 현금 100,000원 (대) 선수금 100,000원

23 ④
- 어음의 할인을 매출채권의 매각거래로 처리하는 경우에 발생하는 비용은 매출채권처분손실로 회계처리한다.
  - (차) 당좌예금 950,000원
    - 매출채권처분손실 50,000원
  - (대) 받을어음 1,000,000원

24 ③
- 식품 제조회사가 자동차를 판매하고 대금을 어음으로 받은 경우 미수금으로 회계처리한다.

25 ①
- 처분금액 620,000원 - 장부금액 550,000원(55,000원 × 10주) = 단기매매증권처분이익 70,000원

26 ④
- 취득원가 = 200주 × 50,000원 = 10,000,000원
  처분가액 = 200주 × 60,000원 = 12,000,000원
  처분이익 = 처분가액 - 취득원가 = 2,000,000원
  단기매매증권의 매입수수료는 수수료비용으로 회계처리하므로 처분손익에는 영향을 미치지 않는다.

27 ①
- 단기매매증권처분이익 = (1,400원 - 1,000원) × 100주 = 40,000원

28 ②
- 주식 처분거래는 일반적인 상거래가 아니므로 대금을 지급받기 전까지 미수금으로 계상한다.

29 ③
- 단기시세차익 목적으로 시장성 있는 주식를 취득하는 경우 단기매매증권으로 분류한다.

452

30 ③
- 단기매매증권의 취득부대비용은 취득원가에 포함하지 아니하고, 당기비용으로 처리한다.
- 취득원가 = 100주 × 7,000원 = 700,000원

31 ③
- 취득원가는 100주 × 12,000원 = 1,200,000원이다.
- 단기매매증권을 취득한 경우 취득원가는 공정가치인 거래금액으로 측정한다. 취득 시 발행하는 거래비용은 취득원가에 가산하지 않고 당기의 비용으로 처리한다.

32 ①
- 단기매매증권의 취득원가는 1,000,000원이며, 관련 수수료는 수수료비용 계정과목으로 처리한다.

33 ③
- 단기매매증권 취득시 수수료는 당기비용으로 처리한다.

34 ③
- 단기매매증권을 취득한 경우 취득원가는 공정가치로 측정한다. 취득 시 발생하는 거래비용은 취득원가에 가산하지 않고 당기의 비용으로 처리한다.

(차) 단기매매증권	1,200,000원
수수료비용	20,000원
(대) 보통예금	1,220,000원

35 ③
- 단기매매증권의 취득수수료는 당기비용으로 처리하므로 주식의 장부금액은 800,000원이다.

36
- 단기매매증권의 취득금액은 1,000주 × 15,000원 = 15,000,000원이다. 단기매매증권 구입 시 수수료는 취득금액에 포함하지 않고 영업외비용(수수료비용)으로 처리한다.

37 ②
- 장기 자금 운용 목적으로 구입하는 주식은 매도가능증권 계정으로 회계처리하고, 구입 시 지급하는 수수료는 취득원가에 포함시킨다.

38 ①
- 단기매매증권의 취득과 관련되는 거래원가는 취득원가에 가산하지 않고 당기비용으로 처리한다.

06 재고자산

01 ②
- 선입선출법: 10개 × 12,000원 = 120,000원
- 후입선출법: 10개 × 10,000원 = 100,000원

02 ③
- 기말상품재고액: 85,000원 + (1,500,000원 - 150,000원) - 1,000,000원 = 435,000원

03 ②
- 상품 매입금액 500,000원 + 매입운반비 7,000원 = 507,000원

04 ③
- 상품매입액(100,000원) + 매입운반비(20,000원) = 120,000원

05 ①
- 먼저 구입한 상품이 먼저 사용되거나 판매되는 것으로 가정하여 기말재고액을 결정하는 방법을 선입선출법이라고 한다.

06 ②
- 후입선출법의 특징이다.

07 ①
- 선입선출법은 먼저 입고된 상품이 먼저 출고한다는 가정하에 출고단가를 결정하는 방법으로 선입선출법 하에서 기말재고자산에는 최근에 구입한 가장 높은 단가가 적용되므로 기말재고자산이 가장 크게 계상된다.

08 ④
- 기계장치는 유형자산에 해당한다.

09 ③
- 재고자산 매입과 관련된 할인, 에누리는 매입원가에서 차감한다.

10 ③
- 재고자산의 감모손실의 경우 정상적으로 발생한 감모손실은 매출원가에 가산하고 비정상적으로 발생한 감모손실은 영업외비용으로 분류한다.

11 ②
- 매입운임은 상품의 취득관련 부대비용으로 상품의 취득원가에 가산한다.

07 비유동자산

01 ③
- 건물 구입 시 지급하는 중개수수료, 취득세는 건물 취득원가에 포함된다.
- 건물 취득원가 = 건물구입금액(10,000,000원) + 중개수수료(100,000원) + 취득세(70,000원) = 10,170,000원

02 ①
- 취득세는 취득원가에 포함되고, 유류대와 자동차보험료는 당기 비용으로 처리한다.

03 ③
- 건물의 매입금액, 취득세 및 냉난방장치 설치비는 건물의 취득원가에 포함하나, 화재보험료는 건물의 취득원가에 포함하지 않고, 비용으로 처리한다.
  건물의 취득원가: 5,000,000원 + 200,000원 + 100,000원 = 5,300,000원

04 ③
- 100,000,000원 + 1,000,000원 + 2,000,000원 = 103,000,000원
- 유형자산의 취득원가는 구입대금에 부대비용(중개수수료, 취득세)을 가산하나 재산세는 당기비용으로 처리한다.

05 ④
- 토지의 취득금액: 105,000원(구입대금 100,000원 + 취득세 5,000원)
- 비품의 취득금액: 210,000원(구입대금 200,000원 + 설치비 10,000원)

06 ④
- (차) 비품(자산의 증가)　　　　10,250,000원
  (대) 미지급금(부채의 증가)　　5,000,000원
  　　현금(자산의 감소)　　　　5,250,000원
- 컴퓨터 설치비는 취득원가에 가산한다.

07 ④
- 유형자산의 취득 후 발생하게 되는 정기점검 및 수리에 소요되는 비용은 취득원가를 구성하지 않는다.

08 ③
- 판매 목적으로 보유하고 있는 건물은 재고자산, 장기투자 목적으로 보유하고 있는 토지는 투자자산으로 처리한다.
- 유형자산 금액 = 100,000,000원 + 10,000,000원 + 5,000,000원 = 115,000,000원

09 ③
- 유형자산을 처분하기로 하고 계약금을 받을 경우 선수금 계정으로 회계처리한다.

10 ④
- 정액법 감가상각비 계산방법: (취득원가 - 잔존가치) / 내용연수

11 ④
- 정률법을 적용하면 내용연수 초기에 감가상각비를 더 많이 인식하게 된다.

12 ④
- 무형자산의 상각 방법은 유형자산의 상각 방법처럼 정액법, 체감잔액법(정률법, 연수합계법), 생산량 비례법이 있는데 추정내용연수동안 체계적인 방법을 사용하기 곤란할 경우에는 정액법을 사용한다.

13 ②
- 유형자산 중에서 토지는 감가상각 대상이 아니다.

14 ④
- ① 취득원가: 1,000,000원
- ② 장부금액: 600,000원
- ③ 처분금액: 알 수 없다.
- ④ 감가상각누계액이 400,000원이므로 옳은 설명이다.

15 ④
- 건물과 구축물은 감가상각 대상자산이며, 건설중인자산과 토지는 감가상각 대상자산이 아니다.

16 ④
- 그래프(A)는 정액법을 나타낸 것이고, 그래프(B)는 정률법을 나타낸 것이다.

17 ②
- 정률법을 적용하면 초기에는 감가상각비를 많이 인식하지만 후기로 갈수록 적게 인식하게 된다.

18 ④
- 잔존가치가 늘어나면 감가상각대상금액이 감소하여 연간 감가상각비는 감소한다.

19 ②
- 감가상각 대상 자산에는 유형자산(토지, 건설중인자산 제외)과 무형자산이 있다.
  상품은 재고자산이다.

20 ①
- (차) 미수금　　　　　　　700,000원
  　　감가상각누계액　　　100,000원
  (대) 비품　　　　　　　　700,000원
  　　유형자산처분이익　　100,000원

21 ④
- 상품대금 외 미수령액은 미수금으로 처리한다.

22 ②
- 유형자산처분손익 = 양도금액 - 양도 직전 장부금액*
  = 700,000원 - 800,000원
  = △100,000원(유형자산처분손실)
  * 양도 직전 장부금액: 취득원가 - 감가상각누계액
  = 1,000,000원 - (1,000,000원 × 2년/10년)
  = 800,000원

23 ②
- 연간 감가상각비 = (10,000,000원 - 0원) ÷ 5년
  = 2,000,000원
- 2025년 12월 31일 장부금액 = 10,000,000원 - (2,000,000원 + 2,000,000원) = 6,000,000원
- 유형자산처분손익 = 5,000,000원 - 6,000,000원 = -1,000,000원

24 ③
- 유형자산을 처분하고 3개월 후에 대금을 받기로 하였으므로 다음과 같이 회계처리한다.

    (차) 미수금   700,000원

       (대) 토지   500,000원

          유형자산처분이익   200,000원

          (영업외수익)

    따라서 토지의 매각대금은 700,000원이 된다.

25 ①
- 유형자산 처분에 대한 분개는

    (차) 감가상각누계액   1,000,000원

        현금   3,000,000원

        유형자산처분손실   1,000,000원

       (대) 건물   5,000,000원

26 ③
- 2024년 감가상각비 = (1,200,000원 − 200,000원) × 1/5 = 200,000원

  2025년 9월까지의 감가상각비 = (1,200,000원 − 200,000원) × 1/5 × 9/12 = 150,000원
- 2025년 10월 1일의 장부금액 = 1,200,000원 − (200,000원 + 150,000원) = 850,000원
- 유형자산처분이익 = 1,000,000원 − 850,000원 = 150,000원

27 ③
- 처분일 현재 차량운반구의 장부금액 = 취득원가(구입 관련 비용 포함) − 감가상각누계액

  = 5,500,000원 − 2,200,000원 = 3,300,000원
- 유형자산처분이익(손실) = 처분금액 − 장부금액

  = 3,000,000원 − 3,300,000원 = (−)300,000원

28 ①

    (차) 감가상각누계액   4,500,000원

        미수금 등   5,000,000원

        유형자산처분손실   500,000원

       (대) 건물   10,000,000원

29 ①
- 처분금액 〈 처분자산 장부금액일 경우 유형자산처분손실이 계상된다.
- 처분자산장부금액 = 취득원가 − (기초 감가상각누계액 + 당기 감가상각비)

  = 570,000원 − (50,000원 + 300,000원) = 220,000원
- 처분금액 = 장부금액 − 처분손실

  = 220,000원 − 50,000원 = 170,000원

30 ②
- 2025년 1월 1일 감가상각누계액 = {(10,000,000원 − 2,000,000원) ÷ 5년} × 2 = 3,200,000원

- 2025년 1월 1일 장부금액 = 취득원가 − 감가상각누계액

  = 10,000,000원 − 3,200,000원 = 6,800,000원
- 유형자산처분손익 = 처분금액 − 장부금액

  = 6,000,000원 − 6,800,000원 = △800,000원(손실)

31 ③
- 처분일 현재 차량운반구의 장부금액 = 취득원가(취득 부대비용 포함) − 감가상각누계액

  5,500,000원 − 2,200,000원 = 3,300,000원

  유형자산처분손익 = 처분금액 − 장부금액

  3,000,000원 − 3,300,000원 = −300,000원

32 ①
- 2025년 6월 30일 현재 건물의 장부금액:

  취득원가(10,000,000원) − 감가상각누계액(4,000,000원 + 500,000원) = 5,500,000원

  유형자산처분이익 = 처분금액(6,000,000원) − 장부금액(5,500,000원) = 유형자산처분이익(500,000원)

33 ②
- 장부금액: 800,000원 − (800,000원 × 30개월/48개월) = 300,000원

  처분이익: 380,000원 − 300,000원 = 80,000원

34 ②
- 건물에 엘리베이터를 설치하여 건물의 가치가 증가된 경우에는 자본적 지출에 해당한다. 그러나 유리창교체, 외벽도색, 형광등 교체는 수익적 지출에 해당한다.

35 ④
- 페인트 칠 관련 대가는 수익적 지출이므로 수선유지비로 처리하나, 엘리베이터 설치대가는 자본적 지출이므로 건물원가에 포함한다.

36 ③
- 유형자산을 취득한 후의 지출은 미래의 경제적 효익을 증가시키면 자본적 지출로, 원상회복이나 능률유지를 위한 것이면 수익적지출로 본다. 차량용 타이어의 교체, 건물내부 조명등의 교환, 파손된 유리창의 교체는 원상회복과 능률유지를 위한 것이므로 수익적 지출이나, 건물의 에스컬레이터 설치는 건물의 가치를 증가시키므로 자본적 지출이다.

37 ①
- 수선유지를 위한 지출은 발생한 기간의 비용으로 인식한다. 유형자산의 취득 또는 완성 후의 지출이 생산능력 증대, 내용연수 연장, 상당한 원가절감 또는 품질향상을 가져오는 경우에는 자본적 지출로 처리한다.

38 ③
- 기간 비용으로 인식하여야 할 유형자산의 취득 후 지출을 자본적 지출로 잘못 회계처리한 경우 자산이 과대계상되고 비용이 과소계상되며, 자본이 과대계상된다.

39 ②

- 본사건물의 엘리베이터 설치에 소요되는 지출은 자본적 지출로 처리하고, 대구 창고의 페인트를 칠하는 데 소요되는 지출은 수선비로 처리한다.

40 ④

- 건물의 에스컬레이터 설치는 건물의 미래 경제적 효익을 증가시키므로 자본적 지출에 해당하나, 그 밖의 지출은 원상회복이나 능률유지를 위한 것이므로 수익적 지출로 본다.

41 ④

- 건물의 엘리베이터 설치비는 유형자산의 가치를 증가시키는 자본적 지출에 해당한다.
  파손된 유리의 교체비용, 건물의 도색작업, 자동차의 타이어 교체는 수익적 지출에 해당된다.

42 ③

- 자본적지출을 비용계상하였으므로 자산의 과소계상, 자본의 과소계상, 비용의 과대계상이 발생한다. 수익과는 무관하다.

43 ③

- 수익적 지출을 자본적 지출로 회계처리하는 경우에는 자산이 과대계상되고, 비용이 과소계상되므로 순이익과 자본이 과대계상되는 효과를 가져온다.

44 ④

- 수선유지를 위한 지출은 수익적 지출에 해당한다.

45 ④

- 성능을 유지시키는 윤활유의 교체는 수익적지출에 해당되며 당기비용으로 인식한다.

46 ③

- 판매를 목적으로 구입한 자산은 재고자산이다.

47 ③

- 유형자산을 의도된 용도로 사용할 수 있는 시점까지 발생한 지출은 취득원가에 포함시킨다. 유형자산을 보유하면서 발생한 재산세는 세금과공과 처리한다.

48 ③

- 기계장치의 소모품과 벨트의 교체는 수선유지를 위한 지출이므로 수익적 지출에 해당한다.

49 ④

- 전세금 10,000,000원은 비유동자산 중 임차보증금으로 표시한다.

50 ①

- 무형자산의 상각방법은 경제적 효익이 소비되는 행태를 반영한 합리적인 방법이여야 하며, 이러한 상각방법에는 정액법, 체감잔액법(정률법 등), 연수합계법, 생산량비례법 등이 있다.

---

08 부채와 자본

01 ①

- ① (차) 현　　　금　　　　200,000원
  　　(대) 받을어음　　　　　　200,000원
  → 자본의 변동이 없음
- ② (차) 보통예금　　　　300,000원
  　　(대) 이자수익　　　　　　300,000원
  → 수익의 증가는 이익잉여금(자본)의 증가
- ③ (차) 현　　　금　　　1,000,000원
  　　(대) 자 본 금　　　　1,000,000원
  → 자본금(자본)의 증가
- ④ (차) 복리후생비　　　　100,000원
  　　(대) 현　　　금　　　　100,000원
  → 비용의 증가는 이익잉여금(자본)의 감소

02 ②

- 보고기간종료일부터 만기가 1년 이내인 사채는 유동부채로 분류한다.

03 ②

- 부채의 증가와 감소가 동시에 일어나므로 부채 총액에 영향이 없다.
  ① (차) 이자비용(비용의 증가)　　　×××
  　　(대) 미지급이자(부채의 증가)　　　×××
  ② (차) 장기차입금(부채의 감소)　　　×××
  　　(대) 유동성장기차입금(부채의 증가)　　　×××
  ③ (차) 단기차입금(부채의 감소)　　　×××
  　　(대) 현금(자산의 감소)　　　×××
  ④ (차) 현금 등(자산의 증가)　　　×××
  　　(대) 선수금(부채의 증가)　　　×××

04 ④

- 단기매매증권평가손익은 손익계산서상 영업외수익/영업외비용으로 분류된다.

05 ①

- ① 자산의 증가금액과 자산의 감소금액이 동일하므로 자본의 변동을 초래하지 않는다.
- ② 자본의 감소와 자산의 감소가 발생하는 거래로서 자본이 감소한다.
- ③ 자산의 증가와 자본의 증가가 발생하는 거래로서 자본이 증가한다.
- ④ 비용의 발생과 수익이 발생하며 순이익이 증가되므로 자본이 증가한다.

06 ③

- 3월 2일 거래는 현금을 추가로 출자한 거래 내용이다.

07 ③
- ① 자산의 증가 – 자산의 감소
- ② 자산의 증가 – 자본의 증가
- ③ 자본의 감소 – 자산의 감소
- ④ 자산의 증가 – 자산의 감소
　　　　　　　수익의 발생(자본의 증가)

08 ④
- 7월 4일

　(차)비품　　　　　　　300,000원
　　(대)미지급금　　　　　　　300,000원
- 7월 10일

　(차)상품　　　　　　　300,000원
　　(대)현금　　　　　　　　　100,000원
　　　외상매입금　　　　　　　200,000원
- 7월 22일

　(차)상품　　　　　　　500,000원
　　(대)지급어음　　　　　　　500,000원
- 7월 10일의 대변 외상매입금 200,000원과 22일 대변의 지급어음 500,000원이 매입채무에 해당한다.

09 ④
- 비유동부채 = 장기미지급금 50,000원 + 퇴직급여충당부채 15,000원 = 65,000원
- 외상매입금, 단기차입금, 예수금은 유동부채이다.

10 ③
- 9,000,000원 = 5,000,000원 + 1,200,000원 + 800,000원 + 2,000,000원
- 퇴직급여충당부채는 비유동부채에 해당한다.

11 ②
- 기말자산 = 기말부채 + 기말자본
200,000원 = 130,000원 + (70,000원)
- 기말자본 = 자본금 + 당기순이익
70,000원 = (　　　) + 50,000원
자본금 = 20,000원

12 ④
- 기초자본 = 250,000원(기초자산) – 120,000원(기초부채) = 130,000원
- 당기순이익 = 160,000원(기말자본) – 130,000원(기초자본) = 30,000원
- 비용총액 = 80,000원(수익총액) – 30,000원(당기순이익) = 50,000원

13 ④
- 기말자본 = 기초자본 + 추가출자 – 인출액 + 당기순이익
- 제2기: 50,000원 + 20,000원 – 0원 + 30,000원 = 100,000원

- 제3기: 100,000원 + 0원 – 10,000원 + 40,000원 = 130,000원

14 ④
- 유형자산인 차량운반구(영업용 트럭)를 어음을 발행하여 외상으로 구입할 경우
→ 미지급금 계정으로 처리 즉,
(차)차량운반구　XXX / (대)미지급금　XXX

15 ②
- 재고자산 이외의 구입 외상대금은 미지급금으로 처리한다.

16 ③
- 퇴직급여충당부채 잔액이 퇴직급여 지급액보다 크므로, 아래와 같이 회계처리한다.
(차)퇴직급여충당부채　　1,500,000원
(대)현금　　　　　　　1,500,000원

17 ④
- 퇴직급여충당부채는 비유동부채임

18 ③
- ① (차) 상품　　　　20,000원
(대) 외상매입금　　20,000원
- ② (차) 비품　　　　30,000원
(대) 미지급금　　30,000원
- ③ (차) 선급금　　　4,000원
(대) 현금　　　4,000원
- ④ (차) 급여　　　100,000원
(대) 예수금　　　5,000원
　　보통예금　　95,000원

19 ④
- 액면금액 5,000원의 보통주 100주를 6,000원에 현금으로 발행하면, 자산의 증가, 자본금의 증가, 자본의 증가를 초래한다.

20 ④
- 주식의 할증 발행의 경우, 주식의 액면금액을 초과하는 금액은 주식발행초과금으로 처리한다.
(차)자산　　　　　　　XXX
(대)자본금　　　　　　XXX
　　자본잉여금(주식발행초과금)　XXX

21 ②
(차)단기차입금　　　　1,000,000원
　이자비용　　　　　15,000원
(대)현금　　　　　1,015,000원

22 ①
- 부채는 기업이 미래에 타인에게 일정한 금액을 갚아야 할 채무(빚)를 말한다.
  차입금은 부채에 속하는 계정과목이나, 선급금, 미수금, 단기대여금은 자산에 속하는 계정과목이다.

⑨ 수익과 비용

01 ①
- 외상매출금을 조기에 회수할 때 약정에 의해 할인하는 금액은 매출액에서 차감한다.
- ②이자수익, ③채무면제이익, ④임대료는 영업외수익이다.

02 ④
- 급여는 판매비와관리비에 해당한다.

03 ②
- 판매비와관리비는 제품, 상품, 용역 등의 판매활동과 기업의 관리활동에서 발생하는 비용으로서 매출원가에 속하지 아니하는 모든 영업비용을 포함한다.

04 ①
- 상품권의 발행과 관련된 수익은 상품권을 회수하는 시점 즉, 재화를 인도하거나 판매하는 시점에 인식한다.
  상품권을 판매한 때에는 선수금으로 처리한다.

05 ④
- 유동성배열의 원칙은 재무상태표의 작성원칙이다.

06 ④
- ① 손익계산서는 기업의 일정기간 동안의 경영성과를 나타내는 보고서이다.
- ② 수익과 비용은 총액으로 기재한다.
- ③ 수익은 실현주의에 따라 인식한다.

07 ④
- ① 이자수익 ② 배당금 수익 ③ 임대료수익은 모두 영업외수익에 해당하며, ④ 상품매출은 영업수익에 해당한다.

08 ④
- 부동산매매업을 영위하는 기업이 판매목적 부동산을 처분하고 얻은 수익은 영업수익이다.

09 ②
- 재화를 판매하는 경우에는 일반적으로 재화가 인도될 때 수익을 인식한다.

10 ②
- 상품 판매의 경우 매출액은 인도시점에 인식하며, 매입관련 운반비를 매입부대비용으로 보아 매입금액에 가산하는 것과는 달리 판매관련 운반비는 매출액에서 차감하지 않고 판매비와관리비로 기록한다.

11 ④
- 일반기업회계기준에서 수익의 인식은 발생기준에 의한다. 따라서 대금을 회수하는 시점이 아닌 당해 거래나 사건이 발생한 기간에 인식한다.
- ① 상품매매계약을 체결은 거래가 아니다.
  ② 계약금은 선수금으로 처리한다.
  ③ 상품권은 회수시점에 수익으로 인식한다.

12 ①
- 일반기업회계기준에서 요구하는 손익계산서 작성 원칙에는 발생주의 원칙, 총액표시의 원칙, 구분표시의 원칙, 수익비용 대응의 원칙이 있다.

13 ④
- '발생주의'는 기업실체의 경제적 거래나 사건에 대해 관련된 수익과 비용을 그 현금유출입이 있는 기간이 아니라 당해 거래나 사건이 발생한 기간에 인식하는 것을 말한다.

14 ④
- 유동성배열법은 재무상태표의 작성기준이다.

15 ③
- 매출총이익: 10,000,000 − 6,000,000 = 4,000,000
- 영업이익: 4,000,000 − 1,000,000 − 300,000
  = 2,700,000
- 당기순이익: 2,700,000 − 500,000 = 2,200,000

16 ②
- 영업이익 = 매출총이익 − 판매비와관리비
  = (매출액 10,000,000원 − 매출원가 4,000,000원)
  − 접대비(기업업무추진비) 2,000,000원 = 4,000,000원
- 이자수익과 자산수증이익은 영업외수익에 해당하고, 이자비용은 영업외비용에 해당한다.

17 ①
- 영업이익: 매출액 − 매출원가 − 판매비와관리비(광고선전비 + 임차료) = 2,000,000원 − 1,500,000원 − (100,000원 + 60,000원) = 340,000원

18 ①
- 매출액(30,000원) − 매출원가(8,200원)
  = 매출총이익(21,800원)
- 매출총이익(21,800원) − 판매비와관리비(13,150원*)
  = 영업이익(8,650원)

  * 판매비와관리비 = 급여(8,500원) + 광고선전비(3,000원)
  + 수도광열비(250원) + 보험료(480원) + 임차료(920원)
  = 13,150원
- 영업이익(8,650원) + 영업외수익(500원) − 영업외비용(800원) = 당기순이익(8,350원)

19 ②
- 당기순이익 = 상품매출 - 상품매출원가 - 판매비와관리비
  - 영업외비용
  = 2,000,000원 - 1,200,000원 - 300,000원 - 100,000원
  = 400,000원

20 ②
- 매출총이익 = 매출액 - 매출원가 = 5,000,000원
  - 3,500,000원 = 1,500,000원
  판매비와관리비 = 광고선전비 + 복리후생비
  = 500,000원 + 300,000원 = 800,000원
  영업이익 = 매출총이익 - 판매비와관리비
  = 1,500,000원 - 800,000원 = 700,000원
  이자비용은 영업외비용이고, 임대료는 영업외수익이다.

21 ④
- 영업이익: 매출총이익 - 판매비와관리비*
  3,000,000원 - 1,150,000원 = 1,850,000원
  * 판매비와관리비 = 급여(800,000원) + 대손상각비(200,000원)
  + 수도광열비(60,000원)
  + 세금과공과(90,000원) = 1,150,000원
- 이자비용과 외환차손은 영업외비용에 해당한다.

22 ④
- 매출액 300,000원 - 매출원가 100,000원
  = 매출총이익 200,000원
- 매출총이익 200,000원 - 판매비와관리비(급여, 복리후
  생비, 임차료비용) 100,000원
  = 영업이익 100,000원

23 ②
- 순매입액 = 95,500원(총매입액 100,000원
  + 매입운임 500원 - 매입에누리액 2,000원
  - 매입환출액 3,000원)

24 ③
- 재고자산 금액 = 3,000,000원 + 1,200,000원
  - 400,000원 = 3,800,000원

25 ③
- 매출액 = 총매출액 - 매출에누리와 환입 - 매출할인
  = 100,000원 - 10,000원 - 5,000원 = 85,000원

26 ④
- 순매출액 = 매출총이익 + 매출원가 = 150,000원
  + 70,000원 = 220,000원
- 총매출액 = 순매출액 + 매출환입 + 매출에누리
  = 220,000원 + 30,000원 + 10,000원 = 260,000원

27 ②
- 순매입액 = 매입액 - 매입에누리·매입환출
  = 1,500,000원 - 100,000원 - 50,000원
  = 1,350,000원

- 매출원가 = 기초상품재고액 + 순매입액 - 기말상품재
  고액 = 200,000원 + 1,350,000원 - 150,000원
  = 1,400,000원

28 ③
- 매출원가 = 기초상품 + 순매입액(매입액 + 매입운임)
  - 기말재고
  = 80,000원 + (70,000원 + 5,000원) - 120,000원
  = 35,000원

29 ②
- 순매입액 = 총매입액 500,000원 + 매입운임 10,000원
  - 매입환출 30,000원 - 매입할인 10,000원
  = 470,000원
  매출원가 = 기초재고액 180,000원 + 순매입액
  470,000원 - 기말재고액 100,000원 = 550,000원

30 ①
- 매출원가 = 기초상품재고액 + 순매입액* - 기말상품
  재고액 = 100,000원 + 370,000원* - 150,000원
  = 320,000원
  * 순매입액 = 매입액 + 매입운임 - 매입환출 = 400,000원
  + 20,000원 - 50,000원 = 370,000원

31 ②
- 매출원가 = 기초재고액 + 당기매입액 - 기말재고액
  = 750,000원 + 6,000,000원 - 600,000원*
  = 6,150,000원
  *기말재고액 = 1,000개 × 600원 = 600,000원

32 ④
- 매출원가 = 기초상품재고액 + 당기순매입액 - 기말상
  품재고액
  = 5,000,000원 + (15,000,000원 - 2,000,000원
  - 3,000,000원) - 6,000,000원
  = 9,000,000원

33 ③
- 상품매출원가 = 기초상품재고액 + 순매입액 - 기말상
  품재고액
  = 100,000원 + 510,000원* - 40,000원
  = 570,000원
  * 순매입액 = 500,000원 + 20,000원 - 10,000원 = 510,000원

34 ①
- 당기순매입액 = 당기상품매입액 - 매입할인 - 매입환
  출과에누리
  = 1,300,000원 - 10,000원 - 20,000원 = 1,270,000원
- 매출원가 = 기초상품재고액 + 당기순매입액 - 기말상
  품재고액 = 60,000원 + 1,270,000원 - 100,000원
  = 1,230,000원

35 ③
- 매출원가 = 기초상품재고액 + 당기순매입액 − 기말상품재고액
  = 200,000원 + (2,500,000원 − 50,000원 − 30,000원 + 100,000원) − 300,000원 = 2,420,000원

36 ②
- 매출원가 = 기초상품재고액 + 당기순매입액 − 기말상품재고액
  순매입액 = 총매입액 + 매입운임 − 매입환출액 − 매입에누리액
  매출원가 = 2,000,000원 + (8,000,000원 + 200,000원 − 400,000원 − 100,000원) − 3,000,000원 = 6,700,000원

37 ③
- 매출액: 4,900,000원(총매출액 − 매출에누리와환입 = 5,000,000원 − 100,000원)
- 매출원가: XXX(매출액 − 매출총이익 = 4,900,000원 − 2,500,000원 = 2,400,000원)
- 매출총이익: 2,500,000원(판매비와관리비+영업이익 = 1,000,000원 + 1,500,000원)
- 판매비와관리비: 1,500,000원
- 영업이익: 1,000,000원

38 ③
- 당기순이익= 매출액 − 매출원가 − 판관비 + 영업외수익 − 영업외비용
- 70,000원 = 900,000원 − 매출원가 − (170,000원 + 50,000원) + 70,000원 − 30,000원
- 매출원가 = 650,000원

39 ①
- 매출원가 = 기초상품 + 당기매입 + 매입운임 − 매입할인 − 매입환출 − 기말상품
  = 1,500,000원 + 3,000,000원 + 200,000원 − 90,000원 − 50,000원 − 2,000,000원 = 2,560,000원

40 ②
- 매출총이익 = 영업이익 + 판관비 = 900,000원 + 300,000원 = 1,200,000원
  매출원가 = 매출액 − 매출총이익 = 2,000,000원 − 1,200,000원 = 800,000원

41 ③
- 매출원가 = 기초 재고자산 + 당기매입액 + 매입관련 운임 − 매입환출및에누리 − 기말 재고자산
  = 1,000,000원 + 2,000,000원 + 100,000원 − 50,000원 − 980,000원 = 2,070,000원

42 ①
- 매출원가 = 기초상품재고액 + 당기 총매입액 − 매입에누리 − 기말상품재고액
  = 300,000원 + 500,000원 − 50,000원 − 150,000원 = 600,000원

43 ②
- 매출원가: 기초상품재고액 + 당기순매입액* − 기말상품재고액
  50,000원 + 202,000원 − 50,000원 = 202,000원
  당기순매입액*: 총매입액 + 매입시 운반비 − 매입에누리
  200,000원 + 5,000원 − 3,000원 = 202,000원

44 ①
- 실지재고조사법을 채택하고 있는 경우 매출원가를 구하는 방법
  매출원가 = 기초재고 + 당기순매입액 − 기말재고
  = 52,000원 + (219,000원 + 8,000원 − 11,000원 − 7,000원) − 48,000원 = 213,000원

45 ②
- 기초상품재고액(100,000원) + 순매입액(3,500,000원 − 60,000원 − 40,000원 = 3,400,000원)
- − 기말상품재고액(200,000원)
- = 매출원가(3,300,000원)

46 ④
- 매입에누리는 매입의 차감항목이지 매입부대비용이 아니다.

47 ①
- ① 배달용 트럭의 처분손익 ➡ 영업외손익
- ② 판매용 복사기의 납품 ➡ 매출
- ③ 렌트차량에 대한 대여료 수입 ➡ 매출
- ④ 음식점의 음식 판매액 ➡ 매출

48 ③
- 종업원 급여 지급 시 원천징수한 건강보험료, 소득세 등은 예수금계정 대변에 기입하였다가 납부한 경우에는 예수금계정 차변에 기입한다.

49 ①
- 판매비와관리비에 대한 설명이고, 급여는 판매비와관리비에 해당한다.
  이자비용, 단기매매증권처분손실, 유형자산처분손실은 영업외비용이다.

50 ②
- 상품매출원가 = 기초재고자산 + 당기상품매입액 − 기말재고자산

51 ①
- 판매비와 관리비에 대한 설명이며, 접대비(기업업무추진비)가 해당된다.
- 이자비용과 유형자산처분손실은 영업외비용이고, 매출에누리와 환입은 매출에서 차감한다.

52 ②
- 손익계산서 계정과목: 급여, 광고선전비, 감가상각비
  재무상태표 계정과목: 영업권, 단기차입금, 상품

53 ③
- 전기료 → 수도광열비

54 ②
- (가) 이자비용, (나) 무형자산상각비,
  (다) 대손상각비

55 ④
- 매도가능증권평가이익은 재무상태표상의 기타포괄손익
  누계액에 해당한다.

56 ④
- 자기주식처분이익은 영업외수익에 해당하지 않는다.

57 ①
- 개발비는 자산 항목이고, 복리후생비와 보험료, 수도
  광열비는 비용 항목이다.

58 ①
- 광고선전비에 대한 내용이다.

59 ①
- 광고선전비에 대한 내용이다. 광고선전비는 판매비와관
  리비이므로 광고선전비가 증가하면 영업이익과 당기순이
  익은 감소한다. 광고선전비는 매출원가와 관련이 없다.

60 ②
- 대손충당금은 수취채권의 차감항목으로 재무상태표에
  표시된다.

61 ③
- 업무와 관련된 전화, 핸드폰, 팩스, 인터넷 등의 사용
  요금 지급은 통신비 계정으로 처리한다.

62 ④
- 건물을 임대하고 보증금을 받은 경우에는 임대보증금
  (부채)으로 처리한다.

63 ②
- (가) 비용: 퇴직급여, 차량유지비, 여비교통비, 기부금...등
  (나) 수익: 수입임대료, 이자수익, 배당금수익...등

64 ①
- 거래처에 증정할 선물 구입비는 접대비(기업업무추진
  비) 계정과목으로 처리한다.

65 ③
- 기업의 주된 영업활동으로 인하여 발생하는 수익을 영업
  수익이라고 한다. 상품매매기업의 경우 상품매출이 영업
  수익이다.

66 ④
- 이자수익, 배당금수익, 유형자산처분이익은 영업외수익에
  해당하나, 단기매매증권은 자산에 해당한다.

67 ①
- ① 판매용 복사기를 판매한 것은 영업수익(매출액)에
  해당한다.
  ② 이자수익, ③ 단기매매증권평가이익, ④ 유형자산
  처분이익은 영업외수익이다.

68 ②
- (가) 단기매매증권의 처분 시 장부금액보다 처분금액이
  높은 경우 그 차액을 단기매매증권처분이익이라 한다.
- (나) 거래처 등으로부터 채무를 면제받은 경우 채무면
  제이익이 발생한다.

69 ④
- 소년·소녀 가장에게 지급하는 장학금은 기부금으로
  처리한다.

70 ①
- 직원 체육대회비 지급액은 복리후생비로 처리한다.

71 ①
- 복리후생비: 종업원의 복리와 후생을 위한 비용으로
  경조비 등을 포함한다.
- 접대비(기업업무추진비): 업무와 관련하여 특정인(종업원
  제외)에게 지출하는 비용으로 경조비 등을 포함한다.

72 ①
- 단기매매증권처분손실은 손익계산서에 나타나지만, 미지
  급비용, 선수수익은 부채, 개발비는 자산 항목으로서 재
  무상태표에 표시된다.

73 ④
- 업무용 차량에 지출된 유류비는 차량유지비 계정으로
  처리한다.

74 ①
- 사업과 무관하게 무상으로 제공한 경우에는 기부금 계
  정으로 회계처리한다.

75 ④
- 여비교통비는 판매비와관리비에 해당되므로 영업이익
  에 영향을 미친다. 잡손실과 이자비용은 영업외비용이
  고, 유형자산처분이익은 영업외수익이므로 영업이익에
  영향을 미치지 않는다.

76 ④
- 매도가능증권평가이익은 재무상태표상 기타포괄손익
  누계액 항목에 포함된다.

77 ④
- 배당금수익은 영업외수익으로 손익계산서에 표시된
  다. 미수수익은 자산이고, 선수수익과 미지급비용은
  부채로 재무상태표에 표시된다.

78 ②
- 자산수증이익은 회사의 결손이 누적되거나 파산상태
  에 있는 기업의 자본보전 등을 위해 주주, 임원 기타
  제3자 등이 자신의 재산을 무상으로 증여하는 경우 발
  생하는 계정으로 영업외수익으로 분류된다.

79 ③
- 단기대여금에 대한 이자는 이자수익 계정으로 영업외
  수익으로 분류한다.

80 ④
- 업무용 차량에 지출된 유류비는 차량유지비 계정으로 처리한다.

81 ①
- 판매비와 관리비에 대한 설명이며, 접대비(기업업무추진비)가 해당된다.
- 이자비용과 유형자산처분손실은 영업외비용이고, 매출에누리와 환입은 매출에서 차감한다.

82 ②
- 접대비(기업업무추진비), 보험료, 교육훈련비는 판매비와 관리비이므로 영업이익에 영향을 미치나, 이자비용은 영업외비용이므로 영업이익에 영향을 미치지 아니한다.

83 ④
- 유형자산처분손실은 영업외비용에 해당한다.

84 ②
- 판매비와 관리비: 여비교통비, 접대비(기업업무추진비)
  영업외비용: 이자비용, 기부금

85 ④
- 기부금은 영업외비용 계정과목이다.

86 ④
- 임차료, 세금과공과, 접대비(기업업무추진비)는 판매비와 관리비이고, 기부금과 유형자산처분손실은 영업외비용이다.

87 ③
- 급여는 판매비와관리비 항목이다.

88 ④
- 유형자산처분이익은 영업외수익이므로 영업손익과는 무관한다.

89 ②
- 기부금은 영업외비용이고, 접대비(기업업무추진비), 경상연구개발비, 대손상각비는 판매비와관리비에 해당한다.

90 ①
- 영업이익에 영향을 미치지 않는 비용 계정과목은 영업외비용 계정과목이다.
- 영업외비용: 기부금, 이자비용
- 판매비와관리비: 임차료, 접대비(기업업무추진비)

91 ③
- 대손충당금환입은 판매비와관리비의 부(-)의 금액으로 표시한다.

92 ①
- 개발비는 재무상태표상의 계정과목이다.

93 ④
- 판매비와관리비는 기업의 판매 또는 관리활동에서 발생하는 비용으로 매출원가 외의 모든 영업비용을 말한다. 도소매업의 이자비용은 판매, 관리활동이 아닌 자금조달활동에서 발생하는 영업외비용이다.

94 ④
- 기부금은 영업외비용 항목이다.

⑩ 결산의 절차

01 ②
- 당기에 발생하였으나 아직 현금이 지급되지 않은 이자비용에 대한 수정분개는 비용의 발생(예상)에 해당하는 결산정리분개이다.

02 ③
- 분개누락, 이중분개, 금액오류, 전기오류 등은 시산표 작성을 통해 발견할 수 없는 오류이고, 시산표 작성은 결산의 예비절차이다.

03 ②
- 회계의 순환과정에서 장부가 작성되는 순서는 분개장 → 총계정원장 → 시산표 → 재무제표 순이다.

04 ①
- 미지급비용 = 3,000,000원 × 12% × 9개월/12개월 = 270,000원

05 ④
- (차) 이자비용   200,000원
  (대) 미지급비용   200,000원

06 ①
- 미지급비용 = 1,000,000원 × 12% × 6개월/12개월 = 60,000원

07 ③
- 선급비용(선급임차료) = 120,000원 × 2개월/6개월 = 40,000원

08 ①
- 선급비용(선급보험료) = 1,200,000원 × 2개월/12개월 = 200,000원

09 ③
- 지급임차료 2,400,000원 중에서 당기분은 3개월분인 600,000원이므로 1,800,000원을 선급비용으로 분개한다.

10 ③
- (차) 선급보험료*   1,800,000원
  (대) 보험료   1,800,000원

  * 선급보험료 = 보험료 × 미경과월수/12개월
             = 2,400,000원 × 9개월/12개월
             = 1,800,000원

11 ③

- 임차료에 대한 결산 정리 분개

(차) 선급임차료	XXX	
(대) 임차료		XXX

12 ④

- 2025년 10월 1일

(차) 보험료	240,000원	
(대) 현금		240,000원

- 2025년 12월 31일

(차) 선급비용	180,000원	
(대) 보험료*		180,000원

  * 240,000원 × 9월/12월 = 180,000원

13 ①

- 선급비용 = 1,200,000원 × 6개월/12개월
  = 600,000원

14 ④

- 보험료 = 수정 전 잔액시산표 금액(150,000원) + 보험료 미지급액(50,000원) = 200,000원

15 ③

- 2025년 7월 1일

(차) 보험료	140,000원	
(대) 현금		140,000원

- 2025년 12월 31일

(차) 선급비용	70,000원	
(대) 보험료*		70,000원

  * 140,000원 × 6월/12월

16 ③

- 선급비용은 2025년 귀속분 1,200,000원 × 4/6
  = 800,000원이다.

17 ④

- 2025. 4. 1. 기록한 선급비용 중 기간이 경과한 9개월 (4월~12월)분을 감소시킴
- 연간 보험료 120,000원 × 9개월/12개월 = 90,000원

18 ③

- 선급비용은 2025년 귀속분 2,400,000원 × 3/6
  = 1,200,000원이다.

19 ②

- 2025년 임대료수익 = 120,000,000원 × 6개월/12개월
  = 60,000,000원
- 2025년 선수임대료 = 120,000,000원 × 6개월/12개월
  = 60,000,000원

20 ③

- 선수수익 = 2,400,000원 × 7/12 = 1,400,000원

21 ③

- 2025년 12월 31일 현재 소모품 잔액이 30,000원 이므로 다음과 같이 수정분개한다.

(차) 소모품비	30,000원	
(대) 소모품비		30,000원

22 ②

- 소모품 구입 시 자산으로 회계 처리한 경우, 결산 시 사용액을 소모품비 계정에 대체한다.
- 소모품 구입액(100,000원) − 소모품 미사용액(20,000원) = 소모품 사용액(80,000원)
- 결산정리분개

(차) 소모품비	80,000원	
(대) 소모품		80,000원

23 ③

- 기초소모품재고액 + 당기매입소모품 − 기말소모품재고액 = 당기소모품비
- 200,000원 + 500,000원 − 50,000원 = 650,000원

24 ④

- 소모품 구입시 자산계정으로 처리하면 결산 시에는 사용액을 비용으로 회계처리 한다.

(차) 소모품비	80,000원	
(대) 소모품		80,000원

25 ③

- 소모품을 구입하는 시점에서 전액 비용으로 처리하였으므로 기말에 남아 있는 소모품을 자산으로 계상하고 비용을 감소시킨다.

26 ②

- 소모품 구입당시

(차) 소모품비	360,000원	
(대) 현금(또는 미지급비용)		360,000원

- 기말 소모품재고액: 140,000원
  ∴ 비용을 줄여주는 수정분개가 필요함
- 수정분개

(차) 소모품	140,000원	
(대) 소모품비		140,000원

27 ④

- 취득원가 = 100주 × @4,000원 = 400,000원
  단기매매증권 취득부대비용은 비용처리한다.
- 2025년 12월 31일 공정가치: 100주 × @4,500원
  = 450,000원
- 단기매매증권평가이익: 450,000원 − 400,000원
  = 50,000원

28 ①
- 단기투자목적의 주식은 단기매매증권으로 분류한다.
- 단기매매증권평가이익 = 기말평가액 – 취득원가
  = (12,000원 × 100주) – (10,000원 × 100주)
  = 200,000원
- 단기매매증권의 주식거래수수료는 당기비용으로 처리한다.

29 ①
- 2025년 6월 1일

  (차) 단기매매증권   1,200,000원
      (대) 현금   1,200,000원
- 2025년 12월 31일

  (차) 단기매매증권   100,000원
      (대) 단기매매증권평가이익   100,000원

30 ④
- 가지급금은 금전의 지급이 있었으나 그 계정과목이나 금액이 확정되지 않았을 경우 사용하는 일시적 계정과목이므로 적절한 계정으로 대체하여 재무상태표에는 나타나지 않아야한다.

31 ①
- 가수금, 가지급금, 현금과부족은 임시 계정으로서 기말 재무상태표에 표시하지 않는다.

32 ④
- (차) 잡손실   50,000원
      (대) 현금과부족   50,000원

33 ④
- 결산시 분개

  (차) 여비교통비   30,000원
      잡손실   40,000원
      (대) 현금과부족   70,000원
- 현금부족액은 현금과부족 계정 차변에 잔액이 나타나고, 원인이 밝혀지면 현금과부족 계정 대변에 기재하고, 결산 시까지 원인이 밝혀지지 않으면 잡손실로 회계처리한다.

34 ①
- (차) 대손상각비   100,000원
      (대) 대손충당금   100,000원

35 ④
- 대손충당금 추가 설정액 = 100,000원 – 30,000원
  = 70,000원

36 ②
- 결산 분개 전 대손충당금 = 10,000원 – 5,000원
  = 5,000원
- 대손상각비 = 기말대손충당금 – 결산분개 전 대손충당금
  = 20,000원 – 5,000원 = 15,000원

37 ③
- 대손충당금 설정액 = 매출채권 2,500,000원 × 1%
  = 25,000원
- 당기 대손충당금 계상액 = 25,000원 – 10,000원(잔액)
  = 15,000원

  (차) 대손상각비   15,000원
      (대) 대손충당금   15,000원

38 ②
- 기중 매출채권 대손처리

  (차) 대손충당금   200,000원
      대손상각비   200,000원
      (대) 매출채권   400,000원

  회수가 불가능한 채권은 대손충당금과 상계하고 대손충당금이 부족한 경우에는 그 부족액을 대손상각비로 처리한다.
- 기말 대손충당금 설정

  기말 대손충당금 설정액 = 30,000,000원 × 1%
  = 300,000원
  대손충당금 잔액이 없으므로 300,000원을 설정한다.

  (차) 대손상각비   300,000원
      (대) 대손충당금   300,000원

39 ③
- 대손상각비 = 기말 대손충당금 설정액 – (기초 대손충당금 잔액 – 기중 대손액)
  = 2,500,000원 × 1% – 0원 = 25,000원

  (차) 대손상각비   25,000원
      (대) 대손충당금   25,000원

40 ④
- 9월 10일

  (차) 대손충당금   30,000원
      (대) 외상매출금   30,000원
- 12월 31일

  (차) 대손상각비   40,000원
      (대) 대손충당금   40,000원

41 ①
- 당기 대손상각비 = 160,000원 – (150,000원 – 120,000원) = 130,000원

42 ②
- 대손상각비 = 1,000,000원 × 5% − 20,000원
  = 30,000원

43 ③
- 기초 대손충당금(250,000원) − 기중 대손발생액(100,000원) + 기말 대손충당금 설정액(50,000원) = 200,000원

44 ③
- 회수가 불가능한 채권은 대손충당금과 우선 상계하고 대손충당금이 부족한 경우 그 부족액은 대손상각비로 처리한다.

45 ③
- 당기말 대손충당금: 5,000,000원 × 2% = 100,000원
- 당기 대손상각비: 100,000원 − 30,000원 = 70,000원

46 ③
- 기말 대손충당금 = 전기이월액 − 당기 대손발생액 + 당기 대손상각비 110,000원 = 100,000원 − 20,000원 + 당기 대손상각비
- 당기 대손상각비 = 30,000원

47 ①
- 기말 대손충당금 = 3,000,000원 × 0.02 + 6,000,000원 × 0.03 + 1,000,000원 × 0.05
  = 60,000원 + 180,000원 + 50,000원 = 290,000원
- 대손상각비 = 290,000원 − 150,000원 = 140,000원

48 ③
- 대손충당금 기초잔액 300,000원은 5월 3일에 모두 사용되었으므로, 기말 매출채권에 대한 대손추정액 전액을 계상하여야 한다.
- 35,000,000원 × 2% = 700,000원

49 ①
- 2025년말 대손충당금 잔액 = 1,200원 × 10% = 120원
- 결산전 대손충당금 잔액 = 100원 + 300원 = 400원
- 대손충당금환입 = 400원 − 120원 = 280원

50 ④
- 당기말 대손충당금 잔액 = 30,000원 − 15,000원 + 5,000원 = 20,000원

51 ④
- 기말 대손충당금 = 기초 대손충당금 − 기중 대손처리액 + 기말 대손충당금 계상액 = 30,000원 − 10,000원 + 30,000원 = 50,000원

52 ③
- 4월 3일

  (차) 대손충당금　　　　　　150,000원
  　　(대) 매출채권　　　　　　　150,000원

53 ②
- 대손예상액 = 매출채권의 1% = 1,000,000 × 1%
  = 10,000원
- 수정전 대손충당금 잔액 = 4,000원
- 대손충당금 추가설정액 = 대손예상액 − 수정전 대손충당금
  = 10,000원 − 4,000원 = 6,000원

54 ②
- 대손충당금 설정액 = 매출채권 5,000,000원(외상매출금 + 받을어음) × 2% = 100,000원
- 대손충당금 계상액 = 100,000원 − 30,000원
  = 70,000원

55 ①
- 대손상각비 = 11,000,000원 × 8% − 500,000원
  = 380,000원

56 ④
- 재무상태표에 반영되는 대손충당금 = 매출채권 잔액 ×대손율(600,000원 + 400,000원) × 2% = 20,000원

57 ④
- 당기말 대손충당금 잔액 = 40,000원 − 15,000원 + 10,000원 = 35,000원

58 ④
- 감가상각비 = (2,000,000원 − 0원) × 1/5 × 6개월/12개월 = 200,000원
- 순장부금액 = 취득금액 − 감가상각누계액
  = 2,000,000원 − 200,000원 = 1,800,000원

59 ②
- 정률법 감가상각비 = 미상각잔액 × 상각률
- 2024년 10,000,000원 × 20% = 2,000,000원
- 2025년 (10,000,000원 − 2,000,000원) × 20%
  = 1,600,000원

60 ①
- 2025년 감가상각비 = 2,000,000원 ÷ 5년
  × 9개월 /12개월 = 300,000원

61 ③
- 감가상각비 = (10,000,000원 − 1,000,000원) ÷ 5년
  = 1,800,000원

62 ③
- 2025년 감가상각비 = (5,500,000원 − 500,000원) ÷ 10년 = 500,000원
- 취득세는 취득가액에 가산한다.

63 ④
- 2025년 12월 31일 감가상각비 계산
(7,400,000원 - 0원) / 10년 = 740,000원

64 ④
- 2025년 정액법에 의한 감가상각비 = (취득원가
- 잔존가치)/내용연수
= (1,000,000원 + 100,000원 - 0원)/5년
= 220,000원
- 취득중개수수료는 건물의 취득원가에 가산한다.

65 ③
- 1,000,000원 × 18개월/120개월 = 150,000원

66 ①
- (50,000,000원 - 0원) / 10년 × 6월/12월 = 2,500,000원

67 ①
- 연간 감가상각비 = (취득원가 - 잔존가치) ÷ 내용연수
= (1,000,000원 - 0원) ÷ 10년 = 100,000원
- 2025년말 현재, 건물 취득후 3년이 경과하였다.
취득원가 - 감가상각누계액 = 장부금액
1,000,000원 - 300,000원 = 700,000원

68 ②
- 비품 감가상각비 = 100,000원 × 20% × 6개월/12개월
= 10,000원
- 기계장치 감가상각비: (300,000원 - 200,000원)
× 20% = 20,000원
2025년 감가상각비 총액은 30,000원이다.

69 ③
- 2025년 감가상각비 = (취득원가 - 잔존가치)/내용연수
(2,200,000원 - 200,000원)/5 = 400,000원

⑪ 내부통제제도와 내부회계관리제도

01 ④
- 내부통제제도의 목적은 다음과 같다.
- 기업운영의 효율성 및 효과성 확보
- 재무정보의 신뢰성 확보
- 관련 법규 및 정책의 준수

02 ②
- 내부통제제도의 구성요소는 통제환경, 위험평가, 통제
활동, 정보 및 의사소통, 모니터링이다.

03 ③
- 아무리 잘 설계된 내부통제제도라 할지라도 제도를 운
영하는 과정에서 발생하는 집행위험은 피할 수 없다.

04 ①
- 운영목적이나 법규준수목적과 관련된 통제절차가 재무
제표의 신뢰성 확보와 관련된 경우 해당 통제절차는
내부회계관리제도의 범위에 포함된다.

05 ④
- 재고실사를 통해 자산의 도난이나 분실을 완전히 막을
수는 없지만, 효과적으로 실시한다면 실물자산과 장부
상 자산의 수량 차이를 적시에 발견함으로써 재무제표
에 중요한 왜곡표시를 방지할 수 있다.

기초정보관리의 이해

1 사업자등록증에 의한 회사등록 수정

① 8.사업장주소, 경기도 수원시 장안구 파장로 103
→ 서울시 강남구 강남대로 580으로 변경
② 14.사업장세무서 코드, 124.수원 → 211.강남으로 변경(사업장주소를 변경하면 자동 변경됨)

2 전기분 손익계산서 입력 수정

① 전기분재무상태표 146.상품 30,000,000원을 20,000,000원으로 수정하여 전기분손익계산서의 상품매출원가에 반영
② 999.소득세등 650,000원을 추가 입력

3 계정과목 추가(수정)

237.광업권을 Ctrl + F1을 이용하여 '프랜차이즈' 계정과목으로 수정

4 거래처별 초기이월등록

253.미지급금 계정: 거래처 코드별 금액 입력

02 거래자료입력

1 매입 · 매출거래

01 07월 01일

| (차) 108.외상매출금(광주상사) | 2,000,000원 | (대) 401.상품매출 | 2,000,000원 |

02 07월 02일

| (차) 101.현금 | 3,000,000원 | (대) 401.상품매출 | 5,000,000원 |
| 108.외상매출금(울진상사) | 2,000,000원 | | |

03 07월 03일

| (차) 108.외상매출금(강릉상사) | 2,700,000원 | (대) 401.상품매출 | 3,000,000원 |
| 259.선수금(강릉상사) | 300,000원 | | |

04 07월 04일

| (차) 101.현금 | 5,000,000원 | (대) 401.상품매출 | 5,000,000원 |
| 824.운반비 | 50,000원 | 101.현금 | 50,000원 |

05 07월 05일

| (차) 146.상품 | 3,000,000원 | (대) 251.외상매입금(명동상사(주)) | 3,000,000원 |

06 07월 06일

| (차) 146.상품 | 2,020,000원 | (대) 251.외상매입금((주)평화상사) | 2,000,000원 |
| | | 101.현금 | 20,000원 |

07 07월 07일

| (차) 146.상품 | 7,000,000원 | (대) 131.선급금(명동상사(주)) | 1,000,000원 |
| | | 251.외상매입금(명동상사(주)) | 6,000,000원 |

2 어음 거래

01 08월 01일

(차) 251.외상매입금((주)부산상사)　5,000,000원　　　(대) 252.지급어음((주)부산상사)　5,000,000원

[어음책등록]

[지급어음 관리]

어음상태	2 발행	어음번호	자타20250801		어음종류	1 어음	발 행 일	2025-08-01
만 기 일	2026-01-02	지급은행	98000	국민은행	지　　점			

02 08월 02일

(차) 252.지급어음(전주상사)　3,000,000원　　　(대) 102.당좌예금(국민은행)　3,000,000원

[지급어음 관리]

어음상태	3 결제	어음번호	0042025070212345689		어음종류	4 전자	발 행 일	2025-07-02
만 기 일	2025-08-02	지급은행	98000	국민은행	지　　점			

03 08월 03일

(차) 110.받을어음(안동상사)　2,500,000원　　　(대) 108.외상매출금(안동상사)　2,500,000원

[받을어음 관리]

어음상태	1 보관		어음종류	6 전자		어음번호	0112025080312345689		수취구분	1 자수
발 행 인	05001	안동상사			발 행 일	2025-08-03	만 기 일	2026-01-03	배 서 인	
지급은행	500	농협	지 점	서초	할인기관		지 점		할 인 율 (%)	
지급거래처					＊수령된 어음을 타거래처에 지급하는 경우에 입력합니다.					

04 08월 04일

(차) 102.당좌예금(국민은행)　6,000,000원　　　(대) 110.받을어음(강릉상사)　6,000,000원

[받을어음 관리]

어음상태	4 만기		어음번호	0042025070412345689		수취구분	1 자수	발 행 일	2025-07-04	만 기 일	2025-08-04
발 행 인	03101	강릉상사				지급은행	100	국민은행		지 점	서초
배 서 인			할인기관			지 점			할 인 율 (%)		어음종류	6 전자
지급거래처						＊수령된 어음을 타거래처에 지급하는 경우에 입력합니다.					

05 08월 05일

(차) 102.당좌예금(국민은행)　6,950,000원　　　(대) 110.받을어음((주)충주상사)　7,000,000원
　　　936.매출채권처분손실　　　50,000원

[받을어음 관리]

어음상태	2 할인(전액)		어음번호	0042025070512345689		수취구분	1 자수	발 행 일	2025-07-05	만 기 일	2025-09-15
발 행 인	05015	(주)충주상사				지급은행	100	국민은행		지 점	서초
배 서 인			할인기관	98000	국민은행	지 점	삼성		할 인 율 (%)		어음종류	6 전자
지급거래처						＊수령된 어음을 타거래처에 지급하는 경우에 입력합니다.					

06 08월 06일

(차) 251.외상매입금((주)수원상사)　4,000,000원　　　(대) 110.받을어음(경기상사)　4,000,000원

[받을어음 관리]

어음상태	3 배서		어음번호	0042025070612345689		수취구분	1 자수	발 행 일	2025-07-06	만 기 일	2025-11-30
발 행 인	03401	경기상사				지급은행	100	국민은행		지 점	삼성
배 서 인			할인기관			지 점			할 인 율 (%)		어음종류	6 전자
지급거래처	08808	(주)수원상사				＊수령된 어음을 타거래처에 지급하는 경우에 입력합니다.					

3 판매비와관리비 거래

01 09월 01일
(차) 801.급여   1,500,000원   (대) 103.보통예금(농협)   1,288,000원
                                          254.예수금   212,000원

02 09월 02일
(차) 811.복리후생비   210,000원   (대) 253.미지급금(삼성카드)   210,000원

03 09월 03일
(차) 811.복리후생비   300,000원   (대) 101.현금   300,000원

04 09월 04일
(차) 254.예수금   250,000원   (대) 103.보통예금(농협)   500,000원
     811.복리후생비   250,000원

05 09월 05일
(차) 812.여비교통비   1,200,000원   (대) 253.미지급금(삼성카드)   1,200,000원

06 09월 06일
(차) 813.접대비(기업업무추진비)   50,000원   (대) 101.현금   50,000원

07 09월 07일
(차) 813.접대비(기업업무추진비)   80,000원   (대) 101.현금   80,000원

08 09월 08일
(차) 813.접대비(기업업무추진비)   45,000원   (대) 253.미지급금(삼성카드)   45,000원

09 09월 09일
(차) 813.접대비(기업업무추진비)   95,000원   (대) 102.당좌예금(국민은행)   95,000원

10 09월 10일
(차) 814.통신비   88,000원   (대) 103.보통예금(농협)   88,000원

11 09월 11일
(차) 814.통신비   4,000원   (대) 101.현금   4,000원

12 09월 12일
(차) 815.수도광열비   30,000원   (대) 103.보통예금(농협)   30,000원

13 09월 13일
(차) 815.수도광열비   200,000원   (대) 101.현금   200,000원

14 09월 14일
(차) 816.전력비   230,000원   (대) 103.보통예금(농협)   230,000원

15 09월 15일
(차) 817.세금과공과금   80,000원   (대) 101.현금   80,000원

16 09월 16일
(차) 817.세금과공과금   18,000원   (대) 101.현금   18,000원

17 09월 17일
(차) 817.세금과공과금   800,000원   (대) 101.현금   800,000원

18 09월 18일
(차) 817.세금과공과금   50,000원   (대) 101.현금   50,000원

19 09월 19일
   (차) 817.세금과공과금   100,000원   (대) 101.현금   100,000원

20 09월 20일
   (차) 254.예수금   230,000원   (대) 101.현금   460,000원
       817.세금과공과금   230,000원

21 09월 21일
   (차) 819.임차료   1,000,000원   (대) 101.현금   700,000원
             253.미지급금(강남빌딩)   300,000원

22 09월 22일
   (차) 820.수선비   90,000원   (대) 101.현금   90,000원

23 09월 23일
   (차) 821.보험료   1,200,000원   (대) 101.현금   1,200,000원

24 09월 24일
   (차) 822.차량유지비   40,000원   (대) 101.현금   40,000원

25 09월 25일
   (차) 824.운반비   20,000원   (대) 101.현금   20,000원

26 09월 26일
   (차) 825.교육훈련비   300,000원   (대) 101.현금   300,000원

27 09월 27일
   (차) 826.도서인쇄비   15,000원   (대) 101.현금   15,000원

28 09월 28일
   (차) 830.소모품비   100,000원   (대) 101.현금   100,000원

29 09월 29일
   (차) 831.수수료비용   500,000원   (대) 103.보통예금(농협)   500,000원

30 09월 30일
   (차) 833.광고선전비   150,000원   (대) 101.현금   150,000원

4 기타거래

01 10월 01일
   (차) 107.단기매매증권   6,000,000원   (대) 103.보통예금(농협)   6,008,000원
       945.수수료비용(영업외비용)   8,000원

02 10월 02일
   (차) 103.보통예금(농협)   1,800,000원   (대) 107.단기매매증권   2,000,000원
       938.단기매매증권처분손   200,000원

03 10월 03일
   (차) 103.보통예금(농협)   1,300,000원   (대) 107.단기매매증권   1,000,000원
             906.단기매매증권처분익   300,000원

04 10월 04일
   (차) 131.선급금(경기상사)   200,000원   (대) 101.현금   200,000원

05 10월 05일
   (차) 101.현금   500,000원   (대) 259.선수금(광주상사)   500,000원

06 10월 06일

(차) 114.단기대여금(공주오피스)   2,000,000원   (대) 101.현금   2,000,000원

07 10월 07일

(차) 103.보통예금(농협)   20,000,000원   (대) 293.장기차입금(기업은행)   20,000,000원

08 10월 08일

(차) 134.가지급금(김영숙)   500,000원   (대) 101.현금   500,000원

09 10월 09일

(차) 812.여비교통비   490,000원   (대) 134.가지급금(김영숙)   500,000원

     101.현금   10,000원

10 10월 10일

(차) 812.여비교통비   470,000원   (대) 134.가지급금(김상진)   400,000원

                                            101.현금   70,000원

11 10월 11일

(차) 141.현금과부족   50,000원   (대) 101.현금   50,000원

12 10월 12일

(차) 811.복리후생비   50,000원   (대) 141.현금과부족   50,000원

13 10월 13일

(차) 101.현금   30,000원   (대) 141.현금과부족   30,000원

14 10월 14일

(차) 254.예수금   22,000원   (대) 103.보통예금(농협)   22,000원

15 10월 15일

(차) 962.임차보증금(강남빌딩)   10,000,000원   (대) 103.보통예금(농협)   10,000,000원

16 10월 16일

(차) 103.보통예금(농협)   2,000,000원   (대) 257.가수금   2,000,000원

17 10월 17일

(차) 257.가수금   2,000,000원   (대) 108.외상매출금(대구전자)   2,000,000원

18 10월 18일

(차) 253.미지급금(비씨카드)   1,500,000원   (대) 103.보통예금(농협)   1,500,000원

19 10월 19일

(차) 212.비품   3,000,000원   (대) 253.미지급금(삼성카드)   3,000,000원

20 10월 20일

(차) 208.차량운반구   8,000,000원   (대) 103.보통예금(농협)   8,000,000원

21 10월 21일

(차) 240.소프트웨어   4,000,000원   (대) 103.보통예금(농협)   4,000,000원

22 10월 22일

(차) 201.토지   31,100,000원   (대) 102.당좌예금(국민은행)   30,000,000원

                                            101.현금   1,100,000원

23 10월 23일

(차) 103.보통예금(농협)   3,000,000원   (대) 208.차량운반구   12,000,000원

     209.감가상각누계액   10,000,000원   914.유형자산처분이익   1,000,000원

부록/정답 및 해설

24 10월 24일

(차) 103.보통예금(농협)	1,000,000원	(대) 212.비품	5,000,000원
213.감가상각누계액	3,500,000원		
950.유형자산처분손실	500,000원		

25 10월 25일

(차) 109.대손충당금	1,500,000원	(대) 108.외상매출금(나약상사)	2,000,000원
835.대손상각비	500,000원		

26 10월 26일

(차) 338.인출금	450,000원	(대) 101.현금	450,000원

27 10월 27일

(차) 103.보통예금(농협)	10,000,000원	(대) 338.인출금	10,000,000원

28 10월 28일

(차) 101.현금	250,000원	(대) 904.임대료	250,000원

29 10월 29일

(차) 933.기부금	300,000원	(대) 101.현금	300,000원

30 10월 30일

(차) 931.이자비용	120,000원	(대) 103.보통예금(농협)	120,000원

31 10월 31일

(차) 103.보통예금(농협)	5,250,000원	(대) 114.단기대여금(안동상사)	5,000,000원
		901.이자수익	250,000원

 03 전표수정

1 입력자료 수정

01 [일반전표입력] 11월 15일

(차) 251.외상매입금(00105.(주)코리아)	1,001,000원	(대) 103.보통예금(98001.농협)	1,001,000원을
(차) 251.외상매입금(00105.(주)코리아)	1,000,000원	(대) 103.보통예금(98001.농협)	1,001,000원
831.수수료비용	1,000원으로 수정		

02 [일반전표입력] 11월 18일

(차) 817.세금과공과금	120,000원	(대) 103.보통예금(98001.농협)	120,000원을
(차) 819.임차료	120,000원	(대) 103.보통예금(98001.농협)	120,000원으로 수정

03 [일반전표입력] 11월 20일

(차) 824.운반비	80,000원	(대) 101.현금	80,000원을
(차) 146.상 품	80,000원	(대) 101.현금	80,000원으로 수정

2 거래처 변경

01 [일반전표입력] 11월 25일

(차) 101.현금	2,000,000원	(대) 108.외상매출금(00120.한성기업)	2,000,000원을
(차) 101.현금	2,000,000원	(대) 108.외상매출금(00873.한일상회)	2,000,000원으로 수정

04 결산

1 수동결산

01 12월 31일 (차) 133.선급비용   400,000원   (대) 821.보험료   400,000원

02 12월 31일 (차) 931.이자비용   300,000원   (대) 262.미지급비용   300,000원

03 12월 31일 (차) 116.미수수익   25,000원   (대) 901.이자수익   25,000원

04 12월 31일 (차) 901.이자수익   50,000원   (대) 263.선수수익   50,000원

05 12월 31일 (차) 172.소모품   100,000원   (대) 830.소모품비   100,000원

06 12월 31일 (차) 141.현금과부족   30,000원   (대) 930.잡이익   30,000원

07 12월 31일 (차) 338.인출금   9,550,000원   (대) 331.자본금   9,550,000원

2 결산자료입력에 의한 자동결산

- **방법 1. [결산자료입력] 메뉴**

  (10) 기말상품재고액란에 6,000,000원 입력, 4) 감가상각비 '차량운반구'란에 2,500,000원 입력, 5) 대손상각의 '외상매출금' 2,807,800원, '받을어음' 338,000원 입력 후 상단부 전표추가(F3) 를 클릭하면 일반 전표입력 메뉴에 분개가 생성된다.

  외상매출금 280,780,000원 × 1% = 2,807,800원

  받을어음 38,800,000원 × 1% − 50,000원 = 338,000원

- **방법 2. [일반전표입력]** (12월 31일)

  (차) 451.상품매출원가   244,945,000원   (대) 146.상품   244,945,000원

  (차) 818.감가상각비   2,500,000원   (대) 209.감가상각누계액   2,500,000원

  (차) 835.대손상각비   3,145,800원   (대) 109.대손충당금   2,807,800원

  　　　　　　　　　　　　　　　　　　　　　　　　111.대손충당금   338,000원

  - 손익계산서([기능모음])의 '추가' 클릭) → 재무상태표를 조회 작성한다.

05 회계정보분석

1 일계표 조회

01 차량유지비

2 월계표 조회

01 급여

02 13,353,700원

3 계정별원장 조회

01 8,000,000원(대변 조회)

02 4,420,000원(대변 조회)

4 거래처원장 조회

01 15,000,000원

02 03001, 12,000,000원

5 총계정원장 조회

01 6월

02 3월

6 현금출납장 조회

01 6,850,000원

02 15,949,400원

7 일일자금명세 조회

01 ④ 임차료

02 ② 보통예금잔액 139,597,000원

8 예적금현황 조회

01 ③ 기업은행 50,000,000원

9 받을어음현황 조회

01 ① 대구전자

10 지급어음현황 조회

01 ① 경기상사

11 어음집계표 조회

01 7매

12 합계잔액시산표 또는 재무상태표 조회

01 142,033,000원

02 218,444,310원(제출용 조회)

03 78,515,000원(제출용 조회)

04 100,000,000원 − 50,000,000원 = 50,000,000원

05 당기 25,0000,000원 − 전기 20,0000,000원 = 5,000,000원 증가

06 (674,087,860원 / 140,126,000원) × 100 = 481%

13 손익계산서 조회

01 722,090원

02 6,000,000원 ÷ 6개월 = 1,000,000원

03 45,487,140원

04 50,350,000원

05 (254,000,000원 / 850,000,000원) × 100 = 29%

최신 기출문제 정답 및 해설

최신 기출문제 제69회

[실무이론평가]

1	2	3	4	5	6	7	8	9	10
①	③	④	③	①	④	②	④	④	③

01 ①
- 채권자는 이자 지급 능력과 원금 회수 능력에 대한 정보를 필요로 한다.

02 ③
- (가)는 차변에 자산의 증가, 대변에 수익의 발생으로 결합된다.

03 ④
- 매출채권 = 외상매출금(5,800,000원) + 받을어음(3,000,000원) = 8,800,000원

04 ③
- 상품의 취득원가에는 상품매입 관련 운임과 보험료를 포함하며, 상품판매 관련 운임은 판매비와관리비로 처리한다.
  상품취득원가 = 100,000원 + 5,000원 + 7,000원 = 112,000원

05 ①
- 상품의 매입 주문 시 지급했던 계약금은 선급금 계정으로 처리한다.

(차) 상품	500,000원	(대) 선급금	50,000원
		외상매입금	450,000원

06 ④
- 기부금은 영업외비용 항목이다.

07 ②
- 순매입액 = 총매입액(3,500,000원) - 매입에누리(60,000원) - 매입할인(40,000원)
          = 3,400,000원
- 매출원가 = 기초상품재고액(100,000원) + 순매입액(3,400,000원) - 기말상품재고액(200,000원)
          = 3,300,000원

08 ④
- 유동성배열의 원칙은 재무상태표의 작성원칙이다.

09 ④
- 현금 부족액은 현금과부족 계정 차변에 잔액이 나타나고, 원인이 밝혀지면 현금과부족 계정 대변에 기재하고, 결산 시까지 원인이 밝혀지지 않으면 잡손실로 회계처리한다.
- 결산시 분개

(차) 여비교통비	30,000원	(대) 현금과부족	70,000원
잡손실	40,000원		

10 ③
- 감가상각비 = (10,000,000원 - 1,000,000원) ÷ 5년 = 1,800,000원

[실무수행]

문제 1 기초정보관리의 이해

1 사업자등록증에 의한 회사등록 수정

[회사등록]
- 사업장주소: 서울특별시 강남구 강남대로 252 (도곡동)
  ➜ 서울특별시 서대문구 충정로7길 29-11 (충정로3가)로 변경
- 사업장세무서: 220.역삼 ➜ 110.서대문으로 변경

2 전기분 손익계산서의 입력수정

[전기분 손익계산서]
- 816.전력비 250,000원 ➜ 1,250,000원 금액 수정
- 837.건물관리비 3,300,000원 ➜ 3,600,000원 금액 수정

문제 2 거래자료입력

1 3월 11일

| (차) 813.접대비(기업업무추진비) | 52,000원 | (대) 253.미지급금(99601.신한카드) | 52,000원 |

2 4월 5일

| (차) 146.상품 | 4,200,000원 | (대) 131.선급금(00110.(주)빛나패션) | 420,000원 |
| | | 251.외상매입금(00110.(주)빛나패션) | 3,780,000원 |

3 5월 10일

| (차) 251.외상매입금(00120.(주)센스쟁이) | 5,000,000원 | (대) 252.지급어음(00120.(주)센스쟁이) | 5,000,000원 |

[지급어음관리]

어음상태	2 발행	어음번호	00420250510123456789		어음종류	4 전자	발행일	2025-05-10
만기일	2026-01-10	지급은행	98005	국민은행(당좌)	지점			

4 6월 20일

| (차) 814.통신비 | 210,000원 | (대) 103.보통예금(98003.신한은행(보통)) | 210,000원 |

5 7월 10일

| (차) 254.예수금 | 142,000원 | (대) 103.보통예금(98001.국민은행(보통)) | 320,000원 |
| 811.복리후생비 | 178,000원 | | |

6 8월 13일

| (차) 120.미수금(00185.진웅중고차) | 8,000,000원 | (대) 208.차량운반구 | 40,000,000원 |
| 209.감가상각누계액 | 32,000,000원 | | |

7 9월 28일

| (차) 933.기부금 | 200,000원 | (대) 101.현금 | 200,000원 |
| 또는 (출) 933.기부금 | 200,000원 | | |

8 10월 25일

(차) 101.현금	600,000원	(대) 401.상품매출	1,600,000원
108.외상매출금(00240.러블리의류)	1,000,000원		

문제 3 전표수정

1 입력자료 수정(6월 30일)

- 수정전: (차) 822.차량유지비   230,000원   (대) 103.보통예금(98000.신협은행(보통))   230,000원
- 수정후: (차) 817.세금과공과금   230,000원   (대) 103.보통예금(98000.신협은행(보통))   230,000원

2 입력자료 수정(11월 17일)

- 수정 전: (차) 146.상품   14,000원   (대) 101.현금   14,000원
- 수정 후: (차) 824.운반비   14,000원   (대) 101.현금   14,000원
      또는 (출) 824.운반비   14,000원

문제 4 결산

1 수동결산 및 자동결산

[일반전표입력] 12월 31일

(차) 172.소모품   800,000원   (대) 830.소모품비   800,000원

[결산자료입력]

- 기말상품재고액 47,000,000원을 입력하고 상단부 **전표추가(F3)** 를 클릭하여 자동분개 생성

(차) 451.상품매출원가   440,765,000원   (대) 146.상품   440,765,000원

※ 기초상품재고액 190,000,000원 + 당기상품매입액 297,765,000원 − 기말상품재고액 47,000,000원
    = 상품매출원가 440,765,000원

[재무제표 작성]

- 손익계산서([기능모음]의 '추가' 클릭) ➔ 재무상태표를 조회 작성한다.

문제 5 실무수행평가

11	12	13	14	15	16	17
③	②	④	④	802,000	375,950,000	20,000,000

18	19	20	21	22	23	24
502,000	3,704,400	420,000	③	①	802,341,000	5,840,000

25	26	27	28	29	30	
④	20,701,820	47,000,000	254	55,511,200	331,055,400	

문제 6 회계정보분석

31. 재무상태표 조회

② (370,890,000원 / 205,420,000원) × 100 ≒ 180%

32. 재무상태표 조회

③ (205,420,000원 / 243,970,000원) × 100 ≒ 84%

최신 기출문제 제71회

[실무이론평가]

1	2	3	4	5	6	7	8	9	10
②	②	④	③	③	②	④	①	④	②

01 ②
- (차) 여비교통비(비용의 발생)　　　　　50,000원　　　(대) 현금및현금성자산(자산의 감소)　　　50,000원

02 ②
- 경영자는 기업실체 외부의 이해관계자에게 재무제표를 작성하고 보고할 일차적인 책임을 진다.

03 ④
- 기업의 경영활동에서 발생한 거래를 분개장에 분개한 후 총계정원장에 전기하는데 전기가 정확한지 확인하기 위하여 작성되는 표를 시산표라고 한다.

04 ③
- 매출채권 = 외상매출금 + 받을어음 = 4,000,000원 + 3,000,000원 = 7,000,000원

05 ③
- 상품 매입금액 300,000원 + 매입운반비 20,000원 = 320,000원

06 ②
- 건물에 엘리베이터를 설치하여 건물의 가치가 증가된 경우에는 자본적 지출에 해당한다. 그러나 유리창교체, 외벽 도색, LED전등 교체는 수익적 지출에 해당한다.

07 ④
- 매출액 350,000원 - 매출원가 150,000원 = 매출총이익 200,000원
- 매출총이익 200,000원 - 판매비와관리비(급여, 복리후생비, 임차료비용) 90,000원
  = 영업이익 110,000원

08 ①
- 배당금수익은 영업외수익으로 손익계산서에 표시된다. 미수수익은 자산이고, 선수수익과 미지급비용은 부채로 재무상태표에 표시된다.

09 ④
- 당기말 대손충당금 잔액 = 40,000원 - 15,000원 + 10,000원 = 35,000원

10 ②

- 본 문제는 현금 및 3개월 이내에 현금으로 교환이 가능한 금융자산 금액을 계산하는 문제임.
  1. 현금
  2. 요구불예금: 당좌예금, 보통예금
  3. 현금성자산: 3개월 이내 현금화가 가능한 금융자산
- 현금 50,000원 + 당좌예금 150,000원 + 보통예금 200,000원 = 400,000원

[실무수행]

문제 1 기초정보관리의 이해

1 거래처등록

[거래처등록]

2 거래처별초기이월 등록 및 수정

[거래처별초기이월]

- 253.미지급금 계정: 거래처별 금액 입력

문제 2 거래자료입력

1 6월 10일

(차) 829.사무용품비	28,000원	(대) 101.현금	28,000원
또는 (출) 829.사무용품비	28,000원		

2 6월 30일

(차) 817.세금과공과금	345,000원	(대) 101.현금	345,000원
또는 (출) 817.세금과공과금	345,000원		

3 7월 10일

(차) 114.단기대여금(08707.(주)비발디커피) 50,000,000원	(대) 103.보통예금(98001.국민은행(보통)) 50,000,000원

4 7월 20일

(차) 101.현금	2,000,000원	(대) 401.상품매출	3,000,000원
108.외상매출금(00105.커피엔쿡)	1,000,000원		

5 8월 10일

(차) 811.복리후생비	1,500,000원	(대) 253.미지급금(99605.삼성카드)	1,500,000원

6 8월 20일

(차) 103.보통예금(98002.신한은행(보통))	7,000,000원	(대) 107.단기매매증권	8,000,000원
938.단기매매증권처분손	1,000,000원		

7 8월 25일

(차) 821.보험료	1,870,000원	(대) 101. 현금	1,870,000원
또는 (출) 821.보험료	1,870,000원		

8 9월 29일

(차) 240.소프트웨어	3,000,000원	(대) 253.미지급금(50013.(주)더존소프트)	3,000,000원

문제 **3** 전표수정

1 입력자료 수정(12월 10일)

- 수정전:

(차) 251.외상매입금(01121.(주)망고식스)	26,810,000원	(대) 103.보통예금(98002.신한은행(보통))	26,810,000원

- 수정후:

(차) 251.외상매입금(01121.(주)망고식스)	26,810,000원	(대) 103.보통예금(98000.신협은행(보통))	26,810,000원

2 입력자료 수정(9월 20일)

[일반전표입력] 9월 20일 전표 중 한 건 삭제

(차) 826.도서인쇄비	24,000원	(대) 101.현금	24,000원

문제 **4** 결산

1 수동결산 및 자동결산

[일반전표입력] 12월 31일

(차) 172.소모품	500,000원	(대) 830.소모품비	500,000원

[결산자료입력]
- 기말상품재고액 43,000,000원을 입력한다.
- 상단부 전표추가(F3) 를 클릭하면 [일반전표입력] 메뉴에 분개가 생성된다.

(차) 451.상품매출원가	202,715,000원	(대) 146.상품	202,715,000원

[기초상품재고액 48,000,000원 + 당기상품매입액 197,715,000원 - 기말상품재고액 43,000,000원]
= 상품매출원가 202,715,000원

[재무제표 작성]
- 손익계산서([기능모음]의 '추가' 클릭) ➔ 재무상태표를 조회 작성한다.

11	12	13	14	15	16	17
③	②	37,000,000	7,998,200	③	34	821
18	19	20	21	22	23	24
19,456,810	6,528,500	792,751,000	②	202,715,000	16,073,000	1,701,500
25	26	27	28	29	30	
10,661,000	70,000,000	160,000,000	500,000	3,000,000	③	

문제 **6** 회계정보분석

31. 재무상태표 조회
　④ (414,300,000원 / 76,600,000원) × 100 ≒ 540%

32. 손익계산서 조회
　③ (229,000,000원 / 583,000,000원) × 100 ≒ 39%

최신 기출문제 제73회

[실무이론평가]

1	2	3	4	5	6	7	8	9	10
③	③	④	②	④	④	①	①	④	④

01 ③
　• (차) 현금(자산 증가)　　　　　　　　　500,000원　　(대) 대여금(자산 감소)　　　　　　　　500,000원

02 ③
　• 회계상의 거래는 기업의 자산, 부채, 자본의 증감을 가져오거나 수익, 비용을 발생시키는 모든 활동을 말한다. 업무
　용차량을 구입하기 위해 거래처에 주문서를 발송한 것은 자산, 부채, 자본의 증감을 초래하지 않으므로 회계상의
　거래가 아니다.

03 ④
　• 경상개발비는 비용이므로 손익계산서에 표시되는 계정이다.

04 ②
　• 진우: 외상매출금은 매출채권으로 처리한다.
　• 혜민: 단기매매차익을 목적으로 구입한 주식은 단기매매증권으로 처리한다.

05 ④
　• 2025년 6월 30일 현재 건물의 장부금액:
　취득원가(10,000,000원) – 감가상각누계액(2,000,000원 + 500,000원) = 7,500,000원

유형자산처분이익 = 처분금액(9,000,000원) - 장부금액(7,500,000원)
= 유형자산처분이익(1,500,000원)

06 ④
- 재고자산 매입과 관련된 할인, 에누리는 매입원가에서 차감한다.

07 ①
- 매출액 = 총매출액 - 매출에누리와 환입 - 매출할인
= 90,000원 - 5,000원 - 10,000원 = 75,000원

08 ①
- 업무용 차량에 지출된 유류비는 차량유지비 계정으로 처리한다.

09 ④
- 기말 재고자산이 과대계상되면 매출원가는 30,000원 과소계상되고 당기순이익은 30,000원 과대계상된다.

10 ④
- 기말 대손충당금 = 전기이월액 - 당기 대손발생액 + 당기 대손상각비
120,000원 = 100,000원 - 30,000원 + 당기 대손상각비
- 당기 대손상각비 = 50,000원

[실무수행]

문제 1 기초정보관리의 이해

1 거래처등록

[거래처등록]
- [카드] 탭에 코드, 카드명, 카드번호, 구분, 결제일 입력

2 거래처별초기이월 등록 및 수정

[거래처별초기이월]
- 293.장기차입금 계정: 거래처 코드별 금액 입력

코드	거래처명	만기일자	차입금번호	금액
98004	농협은행(차입)	2027-10-31		40,000,000
98006	카카오뱅크(차입)	2027-11-30		50,000,000

문제 2 거래자료입력

1 1월 14일

(차) 103.보통예금(98000.기업은행(보통)) 2,300,000원   (대) 901.이자수익 300,000원
114.단기대여금(00102.(주)몰리스펫) 2,000,000원

2 2월 5일

(차) 826.도서인쇄비	20,000원	(대) 101.현금	20,000원
또는 (출) 826.도서인쇄비	20,000원		

3 3월 10일

(차) 146.상품	40,000,000원	(대) 101.현금	10,000,000원
		251.외상매입금(02003.헬로댕댕이)	30,000,000원

4 4월 20일

(차) 131.선급금(00167.폴리파크)	5,500,000원	(대) 103.보통예금(98003.국민은행(보통))	5,500,000원

5 5월 13일

(차) 253.미지급금(99601.하나카드)	2,151,000원	(대) 103.보통예금(98002.하나은행(보통))	2,151,000원

6 5월 28일

(차) 833.광고선전비	25,000원	(대) 101.현금	25,000원
또는 (출) 833.광고선전비	25,000원		

7 6월 30일

(차) 801.급여	7,000,000원	(대) 254.예 수 금	955,610원
		103.보통예금(98007.토스뱅크(보통))	6,044,390원

8 7월 31일

(차) 824.운반비	22,000원	(대) 101.현금	22,000원
또는 (출) 824.운반비	22,000원		

문제 **3** 전표수정

1 입력자료 수정(8월 15일)

- 수정 전: (출) 811.복리후생비   100,000원
- 수정 후: (출) 813.접대비(기업업무추진비)   100,000원
  또는 (차) 813.접대비(기업업무추진비)   100,000원   (대) 101.현금   100,000원

2 입력자료 수정(9월 20일)

- 수정전: (입) 108.외상매출금(00107.(주)에이스가구)   350,000원
- 수정후: (입) 120.미수금(00107.(주)에이스가구)   350,000원

문제 **4** 결산

1 수동결산 및 자동결산

[결산자료입력 1]

- 대손상각의 받을어음에 369,000원을 입력하고 상단부 전표추가(F3) 를 클릭하여 자동분개 생성
  ※ 대손충당금 추가설정액: 받을어음 잔액 56,900,000원 × 1% − 설정전 대손충당금 잔액 200,000원 = 369,000원

(차) 835.대손상각비	369,000원	(대) 111.대손충당금	369,000원

[결산자료입력 2]
- 기말상품재고액 5,600,000원을 입력하고 상단부 전표추가(F3) 를 클릭하여 자동분개 생성
  (차) 451.상품매출원가   214,795,000원   (대) 146.상품   214,795,000원
  상품매출원가: 기초상품재고액 + 당기상품매입액 - 기말상품재고액 = 214,795,000원
               (4,200,000원)   (216,195,000원)   (5,600,000원)

[재무상태표 등 작성]
- 손익계산서 [기능모음]의 '추가' 클릭 ➜ 재무상태표 조회 작성

문제 5   실무수행평가

11	12	13	14	15	16	17
②	①	50,000,000	①	③	66,609,000	6,700,000
18	19	20	21	22	23	24
150,000	②	②	214,795,000	140,000	②	10,020,000
25	26	27	28	29	30	
①	56,331,000	③	36,195,000	5,495,490	②	

문제 6   회계정보분석

31. 재무상태표 조회
  ③ (146,500,000원 / 242,490,000원) × 100 ≒ 60%

32. 손익계산서 조회
  ② (114,770,000원 / 196,000,000원) × 100 ≒ 58%

최신 기출문제 제75회

[실무이론평가]

1	2	3	4	5	6	7	8	9	10
④	②	③	④	①	②	①	④	①	④

01 ④
  • 거래를 분개 시 차변의 기계장치는 자산의 증가이고, 대변의 현금은 자산의 감소에 해당한다.

02 ②
  • 판매목적으로 보유하고 있는 상품은 재고자산에 속한다.

03 ③
  • 80,000,000원 + 1,000,000원 + 3,600,000원 = 84,600,000원
  • 유형자산의 취득원가는 구입대금에 부대비용(중개수수료, 취득세)을 가산하나 재산세는 당기비용으로 처리한다.

04 ④
- 유형자산을 처분하기로 하고 계약금을 받을 경우 선수금 계정으로 회계처리한다.

05 ①
- 대손충당금 잔액 = 대손충당금(200,000원) − 매출채권 회수불능액(150,000원)
  = 50,000원

06 ②
- 광고선전비와 수수료수익은 손익계산서 계정과목이다.

07 ①
- 매출원가 = 기초상품 재고액 + 당기 총매입액 − 매입에누리 − 기말상품 재고액
  = 200,000원 + 400,000원 − 40,000원 − 150,000원 = 410,000원

08 ④
- 임대인에게 지급하는 보증금은 임차보증금으로 회계처리한다.

09 ①
- 선수수익: 2,400,000원 × 3/12 = 600,000원

10 ④
- 단기매매증권처분손실은 손익계산서에 나타나지만, 개발비는 자산 항목, 미지급비용, 선수수익은 부채 항목으로서 재무상태표에 표시된다.

[실무수행]

문제 **1** 기초정보관리의 이해

1 사업자등록증에 의한 거래처등록

[거래처등록]
- 종목: '기계제작'에서 '운동기구'으로 수정
- 담당자메일주소: 'health@naver.com'에서 'sebang@naver.com'으로 수정

2 거래처별 초기이월 등록

[거래처별초기이월]
- 108. 외상매출금 계정: 거래처 코드별 금액 입력

	코드	계정과목	전기분재무상태표	차 액	거래처합계금액		코드	거래처	금액
1	101	현금	10,000,000	10,000,000			00106	건강지킴이	47,500,000
2	103	보통예금	254,780,000		254,780,000		00120	금강기술	22,000,000
3	108	외상매출금	95,000,000		95,000,000		03004	클라우드	25,500,000

- 253. 미지급금 계정: 거래처 코드별 금액 입력

	코드	계정과목	전기분재무상태표	차 액	거래처합계금액		코드	거래처	금액
1	101	현금	10,000,000	10,000,000			00110	한얼회계법인	1,700,000
2	103	보통예금	254,780,000		254,780,000		02507	(주)소호상사	8,000,000
3	108	외상매출금	95,000,000		95,000,000				
4	109	대손충당금	9,500,000	9,500,000					
5	110	받을어음	12,928,000		12,928,000				
6	111	대손충당금	129,000	129,000					
7	146	상품	57,000,000	57,000,000					
8	208	차량운반구	60,000,000	60,000,000					
9	209	감가상각누계액	12,000,000	12,000,000					
10	212	비품	12,000,000	12,000,000					
11	251	외상매입금	29,900,000	16,200,000	13,700,000				
12	252	지급어음	5,300,000		5,300,000				
13	253	미지급금	9,700,000		9,700,000				

문제 2 거래자료입력

1 2월 6일

(차) 822.차량유지비	25,000원	(대) 101.현금	25,000원
또는 (출) 822.차량유지비	25,000원		

2 3월 5일

(차) 962.임차보증금(00107.김하늘)	50,000,000원	(대) 103.보통예금(98002.신한은행(보통))	50,000,000원

3 4월 22일

(차) 812.여비교통비	265,000원	(대) 134.가지급금(02020.민경진)	300,000원
101.현금	35,000원		

4 5월 14일

(차) 110.받을어음(03004.클라우드)	5,000,000원	(대) 108.외상매출금(03004.클라우드)	5,000,000원

[받을어음 관리]

어음상태	1 보관		어음종류	6 전자		어음번호	00420250514123456789		수취구분	1 자수
발행인	03004	클라우드		발행일		2025-05-14	만기일	2025-07-13	배서인	
지급은행	100	국민은행	지점	강남	할인기관		지점		할인율(%)	
지급거래처						* 수령된 어음을 타거래처에 지급하는 경우에 입력합니다.				

5 6월 7일

(차) 107.단기매매증권	3,000,000원	(대) 103.보통예금(98005.기업은행(보통))	3,012,000원
958.수수료비용	12,000원		

6 7월 20일

(차) 212.비품	1,800,000원	(대) 253.미지급금(01016.(주)우리전자)	1,800,000원

7 8월 10일

(차) 833.광고선전비	240,000원	(대) 253.미지급금(99601.신한카드)	240,000원

8 9월 13일

(차) 103.보통예금(98001.국민은행(보통))	360,000원	(대) 259.선수금(00108.(주)가람가람)	360,000원

문제 3 전표수정

1 입력자료 수정(10월 15일)

- 수정전:

(차) 103.보통예금(98002.신한은행(보통))	300,000원	(대) 114.단기대여금(00102.에코전자)	300,000원

- 수정후:

(차) 103.보통예금(98002.신한은행(보통))	300,000원	(대) 901.이자수익	300,000원

2 입력자료 수정(11월 4일)

- 수정전: (차) 208.차량운반구 | 460,000원 | (대) 103.보통예금(98001.국민은행(보통)) | 460,000원
- 수정후: (차) 817.세금과공과금 | 460,000원 | (대) 103.보통예금(98001.국민은행(보통)) | 460,000원

문제 **4**   결산

1 수동결산 및 자동결산

[일반전표입력] 12월 31일

(차) 116.미수수익   420,000원   (대) 901.이자수익   420,000원

[결산자료입력]

- 기말상품재고액 29,000,000원을 입력하고 상단부 전표추가(F3) 를 클릭하여 자동분개 생성

(차) 451.상품매출원가   225,715,000원   (대) 146.상품   225,715,000원

[기초상품재고액 57,000,000원 + 당기상품매입액 197,715,000원 - 기말상품재고액 29,000,000원

= 상품매출원가 225,715,000원

[재무제표 작성]

- 손익계산서([기능모음]의 '추가' 클릭) ➜ 재무상태표를 조회 작성한다.

문제 **5**   실무수행평가

11	12	13	14	15	16	17
②	2,119,400	5,810,000	③	03050	②	26,950,700
18	19	20	21	22	23	24
130,350,000	11,000,000	25,000,000	147,405,000	9,571,000	1,600,000	③
25	26	27	28	29	30	
225,715,000	④	1,814,000	1,670,000	④	8,000,000	

문제 **6**   회계정보분석

31. 손익계산서 조회

② (238,000,000원 / 583,000,000원) × 100 ≒ 40%

32. 손익계산서 조회

① (117,530,000원 / 583,000,000원) × 100 ≒ 20%

최신 기출문제 제76회

[실무이론평가]

1	2	3	4	5	6	7	8	9	10
④	③	①	④	④	②	②	③	①	④

01 ④
- 거래를 분개 시 차변의 보통예금은 자산의 증가이고, 대변의 대여금은 자산의 감소에 해당한다.

02 ③
- 단기대여금에 대한 이자는 이자수익 계정으로 영업외수익으로 분류한다.

03 ①
- 경영자는 기업실체 외부의 이해관계자에게 재무제표를 작성하고 보고할 일차적인 책임을 진다.

04 ④
- 상품의 취득원가에는 상품매입과 관련하여 발생하는 운반비와 보험료를 포함하며, 상품판매에 대한 운임은 판매비와관리비로 처리한다.
  상품취득원가 = 100,000원 + 30,000원 + 5,000원 = 135,000원

05 ④
- 기부금은 손익계산서 계정과목이다.

06 ②
- 유동성배열법은 재무상태표의 작성기준이다.

07 ②
- 대손충당금 설정액: 매출채권 5,000,000원 × 1% = 50,000원
  대손충당금 추가계상액: 50,000원 – 10,000원 = 40,000원

08 ③
- 위 거래에 대한 옳은 분개 내용은 (차) 차량유지비 60,000원   (대) 현 금 60,000원
- 오류 분개 결과 차량유지비 비용계정이 누락되고 차량운반구 자산계정이 증가하였으므로, 비용의 과소 계상 및 자산의 과대 계상이 나타난다.

09 ①
- 미지급비용: 1,000,000원 × 6% × 9개월/12개월 = 45,000원

10 ④
- 직원들의 야근식대는 복리후생비에 해당한다.

[실무수행]

문제 1 기초정보관리의 이해

1 거래처등록

[거래처등록]

	코드	금융기관명	계좌번호	구분	사용
1	98000	토스뱅크(보통)	1144-561-5121564	일 반	○
2	98001	하나은행(보통)	011-2020486-014	일 반	○
3	98002	신한은행(보통)	2512-18512-106	일 반	○
4	98004	농협은행(보통)	201-6611-04712	일 반	○
5	98400	우리은행(당좌)	1602-4501-101157	일 반	○
6	98500	기업은행(차입)	627-869-84513-5	일 반	○
7	98600	수협은행(차입)	112-42-562489	일 반	○
8	98005	카카오뱅크(보통)	428-10106-32458	일 반	○

기본사항   추가사항

1. 계 좌 번 호
2. 계 좌 개 설 점
3. 예 금 종 류   보통
4. 이   자   율   %
5. 당 좌 한 도 액   6. 당좌차월기일 __-__-__
7. 사업자등록번호 __-__-_____   8. 사 업 용 계 좌   부

2 거래처별초기이월 등록 및 수정

[거래처별초기이월]
- 254.예수금 계정: 거래처별 금액 입력

문제 2 거래자료입력

1 2월 12일

(차) 812.여비교통비	30,000원	(대) 101.현금	30,000원
또는 (출) 812.여비교통비	30,000원		

2 2월 20일

(차) 817.세금과공과금	40,500원	(대) 103.보통예금(98001.하나은행(보통))	40,500원

3 3월 5일

(차) 114.단기대여금(08707.(주)다봄안경)	10,000,000원	(대) 103.보통예금(98001.하나은행(보통))	10,000,000원

4 3월 20일

(차) 146.상품	5,000,000원	(대) 131.선급금(31112.베네치아(주))	2,500,000원
		251.외상매입금(31112.베네치아(주))	2,500,000원

5 4월 12일

(차) 813.접대비(기업업무추진비)	150,000원	(대) 253.미지급금(99605.삼성카드)	150,000원

6 5월 16일

(차) 103.보통예금(98002.신한은행(보통))	6,300,000원	(대) 107.단기매매증권	7,000,000원
938.단기매매증권처분손	700,000원		

7 6월 22일

(차) 833.광고선전비	1,760,000원	(대) 101. 현금	1,760,000원
또는 (출) 833.광고선전비	1,760,000원		

8 9월 15일

(차) 831.수수료비용   800,000원   (대) 103.보통예금(98004.농협은행(보통))   800,000원

문제 3   전표수정

1 입력자료 수정(10월 14일)

- 수정전:
(차) 251.외상매입금(01121.(주)다보여안경) 21,320,000원   (대) 103.보통예금(98002.신한은행(보통)) 21,320,000원
- 수정후:
(차) 251.외상매입금(01121.(주)다보여안경) 21,320,000원   (대) 103.보통예금(98000.토스뱅크(보통)) 21,320,000원

2 입력자료 수정(9월 22일)

[일반전표입력] 9월 22일 전표 중 한 건 삭제

(차) 338.인출금   200,000원   (대) 101.현금   200,000원

문제 4   결산

1 수동결산 및 자동결산

[일반전표입력] 12월 31일

(차) 133.선급비용   1,350,000원   (대) 821.보험료   1,350,000원

[결산자료입력]

- 기말상품재고액 35,800,000원을 입력한다.
- 상단부 전표추가(F3) 를 클릭하면 [일반전표입력] 메뉴에 분개가 생성된다.

(차) 451.상품매출원가   214,915,000원   (대) 146.상품   214,915,000원

[기초상품재고액 48,000,000원 + 당기상품매입액 202,715,000원 - 기말상품재고액 35,800,000원]
= 상품매출원가 214,915,000원

[재무제표 작성]

- 손익계산서([기능모음]의 '추가' 클릭) ➔ 재무상태표를 조회 작성한다.

문제 5   실무수행평가

11	12	13	14	15	16	17
①	④	③	36,300,000	6,648,200	③	36
18	19	20	21	22	23	24
833	50,581,700	8,031,700	①	214,915,000	11,718,000	7,997,000
25	26	27	28	29	30	
10,361,000	①	110,000,000	1,500,000	164,005,000	③	

문제 6   회계정보분석

31. 재무상태표 조회

① (366,300,000원 / 76,600,000원) × 100 ≒ 478%

32. 손익계산서 조회

③ (108,530,000원 / 583,000,000원) × 100 ≒ 18%

최신 기출문제 제78회

[실무이론평가]

1	2	3	4	5	6	7	8	9	10
②	③	③	②	③	④	③	④	③	④

01 ②
- 계속기업의 가정이란 기업실체는 그 목적과 의무를 이행하기에 충분할 정도로 장기간 존속한다고 가정하는 것을 말한다. 즉, 기업실체는 그 경영활동을 청산하거나 중대하게 축소시킬 의도가 없을 뿐 아니라 청산이 요구되는 상황도 없다고 가정된다.

02 ③
- (차) 보통예금　　　　　　　　　10,000,000원　　(대) 단기차입금　　　　　　　　　10,000,000원
　　(자산의 증가)　　　　　　　　　　　　　　　　(부채의 증가)

03 ③
- 건물 구입 시 지급하는 중개수수료, 취득세는 건물 취득원가에 포함된다.
- 건물 취득원가 = 건물구입금액(10,000,000원) + 중개수수료(200,000원) + 취득세(500,000원)
　　　　　　　= 10,700,000원

04 ②
- (차) 미수금　　　　　　　　　×××　　(대) 비품　　　　　　　　　×××

05 ③
- 유형자산을 처분하기로 하고 계약금을 받을 경우 선수금 계정으로 회계처리한다.

06 ④
- 무형자산에 대한 설명이다.

07 ③
- 영업이익: 매출총이익 − 판매비와관리비*
  2,000,000원 − 830,000원 = 1,170,000원
  * 판매비와관리비 = 급여(600,000원) + 대손상각비(100,000원) + 수도광열비(50,000원) + 세금과공과(80,000원)
　　　　　　　　 = 830,000원
- 이자비용과 외환차손은 영업외비용에 해당한다.

08 ④
- 기말 재고자산이 과대계상되면 매출원가는 20,000원 과소계상되고 당기순이익은 20,000원 과대계상된다.

09 ③
- 판매비와관리비에 대한 설명이고, 급여는 판매비와관리비에 해당한다.
  유형자산처분손실, 단기매매증권처분손실, 이자비용은 영업외비용이다.

10 ④
- 차입금의 상환은 결산정리사항이 아니다.

[실무수행]

문제 1 기초정보관리의 이해

1 사업자등록증에 의한 회사등록 수정

[회사등록]
- 사업장주소: 서울특별시 강남구 강남대로 252 (도곡동)
  ➔ 서울특별시 서대문구 충정로7길 29-11 (충정로3가)로 변경
- 업태: 도소매업 ➔ 도소매업, 통신판매업으로 변경
- 사업장세무서: 220.역삼 ➔ 110.서대문으로 변경

2 계정과목 추가 및 적요등록 수정

[계정과목및적요등록]
- 850.회사설정계정과목을 850.가맹점수수료(계정구분: 4.경비)로 계정과목 수정
- 표준코드: 047.지급수수료 등록
- 현금적요: 01.가맹점 수수료 현금 지급 등록

문제 2 거래자료입력

1 2월 21일

(차) 833.광고선전비   120,000원   (대) 253.미지급금(99605.국민카드)   120,000원

2 3월 31일

(차) 931.이자비용   426,000원   (대) 103.보통예금(98000.기업은행(보통))   426,000원

3 5월 11일

(차) 251.외상매입금 (00120.(주)우리안전)   8,000,000원   (대) 252.지급어음(00120.(주)우리안전)   8,000,000원

[지급어음관리]

어음상태	2 발행	어음번호	00420250511123456789		어음종류	4 전자		발 행 일	2025-05-11
만 기 일	2025-07-10	지급은행	98005	국민은행(당좌)	지　　점				

4 6월 20일

(차) 824.운반비   28,000원   (대) 101.현금   28,000원
또는 (출) 824.운반비   28,000원

5 7월 31일

(차) 801.급여   7,000,000원   (대) 254.예 수 금   860,260원
    803.상여금   2,000,000원   103.보통예금(98001.국민은행(보통))   8,139,740원

6 8월 10일

(차) 120.미수금(00185.일산재활용센터)   1,800,000원   (대) 212.비품   3,000,000원
    213.감가상각누계액   1,200,000원

7 9월 22일

(차) 933.기부금   120,000원   (대) 101.현금   120,000원
또는 (출) 933.기부금   120,000원

제5부 부록 / 정답 및 해설

8 **10월 15일**

| (차) 101.현금 | 200,000원 | (대) 401.상품매출 | 1,200,000원 |
| 108.외상매출금(00177.서울용역) | 1,000,000원 | | |

문제 **3** 전표수정

1 **입력자료 수정(6월 26일)**
- 수정전: (차) 212.비품 1,500,000원 (대) 101.현금 1,500,000원
- 수정후: (차) 146.상품 1,500,000원 (대) 101.현금 1,500,000원
  또는 (출) 146.상품 1,500,000원

2 **입력자료 수정(7월 1일)**

(차) 133.선급비용 1,260,000원 (대) 103.보통예금(98001.국민은행(보통)) 1,260,000원

문제 **4** 결산

1 **수동결산 및 자동결산**

[일반전표입력] 12월 31일

(차) 172.소모품 300,000원 (대) 830.소모품비 300,000원

[결산자료입력]
- 기말상품재고액 138,000,000원을 입력하고 상단부 `전표추가(F3)`를 클릭하여 자동분개 생성
- (차) 451.상품매출원가 601,265,000원 (대) 146.상품 601,265,000원
  [기초상품재고액 190,000,000원 + 당기상품매입액 549,265,000원 – 기말상품재고액 138,000,000원]
  = 상품매출원가 601,265,000원

[재무제표 작성]
- 손익계산서([기능모임의 '추가' 클릭) ➡ 재무상태표를 조회 작성한다.

문제 **5** 실무수행평가

11	12	13	14	15	16	17
②	②	5,000,000	120,000	①	③	8,000,000
18	19	20	21	22	23	24
④	2,731,000	③	300,000	913,541,000	②	620,000
25	26	27	28	29	30	
②	138,000,000	254	61,011,000	368,510,000	②	

문제 **6** 회계정보분석

31. 재무상태표 조회

② (370,890,000원 / 205,420,000원) × 100 ≒ 180%

32. 재무상태표 조회

③ (205,420,000원 / 243,270,000원) × 100 ≒ 84%

출제예상 모의고사 정답 및 해설

출제예상 모의고사 제1회

[실무이론평가]

1	2	3	4	5	6	7	8	9	10
②	③	③	④	①	①	②	③	②	②

01 ② 계속기업의 가정이란 기업실체는 그 목적과 의무를 이행하기에 충분할 정도로 장기간 존속한다고 가정하는 것을 말한다. 즉, 기업실체는 그 경영활동을 청산하거나 중대하게 축소시킬 의도가 없을 뿐 아니라 청산이 요구되는 상황도 없다고 가정된다.

02 ③
- 가, 라 → 거래(○): 자산, 부채, 자본의 변동을 초래함
- 나, 다 → 거래(×): 단순한 계약체결 행위나 보관장소 변경은 회계적 거래가 아님

03 ③
- 기업의 경영활동에서 발생한 거래를 분개장에 분개한 후 총계정원장에 전기 하는데 전기가 정확한 지 확인하기 위하여 작성되는 표를 시산표라고 한다.

04 ④
- 회계의 목적은 내부이해관계자와 외부이해관계자의 의사결정에 유용한 기업실체에 대한 회계정보를 제공하는 것이다.

05 ①
- 외상매출금의 회수는 결산정리사항이 아니다.

06 ①
- 내용불명 입금액이 발생한 경우 – 가수금
  비품매각액이 미회수된 경우 – 미수금
  상품매입 계약금을 지급한 경우 – 선급금

07 ②
- 정률법에 의한 감가상각비
  2024년 = 8,000,000원 × 45% = 3,600,000원
  2025년 = (8,000,000원 − 3,600,000원) × 45% = 1,980,000원

08 ③ 자산과 부채는 유동성이 큰 항목부터 배열하는 것을 원칙으로 한다.

09 ②
- 기말재고액: (1,500개 + 10,000개 − 10,500개) × @600원 = 600,000원

10 ② 퇴직급여충당부채는 비유동부채에 속한다.

/ 정답 및 해설

[실무수행과제]

문제 1 기초정보관리의 이해

1 거래처 등록(카드)

	일반	금융	카드						
	□ 코드	카드(사)명	카드(가맹점)번호	구분	사용	1. 카 드 번 호 0928-1117-0530-0307 2. 카드구분 0 회사			
1	□ 99700	KB국민카드	0928-1117-0530-0307	매입	○	3. 결 제 일 15 일			
2	□								

2 거래처별초기이월

코드	계정과목	전기분재무상태표	차 액	거래처합계금액		코드	거래처	금액
23	254 예수금	12,250,000		12,250,000		05100	역삼세무서	2,500,000
24	260 단기차입금	10,000,000		10,000,000		05200	강남구청	250,000
25	293 장기차입금	100,000,000		100,000,000		05300	국민연금공단	4,500,000
26	331 자본금	363,380,000	363,380,000			05400	국민건강보험공단	3,750,000
27						05500	근로복지공단	1,250,000

문제 2 거래자료입력

1 4월 7일

(차) 146.상품　　　　　　　　　65,000원　　(대) 101.현금　　　　　　　　　65,000원

2 4월 26일

(차) 811.복리후생비　　　　　　108,000원　　(대) 253.미지급금(99605.하나카드)　108,000원

3 4월 28일

(차) 801.급여　　　　　　　　2,950,000원　　(대) 103.보통예금(98006.농협은행(보통)) 2,670,950원
　　　　　　　　　　　　　　　　　　　　　　254.예수금(05300.국민연금공단)　105,750원
　　　　　　　　　　　　　　　　　　　　　　254.예수금(05400.국민건강보험공단)　89,880원
　　　　　　　　　　　　　　　　　　　　　　254.예수금(05500.근로복지공단)　18,800원
　　　　　　　　　　　　　　　　　　　　　　254.예수금(05100.역삼세무서)　58,750원
　　　　　　　　　　　　　　　　　　　　　　254.예수금(05200.강남구청)　5,870원

4 4월 30일

(차) 962.임차보증금(08888.(주)세종빌딩)　50,000,000원　(대) 103.보통예금(98006.농협은행(보통))50,000,000원

5 5월 12일

(차) 103.보통예금(98002.우리은행(보통))　4,000,000원　(대) 259.선수금(00504.내세상이어링)　4,000,000원

6 5월 17일

(차) 146.상품　　　　　　　　3,500,000원　　(대) 251.외상매입금(99603.현대카드)　3,500,000원

7 6월 11일

(차) 825.교육훈련비　　　　　　400,000원　　(대) 101.현금　　　　　　　　400,000원

8 6월 15일

(차) 108.외상매출금(05301.원이어링)　10,000,000원　(대) 401.상품매출　　　　　10,000,000원

496 I

문제 3 전표수정

1 입력자료 수정(8월 11일)

814.통신비 77,000원 (대) 103.보통예금(98002.우리은행(보통)) 77,000원
 - 전표 중 한 건 삭제

2 입력자료 수정(9월 2일)

수정 전: 9월 2일 (출) 822.차량유지비 30,000원
수정 후: 10월 2일 (출) 822.차량유지비 30,000원
 - 전표이동(Ctrl + F4)으로도 일자 수정가능: 9월 2일을 조회하여 10월 2일로 전표이동

문제 4 결산

1 수동결산 및 자동결산

[결산자료입력]

- 기말상품재고액 12,000,000원을 입력한다.
- 무형고정자산상각의 디자인권에 2,000,000원, 소프트웨어에 1,500,000원을 입력한다.
- 상단부 전표추가(F3) 를 클릭하면 [일반전표입력] 메뉴에 분개가 생성된다.
(차) 451.상품매출원가 213,616,200원 (대) 146.상품 213,616,200원
 * 상품매출원가 = 기초상품재고액 + 당기상품매입액 - 기말상품재고액
  = 15,000,000원 + 210,616,200원 - 12,000,000원 = 213,616,200원
(차) 840.무형고정자산상각비 3,500,000원 (대) 235.디자인권 2,000,000원
 240.소프트웨어 1,500,000원

[재무제표 등 작성]

- 손익계산서([기능모음의 '추가' 클릭) → 재무상태표를 조회 작성한다.

문제 5 실무수행평가

11	12	13	14	15
④	④	1,500,000원	44,634,740원	105,675,000원
16	17	18	19	20
③	22,802,050원	15,000,000원	99603	99605
21	22	23	24	25
6,606,200원	①	00504	13,920,000원	31,500,000원
26	27	28	29	30
100,000,000원	①	1,372,110원	②	400,000원

문제 6 회계정보분석

31. 재무상태표 조회

③ (335,130,000원 / 72,750,000원) × 100 ≒ 460%

32. 손익계산서 조회

② (115,000,000원 / 300,000,000원) × 100 ≒ 38%

출제예상 모의고사 제2회

[실무이론평가]

1	2	3	4	5	6	7	8	9	10
④	①	②	④	①	①	①	③	②	④

01 ④ 기간별 보고에 대한 설명이다.

02 ① 창고에 보관 중인 상품의 도난은 회계상 거래에 해당한다.

03 ②

- 재무회계는 경영자만을 위해 회계정보를 제공하는 것이 아니라 모든 이해관계자에게 유용한 정보를 제공하는 것이다.

04 ④

- 기간경과분 미지급이자를 계상하지 않으면 이자비용과 미지급비용(부채)이 과소계상 된다. 이에 따라 당기순이익 (또는 자본)은 과대계상되나, 자산에는 영향을 미치지 아니한다.

05 ①

- (가) 영업과 관련한 거래처의 접대를 위한 선물 제공 등은 접대비(기업업무추진비)로 처리한다.
- (나) 국가 또는 지방자치단체, 공공 단체, 학교, 종교 단체 등에 무상으로 지급한 재화는 기부금으로 처리한다.

06 ①

- (차) 현금　　　　　　　　　　　1,100,000원　　(대) 건물　　　　　　　　　　1,000,000원
  　　감가상각누계액　　　　　　　 50,000원　　　　 유형자산처분이익　　　　 150,000원

07 ① (㉮)는 자산 (㉯)는 부채 또는 자본이 표시되어야 한다.

08 ③ 취득원가 = 매입가격 + 매입부대비용 = 150개 × 3,500원 + 8,000원 + 5,000원 = 538,000원

09 ②

- 7월 4일 (차) 비품　　　　　　　　 300,000원　　(대) 미지급금　　　　　　　 300,000원
- 7월 13일 (차) 외상매출금　　　　 400,000원　　(대) 상품매출　　　　　　　 400,000원
- 7월 22일 (차) 상품　　　　　　　 500,000원　　(대) 지급어음(매입채무)　　 500,000원

10 ④

- 총계정원장은 자산, 부채, 자본의 계정과목 잔액을 차기이월로 마감한 후, 그 다음해 전기이월로 기입하며 수익과 비용 계정의 마감은 손익이라는 집합계정을 설정하여 마감한다.

[실무수행과제]

문제 1 기초정보관리의 이해

1 사업자등록증에 의한 거래처 등록

① 기본사항 입력: 사업자등록번호, 대표자성명, 업태, 종목, 사업장 주소
② 전자세금계산서 전용 메일주소 등록: dong777@naver.com

2 전기분 재무상태표의 입력수정

① 106.기타단기금융상품 2,500,000원 추가입력
② 209.감가상각누계액 15,000,000원 추가입력
③ 962.임차보증금 50,000,000원 → 55,000,000원 금액수정

문제 2 거래자료입력

1 4월 5일

(차) 108.외상매출금(03001.(주)스타뮤직)	10,000,000원	(대) 401.상품매출	10,000,000원
824.운반비	35,000원	101.현금	35,000원

2 4월 10일

(차) 257.가수금	1,000,000원	(대) 108.외상매출금(02752.상훈기획(주))	1,000,000원

3 4월 19일

(차) 833.광고선전비	2,000,000원	(대) 253.미지급금(99600.삼성카드)	2,000,000원

4 4월 28일

(차) 103.보통예금(98003.신한은행(보통))	2,550,000원	(대) 108.외상매출금(05502.원경유통(주))	2,500,000원
		901.이자수익	50,000원

5 5월 22일

(차) 825.교육훈련비	1,300,000원	(대) 101.현금	1,300,000원

6 5월 25일

(차) 103.보통예금(98000.기업은행(보통))	1,200,000원	(대) 259.선수금(01007.동현문구)	1,200,000원

7 6월 17일

(차) 816.전력비	150,000원	(대) 103.보통예금(98003.신한은행(보통))	150,000원

8 6월 20일

(차) 813.접대비(기업업무추진비)	200,000원	(대) 101.현금	200,000원

문제 **3** 전표수정

1 입력자료 수정(7월 23일)

수전 전: (차) 811.복리후생비	273,000원	(대) 253.미지급금(00115.건강밥상)	273,000원
수정 후: (차) 811.복리후생비	273,000원	(대) 253.미지급금(99605.비씨카드)	273,000원

2 입력자료 수정(10월 31일)

수정 전: (차) 830.소모품비	250,000원	(대) 253.미지급금(03003.샤방키친)	250,000원
수정 후: (차) 830.소모품비	250,000원	(대) 101.현금	250,000원

문제 **4** 결산

1 수동결산 및 자동결산

[일반전표입력] 12월 31일

(차) 141.현금과부족   120,000원   (대) 930.잡이익   120,000원

[결산자료입력]

- 기말상품재고액 59,200,000원을 입력한다.
- 상단부 전표추가(F3) 를 클릭하면 [일반전표입력] 메뉴에 분개가 생성된다.

(차) 451.상품매출원가   149,115,000원   (대) 146.상품   149,115,000원

    * 상품매출원가 = 기초상품재고액 + 당기상품매입액 - 기말상품재고액
              = 60,000,000원 + 148,315,000원 - 59,200,000원 = 149,115,000원

[재무제표 등 작성]

- 손익계산서([기능모음의 '추가' 클릭) → 재무상태표를 조회 작성한다.

문제 **5** 실무수행평가

11	12	13	14	15
④	825	②	05502	③
16	**17**	**18**	**19**	**20**
01007	99,390,000원	4월	2,210,000원	10,197,800원
21	**22**	**23**	**24**	**25**
1,600,000원	73,850,000원	105,000,000원	33,681,200원	②
26	**27**	**28**	**29**	**30**
149,115,000원	②	1,495,000원	8,250,000원	①

문제 **6** 회계정보분석

31. 손익계산서 조회

  ① 손익계산서(51,520,000원 / 283,060,000원) × 100 ≒ 18%

32. 손익계산서 조회

  ④ 111,520,000원 / 10,000주 = 11,152원

출제예상 모의고사 제3회

[실무이론평가]

1	2	3	4	5	6	7	8	9	10
④	②	④	②	①	①	①	④	③	①

01 ④ 일반기업회계기준의 회계공준은 기업실체, 계속기업, 기간별보고이다. 회계의 순환과정은 회계공준이 아니다.

02 ②
- (차) 여비교통비(비용의 발생)   10,000원   (대) 현금및현금성자산(자산의 감소)   10,000원

03 ④ 현금흐름표도 재무제표에 포함된다.

04 ② 외환차손은 영업외비용으로 영업이익 산출에 영향을 미치지 않는다.

05 ①
- 매출총이익 = 총매출액 − 매출에누리와환입 − 매출원가
  = 3,000,000원 − 200,000원 − (100,000원 + 1,000,000원 − 30,000원) = 1,730,000원
- 판매비와관리비 = 매출총이익 − 영업이익
  = 1,730,000원 − 1,000,000원 = 730,000원

06 ①
- 감가상각비 = (3,000,000원 − 200,000원) × 1/7 = 400,000원
- 감가상각누계액 = 4년 × 400,000원 = 1,600,000원

07 ①
- 기말매출채권 = 기초매출채권 + 외상매출액 − 현금회수 − 대손처리
  = 300,000원 + 800,000원 − 100,000원 − 50,000원 = 950,000원

08 ④
- 선입선출법 적용 시 상품의 5월 말 재고액:
  * 20개(5월 13일 매입분) × 600원 + 50개(5월 17일 매입분) × 700원 = 47,000원

09 ③
- 비유동부채: 사채, 퇴직급여충당부채, 장기차입금
  2,000,000원 + 200,000원 + 500,000원 = 2,700,000원

10 ①
- 1월 14일 (차) 현금   30,000원   (대) 외상매출금   30,000원
- 외상매출금 계정 대변에 전기하여야 한다.

[실무수행과제]

문제 1 기초정보관리의 이해

1 사업자등록증에 의한 거래처 수정
① 사업장 주소 변경: 서울특별시 강남구 강남대로 248(도곡동, 목원빌딩)
② 전자세금계산서 전용 메일주소 등록: sky138@bill36524.com

2 전기분 손익계산서의 입력수정

① [전기분 재무상태표] 146.상품 200,000,000원을 290,000,000원으로 수정
② [전기분 손익계산서] 451.상품매출원가의 기말상품재고액 290,000,000원 반영
　　　　　　　　　　822.차량유지비 210,000원을 4,210,000원으로 수정

문제 2   거래자료입력

1 10월 13일

(차) 146.상품	700,000원	(대)	103.보통예금(98001.농협은행(보통))	100,000원
			251.외상매입금(00104.장난감(주))	600,000원

2 10월 25일

(차) 813.접대비(기업업무추진비)	20,000원	(대)	253.미지급금(99601.신한카드)	20,000원

3 11월 6일

(차) 812.여비교통비	380,000원	(대)	101.현금	30,000원
			134.가지급금(02101.김철민)	350,000원

4 11월 16일

(차) 101.현금	1,000,000원	(대)	401.상품매출	8,000,000원
108.외상매출금(00124.가위바위보)	7,000,000원			

5 11월 25일

(차) 131.선급금(01021.미래기획)	800,000원	(대)	101.현금	800,000원

6 12월 7일

(차) 811.복리후생비	30,000원	(대)	253.미지급금(06701.아담플라워)	30,000원

7 12월 23일

(차) 103.보통예금(98004.우리은행(보통))	1,850,000원	(대)	107.단기매매증권	2,000,000원
938.단기매매증권처분손	150,000원			

8 12월 30일

(차) 817.세금과공과금	620,000원	(대)	103.보통예금(98000.신한은행(보통))	620,000원

문제 3   전표수정

1 입력자료 수정(10월 8일)

수정 전:

(차) 251.외상매입금(03500.모빌나라)	1,702,500원	(대)	103.보통예금(98400.하나은행(보통))	1,702,500원

수정 후:

(차) 251.외상매입금(03500.모빌나라)	1,700,000원	(대)	103.보통예금(98400.하나은행(보통))	1,702,500원
831.수수료비용	2,500원			

2 입력자료 수정(9월 28일)

수정 전: (차) 822.차량유지비	3,000원	(대) 101.현금		3,000원
수정 후: (차) 822.차량유지비	30,000원	(대) 101.현금		30,000원

문제 4 결산

1 수동결산 및 자동결산

[일반전표입력] 12월 31일

(차) 116.미수수익   600,000원   (대) 901.이자수익   600,000원

[결산자료입력]

- 기말상품재고액 300,000,000원을 입력한다.
- 상단부 전표추가(F3) 를 클릭하면 [일반전표입력] 메뉴에 분개가 생성된다.

(차) 451.상품매출원가   250,115,000원   (대) 146.상품   250,115,000원

　　* 상품매출원가 = 기초상품재고액 + 당기상품매입액 − 기말상품재고액
　　　　　　　　 = 290,000,000원 + 260,115,000원 − 300,000,000원 = 250,115,000원

[재무제표 등 작성]

- 손익계산서([기능모음]의 '추가' 클릭) → 재무상태표를 조회 작성한다.

문제 5 실무수행평가

11	12	13	14	15
④	①	831	8,200,000원	99601
16	17	18	19	20
①	③	④	316,640,300원	2,500,000원
21	22	23	24	25
10,000,000원	650,000원	227,025,000원	10,643,400원	2,400,000원
26	27	28	29	30
③	28,596,100원	1,654,600	2,414,200원	9,600,000원

문제 6 회계정보분석

31. 재무상태표 조회

② (214,890,000원 / 154,000,000원) × 100 ≒ 139%

32. 재무상태표 조회

③ (154,000,000원 / 387,570,000원) × 100 ≒ 39%

출제예상 모의고사 제4회

[실무이론평가]

1	2	3	4	5	6	7	8	9	10
③	③	①	②	②	②	②	①	④	③

01 ③ 계속기업의 공준: 기업은 그 경영 활동을 청산하거나 중대하게 축소시킬 의도가 없다는 가정

02 ③ 계약체결은 재산의 증감변화를 가져오지 않기 때문에 회계상의 거래가 아니다.

03 ①
- (가) (차) 외상매입금(부채의 감소)   300,000원   (대) 현금(자산의 감소)   300,000원
- (나) (차) 접대비(기업업무추진비)(비용의 발생)   50,000원   (대) 미지급금(부채의 증가)   50,000원

04 ② 주석도 재무제표에 포함된다.

05 ②
- (차) 선급비용   200,000원   (대) 보험료   200,000원
- 보험료 200,000원 과대계상, 당기순이익 200,000원 과소계상

06 ②
- 방학 중 결식아동에게 무료로 지급하는 도시락이므로 기부금으로 처리한다.

07 ②
- 2025년도 감가상각비: ((매입가액 + 취득제비용 - 잔존가치) ÷ 내용연수) × 6개월/12개월
 = ((1,000,000원 + 100,000원 - 0원) ÷ 5년) × 6개월/12개월 = 110,000원

08 ①
- ② 무형자산의 상각방법에는 정액법, 체감잔액법(정률법 등), 연수합계법, 생산량비례법 등이 있다. 다만, 합리적인 상각방법을 정할 수 없는 경우에는 정액법을 사용한다.
- ③ 무형자산의 상각기간은 독점적·배타적인 권리를 부여하고 있는 관계법령이나 계약에 정해진 경우를 제외하고는 20년을 초과할 수 없다.
- ④ 사용을 중지하고 처분을 위해 보유하는 무형자산은 상각하지 않는다.

09 ④
- 대손금 1,000,000원은 대손충당금 잔액 500,000원과 우선 상계하고 나머지 500,000원은 대손상각비로 처리한다.

10 ③
- 상품의 취득원가에는 상품매입과 관련하여 발생하는 운반비와 보험료를 포함하며, 상품판매에 대한 운임은 판매비와 관리비로 처리한다.
 상품취득원가 = 100,000원 + 5,000원 + 7,000원 = 112,000원

[실무수행과제]

문제 1 기초정보관리의 이해

1 사업자등록증에 의한 거래처등록 수정
 ① 사업장 소재지 변경: 서울특별시 강남구 강남대로 250 (도곡동, 심현빌딩)
 ② 전자세금계산서 전용 메일주소 등록: happy@naver.com

2 거래처별초기이월
① 253.미지급금 계정: 거래처 코드별 금액 입력
② 260.단기차입금 계정: 거래처 코드별 금액 입력

문제 2 거래자료입력

1 6월 3일
(차) 811.복리후생비　　　　215,000원　　(대) 253.미지급금(99601.신한카드)　215,000원

2 7월 5일
(차) 208.차량운반구　　　4,200,000원　　(대) 253.미지급금(00513.조은카정비)　4,200,000원

3 7월 11일
(차) 931.이자비용　　　　500,000원　　(대) 103.보통예금(98001.신한은행(보통))　500,000원

4 8월 19일
(차) 146.상품　　　　3,200,000원　　(대) 131.선급금(02001.(주)강남문구)　　300,000원
　　　　　　　　　　　　　　　　　　251.외상매입금(02001.(주)강남문구) 2,900,000원

5 10월 2일
(차) 251.외상매입금(00189.백두문구)　2,000,000원　(대) 103.보통예금(98001.신한은행(보통)) 2,000,000원
(차) 831.수수료비용　　　　　1,000원　(대) 101.현　　금　　　　　　1,000원

6 10월 28일
(차) 812.여비교통비　　　200,000원　　(대) 134.가지급금(08008.홍성주)　300,000원
　　101.현금　　　　　　100,000원

7 11월 30일
(차) 801.급여　　　　5,000,000원　　(대) 254.예 수 금　　　　　544,000원
　　　　　　　　　　　　　　　　　　103.보통예금(98001.신한은행(보통)) 4,456,000원

8 12월 3일
(차) 824.운반비　　　　25,000원　　(대) 101.현금　　　　　　25,000원

문제 3 전표수정

1 입력자료 수정(10월 20일)
수전 전: 10월 20일 (차) 822.차량유지비　　3,000원　(대) 101. 현금　　　　3,000원
수정 후: 10월 20일 (차) 822.차량유지비　30,000원　(대) 101. 현금　　　30,000원

2 입력자료 수정(12월 5일)
수정 전: (출) 831.수수료비용　　3,500원
수정 후: (출) 146.상품　　　　3,500원

문제 4 결산

1 수동결산 및 자동결산

[일반전표입력] 12월 31일

(차) 901.이자수익   420,000원   (대) 263.선수수익   420,000원

[결산자료입력]

- 기말상품재고액 30,000,000원을 입력한다.
- 상단부 전표추가(F3) 를 클릭하면 [일반전표입력] 메뉴에 분개가 생성된다.

(차) 451.상품매출원가   178,098,500원   (대) 146.상품   178,098,500원

     * 상품매출원가 = 기초상품재고액 + 당기상품매입액 − 기말상품재고액
                       = 4,200,000원 + 203,898,500원 − 30,000,000원 = 178,098,500원

[재무제표 등 작성]

- 손익계산서([기능모음]의 '추가' 클릭) → 재무상태표를 조회 작성한다.

문제 5 실무수행평가

11	12	13	14	15
④	221,000원	00189	③	③
16	17	18	19	20
20,000,000원	2,003,500원	31,969,500원	600,000원	2,200,000원
21	22	23	24	25
500,000원	87,511,200원	5,083,880원	①	178,098,500원
26	27	28	29	30
14,305,200원	②	9,300,000원	①	00102

문제 6 회계정보분석

31. 재무상태표 조회

    ② (444,990,000원 / 56,500,000원) × 100 ≒ 787%

32. 손익계산서 조회

    ② (110,570,000원 / 197,500,000원) × 100 ≒ 55%

출제예상 모의고사 제5회

[실무이론평가]

1	2	3	4	5	6	7	8	9	10
④	③	①	④	②	②	③	④	④	③

01 ④ 목적적합성의 하위 속성은 예측가치, 피드백가치, 적시성이다.

02 ③ 직원의 채용은 회계 상의 거래가 아니다.

03 ①
- (차) 가수금(부채의 감소)　　　　300,000원　　(대) 외상매출금(자산의 감소)　　　200,000원
　　　　　　　　　　　　　　　　　　　　　　　선수금(부채의 증가)　　　　　　100,000원

04 ④ 판매비와관리비 = 1,000,000원 + 100,000원 + 200,000원 + 500,000원 = 1,800,000원

05 ② 거래처 직원의 경우는 접대비(기업업무추진비)로, 회사 직원의 경우는 복리후생비로 회계처리한다.

06 ②
- 제6기 감가상각비 = (600,000원 − 0원) ÷ 5 = 120,000원
- (가) = 60,000원 + 120,000원 = 180,000원

07 ③
- (가) 단기차입금, (나) 투자부동산, (다) 특허권

08 ④ 대손이 발생한 경우, 매출채권과 대손충당금을 상계하며 대손충당금 잔액이 부족하면 차액을 대손상각비로 회계처리한다.

09 ④ 재고자산을 고객에게 인도하고 대금의 회수는 미래에 분할하여 회수하기로 한 경우 대금이 모두 회수되지 않았다 하더라도 상품의 판매시점에서 판매자의 재고자산에서 제외한다.

10 ③
- 기말자본 = 기초자본 + 당기순이익 + 추가 출자액 = 200,000원 + 100,000원 + 50,000원
  = 350,000원

[실무수행과제]

문제 1 기초정보관리의 이해

1 사업자등록증에 의한 거래처 등록(수정)
① 사업장 소재지 변경: 서울특별시 서대문구 충정로7길 31(충정로 2가)
② 전자세금계산서 전용 메일주소 등록: sewon21@naver.com

2 거래처별초기이월 등록 및 수정
[거래처별 초기이월]
① 110. 받을어음 계정: 거래처 코드, 만기일자, 어음번호, 금액, 수취구분, 발행인, 발행일자, 거래일자, 어음종류, 지급기관 입력

문제 2 거래자료입력

1 6월 4일

| (차) 811.복리후생비 | 19,000원 | (대) 253.미지급금(01110.산들애) | 19,000원 |

2 6월 7일

| (차) 933.기부금 | 198,000원 | (대) 101.현금 | 198,000원 |

3 6월 8일

| (차) 110.받을어음(02205.콜럼비아) | 5,000,000원 | (대) 401.상품매출 | 5,000,000원 |

[받을어음 관리]

어음상태	1 보관	어음종류	6 전자		어음번호	00420250608123456789		수취구분	1 자수
발 행 인	02205	콜럼비아		발 행 일	2025-06-08	만 기 일	2025-08-08	배 서 인	
지 급 은 행	100	국민은행	지 점	할 인 기 관		지 점		할 인 율 (%)	
지급거래처					• 수령된 어음을 타거래처에 지급하는 경우에 입력합니다.				

4 6월 15일

(차) 120.미수금(02507.소호상사)	5,000,000원	(대) 208.차량운반구	25,000,000원
209.감가상각누계액	19,400,000원		
950.유형자산처분손실	600,000원		

5 6월 18일

| (차) 103.보통예금(98002.신한은행) | 8,780,000원 | (대) 107.단기매매증권 | 8,000,000원 |
| | | 906.단기매매증권처분익 | 780,000원 |

6 6월 25일

| (차) 814.통신비 | 180,500원 | (대) 103.보통예금(98001.국민은행) | 180,500원 |

7 6월 28일

| (차) 109.대손충당금 | 500,000원 | (대) 108.외상매출금(2004.인도네시아) | 3,000,000원 |
| 835.대손상각비 | 2,500,000원 | | |

[거래처원장] - [잔액] 기간: 6.28.~ 6.28., 계정과목: 외상매출금, 거래처: 인도네시아

8 6월 30일

| (차) 338.인출금 | 345,000원 | (대) 101.현금 | 345,000원 |

문제 3 전표수정

1 입력자료 수정(10월 22일)

- 수정전
| (차) 108.외상매출금(32005.금화상사) | 680,000원 | (대) 401.상품매출 | 680,000원 |
- 수정후
| (차) 108.외상매출금(32008.금천상사(주)) | 680,000원 | (대) 401.상품매출 | 680,000원 |

2 입력자료 수정(10월 26일)

| (차) 821.보험료 | 540,000원 | (대) 103.보통예금(98002.신한은행) | 540,000원 |

문제 **4** 결산

1 수동결산 및 자동결산

[일반전표입력] 12월 31일

(차) 172.소모품 240,000원 (대) 830.소모품비 240,000원

[결산자료입력] 1월 ~ 12월
- 기말상품재고액 52,300,000원을 입력한다.
- 상단부 전표추가(F3) 를 클릭하면 [일반전표입력] 메뉴에 분개가 생성된다.

(차) 451.상품매출원가 163,915,000원 (대) 146.상품 163,915,000원
   * 상품매출원가 = 기초상품재고액 + 당기상품매입액 - 기말상품재고액
     = 48,000,000원 + 168,215,000원 - 52,300,000원 = 163,915,000원

[재무제표 등 작성]
- 손익계산서([기능모음의 '추가' 클릭) → 재무상태표를 조회 작성한다.

문제 **5** 실무수행평가

11	12	13	14	15
④	②	③	③	01016
16	17	18	19	20
①	3,040,000원	300,621,000원	500,000원	5,000,000원
21	22	23	24	25
240,000원	12,060,130원	③	563,785,000원	163,915,000원
26	27	28	29	30
1,054,390원	2,500,000원	780,000원	600,000원	54,828,500원

문제 **6** 회계정보분석

31. 재무상태표 조회

③ (464,300,000원 / 166,600,000원) × 100 ≒ 278%

32. 재무상태표, 손익계산서 조회

② (583,000,000원 / 489,900,000원) × 100 ≒ 119%

제5부 부록 / 정답 및 해설

출제예상 모의고사 제6회

[실무이론평가]

1	2	3	4	5	6	7	8	9	10
③	③	④	④	②	①	④	③	②	④

01 ③ 기간별 보고의 가정에 대한 설명이다.

02 ③ 회계상의 거래는 기업의 자산, 부채, 자본의 증감이나 수익, 비용의 발생을 초래하는 활동이다. 사원을 채용하기로 결정하는 것은 회계상의 거래에 해당하지 않는다.

03 ④ 부채의 감소는 차변요소이다.

04 ④ 재무회계의 목적은 내부·외부 이해관계자 모두에게 유용한 정보를 제공하는 것이다.

05 ②
• 2025년 보험료: 120,000,000원 × 6개월/12개월 = 60,000,000원
• 2025년 말 선급보험료: 120,000,000원 × 6개월/12개월 = 60,000,000원

06 ① 임대인에게 지급하는 보증금은 임차보증금으로 회계처리한다.

07 ④
• 감가상각비 = (4,000,000원 - 0원) / 5년 × 3개월/12개월 = 200,000원
• 장부금액 = 취득금액 - 감가상각누계액
          = 4,000,000원 - 200,000원 = 3,800,000원

08 ③ 영업권, 개발비, 특허권은 무형자산으로 분류되나, 연구비는 당기비용 처리된다.

09 ②
• 현금및현금성자산 = 현금 + 타인발행수표 + 보통예금
  = 10,000원 + 30,000원 + 50,000원 = 90,000원
• 당좌차월은 단기차입금이고, 취득당시 만기가 2개월인 받을어음은 매출채권이다.

10 ④
• 상품매입 시의 운반비는 취득원가에 포함시킨다.
• (차) 상품   3,050,000원   (대) 현금   2,050,000원
                                        당좌예금   500,000원
                                        외상매입금   500,000원

[실무수행과제]

문제 1 기초정보관리의 이해

1 사업자등록증에 의한 회사등록 수정
① 업태: 도소매업 → 도소매업, 서비스업으로 변경
② 종목: 생화 → 생화, 꽃배달로 변경

510

2 전기분재무상태표의 입력수정
- 120.미수금 4,500,000원 추가 입력
- 254.예수금 135,000원 → 1,350,000원으로 수정 입력
- 대차차액 0원 확인

문제 2 거래자료입력

1 8월 1일

| (차) 813.접대비(기업업무추진비) | 385,000원 | (대) 103.보통예금(98000.국민은행) | 385,000원 |

2 8월 10일

| (차) 254.예수금 | 160,000원 | (대) 101.현금 | 320,000원 |
| 817.세금과공과금 | 160,000원 | | |

3 8월 31일

| (차) 146.상품 | 8,000,000원 | (대) 101.현금 | 5,000,000원 |
| | | 252.지급어음(04001.금강화원) | 3,000,000원 |

[지급어음관리]
- 지급어음 란에서 F3(자금관리)을 클릭, 어음번호에서 F2를 클릭하여 어음을 조회한 후 만기일 수정 입력

| 어음상태 | 2 발행 | 어음번호 | 00420250831123456789 | 어음종류 | 4 전자 | 발행일 | 2025-08-31 |
| 만기일 | 2025-11-30 | 지급은행 | 98000 국민은행 | 지점 | 서대문점 | | |

4 9월 5일

| (차) 259.선수금 (04002.승찬조경(주)) | 80,000원 | (대) 401.상품매출 | 880,000원 |
| 101.현금 | 800,000원 | | |

5 9월 8일

| (차) 103.보통예금(98000.국민은행) | 30,000,000원 | (대) 962.임차보증금(04100.보승화분(주)) | 30,000,000원 |

6 9월 20일

| (차) 107.단기매매증권 | 3,000,000원 | (대) 103.보통예금(98000.국민은행) | 3,030,000원 |
| 945.수수료비용 | 30,000원 | | |

7 9월 25일

| (차) 257.가수금 | 850,000원 | (대) 259.선수금(05005.은선화원) | 850,000원 |

8 9월 28일

| (차) 338.인출금 | 500,000원 | (대) 103.보통예금(98000.국민은행) | 500,000원 |

문제 3 전표수정

1 입력자료 수정(10월 15일)

| - 수정전: (차) 101.현금 | 600,000원 | (대) 108.외상매출금(00515.애경화원) | 600,000원 |
| - 수정후: (차) 101.현금 | 6,000,000원 | (대) 108.외상매출금(00515.애경화원) | 6,000,000원 |

2 입력자료 수정(10월 20일)
- 수정전: (차) 822.차량유지비   2,530,780원   (대) 101.현금   2,530,780원
- 수정후: (차) 208.차량운반구   2,530,780원   (대) 101.현금   2,530,780원

문제 4   결산

1 수동결산 및 자동결산

[결산자료입력] 1월 ~ 12월
- 기말상품재고액 7,000,000원을 입력한다.
- 상단부 전표추가(F3) 를 클릭하면 [일반전표입력] 메뉴에 분개가 생성된다.

(차) 451.상품매출원가   253,695,000원   (대) 146.상품   253,695,000원

 * 상품매출원가 = 기초상품재고액 + 당기상품매입액 − 기말상품재고액
   = 57,000,000원 + 203,695,000원 − 7,000,000원 = 253,695,00원
- 결차, 결대도 가능

[재무제표 등 작성]
- 손익계산서([기능모임의 '추가' 클릭) → 재무상태표를 조회 작성한다.

문제 5   실무수행평가

11	12	13	14	15
③	③	④	3,500,000원	②
16	17	18	19	20
3,000,000원	8,000,000원	①	156,370,780원	0원
21	22	23	24	25
33,521,200원	4,763,880원	3,100,000원	23,000,000원	②
26	27	28	29	30
823,083,000원	57,000,000원	4,109,700원	30,000원	18,455,000원

문제 6   회계정보분석

31. 재무상태표 조회
   ④ (348,180,000원 / 88,490,000원) × 100 ≒ 393%

32. 손익계산서 조회
   ③ (163,370,000원 / 197,500,000원) × 100 ≒ 82%

출제예상 모의고사 제7회

[실무이론평가]

1	2	3	4	5	6	7	8	9	10
②	④	③	①	③	③	①	③	④	③

01 ② 상품의 도난은 기업의 자산을 감소시키는 회계상 거래이다.

02 ④

- ① (차)　　상품(자산의 증가)　　×××　　(대)　외상매입금(부채의 증가)　×××
- ② (차)　　차입금(부채의 감소)　　×××　　(대)　현금(자산의 감소)　　　×××
- ③ (차)　　보통예금(자산의 증가)　×××　　(대)　자본금(자본의 증가)　　×××
- ④ (차)　　현금(자산의 증가)　　×××　　(대)　매출채권(자산의 감소)　×××

03 ③ 시산표는 재무제표가 아니며, 재무제표를 작성하기 위한 선택적 절차에 불과하다.

04 ① 채권자는 이자 지급 능력과 원금 회수 능력에 대한 정보를 필요로 한다.

05 ③ 기말재고자산을 과대 계상하면, 매출원가가 과소 계상되고 매출원가가 과소 계상되면 당기순이익이 과대 계상된다.

06 ③ 업무와 관련한 임직원 교육비는 교육훈련비에 해당한다.

07 ①

- 2025년 말 장부금액 = 취득원가 - 감가상각누계액
  - = 500,000원 - 500,000원 × 2년 ÷ 5년
  - = 300,000원
- 2025년 감가상각비 = 500,000원 × 1년 ÷ 5년 = 100,000원

08 ③

- 임차보증금과 장기매출채권은 기타비유동자산으로 분류된다.
- 영업권은 무형자산, 기계장치는 유형자산, 매출채권은 유동자산으로 분류된다.

09 ④ 판매용 컴퓨터는 상품이며 신용카드로 결제 받았으므로 상품을 외상으로 매출한 것이다. 따라서 차변의 계정과목은 외상매출금이다.

10 ③

- 단기매매증권 취득 시 발생하는 부대비용은 영업외비용(수수료 비용)으로 회계처리 한다.
- 처분금액 800,000원 - 장부금액 700,000원 = 100,000원(단기매매증권처분이익)

[실무수행과제]

문제 1　기초정보관리의 이해

1 사업자등록증에 의한 거래처 등록(수정)

[거래처등록]
① 사업장 소재지 변경: 대전광역시 동구 가양남로 14 (가양동)
② 전자세금계산서 전용 메일주소 변경: jyh9376@bill36524.com

2 계정과목 추가등록 및 적요등록 수정

- 계정과목등록: 127.회사설정계정과목을 127.할부외상매출금(구분: 3.일반)으로 수정
- 적요등록: 1. 현금적요: 01.할부외상매출금 현금으로 수취
          2. 대체적요: 01.할부판매에 의한 할부외상매출금 발생

문제 2 거래자료입력

1 7월 7일

| (차) 830.소모품비 | 30,000원 | (대) 101.현 금 | 30,000원 |

2 7월 15일

| (차) 811.복리후생비 | 143,000원 | (대) 253.미지급금(99600.국민카드) | 143,000원 |

3 7월 23일

| (차) 146.상품 | 4,000,000원 | (대) 131.선급금(01131.승윤악기) | 400,000원 |
| | | 251.외상매입금(01131.승윤악기) | 3,600,000원 |

4 7월 31일

(차) 101.현금	5,000,000원	(대) 208.차량운반구	25,000,000원
120.미수금(02110.민수중고차나라)	10,000,000원		
209.감가상각누계액	10,000,000원		

5 8월 2일

| (차) 103.보통예금(98000.국민은행) | 520,000원 | (대) 259.선수금(02120.다인피아노) | 520,000원 |

6 8월 10일

| (차) 110.받을어음(03200.수연플롯) | 10,000,000원 | (대) 108.외상매출금(03200.수연플롯) | 10,000,000원 |

[받을어음관리]
- 받을어음 란에서 F3(자금관리)키를 클릭하여 어음정보 입력

어음상태	1	보관		어음종류	6	전자		어음번호		00420250810123456789			수취구분	1	자수
발행인	03200	수연플롯				발행일		2025-08-10		만기일		2025-11-10	배서인		
지급은행	100	국민은행	지점	청림동		할인기관				지점			할인율(%)		
지급거래처								* 수령된 어음을 타거래처에 지급하는 경우에 입력합니다.							

7 8월 20일

| (차) 103.보통예금(98000.국민은행) | 1,000,000원 | (대) 214.건설중인자산 | 1,000,000원 |

8 8월 22일

| (차) 134.가지급금(04112.박선주) | 120,000원 | (대) 103.보통예금(98001.농협은행) | 120,000원 |

문제 3 전표수정

1 입력자료 수정(9월 12일)

- 수정전: (차) 253.미지급금(03210.찬미악기) 420,000원 (대) 103.보통예금(98000.국민은행) 420,000원
- 수정후: (차) 131.선급금(05100.천년악기) 420,000원 (대) 103.보통예금(98000.국민은행) 420,000원

2 입력자료 수정(9월 20일)

- 수정전: (차) 824.운반비   45,000원   (대) 253.미지급금(99605.삼성카드)   45,000원
- 수정후: (차) 812.여비교통비   45,000원   (대) 253.미지급금(99605.삼성카드)   45,000원

문제 **4** 결산

1 수동결산 및 자동결산

[결산자료입력] 1월 ~ 12월

- 대손상각의 외상매출금에 1,631,910원을 입력하고 상단부 전표추가(F3) 를 클릭하여 자동분개 생성

※ 대손충당금 추가설정액: 외상매출금 잔액 213,191,000원 × 1% − 설정 전 대손충당금 잔액 500,000원 = 1,631,910원

[결산자료입력] 1월 ~ 12월

- 기말상품재고액 52,000,000원을 입력한다.
- 상단부 전표추가(F3) 를 클릭하면 [일반전표입력] 메뉴에 분개가 생성된다.

(차) 451.상품매출원가   160,215,000원   (대) 146.상품   160,215,000원

    * 상품매출원가 = 기초상품재고액 + 당기상품매입액 − 기말상품재고액

                = 40,000,000원 + 172,215,000원 − 52,000,000원 = 160,215,000원

[재무제표 등 작성]

- 손익계산서([기능모음]의 '추가' 클릭) → 재무상태표를 조회 작성한다.

문제 **5** 실무수행평가

11	12	13	14	15
④	520,000원	④	33,000원	10,000,000원
16	17	18	19	20
00156	261,520,000원	79,630,000원	①	00125
21	22	23	24	25
①	39,466,000원	③	45,011,200원	55,000,000원
26	27	28	29	30
3,600,000원	110,000,000원	④	160,215,000원	5,300,000원

문제 **6** 회계정보분석

31. 재무상태표 조회

② (324,700,000원 / 491,300,000원) × 100 ≒ 66%

32. 손익계산서 조회

③ (63,270,000원 / 4,250,000원) × 100 ≒ 1,488%

제 **5** 부

부록 /
정답 및 해설

제 **1** 장

부록:
계정과목과
요점정리

① 재무상태표 계정과목

자산	유동자산	당좌자산	현금 및 현금성자산 (통합계정)	• **현금**: 통화, 타인발행수표, 우편환, 배당금통지표, 만기도래국공채이자표
				• **당좌예금**: 은행과 당좌거래 약정을 맺고 당좌수표를 발행할 수 있는 예금 (**당좌차월**: 당좌예금의 잔액을 초과하여 수표를 발행한 금액으로 결산 시 단기차입금으로 분류)
				• **보통예금**: 만기가 없이 수시로 입출금이 자유로운 요구불예금
				• **현금성자산**: 큰 거래비용 없이 현금 전환이 용이하고, 이자율변동에 따른 가치의 변동의 위험이 중요하지 않은 금융상품으로 취득당시 만기(또는 상환일)가 3개월 이내인 단기금융상품
			단기투자자산 (통합계정)	• **단기금융상품**: 취득 시 만기가 3개월 초과 1년 이내에 도래하는 금융상품(정기예·적금 등 저축성예금) • **단기대여금**: 1년 이내의 상환조건으로 차용증을 받고 금전을 빌려준 경우 • **단기매매증권**: 단기간 내에 매매차익을 목적으로 취득한 유가증권
			매출채권 (통합계정)	• **외상매출금**: 일반적인 상거래(상품매출)에서 외상으로 판매한 경우 채권 • **받을어음**: 일반적인 상거래(상품매출)에서 외상으로 판매하고 받은 어음 (**대손충당금**: 외상매출금, 받을어음의 차감적 평가계정으로 결산시점에 대변에 추가로 설정하고, 대손확정시에는 차변으로 분개한다)
			미수금	일반적인 상거래 이외(상품매출 이외: 유형자산처분 등)에서 발생한 채권
			미수수익 (수익의 발생)	당기에 속하는 수익 중 약정기일이 도래하지 않아 아직 받지 못한 수익 (발생주의, 거래나 사건이 발생한 기간에 인식)
			선급금	상품의 구입조건으로 미리 지급하는 계약금
			선급비용 (비용의 이연)	당기에 지급한 비용 중 차기분에 해당하는 비용을 자산으로 처리하는 경우(발생주의, 거래나 사건이 발생한 기간에 인식)
			가지급금	금전은 지급되었으나 내용, 금액 등이 확정되지 않았을 때 처리하는 계정
			현금과부족	장부상 현금과 금고상 현금이 일치하지 않았을 경우 금고상 금액으로 일치시키는 임시계정 결산시까지 원인이 밝혀지지 않으면 잡손실, 잡이익으로 대체, 결산 당일의 현금시재불일치는 현금과부족을 사용하지 않고 바로 잡손실, 잡이익으로 대체

자산	유동자산	재고자산	상품	판매를 목적으로 외부에서 구입한 물품(도·소매업)
			소모품	소모품 구입 시 자산으로 처리한 경우(자산처리법)
	비유동자산	투자자산	장기투자자산 (통합계정)	• **장기금융상품**: 만기가 1년 이후에 도래하는 금융상품(정기예·적금 등 저축성예금) • **매도가능증권**: 단기매매증권, 만기보유증권으로 분류되지 아니하는 유가증권 • **만기보유증권**: 만기가 확정된 채무증권으로 만기까지 보유할 적극적인 의도와 능력이 있는 것
			장기대여금	대여기간이 결산일로부터 1년 이상인 것
			투자부동산	영업활동에 사용하지 않는 투자 목적으로 구입한 토지, 건물 및 기타의 부동산
		유형자산	토지	영업활동에 사용하는 대지, 임야, 전, 답 등
			건물	영업활동에 사용하는 공장, 사무실, 창고 등으로 냉난방, 조명, 기타 건물 부속설비를 포함
			구축물	영업활동에 사용하는 교량, 저수지, 갱도, 상하수도, 터널, 전주, 지하도관, 신호장치, 정원 등
			기계장치	영업활동에 사용하는 기계장치, 생산설비 등 기타의 부속설비
			차량운반구	영업활동에 사용하는 승용차, 트럭, 오토바이, 지게차 등 차량과 운반구
			비품	영업활동에 사용하는 PC, 복사기, 프린트, 책상 등의 집기·비품
			건설중인자산	영업활동에 사용할 유형자산을 건설하기 위하여 지출한 금액으로 아직 건설이 완료되지 않은 것
			(감가상각누계액)	건물, 구축물, 기계장치, 차량운반구 등 유형자산의 차감적 평가계정(토지, 건설 중인 자산: 감가상각하지 않음)
		무형자산	영업권	사업결합의 경우 이전대가의 공정가치가 취득자산과 인수부채의 순액을 초과하는 금액(외부구입 영업권만 인정)
			산업재산권 (통합계정)	• **특허권**: 신규 발명품에 대한 특허를 등록하고 얻은 독점적 권리 • **실용신안권**: 산업상 이용할 수 있는 물품의 형상, 구조, 조합에 관한 신규고안을 등록하고 얻은 권리 • **디자인권**: 물품에 대한 새로운 디자인을 고안하여 등록하고 얻은 권리 • **상표권**: 특정상표를 등록하여 독점적으로 이용하는 권리
			개발비	신기술 개발비용으로 미래 경제적 효익의 유입가능성이 매우 높고 취득원가를 신뢰성 있게 측정할 수 있는 경우
			소프트웨어	소프트웨어(회계프로그램, ERP프로그램, 한글프로그램, MS오피스 프로그램 등) 구입 금액

			임차보증금	임대차계약에 의하여 임차인이 임대인에게 지급하는 보증금으로 계약기간 만료되면 다시 상환 받음.
자산	비유동 자산	기타 비유동 자산	장기매출채권	• **장기외상매출금**: 일반적인 상거래(상품매출)에서 외상으로 판매한 후 회수기간이 1년 이상인 채권 • **장기받을어음**: 일반적인 상거래(상품매출)에서 외상으로 판매하고 받은 어음으로 만기가 1년 이상인 어음
			장기미수금	일반적인 상거래이외(상품매출 이외)에서 발생한 채권으로 회수기간이 1년 이상인 채권
			부도어음과수표	어음과 수표 대금에 대한 지급 청구 시 지급이 거절된 어음과 수표
부채	유동 부채		매입채무 (통합계정)	• **외상매입금**: 일반적인 상거래(상품)에서 외상으로 매입한 경우의 채무 • **지급어음**: 일반적인 상거래(상품)에서 외상으로 매입하고 지급한 어음
			미지급금	일반적인 상거래 이외(상품 이외: 유형자산매입 등)에서 발생한 채무
			미지급비용(비용의 발생)	당기에 속하는 비용 중 약정기일이 도래하지 않아 아직 지급하지 못한 비용(발생주의, 거래나 사건이 발생한 기간에 인식)
			예수금	소득세, 지방소득세, 4대 보험의 근로자부담금 등을 원천징수하여 일시적으로 보관하는 예수금액
			가수금	금전의 입금이 있으나 그 내용이나 금액이 확정되지 않았을 때 처리하는 계정
			선수금	상품매출 등을 약정하고 계약금 성격으로 미리 받은 대금
			선수수익(수익의 이연)	당기에 이미 받은 수익 중에서 차기분에 해당하는 수익을 부채로 처리하는 경우(발생주의, 거래나 사건이 발생한 기간에 인식)
			단기차입금	자금을 차입하고 그 상환기간이 1년 이내에 도래하는 차입금
			부가세예수금	상품, 제품, 비품 등 물품 판매 시에 거래징수한 부가가치세로서 매출세액
			유동성장기부채	장기차입금 중 기말결산일 현재 상환기일이 1년 이내 도래하는 채무
	비유동 부채		장기차입금	자금을 차입하고 그 상환기간이 1년 이후에 도래하는 차입금
			임대보증금	임대차계약에 의하여 임대인이 임차인에게 받은 보증금으로 계약기간 만료되면 다시 상환함.
			퇴직급여충당부채	직원이 퇴직할 때 지급해야 할 퇴직급여를 충당하기 위해 설정한 금액
			장기미지급금	일반적인 상거래 이외(상품 이외: 유형자산매입 등)발생한 채무로 1년 이후에 지급할 채무
자본	자본금		자본금	주식회사가 발행한 주식의 액면금액(발행주식수 × 액면금액)
			인출금	개인기업의 기업주가 개인적인 이유로 자본금을 인출한 금액

부록/정답 및 해설

02 손익계산서 계정과목

수익	영업수익	상품매출	상품을 판매하여 발생한 상품순매출액 **(상품순매출액 = 상품총매출액 − 매출에누리와 환입 − 매출할인)**
	영업외수익	이자수익	금융기관의 예금이나 대여금 등에 대하여 받은 이자
		배당금수익	주식(단기매매증권 등)의 투자에 대하여 받은 배당금
		단기매매증권평가이익	결산시 단기매매증권을 공정가치로 평가할 때 장부금액보다 공정가치가 높은 경우 그 차액
		단기매매증권처분이익	단기매매증권을 처분할 때 장부금액보다 처분금액이 높은 경우 그 차액
		외환차익	외화자산의 회수와 외화부채의 상환 시 환율 차이로 발생하는 이익
		외화환산이익	결산시 외화자산과 외화부채를 결산일 환율로 평가할 때 발생하는 이익
		수수료수익	용역(서비스)을 제공하고 그 대가를 받은 경우
		임대료	토지, 건물, 기계장치, 차량운반구 등을 임대하여 사용하게 하고 받은 대가
		유형자산처분이익	유형자산을 장부금액(취득원가−감가상각누계액)보다 높은 금액으로 처분하는 경우 그 차액
		자산수증이익	타인으로부터 자산을 무상으로 증여 받은 경우 인식하는 이익
		채무면제이익	타인으로부터 채무를 면제 받는 경우 인식하는 이익
		보험금수익	보험에 가입된 자산이 피해를 입었을 경우 보험회사로부터 수령하는 금액
		잡이익	영업활동 이외의 활동에서 금액이 적은 이익이나 빈번하지 않은 이익
비용	매출원가	상품매출원가	판매된 상품의 매입원가로 상품매출에 대응되는 원가 **(상품매출원가 = 기초재고액 + 당기순매입액 − 기말재고액)** **(당기순매입액 = 당기총매입액 − 매입에누리와 환출 − 매입할인)**
	판매비와 관리비	급여	직원에 대한 급여와 제수당
		퇴직급여	직원이 퇴직할 경우 발생하는 퇴직금이나 결산 시 퇴직급여충당부채를 설정할 경우의 퇴직금
		복리후생비	직원의 복리와 후생을 위해 지출한 비용으로 식대, 경조사비, 직장체육대회, 야유회비 등
		여비교통비	직원의 업무와 관련한 교통비와 출장 여비 등
		접대비(기업업무추진비)	업무와 관련하여 거래처를 접대한 성격의 비용
		통신비	업무와 관련하여 발생한 전화, 핸드폰, 팩스, 인터넷 등의 요금
		수도광열비	업무와 관련하여 발생한 가스, 수도, 난방 등의 요금
		전력비	업무와 관련하여 발생한 전기 요금

		세금과공과금	업무와 관련하여 발생한 세금과공과금으로 재산세, 자동차세, 대한상 공회의소회비, 협회비 등
비용	판매비 와 관리비	감가상각비	업무와 관련된 유형자산인 건물, 기계장치, 차량운반구, 비품 등의 감가상각 금액
		무형자산상각비	업무와 관련된 무형자산인 개발비, 영업권, 소프트웨어 등의 상각금액
		임차료	업무와 관련하여 발생한 토지, 건물, 기계장치, 차량운반구 등의 임 차비용
		수선비	업무와 관련하여 발생한 건물, 기계장치 등의 현상유지를 위한 수리 비용
		보험료	업무와 관련된 유형자산(건물, 기계장치 등)과 재고자산(상품, 제품 등) 등에 대한 보험료
		차량유지비	업무와 관련된 차량운반구의 유지와 수선을 위한 비용
		운반비	상품을 매출하고 지출한 운송료(cf.상품 매입시 운송료: 자산의 취득 원가에 가산)
		도서인쇄비	업무와 관련된 도서구입비, 신문잡지구독료, 인쇄비 등
		소모품비	업무와 관련된 소모성물품 구입비(복사용지, 문구류, 소모공기구, 소 모자재 등)
		수수료비용	업무와 관련된 용역을 제공받고 그에 대한 대가를 지불한 것(은행 송 금수수료, 청소와 경비용역비 등)
		광고선전비	업무와 관련하여 광고목적으로 신문, 방송, 잡지 등에 지출한 광고비용
		대손상각비	상품매출과 관련하여 발생한 매출채권(외상매출금, 받을어음)이 회수 불능되었을 때나 결산시 대손에 대비하여 대손충당금을 설정할 경우 (**대손충당금환입:** 결산시 대손충당금 잔액이 매출채권 잔액에 대한 대손충당금 총액보다 클 경우 그 차액으로 판매비와관리비의 차감계정)
	영업외 비용	이자비용	금융기관에 대한 차입금, 당좌차월 등 자금의 차입대가로 지불하는 이자
		기부금	무상으로 금전이나 물건 등을 기증하는 경우
		매출채권처분손실	받을어음을 만기가 되기 전에 은행에 할인하는 경우 그 할인료와 수 수료
		단기매매증권평가손실	결산 시 단기매매증권을 공정가치로 평가할 때 장부금액보다 공정가 치가 낮은 경우 그 차액
		단기매매증권처분손실	단기매매증권을 처분할 때 장부금액보다 처분금액이 낮은 경우 그 차액
		재해손실	천재지변이나 도난 등 예측치 못한 상황으로 발생한 손실
		유형자산처분손실	유형자산을 장부금액(취득원가－감가상각누계액)보다 낮은 금액으로 처분할 때 발생하는 손실
		투자자산처분손실	투자자산을 장부금액보다 낮은 금액으로 처분하는 경우 발생하는 손실
		잡손실	영업활동 이외의 활동에서 금액이 적은 비용이나 빈번하지 않은 지출

 짝꿍 계정과목

자산	부채
단기대여금	단기차입금
외상매출금	외상매입금
받을어음	지급어음
미수금	미지급금
선급금	선수금
미수수익	선수수익
선급비용	미지급비용
가지급금	가수금
장기대여금	장기차입금
임차보증금	임대보증금

비용	수익
상품매출원가	상품매출
이자비용	이자수익
단기매매증권평가손실	단기매매증권평가이익
단기매매증권처분손실	단기매매증권처분이익
수수료비용	수수료수익
임차료	임대료
유형자산처분손실	유형자산처분이익
잡손실	잡이익

시험 당일 읽는 요점정리

1. 회계란 무엇인가?

- 의의: 회계정보이용자가 합리적 의사결정을 할 수 있도록 유용한 경제적 정보를 식별, 측정, 전달하는 과정
- 분류: 재무회계 – 외부정보이용자(주주, 채권자, 정부기관), 회계원칙에 따라 작성
  원가관리회계 – 내부정보이용자(경영자, 근로자), 일정한 원칙 없이 작성
- 회계단위: 기업 경영활동을 기록 계산하기 위한 장소적 범위(본점, 지점)
- 보고기간: 회계연도 또는 회계기간이라고도 하며 1년을 넘지 않는 범위 내에서 설정
- 기본가정: 기업실체의 가정, 계속기업의 가정, 기간별보고의 가정
- 발생주의: 현금수수에 관계없이 거래가 발생된 시점에 인식하는 기준
- 질적특성: 목적적합성(예측가치, 피드백가치, 적시성)
  신뢰성(표현의 충실성, 검증가능성, 중립성)

2. 재무제표

① 재무제표의 종류
- 재무상태표: 일정시점의 기업의 재무상태를 보여주는 보고서(자산＝부채＋자본)
  - 자산(총자산): 기업이 소유하고 있는 재화(상품, 건물 등), 채권(외상매출금 등)
  - 부채(타인자본, 타인지분): 기업이 미래의 시점에 지급해야 할 채무(외상매입금 등)
  - 자본(순자산, 자기자본, 자기지분, 소유주지분): 자산에서 부채를 차감한 금액
- 손익계산서: 일정기간의 기업의 경영성과를 보여주는 보고서
  (총수익－총비용＝당기순이익)
  - 수익: 경영활동의 결과 획득한 금액(상품매출, 수입수수료 등)
  - 비용: 경영활동에서 수익을 얻기 위해 지출한 금액(상품매출원가, 급여 등)
  주의 재무상태표: 일정시점의 재무상태, 손익계산서: 일정기간의 경영성과

② 재무제표 작성과 표시의 일반원칙
- 계속기업: 경영진이 기업을 청산하거나 중단할 의도가 없다면 계속기업 전제
- 재무제표의 작성책임과 공정한 표시: 작성과 표시의 책임은 경영진에게 있고 일반기업회계기준에 따라 적정하게 작성된 재무제표는 공정하다.

- 재무제표 항목의 구분과 통합표시: 중요한 항목은 구분하여 표시하고 유사한 항목은 통합하여 표시할 수 있다.
- 비교재무제표작성: 기간별 비교가능성을 제고하기 위해 전기와 당기를 비교표시
- 재무제표 항목의 표시와 분류의 계속성: 기간별 비교가능성 제고를 위해 매기 동일
- 재무제표 보고양식: 기업명, 보고기간종료일(or 회계기간), 보고통화, 금액단위 기재

3. 회계의 순환과정

> 거래의 식별 → 분개(분개장) → 전기(총계정원장) → 결산예비절차(수정전시산표 작성, 결산정리분개) → 결산 본 절차(수정후시산표 작성, 총계정원장의 마감 → 결산보고서 작성(손익계산서, 재무상태표 등)

① 거래의 식별
- 거래: 자산, 부채, 자본, 수익, 비용의 증가와 감소 등의 변화를 가져오는 것

  회계상 거래인 것 – 상품의 도난, 파손, 화재 등

  회계상 거래가 아닌 것 – 상품의 매매 계약, 종업원 채용 계약, 임대차 계약,

  담보 설정 등
- 거래의 8요소: (차변요소) 자산의 증가, 부채의 감소, 자본의 감소, 비용의 발생

  (대변요소) 자산의 감소, 부채의 증가, 자본의 증가, 수익의 발생

② 분개(분개장): 어떤 계정과목에 얼마의 금액을, 어느 쪽(차, 대)에 기록할 것인가?

③ 전기(총계정원장): 분개한 내용을 해당 총계정원장에 옮겨 적는 것

④ 결산예비절차
- 시산표: 분개를 총계정원장에 전기한 후 정확히 전기되었는지 검증하기 위해 작성

> * 시산표 등식: 기말자산 + 총비용 = 기말부채 + 기초자본 + 총수익
> ↳ 주의 기말자본이 아니라 기초자본!

- 결산정리분개: 재고자산, 감가상각비, 대손상각비 등 결산정리분개를 한다.

⑤ 결산본 절차: 수익과 비용계정은 '손익' 대체분개를 한 후 마감한다.

  자산, 부채, 자본계정은 '차기이월', '전기이월'로 마감한다.

⑥ 결산보고서 작성: 손익계산서와 재무상태표 등 결산보고서를 작성한다.

4. 자산 관련 계정과목

(1) 당좌자산

- 현금 및 현금성자산: 통화 및 통화대용증권(타인발행수표, 우편환증서 등), 당좌예금, 보통예금, 현금성자산

  [현금성자산] ① 큰 거래비용 없이 현금으로 전환이 용이하고

  ② 이자율변동에 따른 가치변동 위험이 중요하지 않은 금융상품으로

  ③ 취득당시 만기(또는 상환일)가 3개월 이내인 단기금융상품

  ↳ 주의 취득당시○ 결산 보고일(12/31) ×

- 당좌예금: 우리 회사가 발행한 당좌수표

  → 지급하면 (대변) 당좌예금, 수취하면 (차변) 당좌예금

  : 타인이 발행한 당좌수표

  → 지급하면 (대변) 현금, 수취하면 (차변) 현금

- 현금과부족: 실제 현금부족 (기중) (차) 현금과부족 (대) 현   금

  (기말) (차) 잡 손 실 (대) 현금과부족

  실제 현금과잉 (기중) (차) 현   금 (대) 현금과부족

  (기말) (차) 현금과부족 (대) 잡 이 익

  주의 결산 당일에 현금이 안 맞는 경우 현금과부족이 아닌 잡손실, 잡이익으로 회계처리 함

  - 결산 당일 현금부족 (차) 잡 손 실 (대) 현   금
  - 결산 당일 현금과잉 (차) 현   금 (대) 잡 이 익

- 단기매매증권

  (취득시) 취득금액을 단기매매증권 처리, 매입수수료 등 수수료비용(영업외비용) 처리

  (결산시) 결산시 장부금액과 공정가치의 차액 단기매매증권평가손익(영업외손익) 처리

  (처분시) 처분시 장부금액과 처분금액의 차액 단기매매증권처분손익(영업외손익) 처리

- 매출채권(외상매출금, 받을어음)

  상품매출: 외상이나 카드-외상매출금, 어음-받을어음

  상품매출 이외의 경우: 외상이나 카드-미수금, 어음-미수금

- 어음거래

  (매출시) (차) 받을어음   (대) 상품매출

  (만기시) (차) 당좌예금   (대) 받을어음

  수수료비용(수수료 등)

  (배서시) (차) 외상매입금   (대) 받을어음

(할인시) (차) 당좌예금 　　　　　　　 (대) 받을어음
　　　　　　　　 매출채권처분손실(할인료 등)

・대손충당금:

① 기말 결산시

　　대손예상액 > 기 설정 대손충당금: (차) 대손상각비　 (대) 대손충당금
　　대손예상액 < 기 설정 대손충당금: (차) 대손충당금　 (대) <u>대손충당금환입</u>
　　　　　　　　　　　　　　　　　　　　　　　　　　 (판매비와관리비 차감항목)

> ＊ **대손충당금추가설정액:** 대손예상액(기말매출채권 × 설정률) − 기 설정 대손충당금

② 대손 확정시: 대손시점의 대손충당금 잔액과 상계처리, 부족시 대손상각비 처리
　　　　　　　　 (차) 대손충당금 또는 대손상각비　 (대) 외상매출금, 받을어음
③ 대손 확정 후 매출채권 회수시: (차) 현금　　　　 (대) 대손충당금

(2) 재고자산

> ＊ 매출액 − <u>매출원가</u> = 매출총이익
> 　↳상품매출원가 = 기초상품재고액 + <u>당기상품순매입액</u> − 기말상품재고액
> 　　　　　　　　　　　　　　　↳ <u>상품총매입액</u> − 매입에누리와 환출 − 매입할인
> 　　　　　　　　　　　　　　　　　↳상품매입금액 + 매입부대비용

・기말재고자산의 평가: 수량 × 단가
① 수량파악방법: 계속기록법, 실지재고조사법, 혼합법
② 단가산정방법: 개별법, 선입선출법, 후입선출법, 가중평균법(이동평균법, 총평균법)
・물가가 상승하고 재고수준이 일정하게 유지된다는 가정하에 단가산정방법 비교
① 기말재고액, 매출총이익: 선입선출법 > 이동평균법 ≥ 총평균법 > 후입선출법
② 매출원가: 선입선출법 < 이동평균법 ≤ 총평균법 < 후입선출법
・저가법: 장부금액과 시가를 비교하여 낮은 금액으로 표시하는 방법
・재고자산평가손실: 매출원가에 가산한다.
・재고자산감모손실: 정상적(원가성O) − 매출원가에 가산
　　　　　　　　　 비정상적(원가성×) − 영업외비용

(3) 투자자산

・특정현금과예금: 당좌거래개설보증금에 대해 분개할 경우
・투자부동산: 기업의 고유 영업활동과 관련 없는 부동산을 투자목적으로 보유
・유가증권: 지분증권(주식)과 채무증권(국채, 공채, 사채)으로 구분된다.

−단기매매증권, 매도가능증권, 만기보유증권의 분류

보유목적	지분증권	채무증권
① 단기간 내의 매매차익	단기매매증권	단기매매증권
② 만기까지 보유할 적극적인 의도와 능력	−	만기보유증권
①, ② 외의 경우(매각 시기를 결정하지 않은 경우)	매도가능증권	매도가능증권

(4) 유형자산

• 취득원가: 구입대금에 구입부대비용(매입수수료, 운송비, 하역비, 설치비, 시운전비, 취득세, 토지정지비용 등) 가산

> 주의 구입시 지불하는 세금은 취득원가에 가산! 매년 지불하는 세금(자동차세, 재산세)은 세금과공과금!

• 취득 후 지출

① 자본적 지출(내용연수의 증가, 생산능력의 증대, 원가절감 등): 자산에 가산 분개

② 수익적 지출(원상회복, 능률유지, 수선유지 등): 당기비용(수선비)으로 분개

• 감가상각

① 감가상각 요소: 취득원가, 잔존가치, 내용연수

② 감가상각 방법에 따른 감가상각비

> * 정 액 법: 감가상각대상금액(취득원가 − 잔존가치) × $\dfrac{1}{\text{내용연수}}$
>
> * 정 률 법: 미상각잔액(취득원가 − 감가상각누계액) × 정률

• 상각분개: (차) 감가상각비   (대) 감가상각누계액(유형자산의 차감계정)
• 처분 ① 유형자산처분이익: 장부금액(취득원가 − 감가상각누계액) < 처분금액
     ② 유형자산처분손실: 장부금액(취득원가 − 감가상각누계액) > 처분금액

(5) 무형자산

• 인식조건: ① 식별가능성, ② 기업이 통제, ③ 미래 경제적 효익
• 종류: 영업권, 산업재산권(특허권, 실용신안권, 디자인권, 상표권), 광업권, 개발비 등
• 상각분개: (차) 무형자산상각비   (대) 무형자산(영업권, 개발비 등)

(6) 기타비유동자산

• 비유동자산 중 투자자산, 유형자산, 무형자산에 속하지 아니하는 자산
• 종류: 임차보증금, 전세권, 장기외상매출금, 장기받을어음 등

5. 부채 관련 계정과목

- 매입채무(외상매입금, 지급어음)

  상품매입: 외상이나 카드 – 외상매입금, 어음 – 지급어음

  상품매입 이외의 경우: 외상이나 카드 – 미지급금, 어음 – 미지급금

- 어음거래

(매입시)	(차) 상　　품	(대) 지급어음
(만기시)	(차) 지급어음	(대) 당좌예금
	수수료비용(추심 수수료)	현　　금

- 선수금

(계약금 수취시)	(차) 현　　금	(대) 선 수 금
(상품 인도시)	(차) 선 수 금	(대) 상품매출
	외상매출금	

- 예수금: 급여지급시 소득세와 지방소득세, 사회보험의 근로자부담금을 일시적으로 보관
  하는 경우

(급여 지급시)	(차) 급　　여	(대) 예 수 금
		보통예금
(예수금 납부시)	(차) 예 수 금	(대) 현　　금

- 퇴직급여충당부채

(설정시)	(차) 퇴직급여	(대) 퇴직급여충당부채
(퇴직시)	(차) 퇴직급여충당부채	(대) 현　　금

6. 자본 관련 계정과목

- 자본금: 기업주가 출자한 금액
- 인출금: 기업주가 인출한 금액

7. 수익 관련 계정과목

[영업수익]

- 상품(순)매출액 = 상품(총)매출액 – 매출에누리와 환입 – 매출할인

[영업외수익]

- 이자수익: 예금이나 대여금에 대한 이자를 받는 경우
- 단기매매증권평가이익: 결산 시 장부금액 < 결산 시 공정가치

- 단기매매증권처분이익: 처분 시 장부금액 < 처분 시 처분금액
- 유형자산처분이익: 유형자산 징부금액(취득원가-감가상각누계액) < 치분금액
- 투자자산처분이익: 투자자산 장부금액 < 처분금액
- 자산수증이익: 자산을 무상으로 증여받게 되는 경우
- 채무면제이익: 채무를 면제받게 되는 경우
- 잡이익: 영업활동 이외의 활동에서 적은 이익이나 빈번하지 않은 이익

8. 비용 관련 계정과목

[매출원가]

```
* 상품매출원가=기초상품재고액 + 당기상품순매입액 - 기말상품재고액
                        ↳ 상품총매입액-매입에누리와 환출-매입할인
                        ↳ 상품매입금액+매입부대비용
```

[판매비와관리비]

- 급여: 종업원에 대한 급여와 제수당
- 퇴직급여: 퇴직금 지급시) (차) 퇴직급여충당부채 또는 퇴직급여   (대) 보통예금
- 복리후생비: 식대, 경조비, 직장체육대회비, 야유회비, 4대 보험 회사부담금 등
- 여비교통비: 출장에서 사용한 여비(식대, 숙박비, 교통비), 고속도로통행료 등
- 접대비(기업업무추진비): 거래처를 접대한 성격의 식대, 경조비, 선물대금 등
- 통신비: 전화, 핸드폰, 팩스, 인터넷 요금 등
- 수도광열비: 수도, 가스, 난방 요금 등
- 전력비: 전기 요금
- 세금과공과금: 재산세, 자동차세, 대한상공회의소회비, 협회비 등
- 감가상각비: 결산 시 유형자산의 감가상각 금액
- 임차료: 토지, 건물, 기계장치, 차량운반구 등의 임차비용
- 수선비: 업무와 관련하여 발행하는 수리비용
  주의 차량운반구에 관련된 수리비용은 '차량유지비'
- 보험료: 업무와 관련된 보험료
- 차량유지비: 차량운반구의 수선비, 유류대, 엔진오일 교체비, 세차비 등
- 운반비: 상품 매출시 운반비
  주의 상품 매입시 운반비는 '상품의 취득원가에 가산'
- 도서인쇄비: 도서구입비, 신문과 잡지구독료, 각종 인쇄비 등

- 소모품비: 복사용지, 문구류, 소모공구와 기구, 소모자재 등 소모성 물품비
  주의 소모품 구입시 비용처리법은 '소모품비', 자산처리법은 '소모품'
- 수수료비용: 송금수수료, 어음 추심 수수료, 청소와 경비용역비 등
- 광고선전비: 광고 목적으로 신문, 방송, 잡지 등에 지출한 광고비용
  주의 광고 목적 전단지 인쇄는 '광고선전비', 업무와 관련된 양식지 등의 인쇄는 '도서인쇄비'
- 대손상각비: (기중) 외상매출금과 받을어음의 회수불능(대손)이 확정된 경우 대손충당금
  잔액을 초과하는 금액
  (차) 대손충당금, 대손상각비　　　　(대) 외상매출금, 받을어음
  (기말) 외상매출금과 받을어음 잔액에 대한 대손충당금의 설정
  (차) 대손상각비　　　　　　　　　(대) 대손충당금

[영업외비용]

- 이자비용: 차입금, 당좌차월 등에 대한 이자를 지불하는 경우
- 단기매매증권평가손실: 결산시 장부금액 > 결산시 공정가치
- 단기매매증권처분손실: 처분시 장부금액 > 처분시 처분금액
- 외환차손: 외화자산 회수시 장부금액 > 회수금액
  외화부채 상환시 장부금액 < 상환금액
- 외화환산손실: 외화자산 결산시 장부금액 > 평가금액
  외화부채 결산시 장부금액 < 평가금액
- 유형자산처분손실: 유형자산 장부금액(취득원가 - 감가상각누계액) > 처분금액
- 투자자산처분손실: 투자자산 장부금액 > 처분금액
- 매출채권처분손실: 받을어음을 만기가 되기 전에 할인할 경우 할인료
- 재해손실: 천재지변이나 도난 등의 예측치 못한 상황의 손실
- 잡손실: 영업활동 이외의 활동에서 적은 비용이나 빈번하지 않은 지출

9. 손익의 정리와 소모품의 정리

- 손익의 정리
  ① 수익의 발생: 당기에 속하는 수익이지만 결산일까지 수입되지 않은 수익
  　　　　　　(차) 미수수익　×××　　　　(대) 이자수익　　×××
  ② 비용의 발생: 당기에 속하는 비용이지만 결산일까지 지급하지 않은 비용
  　　　　　　(차) 이자비용　×××　　　　(대) 미지급비용　×××

③ 수익의 이연: 당기에 이미 받은 수익 중에서 차기에 해당되는 수익

               (차) 이자수익   ×××   (대) 선수수익   ×××

④ 비용의 이연: 당기에 이미 지급한 비용 중에서 차기에 해당되는 비용

               (차) 선급비용   ×××   (대) 이자비용   ×××

• 소모품의 정리

① 비용처리법 (구입 시) (차) 소모품비   ×××   (대) 현   금   ×××

            (결산 시) (차) <u>소 모 품</u>   ×××   (대) 소모품비   ×××

                     ↳ 미사용분을 자산으로 대체

② 자산처리법 (구입 시) (차) 소 모 품   ×××   (대) 현   금   ×××

            (결산 시) (차) <u>소모품비</u>   ×××   (대) 소 모 품   ×××

                     ↳ 사용분을 비용으로 대체

제2장

정답 및 해설

비대면 시험 출제예상 평가문제 정답 및 해설

출제예상 평가문제

 01 기초정보관리의 회계정보시스템 운용

평가문제	1	2	3	4	5
정답	③	①	④	④	②

01 [회사등록] 국세환급금계좌는 신한은행이다.

02 [환경설정] 신용카드 기본계정설정의 카드채권은 108.외상매출금이다.

03 [거래처등록]-[카드] 신한카드 결제일은 25일이다.

04 [업무용승용차등록] 업무전용자동차보험에 2024. 12. 31. ~ 2025. 12. 31. 기간으로 가입한 상태이다.

05 ① 전기분 재무상태표의 자산총계는 199,952,000원이다.
　③ 전기분 손익계산서의 기말상품재고액은 10,500,000원이다.
　④ 전기분 손익계산서의 당기순이익은 27,188,000원이다.

02 전표관리

평가문제	1	2	3	4	5
정답	③	①	7,654,000	①	60,000

01 [전표출력] 1월 1일 ~ 1월 31일 조회하면 입금전표 거래처는 (주)코디나라이다.

02 [일반전표입력] 1월 14일 차변 접대비(기업업무추진비) 계정의 적요는 01.거래처 접대비(기업업무추진비)/신용카드(법인)이다.

03 [월계표] 2월 ~ 2월을 조회하면 판매관리비 발생 금액은 7,654,000원이다.

04 [계정별원장] 1월 1일 ~ 3월 31일, 254.예수금을 조회하면 잔액은 339,200원이다.

05 [영수증수취명세서] 영수증수취명세서(1)의 12.명세서제출 대상 금액은 60,000원이다.

03 자금관리

평가문제	1	2	3	4	5
정답	②	③	④	①	29,132,050

01 [현금출납장] [총계정원장] 1월 1일 ~ 4월 30일 확인하면 2월말 현금 잔액은 11,838,000원이다.

02 [월계표] 1월 ~ 6월 조회하여 차변 현금란이 가장 큰 판매관리비는 접대비(기업업무추진비) 100,000원이다.

03 [지급어음현황] 만기일 2025년 1월 1일 ~ 2025년 12월 31일 만기 도래 어음 금액은 10,000,000원이다.

04 [일일자금명세(경리일보)] 외상매입금 10,000,000원이 감소하였다.

05 [예적금현황] 6월 30일 신한은행 보통예금 잔액은 29,132,050원이다.

04 부가가치세 신고

평가문제	1	2	3	4	5
정답	110,000,000	1	(1) 25,000,000 (2) 350,000	0	5,535,000

01 [세금계산서합계표] 7월 ~ 9월 조회하면 매출 전자세금계산서 공급가액의 합계 금액은 110,000,000원이다.

02 [계산서합계표] 7월 ~ 9월 조회하면 매출 전자계산서는 1매이다.

03 [매입매출장] 7월 ~ 9월, 구분 '2.매입', 과세유형 '54:불공'을 조회하여 불공사유별로 금액을 확인한다.

04 [계정별원장] 1월 1일 ~ 9월 30일 조회하면 부가세대급금 잔액은 0원이다.

05 [거래처원장] 1월 1일 ~ 9월 30일 조회하면 미지급세금 잔액은 5,535,000원이다.

05 결산처리

평가문제	1	2	3	4	5
정답	28,700,000	161,792,100	67,050,000	63,096,715	97,743,285

01 [고정자산관리대장] '신규취득및증가'란의 총계 금액은 28,700,000원이다.

02 [재무상태표]-[제출용] 12월 조회하면 현금및현금성자산(통합계정) 161,792,100원이다.

03 [손익계산서] 12월 조회하면 매출총이익은 67,050,000원이다.

04 [계정별원장] 1월 1일 ~ 12월 31일 '400.손익' 계정을 조회하면 비용에서 대체된 금액은 63,096,715원이다.

05 [재무상태표] 12월 조회하면 미처분이익잉여금 금액은 97,743,285원이다.

06 회계정보시스템 운용

평가문제	1	2	3	4	5
정답	①	(1) 01002 (2) 45,000,000	③	④	②

01 [총계정원장] 1월 ~ 12월 보통예금을 조회하면 가장 많이 감소한 월은 2월 6,161,750원이다.

02 [거래처원장] 1월 ~ 12월 외상매입금을 조회하면 잔액이 가장 큰 거래처는 (주)데일리룩 45,000,000원이다.

03 [재무상태표] 12월 조회하여 전기분 당좌자산, 유동부채를 확인한다.
(110,870,000원 / 94,662,000원) × 100 = 117%

04 [재무상태표][손익계산서] 12월 조회하여 전기분 총자산과 매출액을 확인한다.
(500,516,000원 / 199,952,000원) × 100 = 250%

05 [손익계산서] 12월 조회하여 당기분 영업이익과 매출액을 확인한다.
(50,453,285원 / 110,550,000원) × 100 = 45%

유형별 연습문제 정답 및 해설

실무이론평가

제 1 절 재무회계

01 재무회계 기본개념

01 ②

(차) 외상매입금(부채의 감소)　　　×××
　　 (대) 보통예금(자산의 감소)　　×××

02 ④

• 일정 기간 동안 기업의 경영성과에 대한 정보를 제공하는 재무보고서로 미래현금흐름과 수익창출능력의 예측에도 유용한 정보를 제공하는 재무제표는 손익계산서이다.

03 ④

• 주석은 재무제표의 중요한 부분으로서, 중요한 회계방침이나 자산 및 부채 측정치에 대한 설명 등 재무제표가 제공하는 정보를 이해하는 데 필수적인 요소이다.

04 ②

• 재무제표의 작성과 표시에 대한 책임은 경영진에게 있다.

05 ④

• ① 자산과 부채는 원칙적으로 상계하여 표시하지 않는다.
② 재무제표의 작성과 표시에 대한 책임은 경영진에게 있다.
③ 중요한 항목은 재무제표의 본문이나 주석에 그 내용을 잘 나타낼 수 있도록 구분하여 표시한다.

06 ②

• 회계의 목적은 기업의 다양한 이해관계자의 의사결정에 유용하고 적정한 정보를 제공하는 것이다. 즉, 회계는 기업 외부의 다양한 이해관계자의 경제적 의사결정을 위해 기업의 재무상태, 경영성과, 현금흐름, 자본변동 등에 관한 재무정보를 제공하는 것을 목적으로 한다.

07 ②

• 재무회계에는 상품별 원가 정보가 제공되지 않으며, 이는 관리회계(원가회계)를 통해 기업 내부이해관계자에게 제공된다.

08 ③

• 재무제표는 특정 기업실체에 관한 정보를 제공하며, 산업 또는 경제 전반에 관한 정보를 제공하지는 않는다.

09 ②

• 계속기업의 가정이다.

10 ①

• 기업실체의 가정이다.

11 ②

• 목적적합성 있는 정보는 정보이용자가 기업실체의 과거, 현재 또는 미래 사건의 결과에 대한 예측을 하는 데 도움이 되거나 또는 그 사건의 결과에 대한 정보이용자의 당초 기대치(예측치)를 확인 또는 수정할 수 있게 함으로써 의사결정에 차이를 가져올 수 있는 정보를 말한다.

12 ①

• 목적적합성의 하위 질적특성으로는 예측가치, 피드백가치, 적시성이 있다.

13 ③

• 목적적합성의 하부개념은 예측가치, 피드백 가치, 적시성이며, 신뢰성의 하부개념은 검증가능성, 중립성, 표현의 충실성이다.

02 재무제표

01 ③

• 영업외비용은 기업의 주된 활동이 아닌 활동으로부터 발생한 비용과 차손이나, 법인세비용은 포함되지 않는다.

02 ③

• 매출원가는 매출액에 대응하는 원가로서, 매출원가의 산출과정은 재무상태표가 아닌 손익계산서 본문에 표시하거나 주석으로 기재한다.

03 ④

• 매출총이익은 매출액에서 매출원가를 차감한 금액으로서, 판매비와관리비는 차감하지 않는다.

04 ②

• 영업이익은 매출총이익에서 판매비와관리비를 차감하여 계산한다. 감가상각비, 복리후생비, 접대비(기업업무추진비)는 모두 판매비와관리비로서 영업이익에 영향을 미치나 단기대여금에 대한 기타의 대손상각비는 영업외비용으로서 영업이익에 영향을 미치지 않는다.

05 ②
- 건물의 임대차계약을 체결한 것은 회계상 거래가 아니므로 수익이 실현된 것으로 볼 수 없다.

06 ④
- 영업이익이 증가하였음에도 당기순이익이 감소하기 위해서는 영업외수익이 감소하거나 영업외비용이 증가하여야 한다.
- 유형자산처분손실이 영업외비용이다.

07 ②
- ①, ③, ④는 재무상태표에 반영할 내용이다.

08 ④
- 수익과 비용은 각각 총액으로 보고하는 것을 원칙으로 한다.

09 ④
- 단기차입금 및 유동성장기차입금 등은 보고기간종료일부터 1년 이내에 결제되어야 하므로 영업주기와 관계없이 유동부채로 분류한다.

10 ②
- 자산과 부채의 상계표시는 원칙적으로 허용되지 않는다.
- 자본거래에서 발생한 자본잉여금과 손익거래에서 발생한 이익잉여금은 구분하여 표시한다.
- 가지급금 또는 가수금 등의 미결산항목은 그 내용을 나타내는 적절한 항목으로 표시해야만 한다.

11 ③
- 비유동자산은 투자자산, 유형자산, 무형자산 및 기타비유동자산으로 분류된다.

12 ②
- 자본잉여금은 주식발행초과금과 기타자본잉여금으로 구분하여 표시한다.

13 ④
- 자산과 부채는 원칙적으로 상계하여 표시하지 않는다.

14 ③
- 자산과 부채는 유동성이 큰 항목부터 배열하는 것을 원칙으로 한다.

15 ①
- 토지를 장부금액으로 처분하면 토지(자산)가 감소하고, 같은 금액의 미수금(자산)이 증가한다.

16 ②
- 자산과 부채는 총액으로 표시하는 것이 원칙이다.

17 ④
- 기업이 채권과 채무를 상계할 수 있는 법적 구속력 있는 권리를 가지고 있고, 채권과 채무를 순액기준으로 결제하거나 채권과 채무를 동시에 결제할 의도가 있다면 상계하여 표시한다.

18 ③
- 매출채권은 유동자산, 매도가능증권평가손실은 기타포괄손익누계액, 개발비는 무형자산으로 재무상태표 계정과목이다. 유형자산처분손실은 비용으로 손익계산서 계정과목이다.

19 ①
- 보고기간 종료일로부터 1년 초과의 사용제한이 있는 현금및현금성자산은 비유동자산으로 분류된다.

20 ①
- 기타포괄손익누계액은 재무상태표 항목이다.

21 ②
- ① 자본변동표에 대한 설명이다.
  ③ 손익계산서에 대한 설명이다.
  ④ 현금흐름표에 대한 설명이다.

22 ④
- 잉여금은 주주와의 거래에서 발생한 자본잉여금과 영업활동에서 발생한 이익잉여금으로 구분한다.

23 ②
- 손익계산서는 발생주의 원칙에 의거 작성되며 일정기간 동안의 경영성과를 나타내는 표이다.

03 당좌자산

01 ④

외상매출금

전기이월	1,000,000원	대손상각	100,000원
매출액	3,000,000원	당기회수액	2,300,000원
		차기이월	1,600,000원
	4,000,000원		4,000,000원

02 ②
- 미수금 = 기초 미수금 + 당기발생 미수금
  = 300,000원 + 100,000원 = 400,000원
  정수기 외상판매액은 매출채권 계정으로 처리한다.

03 ②
- 매출원가 + 매출총이익 = 매출액,
  1,000,000원 + 400,000원 = 1,400,000원
- 당기매출액 – 현금매출액 = 외상매출액,
  1,400,000원 – 300,000원 = 1,100,000원
- 당기외상매출액 + 기초매출채권 – 당기매출채권회수액
  = 기말매출채권
  1,100,000원 + 600,000원 – 1,300,000원 = 400,000원

04 ②

(차) 현금　　　　500,000원 (대) 상품매출 5,000,000원
　　받을어음 　2,000,000원
　　외상매출금 2,500,000원

• 매출채권 금액 = 받을어음(2,000,000원) + 외상매출금
　(2,500,000원)

05 ②

• 본 문제는 자산항목을 물어보는 것이다. 선수수익은 부채, 임차료는 비용, 매출액은 수익에 해당된다.

06 ③

• 가구제조회사가 공장용 건물을 외상으로 매각하는 경우 일반적인 상거래가 아니므로 미수금계정으로 계상한다.

07 ④

• 자금을 대여하는 과정에서 어음을 수령하는 경우에 어음상의 채권은 매출채권아 아니라 단기대여금으로 기록하여야 한다.

08 ②

• 상거래에서 발생한 매출채권에 대한 대손상각비는 판매비와관리비로 처리하고, 기타채권에 대한 기타의대손상각비는 영업외비용으로 처리한다.
• 단기대여금에 대한 기타의대손상각비
　= 2,000,000원 – 800,000원 = 1,200,000원

09 ①

• 대손이 발생하면 대손충당금과 우선 상계하고 대손충당금이 부족하면 대손상각비로 당기 비용 처리한다.

10 ①

(차) 대손충당금 600,000원 (대) 매출채권 1,000,000원
　　대손상각비 400,000원

11 ③

• 전기에 대손 처리한 외상매출금 100,000원을 당기에 현금으로 회수하였으므로 차변에 현금 100,000원, 대변에 대손충당금 100,000원으로 회계처리한다.

12 ②

• 매출채권의 대손에 대비하여 대손충당금을 설정할 때 반영하는 비용 계정과목은 '대손상각비'이다.
• 단기대여금의 대손에 대비하여 대손충당금을 설정할 때 반영하는 비용 계정과목은 '기타의대손상각비'이다.

13 ①

• 비용과 수익의 이연과 관련된 계정과목은 선급비용과 선수수익이므로 선급보험료와 선수수수료가 이에 해당한다.

14 ①

• 매출 전에 수취한 계약금은 선수금으로 처리한다.
(차) 가수금　　100,000원 (대) 선수금　　100,000원

15 ③

• 단기매매증권의 평가손익은 손익계산서상의 당기손익으로 처리하고, 매도가능증권의 평가손익은 자본 중 기타포괄손익누계액으로 처리한다.

16 ①

• 단기매매증권은 시장성이 있고, 단기 매매차익 실현을 목적으로 취득해야 한다.

17 ④

• 현금및현금성자산의 범위는 다음과 같다.
　1) 통화: 지폐, 주화
　2) 통화대용증권: 타인발행수표, 송금수표 및 우편환 증서 등
　3) 요구불예금: 보통예금, 당좌예금
　4) 현금전환이 용이하고, 가치변동 위험이 중요하지 않으며, 취득당시 만기가 3개월 이내인 금융상품

18 ③

• ① 단기매매증권은 유동자산에 해당한다.
　② 단기매매증권의 취득 시 발생한 부대비용은 영업외비용(수수료비용)으로 처리한다.
　④ 만기까지 보유할 적극적인 의도와 능력이 있는 경우에 만기보유증권으로 분류한다.

04 재고자산

01 ①

• 물가가 계속 상승하고 재고자산의 수량이 일정하게 유지된다는 가정 하에서 매출원가의 크기는 다음과 같다.
　선입선출법 〈 이동평균법 ≦ 총평균법 〈 후입선출법

02 ③

• 상품단가 = (월초상품재고액 + 당월매입액) ÷ (월초상품수량 + 당월매입수량)
　= (30,000원 + 100,000원 + 80,000원) ÷ (300개 + 500개 + 200개) = 210원
• 10월 말 상품재고액 = 월말상품수량 × 총평균단가
　= (1,000개 – 400개) × 210원 = 126,000원

03 ②

• 총평균법 단가 = (기초상품매입원가 + 당기상품매입원가) ÷ (기초재고수량 + 당기매입수량)
　= (500,000원 + 600,000원 + 200,000원) ÷ (500개 + 400개 + 100개) = 1,300원
• 총평균법 매출원가 = 매출수량 × 단가
　　　　　　　　　　= 300개 × 1,300원 = 390,000원

04 ②
- 기말재고 = 200개 × 1,400원 + 200개 × 1,300원
  = 540,000원

05 ①
- 감모수량은 20개(장부수량 - 실제수량)이며 기말재고자산 단위당 원가가 개당 100원이므로 재고자산감모손실액은 2,000원이다. 감모된 재고자산은 모두 정상적인 감모에 해당하므로 매출원가에 가산한다.

06 ③
- 재고자산감모손실 = 장부상 재고자산 - 실제 재고자산
  = 100개 × 200원 - 90개 × 200원 = 2,000원
- 정상적으로 발생한 감모손실은 매출원가에 가산하고, 비정상적으로 발생한 감모손실은 영업외비용으로 분류한다.

07 ③
- 장부상 재고자산과 실제 재고자산의 수량차이가 재고자산감소손실이므로 6,000원(= 60,000원 - 54,000원)이다.

08 ④
- 재고자산의 비정상적 원인으로 발생한 재고자산감모손실은 영업외비용으로 분류한다.

09 ③
- 매입할인은 재고자산의 취득원가에서 차감하는 항목이다.

10 ④
- 재고자산의 시가가 취득원가보다 하락한 경우에는 저가법을 사용하여 재고자산의 장부금액을 결정하지만, 시가가 취득원가보다 상승하더라도 재고자산평가이익을 계상하지는 않는다.

11 ①
- 도착지 인도기준으로 매입하여 기말현재 아직 운송중인 상품은 기말재고자산에 포함하지 아니한다.

12 ②
- 선적지인도조건인 경우에는 상품이 선적된 시점에 소유권이 매입자에게 이전되기 때문에 미착상품은 매입자의 재고자산에 포함된다.

13 ②
- 재고자산의 취득원가는 취득금액에 매입운임, 하역료 및 보험료 등 부대원가를 가산한 금액이다.

14 ④
- 컴퓨터를 판매하는 회사가 제조사로부터 판매용 컴퓨터를 매입하는 경우에는 차변에 상품 계정을 사용하며, 업무용 가구를 외상으로 구입하는 경우에는 대변에 미지급금 계정을 사용한다.

05 투자자산

01 ③
- 단기투자차익을 목적으로 주식을 취득하면 당좌자산인 단기매매증권으로 분류한다.

02 ②
- 투자자산은 비유동자산으로 분류되고, 단기매매증권은 유동자산에 해당한다.

03 ②
- 유동자산 = 현금및현금성자산(50,000원) + 매출채권(700,000원) + 상품(400,000원) = 1,150,000원

06 유형·무형·기타 비유동자산

01 ①
- 유동자산은 1,150,000원(현금및현금성자산 50,000원 + 매출채권 700,000원 + 상품 400,000원)이다.

02 ④
- 동일한 자산이라 하더라도 보유목적에 따라 판매목적인 경우에는 재고자산, 장기간 사용할 목적인 경우에는 유형자산으로 분류한다.

03 ④
- 무형자산: 특허권, 영업권, 산업재산권
- 유형자산: 기계장치
- 당좌자산: 매출채권
- 투자자산: 장기대여금

04 ④
- 무형자산의 합리적인 상각방법을 정할 수 없는 경우에는 정액법을 사용한다.

05 ③
- 무형자산의 상각방법은 합리적인 상각방법으로 하되, 합리적인 상각방법을 정할 수 없는 경우에는 정액법을 사용한다.

06 ④
- 무형자산은 내용연수 동안 합리적으로 배분하기 위해 다양한 방법(정액법, 정률법, 연수합계법 등)을 사용할 수 있다. 다만, 합리적인 상각방법을 정할 수 없는 경우에는 정액법을 사용한다.

07 ③
- 연구비 500,000원 + 경상개발비 100,000원
  = 600,000원

08 ④
- 매도가능증권평가손익은 재무상태표상의 기타포괄손익누계액으로 계상하고, 기존 잔액이 있을 경우 가감하여 표시한다.
- 2024년 8월

(차) 매도가능증권　　10,000,000원　(대) 현금　　10,000,000원
- 2024년 말

(차) 매도가능증권평가손실 1,200,000원 (대) 매도가능증권 1,200,000원
- 2025년 말

(차) 매도가능증권　 3,200,000원 (대) 매도가능증권평가손실　1,200,000원
　　　　　　　　　　　　　　　 매도가능증권평가이익　2,000,000원

09 ②
- 유형자산의 취득 또는 완성 후의 지출이 미래의 경제적효익(예: 생산능력 증대, 내용연수 연장, 상당한 원가 절감, 품질향상을 가져오는 경우)을 증가시키는 경우에는 자본적지출로 처리한다.

10 ④
- 감가상각자산은 영업활동에 사용하는 유형 또는 무형자산을 말한다. 따라서 투자목적으로 취득하여 보유 중인 건물은 감가상각 대상자산이 아니다.

11 ②
- 건설회사가 분양목적으로 아파트를 건설하기 위해 보유하고 있는 토지는 재고자산이다.

12 ②
- 유형자산 취득과 관련된 제비용(기계장치 시운전비, 건물취득세 및 중개인수수료, 토지 정리비용)은 원가에 포함하여야 한다.
- 기계장치 수선유지비는 수익적지출에 해당한다.

13 ④
- 감가상각은 자산의 평가과정이 아니라 취득원가를 역사적 원가주의에 따라 사용기간 동안 수익에 대응시켜 비용화하는 취득원가의 분배과정이다.

14 ②
- 재고자산과 건설중인자산은 감가상각대상자산이 아니며, 도착지인도조건으로 배송 중에 있는 판매용 가구는 재고자산에 해당한다.

15 ④
- 감가상각비는 판매비와관리비로 분류되고 유형자산처분손익은 영업외손익으로 분류되므로, 처분 연도에 감가상각비를 계상하지 않으면 영업이익이 과대계상된다.

16 ③
- 내용연수에 걸쳐 비용으로 인식되는 총금액은 감가상각방법과 상관없이 동일하다.

17 ①
- 유형자산의 취득 후 지출이 발생하였을 때 내용연수가 연장되거나 가치가 증대되었다면 자본적지출로 보아 해당자산의 계정과목으로 처리한다.

18 ①
- 유형자산처분손실=400,000원-440,000원=(-)40,000원
- 2026년 9월 30일 장부금액:
650,000원(취득원가)-210,000원(감가상각누계액)=440,000원
- 2026년 9월 30일 감가상각누계액:
120,000원+90,000원=210,000원
- 2025년 감가상각비:
(650,000원-50,000원)/5년=120,000원
- 2026년 감가상각비:
(650,000원-50,000원)/5년×(9월/12월)=90,000원

19 ④
- 수익적 지출을 자본적 지출로 잘못 처리하면 비용이 과소계상되어 이익과 자본은 과대계상되고, 자산이 과대계상된다.

20 ②
- 엘리베이터 설치를 위한 지출은 자본적 지출이고, 건물 외벽 도색비용은 수익적 지출이다.
건물의 자본적 지출은 건물로 회계처리하고, 수익적 지출은 수선비로 회계처리한다.

21 ①
- 2,000,000원 + 1,000,000원 + 3,000,000원
= 6,000,000원

22 ③
- 엘리베이터 설치비와 냉·난방장치 설치와 관련된 비용은 자본적지출이므로 취득원가에 가산하고, 파손된 유리 교체비용은 수익적지출이므로 당기비용으로 처리한다.

23 ①
- 수익적 지출(비용)을 자본적 지출(자산)로 처리할 경우 비용이 누락되어 당기의 순이익은 과대계상되고, 자산이 과대계상되어 다음 회계기간의 감가상각비가 과대계상되며 차기의 순이익은 과소계상된다.

24 ④
- 본사건물의 엘리베이터 설치로 내용연수가 연장된 경우에는 자본적지출로 처리한다.

25 ③

지출연도	2023년	2024년	2025년
지출내역	본사건물을 신축하기 위해 공사계약금 2억을 현금으로 지급하다.	본사건물이 완공되어 공사잔금 3억을 현금으로 지급하다.	본사건물 수선 유지를 위해 외벽을 페인트로 도색하고 3천만원을 현금으로 지급하다.
계정과목	건설중인자산	건물	수선비

26 ④
- 유형자산인 토지에 대한 수익적지출을 자본적지출로 잘못 회계처리한 경우 순이익의 과대계상, 자산의 과대계상, 비용의 과소계상이 발생하며, 부채와는 무관하다.

27 ①
- 수익적지출을 자본적지출로 처리하면 비용을 감소시켜 해당 회계연도의 순이익이 과대계상된다.

28 ③
- 2025년 감가상각비 = 1,000,000원/10년 = 100,000원
- 2025년 12월 31일 건물장부가액 = 취득가액 - 감가상각 누계액 = 1,000,000원 - 400,000원 = 600,000원
- 유형자산처분이익 = 800,000원 - 600,000원 = 200,000원

29 ③
- 2024년 감가상각비: 20,000,000원 × 40% = 8,000,000원
- 2025년 감가상각비: (20,000,000원 - 8,000,000원) × 40% = 4,800,000원
- 2025년 말 건물 장부금액: 20,000,000원 - 8,000,000원 - 4,800,000원 = 7,200,000원
- 처분시

(차) 미수금　　　　　5,000,000원　(대) 건물　　20,000,000원
　　감가상각누계액　　12,800,000원
　　유형자산처분손실　2,200,000원

30 ②
- 2024년 감가상각비: (4,000,000원 - 0원) / 5년 = 800,000원
- 2025년 감가상각비: (4,000,000원 - 0원) / 5년 × 6개월/12개월 = 400,000원
- 유형자산처분손익 = 처분금액 - 처분일 현재 장부금액 = 1,500,000원 - (4,000,000원 - 800,000원 - 400,000원) = (-)1,300,000원

31 ④
- [기계장치 처분 분개]:

(차) 현금　　　　　3,500,000원　(대)기계장치　　5,000,000원
　　감가상각누계액　2,000,000원　　유형자산처분이익　500,000원

32 ①
- 토지의 처분으로 현금이 유입되어 자산이 증가하고 자본(토지처분이익)이 증가한다.

33 ①
- 유형자산처분손익 = 50,000,000원 - 100,000,000 - 100,000,000원/10년 × (2년 + 6월/12월) = (-)25,000,000원 (손실)

34 ③
- 건물의 2023년도 감가상각액 = 6,000,000원 ÷ 10년 = 600,000원(1년분) 2024년도 감가상각액 = 6,000,000원 ÷ 10년 = 600,000원(1년분) 2025년도 1월분 감가상각액 = 6,000,000원 ÷ 10년 ÷ 12개월 = 50,000원(1개월분)
- 건물의 2025년 2월 1일 현재 처분손익 = 2024년 2월 1일 현재 처분금액 - 장부금액 = 5,800,000원 - (6,000,000원 - 1,250,000원) = 1,050,000원(유형자산처분이익)

35 ②
- 2024년 12월 31일: (차) 감가상각비*　　　720,000원
　　　　　　　　　　　(대) 감가상각누계액　720,000원
　* 연간 감가상각비 = (4,000,000원 - 4,000,000원 × 10%) × 1/5 = 720,000원
- 2025년 6월 30일: 처분 시까지의 감가상각비

(차) 감가상각비　360,000원 (대) 감가상각누계액　360,000원

처분 시까지의 감가상각비

(차) 현금　　　　　3,200,000원 (대)기계장치　　　　4,000,000원
　　감가상각누계액1,080,000원　　유형자산처분이익*　280,000원
　* 처분손익 = 처분금액 (3,200,000원) - 장부금액 (4,000,000원 - 1,080,000원) = 280,000원(이익)

36 ①
- 2025년 감가상각비: (500,000원 × 1년/5년) × 6개월/12개월 = 50,000원 720,000원
- 유형자산처분손익: 230,000원 - (500,000원 - 200,000원 - 50,000원) = -20,000원(손실)

37 ④
- 보유사용중인 유형자산에 대하여 발생하는 보험료, 세금, 공과금 등은 당기비용으로 처리한다.

38 ③
- 토지의 취득원가 = 구입대금 + 철거비용 = 15,000,000원 + 700,000원 = 15,700,000원

39 ④
- 기계장치의 취득원가 = 5,000,000원 + 100,000원 + 20,000원 + 50,000원 + 30,000원 = 5,200,000원

40 ②
- 임차보증금에 대한 설명이다.

41 ④
- 장기대여금은 비유동자산이다.

07 부채와 자본

01 ④
- 비유동부채: 장기차입금 + 사채 = 200,000원 + 300,000원 = 500,000원
- 미지급비용과 매입채무는 유동부채이다.

02 ③
- 2026년 중 상환될 금액(2,000,000원)을 제외한 금액을 비유동부채로 분류한다.
비유동부채 합계액 = 장기차입금 4,000,000원 + 퇴직급여충당부채 34,000,000원 = 38,000,000원

03 ③
- 유동성장기부채, 부가세예수금 → 유동부채
- 퇴직급여충당부채, 사채 → 비유동부채

04 ④
- 퇴직급여충당부채는 비유동부채로 분류한다.

05 ④
- 당좌차월은 부채 계정으로 재무상태표에 단기차입금으로 표시한다.

06 ③
- 5월 18일 거래는 실제 퇴직하는 종업원에게 퇴직급여를 현금으로 지급하는 내용이다.
(차) 퇴직급여충당부채 3,000,000원 (대) 현금   3,000,000원

07 ①
- 사채는 회사가 장기자금을 조달하기 위해서 사채권을 발행하고 자금을 차입하는 비유동부채이다.

08 ④
- 퇴직급여충당부채에 대한 설명이다. 퇴직급여충당부채는 비유동부채이다.
- ① 단기차입금, ② 선수금, ③ 매입채무

09 ①

①	(차)급여(비용)	30,000원	(대)예수금(유동부채)	30,000원
②	(차)선급금(유동자산)	50,000원	(대)현금(유동자산)	50,000원
③	(차)외상매출금(유동자산)	100,000원	(대)상품매출(수익)	100,000원
④	(차)퇴직급여(비용)	300,000원	(대)퇴직급여충당부채(비유동부채)	300,000원

10 ④
- 퇴직급여충당부채는 비유동부채이다.

11 ②
- 유동성장기부채는 유동부채이다.

12 ③
- 유동성장기부채와 부가세예수금은 유동부채, 퇴직급여충당부채와 사채는 비유동부채임.

13 ③
- 기업실제가 현재의 의무를 미래에 이행할 때 경제적 효익이 유출될 가능성이 매우 높고 그 금액을 신뢰성 있게 측정할 수 있다면 이러한 의무는 부채로 인식한다.

14 ②
(차) 선급금(유동자산) XXX   (대) 현금(유동자산) XXX

15 ④
- 자기주식은 취득원가를 자본조정으로 회계처리한다.

16 ②
- 이익준비금에 대한 설명이다.

17 ③
- 기타포괄손익누계액: 매도가능증권평가이익
- 영업외수익: 단기매매증권처분이익, 외환차익, 자산수증이익

18 ④
- (가)는 자본잉여금이다. 주식발행초과금은 자본잉여금 항목이다.
- ① 이익준비금: 이익잉여금
② 주식할인발행차금: 자본조정
③ 매도가능증권평가이익: 기타포괄손익누계액

19 ④
- 주식발행초과금, 자기주식처분이익: 자본잉여금
- 주식할인발행차금: 자본조정

20 ②
- 주식을 액면금액 이상으로 발행할 경우 액면금액을 초과하는 금액은 자본잉여금으로 표시한다.

21 ①
- 이익준비금에 대한 설명이다.

22 ③
- 미지급배당금은 부채 항목이다.

23 ①

(차) 현금(자산의 증가)	700,000원	(대) 자본금	500,000원
		주식발행초과금	200,000원
		(자본의 증가)	

24 ④
- 액면금액을 초과하여 발행한 금액은 주식발행초과금으로 처리한다. 단, 주식할인발행차금 잔액이 있는 경우에는 먼저 상계처리한 후 잔액을 주식발행초과금으로 처리한다.

25 ②
- ① 자본(자본금 – 주식할인발행차금)은 400,000원 증가한다.

② (차) 주식할인발행차금　100,000원 (대) 자본금　500,000원
　　　현금및현금성자산　400,000원
　　　(자산의 증가)

• ③, ④ 수익과 비용의 변동은 없다.

26 ③
• 신주발행비는 주식발행초과금에서 차감한다.

(차) 현금　1,400,000원　(대) 자본금　1,000,000원
　　　　　　　　　　　　주식발행초과금　400,000원

27 ③
• 주식의 발행금액이 액면금액보다 큰 경우 그 차액을 자본잉여금의 주식발행초과금으로 회계 처리한다.

28 ①
• 퇴직금을 보통예금계좌에서 지급할 때, 퇴직급여충당부채와 보통예금에서 차감한다.

(08) 수익과 비용

01 ③
• 매출원가 = 기초상품재고액 + 순매입액
　－ 기말상품재고액 = 40,000원 + (200,000원
　－ 10,000원) － 50,000원 = 180,000원

02 ③
• 상품매출 = 100개 × 200원 = 20,000원
• 상품매출원가 = (150개 × 100원 + 3,000원) ×
　100개/150개 = 12,000원
• 매출총이익 = 매출액 － 상품매출원가 = 20,000원
　－ 12,000원 = 8,000원

03 ②
• 당기매입액: 판매가능 상품총액 － 기초 재고액
　= 9,000원 － 1,000원 = 8,000원
• 매출원가: 판매가능 상품총액 － 기말 재고액 = 9,000원
　－ 1,500원 = 7,500원

04 ①
• 상품매출원가 = 300,000원 － 50,000원 = 250,000원
• 기말상품재고액 = 100,000원 + 200,000원
　－ 250,000원 = 50,000원

05 ③
• 당기매입액 = 매입액 + 매입운임 － 매입에누리 － 매입
　할인 = 100,000원 + 2,000원 － 1,000원 － 1,200원
　= 99,800원
• 매출원가 = 기초상품재고액 + 당기매입액
　－ 기말상품재고액 = 5,000원 + 99,800원 － 3,000원
　= 101,800원

06 ③
• 기말재고자산 = 150,000원 + 90,000원 + 60,000원
　= 300,000원
• 기말 재고자산 실사액은 아니나 기말재고자산에 포함해야 할 금액
　- 선적지인도조건으로 매입한 상품으로 기말 현재 운송 중인 미착상품 90,000원
　- 고객이 매입의사를 표시하지 않은 시송품 재고액
　　60,000원(90,000원 － 30,000원)

07 ③

매출액	150,000원
매출원가	(50,000원)
매출총이익	100,000원
판매비와관리비	(40,000원)
영업이익	60,000원
영업외수익	10,000원
영업외비용	(20,000원)
법인세비용차감전순이익	50,000원
법인세비용	(20,000원)
당기순이익	30,000원

08 ④
• 매출원가 = 기초상품재고액 + 당기순매입액 － 기말상품재고액(원가) + 재고자산평가손실*
　= 100,000원 + 550,000원 － 40,000원 + 20,000원*
　= 630,000원
　* 재고자산평가손실 = 상품의 기말수량 × (단위당 원가
　　－ 단위당 순실현가능가치) = 40개 × (1,000원 － 500원)
　　= 20,000원

09 ③
• 매출원가 = 100,000원(기초 재고자산) + 400,000원(당기매입액) － 200,000원(기말재고자산) + 50,000원(평가손실) + 10,000원(정상적 감모손실) = 360,000원
• 비정상적 감모손실은 영업외비용이다.

10 ③
• 매출원가 = (기초재고 + 당기순매입액*) － 기말재고
　= (50,000원 + 685,000원) － 170,000원 = 565,000원
　* 당기순매입액 = 750,000원 － 70,000원 － 15,000원
　　+ 20,000원 = 685,000원

11 ④
• 순매입액=총매입액 － 매입에누리와환출 － 매입할인
　= 465,000원
• 매출원가 = 기초상품재고액+당기순매입액
　－ 기말상품재고액 = 545,000원
• 매출총이익 = 순매출액 － 매출원가 = 285,000원

12 ②
- 매출총이익 = 매출액 − 매출원가 = 5,000,000원
  − 3,280,000원 = 1,720,000원
- 매출원가 = 기초상품재고액 + 당기매입액
  − 기말상품재고액
  3,280,000원 = 1,500,000원 + 3,780,000원
  − 2,000,000원
- 당기매입액 = 당기총매입액 − 매입에누리 − 매입할인
  3,780,000원 = 4,000,000원 − 120,000원 − 100,000원

13 ④
- 매출원가 = 2,000,000원 − (2,000,000원 × 0.4)
  = 1,200,000원
  당기순매입액 = 매출원가 + 기말상품재고액 − 기초상품재고액 = 1,200,000원 + 240,000원 − 800,000원 =
  640,000원

14 ②
- 매출원가 = 기초상품재고액+ 당기순매입액 − 기말상품재고액 = 100,000원 + 400,000원 − 50,000원
  = 450,000원
- 매출액 = 매출원가/(1 − 매출총이익률) = 450,000원/
  (1 − 0.2) = 562,500원
- 매출총이익 = (매출액 − 매출원가) 또는 (매출액 ×
  매출총이익률) = 112,500원

15 ②
- 순매출액(5,000,000원) − 매출총이익(800,000원)
  = 매출원가(4,200,000원)
  기초상품재고액(500,000원) + 순매입액(4,000,000원)
  − 매출원가(4,200,000원) = 기말상품재고액(300,000원)

16 ④
- 영업이익 = 매출액 - 매출원가 - 복리후생비 - 퇴직급여
  = 1,300,000원 − 800,000원 − 100,000원 − 80,000원
  = 320,000원

17 ②
- 이자비용: 1,000,000원 × 12% × 1/12 = 10,000원

18 ②
- 현금지급 이자비용 = 기초미지급 이자비용 + 당기 이자비용 − 기말미지급 이자비용
  = 50,000원 + 300,000원 − 100,000원 = 250,000원

19 ③
- 급여에 대한 근로소득세를 원천징수한 경우 "예수금"으로 회계처리하여야 한다.

20 ①
- 개발비는 무형자산으로 재무상태표에 표시되는 계정과목이다.

21 ③
- 매도가능증권평가이익은 자본 중 기타포괄손익누계액 항목으로 분류되는 계정으로 재무상태표에 반영된다.

22 ①
- 자기주식처분이익은 재무상태표에 나타난다.

23 ③
- 문구점의 사무용품 판매액, 금융기관이 대여한 대여금에 대한 이자 수입액, 전자제품 도매상의 공기청정기 판매액의 세가지 사례는 해당 기업의 주된 영업활동에 의해 발생한 영업수익이다.

24 ③
- 매도가능증권평가손익은 재무상태표의 자본항목 중 기타포괄손익누계액에 해당한다.

25 ④
- 매입에누리는 매입한 상품에 하자나 파손이 있는 경우 가격을 할인 받는 것이고, 매입할인은 상품의 구매자가 판매대금을 조기에 지급하는 경우 약정에 의해 할인 받는 것이다.

26 ④
- 주식발행초과금: 자본잉여금
- 매도가능증권평가손실: 기타포괄손익누계액

27 ④
- 이자비용은 영업외비용이다.

28 ③
- 정상적 감모손실: 매출원가
  비정상적 감모손실: 영업외비용

29 ②
- 운임, 숙박비: 여비교통비
- 직원 회식대: 복리후생비
- 매출거래처 선물대: 접대비(기업업무추진비)

30 ③
- (차) 여비교통비 201,000원   (대) 가지급금 250,000원
  현금   49,000원

31 ②
- (가) 기부금, (나) 복리후생비

32 ④
- 광고비, 사무실 인터넷사용료, 교육비는 판매비와관리비의 항목으로 영업손익에 영향을 미친다.
- 이자비용은 영업외비용이다.

33 ①
- 직원 업무용 해당 분은 소모품비로 계상하여야 한다.
- 마케팅용품 구입 시 회계처리
  (차) 광고선전비 900,000원 (대) 현금 등 900,000원
- 직원사용분에 대한 수정 분개
  (차) 소모품비 450,000원 (대) 광고선전비 450,000원

34 ③
- 배당금수익은 영업외수익으로 분류하고, 창고 임차료는 판매비와관리비로 분류한다.

35 ②
- (가) 기부금, (나) 복리후생비

36 ①
- 2,000,000원 + 300,000원 + 280,000원 + 100,000원 = 2,680,000원

37 ③
- 잡손실은 영업외비용에 해당한다.

38 ④
- (가) 내용은 유형자산처분이익의 발생이므로 영업외수익에 해당한다.
- (나) 내용은 통신비의 발생으로 판매비와관리비에 해당한다.

39 ①
- 이자비용과 기부금은 영업외비용이다.
- 판매비와관리비 = 2,000,000원 + 500,000원 + 600,000원 + 300,000원 + 100,000원 + 270,000원 = 3,770,000원

40 ②
- 판매비와관리비 = 급여(800,000원) + 접대비(기업업무추진비)(200,000원) + 수도광열비(60,000원) + 세금과공과(90,000원) = 1,150,000원

⑨ 결산의 절차

01 ①
- 결산시점에서 수정분개
  (차)선급보험료 200,000원 (대)보험료 200,000원

02 ④
- 가. (차) 이자수익   XXX (대) 선수수익   XXX: 이익감소
- 나. (차) 소모품   XXX (대) 소모품비   XXX: 이익증가
- 다. (차) 임차료   XXX (대) 미지급임차료 XXX: 이익감소
- 라. (차) 선급보험료 XXX (대) 보험료   XXX: 이익증가

03 ①
- 선급보험료 중 60,000원을 보험료로 대체하는 수정분개를 하지 않았기 때문에 보험료(비용)가 과소 계상되어 당기순이익이 과대 계상되고, 선급보험료(자산)가 과대 계상된다.

04 ③
- [보험료 선급분 정리 분개]
  (차) 선급비용 120,000원(자산 증가)
      (대) 보험료   120,000원(비용 감소)
- 위 결산 정리 분개 누락 시: 자산 과소 계상, 비용 과대 계상

05 ①
- 확정기여제도를 설정한 경우에는 당해 회계기간에 대하여 기업이 납부하여야 할 부담금(기여금)을 퇴직급여(비용)로 인식하고, 이미 납부한 기여금을 차감한 후 부채(미지급금)로 인식한다. 이 제도하에서는 외부에 납부하는 부담금을 퇴직연금운영자산 등으로 인식하지 않는다.
- (차) 퇴직급여(당기비용)   xxx
      (대) 현금   xxx
          미지급금   xxx

06 ②
- (차) 단기매매증권평가손실   500,000원
      (대) 단기매매증권   500,000원
  (차) 매도가능증권   300,000원
      (대) 매도가능증권평가이익(기타포괄손익누계액) 300,000원
- 단기매매증권평가손실은 영업외비용이고 매도가능증권평가이익은 자본항목이므로, 결산분개가 영업이익에 미치는 영향은 없다.

07 ①
- 경과분 임대료 1개월분은 240,000원 × 1/6 = 40,000원이다. 따라서 차변의 미수수익 40,000원과 대변의 임대료수익 40,000원의 기록 누락으로 수익 40,000원이 과소 계상되어 당기순이익 40,000원이 과소 계상된다.

08 ④
- 누락된 결산정리 사항:
  (차) 무형자산상각비   xxx (대) 특허권   xxx
- 판매비와관리비(무형자산상각비)가 과소계상되고, 무형자산(비유동자산-특허권)이 과대계상되며, 당기순이익이 과대계상된다.

09 ③
- 결산조정 후 당기순이익 = 결산조정 전 당기순이익 + (선급비용) – (미지급비용)
  = 10,000,000원 + 1,000,000원 – 2,000,000원
  = 9,000,000원

10 ④

수정 전 당기순이익	5,000,000원
미경과 보험료	(+) 800,000원
미지급 이자비용	(–) 500,000원
수정 후 당기순이익	5,300,000원

11 ③
- 2,500,000원 + 300,000원 – 100,000원 = 2,700,000원
- 기말상품재고액의 과소 계상을 수정하면 매출원가가 감소하고 영업이익(300,000원)이 증가한다.
- 임차료 미지급분을 계상하면 판매비와관리비가 증가하고 영업이익(100,000원)이 감소한다.

12 ③
- 결산조정 전 당기순이익　　1,000,000원
  임차료 선급분　　　　　(+) 500,000원
  이자비용 미지급분　　　　(-) 200,000원
  결산조정 후 당기순이익　　1,300,000원

13 ③
- 이자비용(영업외비용) 50,000원이 감소하였으므로 법인세비용차감전순이익이 50,000원 증가하고, 영업이익과는 무관하다.

14 ④
- ① 2025년 감가상각비 = 1,000,000원 × 1년/10년 = 100,000원
- ② 2025년 감가상각누계액 = 기초 감가상각누계액 + 2025년 감가상각비 = 50,000원 + 100,000원 = 150,000원
  당기말 건물의 장부금액 = 1,000,000원 - 150,000원 = 850,000원
- ③ 건물의 감가상각비는 판매비와관리비로 처리한다.

15 ③
  결산조정사항 반영 전 당기순이익　　5,000,000원
  (+)미경과 자동차보험료　　　　　　　800,000원
  (-)미지급 이자비용　　　　　　　　　500,000원
  결산조정사항 반영 후 당기순이익　　5,300,000원

16 ③
- 재고자산평가손실을 계상하면 매출원가 금액이 증가하며 당기순이익이 감소한다.

17 ①
- 법인세차감전순이익에 미치는 영향은 급여, 이자비용, 단기매매증권평가이익 항목이므로 200,000원 증가
  영업이익에 미치는 영향은 급여항목만 해당되므로 300,000원 감소

18 ①
- 소모품 사용액 결산정리 분개: (차) 소모품비 20,000원 (대) 소모품 20,000원
- 대손 발생 분개:
  (차) 대손충당금　　　　10,000원
  　　 대손상각비　　　　20,000원
  　　 (대) 매출채권　　　　　30,000원
- 결산후 당기순이익 = 800,000원 - 20,000원 - 20,000원 = 760,000원

19 ①
- 정기예금이자수익 = 2,000,000원 × 5% × 3개월/12개월 = 25,000원
  임대료수익 = 300,000원 × 1개월/12개월 = 25,000원
  법인세차감전순이익 = 3,000,000원 + 25,000원 + 25,000원 = 3,050,000원

20 ②
- ① (차) 선급보험료　　　xxx
  　　 (대) 보험료　　　　xxx (당기순이익 증가)
  ② (차) 이자수익　　　　xxx
  　　 (대) 선수수익　　　xxx (당기순이익 감소)
  ③ (차) 미수수익　　　　xxx
  　　 (대) 임대료수익　　xxx (당기순이익 증가)
  ④ (차) 소모품　　　　　xxx
  　　 (대) 소모품비　　　xxx (당기순이익 증가)

21 ②
- 수정 후 당기순이익: 100,000원 + 10,000원 - 30,000원 = 80,000원

22 ②
- 대손충당금 추가설정액 = 기말대손충당금 - 결산분개 전 대손충당금 = 3,000,000원 × 1% - 7,000원 = 23,000원

23 ③
- 2025년 12월 31일 대손충당금: 100,000,000원 × 10% = 10,000,000원
- 2025년 대손상각비: 10,000,000원 - 5,000,000원 = 5,000,000원

24 ②

2025. 3. 9.	(차) 대손충당금	100,000원
	대손상각비	20,000원
	(대) 매출채권	120,000원
2025. 9. 9.	(차) 현금	70,000원
	(대) 대손충당금	70,000원
2025.12.31.	(차) 대손상각비	30,000원
	(대) 대손충당금	30,000원

- 2025년도 대손상각비: 20,000원 + 30,000원 = 50,000원

25 ②
- 대손설정액 = 17,000,000원 × 1% - 50,000원 = 120,000원

26 ②
- 7. 1. 전기회수불능채권 회수에 대한 회계처리
  (차) 현금 1,000,000원 (대) 대손충당금 1,000,000원
- 12.31. 대손충당금 잔액 2,400,000원
  대손설정액 = 200,000,000원 × 1% = 2,000,000원
  (차) 대손충당금 400,000원
  　　 (대) 대손충당금환입 400,000원
- 대손충당금환입은 판매비와관리비에서 차감한다.

27 ④
- 회계처리
  3월 25일
  (차) 대손충당금　　　　150,000원
  　　(대) 매출채권　　　　　　150,000원
  10월 13일
  (차) 현금　　　　　　　50,000원
  　　(대) 대손충당금　　　　　50,000원
  12월 31일
  (차) 대손상각비　　　　170,000원
  　　(대) 대손충당금　　　　　170,000원

28 ①

대손충당금

5/10 매출채권　2,000원	1/ 1 기초　　　　5,000원
12/31 차기이월　4,000원*1	12/31 대손상각비　1,000원*2

*1 200,000원 × 2% = 4,000원
*2 4,000원 − (5,000원 − 2,000원) = 1,000원

29 ④
- 2025년 7월 31일
  (차) 대손충당금　100,000원 (대) 매출채권 100,000원
  *1 기말 대손충당금 설정전 대손충당금 잔액
  　= 100,000원 − 100,000원 = 0원
- 2025년 12월 31일
  (차) 대손상각비　500,000원 (대) 대손충당금 500,000원
  *2 당기 대손충당금 설정액 = 5,000,000원
  　　− 4,500,000원 = 500,000원

30 ②
- 결산조정 전 대손충당금 = 100,000원 + 200,000원
  = 300,000원
- 대손상각비 = 기말대손충당금 − 결산조정 전 대손충당금
  = 500,000원 − 300,000원 = 200,000원

31 ③
- 대손충당금 = 매출채권(1,000,000원) × 대손율(2%)
  = 20,000원
- 대손상각비 = 20,000원 − 8,000원 = 12,000원

32 ②
- 기말대손충당금 잔액 = 매출채권장부금액 − 매출채권의
  회수가능가액
  18,000원 = 180,000원 − 162,000원

33 ④
- 2025년 기말 대손충당금 잔액 = 100,000원 × 1%
  + 200,000원 × 2% + 150,000원 × 10% = 20,000원
- 결산 전 대손충당금 잔액 = 3,000원 + 10,000원
  = 13,000원

- 2025년 대손상각비 = 20,000원 − 13,000원
  = 7,000원

34 ③
- 기말 대손추정액 = 연령별 채권잔액에 각 대손율을 곱한
  대손추정액의 합계
  = 4,500원 + 17,000원 + 30,000원 + 25,000원
  = 76,500원
- 대손상각비 = 76,500원 − 50,000원 = 26,500원

35 ④
- 대손예상액 = 600,000원 × 0.05 + 300,000원 × 0.1
  + 200,000원 × 0.4 = 140,000원

36 ①
- 2025년 대손충당금 기초잔액: 4,000,000원 × 1%
  = 40,000원이다.
- 2025년 4월 10일자 대손상각비: 대손금액 − 대손충당금
  기초잔액 = 60,000원 − 40,000원 = 20,000원

37 ④
- 1월 1일: 대변 130,000원은 대손충당금 전기이월액이다.
  7월 6일: 차변 30,000원은 당기 실제 대손발생액에
  대한 회계처리 금액이다.
  12월 31일: 차변 200,000원은 당기 매출채권 잔액에
  대한 대손추정액이다.
  12월 31일: 대변 100,000원은 기말 대손충당금 추가
  설정 금액이다.

38 ②
- 무형자산상각비 = 취득원가 ÷ 내용연수 ⇒ 1,100,000원
  (취득제비용 포함) ÷ 5년 = 220,000원

39 ③
- 무형자산상각비 = (2,000,000원/10년 × 6개월/12개월)
  = 100,000원

40 ②
- 무형자산상각비(정액법): 취득원가 ÷ 내용연수
  ⇒ 1,100,000원(취득제비용 포함) ÷ 5년 = 220,000원

41 ②
- 미수이자에 대한 회계처리를 한다.
  4개월(2024년 9월 ~ 12월) ⇒ 2,000,000원 × 12%
  × 4/12 = 80,000원

42 ②
- 7,000,000원 × 6% × 3개월/12개월 = 105,000원

43 ①
- 미수이자: 10,000,000원 × 12% × 1/12
  = 100,000원
  당기 결산 시 차변에 미수수익 100,000원 대변에 이자수익
  100,000원을 기록하여야 한다. 나머지 1,100,000원의
  이자수익은 다음연도의 이자수익으로 인식한다.

44 ①
- 보험료 차기이월액에 대한 회계처리를 한다.
  당기 귀속분: 9개월(2024년 4월 ~ 12월) → 1,200,000원
  × 9/12 = 900,000원(보험료)
  차기 이월분: 3개월(2025년 1월 ~ 3월) → 1,200,000원
  × 3/12 = 300,000원(선급비용)

45 ①
- 1년분 임차료를 전액 선급비용으로 처리하였으므로,
  2025년 귀속분(5개월)은 당기비용으로 수정하여야 한다.
- 2025년 귀속 임차료: 5,000,000원(12,000,000원 × 5
  개월/12개월)

46 ①
- 2026년 귀속 보험료는 선급비용으로 처리하고 보험료를
  감소시킨다.
- 선급비용 = 2,400,000원 × 2개월/12개월 = 400,000원

47 ③
- 1년분 보험료 전액을 비용으로 인식하였으므로, 2026년
  해당분 600,000원을 선급보험료로 계상하여야 한다.

48 ③
- 결산시점에서 임차기간은 8개월밖에 지나지 않았기 때문에,
  1년분 임차료 중에서 4개월분의 임차료에 대한 결산정리분
  개를 하여야 한다.
- 2025년 12월 31일 회계처리
  (차) 선급비용 80,000원　　(대) 임차료 80,000원
  * 선급비용: 240,000원 × 4개월/12개월 = 80,000원

49 ③
- 〈2025년 12월 31일 회계처리〉
  (차) 선급비용 90,000원　　　(대) 보험료 90,000원
  * 선급비용 = 120,000원 × 9개월/12개월 = 90,000원

50 ③
- 기말 결산정리사항을 올바르게 반영한 후, 재무상태표에
  보고할 선수임대료는 기간 미경과분에 해당하는
  900,000원이다.
  1,200,000원 × 9월/12월 = 900,000원

51 ④
- 10월 1일부터 12월 31일까지 발생한 임대료는 연
  120,000원 × 3개월/12개월 = 30,000원이고, 선수 임
  대료 잔액은 90,000원이다.

임대료			
12/31	90,000원	10/1	120,000원

선수임대료			
		12/31	90,000원

52 ③
- 기초선수임대료 + 현금수령액 = 당기임대료 + 기말선수
  임대료

- 현금수령액 = 기말선수임대료 + 당기임대료 – 기초선수
  임대료 = 26,000원 + 60,000원 – 33,000원
  = 53,000원

53 ②
- 2025년 3월 1일
  (차) 소모품비 200,000원　　(대) 현금　　200,000원
- 2025년 12월 31일
  (차) 소모품 100,000원　　(대) 소모품비 100,000원

54 ①
- 김대리: 기말 수정분개에서 (차) 소모품비 200,000원
  (대) 소모품 200,000원으로 회계처리 하므로 비용이
  200,000원 증가하고, 자산이 200,000원 감소한다.

55 ①
- 소모품비 처리액 1,000,000원 – 사용액 800,000원
  = 미사용액 200,000원
  따라서 (차) 소모품 200,000원 (대) 소모품비
  200,000원이다.

56 ①
- 선급비용과 미수수익은 유동자산으로, 선수수익과 미지
  급비용은 유동부채로 분류된다.

57 ②
- 선수금 계정은 수익과 비용의 이연과 무관하다.

58 ③
- ① 비용의 이연, ② 수익의 계상, ③ 수익의 이연, ④
  비용의 계상

59 ③
- 단기투자목적의 주식은 단기매매증권으로 분류한다.
- 단기매매증권평가손실 = 기말평가액 – 취득원가
  = (17,000원 × 100주) – (20,000원 × 100주)
  = 300,000원
- 단기매매증권의 주식거래수수료는 당기비용 처리한다.

60 ③
- 매도가능증권평가손익은 자본의 구성 항목 중 기타포괄
  손익누계액으로 분류되는 계정으로 매도가능증권평가이
  익이 발생하면 자본과 기타포괄손익누계액이 증가한다.

61 ③
- 매도가능증권평가손실은 기타포괄손익으로 보고된다.

62 ①
- 12월 15일 100주 매각: 단기매매증권처분이익
  200,000원 발생 = 100주 × 10,000원 – 100주
  × 8,000원 = 200,000원
- 12월 31일 100주 평가: 단기매매증권평가손실
  100,000원 발생 = 100주 × 7,000원 – 100주
  × 8,000원 = –100,000원

63 ④
- ① 취득원가: 30,000원(100주 × 300원, 취득수수료는 비용처리)
  ② 2025년 말 단기매매증권 장부금액은 35,000원 (100주 × 350원)
  ③ 2025년 단기매매증권평가이익 = (350원 − 300원) × 100주 = 5,000원
  ④ 2026년 단기매매증권처분이익 = (370원 − 350원) × 100주 = 2,000원

64 ③
- (3,000,000원−500,000원) × (1/5) = 500,000원

65 ②
- 2025년 12월 31일 건물감가상각누계액
  = 100,000,000원 × 2년/5년 = 40,000,000원

66 ④
- 취득원가: 취득금액 10,000,000원 + 취득제비용 1,000,000원 = 11,000,000원
- 2024년 7월 1일 ~ 2025년 12월 31일까지의 감가상각누계액
  11,000,000원 × 1/10 × (6/12 + 1) = 1,650,000원

67 ②
- 정률법 감가상각비 = 미상각잔액 × 상각률
  (2024년) 10,000,000원 × 0.2 = 2,000,000원
  (2025년) 8,000,000원 × 0.2 = 1,600,000원

68 ④
- 당기말 차량운반구의 장부금액은 2,100,000원이다.

69 ④

수정 전 당기순이익		4,000,000원
임차료	(−)	300,000원
단기매매증권평가손실	(−)	200,000원
감가상각비	(+)	400,000원
수정후 당기순이익		3,900,000원

70 ②
- 감가상각누계액:(4,000,000원 − 0원) × 1년/5년 × 18개월/12개월 = 1,200,000원
- 순장부금액: 취득금액 − 감가상각누계액 = 4,000,000원 − 1,200,000원 = 2,800,000원

71 ①
- 2025년 감가상각비: 500,000원 × 100개/1,000개 = 50,000원

72 ①
- 2024년 감가상각비 = 500,000원 × 0.4 = 200,000원
  2025년 감가상각비 = (500,000원 − 200,000원) × 0.4 = 120,000원

2024년 감가상각누계액 = 200,000원 + 120,000원 = 320,000원

73 ①
- 2025년 7월 1일에 처분하였으므로 6개월(2025년 1월 1일부터 6월 30일까지)만 상각한다.
  2,000,000원 × 1년/4년 × 6개월/12개월 = 250,000원

74 ④
- 2025년 말 감가상각비: 1,000,000원 × 0.45 = 450,000원
  2026년 말 감가상각비: (1,000,000원 − 450,000원) × 0.45 = 247,500원

75 ①
- 2025년 감가상각비 = 5,000,000원 × 1년/5년 × 6개월/12개월 = 500,000원

⑩ 내부통제제도와 내부회계관리제도

01 ②
- 내부통제제도의 구성요소는 통제환경, 위험평가, 통제활동, 정보 및 의사소통, 모니터링이다.

02 ①
- 내부통제제도의 설계가 잘 되었어도 운영하는 과정에서 발생하는 위험은 피할 수 없다.

03 ①
- 정보시스템으로부터 산출되는 정보가 효과적으로 내부회계관리제도를 지원하기 위해서는 정보가 관련 의사결정목적에 부합하여야 하고, 적시에 사용가능하여야 한다. 그러나 정보가 반드시 공식적일 필요는 없고 일부 임원에게만 접근 가능하여야 하는 것은 아니다.

04 ③
- 내부통제제도는 조직 내 모든 구성원들에 의해 운영된다.

05 ②
- 내부회계관리제도의 설계 및 운영에 대한 최종책임은 대표이사에게 있으므로 외부 회계감사인과는 무관하다.

06 ③
- 내부통제제도의 운영은 기업 내 구성원에 의해 운영되는 것이지 외부 회계감사인에 의해 운영되는 것은 아니다.

07 ①
- 내부통제제도가 잘 구성되어 있더라도 제도를 운영하는 경영진의 실제적인 업무능력을 합리적으로 측정할 수는 없다.

08 ①
- 내부통제제도의 구성요소 중 통제환경에 관한 설명이다.

09 ③
- 회사의 거래는 승인기능, 자산의 보관기능, 회계기록의 유지기능 등 최소한 세 가지 기능을 동일인이 중복하여 담당하지 않도록 업무분장을 해야 한다.

10 ③
- 내부통제제도가 기업의 경영성과 목표를 달성하게 하는 것은 아니다.

11 ③
- 경제적 의사결정에 유용한 정보를 제공할 의무는 경영자에게 있다. 주주는 외부정보이용자이다.

12 ②
- 내부통제제도의 한계: 아무리 잘 설계된 내부통제제도라고 할지라도 제도를 운영하는 과정에서 발생하는 집행위험은 피할 수 없다. 즉, 최상의 자질과 경험을 지닌 사람도 부주의, 피로, 판단착오 등에 노출될 수 있으며, 내부통제제도도 이러한 사람들에 의해 운영되므로 내부통제제도가 모든 위험을 완벽하게 통제할 수는 없다.

13 ④
- 내부통제제도의 구성요소는 통제환경, 위험평가, 통제활동, 정보 및 의사소통, 모니터링이다.

14 ④
- 내부통제제도의 목적은 기업의 효율성 및 효과성 확보, 재무정보의 신뢰성 확보, 관련법규 및 정책의 준수이다.

15 ③
- 내부통제제도는 재무보고목적, 법규준수목적, 운영목적을 달성하기 위해 운영된다.

제 **2** 절 부가가치세

01 부가가치세 기본이론

01 ④
- 수출하는 상품에 대하여 소비지국에서 과세권을 행사하는 소비지국 과세원칙을 채택하고 있다.

02 ④
- 우리나라의 부가가치세법은 전단계세액공제법, 소비지국과세원칙을 채택하고 있고, 간접세이다. 소비형 부가가치세는 옳은 설명이다.

03 ②
- 부가가치세는 납세의무자와 담세자가 일치하지 않는 간접세이다.

04 ④
- 하치장은 재화를 보관하고 관리할 수 있는 시설만 갖춘 장소이므로 거래의 전부 또는 일부를 수행하는 장소가 아니다. 따라서 하치장은 사업장으로 보지 아니한다.

05 ②
- 사업자등록증은 사업자등록 신청일부터 2일 이내에 발급해야 한다.

06 ③
- ① 신규로 사업을 시작하려는 자는 사업개시일 이전이라도 사업자 등록을 신청할 수 있음.
- ② 사업자는 사업자등록의 신청을 사업장 관할 세무서장이 아닌 다른 세무서장에게도 할 수 있다.
- ④ 전화번호가 변경되는 경우는 사업자등록 정정사유가 아니다.

07 ①
- 부가가치세는 사업장별로 신고·납부하는 것이 원칙이며, 주사업장 총괄납부를 신청한 경우는 주된 사업장에서 총괄하여 납부할 수 있다.

08 ①
- 국가와 지방자치단체는 부가가치세법상 사업자에 해당될 수 있다.

09 ①
- 국가나 지방자치단체도 납세의무자가 될 수 있다.

10 ①
- 영세율을 적용받는 사업자는 부가가치세법상 사업자에 해당한다.

11 ②
- 간이과세자는 1월 1일부터 12월 31일까지를 과세기간으로 한다.

12 ④
- 제조업의 최초 과세기간은 재화의 제조를 개시하는 날부터 그 날이 속하는 과세기간 종료일까지이다.

13 ④
- ① 폐업의 경우 폐업일이 속하는 날의 다음 달 25일까지 신고하여야 한다.
- ② 확정신고를 하는 경우 예정신고시 신고한 과세표준은 제외하고 신고한다.
- ③ 신고기한까지 과세표준 및 세액을 신고하지 않는 경우 무신고 가산세가 부과된다.

14 ④
- 폐업의 경우 폐업일이 속한 달의 다음 달 25일 이내에 신고 납부하여야 한다.

02 과세대상

01 ①
- 건설용역의 무상공급, 고용관계에 의한 근로제공, 용역의 수입은 부가가치세 과세대상이 아니다.

02 ①
- 상품의 할부판매는 과세거래이다.

03 ③
- 교환계약에 따라 재화를 인도하거나 양도하는 것은 부가가치세 과세대상이다
- 「국세징수법」에 따른 공매에 따라 재화를 인도하거나 양도하는 것, 「도시 및 주거환경정비법」에 따른 수용절차에 따라 수용대상 재화의 소유자가 수용된 재화의 대가를 받는 것과 건설용역의 무상공급은 부가가치세 과세대상이 아니다.

04 ①
- 고용관계에 따라 근로를 제공하는 것은 부가가치세 과세거래가 아니다.

05 ②
- 사업자가 자기의 사업과 관련하여 실비변상적이거나 복지후생적인 목적으로 사용인에게 무상으로 제공하는 작업복은 재화의 공급으로 보지 아니한다.

06 ①
- ② 사업의 양도는 재화의 공급으로 보지 아니한다.
- ③ 담보제공은 재화의 공급으로 보지 아니한다.
- ④ 용역의 공급으로 본다.

07 ③
- 가. 법률에 따라 조세를 물납하는 것은 재화의 공급으로 보지 아니한다.
- 다. 담보의 제공은 재화의 공급으로 보지 아니한다.

08 ④
- 상품권의 양도는 과세대상 거래에 해당하지 않는다.

09 ③
- 완성도기준지급 용역의 경우 대가의 각 부분을 받기로 한 때를 공급시기로 본다.

10 ④
- 외상판매의 공급시기는 재화가 인도되거나 이용가능하게 되는 때이다.

11 ③
- 완성도기준지급조건부 공급의 공급시기는 대가의 각 부분을 받기로 한 때이다.

12 ③
- ① 외상판매의 경우: 재화를 인도하는 때
- ② 재화의 공급으로 보는 가공의 경우: 가공된 재화를 인도하는 때
- ④ 장기할부판매: 대가의 각 부분을 받기로 한 때

13 ③
- 폐업시 잔존재화: 폐업일

14 ③
- 타인에게 용역을 무상으로 공급하는 것은 용역의 공급으로 보지 않는다.(특수관계인에게 사업용 부동산의 임대용역을 무상으로 공급하는 것은 제외)

03 영세율과 면세

01 ③
- 복권과 공중전화는 면세 재화 및 용역에 해당한다.

02 ③
- 수출하는 재화와 해외건설 공사는 영세율 적용대상이나, 국내 여객운송용역과 토지의 공급은 면세이다.

03 ④
- 재화의 수입은 영세율 대상이 아니다.

04 ④
- 부가가치세의 역진성을 완화하기 위한 제도는 면세이다.

05 ④
- ① 비거주자 또는 외국법인은 상호주의에 따라 영세율 적용여부를 판단한다.
- ② 내국신용장에 의하여 재화를 공급하는 경우에는 세금계산서 발급의무가 있다.
- ③ 외국법인의 국내사업장에 공급하는 재화는 영세율 적용대상이 아니다.
- ④ 면세사업자는 면세포기신고를 해야 영세율을 적용하므로 옳은 설명이다.

06 ④
- 국내선 항공기 운항 용역은 영세율 적용 대상에 해당하지 않는다.

07 ④
- 영세율 적용대상 사업자는 부가가치 신고·납부의무가 있다.

08 ①
- ② 완전면세제도이다.
- ③ 매입 시 부담한 매입세액을 환급받을 수 있다.
- ④ 영세율 적용대상거래는 명문화되어 있으며, 포기제도는 없다.

09 ④
- ① 간이과세자는 영세율을 적용받을 수 있다.
  ② 비거주자와 외국법인에 대하여는 상호면세주의에 의하여 영세율을 적용한다.
  ③ 과세기간 종료 후 25일 이내 내국신용장을 개설한 경우에 영세율을 적용한다.

10 ④
- 여객운송용역 중 택시운송용역은 부가가치세 면세대상에서 제외된다.

11 ①
- 생수의 공급은 부가가치세 과세대상이다.

12 ②
- 장의업자의 장의용역과 무연탄은 면세이며, 택시 운송용역과 자동차 운전학원의 교육용역은 과세이다.

13 ②
- 신문과 당근은 면세대상이나, 식빵과 인형은 과세대상이다.

14 ②
- ① 수돗물은 면세이나, 생수는 과세이다.
  ② 수의사의 가축에 대한 진료용역은 면세이다.
  ③ 주류는 과세이다.
  ④ 고속철도에 의한 여객운송 용역은 과세이다.

15 ②
- 연탄의 판매와 사과의 판매는 면세대상이나, 항공기 여객운송용역과 신문광고용역의 공급은 과세대상이다.

16 ③
- 과세사업자가 승용차를 공급한 경우에는 거래상대방이나 매입세액불공제 여부에 관계없이 부가가치세를 과세한다.

17 ④
- 시내버스와 지하철은 부가가치세가 면세되는 여객운송용역이다.

18 ③
- 유연탄, 우등버스에 의한 여객운송용역, 수집용 우표는 과세대상이다.

19 ④
- 면세포기는 영세율 적용 대상이 되는 등 일정한 경우에 한하여 면세를 포기할 수 있다.

20 ④
- 토지의 공급 및 장의업자가 제공하는 장의용역은 부가가치세가 면세된다.

 과세표준과 세액계산

01 ④
- 대가의 일부로 받은 운송비는 부가가치세 과세표준에 포함된다.

02 ④
- 공급에 대한 대가의 지급이 지연되었음을 이유로 받는 연체이자, 매출할인, 공급받는 자에게 도달하기 전에 파손된 재화의 가액은 부가가치세의 과세표준(또는 공급가액)에 포함되지 않으나, 할부판매의 경우 이자상당액은 과세표준(또는 공급가액)에 포함된다.

03 ①
- 개별소비세, 주세 및 교통·에너지·환경세가 부과되는 재화 또는 용역에 대하여는 해당 개별소비세, 주세, 교육세, 농어촌특별세 및 교통·에너지·환경세 상당액을 합계한 금액을 공급가액으로 한다.

04 ③
- 반환조건부 용기 포장비용은 과세표준에 포함되지 않는다.

05 ①
- 할부판매의 이자상당액은 과세표준에 포함한다.

06 ③
- 55,000,000원 × 100/110 + 60,000,000원
  = 110,000,000원
- 토지의 현물출자는 면세이다.

07 ②
- 과세표준 = 15,000,000원 − 1,000,000원 + 2,000,000
  = 16,000,000원
매출할인은 매출액에서 차감하고 상품증정액은 시가를 공급가액으로 한다. 광고선전용으로 무상 제공한 견본품은 과세대상이 아니다.

08 ③
- 20,000,000원(외상매출액) + 2,000,000원(사업상증여, 시가) = 22,000,000원

09 ③
- 토지는 면세 대상이며, 다른 항목은 과세매출(수출재화는 영세율과세대상)이다.
  20,000,000원 + 50,000,000원 + 30,000,000원
  = 100,000,000원

10 ④
- 5,000,000원 + 2,000,000원 = 7,000,000원

11 ①
상가의 임대(10,000,000원) + 제품의 공급(11,000,000원)
= 21,000,000원
- 조세의 물납, 담보의 제공은 과세거래에 해당하지 아니
한다.

12 ④
- 1,000,000원(사업상 증여 시가) + 500,000원(일시적 공급)
= 1,500,000원
공급에 대한 대가의 지급이 지체되었음을 이유로 받는
연체이자는 과세표준에 포함하지 아니한다.

13 ③
- 외상판매액(수출액 2,000,000원 포함) 10,000,000원 +
할부판매액 4,300,000원 = 14,300,000원
- 토지매각은 면세에 해당되고, 담보제공은 재화의 공급
이 아니다.

14 ③
- 1,000,000원 + 2,500,000원 + 4,500,000원
= 8,000,000원
- 재화 또는 용역의 공급과 직접 관련되지 아니하는 국고
보조금은 과세표준에 포함하지 않는다.

15 ③
- 매출세액 = (7,000,000원 + 2,000,000원) × 10%
+ 3,000,000원 × 0% = 900,000원

16 ④
- 면세사업, 토지조성, 기업업무추진비 관련 매입세액은
매출세액에서 공제하지 아니한다.
의제매입세액은 매입세액으로 공제가능하다.

17 ②
- ①은 업무와 관련이 없는 지출, ③은 승용차 관련, ④는
기업업무추진비 관련 매입세액이므로 불공제대상이나,
②는 매입세액공제대상이다.

18 ③
- 기업업무추진비 관련 매입세액, 면세사업 관련 매입세
액, 토지의 취득 관련 매입세액은 매입세액 불공제에
해당한다.

19 ④
- 금전등록기계산서를 수취하는 경우 매입세액을 공제받
을 수 없다.

20 ①
- 9인승 승용차의 구입과 관련된 매입세액은 공제대상이다.

21 ②
- 매입세액 공제액: 1,000,000원 + 2,000,000원
= 3,000,000원
- 원재료와 기계장치의 구입과 관련한 매입세액은 공제받
을 수 있다.

22 ③
- 6,000,000원 + 4,000,000원 = 10,000,000원
- 토지조성공사비에 대한 매입세액과 업무용승용차
(1,988cc, 5인승)에 대한 매입세액은 매출세액에서 공
제되지 않으나, 포장용 기계의 수리비에 대한 매입세액
은 공제된다.

23 ③
- 1,000,000원 + 500,000원 = 1,500,000원
- 거래처 접대용품 구입비는 기업업무추진비이므로 그 매입
세액은 공제되지 아니하며, 대표이사 승용차의 수리비는 사
업과 직접 관련 없는 지출이므로 해당 매입세액은 공제대
상이 아니다.

24 ②
- 토지는 면세대상 재화이며, 기업업무추진비 관련 매입세액
은 공제대상 매입세액에 해당하지 않는다.

25 ③
- 기업업무추진비 관련 매입세액은 공제 대상 매입세액이
아니며, 세금계산서 상 공급하는 자의 주소는 필요적 기
재사항이 아닌 바, 발급받은 세금계산서에 필요적 기재
사항의 일부가 기재되지 아니한 경우에 해당하지 않음
1,500,000원 + 3,000,000원 + 2,000,000원
= 6,500,000원

26 ①
- (50,000,000원 + 1,000,000원) × 10/100
= 5,100,000원

27 ③
- 공장부지 조성 관련지출 400,000원 + 대표이사 업무용
5인승 승용차 구입 2,000,000원
= 2,400,000원
- 원재료 매입은 매입세액 공제받을 수 있다.

28 ④
- 4,000,000원 + 7,500,000원 + 100,000원
= 11,600,000원
공장부지 구입관련 매입세액, 대표이사 업무용승용차
구입관련 매입세액(3,000cc), 거래처 접대용 선물구입
관련 매입세액은 공제받지 못한다.

29 ③
- 90,000,000원 × 10% - 4,000,000원 = 5,000,000원
수출액은 영세율을 적용한다. 비영업용 승용차(개별소
비세법 §1②3호) 구입, 유지, 임차 관련 매입세액은 불
공제한다.

30 ④
- 상품 운반용 트럭 구입 관련 매입세액 + 본사 건물의 자
본적 지출과 관련된 매입세액
= 5,000,000원 + 4,000,000원 = 9,000,000원
- 거래처 접대와 관련된 매입세액은 불공제 대상이다.

31 ③
- 10,000,000원(원단 매입세액) + 3,000,000원(업무용 승합차 매입세액) = 13,000,000원
- 토지의 자본적 지출에 해당하는 매입세액과 기업업무추진비 관련 매입세액은 매입세액 공제를 받지 못한다.

32 ②
- 5,000,000원 × 10% - 1,200,000원 × 10% = 380,000원.
 대표이사 업무용 승용차 수리비에 대한 매입세액은 공제되지 아니한다.

33 ②
- (30,000,000원 × 10/100) - (2,000,000원 - 100,000원 - 200,000원) = 1,300,000원
- 판매장려금 지급액은 과세표준에서 공제되지 않으며 기업업무추진비와 개별소비세 과세대상 자동차 구입 관련 매입세액은 매출세액에서 공제되지 않는다.

34 ③
- (450,000,000원 × 10% + 100,000,000원 × 0%) - (21,000,000원 - 1,000,000원 - 2,000,000원) = 27,000,000원

35 ④
- 매출세액: (10,000,000원 + 20,000,000원) × 10% = 3,000,000원
 매입세액: 8,000,000원 × 10% = 800,000원
 납부세액: 2,200,000원

36 ④
- 토지의 자본적 지출 관련 매입세액과 기업업무추진비 지출 관련 매입세액은 불공제대상 매입세액이다.
 (550,000,000원 × 10/100) - (21,000,000원 - 1,000,000원 - 2,000,000원) = 37,000,000원

37 ③
- (11,000,000원 × 10/110) - (700,000원 - 200,000원) = 500,000원

38 ④
- 무인자동판매기, 노점, 택시운송 사업자의 재화나 용역 공급은 세금계산서를 발급할 수 없으나, 내국신용장에 의한 재화 공급은 세금계산서를 발급하여야 한다.

39 ④
- 공급 연월일은 임의적 기재사항이다.

40 ②
- 영세율 적용대상은 매출세액이 없으나 세금계산서 발급 면제 규정이 없는 한 세금계산서를 발급해야 한다.

41 ②
- 컴퓨터 제조업자가 컴퓨터를 공급하는 경우에는 세금계산서를 발급할 수 있다.

42 ③
- 면세사업자는 세금계산서를 발급할 수 없다.

43 ③
- ① 발급일의 다음 날까지 전자세금계산서 발급명세를 국세청장에게 전송하여야 한다.
 ② 전자세금계산서를 지연전송한 경우 가산세를 부과한다.
 ④ 법인사업자는 공급가액에 상관없이 전자세금계산서를 의무발행해야 한다.

44 ②
- 내국신용장에 의해 공급하는 재화는 영세율세금계산서 발급대상이다.

45 ②
- 사업장별 재화 및 용역의 공급가액의 합계액(면세공급가격 포함)이 일정금액(8천만원) 이상인 개인사업자도 전자세금계산서 의무발급 대상자이다.

46 ②
- 내국신용장에 의해 수출업자에게 재화를 공급하는 것은 영세율 적용대상이지만 국내 거래에 해당하므로 세금계산서를 교부해야 한다.

실무수행평가

(01) 기초정보관리의 이해

1 회사등록 수정
대표자명: 박상준, 대표자주민번호: 610617-1042426으로 수정
국세환급금계좌 추가입력 은행명: 하나은행, 지점명: 서대문, 계좌번호: 524-66658-222

2 계정과목 수정
'235.디자인권'을 Ctrl+F1 을 이용하여 '235.의장권' 계정과목으로 수정

3 거래처별 초기이월
252.지급어음 계정: 거래처 코드별 금액 입력
253.미지급금 계정: 거래처 코드별 금액 입력

4 전기분 손익계산서
① [전기분 재무상태표] 146.상품 30,000,000원을 20,000,000원으로 수정하여 [전기분 손익계산서]의 상품매출원가에 반영
② 998.법인세등 650,000원을 추가 입력
③ [전기분 이익잉여금처분계산서] 처분확정일 2025년 2월 28일 입력

(02) 거래자료 입력

1 어음 거래

01 [일반전표입력] 08월 01일
(차) 251.외상매입금((주)부산상사)   5,000,000원   (대) 252.지급어음((주)부산상사)   5,000,000원

[어음등록]

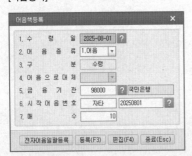

[지급어음 관리]

어음상태	2 발행	어음번호	자타20250801		어음종류	1 어음	발행일	2025-08-01
만 기 일	2026-01-02	지급은행	98000	국민은행	지 점			

02 [일반전표입력] 08월 02일
(차) 252.지급어음(전주상사)   3,000,000원   (대) 102.당좌예금(국민은행)   3,000,000원

[지급어음 관리]

어음상태	2 발행	어음번호	00420250702123456789		어음종류	4 전자	발행일	2025-07-02
만 기 일	2025-08-02	지급은행	98000	국민은행	지 점			

03 [일반전표입력] 08월 03일

(차) 110.받을어음(안동상사) 2,500,000원 (대) 108.외상매출금(안동상사) 2,500,000원

[받을어음 관리]

어음상태	1 보관	어음종류	6 전자	어음번호	01120250803123456789		수취구분	1 자수
발행인	00102	안동상사		발행일	2025-08-03	만기일 2026-01-03	배서인	
지급은행	500	농협	지점 서초	할인기관		지점	할인율(%)	
지급거래처					* 수령된 어음을 타거래처에 지급하는 경우에 입력합니다.			

04 [일반전표입력] 08월 04일

(차) 102.당좌예금(국민은행) 6,000,000원 (대) 110.받을어음(강릉상사) 6,000,000원

[받을어음 관리]

어음상태	4 만기	어음번호	00420250704123456789	수취구분	1 자수	발행일	2025-07-04	만기일	2025-08-04
발행인	08707	강릉상사		지급은행	100 국민은행			지점	
배서인		할인기관		지점		할인율(%)		어음종류	6 전자
지급거래처					* 수령된 어음을 타거래처에 지급하는 경우에 입력합니다.				

05 [일반전표입력] 08월 05일

(차) 102.당좌예금(국민은행) 6,950,000원 (대) 110.받을어음((주)충주상사) 7,000,000원
　　936.매출채권처분손실 50,000원

[받을어음 관리]

어음상태	2 할인(전액)	어음번호	00420250705123456789	수취구분	1 자수	발행일	2025-07-05	만기일	2025-09-15
발행인	00120	(주)충주상사		지급은행	100 국민은행			지점 삼성	
배서인		할인기관	98000 국민은행	지점 삼		할인율(%)		어음종류	6 전자
지급거래처					* 수령된 어음을 타거래처에 지급하는 경우에 입력합니다.				

06 [일반전표입력] 08월 06일

(차) 251.외상매입금((주)드림) 4,000,000원 (대) 110.받을어음(경기상사) 4,000,000원

[받을어음 관리]

어음상태	3 배서	어음번호	00420250706123456789	수취구분	1 자수	발행일	2025-07-06	만기일	2025-11-30
발행인	00131	경기상사		지급은행	100 국민은행			지점 삼성	
배서인		할인기관		지점		할인율(%)		어음종류	6 전자
지급거래처	00566	(주)드림			* 수령된 어음을 타거래처에 지급하는 경우에 입력합니다.				

2 판매비와관리비 거래

01 [일반전표입력] 09월 01일

(차) 801.급여 1,500,000원 (대) 103.보통예금(서울은행) 1,288,000원
　　　　　　　　　　　　　　　　254.예수금 212,000원

02 [일반전표입력] 09월 02일

(차) 811.복리후생비 210,000원 (대) 253.미지급금(삼성카드) 210,000원

03 [일반전표입력] 09월 03일

(차) 821.보험료 120,000원 (대) 101.현금 120,000원

04 [일반전표입력] 09월 04일

(차) 254.예수금 250,000원 (대) 103.보통예금(서울은행) 500,000원
　　811.복리후생비 250,000원

05 [일반전표입력] 09월 05일

(차) 812.여비교통비 1,200,000원 (대) 253.미지급금(삼성카드) 1,200,000원

06 [일반전표입력] 09월 06일

(차) 813.접대비(기업업무추진비) 50,000원 (대) 101.현금 50,000원

07 [일반전표입력] 09월 07일
(차) 813.접대비(기업업무추진비) 80,000원 (대) 101.현금 80,000원

08 [일반전표입력] 09월 08일
(차) 813.접대비(기업업무추진비) 45,000원 (대) 253.미지급금(삼성카드) 45,000원

09 [일반전표입력] 09월 09일
(차) 814.통신비 88,000원 (대) 103.보통예금(서울은행) 88,000원

10 [일반전표입력] 09월 10일
(차) 814.통신비 4,000원 (대) 101.현금 4,000원

11 [일반전표입력] 09월 11일
(차) 815.수도광열비 30,000원 (대) 103.보통예금(서울은행) 30,000원

12 [일반전표입력] 09월 12일
(차) 815.수도광열비 200,000원 (대) 101.현금 200,000원

13 [일반전표입력] 09월 13일
(차) 816.전력비 230,000원 (대) 103.보통예금(서울은행) 230,000원

14 [일반전표입력] 09월 14일
(차) 817.세금과공과금 80,000원 (대) 101.현금 80,000원

15 [일반전표입력] 09월 15일
(차) 817.세금과공과금 100,000원 (대) 101.현금 100,000원

16 [일반전표입력] 09월 16일
(차) 817.세금과공과금 18,000원 (대) 101.현금 18,000원

17 [일반전표입력] 09월 17일
(차) 817.세금과공과금 800,000원 (대) 101.현금 800,000원

18 [일반전표입력] 09월 18일
(차) 817.세금과공과금 50,000원 (대) 101.현금 50,000원

19 [일반전표입력] 09월 19일
(차) 817.세금과공과금 100,000원 (대) 101.현금 100,000원

20 [일반전표입력] 09월 20일
(차) 254.예수금 230,000원 (대) 101.현금 460,000원
  817.세금과공과금 230,000원

21 [일반전표입력] 09월 21일
(차) 819.임차료 1,000,000원 (대) 101.현금 700,000원
            253.미지급금(강남빌딩) 300,000원

22 [일반전표입력] 09월 22일
(차) 820.수선비 90,000원 (대) 101.현금 90,000원

23 [일반전표입력] 09월 23일
(차) 821.보험료 1,200,000원 (대) 101.현금 1,200,000원

24 [일반전표입력] 09월 24일
(차) 822.차량유지비 40,000원 (대) 101.현금 40,000원

25 [일반전표입력] 09월 25일
(차) 824.운반비 20,000원 (대) 101.현금 20,000원

26 [일반전표입력] 09월 26일
(차) 825.교육훈련비 300,000원 (대) 101.현금 300,000원

27 [일반전표입력] 09월 27일
(차) 826.도서인쇄비 15,000원 (대) 101.현금 15,000원

28 [일반전표입력] 09월 28일
(차) 830.소모품비 100,000원 (대) 101.현금 100,000원

29 [일반전표입력] 09월 29일
(차) 831.수수료비용 500,000원 (대) 103.보통예금(서울은행) 500,000원

30 [일반전표입력] 09월 30일
(차) 833.광고선전비 150,000원 (대) 101.현금 150,000원

3 기타거래

01 [일반전표입력] 10월 01일
(차) 107.단기매매증권 6,000,000원 (대) 103.보통예금(서울은행) 6,008,000원
945.수수료비용(영업외비용) 8,000원

> **주의** 단기매매증권 취득 시 발생한 비용은 비용으로 처리(일반적인 상거래에 해당하지 않으므로 영업외비용의 수수료비용로 처리)

02 [일반전표입력] 10월 01일
(차) 103.보통예금(서울은행) 1,770,000원 (대) 107.단기매매증권 2,000,000원
938.단기매매증권처분손 230,000원

> **주의** 단기매매증권 처분 시 발생한 비용은 단기매매증권처분손익에 가감한다.

03 [일반전표입력] 10월 03일
(차) 103.보통예금(서울은행) 1,280,000원 (대) 107.단기매매증권 1,000,000원
906.단기매매증권처분익 280,000원

> **주의** 단기매매증권 처분 시 발생한 비용은 단기매매증권처분손익에 가감한다.

04 [일반전표입력] 10월 04일
(차) 131.선급금((주)맘모스) 200,000원 (대) 101.현금 200,000원

05 [일반전표입력] 10월 05일
(차) 101.현금 500,000원 (대) 259.선수금(경기상사) 500,000원

06 [일반전표입력] 10월 06일
(차) 114.단기대여금(금나라) 2,000,000원 (대) 101.현금 2,000,000원

07 [일반전표입력] 10월 07일
(차) 103.보통예금(서울은행) 20,000,000원 (대) 260.단기차입금(농협) 20,000,000원

08 [일반전표입력] 10월 08일
(차) 134.가지급금(김영숙) 500,000원 (대) 101.현금 500,000원

09 [일반전표입력] 10월 09일
(차) 812.여비교통비 490,000원 (대) 134.가지급금(김영숙) 500,000원
101.현금 10,000원

10 [일반전표입력] 10월 10일
(차) 812.여비교통비 470,000원 (대) 134.가지급금(김상진) 400,000원
101.현금 70,000원

11 [일반전표입력] 10월 11일

(차) 141.현금과부족	50,000원	(대) 101.현금	50,000원

12 [일반전표입력] 10월 12일

(차) 811.복리후생비	50,000원	(대) 141.현금과부족	50,000원

13 [일반전표입력] 10월 13일

(차) 101.현금	30,000원	(대) 141.현금과부족	30,000원

14 [일반전표입력] 10월 14일

(차) 254.예수금	22,000원	(대) 103.보통예금(서울은행)	22,000원

15 [일반전표입력] 10월 15일

(차) 962.임차보증금(강남빌딩)	10,000,000원	(대) 103.보통예금(서울은행)	10,000,000원

16 [일반전표입력] 10월 16일

(차) 103.보통예금(서울은행)	2,000,000원	(대) 257.가수금	2,000,000원

17 [일반전표입력] 10월 17일

(차) 257.가수금	2,000,000원	(대) 108.외상매출금(안동상사)	1,800,000원
		259.선수금(안동상사)	200,000원

18 [일반전표입력] 10월 18일

(차) 253.미지급금(삼성카드)	1,500,000원	(대) 103.보통예금(서울은행)	1,500,000원

19 [일반전표입력] 10월 19일

(차) 212.비품	3,000,000원	(대) 253.미지급금(삼성카드)	3,000,000원

20 [일반전표입력] 10월 20일

(차) 208.차량운반구	350,000원	(대) 101.현금	350,000원

21 [일반전표입력] 10월 21일

(차) 240.소프트웨어	4,000,000원	(대) 103.보통예금(서울은행)	4,000,000원

22 [일반전표입력] 10월 22일

(차) 201.토지	31,100,000원	(대) 102.당좌예금(국민은행)	30,000,000원
		101.현금	1,100,000원

23 [일반전표입력] 10월 23일

(차) 109.대손충당금	500,000원	(대) 108.외상매출금(나약상사)	2,000,000원
835.대손상각비	1,500,000원		

24 [일반전표입력] 10월 24일

(차) 934.기타의대손상각비	5,000,000원	(대) 114.단기대여금(부실상사)	5,000,000원

25 [일반전표입력] 10월 25일

(차) 101.현금	250,000원	(대) 904.임대료	250,000원

26 [일반전표입력] 10월 26일

(차) 933.기부금	1,000,000원	(대) 146.상품	1,000,000원
		(적요8.타계정으로 대체)	

27 [일반전표입력] 10월 27일

(차) 931.이자비용	120,000원	(대) 103.보통예금(서울은행)	100,000원
		254.예수금	20,000원

28 [일반전표입력] 10월 28일

(차) 103.보통예금(서울은행)	5,250,000원	(대) 114.단기대여금(안동상사)	5,000,000원
		901.이자수익	250,000원

29 [일반전표입력] 10월 29일

(차) 103.보통예금(서울은행)	10,253,800원	(대) 901.이자수익	300,000원
136.선납세금	46,200원	104.정기예금(서울은행(정기예금))	10,000,000원

30 [일반전표입력] 10월 30일

(차) 133.선급비용	1,500,000원	(대)101.현금	1,500,000원

31 [일반전표입력] 10월 31일

(차) 202.건물	30,000,000원	(대) 214.건설중인자산	10,000,000원
		103.보통예금(서울은행)	20,000,000원

32 [일반전표입력] 10월 31일

(차) 107.단기매매증권	260,000원	(대) 101.현금	300,000원
202.건물	40,000원		

33 [일반전표입력] 10월 31일

(차) 103.보통예금(서울은행)	58,000,000원	(대) 331.자본금	50,000,000원
		341.주식발행초과금	8,000,000원

03 부가가치세

1 전자세금계산서 발급

01 [매입매출전표입력] 11월 01일

거래유형	품명	공급가액	부가세	거래처	전자세금
11.과세	정장구두	1,700,000원	170,000원	(주)미림	전자발행
분개유형	(차) 101.현금	1,870,000원	(대) 401.상품매출		1,700,000원
1.현금			255.부가세예수금		170,000원

02 [매입매출전표입력] 11월 02일 (복수거래 입력)

거래유형	품명	공급가액	부가세	거래처	전자세금
11.과세	등산화외	2,000,000원	200,000원	(주)그리운	전자발행
분개유형	(차) 108.외상매출금	2,000,000원	(대) 401.상품매출		2,000,000원
3. 혼합	259.선수금	200,000원	255.부가세예수금		200,000원

[전자세금계산서 발행 및 내역관리]

① 미전송된 내역이 조회되면, 미전송내역을 체크한 후 전자발행을 클릭하여 표시되는 로그인 화면에서
　　 확인(Tab) 클릭

② '전자세금계산서 발행'화면이 조회되면 발행(F3) 버튼을 클릭한 다음 확인클릭

③ 국세청란에 '발행대상'으로 표시되면 ACADEMY 전자세금계산서 를 클릭

④ [Bill36524 교육용전자세금계산서] 화면에서 [로그인]을 클릭

⑤ 좌측화면: [세금계산서 리스트]에서 [미전송]으로 체크후 [매출조회]를 클릭
　　 우측화면: [전자세금계산서]에서 [발행]을 클릭

⑥ [발행완료되었습니다.] 메시지가 표시되면 확인(Tab) 클릭

2 매출세금계산서(매출과세)

01 [매입매출전표입력] 11월 03일

거래유형	품명	공급가액	부가세	거래처	전자세금
11. 과세	상품	3,000,000원	300,000원	(주)우리상사	전자입력
분개유형	(차) 108.외상매출금	3,300,000원	(대) 401.상품매출		3,000,000원
2.외상			255.부가세예수금		300,000원

02 [매입매출전표입력] 11월 04일

거래유형	품명	공급가액	부가세	거래처	전자세금
11. 과세	상품	5,000,000원	500,000원	(주)동신사	전자입력
분개유형	(차) 101.현금	500,000원	(대) 401.상품매출		5,000,000원
3.혼합	108.외상매출금	5,000,000원	255.부가세예수금		500,000원

03 [매입매출전표입력] 11월 05일

거래유형	품명	공급가액	부가세	거래처	전자세금
11. 과세	상품	-500,000원	-50,000원	(주)우리상사	전자입력
분개유형	(차) 108.외상매출금	-550,000원	(대) 401.상품매출		-500,000원
2.외상			255.부가세예수금		-50,000원

04 [매입매출전표입력] 11월 06일

거래유형	품명	공급가액	부가세	거래처	전자세금
11. 과세	승용차 매각	6,000,000원	600,000원	(주)한국상사	전자입력
분개유형	(차) 120.미수금	6,600,000원	(대) 208.차량운반구		18,000,000원
3.혼합	209.감가상각누계액	14,000,000원	255.부가세예수금		600,000원
			914.유형자산처분이익		2,000,000원

05 [매입매출전표입력] 11월 07일

거래유형	품명	공급가액	부가세	거래처	전자세금
11. 과세	특허권 매각	2,500,000원	250,000원	(주)스마일	전자입력
분개유형	(차) 101.현금	2,750,000원	(대) 232.특허권		3,000,000원
3.혼합	952.무형자산처분손실	500,000원	255.부가세예수금		250,000원

3 매출계산서(매출면세)

01 [매입매출전표입력] 11월 08일

거래유형	품명	공급가액	부가세	거래처	전자세금
13.면세	면세상품	2,000,000원		(주)신한상사	전자입력
분개유형	(차) 103.보통예금	2,000,000원	(대) 401.상품매출		2,000,000원
3.혼합	(98001.서울은행)				

4 매출신용카드영수증(매출카드과세)

01 [매입매출전표입력] 11월 09일

거래유형	품명	공급가액	부가세	거래처	전자세금
17.카과	상품	200,000원	20,000원	김영철	
분개유형	(차) 108.외상매출금	220,000원	(대) 401.상품매출		200,000원
4.카드	(99602.우리카드사)		255.부가세예수금		20,000원

5 매입세금계산서(매입과세)

01 [매입매출전표입력] 11월 10일

거래유형	품명	공급가액	부가세	거래처	전자세금
51.과세	상품	2,500,000원	250,000원	(주)맘모스	전자입력
분개유형	(차) 146.상품	2,500,000원	(대) 131.선급금		200,000원
3.혼합	135.부가세대급금	250,000원	251.외상매입금		2,550,000원

02 [매입매출전표입력] 11월 11일

거래유형	품명	공급가액	부가세	거래처	전자세금
51.과세	상품	-200,000원	-20,000원	(주)맘모스	전자입력
분개유형	(차) 146.상품	-200,000원	(대) 251.외상매입금		-220,000원
2.외상	135.부가세대급금	-20,000원			

03 [매입매출전표입력] 11월 12일

거래유형	품명	공급가액	부가세	거래처	전자세금
51.과세	차량수리비	500,000원	50,000원	삼일공업사	전자입력
분개유형	(차) 822.차량유지비	500,000원	(대) 253.미지급금		550,000원
3.혼합	135.부가세대급금	50,000원			

주의 1,000cc 이하의 경차는 매입세액공제 가능함.

04 [매입매출전표입력] 11월 13일

거래유형	품명	공급가액	부가세	거래처	전자세금
51.과세	10월 전화요금	155,400원	15,540원	(주)케이티	전자입력
분개유형	(차) 135.부가세대급금	15,540원	(대) 253.미지급금		170,940원
3.혼합	814.통신비	155,400원			

6 매입계산서(매입면세)

01 [매입매출전표입력] 11월 14일

거래유형	품명	공급가액	부가세	거래처	전자세금
53.면세	교육비	800,000원		한국회계학원	전자입력
분개유형	(차) 825.교육훈련비	800,000원	(대) 101.현금		800,000원
1.현금					

02 [매입매출전표입력] 11월 15일

거래유형	품명	공급가액	부가세	거래처	전자세금
53.면세	화분	100,000원		해피농원	전자입력
분개유형	(차) 813.접대비(기업업무추진비)　100,000원		(대) 101.현금		100,000원
1.현금					

03 [매입매출전표입력] 11월 16일

거래유형	품명	공급가액	부가세	거래처	전자세금
53.면세	동양화	300,000원		도규갤러리	
분개유형	(차) 813.접대비(기업업무추진비)　300,000원		(대) 253.미지급금		300,000원
3.혼합					

7　매입세액불공제 세금계산서(매입불공)

01 [매입매출전표입력] 11월 17일

거래유형	품명	공급가액	부가세	거래처	전자세금
54.불공	선물세트	500,000원	50,000원	(주)진로마트	전자입력
불공제사유	9.기업업무추진비 관련 매입세액				
분개유형	(차) 813.접대비(기업업무추진비)　550,000원		(대) 253.미지급금		550,000원
3.혼합					

02 [매입매출전표입력] 11월 18일

거래유형	품명	공급가액	부가세	거래처	전자세금
54.불공	승용차(SM5)	30,000,000원	3,000,000원	삼성자동차(주)	전자입력
불공제사유	3.비영업용 승용차(개별소비세법 §1②3호) 구입, 유지, 임차 관련 매입				
분개유형	(차) 208.차량운반구　33,000,000원		(대) 253.미지급금		33,000,000원
3.혼합					

03 [매입매출전표입력] 11월 19일

거래유형	품명	공급가액	부가세	거래처	전자세금
54.불공	차량수리비	300,000원	30,000원	삼일공업사	전자입력
불공제사유	3.비영업용 승용차(개별소비세법 §1②3호) 구입, 유지, 임차 관련 매입				
분개유형	(차) 822.차량유지비　330,000원		(대) 253.미지급금 　(99601.삼성카드)		330,000원
3.혼합					

04 [매입매출전표입력] 11월 20일

거래유형	품명	공급가액	부가세	거래처	전자세금
54.불공	승용차 렌트	500,000원	50,000원	(주)한국렌트	전자입력
불공제사유	3.비영업용 승용차(개별소비세법 §1②3호) 구입, 유지, 임차 관련 매입				
분개유형	(차) 819.임차료　550,000원		(대) 101.현금		55,000원
1.현금					

05 [매입매출전표입력] 11월 21일

거래유형	품명	공급가액	부가세	거래처	전자세금
54.불공	골프장비	3,000,000원	300,000원	모든골프	
불공제사유	2. 사업과 관련 없는 지출				
분개유형	(차) 134.가지급금	3,300,000원	(대) 253.미지급금		3,300,000원
3.혼합	(05001.박상준)				

06 [매입매출전표입력] 11월 22일

거래유형	품명	공급가액	부가세	거래처	전자세금
54.불공	3D 컬러 입체프린터	2,000,000원	200,000원	(주)포토전자	전자입력
불공제사유	2. 사업과 관련 없는 지출				
분개유형	(차) 933.기부금	2,200,000원	(대) 103.보통예금		2,200,000원
3.혼합			(98001.서울은행)		

07 [매입매출전표입력] 11월 23일

거래유형	품명	공급가액	부가세	거래처	전자세금
54.불공	문구용품	100,000원	10,000원	행복문구	
불공제사유	4. 면세사업과 관련된 분				
분개유형	(차) 830.소모품비	110,000원	(대) 101.현금		110,000원
1.현금					

08 [매입매출전표입력] 11월 24일

거래유형	품명	공급가액	부가세	거래처	전자세금
54.불공	법률자문	1,000,000원	100,000원	대한법무법인	전자입력
불공제사유	0. 토지의 자본적 지출관련				
분개유형	(차) 201.토지	1,100,000원	(대) 101.현금		1,100,000원
1.현금					

8 매입신용카드영수증(매입카드과세)

01 [매입매출전표입력] 11월 25일

거래유형	품명	공급가액	부가세	거래처	전자세금
57.카과	숙박비	150,000원	15,000원	(주)조선호텔	
분개유형	(차) 812.여비교통비	150,000원	(대) 253.미지급금		165,000원
4.카드	135.부가세대급금	15,000원	(99601.삼성카드)		

02 [매입매출전표입력] 11월 26일

거래유형	품명	공급가액	부가세	거래처	전자세금
57.카과	공기청정기	1,000,000원	100,000원	(주)포토전자	
분개유형	(차) 212.비품	1,000,000원	(대) 253.미지급금		1,100,000원
4.카드	135.부가세대급금	100,000원	(99601.삼성카드)		

9 부가가치세 회계처리

01 [일반전표입력] 6월 30일
[부가가치세신고서 4.1 ~ 6.30 조회]
부가세예수금 11,081,000원, 부가세대급금 2,500,000원 확인
(차)	255.부가세예수금	11,081,000원	(대)	135.부가세대급금	2,500,000원
				930.잡이익	10,000원
				261.미지급세금	8,571,000원
				(31112.서대문세무서)	

02 [일반전표입력] 7월 25일
(차)	261.미지급세금	8,571,000원	(대)	103.보통예금	8,571,000원
	(31112.서대문세무서)			(98001.서울은행)	

 결산

1 수동결산

01 [일반전표입력] 12월 31일: (차) 133.선급비용 450,000원 (대) 821.보험료 450,000원
주의 선급비용: 600,000원 × 9개월/12개월 = 450,000원

02 [일반전표입력] 12월 31일: (차) 931.이자비용 300,000원 (대) 262.미지급비용 300,000원

03 [일반전표입력] 12월 31일: (차) 116.미수수익 25,000원 (대) 901.이자수익 25,000원

04 [일반전표입력] 12월 31일: (차) 901.이자수익 50,000원 (대) 263.선수수익 50,000원

05 [일반전표입력] 12월 31일: (차) 172.소모품 100,000원 (대) 830.소모품비 100,000원

06 [일반전표입력] 12월 31일: (차) 141.현금과부족 30,000원 (대) 930.잡이익 30,000원

07 [일반전표입력] 12월 31일: (차) 293.장기차입금 30,000,000원 (대) 264.유동성장기부채 30,000,000원
(98400.우리은행) (98400.우리은행)
주의 2026년 6월 30일에 상환되어야 하는 차입금만 유동성대체 대상이다.

08 [일반전표입력] 12월 31일: (차) 937.단기매매증권평가손 700,000원 (대) 107.단기매매증권 700,000원
주의 - A회사: 장부 1,200,000원(1,000주 × 1,200원) - 기말 1,000,000원(1,000주 × 1,000원) = 평가손실 200,000원
- B회사: 장부 6,000,000원(1,000주 × 6,000원) - 기말 5,500,000원(1,000주 × 5,500원) = 평가손실 500,000원

2 결산자료입력에 의한 자동결산

방법 1 [결산자료입력] 메뉴
[일반전표입력] 12월 31일
(차) 998.법인세등 46,200원 (대) 136.선납세금 46,200원
(10) 기말상품재고액란에 8,000,000원 입력, 4) 감가상각비 '건물'란에 6,000,000원, '비품' 1,200,000원 입력, (6) 무형고정자산상각 '영업권'란에 1,500,000원 입력, 5) 대손상각의 '외상매출금' 6,431,760원, '받을어음' 113,000원 입력, 2) 퇴직급여(전입액)란에 5,000,000원 입력, 2) 법인세 계상란에 1,553,800원 입력 후 상단부 [전표추개를 클릭하면 일반전표입력 메뉴에 분개가 생성된다.
• 대손상각비 추가 계상액 계산
외상매출금 643,176,000원 × 1% = 6,431,760원
받을어음 16,300,000원 × 1% - 50,000원 = 113,000원
• 퇴직급여충당부채 추가 계상액 계산
퇴직급여충당부채 15,000,000원 - 10,000,000원 = 5,000,000원

방법 2 [일반전표입력] 12월 31일

(차)	451.상품매출원가	99,950,000원	(대)	146.상품	99,950,000원
(차)	818.감가상각비	7,200,000원	(대)	203.감가상각누계액	6,000,000원
			(대)	213.감가상각누계액	1,200,000원
(차)	840.무형고정자산상각비	1,500,000원	(대)	231.영업권	1,500,000원
(차)	835.대손상각비	6,544,760원	(대)	109.대손충당금	6,431,760원
				111.대손충당금	113,000원
(차)	806.퇴직급여	5,000,000원	(대)	295.퇴직급여충당부채	5,000,000원
(차)	998.법인세등	1,600,000원	(대)	136.선납세금	46,200원
				261.미지급세금	1,553,800원

3 [재무제표 등 작성]

　- 손익계산서 → 이익잉여금처분계산서(처분일 입력 후 '전표추가' 클릭) → 재무상태표를 조회 작성한다.

05 자료조회

1 일계표 조회

01 811

2 월계표 조회

01 801

02 49,690,950원

3 계정별원장 조회

01 3,450,000원(대변 조회)

02 2,420,000원(대변 조회)

4 거래처원장 조회

01 65,000,000원

02 00566 (주)드림 194,000,000원

5 총계정원장 조회

01 1월

02 3월

6 현금출납장 조회

01 250,850,000원

02 21,330,400원

7 일일자금명세 조회

01 ③ 수도광열비

02 ② 보통예금잔액　369,393,000원

8 예적금현황 조회

01 ③ 대한은행　79,700,000원

9 받을어음현황 조회(거래처별 조회)

01 ④ 강릉상사　　　0원

10 지급어음현황 조회

01 ① (주)드림

11 어음집계표 조회

01 18매

12 합계잔액시산표 또는 재무상태표 조회

01 96,030,000원

02 591,516,910원(제출용 조회)

03 441,095,000원(제출용 조회)

04 35,330,000원 - 15,000,000원 = 20,330,000원

05 1,083,565,000원 ÷ 463,267,000원 × 100 ≒ 233%

06 553,267,000원 ÷ 615,628,000원 × 100 ≒ 89%

07 615,628,000원 ÷ 1,168,895,000원 × 100 ≒ 52%

13 손익계산서 조회

01 당기 1,656,010원 - 전기 1,000,000원 = 656,010원

02 12,620,400원 ÷ 6개월 = 2,103,400원

03 154,000,000원 ÷ 750,000,000원 × 100 ≒ 20%

04 109,450,000원 ÷ 750,000,000원 × 100 ≒ 14%

05 110,000,000원 ÷ 10,000주 = 11,000원

14 매입매출장 조회

01 매출 17.카과: 4,300,000원

02 매입 53.면세: 100,000원

15 세금계산서합계표 조회

01 매출: 13매, 110,210,000원

02 매출: 1매, 1,815,000원(공급가액 1,650,000원
+ 세액 165,000원 = 1,815,000원)

03 매입: 5곳

04 매입: 1매

05 매출: 36,300,000원

16 부가가치세신고서 조회

01 1란 110,210,000원

02 3란 600,000원 + 60,000원 = 660,000원

03 9란 11,081,000원

04 9란 110,810,000원

05 11란 700,000원

06 41란 700,000원(14란에서 더블클릭하여 확인)

07 16란 50,000원

08 17란 2,500,000원

09 27란 8,571,000원

최신 기출문제 정답 및 해설

최신 기출문제 제69회

[실무이론평가]

1	2	3	4	5	6	7	8	9	10
②	④	①	④	④	②	①	①	③	④

01 ②
· 재무제표의 작성과 표시에 대한 책임은 경영진에게 있다.

02 ④
· (차) 현금　　　　　　　　　　　　　500,000원　　(대) 상품매출　　　　　　　　　　6,000,000원
　　받을어음　　　　　　　　　　3,000,000원
　　외상매출금　　　　　　　　　2,500,000원
· 매출채권 금액 = 받을어음(3,000,000) + 외상매출금(2,500,000원)

03 ①
· 기초자본 = 6,000,000원 - 3,000,000원 = 3,000,000원
· 기말자본 = 10,000,000원 - 4,000,000원 = 6,000,000원
· 당기순이익 = 기말자본 - 기초자본 - 추가출자금액
　　　　　　= 6,000,000원 - 3,000,000원 - 2,000,000원 = 1,000,000원

04 ④
· 동일한 자산이라 하더라도 보유목적에 따라 판매목적인 경우에는 재고자산, 장기간 사용할 목적인 경우에는 유형자산으로 분류한다.

05 ④
· 매출총이익 = 매출액 - 매출원가
　　　　　　= 90,000원 - 40,000원* = 50,000원
　* 매출원가 = (200개 × 100원) + (100개 × 200원) = 40,000원

06 ②
· 잡손실은 영업외비용에 해당한다.

07 ①
· 결산분개: (차) 미수수익　　　　　　　　50,000원　　(대) 이자수익　　　　　　　　50,000원
　　　　* 경과분 이자: 10,000,000원 × 3% × 2개월/12개월 = 50,000원
　따라서, 수익 50,000원이 과소 계상되어 당기순이익 50,000원이 과소 계상된다.

08 ①
· ② 부가가치세 납세의무와 사업자등록 여부는 무관하다.
　③ 면세사업자는 부가가치세 납세의무가 없다.
　④ 국가나 지방자치단체도 부가가치세 납세의무가 있다.

09 ③
· 국가 또는 지방자치단체에 무상으로 공급하는 재화 및 용역은 면세대상이다.

10 ④
- 상품 운반용 트럭 구입 관련 매입세액 + 본사 건물의 자본적 지출과 관련된 매입세액
  = 6,000,000원 + 10,000,000원 = 16,000,000원
- 거래처 접대와 관련된 매입세액은 불공제 대상이다.

[실무수행평가]

문제 1 기초정보관리의 이해

1 거래처등록

[거래처등록]

[카드] 탭에 코드, 카드명, 카드번호, 구분, 결제일 입력

2 전기분 재무상태표의 입력수정

[전기분 재무상태표]

- 179.장기대여금 3,000,000원 ➡ 12,000,000원으로 수정입력
- 962.임차보증금 2,000,000원 ➡ 20,000,000원으로 수정입력
- 차액 0원 확인

문제 2 거래자료 입력

1 [일반전표입력] 3월 29일

(차) 822.차량유지비		33,000원	(대) 101.현금		33,000원
또는 (출) 822.차량유지비		33,000원			

[영수증수취명세서 작성]

	거래일자	상 호	성 명	사업장	사업자등록번호	거래금액	구분	계정코드	계정과목	적요
	2025-03-10	(주)으뜸과일	이국민	서울특별시 강남구 일원로 2	224-81-18032	120,000		811	복리후생비	과일 구입
	2025-07-12	DB손해보험	정종표	서울특별시 강남구 테헤란로 432	201-81-45593	520,000	16	821	보험료	화재보험료
	2025-03-29	공항주차장	김원배	서울특별시 강서구 공항대로 227	128-14-63868	33,000		822	차량유지비	주차비

1. 세금계산서, 계산서, 신용카드 등 미사용내역			
9. 구분	3만원 초과 거래분		
	10. 총계	11. 명세서제출 제외대상	12. 명세서제출 대상(10-11)
13. 건수	3	1	2
14. 금액	673,000	520,000	153,000

2 [일반전표입력] 4월 30일

(차) 260.단기차입금(98007.IBK기업은행(차입금)) 20,000,000원　(대) 103.보통예금(98009.하나은행(보통)) 20,177,600원
931.이자비용　177,600원

3 [일반전표입력] 5월 9일

(차) 103.보통예금(98009.하나은행(보통))　3,000,000원　(대) 111.대손충당금　3,000,000원

4 [일반전표입력] 8월 31일

(차) 817.세금과공과금　55,000원　(대) 103.보통예금(98005.신한은행(보통))　55,000원

5 [일반전표입력] 9월 28일

(차) 826.도서인쇄비　70,000원　(대) 103.보통예금(98003.농협은행(보통))　70,000원

문제 3 부가가치세

1 [매입매출전표입력] 10월 6일

거래유형	품명	공급가액	부가세	거래처	전자세금
11.과세	제로 스파클링	10,000,000	1,000,000	01121.(주)탄산나라	전자발행
분개유형	(차) 108.외상매출금	10,000,000원	(대)	401.상품매출	10,000,000원
3.혼합	259.선수금	1,000,000원		255.부가세예수금	1,000,000원

[전자세금계산서 발행 및 내역관리]
① 미전송된 내역이 조회되면, 미전송내역을 체크한 후 전자발행 ▼ 을 클릭하여 표시되는 로그인 화면에서 확인(Tab) 클릭
② '전자세금계산서 발행' 화면이 조회되면 발행(F3) 버튼을 클릭한 다음 확인(Tab) 클릭
③ 국세청란에 '발행대상'으로 표시되면 ACADEMY 전자세금계산서 를 클릭
④ [Bill36524 교육용전자세금계산서] 화면에서 [로그인]을 클릭
⑤ 좌측화면: [세금계산서 리스트]에서 [미전송]으로 체크 후 [매출조회]를 클릭
　우측화면: [전자세금계산서]에서 [발행]을 클릭
⑥ [발행완료되었습니다.] 메시지가 표시되면 확인(Tab) 클릭

2 [매입매출전표입력] 10월 18일

거래유형	품명	공급가액	부가세	거래처	전자세금
57.카과	제로하이쿨	300,000	30,000	30011.(주)상큼해	
분개유형	(차) 146.상품	300,000원	(대)	251.외상매입금	330,000원
3.혼합 또는 외상	135.부가세대급금	30,000원		(99600.삼성카드)	

3 [매입매출전표입력] 11월 15일

거래유형	품명	공급가액	부가세	거래처	전자세금
51.과세	도시가스요금	254,500	25,450	30121.한국도시가스(주)	전자입력
분개유형	(차) 815.수도광열비	254,500원	(대) 253.미지급금		279,950원
3.혼합	135.부가세대급금	25,450원			

4 [매입매출전표입력] 11월 22일

거래유형	품명	공급가액	부가세	거래처	전자세금
13.면세	라임	900,000		00156.(주)주스러브	전자입력
분개유형	(차) 101.현금	900,000원	(대) 401.상품매출		900,000원
1.현금					

5 [매입매출전표입력] 12월 17일

거래유형	품명	공급가액	부가세	거래처	전자세금
54.불공	등기 대행수수료	1,300,000	130,000	33000.(주)법무법인 한라	전자입력
불공제 사유	0. 토지의 자본적 지출관련				
분개유형	(차) 201.토지	1,430,000원	(대) 101.현금		1,430,000원
1.현금					

6 [일반전표입력] 8월 22일

(차) 103.보통예금(98002.국민은행(보통)) 1,398,000원 (대) 120.미수금(05900.역삼세무서) 1,398,000원

- [일반전표입력] 6월 30일 조회
(차) 255.부가세예수금 9,510,000원 (대) 135.부가세대급금 10,898,000원
　　120.미수금(05900.역삼세무서) 1,398,000원 　　930.잡이익 10,000원

문제 **4** 결산

1 수동결산 및 자동결산

1. 수동결산 및 자동결산

[일반전표입력] 12월 31일
(차) 116.미수수익 600,000원 (대) 901.이자수익 600,000원

[결산자료입력] 1월 ~ 12월
- 기말상품재고액 39,000,000원을 입력한다.
- 상단부 전표추가(F3) 를 클릭하면 [일반전표입력] 메뉴에 분개가 생성된다.
(차) 451.상품매출원가 350,367,000원 (대) 146.상품 350,367,000원
[기초재고액 70,000,000원 + 당기매입액 319,367,000원 – 기말재고액 39,000,000원]
= 상품매출원가 350,367,000원

2. [재무제표 등 작성]

- 손익계산서 ➡ 이익잉여금처분계산서(처분일 입력 후 '전표추가' 클릭) ➡ 재무상태표를 조회 작성한다.

실무수행평가

11	12	13	14	15	16	17
②	35,456,940	1,080,000	214,600,000	21,113,850	④	140,500,000
18	19	20	21	22	23	24
④	20,000,000	④	②	350,367,000	②	6,145,860
25	26	27	28	29	30	
153,000	②	75,000	430,000	31,325,000	4,300,000	

문제 5 회계정보분석

31. 재무상태표 조회

③ (405,730,000원 / 126,130,000원) × 100 ≒ 321%

32. 손익계산서 조회

① (170,000,000원 / 500,000,000원) × 100 ≒ 34%

최신 기출문제 제70회

[실무이론평가]

1	2	3	4	5	6	7	8	9	10
③	②	②	①	③	①	①	④	③	③

01 ③
- 매출원가는 매출액에 대응하는 원가로서, 매출원가의 산출과정은 재무상태표가 아닌 손익계산서 본문에 표시하거나 주석으로 기재한다.

02 ②
- 자산과 부채는 원칙적으로 상계하여 표시하지 않는다.

03 ②
- 매출총이익 = 매출액 - 매출원가
  = 7,000,000원 - 5,000,000원 = 2,000,000원
- 영업이익 = 매출총이익 - 판매비와관리비
  = 2,000,000원 - (급여 500,000원 + 복리후생비 50,000원 + 광고선전비 40,000원
  + 접대비(기업업무추진비) 10,000원 + 수도광열비 15,000원) = 1,385,000원
- 기부금은 영업외비용이다.

04 ①
- 물가가 계속 상승하고 재고자산의 수량이 일정하게 유지된다는 가정 하에서 매출원가의 크기는 다음과 같다.
  선입선출법 〈 이동평균법 ≦ 총평균법 〈 후입선출법

부록 / 정답 및 해설

05 ③
- 연구비(500,000원) + 경상개발비(100,000원) = 600,000원

06 ①
- 유형자산의 취득 후 지출이 발생하였을 때 내용연수가 연장되거나 가치가 증대되었다면 자본적지출로 보아 해당자산의 계정과목으로 처리한다.

07 ①
- (차) 소모품　　　　　　　　　　200,000원　　(대) 소모품비　　　　　　　　　200,000원

08 ④
- 간이과세자는 1월 1일부터 12월 31일까지를 과세기간으로 한다.

09 ③
- ① 현금판매: 재화가 인도되거나 이용가능하게 된 때
- ② 재화의 공급으로 보는 가공: 가공된 재화를 인도하는 때
- ④ 공급단위를 구획할 수 없는 용역의 계속적 공급: 대가의 각 부분을 받기로 한 때

10 ③
- 5,000,000원 + 2,600,000원 + 4,500,000원 = 12,100,000원
- 재화 또는 용역의 공급과 직접 관련되지 아니하는 국고보조금은 과세표준에 포함하지 않는다.

[실무수행평가]

문제 1 기초정보관리의 이해

1 사업자등록증에 의한 회사등록 수정
- 사업장 주소
  '서울특별시 서대문구 충정로7길 29-8 (충정로3가)'에서
  '서울특별시 서대문구 충정로7길 12 (충정로2가)'로 수정
- 담당자 메일 주소: 'korea@hanmail.net'에서 'korea@bill36524.com'으로 수정

2 거래처별초기이월 등록 및 수정
[거래처별초기이월]
- 137.주·임·종단기채권
  00123.김완선 7,000,000원 입력
  00234.이효리 3,000,000원 입력
  07001.엄정화 2,000,000원 입력

문제 2 거래자료 입력

1 [일반전표입력] 3월 3일

(차) 820.수선비　　　　　　　　80,000원　　(대) 101.현금　　　　　　　　　80,000원
또는 (출) 820.수선비　　　　　80,000원

[영수증수취명세서 작성]

	거래일자	상 호	성 명	사업장	사업자등록번호	거래금액	구분	계정코드	계정과목	적요
	2025-01-09	(주)강남한정식	황주원	서울특별시 서대문구 충정로7길	129-81-15031	66,000		813	접대비	매출거래처 직원 식대
	2025-02-01	강우인쇄	김강우	서울특별시 강남구 강남대로 476	112-33-16517	88,000		826	도서인쇄비	직원 명함 인쇄
	2025-03-02	소라정비(주)	이용빈	경기도 수원시 팔달구 매산로1	138-81-17106	451,000		822	차량유지비	차량수리비 지급
	2025-03-03	(주)금화서비스	이현진	서울특별시 강남구 역삼로 111	603-81-16391	80,000		820	수선비	컴퓨터 수리

영수증수취명세서(2) / **영수증수취명세서(1)** / 해당없음

1. 세금계산서, 계산서, 신용카드 등 미사용내역

9. 구분	3만원 초과 거래분		
	10. 총계	11. 명세서제출 제외대상	12. 명세서제출 대상(10-11)
13. 건수	4		4
14. 금액	685,000		685,000

2 [일반전표입력] 3월 7일

(차) 131.선급금(00325.(주)무지개우산)   3,000,000원   (대) 103.보통예금(98001.국민은행(보통)) 3,000,000원

3 [일반전표입력] 4월 10일

(차) 201.토지   4,140,000원   (대) 103.보통예금(98002.기업은행(보통)) 4,140,000원

4 [일반전표입력] 4월 28일

(차) 133.선급비용   900,000원   (대) 103.보통예금(98002.기업은행(보통))   900,000원

5 [일반전표입력] 5월 18일

(차) 102.당좌예금(98000.국민은행(당좌)) 16,250,000원   (대) 110.받을어음(02334.(주)순양유통) 16,500,000원
    936.매출채권처분손실   250,000원

[받을어음관리]

어음상태	2 할인(전액)	어음번호	00420250320987654321	수취구분	1 자수	발행일	2025-03-20	만기일	2025-06-20
발행인	02334	(주)순양유통		지급은행	100 국민은행			지 점	양천지점
배서인		할인기관	98000 국민은행(당좌)	지 점	서대문	할인율 (%)		어음종류	6 전자
지급거래처						* 수령된 어음을 타거래처에 지급하는 경우에 입력합니다.			

문제 3 부가가치세

1 [매입매출전표입력] 7월 7일

거래유형	품명	공급가액	부가세	거래처	전자세금
11.과세	골프우산	7,000,000	700,000	00307.(주)지성마트	전자발행
분개유형	(차) 103.보통예금	6,875,000원	(대) 401.상품매출		7,000,000원
	(98600.하나은행(보통))		255.부가세예수금		700,000원
3. 혼합	259.선수금	825,000원			

[전자세금계산서 발행 및 내역관리]
① 미전송된 내역이 조회되면, 미전송내역을 체크한 후 전자발행 ▾ 을 클릭하여 표시되는 로그인 화면에서 확인(Tab) 클릭
② '전자세금계산서 발행' 화면이 조회되면 발행(F3) 버튼을 클릭한 다음 확인(Tab) 클릭
③ 국세청란에 '발행대상'으로 표시되면 ACADEMY 전자세금계산서 를 클릭
④ [Bill36524 교육용전자세금계산서] 화면에서 [로그인]을 클릭

⑤ 좌측화면: [세금계산서 리스트]에서 [미전송]으로 체크 후 [매출조회]를 클릭
  우측화면: [전자세금계산서]에서 [발행]을 클릭
⑥ [발행완료되었습니다.] 메시지가 표시되면 확인(Tab) 클릭

2 [매입매출전표입력] 8월 4일

거래유형	품명	공급가액	부가세	거래처	전자세금
11.과세	8월 임대료	2,000,000	200,000	04010.미래서점	전자입력
분개유형	(차) 120.미수금	2,200,000원	(대)	904.임대료	2,000,000원
3.혼합				255.부가세예수금	200,000원

3 [매입매출전표입력] 9월 12일

거래유형	품명	공급가액	부가세	거래처	전자세금
51.과세	소프트웨어	1,500,000	150,000	33000.(주)죽동소프트	전자입력
분개유형	(차) 240.소프트웨어	1,500,000원	(대) 253.미지급금		1,650,000원
3.혼합	135.부가세대급금	150,000원			

4 [매입매출전표입력] 10월 2일

거래유형	품명	공급가액	부가세	거래처	전자세금
57.카과	텀블러	500,000	50,000	00321.(주)수아기프트	
분개유형	(차) 811.복리후생비	500,000원	(대) 253.미지급금		550,000원
4.카드	135.부가세대급금	50,000원	(99602.기업카드)		
또는 3.혼합					

5 [매입매출전표입력] 11월 7일

거래유형	품명	공급가액	부가세	거래처	전자세금
54.불공	제네시스	30,000,000	3,000,000	12001.(주)명성자동차	전자입력
불공제 사유	3.비영업용 승용차(개별소비세법 §1②3호) 구입, 유지, 임차 관련 매입				
분개유형	(차) 208.차량운반구	33,000,000원	(대) 101.현금		33,000,000원
1.현금					

6 [일반전표입력] 3월 31일

(차) 255.부가세예수금   31,568,000원   (대) 135.부가세대급금   31,435,000원
                                           261.미지급세금(03100.서대문세무서)   133,000원

문제 **4** 결산

1 수동결산 및 자동결산

1. 수동결산 및 자동결산
[일반전표입력] 12월 31일
(차) 931.이자비용   300,000원   (대) 262.미지급비용   300,000원

[결산자료입력] 1월 ~ 12월
- 기말상품재고액 20,000,000원을 입력한다.
- 상단부 전표추가(F3) 를 클릭하면 [일반전표입력] 메뉴에 분개가 생성된다.
(차) 451.상품매출원가   276,103,000원   (대) 146.상품   276,103,000원
　　[기초상품재고액 35,000,000원 + 당기상품매입액 261,103,000원 - 기말상품재고액 20,000,000원]
　　= 상품매출원가 276,103,000원

2. [재무제표 등 작성]
- 손익계산서 ➡ 이익잉여금처분계산서(처분일 입력 후 전표추가(F3) 클릭) ➡ 재무상태표를 조회 작성한다.

실무수행평가

11	12	13	14	15	16	17
④	④	③	2,000,000	36,616,850	6,700,000	2,340,000
18	19	20	21	22	23	24
①	4,450,000	②	276,103,000	③	1,765,000	685,000
25	26	27	28	29	30	
950,000	3,353,000	2	8	②	76,500,000	

문제 5 회계정보분석

31. 재무상태표 조회
③ (453,330,000원 / 74,000,000원) × 100 ≒ 612%

32. 손익계산서 조회
② (39,600,000원 / 2,500,000원) × 100 ≒ 1,584%

최신 기출문제 제71회

[실무이론평가]

1	2	3	4	5	6	7	8	9	10
②	①	②	③	①	④	①	②	④	③

01 ②
- 목적적합성의 하위 질적특성으로는 예측가치, 피드백가치, 적시성이 있다.

02 ①
- 가: 매출원가, 나: 매출총이익, 다: 영업이익, 라. 법인세비용차감전순이익

03 ②
- 임대보증금은 비유동부채에 해당된다. 임차보증금이 비유동자산이다.

04 ③
- 여비교통비+복리후생비+감가상각비+접대비(기업업무추진비)
- 4,000,000원 + 500,000원 + 550,000원 + 1,100,000원 = 6,150,000원

05 ①
- 주식을 단기매매증권으로 분류하기 위해서는 시장성과 단기 매매차익 실현 목적이라는 두 가지 조건을 모두 충족하여야 한다. 단기매매증권의 거래수수료는 당기비용으로 처리하고, 매도가능증권의 거래수수료는 취득원가에 가산한다.

06 ④
- 기계장치의 취득원가 = 10,000,000원 + 450,000원 + 300,000원 + 110,000원
  = 10,860,000원

07 ①
- 출장비를 지급하고 그 내역이 확정되지 않은 경우에는 가지급금으로 처리한다.

08 ②
- 사업자가 폐업을 하는 경우에는 폐업일이 속하는 달의 다음 달 25일까지 확정신고를 해야 한다. 사업을 폐업한 날이 2025년 2월 10일이므로 2025년 3월 25일까지 확정신고를 하여야 한다.

09 ④
- 재화의 수입은 영세율 대상에 해당하지 아니한다.

10 ③
- (11,000,000원 × 10/110) − 500,000원 = 500,000원
  중고승용차에 대한 매입세액은 공제하지 아니함

[실무수행평가]

문제 **1** 기초정보관리의 이해

1 사업자등록증에 의한 거래처등록 수정
  [거래처등록]
  - 대표자성명: 신정일로 수정
  - 메일주소: shin@bill36524.com으로 수정

2 전기분 손익계산서의 입력수정

1. [전기분 손익계산서]
- 830.소모품비 4,800,000원 추가입력
- 998.법인세등 500,000원을 5,000,000원으로 수정입력
- 당기순이익 100,420,000원 확인

2. [전기분 이익잉여금처분계산서]
- 처분확정일 2025년 2월 27일 입력

문제 2 거래자료 입력

1 [일반전표입력] 1월 19일

(차) 822.차량유지비	33,000원	(대) 101.현금	33,000원
또는 (출) 822.차량유지비	33,000원		

[영수증수취명세서 작성]

	영수증수취명세서(2)	영수증수취명세서(1)		해당없음						입력순

	거래일자	상 호	성 명	사업장	사업자등록번호	거래금액	구분	계정코드	계정과목	적요
☐	2025-01-11	엄마도시락	이세희	서울특별시 구로구 경인로 35가길	301-33-16515	110,000		811	복리후생비	
☐	2025-01-19	하늘주차장	이하늘	서울특별시 강남구 강남대로 276(5	128-14-83868	33,000		822	차량유지비	

	영수증수취명세서(2)	영수증수취명세서(1)	해당없음

1. 세금계산서, 계산서, 신용카드 등 미사용내역			
9. 구분		3만원 초과 거래분	
	10. 총계	11. 명세서제출 제외대상	12. 명세서제출 대상(10-11)
13. 건수	2		2
14. 금액	143,000		143,000

2 [일반전표입력] 2월 15일

(차) 107.단기매매증권	400,000원	(대) 101.현금	450,000원
208.차량운반구	50,000원		

3 [일반전표입력] 3월 20일

(차) 820.수선비	28,000원	(대) 101.현금	28,000원
또는 (출) 820.수선비	28,000원		

4 [일반전표입력] 7월 1일

(차) 813.접대비(기업업무추진비)	330,000원	(대) 101.현금	330,000원
또는 (출) 813.접대비(기업업무추진비)	330,000원		

5 [일반전표입력] 7월 11일

(차) 260.단기차입금(98011.국민은행(차입금)) 5,000,000원	(대) 103.보통예금(98009.하나은행(보통)) 5,500,000원
931.이자비용 500,000원	

문제 3 부가가치세

1 [매입매출전표입력] 8월 7일(복수거래)

거래유형	품명	공급가액	부가세	거래처	전자세금
11.과세	테이블외	4,500,000	450,000	01405.(주)유민가구	전자발행
분개유형	(차) 101.현금	450,000원	(대)	401.상품매출	4,500,000원
3.혼합	108.외상매출금	4,500,000원		255.부가세예수금	450,000원

[전자세금계산서 발행 및 내역관리]
① 미전송된 내역이 조회되면, 미전송내역을 체크한 후 [전자발행 ▾]을 클릭하여 표시되는 로그인 화면에서 [확인(Tab)] 클릭
② '전자세금계산서 발행' 화면이 조회되면 [발행(F3)] 버튼을 클릭한 다음 [확인(Tab)] 클릭
③ 국세청란에 '발행대상'으로 표시되면 [ACADEMY 전자세금계산서]를 클릭
④ [Bill36524 교육용전자세금계산서] 화면에서 [로그인]을 클릭
⑤ 좌측화면: [세금계산서 리스트]에서 [미전송]으로 체크 후 [매출조회]를 클릭
　　우측화면: [전자세금계산서]에서 [발행]을 클릭
⑥ [발행완료되었습니다.] 메시지가 표시되면 [확인(Tab)] 클릭

2 [매입매출전표입력] 8월 17일

거래유형	품명	공급가액	부가세	거래처	전자세금
53.면세	소득세실무 교육	1,000,000		00130.강남학원	전자입력
분개유형	(차) 825.교육훈련비	1,000,000원	(대) 253.미지급금		1,000,000원
3.혼합					

3 [매입매출전표입력] 9월 10일

거래유형	품명	공급가액	부가세	거래처	전자세금
11.과세	냉난방기	1,400,000	140,000	00510.(주)천사유통	전자입력
분개유형	(차) 103.보통예금	1,540,000원	(대) 212.비품		2,000,000원
	(98002.우리은행(보통))		255.부가세예수금		140,000원
3.혼합	213.감가상각누계액	800,000원	914.유형자산처분이익		200,000원

4 [매입매출전표입력] 9월 14일

거래유형	품명	공급가액	부가세	거래처	전자세금
54.불공	토지 평탄화 작업	20,000,000	2,000,000	21116.(주)디딤건설	전자입력
불공제사유	0.토지의 자본적 지출관련				
분개유형	(차) 201.토지	22,000,000원	(대) 103.보통예금		22,000,000원
3.혼합			(98005.국민은행(보통))		

5 [매입매출전표입력] 9월 20일

거래유형	품명	공급가액	부가세	거래처	전자세금
17.카과	벽시계	1,200,000	120,000	11002.최혜진	
분개유형	(차) 108.외상매출금	1,320,000원	(대) 401.상품매출		1,200,000원
4.카드	(99606.삼성카드사)		255.부가세예수금		120,000원

6 [일반전표입력] 7월 25일

(차) 261.미지급세금(05900.역삼세무서)　3,291,000원　(대) 103.보통예금(98001.신한은행(보통)) 3,291,000원

- [일반전표입력] 6월 30일 조회

(차) 255.부가세예수금　10,766,000원　(대) 135.부가세대급금　7,465,000원
　　　　　　　　　　　　　　　　　　　 930.잡이익　10,000원
　　　　　　　　　　　　　　　　　　　 261.미지급세금(05900.역삼세무서) 3,291,000원

문제 **4** 결산

1 수동결산 및 자동결산

1. 수동결산 및 자동결산

[일반전표입력] 12월 31일

(차) 116.미수수익　500,000원　(대) 901.이자수익　500,000원

[결산자료입력] 1월 ~ 12월
- 기말상품재고액 40,000,000원을 입력한다.
- 상단부 전표추가(F3) 를 클릭하면 [일반전표입력] 메뉴에 분개가 생성된다.

(차) 451.상품매출원가　243,809,727원　(대) 146.상품　243,809,727원
[기초재고액 90,000,000원 + 당기매입액 193,809,727원 - 기말재고액 40,000,000원]
= 상품매출원가 243,809,727원

2. [재무제표 등 작성]
- 손익계산서 ➡ 이익잉여금처분계산서 처분일 입력 후 '전표추가' 클릭 ➡ 재무상태표를 조회 작성한다.

실무수행평가

11	12	13	14	15	16	17
④	②	17,000,000	120,039,140	172,171,000	500,000	2,400,000
18	19	20	21	22	23	24
50,277,613	③	243,809,727	②	901	200,000	684,120,000
25	26	27	28	29	30	
120,000	2,800,000	68,292,000	1,500,000	④	143,000	

문제 **5** 회계정보분석

31. 재무상태표 조회

① (143,318,000원 / 272,807,000원) × 100 ≒ 52%

32. 손익계산서 조회

② (100,420,000원 / 560,000,000원) × 100 ≒ 17%

최신 기출문제 제72회

[실무이론평가]

1	2	3	4	5	6	7	8	9	10
③	①	②	②	④	③	①	①	③	②

01 ③
- (차) 당좌예금   XXX(자산의 증가)   (대) 받을어음   XXX(자산의 감소)

02 ①
- 손익계산서는 경영성과를 나타낼 뿐 아니라 기업의 미래현금흐름과 수익창출능력 등의 예측에 유용한 정보를 제공한다.

03 ②
- (차) 현금   1,400,000원   (대) 상품매출   3,000,000원
  받을어음   600,000원
  외상매출금   1,000,000원
- 매출채권 금액 = 받을어음(600,000원) + 외상매출금(1,000,000원) = 1,600,000원

04 ②
- (가) 도서인쇄비
  (나) 접대비(기업업무추진비)

05 ④
- 매도가능증권의 취득원가는 취득금액과 취득수수료의 합계이다. 액면금액은 취득원가와 관련이 없다.
  매도가능증권의 취득원가 = (700주 × 8,000원) + 560,000원 = 6,160,000원

06 ③
- 2024년 6월 30일 감가상각비: (5,000,000원 × 1년/5년) × 6개월/12개월 = 500,000원

(차) 현금   2,700,000원   (대) 기계장치   5,000,000원
     감가상각누계액   2,500,000원   유형자산처분이익   200,000원

07 ①
- 토지와 건설중인자산은 감가상각자산의 대상이 아니다.

08 ①
- 국가와 지방자치단체는 부가가치세법상 사업자에 해당한다.

09 ③
- ① 현금판매: 재화가 인도되거나 이용가능하게 된 때
  ② 재화의 공급으로 보는 가공: 가공된 재화를 인도하는 때
  ④ 공급단위를 구획할 수 없는 용역의 계속적 공급: 대가의 각 부분을 받기로 한 때

10 ②
- 외상판매액(15,000,000원) + 할부판매액(5,300,000원) = 20,300,000원
  견본품의 제공은 재화의 공급이 아니고, 토지매각은 면세에 해당된다.

[실무수행평가]

문제 1 기초정보관리의 이해

1 거래처별 초기이월

[거래처별초기이월]
- 지급어음 정보 입력

코드	거래처명	만기일자	어음번호	금액
30122	(주)세교상사	2025-05-31	00420241130123456789	5,000,000

지급어음 상세등록
1. 지급은행 98000 ? 국민은행(당좌)
   역삼   지점
2. 발행일자 2024-11-30 ?
3. 어음종류 4.전자

2 전기분 손익계산서의 입력수정

1. [전기분 손익계산서]
- 812.여비교통비 15,000,000원을 1,500,000원으로 수정
- 998.법인세등 2,800,000원을 추가입력

2. [전기분 이익잉여금처분계산서]
- 처분확정일 2025년 2월 28일 수정입력

문제 2 거래자료 입력

1 [일반전표입력] 1월 10일

(차) 817.세금과공과금	10,000원	(대) 101.현금	10,000원
또는 (출) 817.세금과공과금	10,000원		

2 [일반전표입력] 2월 20일

(차) 824.운반비	40,000원	(대) 101.현금	40,000원
또는 (출) 824.운반비	40,000원		

[영수증수취명세서] 작성

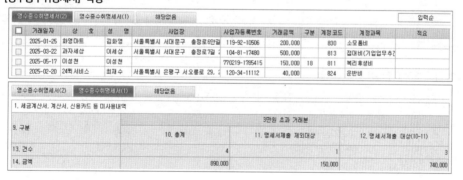

	거래일자	상 호	성 명	사업장	사업자등록번호	거래금액	구분	계정코드	계정과목	적요
	2025-01-25	화영마트	김화영	서울특별시 서대문구 충정로6안길	119-92-10506	200,000		830	소모품비	
	2025-03-22	과자세상	이세상	서울특별시 서대문구 충정로7길	104-81-17480	500,000		813	접대비(기업업무추진)	
	2025-05-17	이성천	이성천		770219-1785415	150,000	18	811	복리후생비	
	2025-02-20	24퀵 서비스	최재수	서울특별시 은평구 서오릉로 29,	120-34-11112	40,000		824	운반비	

9. 구분	3만원 초과 거래분		
	10. 총계	11. 명세서제출 제외대상	12. 명세서제출 대상(10-11)
13. 건수	4	1	3
14. 금액	890,000	150,000	740,000

1. 세금계산서, 계산서, 신용카드 등 미사용내역

3 [일반전표입력] 3월 15일

(차) 133.선급비용	580,000원	(대) 103.보통예금(98005.우리은행(보통))	580,000원

제5부 · 부록 / 정답 및 해설

4 [일반전표입력] 3월 18일

(차) 251.외상매입금(00104.(주)대한상사) 6,000,000원   (대) 110.받을어음(04520.(주)아이폰마켓) 6,000,000원

[받을어음 관리]

어음상태	3 배서	어음번호	00420250120123456789	수취구분	1 자수	발행일	2025-01-20	만기일	2025-03-20
발행인	04520	(주)아이폰마켓		지급은행	100 국민은행			지점	서대문
배서인		할인기관		지점		할인율 (%)		어음종류	6 전자
지급거래처	00104	(주)대한상사		* 수령된 어음을 타거래처에 지급하는 경우에 입력합니다.					

5 [일반전표입력] 3월 29일

(차) 103.보통예금(98002.기업은행(보통)) 330,000원   (대) 259.선수금(00107.(주)갤럭시세상) 330,000원

문제 **3** 부가가치세

1 [매입매출전표입력] 7월 5일

거래유형	품명	공급가액	부가세	거래처	전자세금
11.과세	휴대폰 필름	6,000,000	600,000	05030.(주)앤텔레콤	전자발행
분개유형	(차) 259.선수금	1,000,000원	(대)	401.상품매출	6,000,000원
3.혼합	108.외상매출금	5,600,000원		255.부가세예수금	600,000원

[전자세금계산서 발행 및 내역관리]
① 미전송된 내역이 조회되면, 미전송내역을 체크한 후 [전자발행 ▼]을 클릭하여 표시되는 로그인 화면에서 [확인(Tab)] 클릭
② '전자세금계산서 발행' 화면이 조회되면 [발행(F3)] 버튼을 클릭한 다음 [확인(Tab)] 클릭
③ 국세청란에 '발행대상'으로 표시되면 [ACADEMY 전자세금계산서]를 클릭
④ [Bill36524 교육용전자세금계산서] 화면에서 [로그인]을 클릭
⑤ 좌측화면: [세금계산서 리스트]에서 [미전송]으로 체크 후 [매출조회]를 클릭
  우측화면: [전자세금계산서]에서 [발행]을 클릭
⑥ [발행완료되었습니다.] 메시지가 표시되면 [확인(Tab)] 클릭

2 [매입매출전표입력] 7월 20일

거래유형	품명	공급가액	부가세	거래처	전자세금
51.과세	컨설팅 수수료	1,500,000	150,000	02117.미래회계법인	전자입력
분개유형	(차) 831.수수료비용	1,500,000원	(대)	103.보통예금	1,650,000원
3.혼합	135.부가세대급금	150,000원		(98005.우리은행(보통))	

3 [매입매출전표입력] 7월 30일

거래유형	품명	공급가액	부가세	거래처	전자세금
17.카과	휴대폰 가죽지갑	100,000	10,000	30123.이민우	
분개유형	(차) 108.외상매출금	110,000원	(대)	401.상품매출	100,000원
4.카드 또는 2.외상	(99700.우리카드)			255.부가세예수금	10,000원

4 [매입매출전표입력] 8월 10일

거래유형	품명	공급가액	부가세	거래처	전자세금
54.불공	화장품세트	2,000,000	200,000	30125.(주)에스스킨	전자입력
불공제사유	9. 접대비 관련 매입세액				
분개유형	(차) 813.접대비	2,200,000원	(대)	103.보통예금	2,200,000원
3.혼합	(기업업무추진비)			(98005.우리은행(보통))	

5 [매입매출전표입력] 9월 8일

거래유형	품명	공급가액	부가세	거래처	전자세금
57.카과	냉난방기	1,200,000	120,000	05115.쿠팡(주)	
분개유형	(차) 212.비품	1,200,000원	(대)	253.미지급금	1,320,000원
4.카드 또는 3.혼합	135.부가세대급금	120,000원		(99605.농협카드)	

6 [일반전표입력] 8월 5일

(차) 103.보통예금(98005.우리은행(보통))　302,000원　(대) 120.미수금(03100.서대문세무서)　302,000원

- 6월 30일 조회

(차) 255.부가세예수금　5,578,000원　(대) 135.부가세대급금　5,870,000원
　　120.미수금(03100.서대문세무서)　302,000원　　930.잡이익　10,000원

문제 **4** 결산

1 수동결산 및 자동결산

1. 수동결산 및 자동결산

[일반전표입력] 12월 31일

(차) 293.장기차입금(98500.신한은행(차입금))　50,000,000원　(대) 264.유동성장기부채(98500.신한은행(차입금))　50,000,000원

[결산자료입력] 1월 ~ 12월
- 기말상품재고액 28,000,000원을 입력한다.
- 상단부 전표추가(F3) 를 클릭하면 [일반전표입력] 메뉴에 분개가 생성된다.
(차) 451.상품매출원가　　　　　　　215,187,000원　(대) 146.상품　　　　　　　　215,187,000원
[기초재고액 25,000,000원 + 당기매입액 218,187,000원 – 기말재고액 28,000,000원 = 215,187,000원]

2. [재무제표 등 작성]
- 손익계산서 ➜ 이익잉여금처분계산서(처분일 입력 후 '전표추가' 클릭 ➜ 재무상태표를 조회 작성한다.

실무수행평가

11	12	13	14	15	16	17
111,190,000	24,410,000	②	②	39,174,000	65,170,000	830,000
18	19	20	21	22	23	24
④	215,187,000	6,123,000	700,000	40,000,000	①	740,000
25	26	27	28	29	30	
1,200,000	86,020,000	180,400	③	17,000,000	30122	

문제 5 회계정보분석

31. 손익계산서 조회
① (92,590,000원 / 300,000,000원) × 100 ≒ 30%

32. 재무상태표 조회
② (518,830,000원 / 105,430,000원) × 100 ≒ 492%

최신 기출문제 제73회

[실무이론평가]

1	2	3	4	5	6	7	8	9	10
③	③	①	④	③	②	③	②	①	②

01 ③
- 손익계산서는 일정 기간 동안 기업의 경영성과에 대한 정보를 제공하는 재무보고서이다.

02 ③
- 2024년 12월 31일 감가상각비: (15,000,000원 - 0원) × 25% = 3,750,000원
- 2025년 12월 31일 감가상각비: (15,000,000원 - 3,750,000원) × 25% = 2,812,500원

03 ①
- 매입에누리는 매입한 상품에 하자나 파손이 있는 경우 가격을 할인 받는 것이고, 매입할인은 상품의 구매자가 판매대금을 조기에 지급하는 경우 약정에 의해 할인 받는 것이다.

04 ④
- 유형자산의 취득 후 지출이 발생하였을 때 내용연수가 연장되거나 가치가 증대되었다면 자본적지출로 보아 해당자산의 계정과목으로 처리한다.

05 ③
- 매출채권: 외상매출금 + 받을어음 = 1,000,000원 + 2,000,000원 = 3,000,000원
- 대손충당금: 대손 설정액 = 매출채권 잔액(3,000,000원) × 대손율(2%) = 60,000원

06 ②
- (차) 여비교통비 250,000원 (대) 가지급금 300,000원
  현금 50,000원

07 ③
- ①, ②, ④는 재무상태표에 반영할 내용이다.

08 ②
- 직전연도의 사업장별 재화 및 용역의 공급가액의 합계액이 1억원(2024년 7월 1일부터 8천만원) 이상인 개인사업자는 전자세금계산서를 발급하여야 한다.

09 ①
- ② 견본품의 인도는 재화의 공급으로 보지 아니한다.
  ③ 담보제공은 재화의 공급으로 보지 아니한다.
  ④ 상품권의 양도는 재화의 공급으로 보지 아니한다.

10 ②
- 20,000,000원(원재료 매입세액) + 3,000,000원(업무용 승합차 매입세액) = 23,000,000원
- 토지의 자본적 지출에 해당하는 매입세액과 접대비(기업업무추진비) 관련 매입세액은 매입세액 공제를 받지 못한다.

[실무수행평가]

문제 1 기초정보관리의 이해

1 사업자등록증에 의한 거래처등록 수정

[거래처등록]
- 대표자성명: '이영애'로 수정
- 메일주소: 'han24@bill36524.com'으로 수정

2 계정과목및적요등록 수정

[계정과목및적요등록]
- '173.회사설정계정과목' ➜ '173.온라인몰상품'으로 수정
- 구분 및 표준코드 입력

문제 2 거래자료 입력

1 [일반전표입력] 4월 10일

(차) 827.회의비   92,000원   (대) 101.현금   92,000원
또는 (출) 827.회의비   92,000원

[영수증수취명세서] 작성

	거래일자	상호	성명	사업장	사업자등록번호	거래금액	구분	계정코드	계정과목	적요
	2025-02-11	(주)한강마트	김옥현	서울특별시 서대문구 경기대로 8(	125-81-15607	70,000		811	복리후생비	직원 간식 구입
	2025-03-07	금화한식(주)	기예원	대전광역시 동구 가양남로 36(가?	110-81-17530	88,000		813	접대비(기업업무추?	매출거래처 직원 식사
	2025-08-11	김영농		경주시 외동읍 외동로 1234		60,000	18	811	복리후생비	직원 간식 구입
	2025-04-10	비돌기마트	이종수	서울특별시 강남구 봉은사로 106	114-51-25414	92,000		827	회의비	간식 구입

1. 세금계산서, 계산서, 신용카드 등 미사용내역			
9. 구분	3만원 초과 거래분		
	10. 총계	11. 명세서제출 제외대상	12. 명세서제출 대상(10-11)
13. 건수	4	1	3
14. 금액	310,000	60,000	250,000

2 [일반전표입력] 4월 20일

(차) 801.급여   4,000,000원   (대) 254.예수금   591,710원
                                          137.주.임.종단기채권(00101.김지선) 1,000,000원
                                          103.보통예금(98005.신한은행(보통)) 2,408,290원

3 [일반전표입력] 4월 30일

(차) 812.여비교통비   460,000원   (대) 134.가지급금(00112.이승수)   500,000원
     101.현금   40,000원

4 [일반전표입력] 6월 9일

(차) 821.보험료   138,000원   (대) 103.보통예금(98002.기업은행(보통)) 138,000원

5 [일반전표입력] 7월 15일

(차) 252.지급어음(00321.(주)설화수)　　11,000,000원　　(대) 102.당좌예금(98000.국민은행(당좌)) 11,000,000원

[지급어음관리]

어음상태	3 결제	어음번호	00420250515123456789	어음종류	4 전자	발행일	2025-05-15
만기일	2025-07-15	지급은행	98000 국민은행(당좌)	지점	서대문		

문제 **3** 부가가치세

1 [매입매출전표입력] 7월 20일

거래유형	품명	공급가액	부가세	거래처	전자세금
11.과세	화장품 에센스	15,000,000	1,500,000	01121.(주)황금화장품	전자발행
분개유형	(차)　103.보통예금　　　　3,000,000원 (98002.기업은행(보통))		(대)　401.상품매출		15,000,000원
3.혼합	108.외상매출금　　　13,500,000원		255.부가세예수금		1,500,000원

[전자세금계산서 발행 및 내역관리]

① 미전송된 내역이 조회되면, 미전송내역을 체크한 후 전자발행▼을 클릭하여 표시되는 로그인 화면에서 확인(Tab) 클릭

② '전자세금계산서 발행' 화면이 조회되면 발행(F3) 버튼을 클릭한 다음 확인(Tab) 클릭

③ 국세청란에 '발행대상'으로 표시되면 ACADEMY 전자세금계산서 를 클릭

④ [Bill36524 교육용전자세금계산서] 화면에서 [로그인]을 클릭

⑤ 좌측화면: [세금계산서 리스트]에서 [미전송]으로 체크 후 [매출조회]를 클릭
　우측화면: [전자세금계산서]에서 [발행]을 클릭

⑥ [발행완료되었습니다.] 메시지가 표시되면 확인(Tab) 클릭

2 [매입매출전표입력] 7월 31일

거래유형	품명	공급가액	부가세	거래처	전자세금
13.면세	도서	3,600,000		02334.(주)참존화장품	전자입력
분개유형	(차)　108.외상매출금　　　3,600,000원		(대)　401.상품매출		3,600,000원
2.외상					

3 [매입매출전표입력] 8월 15일

거래유형	품명	공급가액	부가세	거래처	전자세금
51.과세	오피스365	2,000,000	200,000	31113.(주)알소프트	전자입력
분개유형	(차)　240.소프트웨어　　　2,000,000원		(대)　253.미지급금		2,200,000원
3.혼합	135.부가세대급금　　　200,000원				

[고정자산등록]

---

4 [매입매출전표입력] 8월 22일

거래유형	품명	공급가액	부가세	거래처	전자세금
53.면세	위하고 교육	280,000		31112.더존평생교육원	전자입력
분개유형	(차) 825.교육훈련비	280,000원	(대) 101.현금		280,000원
1.현금					

5 [매입매출전표입력] 9월 10일

거래유형	품명	공급가액	부가세	거래처	전자세금
51.과세	전화요금	115,200	11,520	01500.(주)케이티서대문	전자입력
분개유형	(차) 814.통신비	115,200원	(대) 253.미지급금		126,720원
3.혼합	135.부가세대급금	11,520원			

6 [일반전표입력] 7월 25일

(차) 261.미지급세금(03100.서대문세무서) 2,929,050원   (대) 103.보통예금(98001.국민은행(보통)) 2,929,050원

- [일반전표입력] 6월 30일 조회

(차) 255.부가세예수금   8,842,350원   (대) 135.부가세대급금   5,913,300원
                                               261.미지급세금(03100.서대문세무서) 2,929,050원

문제 4 결산

1 수동결산 및 자동결산

1. 수동결산 및 자동결산

[일반전표입력] 12월 31일
(차) 931.이자비용   620,000원   (대) 262.미지급비용   620,000원

[결산자료입력] 1월 ~ 12월
- 기말상품재고액 32,000,000원을 입력한다.
- 상단부 전표추가(F3) 를 클릭하면 [일반전표입력] 메뉴에 분개가 생성된다.

(차) 451.상품매출원가   257,120,000원   (대) 146.상품   257,120,000원

　[기초재고액 70,000,000원 + 당기매입액 219,120,000원 – 기말재고액 32,000,000원 = 257,120,000원]

2. [재무제표 등 작성]

- 손익계산서 ➡ 이익잉여금처분계산서(처분일 입력 후 '전표추가' 클릭 ➡ 재무상태표를 조회 작성한다.

실무수행평가

11	12	13	14	15	16	17
②	③	②	208,000	140,300,000	7,356,300	500,000
18	19	20	21	22	23	24
①	③	42,800,000	③	①	10,281,000	827
25	26	27	28	29	30	
②	11,100,000	2,000,000	200,000,000	530,000	166,666	

문제 **5** 회계정보분석

31. 재무상태표 조회

　③ (456,780,000원 / 72,000,000원) × 100 ≒ 634%

32. 손익계산서 조회

　① (39,800,000원 / 254,800,000원) × 100 ≒ 15%

최신 기출문제 제74회

[실무이론평가]

1	2	3	4	5	6	7	8	9	10
①	③	④	②	④	②	④	④	①	②

01 ①
- 접대비(기업업무추진비)는 판매비와관리비로 분류된다

02 ③
- ③ 은 영업외비용으로 분류된다.
- ① ② ④ 는 판매비와관리비로 분류된다.
  판매비와관리비는 영업이익에 영향을 미치며, 영업외비용은 영업이익에 영향을 미치지 않는다.

03 ④
- 무형자산상각비(정액법): 취득원가 ÷ 내용연수
  2,100,000원(취득부대비용 포함) ÷ 5년 = 420,000원

04 ②
- 결산분개: (차) 미수수익   75,000원   (대) 이자수익   75,000원
  - * 경과분 이자: 15,000,000원 × 3% × 2개월/12개월 = 75,000원
- 따라서, 이자수익 75,000원이 과소 계상되어 당기순이익 75,000원이 과소 계상된다.

05 ④
- 소모품 처리액 2,000,000원 – 미사용액 450,000원 = 사용액 1,550,000원
- 따라서 (차) 소모품비   1,550,000원   (대) 소모품   1,550,000원 이다.

06 ②
- ① 수익의 발생, ② 비용의 이연, ③ 수익의 이연, ④ 비용의 발생

07 ④
- 상거래에서 발생한 매출채권에 대한 대손상각비는 판매비와관리비로 처리하고, 기타 채권에 대한 기타의대손상각비는 영업외비용으로 처리한다.
- 단기대여금에 대한 기타의대손상각비 = 3,000,000원 – 1,100,000원
  = 1,900,000원

08 ④
- 우리나라 부가가치세는 납세의무자의 인적사항을 고려하지 않는 물세이다.

09 ①
- 나. 법률에 따라 조세를 물납하는 것은 재화의 공급으로 보지 아니한다.
- 라. 담보의 제공은 재화의 공급으로 보지 아니한다.

10 ②
- 6,000,000원 × 10% – 1,200,000원 × 10% = 480,000원.
- 대표이사 업무용 승용차 수리비에 대한 매입세액은 공제되지 아니한다.

[실무수행평가]

문제 1   기초정보관리의 이해

1 계정과목 및 적요등록 수정

[계정과목및적요등록]
- '235.의장권' 계정과목을 선택하고 Ctrl+F1을 누른 후 '디자인권'으로 수정
- 현금적요 입력: 1.디자인권 취득대금 현금지급
  대체적요 입력: 1.디자인권 상각액

2 전기분재무제표의 입력수정

[전기분 재무상태표]
- 202.건물 4,000,000원을 40,000,000원으로 수정 입력
- 213.감가상각누계액 3,165,000원 추가 입력

문제 2   거래자료 입력

1 [일반전표입력] 8월 18일

(차) 131.선급금(05003.(주)수정전자)   300,000원   (대) 103.보통예금(98006.우리은행(보통))   300,000원

2 [일반전표입력] 8월 28일

(차) 208.차량운반구	3,500,000원	(대) 101.현금		3,500,000원
또는 (출) 208.차량운반구	3,500,000원			

3 [일반전표입력] 8월 30일

(차) 934.기타의대손상각비	20,000,000원	(대) 114.단기대여금(00107.(주)정진상사)	20,000,000원

4 [일반전표입력] 9월 5일

(차) 824.운반비	20,000원	(대) 253.미지급금(99605.농협카드)	20,000원

5 [일반전표입력] 9월 10일

(차) 811.복리후생비	89,220원	(대) 103.보통예금(98001.국민은행(보통))	178,440원
254.예수금	89,220원		

문제 3 부가가치세

1 [매입매출전표입력] 10월 2일

거래유형	품명	공급가액	부가세	거래처	전자세금
11.과세	세탁건조기	10,000,000	1,000,000	01025.(주)세운유통	전자발행
분개유형	(차) 108.외상매출금 8,000,000원		(대) 401.상품매출		10,000,000원
3.혼합	103.보통예금 3,000,000원 (98006.우리은행(보통))		255.부가세예수금		1,000,000원

[전자세금계산서 발행 및 내역관리]

① 미전송된 내역이 조회되면, 미전송내역을 체크한 후 전자발행▼ 을 클릭하여 표시되는 로그인 화면에서 확인(Tab) 클릭
② '전자세금계산서 발행' 화면이 조회되면 발행(F3) 버튼을 클릭한 다음 확인(Tab) 클릭
③ 국세청란에 '발행대상'으로 표시되면 ACADEMY 전자세금계산서 를 클릭
④ [Bill36524 교육용전자세금계산서] 화면에서 [로그인]을 클릭
⑤ 좌측화면: [세금계산서 리스트]에서 [미전송]으로 체크 후 [매출조회]를 클릭
  우측화면: [전자세금계산서]에서 [발행]을 클릭
⑥ [발행완료되었습니다.] 메시지가 표시되면 확인(Tab) 클릭

2 [매입매출전표입력] 10월 7일

거래유형	품명	공급가액	부가세	거래처	전자세금
13.면세	토지	10,000,000		00111.(주)한라전자	전자입력
분개유형	(차) 103.보통예금 10,000,000원		(대) 201.토지		10,000,000원
3.혼합	(98005.기업은행(보통))				

3 [매입매출전표입력] 11월 7일

거래유형	품명	공급가액	부가세	거래처	전자세금
51.과세	도시가스요금	250,000	25,000	06005.한국도시가스(주)	전자입력
분개유형	(차) 815.수도광열비 250,000원		(대) 253.미지급금		275,000원
3.혼합	135.부가세대급금 25,000원				

4 [매입매출전표입력] 11월 13일

거래유형	품명	공급가액	부가세	거래처	전자세금
57.카과	영업부 직원 회식	150,000	15,000	05122.일품한식당	
분개유형	(차) 811.복리후생비	150,000원	(대)	253.미지급금	165,000원
4.카드 또는 3.혼합	135.부가세대급금	15,000원		(99605.농협카드)	

5 [매입매출전표입력] 11월 15일

거래유형	품명	공급가액	부가세	거래처	전자세금
54.불공	골프용품	3,000,000	300,000	30123.우정골프	전자입력
불공제사유			2. 사업과 관련 없는 지출		
분개유형	(차) 134.가지급금	3,300,000원	(대)	101.현금	3,300,000원
1.현금	(40001.김대우)				

6 [일반전표입력] 6월 30일

(차) 255.부가세예수금   4,510,000원   (대) 135.부가세대급금   3,250,000원
                                                  930.잡이익   10,000원
                                                  261.미지급세금(60000.역삼세무서) 1,250,000원

문제 4 결산

1 수동결산 및 자동결산

  1. 수동결산 및 자동결산

  [일반전표입력] 12월 31일
  (차) 107.단기매매증권   500,000원   (대) 905.단기매매증권평가이익   500,000원
  - (주)명품: 100주 × (26,000원 - 25,000원) = 100,000원 이익
  - (주)삼현: 200주 × (42,000원 - 40,000원) = <u>400,000원 이익</u>
                                             계   <u>500,000원 이익</u>

  [결산자료입력] 1월 ~ 12월
  - 기말상품재고액 30,000,000원을 입력한다.
  - 상단부 전표추가(F3) 를 클릭하면 [일반전표입력] 메뉴에 분개가 생성된다.
  (차) 451.상품매출원가   289,687,000원   (대) 146.상품   289,687,000원
  [기초재고액 60,000,000원 + 당기매입액 259,687,000원 - 기말재고액 30,000,000원]
  = 상품매출원가 289,687,000원

  2. [재무제표 등 작성]
  - 손익계산서 ➡ 이익잉여금처분계산서(처분일 입력 후 '전표추가' 클릭 ➡ 재무상태표를 조회 작성한다.

11	12	13	14	15	16	17
④	11,500,000	40001	③	1,250,000	①	11,000,000
18	19	20	21	22	23	24
500,000	③	③	289,687,000	③	6,045,860	29,661,000
25	26	27	28	29	30	
14,930,000	60,000	600,000	44,770,000	15,000,000	③	

문제 5 회계정보분석

31. 손익계산서 조회
④ 96,520,000원 ÷ 10,000주 = 9,652원

32. 재무상태표 조회
③ (197,458,000원 / 81,844,000원) × 100 ≒ 241%

최신 기출문제 제75회

[실무이론평가]

1	2	3	4	5	6	7	8	9	10
①	③	①	③	③	③	②	③	①	③

01 ①
- 선적지인도조건인 경우에는 상품이 선적된 시점에 소유권이 매입자에게 이전되기 때문에 미착상품은 매입자의 재고자산에 포함된다.

02 ③
- 기업실체의 가정이다.

03 ①
- 영업이익의 감소는 판매비와관리비가 증가해야 한다.
- 대손상각비는 판매비와관리비이다.

04 ③
- 수정 후 당기순이익: 300,000원 – 40,000원 + 15,000원 = 275,000원

05 ③
- 2024년 12월 31일 단기매매증권 장부금액
  취득금액 – 평가손실 = 2,000,000원 – 100,000원 = 1,900,000원
- 2025년 8월 31일 단기매매증권처분이익(손실)
  처분금액 – 장부금액 = 1,700,000원 – 1,900,000원 = (–)200,000원

06 ③
- (5,000,000원 − 500,000원) × 1/5 = 900,000원

07 ②
- 액면금액을 초과하여 발행한 금액은 주식발행초과금으로 처리한다. 단, 주식할인발행차금 잔액이 있는 경우에는 먼저 상계처리한 후 잔액을 주식발행초과금으로 처리한다.

08 ③
- ① 세금계산서 작성연월일은 필요적 기재사항이다.
- ② 면세사업자는 세금계산서를 발급할 수 없다.
- ④ 재화를 직수출하는 경우에는 세금계산서 발급의무가 면제된다.

09 ①
- ② 재화의 공급으로 보는 가공의 경우: 가공된 재화를 인도하는 때
- ③ 장기할부판매: 대가의 각 부분을 받기로 한 때
- ④ 외상판매의 경우: 재화를 인도하는 때

10 ③
- 110,000,000원 × 10% − 4,000,000원 = 7,000,000원
  수출액은 영세율을 적용한다. 비영업용 승용차(개별소비세법 §1②3호) 구입, 유지, 임차 관련 매입세액은 불공제한다.

[실무수행평가]

문제 1 기초정보관리의 이해

1 사업자등록증에 의한 거래처등록 수정

[거래처등록]
- 대표자명을 '홍종오'에서 '백수인'으로 수정
- 업태를 '도소매업'에서 '제조업'으로 수정

2 전기분 손익계산서의 입력수정

1. [전기분 손익계산서]
- 전기분 재무상태표 146.상품 70,000,000원을 90,000,000원으로 수정하여, 전기분 손익계산서의 상품매출원가에 반영
- 817.세금과공과금 2,300,000원 추가입력
- 당기순이익 145,220,000원 확인

2. [전기분 이익잉여금처분계산서]
- 처분확정일 2025년 2월 27일 수정입력

문제 2 거래자료 입력

1 [일반전표입력] 1월 25일

| (차) 103.보통예금(98002.신한은행(보통)) | 100,000,000원 | (대) 331.자본금 | 50,000,000원 |
| | | 341.주식발행초과금 | 50,000,000원 |

2 [일반전표입력] 2월 13일

| (차) 110.받을어음(00102.(주)동화인쇄) | 18,000,000원 | (대) 108.외상매출금(00102.(주)동화인쇄) | 18,000,000원 |

[받을어음 관리]

어음상태	1 보관	어음종류	6 전자		어음번호	00420250213123456789		수취구분	1 자수
발행인	00102	(주)동화인쇄		발행일	2025-02-13	만기일	2025-05-13	배서인	
지급은행	100	국민은행	지점	강남	할인기관		지점	할인율(%)	
지급거래처						* 수령된 어음을 타거래처에 지급하는 경우에 입력합니다.			

3 [일반전표입력] 3월 10일

(차) 817.세금과공과금   628,500원   (대) 103.보통예금(98002.신한은행(보통)) 1,257,000원
    254.예수금   628,500원

4 [일반전표입력] 4월 15일

(차) 253.미지급금(99602.우리카드)   1,800,000원   (대) 103.보통예금(98007.기업은행(보통)) 1,800,000원

5 [일반전표입력] 4월 24일

(차) 813.접대비(기업업무추진비)   594,000원   (대) 101.현금   594,000원
또는 (출) 813.접대비(기업업무추진비)   594,000원

문제 3 부가가치세

1 [매입매출전표입력] 7월 10일

거래유형	품명	공급가액	부가세	거래처	전자세금
11.과세	냉난방기	6,000,000	600,000	00107.(주)제이산업	전자발행
분개유형	(차) 103.보통예금 5,940,000원		(대) 401.상품매출		6,000,000원
	(98001.농협은행(보통))		255.부가세예수금		600,000원
3. 혼합	259.선수금 660,000원				

[전자세금계산서 발행 및 내역관리]

① 미전송된 내역이 조회되면, 미전송내역을 체크한 후 전자발행 ▾ 을 클릭하여 표시되는 로그인 화면에서 확인(Tab) 클릭
② '전자세금계산서 발행' 화면이 조회되면 발행(F3) 버튼을 클릭한 다음 확인(Tab) 클릭
③ 국세청란에 '발행대상'으로 표시되면 ACADEMY 전자세금계산서 를 클릭
④ [Bill36524 교육용전자세금계산서] 화면에서 [로그인]을 클릭
⑤ 좌측화면: [세금계산서 리스트]에서 [미전송]으로 체크 후 [매출조회]를 클릭
   우측화면: [전자세금계산서]에서 [발행]을 클릭
⑥ [발행완료되었습니다.] 메시지가 표시되면 확인(Tab) 클릭

2 [매입매출전표입력] 8월 3일

거래유형	품명	공급가액	부가세	거래처	전자세금
11.과세	선풍기	-750,000원	-75,000원	01006.(주)영인유통	전자입력
분개유형	(차) 108.외상매출금 -825,000원		(대) 401.상품매출		-750,000원
2.외상			255.부가세예수금		-75,000원

3 [매입매출전표입력] 9월 7일

거래유형	품명	공급가액	부가세	거래처	전자세금
57.카과	음료	12,000	1,200	03101.(주)조선카페	
분개유형	(차) 812.여비교통비	12,000원	(대) 253.미지급금		13,200원
4.카드 또는 3.혼합	135.부가세대급금	1,200원	(99601.삼성카드)		

4 [매입매출전표입력] 9월 14일

거래유형	품명	공급가액	부가세	거래처	전자세금
54.불공	소유권보존 등기료	560,000	56,000	50003.(주)법무법인 정률	전자입력
불공제 사유		0.토지의 자본적 지출관련			
분개유형	(차) 201.토지	616,000원	(대) 101.현금		616,000원
1.현금					

5 [매입매출전표입력] 9월 24일

거래유형	품명	공급가액	부가세	거래처	전자세금
53.면세	영업왕의 비밀외	75,000		04912.대신북클럽	전자입력
분개유형	(차) 826.도서인쇄비	75,000원	(대) 253.미지급금		75,000원
3.혼합					

6 [일반전표입력] 7월 25일

(차) 261.미지급세금(00600.서대문세무서)　61,000원　(대) 103.보통예금(98003.하나은행(보통))　61,000원

- [일반전표입력] 6월 30일 조회
(차) 255.부가세예수금　10,632,400원　(대) 135.부가세대급금　10,561,400원
　　　　　　　　　　　　　　　　　　　　930.잡이익　10,000원
　　　　　　　　　　　　　　　　　　　　261.미지급세금(00600.서대문세무서)　61,000원

문제 4 결산

1 수동결산 및 자동결산

1. 수동결산 및 자동결산
[일반전표입력] 12월 31일
(차) 830.소모품비　900,000원　(대) 172.소모품　900,000원
- 합계잔액시산표(12월31일) 조회하여 소모품 잔액 확인 후 결산분개
　[소모품 잔액 2,000,000원 - 미사용액 1,100,000원 = 당기사용액 900,000원]

[결산자료입력] 1월 ~ 12월
- 기말상품재고액 32,000,000원을 입력한다.
- 상단부 전표추가(F3) 를 클릭하면 [일반전표입력] 메뉴에 분개가 생성된다.
(차) 451.상품매출원가　230,748,500원　(대) 146.상품　230,748,500원
[기초재고액 90,000,000원 + 당기매입액 172,748,500원 - 기말재고액 32,000,000원]
= 상품매출원가 230,748,500원

2. [재무제표 등 작성]

- 손익계산서 ➔ 이익잉여금처분계산서(처분일 입력 후 '전표추가' 클릭 ➔ 재무상태표를 조회 작성한다.

실무수행평가

11	12	13	14	15	16	17
④	26,960,000	2,168,500	②	635,604,700	56,500,000	①
18	19	20	21	22	23	24
③	16,000,000	616,000	60,000,000	③	②	④
25	26	27	28	29	30	
230,748,500	①	201,200	8	1,075,000	21,850,000	

문제 5 회계정보분석

31. 재무상태표 조회

③ (693,528,800원 / 92,500,000원) × 100 ≒ 749%

32. 재무상태표 조회

① (192,500,000원 / 685,142,000원) × 100 ≒ 28%

최신 기출문제 제76회

[실무이론평가]

1	2	3	4	5	6	7	8	9	10
④	③	③	②	②	④	③	④	②	②

01 ④

• (차) 가지급금　　　　　　　　　　XXX(자산의 증가)　　(대) 현금　　　　　　　　　　　XXX(자산의 감소)

02 ③

• 현금흐름표는 일정기간 기업의 현금흐름과 현금유출에 대한 정보를 제공하며, 영업활동, 투자활동, 재무활동에 대한 정보를 제공한다.

03 ③

• 영업이익은 매출총이익에서 판매비와관리비를 차감하여 계산한다. 복리후생비, 대손상각비, 보험료는 판매비와관리비로서 영업이익에 영향을 미치나 단기차입금에 대한 이자비용은 영업외비용으로서 영업이익에 영향을 미치지 않는다.

04 ②

• 재무상태표의 자산은 유동성이 큰 순서에 따라 배열한다.

```
┌─────────────────────────┐
│   Ⅰ. 유동자산            │
│      당좌자산            │  ← 당좌예금
│      재고자산            │  ← 제품
│   Ⅱ. 비유동자산          │
│      투자자산            │
│      유형자산            │
│      무형자산            │  ← 개발비
│      기타비유동자산      │  ← 임차보증금
└─────────────────────────┘
```

05 ②
- 매출채권에 대해 대손이 발생하면 대손충당금과 우선 상계하고 대손충당금이 부족하면 대손상각비로 당기 비용 처리한다.

(차) 대손충당금   410,000원   (대) 받을어음   700,000원
    대손상각비   290,000원

06 ④
- 유형자산의 취득 후 지출이 발생하였을 때 내용연수가 연장되거나 가치가 증대되었다면 자본적지출로 보아 해당자산의 계정과목으로 처리한다.

07 ③
- 퇴직금을 보통예금계좌에서 지급할 때, 퇴직급여충당부채와 보통예금에서 차감한다.

08 ④
- 하치장은 재화를 보관하고 관리할 수 있는 시설만 갖춘 장소이므로 거래의 전부 또는 일부를 수행하는 장소가 아니다. 따라서 하치장은 사업장으로 보지 아니한다.

09 ②
- 영세율 적용대상은 매출세액이 없으나 세금계산서 발급면제 규정이 없는 한 세금계산서를 발급해야 한다.

10 ②
- 과세표준 = 15,000,000원 – 1,000,000원 + 2,000,000원 = 16,000,000원
매출할인은 매출액에서 차감하고 상품증정액은 시가를 공급가액으로 한다. 광고선전용으로 무상 제공한 견본품은 과세대상이 아니다.

[실무수행평가]

문제 1   기초정보관리의 이해

1 계정과목추가 및 적요등록 수정
[계정과목및적요등록]
- 계정과목: 'Ctrl+F1'을 클릭한 후 수정
- 적요내용 등록

2 전기분 재무상태표의 입력수정
[전기분 재무상태표]
- 107.단기매매증권   3,000,000원 추가 입력
- 293.장기차입금   5,000,000원 → 50,000,000원으로 수정

문제 **2** 거래자료 입력

1 [일반전표입력] 1월 20일

(차) 822.차량유지비	35,000원	(대) 101.현금	35,000원
또는 (출) 822.차량유지비	35,000원		

[영수증수취명세서 작성]

	거래일자	상 호	성 명	사업장	사업자등록번호	거래금액	구분	계정코드	계정과목	적요
	2025-01-13	대한자동차	윤우리	서울특별시 서대문구 통일로 131	110-37-12342	200,000		822	차량유지비	차량수리비
	2025-01-31	하나은행	이종남	서울특별시 서대문구 수색로 112	514-81-35782	120,000	16	931	이자비용	이자지급
	2025-01-20	벽련손세차장	이일용	서울특별시 서대문구 증가로 113	119-15-50400	35,000		822	차량유지비	세차비

영수증수취명세서(2) | 영수증수취명세서(1) | 해당없음

1. 세금계산서, 계산서, 신용카드 등 미사용내역

9. 구분	3만원 초과 거래분		
	10. 총계	11. 명세서제출 제외대상	12. 명세서제출 대상(10-11)
13. 건수	3	1	2
14. 금액	355,000	120,000	235,000

2 [일반전표입력] 2월 10일

(차) 110.받을어음(00220.(주)고도헤어)	10,000,000원	(대) 108.외상매출금(00220.(주)고도헤어)	10,000,000원

[받을어음 관리]

어음상태	1 보관	어음종류	6 전자	어음번호	00420250210123456789			수취구분	1 자수
발 행 인	00220	(주)고도헤어		발 행 일	2025-02-10	만 기 일	2025-04-10	배 서 인	
지급은행	100	국민은행	지 점	서대문	할 인 기 관		지 점	할인율(%)	
지급거래처					• 수령된 어음을 타거래처에 지급하는 경우에 입력합니다.				

3 [일반전표입력] 3월 25일

(차) 813.접대비(기업업무추진비)	100,000원	(대) 253.미지급금(99601.현대카드)	100,000원

4 [일반전표입력] 4월 10일

(차) 811.복리후생비	160,160원	(대) 103.보통예금(98002.신한은행(보통))	320,320원
254.예수금	160,160원		

5 [일반전표입력] 4월 20일

(차) 933.기부금	3,000,000원	(대) 146.상품(적요8.타계정으로 대체액)	3,000,000원

문제 **3** 부가가치세

1 [매입매출전표입력] 7월 10일

거래유형	품명	공급가액	부가세	거래처	전자세금
11.과세	탈모방지샴푸	1,200,000	120,000	00105.(주)갈색머리	전자발행
분개유형	(차) 108.외상매출금	1,320,000원	(대) 401.상품매출		1,200,000원
2.외상			255.부가세예수금		120,000원

[전자세금계산서 발행 및 내역관리]
① 미전송된 내역이 조회되면, 미전송내역을 체크한 후 전자발행 ▾ 을 클릭하여 표시되는 로그인 화면에서 확인(Tab) 클릭
② '전자세금계산서 발행' 화면이 조회되면 발행(F3) 버튼을 클릭한 다음 확인(Tab) 클릭
③ 국세청란에 '발행대상'으로 표시되면 ACADEMY 전자세금계산서 를 클릭
④ [Bill36524 교육용전자세금계산서] 화면에서 [로그인]을 클릭
⑤ 좌측화면: [세금계산서 리스트]에서 [미전송]으로 체크 후 [매출조회]를 클릭
　 우측화면: [전자세금계산서]에서 [발행]을 클릭
⑥ [발행완료되었습니다.] 메시지가 표시되면 확인(Tab) 클릭

2 [매입매출전표입력] 7월 25일

거래유형	품명	공급가액	부가세	거래처	전자세금
11.과세	새치샴푸	-500,000원	-50,000원	00102.(주)반코르	전자입력
분개유형	(차) 108.외상매출금	-550,000원		(대) 401.상품매출	-500,000원
2.외상				255.부가세예수금	-50,000원

3 [매입매출전표입력] 8월 19일

거래유형	품명	공급가액	부가세	거래처	전자세금
57.카과	미니버스렌트	600,000	60,000	00112.올버스(주)	
분개유형	(차) 811.복리후생비	600,000원		(대) 253.미지급금	660,000원
4.카드 또는 3.혼합	135.부가세대급금	60,000원		(99603.삼성카드)	

4 [매입매출전표입력] 9월 12일

거래유형	품명	공급가액	부가세	거래처	전자세금
13.면세	도서(슬기로운 모발관리)	2,000,000		01002.(주)파마사랑	전자입력
분개유형	(차) 103.보통예금	2,000,000원		(대) 401.상품매출	2,000,000원
3.혼합	(98002.신한은행(보통))				

5 [매입매출전표입력] 9월 30일

거래유형	품명	공급가액	부가세	거래처	전자세금
51.과세	인터넷요금	40,000	4,000	01500.(주)엘지유플러스	전자입력
분개유형	(차) 814.통신비	40,000원		(대) 253.미지급금	44,000원
3.혼합	135.부가세대급금	4,000원			

6 [일반전표입력] 7월 25일
(차) 261.미지급세금(00600.서대문세무서)　2,589,000원　(대) 103.보통예금(98002.신한은행(보통)) 2,589,000원

- [일반전표입력] 6월 30일 조회
(차) 255.부가세예수금　　　　　10,741,000원　(대) 135.부가세대급금　　　　　　　　　　8,142,000원
　　　　　　　　　　　　　　　　　　　　　　　930.잡이익　　　　　　　　　　　　　　　10,000원
　　　　　　　　　　　　　　　　　　　　　　　261.미지급세금(00600.서대문세무서) 2,589,000원

문제 4 결산

1 수동결산 및 자동결산

1. 수동결산 및 자동결산

[결산자료입력] 1월 ~ 12월
- 기말상품재고액 26,000,000원을 입력한다.
- 감가상각비의 차량운반구 15,240,000원, 비품 2,150,000원을 입력한다.
- 상단부 전표추가(F3) 를 클릭하면 [일반전표입력] 메뉴에 분개가 생성된다.

(차) 451.상품매출원가   178,007,000원   (대) 146.상품   178,007,000원
[기초재고액 13,000,000원 + 당기매입액 194,007,000원 − 타계정대체액 3,000,000원 - 기말재고액 26,000,000원]
= 상품매출원가 178,007,000원
(차) 818.감가상각비   17,390,000원   (대) 209.감가상각누계액   15,240,000원
     213.감가상각누계액   2,150,000원

2. [재무제표 등 작성]
- 손익계산서 ➡ 이익잉여금처분계산서(처분일 입력 후 '전표추가' 클릭) ➡ 재무상태표를 조회 작성한다.

실무수행평가

11	12	13	14	15	16	17
④	②	600,000	725,560,000	230,041,000	3,505,440	①
18	19	20	21	22	23	24
76,124,680	99601	235,000	2,100,000	④	79,523,200	③
25	26	27	28	29	30	
178,007,000	327,000	2,937,000	13	③	11,500,000	

문제 5 회계정보분석

31. 손익계산서 조회

④ 27,668,000원 / 1,000주 = 27,668원

32. 손익계산서 조회

② (49,900,000원 / 197,500,000원) × 100 ≒ 25%

최신 기출문제 제77회

[실무이론평가]

1	2	3	4	5	6	7	8	9	10
②	④	④	③	③	③	④	②	②	③

01 ②
- 목적적합성의 하부개념은 예측가치, 피드백 가치, 적시성이며, 신뢰성의 하부개념은 검증가능성, 중립성, 표현의 충실성이다.

02 ④
- 당기상품매입액에는 매입에누리와 매입환출은 차감하고, 매입운반비는 가산해서 순매입액을 계산한다.

03 ④
- 기계장치의 취득원가 = 15,000,000원 + 500,000원 + 450,000원 + 350,000원
  = 16,300,000원

04 ③
- 현금및현금성자산의 범위는 다음과 같다.
  1) 통화: 지폐, 주화
  2) 통화대용증권: 타인발행수표, 송금수표 및 우편환증서 등
  3) 요구불예금: 보통예금, 당좌예금
  4) 현금전환이 용이하고, 가치변동 위험이 중요하지 않으며, 취득당시 만기가 3개월 이내인 금융상품

05 ③
- 현금지급 이자비용 = 기초미지급 이자비용 + 당기 이자비용 – 기말미지급 이자비용
  = 150,000원 + 500,000원 – 130,000원 = 520,000원

06 ③
- (가) : 도서인쇄비　 (나) : 교육훈련비

07 ④
- 소모품비 처리액 1,000,000원 – 미사용액 200,000원 = 사용액 800,000원
  따라서 (차) 소모품비　　　　　　　　 800,000원　 (대) 소모품　　　　　　　　 800,000원이다.

08 ②
- 우리나라 부가가치세는 납세의무자와 담세자가 일치하지 않는 간접세에 해당한다.

09 ②
- 주사업장 총괄납부의 경우에도 신고는 각 사업장별로 하여야 한다.

10 ③
- 토지는 면세 대상이며, 다른 항목은 부가가치세 과세대상(수출재화는 영세율과세대상)이다.
  20,000,000원 + 50,000,000원 + 30,000,000원 = 100,000,000원

[실무수행평가]

문제 1 기초정보관리의 이해

1 사업자등록증에 의한 회사등록 수정

[회사등록]
- 대표자명: 김진선으로 수정
- 주민등록번호: 770202-2045769로 수정
- 업종코드: 523931 입력

2 거래처별초기이월 등록 및 수정

[거래처별초기이월]
- 253.미지급금 계정: 거래처별 금액 입력

문제 2 거래자료 입력

1 [일반전표입력] 8월 31일

(차) 817.세금과공과금　　　55,000원　　(대) 103.보통예금(98005.국민은행(보통))　　55,000원

2 [일반전표입력] 10월 17일

(차) 251.외상매입금(07002.(주)헬스케어)　17,700,000원　(대) 252.지급어음(07002.(주)헬스케어)　10,000,000원
　　　　　　　　　　　　　　　　　　　　　　　　　　　101.현금　　　　　　　　　　　　7,700,000원

[지급어음관리]

어음상태	2 발행	어음번호	00320251017123456789	어음종류	4 전자	발 행 일	2025-10-17
만 기 일	2025-12-17	지급은행	98000	기업은행(당좌)	지　점	강남	

3 [일반전표입력] 10월 21일

(차) 103.보통예금(98005.국민은행(보통))　3,000,000원　(대) 109.대손충당금　　　3,000,000원

4 [일반전표입력] 10월 28일

(차) 812.여비교통비　　　600,000원　　(대) 134.가지급금(11001.김하성)　　　500,000원
　　　　　　　　　　　　　　　　　　　　　101.현금　　　　　　　　　　　100,000원

5 [일반전표입력] 10월 31일

(차) 820.수선비　　　　　　20,000원　　(대) 101.현금　　　　　　20,000원
또는 (출) 820.수선비　　　20,000원

문제 3 부가가치세

1 [매입매출전표입력] 7월 12일 (복수거래)

거래유형	품명	공급가액	부가세	거래처	전자세금
11.과세	헬스자전거외	5,400,000	540,000	00107.(주)사랑스포츠	전자발행
분개유형	(차) 108.외상매출금	5,640,000	(대)	401.상품매출	5,400,000원
3.혼합	259.선수금	300,000		255.부가세예수금	540,000원

제5부 부록 / 정답 및 해설

[전자세금계산서 발행 및 내역관리]
① 미전송된 내역이 조회되면, 미전송내역을 체크한 후 전자발행 ▾을 클릭하여 표시되는 로그인 화면에서 확인(Tab) 클릭
② '전자세금계산서 발행' 화면이 조회되면 발행(F3) 버튼을 클릭한 다음 확인(Tab) 클릭
③ 국세청란에 '발행대상'으로 표시되면 ACADEMY 전자세금계산서 를 클릭
④ [Bill36524 교육용전자세금계산서] 화면에서 [로그인]을 클릭
⑤ 좌측화면: [세금계산서 리스트]에서 [미전송]으로 체크 후 [매출조회]를 클릭
  우측화면: [전자세금계산서]에서 [발행]을 클릭
⑥ [발행완료되었습니다.] 메시지가 표시되면 확인(Tab) 클릭

2 [매입매출전표입력] 7월 20일

거래유형	품명	공급가액	부가세	거래처	전자세금
51.과세	트리플 덤벨세트	5,000,000	500,000	02180.(주)한수건강	전자입력
분개유형	(차) 146.상품	5,000,000원	(대) 251.외상매입금		5,500,000원
2.외상	135.부가세대급금	500,000원			

3 [매입매출전표입력] 8월 13일

거래유형	품명	공급가액	부가세	거래처	전자세금
17.카과	요가매트	800,000	80,000	02007.(주)요가야	
분개유형	(차) 108.외상매출금	880,000원	(대) 401.상품매출		800,000원
4.카드	(99606.삼성카드)		255.부가세예수금		80,000원
또는 3.혼합					

4 [매입매출전표입력] 8월 30일

거래유형	품명	공급가액	부가세	거래처	전자세금
53.면세	굴비세트	500,000		01104.수협중앙회	전자입력
분개유형	(차) 813.접대비	500,000원	(대) 253.미지급금		500,000원
3.혼합	(기업업무추진비)				

[매입매출전표입력] 9월 21일

거래유형	품명	공급가액	부가세	거래처	전자세금
54.불공	에어컨	6,000,000	600,000	00227.(주)미래전자	전자입력
불공제사유	4. 면세사업과 관련된 분				
분개유형	(차) 212.비품	6,600,000원	(대) 253.미지급금		6,600,000원
3.혼합					

[고정자산등록]

---

6 **[일반전표입력] 7월 25일**

(차) 261.미지급세금(05900.역삼세무서)　　2,026,050원　　(대) 103.보통예금(98001.신한은행(보통))　2,026,050원

[일반전표입력] 6월 30일 조회

(차) 255.부가세예수금　　　　　　　　　12,928,323원　　(대) 135.부가세대급금　　　　　　　　　10,892,273원
　　　　　　　　　　　　　　　　　　　　　　　　　　　　　930.잡이익　　　　　　　　　　　　　　　10,000원
　　　　　　　　　　　　　　　　　　　　　　　　　　　　　261.미지급세금(05900.역삼세무서)　　2,026,050원

문제 4 결산

1 수동결산 및 자동결산

1. 수동결산 및 자동결산

[일반전표입력] 12월 31일

(차) 931.이자비용　　　　　　　　　　　1,200,000원　　(대) 262.미지급비용　　　　　　　　　　1,200,000원

[결산자료입력] 1월 ~ 12월
- 기말상품재고액 50,000,000원을 입력한다.
- 감가상각비 비품 440,000원을 입력한다.
- 상단부 전표추가(F3) 를 클릭하면 [일반전표입력] 메뉴에 분개가 생성된다.

(차) 451.상품매출원가　　　　　　267,082,454원　　(대) 146.상품　　　　　　　　　　　267,082,454원
[기초상품재고액 90,000,000원 + 당기상품매입액 227,082,454원 – 기말상품재고액 50,000,000원]
= 상품매출원가 267,082,454원

2. [재무제표 등 작성]
- 손익계산서 ➔ 이익잉여금처분계산서(처분일 입력 후 '전표추가' 클릭) ➔ 재무상태표를 조회 작성한다.

실무수행평가

11	12	13	14	15	16	17
③	④	①	99606	②	3,103,000	7,700,000
18	19	20	21	22	23	24
13,440,000	134	6,565,000	1,450,000	②	④	800,000
25	26	27	28	29	30	
49,522,727	900,000	16	770,000	②	07002	

문제 **5** 회계정보분석

31. 재무상태표 조회
④ (165,630,000원 / 250,495,000원) × 100 ≒ 66%

32. 손익계산서 조회
③ (117,920,000원 / 566,000,000원) × 100 ≒ 20%

최신 기출문제 제78회

[실무이론평가]

1	2	3	4	5	6	7	8	9	10
④	③	④	④	②	②	②	①	④	②

01 ④
- 내부통제제도가 잘 구성되어 있더라도 제도를 운영하는 경영진의 실제적인 업무능력을 합리적으로 측정할 수는 없다.

02 ③
- 비교가능성에 대한 설명이다.

03 ④
- 비유동부채는 800,000원이다. (장기차입금 500,000원 + 임대보증금 300,000원)

04 ④
- 매출 전에 수취한 계약금은 선수금으로 처리한다.
  (차) 가수금   200,000원   (대) 선수금   200,000원

05 ②
- 무형자산 : 영업권, 산업재산권, 개발비   • 유형자산 : 건설중인자산
- 당좌자산 : 매출채권   • 기타비유동자산 : 임차보증금

06 ②
- 비용과 수익의 예상(발생)과 관련된 계정과목은 미지급비용과 미수수익이므로 미지급급여와 미수이자가 여기에 해당된다.

비용과 수익의 이연과 관련된 계정과목은 선급비용과 선수수익이며, 선급보험료와 선수수수료가 이에 해당한다.

07 ②
- 대손충당금 = 매출채권(1,500,000원) × 대손율(2%) = 30,000원
- 대손상각비 = 30,000원 – 10,000원 = 20,000원

08 ①
- 부가가치세는 사업장별로 신고·납부하는 것이 원칙이며, 주사업장 총괄납부를 신청한 경우는 주된 사업장에서 총괄하여 납부할 수 있다.

09 ④
- ① 폐업의 경우 폐업일이 속하는 날의 다음 달 25일까지 신고하여야 한다.
- ② 확정신고를 하는 경우 예정신고시 신고한 과세표준은 제외하고 신고한다.
- ③ 신고기한까지 과세표준 및 세액을 신고하지 않는 경우 무신고 가산세가 부과된다.

10 ②
- 매입세액 공제액: 1,000,000원 + 2,000,000원 = 3,000,000원
- 원재료와 기계장치의 구입과 관련한 매입세액은 공제받을 수 있다.

[실무수행평가]

문제 1　기초정보관리의 이해

1 계정과목추가 및 적요등록 수정

[계정과목및적요등록]
- '923.회사설정계정과목' ➡ '923.정부보조금'으로 수정
- 구분 및 표준코드 입력

2 전기분재무제표의 입력수정

[전기분 재무상태표]
- 179.장기대여금 1,800,000원을 18,000,000원으로 수정 입력
- 209.감가상각누계액 15,000,000원 추가 입력

문제 2　거래자료 입력

1 [일반전표입력] 1월 2일

(차) 821.보험료　　　　　　　　　　514,430원　(대) 103.보통예금(98001.국민은행(보통))　514,430원

2 [일반전표입력] 3월 5일

(차)252.지급어음(00325.(주)바로타)　20,000,000원　(대) 102.당좌예금(98000.국민은행(당좌))　20,000,000원

[지급어음관리]

어음상태	3 결제		어음번호	00420250205123456789		어음종류	4 전자		발 행 일	2025-02-05
만 기 일	2025-03-05		지 급 은 행	98000	국민은행(당좌)	지 점	강남			

3 [일반전표입력] 3월 15일

(차) 131.선급금(00102.(주)다모아자전거)　2,000,000원　(대) 103.보통예금(98005.기업은행(보통))　2,000,000원

4 [일반전표입력] 3월 20일

| (차) 831.수수료비용 | 20,000원 | (대) 103.보통예금(98002.신한은행(보통)) | 20,000원 |

5 [일반전표입력] 4월 18일

| (차) 103.보통예금(98006.우리은행(보통)) | 4,000,000원 | (대) 108.외상매출금(00104.(주)자전거무역) | 7,000,000원 |
| 114.단기대여금(00104.(주)자전거무역) | 3,000,000원 | | |

문제 3 부가가치세

1 [매입매출전표입력] 4월 2일

거래유형	품명	공급가액	부가세	거래처	전자세금
11.과세	산악자전거	8,500,000	850,000	00111.(주)한라자전거	전자발행
분개유형	(차) 108.외상매출금	9,350,000원	(대) 401.상품매출		8,500,000원
2.외상			255.부가세예수금		850,000원

[전자세금계산서 발행 및 내역관리]

① 미전송된 내역이 조회되면, 미전송내역을 체크한 후 전자발행 ▾ 을 클릭하여 표시되는 로그인 화면에서 확인(Tab) 클릭
② '전자세금계산서 발행' 화면이 조회되면 발행(F3) 버튼을 클릭한 다음 확인(Tab) 클릭
③ 국세청란에 '발행대상'으로 표시되면 ACADEMY 전자세금계산서 를 클릭
④ [Bill36524 교육용전자세금계산서] 화면에서 [로그인]을 클릭
⑤ 좌측화면: [세금계산서 리스트]에서 [미전송]으로 체크 후 [매출조회]를 클릭
　　우측화면: [전자세금계산서]에서 [발행]을 클릭
⑥ [발행완료되었습니다.] 메시지가 표시되면 확인(Tab) 클릭

2 [매입매출전표입력] 5월 6일

거래유형	품명	공급가액	부가세	거래처	전자세금
53.면세	신입사원 직무교육훈련비	300,000원		02005.(주)더존에듀캠	전자입력
분개유형	(차) 825.교육훈련비	300,000원	(대) 101.현금		300,000원
1.현금					

3 [매입매출전표입력] 6월 7일

거래유형	품명	공급가액	부가세	거래처	전자세금
51.과세	5월 전화요금	82,000	8,200	07801.(주)케이티	전자입력
분개유형	(차) 814.통신비	82,000원	(대) 253.미지급금		90,200원
3.혼합	135.부가세대급금	8,200원			

4 [매입매출전표입력] 6월 26일

거래유형	품 명	공급가액	부가세	거래처	전자세금
57.카과	직원 간식	20,000원	2,000원	30125.둘둘치킨	
분개유형	(차) 811.복리후생비	20,000원	(대) 253.미지급금		22,000원
4.카드	135.부가세대급금	2,000원	(99605.삼성카드)		

5 **[매입매출전표입력] 6월 30일**

거래유형	품명	공급가액	부가세	거래처	전자세금
54.불공	다이아몬드 홀 대관료	2,000,000	200,000	40002.(주)호텔롯데	전자입력
불공제사유	2. 사업과 관련 없는 지출				
분개유형	(차) 134.가지급금	2,200,000원	(대) 103.보통예금		2,200,000원
3.혼합	(30126.윤종신)		(98002.신한은행(보통))		

6 **[일반전표입력] 9월 30일**

(차) 255.부가세예수금   8,002,000원   (대) 135.부가세대급금   9,125,000원
     120.미수금(60000.역삼세무서)   1,123,000원

문제 4 **결산**

1 **수동결산 및 자동결산**

1. 수동결산 및 자동결산

[일반전표입력] 12월 31일
(차) 107.단기매매증권   300,000원   (대) 905.단기매매증권평가이익   300,000원
- (주)올라: 1,000주 × (12,730원 - 12,430원) = 300,000원 이익

[결산자료입력] 1월 ~ 12월
- 기말상품재고액 28,000,000원을 입력한다.
- 상단부 전표추가(F3) 를 클릭하면 [일반전표입력] 메뉴에 분개가 생성된다.
(차) 451.상품매출원가   291,687,000원   (대) 146.상품   291,687,000원
[기초재고액 60,000,000원 + 당기매입액 259,687,000원 - 기말재고액 28,000,000원]
= 상품매출원가 291,687,000원

2. [재무제표 등 작성]
- 손익계산서 ➜ 이익잉여금처분계산서(처분일 입력 후 '전표추가' 클릭) ➜ 재무상태표를 조회 작성한다.

실무수행평가

11	12	13	14	15	16	17
170	20,350,000	30126	②	4,700,000	9,300,000	①
18	**19**	**20**	**21**	**22**	**23**	**24**
3,123,000	19,030,000	12,730,000	③	③	291,687,000	④
25	**26**	**27**	**28**	**29**	**30**	
34,722,000	200,000	12,860,000	1,300,000	②	34,800,000	

문제 5 회계정보분석

31. 재무상태표 조회

① (101,844,000원 / 276,779,000원) × 100 ≒ 36%

32. 손익계산서 조회

② (96,520,000원 / 560,000,000원) × 100 ≒ 17%

출제예상 모의고사 정답 및 해설

출제예상 모의고사 제1회

[실무이론평가]

1	2	3	4	5	6	7	8	9	10
④	④	①	②	②	④	①	①	③	②

01 ④
- 2024년 감가상각비: 10,000,000원 × 28% = <u>2,800,000원</u>
- 2025년 감가상각비: (10,000,000원 − 2,800,000원) × 28% = <u>2,016,000원</u>
- 2025년도 말 재무상태표의 감가상각누계액: <u>4,816,000원</u>

02 ④
- 재무상태표에 보고되는 계정은 다음 기로 잔액이 이월되는 계정으로 영구계정이라 하고, 손익계산서 보고되는 계정은 장부가 마감되면서 사라지는 계정으로 임시계정이라 한다.

03 ①
- 단기매매증권으로 분류한 경우: 100주 × (22,000원 − 18,000원) = 400,000원(단기매매증권평가손실)
- 매도가능증권으로 분류한 경우: 매도가능증권평가손익은 기타포괄손익누계액이므로 당기손익에 미치는 영향은 없다.

04 ②
- 매출총이익 = 매출액 − 매출원가
  = 75,000원 − 40,000원* = 35,000원
  * 매출원가 = (200개 × 100원) + (100개 × 200원) = 40,000원

05 ②

(가)	(차) 현금	200,000원	(대) 선수금	200,000원
(나)	(차) 퇴직급여충당부채	4,000,000원	(대) 보통예금	4,000,000원
(다)	(차) 외상매출금	5,000,000원	(대) 상품매출	5,000,000원

06 ④
- 회사부담분 건강보험료는 복리후생비로 회계처리한다.

07 ①
- 결산분개: (차) 미수수익　　　100,000원　　(대) 이자수익　　　100,000원
  * 경과분 이자: 20,000,000원 × 3% × 2개월/12개월 = 100,000원
- 따라서, 수익 100,000원이 과소 계상되어 당기순이익 100,000원이 과소 계상된다.

08 ①
- 면세사업자는 부가가치세의 납세의무자가 아니나, 영세율이 적용되는 사업자, 간이과세자, 일반과세자는 부가가치세의 납세의무자이다.

09 ③
- ① 현금판매: 재화가 인도되거나 이용가능하게 된 때
- ② 재화의 공급으로 보는 가공: 가공된 재화를 인도하는 때
- ④ 공급단위를 구획할 수 없는 용역의 계속적 공급: 대가의 각 부분을 받기로 한 때

10 ②
- 11인승 승합차 구입관련 매입세액은 공제대상에 해당한다. 그러나 비영업용 승용차(개별소비세법 §1②3호) 구입, 유지, 임차 관련 매입세액, 접대(기업업무추진) 관련 매입세액, 사업과 관련 없는 지출에 대한 매입세액은 공제대상에 포함되지 않는다.

[실무수행과제]

문제 **1** 기초정보관리의 이해

1 계정과목 추가 및 적요등록 수정

104.정부보조금, 구분: 차감, 관계: 103으로 계정과목 수정

2 전기분 손익계산서의 입력수정

[전기분 재무상태표]
- 146.상품 60,000,000원을 70,000,000원으로 수정

[전기분 손익계산서]
- 451.상품매출원가의 기말상품재고액 70,000,000원 반영
- 812.여비교통비   2,700,000원을 3,500,000원으로 수정
- 817.세금과공과금 5,000,000원을 5,300,000원으로 수정
- 998.법인세등   7,500,000원 추가입력
- 당기순이익   97,920,000원 확인

[전기분 이익잉여금처분계산서]
- 처분확정일 2025년 2월 28일 입력

문제 **2** 거래자료 입력

1 [일반전표입력] 4월 1일

(차) 833.광고선전비   200,000원   (대) 101.현금   200,000원

[영수증수취명세서]

	거래일자	상 호	성 명	사업장	사업자등록번호	거래금액	구분	계정코드	계정과목
	2025-04-01	광고나라	김상훈	서울시 영등포구 여의도동 731-12	120-34-11112	200,000		833	광고선전비

영수증수취명세서(2) | 영수증수취명세서(1) | 해당없음

1. 세금계산서, 계산서, 신용카드 등 미사용내역

9. 구분		3만원 초과 거래분		
	10. 총계	11. 명세서제출 제외대상	12. 명세서제출 대상(10-11)
13. 건수	1		1
14. 금액	200,000		200,000

2 [일반전표입력] 4월 3일

(차) 133.선급비용   950,000원   (대) 253.미지급금(99600.현대카드)   950,000원

3 [일반전표입력] 4월 4일

(차) 252.지급어음(05025.(주)서대문전자) 2,200,000원   (대) 102.당좌예금(98000.국민은행(당좌))   2,200,000원

[지급어음관리]

어음상태	3	결제	어음번호	0042025010412 3456789		어음종류	4 전자		발 행 일	2025-01-04
만 기 일		2025-04-04	지급은행	98000	국민은행(당좌)	지 점	역삼			

4 [일반전표입력] 4월 25일

(차) 814.통신비   208,000원   (대) 103.보통예금(98001.국민은행(보통))   308,000원
     815.수도광열비   100,000원

5 [일반전표입력] 4월 29일

(차) 208.차량운반구   3,800,000원   (대) 103.보통예금(98002.신한은행)   400,000원
     822.차량유지비   200,000원   253.미지급금(02012.오성물류기계)   3,600,000원

문제 3 부가가치세

1 [매입매출전표입력] 10월 2일

거래유형	품명	공급가액	부가세	거래처	전자세금
11.과세	공기청정기외	11,000,000	1,100,000	01121.(주)전자마트	전자발행
분개유형	(차) 108.외상매출금	11,000,000원	(대) 401.상품매출		11,000,000원
3. 혼합	101.현금	1,100,000원	255.부가세예수금		1,100,000원

[전자세금계산서 발행 및 내역관리]
미전송된 내역이 조회되면, 미전송내역을 체크한 후 전자세금계산서 발행 및 국세청 전송

2 [매입매출전표입력] 10월 7일

거래유형	품명	공급가액	부가세	거래처	전자세금
13.면세	월간 드림전자 잡지	2,000,000		01025.(주)세운유통	전자입력
분개유형	(차) 108.외상매출금	1,000,000원	(대) 401.상품매출		2,000,000원
3.혼합	110.받을어음	1,000,000원			

[받을어음 관리]

어음상태	1	보관	어음종류	6 전자		어음번호	02020250107123456789		수취구분	1 자수
발 행 인	01025	(주)세운유통		발 행 일	2025-10-07	만 기 일	2026-01-07		배 서 인	
지급은행	600	우리은행	지 점	구로	할 인 기 관		지 점		할 인 율 (%)	
지급거래처						* 수령된 어음을 타거래처에 지급하는 경우에 입력합니다.				

3 [매입매출전표입력] 10월 15일

거래유형	품명	공급가액	부가세	거래처	전자세금
11.과세	드림세탁기	-1,700,000	-170,000	00133.(주)수원전자	전자입력
분개유형	(차) 108.외상매출금	-1,870,000원	(대) 401.상품매출		-1,700,000원
2.외상			255.부가세예수금		-170,000원

4 [매입매출전표입력] 10월 25일

거래유형	품명	공급가액	부가세	거래처	전자세금
53.면세	AT 교육	240,000		00501.제이티교육	전자입력
분개유형	(차) 825.교육훈련비	240,000원	(대) 253.미지급금		240,000원
3.혼합					

5 [매입매출전표입력] 10월 30일

거래유형	품명	공급가액	부가세	거래처	전자세금
54.불공	3D 컬러 입체프린터	1,500,000	150,000	00220.(주)포토포유	전자입력
불공제사유	2.사업과 관련 없는 지출				
분개유형 3.혼합	(차) 933.기부금	1,650,000원	(대) 103.보통예금 (98001.국민은행(보통))		1,650,000원

6 부가가치세신고서에 의한 회계처리

[부가가치세신고서 조회]
- 기간: 7.1.~9.30.
- 매출세액(부가세예수금) 8,002,000원, 매입세액(부가세대급금) 9,125,000원, 환급받을 세액 1,123,000원

[일반전표입력] 9월 30일
(차) 255.부가세예수금   8,002,000원   (대) 135.부가세대급금   9,125,000원
    120.미수금   1,123,000원

문제 **4** 결산

1 수동결산 및 자동결산

[일반전표입력] 12월 31일
(차) 931.이자비용   720,000원   (대) 262.미지급비용   720,000원

[결산자료입력] 1월 ~ 12월
- 기말상품재고액 11,050,000원을 입력한다.
- 입력 완료 후 상단 툴바의 [전표추가(F3)] 를 클릭하여 결산분개를 생성한다.
(차) 451.상품매출원가   213,637,000원   (대) 146.상품   213,637,000원

[재무제표 등 작성]
- 손익계산서 → 이익잉여금처분계산서(처분일 입력 후 '전표추가' 클릭) → 재무상태표를 조회 작성한다.
- ※ [기초정보관리]에서 전기분손익계산서를 수정하였으므로 전기분이익잉여금처분계산서를 조회한 후 당기분 재무제표
  등을 작성한다.

《 실무수행평가 》

11	12	13	14	15
②	10,150,000원	①	950,000원	2,800,000원
16	17	18	19	20
4,123,000원	③	720,000원	②	③
21	22	23	24	25
515,300,000원	6,451,100원	5,635,860원	④	45,000원
26	27	28	29	30
17매	12매	1곳	240,000원	150,000원
31		32		
② $\frac{97,920,000}{524,336,000} \times 100 = 18\%$		③ $\frac{128,430,000}{395,906,000} \times 100 = 32\%$		

출제예상 모의고사 제2회

[실무이론평가]

1	2	3	4	5	6	7	8	9	10
④	①	③	③	②	②	①	②	④	④

01 ④
- A사 주식: 200주 × (6,500원 – 6,000원) = 100,000원
- B사 주식: 300주 × (5,000원 – 7,500원) = (–)750,000원
- 단기매매증권평가손익 = 100,000원 + (–)750,000원 = (–)650,000원 평가손실

02 ①
- 미래 재무정보를 예측하는데 활용되고, 이용자의 의사결정에 차이를 가져오는 회계정보의 질적 특성은 목적적합성이고, 목적적합성과 신뢰성은 서로 상충될 수 있다.

03 ③
- 매출채권이 회수불능이면 대손충당금으로 충당하고, 잔액은 대손상각비로 처리한다.

04 ③
- 기말재고 = 50개 × 250원 + 200개 × 300원 = 72,500원

05 ②
- 상품 매입을 위하여 선급한 금액은 선급금으로, 어음으로 지급한 금액은 매입채무로 계상한다.

06 ②
- 매출총이익 = 매출액 – 매출원가 = 7,000,000원 – 5,000,000원 = 2,000,000원
- 영업이익 = 매출총이익 – 판매비와관리비 = 2,000,000원 – (급여 500,000원 + 복리후생비 50,000원 + 광고선전비 40,000원 + 접대비(기업업무추진비) 10,000원 + 수도광열비 15,000원) = 1,385,000원
- 이자비용과 기부금은 영업외비용이다.

07 ①
- 누락된 결산정리 사항:　　(차) 임차료　　×××　　　　(대) 미지급비용　　　　　　　　　×××
- 재무제표에 비용의 발생 및 부채의 증가 내용이 반영되지 않았으므로, 비용이 과소 계상되고 부채가 과소 계상된다.

08 ②
- 사업자가 폐업을 하는 경우에는 폐업일이 속하는 달의 다음 달 25일까지 확정신고를 해야 한다. 사업을 폐업한 날이 2025년 2월 10일이므로 3월 25일까지 확정신고를 하여야 한다.

09 ④
- 외국인관광객에게 공급하는 음식용역은 영세율 적용대상이 아니다.

10 ④
- 2,000,000원 + 3,000,000원 + 7,000,000원 = 12,000,000원
- 사업과 관련 없는 지출과 접대비(기업업무추진비) 관련 매입세액, 그리고 「개별소비세법」제1조제2항제3호에 따른 자동차(비영업용 소형승용차) 구입(1000cc 이하 제외)에 대한 매입세액은 공제 받지 못하는 매입세액이다.

[실무수행과제]

문제 1 기초정보관리의 이해

1 사업자등록증에 의한 거래처 등록(수정)

[거래처등록]
① [기본사항] 사업장 주소: 서울특별시 서대문구 충정로7길 12(충정로2가)로 수정입력
② [추가사항] 메일주소: nana@naver.com으로 추가입력

2 거래처별초기이월 등록 및 수정

• 114.단기대여금: 거래처 코드, 금액 각각 입력
• 120.미수금: 거래처 코드, 금액 각각 입력

문제 2 거래자료입력

1 [일반전표입력] 8월 6일

(차) 813.접대비(기업업무추진비)	44,000원	(대) 253.미지급금(99801.삼성카드)	44,000원

2 [일반전표입력] 8월 10일

(차) 934.기타의대손상각비	9,000,000원	(대) 114.단기대여금(00189.(주)서울패션)	9,000,000원

3 [일반전표입력] 9월 30일

(차) 103.보통예금(98001.국민은행(보통))	58,000,000원	(대) 331.자본금	50,000,000원
		341.주식발행초과금	8,000,000원

4 [일반전표입력] 10월 25일

(차) 202.건물	30,000,000원	(대) 214.건설중인자산	10,000,000원
		103.보통예금(98001.국민은행(보통))	20,000,000원

5 [일반전표입력] 11월 4일

(차) 103.보통예금(98001.국민은행(보통))	11,840,000원	(대) 110.받을어음(08707.(주)행복물류)	12,000,000원
936.매출채권처분손실	160,000원		

[받을어음 관리]

어음상태	2	할인(전액)	어음번호	00420250904123456781	수취구분	1	자수	발행일	2025-09-04	만기일	2026-01-04
발행인	08707	(주)행복물류			지급은행	100	국민은행			지 점	강남
배서인			할인기관	98001	국민은행(보통)	지 점	강남			어음종류	6	전자
지급거래처					* 수령된 어음을 타거래처에 지급하는 경우에 입력합니다.						

문제 3 부가가치세

1 [매입매출전표입력] 11월 10일

거래유형	품명	공급가액	부가세	거래처	전자세금
11.과세	원피스	7,200,000	720,000	30011.(주)걸즈데이	전자발행
분개유형	(차) 259.선수금	720,000원	(대) 401.상품매출		7,200,000원
	103.보통예금	7,200,000원	255.부가세예수금		720,000원
3. 혼합	(98001.국민은행(보통))				

[전자세금계산서 발행 및 내역관리]
미전송된 내역이 조회되면, 미전송내역을 체크한 후 전자세금계산서 발행 및 국세청 전송

2 [매입매출전표입력] 10월 21일

거래유형	품명	공급가액	부가세	거래처	전자세금
11.과세	여성정장	6,000,000원	600,000원	08707.(주)행복물류	전자입력
분개유형	(차) 108.외상매출금	4,600,000원	(대) 401.상품매출		6,000,000원
3.혼합	101.현금	2,000,000원	255.부가세예수금		600,000원

3 [매입매출전표입력] 11월 14일

거래유형	품명	공급가액	부가세	거래처	전자세금
57.카과	영업부 직원회식	210,000	21,000	01165.화정한정식	
분개유형	(차) 811.복리후생비	210,000원	(대) 253.미지급금		231,000원
4.카드 또는 3.혼합	135.부가세대급금	21,000원	(99801.삼성카드)		

4 [매입매출전표입력] 11월 20일

거래유형	품명	공급가액	부가세	거래처	전자세금
13.면세	패션정보 책자	600,000		00115.(주)민주패션	전자입력
분개유형	(차) 108.외상매출금	600,000원	(대) 401.상품매출		600,000원
2.외상					

5 [매입매출전표입력] 12월 12일

거래유형	품명	공급가액	부가세	거래처	전자세금
54.불공	토지정지비	900,000	90,000	00200.죽동건설(주)	전자입력
불공제사유	0. 토지의 자본적 지출관련				
분개유형	(차) 201.토지	990,000원	(대) 253.미지급금		990,000원
3.혼합					

6 [매입매출전표입력] 12월 20일

거래유형	품명	공급가액	부가세	거래처	전자세금
51.과세	공기청정기	600,000	60,000	00167.(주)현주전자	전자입력
분개유형	(차) 212.비품	600,000원	(대) 253.미지급금		660,000원
3.혼합	135.부가세대급금	60,000원			

문제 4 결산

1 수동결산 및 자동결산

[결산자료입력] 1월 ~ 12월

- 기말상품재고액 32,000,000원을 입력한다.
- 대손상각비의 '외상매출금'란에 3,606,640원, '받을어음'란에 850,000원을 입력한다.

* 외상매출금 대손충당금: (220,332,000원 × 2%) - 800,000원 = 3,606,640원
* 받을어음 대손충당금: (50,000,000원 × 2%) - 150,000원 = 850,000원
- 입력 완료 후 상단 툴바의 전표추가(F3) 를 클릭하여 결산분개를 생성한다.

(차) 451.상품매출원가　　　130,154,500원　(대) 146.상품　　　　　　130,154,500원
(차) 835.대손상각비　　　　4,456,640원　(대) 109.대손충당금　　　3,606,640원
　　　　　　　　　　　　　　　　　　　　　　111.대손충당금　　　　850,000원

[재무제표 등 작성]
- 손익계산서 → 이익잉여금처분계산서(처분일 입력 후 '전표추가' 클릭) → 재무상태표를 조회 작성한다.

실무수행평가

11	12	13	14	15
②	813	18,399,000원	160,000원	4,978,000원
16	17	18	19	20
③	7,000,000원	00103	5,940,000원	②
21	22	23	24	25
98,425,360	④	8,000,000원	①	①
26	27	28	29	30
4,456,640원	13,350,000원	11매	8,700,000원	12,050,000원
31		32		
④ (592,400,000원 / 404,805,000원) × 100 ≒ 146%		① (197,500,000원 / 715,380,000원) × 100 ≒ 27%		

출제예상 모의고사 제3회

[실무이론평가]

1	2	3	4	5	6	7	8	9	10
②	②	②	③	②	④	②	①	①	③

01 ②
- 장기투자목적의 유가증권은 매도가능증권으로 분류한다.
- 매도가능증권평가이익(손실) = 기말공정가치 - 취득원가 = (100주 × 1,300원) - (100주 × 1,000원) = 30,000원

02 ②
- 회계정보의 신뢰성은 다음의 요소로 구성된다. 첫째, 회계정보는 그 정보가 나타내고자 하는 대상을 충실히 표현하고 있어야 한다. 둘째, 객관적으로 검증가능 하여야 한다. 셋째, 중립적이어야 한다.

03 ②
- 현금 및 현금성자산: 지폐와 주화 + 거래처발행 당좌수표 + 환매조건부 채권
  400,000원 + 200,000원 + 200,000원 = 800,000원

04 ③
- 정상적으로 발생한 감모손실은 매출원가에 가산한다.
- 매출원가: 판매원가 + 정상 감모 손실 = (1,000개 × 100원 + 1,500개 × 120원) + (100개 × 120원) = 292,000원

05 ②
- 보고기간종료일로부터 1년 이내 상환되는 부채는 유동부채로 분류한다.

06 ④
- 영업이익 = 매출액 − 매출원가 − 판매비와관리비 = 4,000,000원 − 1,000,000원 − (감가상각비 920,000원 + 종업원급여 580,000원) = 1,500,000원

07 ②
- 누락된 결산정리 사항
- 이자 미수분: (차) 미수수익 20,000원(자산의 과소 계상)   (대) 이자수익 20,000원(수익의 과소 계상)
- 임차료 미지급분: (차) 임차료   30,000원(비용의 과소 계상)   (대) 미지급비용 30,000원(부채의 과소 계상)

08 ①
- ② 일반과세자의 과세기간은 제1기는 1월1일부터 6월 30일까지, 제2기는 7월 1일부터 12월 31일까지이다.
  ③ 무인자동판매기를 통한 사업은 사업에 관한 업무를 총괄하는 장소가 사업장이다.
  ④ 간이과세자는 예정신고의무가 없다.

09 ①
- 수집용 우표의 공급은 부가가치세 과세대상이다.

10 ③
- 납부세액 = 매출세액 − 매입세액
        = (60,000,000원 × 10%) − (5,000,000원 − 2,000,000원)
        = 3,000,000원

[실무수행과제]

문제 1 기초정보관리의 이해

1 사업자등록증에 의한 거래처 등록(수정)
[거래처등록]
① [일반거래처] 1007.(주)준기목재의 [기본사항]에 자료입력
② [추가사항]의 담당자메일주소: 'jungi55@naver.com' 입력

2 전기분 손익계산서의 입력수정
[전기분 손익계산서]
- 814.통신비 5,000,000원 → 5,600,000원으로 수정,
- 820.수선비 3,750,000원 → 3,570,000원으로 수정,
- 998.법인세등 2,000,000원 → 추가 입력
- 당기순이익 63,190,000원 확인

[전기분 이익잉여금처분계산서]
- 처분확정일 2025년 2월 28일 입력

문제 2 거래자료 입력

1 [일반전표입력] 7월 19일
(차) 811.복리후생비   160,000원   (대) 101.현금   160,000원

영수증수취명세서 　　　　　　　　　　　　　　　　　　　　　　　　　　　　　　　　 기능도

| | 영수증수취명세서(2) | | 영수증수취명세서(1) | | 해당없음 | | | | 입 |

	거래일자	상 호	성 명	사업장	사업자등록번호	거래금액	구분	계정코드	계정과목
☐	2025-05-02	서울퀵서비스	임형태	서울 강남구 강남대로 246	211-14-24517	100,000		824	운반비
☐	2025-06-20	연희네한식	김민중	세종특별자치시 한누리대로 169	221-14-24514	150,000		811	복리후생비
☐	2025-07-19	혜진마트	김혜진	인천 남동 정각로 1	211-14-24517	160,000		811	복리후생비

영수증수취명세서 　　　　　　　　　　　　　　　　　　　 명세서(2)불러오기(F4) 　 기능모음(F11) ▼

| | 영수증수취명세서(2) | | 영수증수취명세서(1) | | 해당없음 |

1. 세금계산서, 계산서, 신용카드 등 미사용내역

9. 구분	3만원 초과 거래분		
	10. 총계	11. 명세서제출 제외대상	12. 명세서제출 대상(10-11)
13. 건수	3		3
14. 금액	410,000		410,000

2 [일반전표입력] 7월 21일

(차) 103.보통예금(98001.하나은행(보통))　350,000원　　　(대) 259.선수금(03001.수연아울렛(주))　　350,000원

3 [일반전표입력] 7월 31일

(차) 251.외상매입금　　　　　　　　　　7,000,000원　　　(대) 252.지급어음　　　　　　　　　　　　7,000,000원
　　(05002.(주)진아인테리어)　　　　　　　　　　　　　　　　(05002.(주)진아인테리어)

[지급어음관리]

어음상태	2 발행	어음번호	00420250731123433333		어음종류	4 전자	발 행 일	2025-07-31
만 기 일	2025-09-30	지급은행	98000 국민은행(당좌)		지 점	삼성		

4 [일반전표입력] 8월 11일

(차) 103.보통예금　　　　　　　　　　3,030,000원　　　(대) 107.단기매매증권　　　　　　　　　2,500,000원
　　(98002.국민은행(보통))　　　　　　　　　　　　　　　　　906.단기매매증권처분이익　　　　　　530,000원

5 [일반전표입력] 8월 13일

(차) 812.여비교통비　　　　　　　　　　80,000원　　　(대) 253.미지급금(99602.삼성카드)　　　　80,000원
　　813.접대비(기업업무추진비)　　　　85,000원　　　(대) 253.미지급금(99602.삼성카드)　　　　85,000원

문제 3　부가가치세

1 [매입매출전표입력] 10월 7일

거래유형	품명	공급가액	부가세	거래처	전자세금
11.과세	학생용 책상	6,000,000	600,000	21010.가구나라(주)	전자발행
분개유형	(차) 101.현금		6,600,000원	(대) 401.상품매출	6,000,000원
1.현금				255.부가세예수금	600,000원

[전자세금계산서 발행 및 내역관리]
미전송된 내역이 조회되면, 미전송내역을 체크한 후 전자세금계산서 발행 및 국세청 전송

2 [매입매출전표입력] 10월 10일

거래유형	품명	공급가액	부가세	거래처	전자세금
17.카과	식탁세트	960,000원	96,000원	07001.차유나	
분개유형	(차) 108.외상매출금	1,056,000원		(대) 401.상품매출	960,000원
4.카드 또는 2.외상 또는 3.혼합	(99601.비씨카드)			255.부가세예수금	96,000원

3 [매입매출전표입력] 11월 1일

거래유형	품명	공급가액	부가세	거래처	전자세금
54.불공	제네시스	750,000	75,000	04010.(주)혜인렌트	전자입력
불공제사유	3.비영업용 승용차(개별소비세법 §1②3호) 구입, 유지, 임차 관련 매입				
분개유형	(차) 819.임차료	825,000원		(대) 101.현금	825,000원
1.현금					

4 [매입매출전표입력] 11월 15일

거래유형	품명	공급가액	부가세	거래처	전자세금
51.과세	특허출원 등록	4,400,000	440,000	08909.코아특허	전자입력
분개유형	(차) 232.특허권	4,400,000원		(대) 253.미지급금	4,840,000원
3.혼합	135.부가세대급금	440,000원			

5 [매입매출전표입력] 11월 20일

거래유형	품명	공급가액	부가세	거래처	전자세금
11.과세	고급의자	-200,000	-20,000	02111.현아유통	전자입력
분개유형	(차) 108.외상매출금	-220,000원		(대) 401.상품매출	-200,000원
2.외상				255.부가세예수금	-20,000원

6 부가가치세신고서에 의한 회계처리

[부가가치세신고서 조회]
기간 4/1 ~ 6/30, 매출세액 9,510,000원, 매입세액 2,305,000원 확인
전자신고세액공제 10,000원, 차가감 납부할세액 7,195,000원

[일반전표입력] 6월 30일
(차) 255.부가세예수금　　　　　9,510,000원　　　(대) 135.부가세대급금　　　2,305,000원
　　　　　　　　　　　　　　　　　　　　　　　　　930.잡이익　　　　　　　　10,000원
　　　　　　　　　　　　　　　　　　　　　　　　　261.미지급세금　　　　 7,195,000원

문제 **4**　결산

1 수동결산 및 자동결산
[결산자료입력 메뉴] 1월~12월
• 기말상품재고액 50,000,000원을 입력한다.

• 퇴직급여(전입액) 1,500,000원을 입력한다.
• 상단부 전표추가(F3) 를 클릭하면 [일반전표입력] 메뉴에 분개가 생성된다.

(차) 451.상품매출원가　　　　　170,087,000원　　　(대) 146.상품　　　　　　　　170,087,000원
(차) 806.퇴직급여　　　　　　　1,500,000원　　　(대) 295.퇴직급여충당부채　　1,500,000원

[재무제표 등 작성]
• 손익계산서 → 이익잉여금처분계산서(처분일 입력 후 '전표추가' 클릭) → 재무상태표를 조회 작성한다.
※ [기초정보관리]에서 전기분손익계산서를 수정하였으므로 전기분이익잉여금처분계산서를 조회한 후 당기분 재무제표
　등을 작성한다.

실무수행평가

11	12	13	14	15
④	530,000원	203,500,000원	④	③
16	17	18	19	20
924,206,190원	29,400,000원	650,000원	7,195,000원	401,500,000원
21	22	23	24	25
④	①	64,290,000원	③	96,000원
26	27	28	29	30
440,000원	19매	75,000원	7,500,000원	9,200,000원
31			32	
② (128,430,000 / 660,906,000) × 100 ≒ 19%			④ (660,906,000원 / 789,336,000원) × 100 ≒ 83	

I CAN FAT 회계실무 1급

발　　행	▌2014년 1월 10일 초판	저자와의
	▌2025년 2월 26일 개정 12판	협의하에
저　　자	▌삼일피더블유씨솔루션	인지생략
발　행　인	▌이 희 태	
발　행　처	▌**삼일피더블유씨솔루션**	
주　　소	▌서울특별시 한강대로 273 용산빌딩 4층	
등　　록	▌1995. 6. 26 제3-633호	
전　　화	▌(02) 3489-3100	
팩　　스	▌(02) 3489-3141	
정　　가	▌26,000원	
I S B N	▌979-11-6784-343-2 13320